Général O. BARATIERI

MÉMOIRES D'AFRIQUE

(1892-1896)

PRÉFACE DE M. JULES CLARETIE

DE L'ACADÉMIE FRANÇAISE

ORNÉS D'UN PORTRAIT DE L'AUTEUR

Et accompagnés d'une Carte générale de l'Érythrée
et des Plans de Batailles
spécialement dessinés pour l'ouvrage.

PARIS

CH. DELAGRAVE

15, RUE SOUFFLOT, 15

H. CHARLES-LAVAUZELLE

10, RUE DANTON, Bᴰ SAINT-GERMAIN, 118

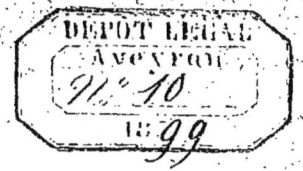
MÉMOIRES D'AFRIQUE

SOCIÉTÉ ANONYME D'IMPRIMERIE DE VILLEFRANCHE-DE-ROUERGUE

Jules BANDOUX, Directeur.

GÉNÉRAL O. BARATIERI

MÉMOIRES D'AFRIQUE

(1892-1896)

PRÉFACE DE M. JULES CLARETIE

DE L'ACADÉMIE FRANÇAISE

ORNÉS D'UN PORTRAIT DE L'AUTEUR

Et accompagnés d'une carte générale de l'Érythrée,
et de plans de batailles
spécialement dessinés pour l'ouvrage.

PARIS

CHARLES DELAGRAVE

RUE SOUFFLOT, 15

H. CHARLES-LAVAUZELLE

10, R. DANTON, BOUL. ST-GERMAIN, 118

GÉNÉRAL O. BARATIERI

MÉMOIRES D'AFRIQUE

(1892-1896)

PRÉFACE DE M. JULES CLARETIE
DE L'ACADÉMIE FRANÇAISE

ORNÉS D'UN PORTRAIT DE L'AUTEUR

Et accompagnés d'une carte générale de l'Érythrée,
et de plans de batailles
spécialement dessinés pour l'ouvrage.

PARIS

CHARLES DELAGRAVE
RUE SOUFFLOT, 15

H. CHARLES-LAVAUZELLE
10, R. DANTON, BOUL. ST-GERMAIN, 118

PRÉFACE

———

Voici un livre qui, très intéressant pour l'Italie, intéresse aussi la France. Il l'intéresse comme toute page d'histoire dramatique et vivante; il l'intéresse parce qu'il raconte les efforts, les dévouements, les héroïsmes d'une nation européenne et de sang latin, voulant donner à la civilisation un nouveau coin de terre; il l'intéresse à un point de vue plus étroits, quasi égoïste, parce que l'aventure à la fois glorieuse et terrible de l'Érythrée peut servir de leçon aux partisans des conquêtes coloniales et à ceux des politiciens qui, délibérément résolus à les entreprendre, doivent du moins savoir comment les diriger.

Il faut reconnaître que c'est une sorte de maladie latine : se jeter sans réflexion aux aventures avant d'avoir étudié les questions et les terrains. Un officier italien, aujourd'hui général, le major Osio, qui avait suivi l'expédition du général Napier contre Magdala, avait jadis déposé au ministère de la guerre d'Italie un rapport très précis sur l'Abyssinie, le pays, les habitants, ces Abyssins qui sont de haute race militaire et que l'ignorance de quelques personnages officiels comparait à quelques loqueteux sortant de leurs *tanières*. Or, ce rapport ne fut pas même consulté par le ministère. M. Robillant, ambassadeur en Angleterre, demandait des renseignements sur l'Abyssinie : « Mais ils sont complets dans le rapport d'Osio, répondit le vieux général Cozenz, on n'avait qu'à les regarder. On n'y a pas songé. » Et j'imagine qu'il en est ainsi de bien des rapports, excellents exposés, perdus dans les cartons des ministères, non seulement en Italie, mais ailleurs. Le fait a été rapporté par le général Turr, ce vaillant soldat de la liberté italienne, ami de notre France aussi, ami de toujours, et surtout, en 1898 comme en 1859, ami de la vérité, de la liberté et de la justice.

L'histoire de l'auteur des *Mémoires d'Afrique* est tragique.

Rien de plus simple pourtant que cette aventure. Pendant trois ans, la mère patrie encourage les efforts de Baratieri et applaudit à ses succès. Il avance prudemment. On lui demande d'aller plus loin, toujours plus loin. Il faut de l'argent et des hommes. On marchande les hommes et l'argent. Il prévoit le danger futur en s'aventurant en cette terre ennemie, dans ces montagnes que les Anglais, cependant volontiers collectionneurs de territoires, ont abandonnées prudemment après Magdala, ayant dépensé cent quatre-vingts millions pour abattre Theodoros. Le général demande à être rappelé. A Rome, où il revient, on le reçoit en triomphateur, on l'acclame, on le grise d'ovations : il repart. Et c'est alors qu'il réclame des secours. Il manque de ressources. « Napoléon, lui dit-on, vivait sur le pays ennemi. » Oui, en Lombardie, dans les plaines fécondes, non dans les défilés d'Abyssinie. Alors, acculé à la victoire ou à la retraite, le soldat livre bataille. Il est vaincu. Et le seul responsable, c'est lui...

Le général Baratieri est, depuis le désastre d'Adoua, le bouc émissaire des déceptions de l'Italie. Après avoir conquis des territoires à son pays, il les a perdus, dans une journée néfaste, enveloppé par une nuée d'hommes et écrasé sous le nombre. Depuis, retiré dans les montagnes où il est né, il médite sur les amers et indignes retours de la fortune, l'ancien garibaldien qui, à dix-sept ans, s'embarquait pour la Sicile, le plus jeune des *Mille* héroïques morts maintenant ou devenus vieillards, et le vainqueur de Kassala, devant qui battaient en retraite les Derviches tout aussi bien que devant le sirdar Kitchener, cherche dans ses souvenirs la cause de ses malheurs et, sans récrimination contre personne, simplement, il écrit du fond de sa retraite l'histoire des dramatiques journées qu'il a vécues.

C'est moins un plaidoyer pour sa défense qu'un témoignage de reconnaissance et de piété pour ses braves soldats tombés là-bas que le général a voulu publier. Il sait que les vaincus ont toujours tort et que les nations aiment, pour se décharger elles-mêmes, à charger un seul homme de leurs désastres. Ce n'est pas pour protester contre l'impopularité, c'est pour affirmer la vérité que le général Baratieri a pris la parole. Des Italiens de mes amis me disaient, en me parlant de lui : « Après de certains désastres, on se tait. » Je ne crois pas que le silence ait jamais été utile ni à une personne ni à une cause. Ce que tous les peuples, tous les citoyens, doivent connaître, c'est la vérité, rien que la vérité, fût-elle amère, fût-elle tragique. Gutenberg n'a pas inventé l'imprimerie pour en faire un instrument de silence. On en fait trop souvent déjà un outil de calomnie et de mensonge.

Ce livre est la confession du vrai.

L'auteur est un enfant du Trentin qui, en 1859, à l'heure du réveil de l'Italie, abandonnait Arco pour venir combattre pour la liberté de la patrie italienne, faisait campagne avec Garibaldi, entrait dans l'armée italienne, se battait avec un acharnement intrépide dans la journée de Custozza, comme il s'était battu à Catalafimi et au Volturno, commandait avec une intelligence valeureuse un régiment de ces braves *ber-*

saglieri pendant la première partie de la guerre d'Afrique, inspirait par ses connaissances géographiques toutes spéciales, son érudition profonde, une confiance absolue à l'amitié de Crispi, et débutait, je le répète, par de glorieuses journées, dont les noms retentirent comme de chères victoires aux oreilles de son pays. Député au Parlement depuis des années, élu et réélu par ses compatriotes, qui connaissaient son libéralisme et sa loyauté d'âme, le général Baratieri était en outre un de ces Italiens de jadis qui aiment à la fois la liberté et la France. Ceux-là ont vieilli. Mais il en reste assez encore pour inspirer à leurs enfants les idées d'union, d'amitié — et de salut — entre les nations de race latine.

On lira avec profit du général Baratieri une série de lettres militaires réunies en volumes : *De Wissembourg à Metz, la Guerre civile d'Espagne,* toute une collaboration dans la *Rivista militare* et la *Nuova Antologia,* sans compter d'excellentes publications géographiques sur le Sahara et la terre noire d'Afrique; mais c'est le présent livre, ce sont ses *Mémoires d'Afrique* qui appellent surtout l'attention. Pages d'histoire d'hier, d'une histoire émouvante et douloureuse, mais non sans gloire et sans honneur.

Depuis le désastre d'Adoua, j'ai entendu de hauts personnages italiens reprocher au gouverneur de l'Érythrée de n'avoir été qu'un « général politique ». Le général Baratieri me paraît avoir été surtout, non la créature, mais la victime des politiciens. Encore un coup, on lui demandait à Rome l'impossible. Nourrir une armée en campagne est le grand problème, qui devient, dans les entreprises coloniales, plus difficile encore à résoudre. Comment subsister dans le pays à peine peuplé où l'armée italienne faisait campagne? La dépêche de M. Crispi, président du conseil, cette étonnante dépêche dont je parlais tout à l'heure, est demeurée célèbre : « *Napoléon Ier faisait la guerre avec l'argent des vaincus.* »

On la trouvera dans ces *Mémoires d'Afrique,* où le général Baratieri, qui sent le danger venir, grossir, se débat à la fois contre les menaces de Ménélick et contre celles de la Chambre : le rapatriement de trois bataillons italiens, la suppression de deux bataillons indigènes, la réduction du budget et des effectifs, la modification même de l'armement, qui met des fusils nouveau modèle entre les mains de sol-dats peu exercés. Il prévoit l'avenir, le noir avenir. Par deux fois il demande son rapatriement, donne sa démission. On ne l'écoute pas. On décrète de loin la victoire. *Fata trahunt.*

On l'a accusé d'avoir injustement engagé la bataille, alors que la veille on l'accusait encore de *phtisie militaire.* « La vérité est qu'autour de lui tout le monde voulait se battre, et que les reproches qu'il recevait de Rome l'avaient blessé au vif; il se fit un point d'honneur de prouver qu'il ne les méritait pas. Aussi avisé que Fabius le Temporisateur, dont il s'était approprié la méthode, il n'eut pas comme lui ce sublime entêtement, cette indifférence à l'opinion qui étaient la marque des vieux Romains. Mais il est en droit d'affirmer qu'il n'a pas la principale part dans la responsabilité du désastre. Ce qui a été vaincu à Adoua, c'est moins un général et son armée qu'une politique imprévoyante qui se targuait de faire facilement et à peu de frais des choses difficiles et coûteuses. »

Ainsi parle un juge non prévenu, *Valbert,* M. Victor Cherbuliez.

A la bataille d'Oumdurman, cette « exécution » de l'armée des mahdistes par l'armée anglo-égyptienne, trois hommes seulement, lorsque cessa la lutte, trois soldats du khalife, se trouvèrent seuls, debout « en face des trois mille hommes de la 3ᵉ brigade. » Ils entourèrent, dit M. G.-W. Steevens, qui suivait l'armée du sirdar, *with Kitchener as Khartoum*, ils entourèrent de leurs bras la hampe du drapeau noir et nous regardèrent fixement. Deux tombèrent. Le dernier Derviche resté debout aspira l'air longuement : il invoqua à haute voix le nom de son Dieu et nous lança sa lance. Puis il attendit immobile. Frappé en pleine poitrine, il vacilla, tomba à genoux, puis en avant, la tête sur ses bras et la face tournée vers ses vainqueurs [1]. »

C'était le dernier des mahdistes, succombant avec le rêve du Mahdi en cette journée de boucherie où, en perdant quatre cents hommes à peine, les Anglo-Égyptiens en tuèrent onze mille, en blessèrent dix mille autres. Oumdurman, où les Derviches surent, devant d'admirables soldats bien armés, héroïquement attaquer et mourir, Oumdurman, qui ouvrait Khartoum, marquait la fin même de l'empire fondé par le Mahdi, et le drapeau noir et l'étendard vert flottèrent une dernière fois sous les schrnapnells et les balles des maxims. Mais si le sirdar, sir Horatio Kitchener, dont nous ne pouvons oublier la loyale conduite avec le commandant Marchand, avait la gloire, ce jour-là, d'écraser à tout jamais les Derviches, un homme autrefois, un soldat, avait porté le premier coup à l'armée du Mahdi en lui arrachant Kassala, et du fond de sa retraite il assistait à cette glorification du vainqueur anglais qui était pour lui comme le couronnement de sa vie de vaincu.

Car c'est son lot et son sort maintenant, à ce soldat qui fut en son pays, après les journée dse Kassala et de Coatit, si chaudement populaire, et que le président de la Chambre, quittant son fauteuil, allait recevoir et embrasser lorsqu'il rentrait au Parlement. Il connaît les gémonies après

---

1. Cité et traduit par Mᵐᵉ Arvède Barine, *Journal des débats*, 23 octobre 1898.

les heures de triomphe, et les politiciens qui l'ont poussé
aux aventures sont les premiers à l'accabler de leurs reproches, le rendant responsable non seulement de la défaite
d'une armée, mais de la chute d'un cabinet. Adoua a fait
tomber Crispi, cela ne se pardonne pas.

Et pourtant, le général Baratieri, redisons-le, avait, avec
la conquête de Kassala, donné le coup de grâce au mahdisme, qui depuis n'a pu tenter une guerre d'expansion et
de conquête. Et malgré toutes ces tentatives, malgré l'abandon dans lequel l'Angleterre laissait les troupes italiennes,
malgré la terrible guerre contre toute l'Abyssinie, le mahdisme n'a pu prendre, depuis Baratieri aucune revanche sur
l'Europe.

L'Italie avait donné sans compensation Kassala à l'Angleterre, qui ne voyait pas avec tristesse les Abyssins armés
contre l'Italie, et cette occupation de Kassala par les Anglais
leur rendait possible et facile la conquête du Soudan. Aujourd'hui la colonie d'Érythrée est absorbée par l'empire
anglo-égyptien; et si l'Europe laisse faire (elle laissera
faire), l'Abyssinie sera peu à peu conquise par l'or anglais,
la patience et la ténacité anglaises.

Et c'est ainsi que la plus belle opération militaire du général Baratieri, le fait le plus heureux de sa vie, devait servir,
non à l'Italie, son pays, et à la civilisation européenne, mais
à la fondation d'une puissance anglo-égyptienne contre
l'Italie et la population indigène.

Je ne m'appesantirai pas sur la terrible journée d'Adoua,
qui est l'écroulement de ce songe : l'empire d'Érythrée. La
bataille a été étudiée de près par des écrivains de mérite, et
le général Baratieri la raconte avec une clarté saisissante.
Il y eut, on l'assure, de la fatalité dans cette défaite, comme
en bien d'autres. Tout cela est un coup de dés de la Destinée.

Un de nos capitaines d'artillerie, M. C. de la Jonquière,

qui a étudié de près la campagne et les quinze ans de
politique coloniale des *Italiens en Érythrée,* a dégagé, avec
beaucoup d'équité, la responsabilité de tous les chefs qui
combattirent à Adoua. Depuis deux mois, une série de
malchances rendait quasi inévitable le dénouement devant
lequel le général Baratieri hésitait, redoutant le résultat et
ne pouvant se résigner, lui, soldat, à battre en retraite. La
fatalité même, je ne saurais trop le redire, semble s'être
acharnée contre l'armée italienne. La position choisie
comme premier objectif était bonne, les conditions de marche avaient été bien réglées. Et voilà que le général Albertone se trompe de col, prend un col de Chidane-Meret pour
un autre, tandis que, pour soutenir la droite de la brigade
indigène, « le général Dabormida s'engouffre dans ce long
couloir du Mariam Sciavita où il devait livrer un combat
absolument indépendant du reste de la bataille[1] ».

Du moins furent-ils, comme leurs soldats, admirables de
dévouement et de courage, ces généraux enveloppés par les
Abyssins. Il y avait là quatre généraux de brigade : deux
se firent tuer, Arimondi et Dabormida; un autre, après le
combat, était prisonnier, Albertone; le quatrième blessé,
Ellena. Le 1er bataillon alpin avait perdu 15 officiers sur 19;
le 11e bataillon d'Afrique, tous ses officiers, sauf un sous-
lieutenant. Le verdict du conseil de guerre qui reproche à
Baratieri d'avoir livré bataille « malgré l'énorme disproportion des forces », reconnaît que « le général Baratieri,
après être resté en première ligne au feu, s'est retiré un des
derniers du champ de bataille ».

Il faut rappeler ici ce mot d'un historien que citait G.
Valbert : « La multitude ne comprend guère que les dévouements. » Baratieri cependant s'est dévoué, et, démission-

1. C. de la Jonquière.

naire, mais soldat, a obéi à une politique dont il ne méconnaissait pas les dangers. Depuis plus de trois ans, depuis le 1er mars 1896, acquitté par le tribunal militaire qui, de son propre mouvement et contrairement à la loi, se constitua en conseil de discipline pour émettre un blâme, le général supporte avec dignité le poids d'une responsabilité dont il a raison de vouloir se décharger aujourd'hui.

Quand il écrit, c'est encore à la patrie qu'il songe. Son dernier mot est pour elle. « J'ai, dit-il, sacrifié pour la patrie tous les biens de la vie, jusqu'à la réputation que j'avais acquise en travaillant et en combattant pour elle. »

M. le général Turr m'a présenté, un jour, le général Baratieri, et j'ai vu un homme attristé, d'une mélancolie touchante, parlant de lui-même et des autres avec un apaisement singulier, sans récriminations, adorant cette chère patrie qui l'accable, parlant de ses soldats avec des larmes ; — je l'ai écouté et j'ai lu son livre. La fortune n'est pas toujours la servante des braves gens. J'ai été ému par ce vaincu qui méritait la victoire, et qui, l'ayant obtenue, à Kassala et ailleurs, était digne de la garder.

Ah ! dans sa solitude d'Arco, quels amers retours il doit faire sur les infidélités de la gloire, quand il se revoit battant les Derviches et délivrant, avec une joie de soldat de la civilisation, leurs captifs chargés de chaînes ! Mais non, il n'est pas amer, il est résigné. Il est tel qu'on le rencontrera dans ce livre : sincère et tristement pensif.

On n'a pas contesté la véracité de ces *Mémoires*, aucun point n'a été mis en doute, sauf quelques très légères erreurs que le général a corrigées dans l'édition française. Ce n'est pas seulement, je le répète, l'Italie qu'intéresse la confession *de bonne foi* du général Baratieri, c'est aussi la France, et l'excellente traduction que je viens de lire arrive, on peut bien le dire, à l'heure voulue. On verra dans ces pages ce que peuvent coûter à une nation la fièvre des conquêtes coloniales, et aussi et surtout la lutte, en temps de guerre, et les rivalités des pouvoirs civils et des pouvoirs militaires. Nous avons vu à Madagascar la Marine et la Guerre faire payer de même à nos pauvres soldats leurs dissentiments. La *Conclusion* du général Baratieri, si lumineuse dans son éloquence sans phrases, montre ce que devient toute expédition subordonnée à l'intérêt d'un ministère qui, dans ce jeu de la Mort qui s'appelle la Guerre, ne voit qu'un jeu de majorité à l'usage des politiciens. Dieu nous garde à jamais du sort des combattants d'Adoua et des soldats de Santiago !...

Et, du salut de la plume, comme d'un salut d'épée, j'envoie une pensée aux morts qui sont tombés à l'heure du péril, et aux vaincus, chefs et soldats, qui, sous le drapeau criblé, firent vaillamment leur devoir.

JULES CLARETIE,
de l'Académie française.

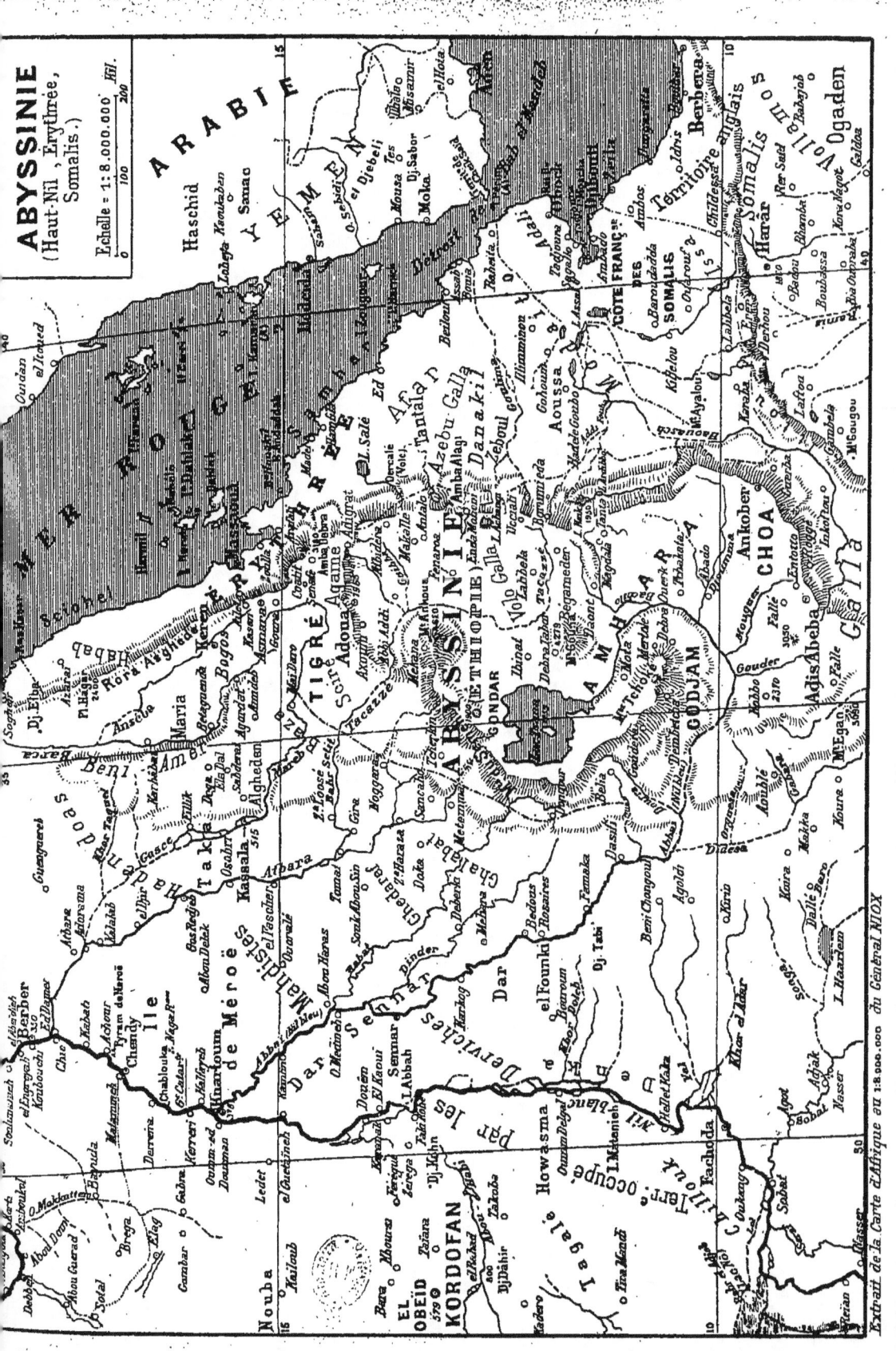

ABYSSINIE
(Haut-Nil, Erythrée, Somalis.)

Echelle = 1 : 8.000.000. Kil.

Extrait de la Carte d'Afrique au 1:8.000.000 du Général NIOX

INTRODUCTION

I

Dans le nord-est de l'Afrique, presque en face de l'Arabie, l'épine dorsale du continent noir, que les anciens appelaient *Spina mundi (l'arête du monde)*, s'élargit et s'étale, en formant une immense Suisse africaine. C'est là le territoire des Habesch, — l'Éthiopie ou l'Abyssinie, — qui s'étend depuis la mer Rouge méridionale jusqu'à la région des lacs équatoriaux, et sépare les eaux qui coulent vers la vallée supérieure du Nil, des eaux qui se dirigent sur la mer Rouge et l'océan Indien.

Le pays s'élève par des terrasses successives, qui partent du niveau de la mer et vont jusqu'aux montagnes du Semien, au cœur même de l'Abyssinie. Quelques-unes de ces montagnes dépassent 4,600 mètres d'altitude, et leurs cimes blanchissent souvent, même pendant l'été, sous le grésil ou sous la neige. On accède à ces terrasses successives par de longues et tortueuses vallées, dont les fonds sont rendus presque inextricables par une puissante végétation tropicale. Les parois des montagnes sont à pic, et les lits des torrents, encombrés de rochers, ont rarement de l'eau ; des éperons escarpés, des gorges et des précipices barrent souvent le chemin. Tel est l'aspect des voies qui conduisent à l'Abys-

sinie, pour le voyageur venant de l'orient, c'est-à-dire du
côté de la mer, ou bien encore du désert des Dancalis.

Tout autre est l'aspect des voies qui conduisent à l'Abyssinie par l'occident, c'est-à-dire par le Soudan et par la
vallée supérieure du Nil. De vastes coupures donnent passage aux torrents qui descendent peu à peu, en portant au
Nil, à la suite de la saison des pluies estivales, leur tribut
d'eaux riches d'humus ; et ces eaux, après avoir formé la terre
d'Égypte, font sa richesse par leurs inondations. Les vallées
sont larges, les montagnes couvertes de forêts, et les sentiers
moins rapides ; mais toujours le terrain présente des ressauts,
et il a tous les signes caractéristiques des hautes montagnes.

Les terrasses successives, qui forment les bases, élevées
de plus en plus, du massif central des montagnes, s'étalent
à diverses altitudes ; les plus larges et peut-être les moins
désertes sont à peu près à 900, 1,200 et 2,000 mètres d'altitude. De 1,800 à 2,600 sont la plupart des hauts plateaux
les plus étendus, les plus fertiles et les plus cultivés, avec
leurs combes montagneuses bien pourvues d'eau ; le climat
y est relativement doux, et le sol est apte aux cultures de
l'Italie, de la Grèce, de l'Espagne et de la France méridionale. La végétation est rare, brûlée et épineuse sur les
bords de la mer et dans le désert ; elle est touffue dans les
quollas[1] et se développe avec l'altitude ; aux bois d'oliviers,
aux sycomores, aux tamarisques et aux baobabs succèdent les
euphorbes, plante caractéristique de la nature éthiopienne.

Cet ensemble de montagnes, dont la superficie est peut-
être égale à la superficie de la France et de l'Italie réunies,
renferme un grand bassin lacustre, — le lac de Tsana, — à
1,858 mètres au-dessus du niveau de la mer. Du lac de Tsana

---

1. On appelle *quollas* les vallées sitées au-dessous de 1,700 à 1,800 mètres ;
Voina dega, la région comprise entre 1,800 et 2,400 mètres ; *Dega*, la région
supérieure à 2,400 mètres.

sort l'Abai ou Nil Bleu, qui fut, pendant des siècles, pris
pour le Nil lui-même. D'autres fleuves, comme l'Atbara et
le Mareb, enrichissent le bassin supérieur du Nil. Au sud
et au sud-est descendent les torrents qui, après avoir traversé, comme des fleuves, le vaste territoire des Gallas et
des Somalis, vont vers l'océan Indien. A l'est les torrents
de l'arête éthiopienne se déversent dans la mer Rouge et
dans le désert des Dancalis ; mais leurs eaux sont rares et
peu abondantes, leur lit est incertain et de courte durée ; ces
torrents ne coulent qu'après les violentes pluies de l'été, lorsque les eaux se précipitent le long des pentes escarpées du
versant oriental.

En résumé, l'Abyssinie se dresse comme une immense
forteresse naturelle, dominant une zone qui présente un
grand intérêt géographique — c'est-à-dire les sources du Nil
— et un grand intérêt dans la politique coloniale moderne,
— c'est-à-dire le Soudan et les provinces équatoriales de l'A-
frique, vers lesquelles se dirigent les Français, les Belges
et les Italiens, mais qui viennent d'être occupées par les
Anglais. Aussi cette demande se pose-t-elle d'elle-même :
la question soudanaise peut-elle se résoudre d'une façon
durable, sans que la question abyssinienne soit résolue ? Et,
dans ce cas, comment et par qui pourra-t-elle être le mieux
résolue, dans l'intérêt des puissances civilisées et dans l'intérêt des peuples indigènes eux-mêmes ?

II

Du côté de la mer, on arrive à l'Abyssinie soit par le
littoral de Massaoua, soit par le littoral d'Assab, soit par la
baie de Tadjourah-Djibouti, soit par la rade de Zeila. Massaoua et Assab sont au pouvoir des Italiens ; Tadjourah et
Djibouti appartiennent aux Français ; enfin Zeila est aux

Anglais. De Massaoua et des ports immédiatement au sud de Massaoua (comme Zula et Houachil), on monte immédiatement sur la crête qui domine le nord de l'Abyssinie. En effet, Asmara et Halai, qui — horizontalement — sont si proches de la mer, se trouvent — verticalement — l'une à 2,423 et l'autre à 2,563 mètres d'altitude. Pour arriver aux pieds de la chaîne éthiopienne, en partant du littoral d'Assab ou de la baie de Tadjourah, il est nécessaire de franchir le vaste désert des Dancalis, qui ne contient que de rares oasis. Pour parvenir, de Zeila, au cœur de l'Abyssinie, il faut faire le tour du Harar, qui se trouve à l'extrémité des pentes orientales du massif éthiopien.

En faisant abstraction de la division politique actuelle et en restreignant l'Abyssinie dans les limites ethnographiques les plus étroites, — c'est-à-dire, en la regardant du col du Maldi (nord), entre Chéren et Asmara, jusqu'au fleuve Omo (sud), sur la frontière des Gallas, — l'Abyssinie actuelle peut se diviser en six parties distinctes au point de vue *orographique*. Ces six parties ou régions sont[1] :

L'*Abyssinie érythréenne*, qui comprend les pays au nord du Mareb : le Seraé, l'Oculé Cusai et l'Hamasen; c'est le bastion nord de l'immense forteresse naturelle, d'où descendent les cours d'eau qui se dirigent vers le Mareb et le Barca, ou vont directement vers la mer Rouge ;

Le *Tigré,* auquel on peut orographiquement annexer le bassin supérieur du Tacazzé jusqu'à la difficile barrière des montagnes du Semien ;

L'*Amahra,* au centre, avec le lac de Tsana, au sud de cette barrière avec le Begameder et le Lasta et avec le pays des Gallas, jusqu'à la crête occidentale de l'arête éthiopienne ;

1. Voir notre carte de l'Afrique nord-est, à l'échelle de 1/16.000.000, annexée à ce volume.

Le *Goggiam*, au sud-ouest, dans la vaste courbe formée par l'Abai, avant que ce fleuve, en sortant des montagnes abyssiniennes, ne prenne le nom de Nil Bleu ;

Le *Choa*, qui s'étend au loin, vers le sud, sans limites déterminées, jusqu'aux sources des fleuves qui parcourent la Somalie. On peut considérer le Kaffa comme un prolongement méridional du Choa ;

Le *Harar*, c'est-à-dire la protubérance orientale de la chaîne éthiopienne qui se dirige vers le golfe d'Aden.

Ce sont partout les mêmes montagnes qui dressent, dans le ciel, leurs cimes aux formes les plus diverses ; mais bien souvent elles finissent par une surface plate, en forme de table, dont les parois sont à pic ou formées par des précipices, et ces montagnes caractéristiques sont appelées *ambas*. Ce sont partout les mêmes crevasses profondes, souvent très étroites, qui rendent si dures et si difficiles les voies de communication, tout le long de l'arête éthiopienne. Ce sont partout les mêmes combes dans les hauts plateaux qu'égaye une luxuriante végétation et qui sont irrigués et cultivés avec soin, dans les rares endroits où les bras suffisent au travail. Ce sont partout les mêmes contreforts, souvent couverts de bois d'oliviers et d'euphorbes, qui descendent en pentes raides et souvent tombent en précipices dans la vallée. Par suite, on rencontre fréquemment des localités qui se prêtent à une défense opiniâtre de quelques hommes contre un grand nombre d'agresseurs. Par suite, on voit beaucoup de citadelles ou de forteresses naturelles, qui fournissent un abri sûr et un repaire, pour les produits de leurs razzias, aux chefs des rebelles et aux hordes des brigands. Et là, comme ailleurs, surtout pour un peuple qui vit plus près des lois de la nature, on trouve, dans la nature, l'explication de son caractère et de son histoire.

III

Le long des plages méridionales de la mer Rouge occidentale et du golfe d'Aden, on a le maximum annuel moyen de la chaleur sur le globe habité. Une ligne isotherme, ayant la moyenne annuelle de 30°,2, enveloppe les plages de Massaoua, d'Assab, de Tadjourah, d'Aden et de Hodeida. Mais, en montant, la chaleur diminue, tandis que la végétation augmente ; à 1,000 mètres, la température devient favorable à la colonisation européenne ; à 2,000 mètres, nous avons la moyenne annuelle de la température de Naples. Partout le climat est salubre, excepté dans les *quollas* inférieures, profondes et désertes ; même au bord de la mer, les maladies infectieuses sont rares.

Malgré la salubrité du climat, la richesse des produits et la simplicité de la vie, conforme à la nature ; malgré la santé et la force physique de l'Abyssinien, le nombre des habitants est très faible. De vastes étendues de terrain fertile, même sur les plus beaux hauts plateaux, demeurent incultes. Notre territoire du Seraé, qui, peut-être, il y a un siècle, nourrissait 200,000 habitants, n'en a plus que 12,000, d'après le recensement que j'ai ordonné en 1893.

Les causes principales de cette dépopulation sont les éternelles guerres civiles, les fréquentes insurrections des chefs, les razzias continuelles dans les régions moins bien armées et moins fortes, la nécessité pour tous d'être plus prêts au combat qu'au travail, le discrédit de l'agriculture, qui, trop souvent, prépare les moissons pour l'ennemi et l'amène à razzier, enfin l'esprit belliqueux, augmenté par tant de siècles d'atavisme, nourri par la lutte continuelle pour l'existence, et excité par l'orgueil de race et l'ambition individuelle.

L'Abyssinien a généralement les traits sémitiques : sa couleur est bronzée, sa figure est noble, son œil est vif comme celui du sauvage, ses formes sont belles, maigres et élancées. La guerre, la chasse, la vie errante dans les montagnes, ont développé ces qualités naturelles et lui ont donné une souplesse et une agilité merveilleuses, ainsi qu'une étrange résistance à la douleur physique; mais le relâchement des liens de la famille et les vices de la civilisation ont, en partie, rongé la robustesse du corps. L'âpre climat des hauts plateaux et des montagnes, les rayons cuisants d'un soleil de feu, la vie inquiète, incertaine et batailleuse, ont contribué à lui former, peu à peu, un tempérament nerveux, une imagination ardente et une humeur étonnamment changeante qui expliquent, à leur tour, le kaléidoscope de l'histoire abyssinienne.

L'Abyssinien a un aspect courtois et sympathique; sa figure est mobile comme son imagination ; sa langue facile l'amène à faire de longs raisonnements; ses façons sont polies. Les troubles continuels et les bouleversements politiques l'ont rendu soupçonneux, fin et rusé; mais souvent il s'arrête à la surface des choses, et il se laisse plus guider par l'instinct que par le raisonnement. Les éternelles luttes politiques et les rapides changements de parti, toujours exécutés les armes à la main, ont façonné la vie du pays et y ont créé, depuis des siècles, les compagnies d'aventure, qui passent d'un *ras* à un autre, selon que le vent souffle favorable ou contraire.

Les luttes continuelles amènent la misère générale, les nombreuses disettes si funestes, la vie nomade à laquelle se sont adonnées plusieurs tribus, l'oisiveté et l'insouciance du fatalisme. Ces luttes ont produit également la bravoure, la présence d'esprit, l'heureux instinct de l'utilisation du terrain pour le combat, l'habileté des mouvements, etc.; en

somme, les qualités militaires qu'ont des hommes passionnés, dès leur enfance, pour le métier des armes, auquel ils
ont été exercés, très agiles, excellents marcheurs et habitués à parcourir les montagnes en s'élevant rapidement aux
plus grandes altitudes.

IV

Les guerres, les insurrections, les razzias, ont fait disparaître, en Abyssinie, l'antique civilisation chrétienne,
laquelle a laissé derrière elle les petits seigneurs féodaux,
les couvents avec leurs vastes domaines, l'orgueil du blason
et une quantité de superstitions idolâtres, qui sont connues
sous le nom de religion cophte. Du reste, l'ignorance la plus
absolue règne partout, et l'on n'a aucune idée de la vie européenne.

A une époque antérieure à l'ère chrétienne, entre la vallée
supérieure du Nil et l'Arabie, à cheval sur la mer Rouge et
sur les montagnes septentrionales d'Éthiopie, existait l'empire des Axumites. Son histoire, que personne n'a écrite, est
enveloppée dans les ténèbres ; mais les monolithes d'Axum
(la cité sainte actuelle, l'ancienne capitale de l'empire) en
disent plus que les chroniques des monastères ; les monnaies
des rois axumites parlent, ainsi que les quelques inscriptions
et les monuments qui rappellent un art barbaro-égyptien ;
des renseignements sont encore fournis par les colonnes et
les obélisques, jalonnant la route du port d'Adulis, — près
de Massaoua, — jusqu'à Axum, par les ruines d'Adulis, de
Cohaito, près d'Adi Caié, et d'Yeha, près d'Adoua.

Cet empire avait sa flotte sur la mer Rouge, dans le
golfe d'Adulis ; et, pendant plusieurs siècles, il maintint sa
domination jusqu'au cœur même de l'Arabie. Environ trois
siècles après Jésus-Christ, l'empire des Axumites servit à

introduire et à propager le christianisme dans les montagnes
de l'Abyssinie. Plus tard, dans l'Arabie qui lui fait face, les
idées, les habitudes et les besoins des peuples nomades
firent naître l'islam, qui surgit tout armé et prêt aux invasions. L'empire des Axumites disparut au milieu des luttes
politiques et religieuses. La nuit enveloppe complètement
l'histoire abyssinienne. Un peu après l'an 1000, sur les rochers de Debra Damo, apparaît la figure de la juive Judith,
qui fit égorger toute la famille royale chrétienne et régna
pendant quarante ans avec les lois judaïques.

Viennent ensuite des dynasties de rois juifs et des dynasties de rois chrétiens. Prêtres et guerriers se disputent le
pouvoir, en dévastant le pays et en massacrant les habitants,
tandis que les musulmans de l'Arabie viennent occuper
Zeila, le golfe de Tadjourah et la baie d'Assab. De Zeila et
de Djibouti, Mahomet Grange, un peu après 1500, arrive à
planter le croissant sur les crêtes éthiopiennes. Cinq cents
Portugais, qui venaient de débarquer à Massaoua, arrivent,
sur le haut plateau, conduits par Christophe de Gama, et,
d'accord avec les natifs, ils délivrent le pays des envahisseurs. Mais aux héros lusitaniens succèdent les jésuites; alors
surgissent de nouvelles discordes et de nouvelles guerres
pour l'Église romaine et pour l'Église abyssinienne, pendant
que les Gallas, venus du centre de l'Afrique, dressent leur
campement permanent dans une des provinces les plus inté-
ressantes, au point de vue militaire, de l'Abyssinie centrale.

Dans ces deux derniers siècles, l'histoire de l'Europe,
au moyen âge, revit en Abyssinie avec les institutions féodales, avec les compagnies d'aventure et avec les maires du
palais. Les chefs gallas deviennent les protecteurs de l'empire; ils nomment et détrônent, selon leurs caprices, les
prétendus descendants de Salomon, les oints du Seigneur.
Les parents des empereurs sont relégués sur les *ambas* ;

puis ils sont appelés au trône, selon que le *ras* protecteur a
besoin d'une apparente royauté, ou bien que des *ras* plus
puissants, plus habiles ou plus heureux supplantent les protecteurs.

Au milieu de ce siècle, quatre chefs principaux se dispu-
taient le pouvoir en Abyssinie.

Celui qui l'emporta sur les autres, par les armes, par la
férocité et par la trahison, fut *ras* Cassa ; il supprima le
dernier empereur et posa sur sa propre tête la couronne
du *negus neghesti*.

En 1867 et en 1868, les Anglais firent la guerre au roi
Théodoros. Après les célèbres préparatifs faits à Zula, — au
sud de Massaoua, — les Anglais montèrent sur le haut plateau et, par Sénafé, Adigrat et Antalo, arrivèrent, sans coup
férir, à la forteresse montagneuse de Magdala, où s'était
retiré Théodoros, dont les forces se trouvaient réduites à
moins de 5,000 hommes par les désertions et la trahison.
C'est ainsi que les Anglais purent attaquer et prendre Magdala, en perdant environ vingt hommes, tant morts que blessés. Toutefois, malgré leur victoire, les Anglais ne crurent
pas opportun d'occuper l'Abyssinie. Quelques semaines
après l'expédition anglaise, les seules traces qui en restaient étaient dans les ruines de Magdala et dans le cimetière de Zula.

Celui qui, plus que tous les autres, avait aidé les Anglais
était *ras* Jean, prince du Tigré ; il reçut d'eux de l'argent
et des armes qui lui permirent de triompher de ses rivaux,
surtout à la bataille d'Adoua (14 juillet 1871), et d'assurer
sa domination sur l'Abyssinie, jusqu'à la frontière du Choa.
Plus tard, *ras* Jean, *negus* (roi) du Tigré, eut à lutter contre
les Égyptiens. Le *khédive* avait occupé le Soudan, en enser-
rant dans ses possessions, à l'ouest, tout le haut plateau
éthiopien. Il espérait alors fonder un vaste empire, compre-

nant toute l'Afrique nord-est jusqu'à l'océan Indien et jusqu'aux sources du Nil. Il comptait avoir pour alliés, en Abyssinie, tous les *ras* mécontents et révoltés, qui lui avaient
promis de se mettre avec lui. Mais, dès les débuts, un petit
corps de 3,900 Égyptiens fut détruit à la fin de 1875, sur le
Mareb ; puis un autre corps de 17,000 Égyptiens fut détruit,
au commencement de 1876, à Gura, par le *negus* Jean, qui,
à Axum, s'était proclamé *negus neghesti* (roi des rois).

De son côté aussi, Ménélick, *negus* du Choa, avait pris le
même titre de *negus neghesti*, — titre qui lui fut reconnu
officiellement, par le gouvernement italien, le 25 septembre
1877. Alors, éclata de nouveau l'éternelle guerre entre le
sud et le nord de l'Abyssinie. Mais les deux partis se. faisaient équilibre ; aussi les hostilités se réduisaient-elles à des
incursions et à des pillages, jusqu'à ce que, à la fin de 1877,
le roi Jean put rassembler 80,000 hommes, avec lesquels il
marcha contre le Choa. Ménélick vint aussi à la frontière, avec
son armée ; mais, sentant son infériorité, il se présenta à son
rival, lui demanda pardon et reconnut son pouvoir suprême.

Peu de temps après, dans le Soudan, l'insurrection mahdiste se formait, terrible, contre l'Égypte. Enflammé par le
fanatisme religieux et par la haine de races, aidé par les
conditions sociales et par la misère des populations, le mouvement des Derviches prenait l'apparence d'une des grandes convulsions sanglantes que présente l'islam dans son
évolution à travers l'histoire de l'humanité. En peu de
temps, l'insurrection, bouleversant tout, du Kordofan et du
Nil Blanc portait ses étendards exterminateurs jusqu'au Nil
Bleu et jusqu'aux frontières d'Abyssinie, en se fixant comme
but les bords de la mer Rouge.

Le gouvernement anglais chercha alors des alliés, contre
le mahdisme, chez les Abyssiniens, et, par le traité conclu
(le 3 juin 1884) entre le roi Jean et l'amiral Hewett, à

Adoua, il céda à l'Abyssinie le pays des Bogos (qui fut plus tard la zone italienne de Chéren), sur la route de Cassala, et par suite, d'une certaine manière, Cassala même, quand cette localité fut évacuée par les Égyptiens. Mais, alors comme maintenant, il ne fallait pas trop compter sur les Abyssiniens pour lutter contre les Derviches; aussi l'Angleterre accepta-t-elle volontiers le concours indirect de l'Italie, à Massaoua.

V

L'Italie, selon les idées politiques d'un parti alors puissant, avait manqué l'occasion de s'unir aux Anglais pour occuper l'Égypte. L'Italie possédait déjà, sur la mer Rouge, la station d'Assab; — et, en Italie, les uns espéraient trouver, dans les montagnes de l'Éthiopie septentrionale, un pays favorable pour une colonie italienne; les autres comptaient gagner quelque chose dans le partage des terres égyptiennes; d'autres voulaient, pour la jeune Italie, nouvelle puissance navale, une expansion de vie, d'activité et de négoce; d'autres, enfin, désiraient s'unir aux puissances civilisées pour partager le continent noir.

En février 1885, un petit corps expéditionnaire italien débarquait à Massaoua, tandis que Kartoum, enveloppé par les féroces hordes mahdistes, tombait avant que n'y arrivât l'expédition anglaise. Peu de temps après, Cassala tombait à son tour; cette localité était transformée, par les Derviches, en un camp permanent, devant servir à la garde de leur frontière orientale et en faciliter aussi l'extension. Pendant ce temps, les Abyssiniens, conduits par *ras* Alula, — un fils de paysan du Tigré qui avait suivi le *negus* Jean dans toutes ses aventures, — descendaient de l'Asmara pour razzier le pays des Bogos et celui des Hababs, parce que, à leurs

yeux, le droit d'établir leur domination représentait le droit
de razzier. Ensuite, de l'Asmara, au lieu de descendre contre les Derviches, ils marchèrent contre nous, jusque dans la
combe de Massaoua; après avoir enveloppé, par surprise,
un de nos détachements à Dogali (26 juin 1887), ils le mas-
sacrèrent.

Pour venger Dogali, on prépara, en 1887, et on entreprit,
pendant l'automne de cette même année, une expédition
italienne contre l'Abyssinie, sous le commandement du
général di San Marzano. Le corps italien, après avoir débarqué à Massaoua, s'avança lentement jusqu'à Saati, et il s'y
fortifia, en février 1888, attendant que les Abyssiniens des-
cendissent vers la mer. Les Abyssiniens, sous les ordres du
negus Jean, s'avancèrent bien, en très grand nombre, jusqu'en vue des hauteurs que nous avions fortifiées; mais ils
se retirèrent ensuite sur leurs hauts plateaux, et le corps
expéditionnaire italien, après une campagne de plus de
six mois, revint en Europe[1].

Le *negus* Jean tourna alors ses armes, une nouvelle fois,
contre Ménélick, *negus* du Choa, que lui rendait suspect la
protection que lui accordait l'Italie. Tigrins et Choans se
firent face de nouveau, sans s'attaquer à fond. Pendant
ce temps, les Derviches devenaient menaçants, du côté du
Galabat; aussi le *negus* Jean se dirigea-t-il avec son armée
vers l'occident : et, le 10 mars 1889, à Métemma, il fut tué,
et ses troupes furent dispersées. Les Derviches s'arrêtèrent :
et Ménélick, soutenu par les Italiens, fut de nouveau élevé
sur les boucliers, même par les *ras* qui peu auparavant lui
avaient fait la guerre. L'Italie chercha alors à être récom-
pensée des grands services qu'elle avait rendus à Ménélick,
et elle signa, dans ce but, le traité d'Uccialli, 2 mai 1889.

---

1. Voir ma publication *En face des Abyssiniens*, dans plusieurs numéros
de la *Nuova Antologia* de 1888.

L'article 17 de ce traité assurait à l'Italie le droit de traiter des affaires de l'Éthiopie avec les autres puissances et les autres gouvernements ; par suite, il assurait le protectorat de l'Italie sur l'Abyssinie et sur toutes les terres dépendant de l'Abyssinie.

Il importait au gouvernement italien d'arriver à temps dans le partage que les puissances civilisées s'empressaient de faire de l'Afrique. On conclut alors des traités avec les petits seigneurs, pompeusement appelés sultans des terres qui bordent l'océan Indien, au nord de l'équateur ; ces terres, étant situées à l'extrémité des territoires traversés par des fleuves provenant des Alpes éthiopiennes, peuvent être considérées comme des dépendances géographiques de l'Éthiopie. De cette façon, un accord avec l'Angleterre, en date du 24 mars 1891, détermina la zone de l'influence italienne, en Afrique, en traçant théoriquement les limites entre notre zone et la zone anglaise. C'est ainsi que la zone italienne s'étendit aux peuples et aux terres situés sur une longueur de plus de quinze parallèles et sur une largeur d'autant de méridiens, depuis le cap Casar, dans la mer Rouge, jusqu'à l'embouchure du Giuba (Juba) ; depuis les terrains aurifères du Nil Bleu jusqu'au cap Guardafui (l'*Aromata promontorium*), c'est-à-dire sur une longueur de plus de 2,000 kilomètres (distance existant entre Calais et Brindisi) et sur une largeur de 1,800 kilomètres environ, avec deux longues bandes de terrain sur la mer, l'une sur la mer Rouge, l'autre sur l'océan Indien.

La zone d'influence italienne comprend l'angle formé, dans le continent africain, par la mer Rouge et le golfe d'Aden jusqu'à l'océan Indien ; mais elle est interrompue par les possessions anglaises et françaises du golfe d'Aden ; elle est, à son tour, enveloppée par la zone d'influence anglaise dans l'Afrique septentrionale et orientale ; cette dernière zone remonte la vallée du Nil, arrive aux lacs équatoriaux et descend, de là, à la côte de l'océan Indien.

VI

Mais bornons-nous à l'Érythrée. Cette colonie, d'après les intentions du gouvernement italien, devait servir de base au développement progressif de notre puissance en Afrique et au développement de la vie coloniale italienne.

Le *negus* Jean étant mort, Ménélick ayant été proclamé *negus neghesti* (empereur), et le traité d'amitié avec le Choa étant signé, nous sortîmes enfin de la fournaise de Massaoua, pour respirer l'air des montagnes. Le général Baldissera, le 2 juin 1889, occupait Chéren et, le 3 août, l'Asmara. La crête du haut plateau était à nous : et, de là, nous avançâmes peu à peu vers l'ouest et vers le sud. L'Hamasen et l'Oculé Cusai firent partie de la colonie. On nomma chef de l'Oculé Cusai *degiac* Batha Agos, dont j'aurai à parler dans mes *Mémoires*.

Le général Orero, le 26 janvier 1890, occupait Adoua. Pendant ce temps, Ménélick, en dévastant le pays, s'avançait du Choa jusqu'au Tigré, où commandait *ras* Mangascia, fils naturel du *negus* Jean et prétendant à la couronne d'Éthiopie. Mangascia se soumit à la raison du plus fort ; mais, devant l'attitude des chefs tigrins, Ménélick, arrivé à Ausien, ne put franchir la barrière montagneuse qui couvre Adigrat et Adoua, et, en mars, il fut obligé de reprendre le chemin du Choa.

Les Italiens se retirèrent d'Adoua en maintenant, au sud, la ligne frontière sur le Mareb Belesa, tandis qu'à l'ouest ils occupaient la vallée du Barca et poussaient leurs avantpostes jusque dans les montagnes des Barias, à deux journées de Cassala.

La colonie prenait alors (mai 1890) son extension nor-

male, qu'elle conserve encore actuellement; et, au point de
vue régional, elle se divisait ainsi :

Territoire de Massaoua, le long des bords de la mer, du
cap Casar (au nord) jusqu'à la baie de Houachil (au sud),
et, dans l'intérieur, jusqu'au premier gradin des terrasses
montagneuses[1] ;

Zone de Chéren, la partie septentrionale, comprenant les
tribus semi-nomades des Hababs, des Marias, des Mensas,
des Bogos, des Beni Amer et des Barias, jusqu'aux territoires désolés du mahdisme ;

Zone d'Asmara, essentiellement abyssinienne, constituée
par le bastion septentrional du haut plateau éthiopien et
comprenant l'Hamasen, le Seraé, l'Oculé Cusai et d'autres
régions d'importance moindre ;

· *Zone maritime* des Dancalis et possessions d'Assab, le
long de la côte, jusqu'à l'extrémité sud de la mer Rouge.

Pendant les convulsions de l'Éthiopie, à différentes épo-
ques, plusieurs fractions de tribus, chassées et poussées par
des invasions ou par des guerres civiles, émigrèrent vers le
nord, dans les montagnes moins élevées, dans les plaines
moins fertiles, dans les combes les plus arides de la région
si accidentée qui sépare la mer Rouge et le Soudan. De
même, d'autres tribus, venant des déserts de Libye ou du
Soudan voisin, remontèrent le pays pour chercher à la fois
la sécurité et des pâturages, tandis que des Arabes traver-
saient la mer, pour changer leurs plages asiatiques contre
des plages africaines.

Toutes ces tribus étaient ou devinrent nomades, soit pour
pouvoir, avec leurs troupeaux mobiles, mieux éviter les razzias ; soit parce que le sol, trop aride en bien des endroits,
limite la culture ; soit pour profiter, en changeant de résidence, de la double saison des pluies qui tombent, l'été sur

1. Voir la carte générale de la colonie de l'Érythrée, à la fin de ce volume.

le haut plateau, et l'hiver sur les territoires voisins de la mer. Voilà pourquoi, en aucun point de la terre, on ne peut observer, sur un aussi petit nombre d'hommes, autant de variétés de types, de coutumes, de langues, de races et de religions, comme dans ce prolongement du haut plateau éthiopien, par lequel passent les communications entre l'Arabie et le Soudan. Ce prolongement a reçu le nom de colonie de l'Érythrée, qui lui a été donné — de nos jours — par les Italiens, en souvenir d'événements historiques nébuleux. Ces variétés correspondent aux variétés des climats et des productions aux différentes altitudes.

En juin 1890, le général Gandolfi était envoyé, comme gouverneur, dans la colonie de l'Érythrée ; et moi, alors colonel de bersagliers, j'étais nommé au commandement de la zone de Chéren, alors que le colonel Piano commandait la zone d'Asmara. Il semblait que tout était fini du côté de l'Abyssinie ; l'Érythrée n'était préoccupée que du Soudan, car les Derviches venaient de faire, tout dernièrement, une razzia chez les Beni Amer et étaient arrivés dans le campement principal de cette tribu nomade, en deçà d'Agordat et tout près de Chéren.

Mais le *negus* Ménélick, après avoir profité du concours des Italiens, n'était satisfait ni du traité d'Uccialli ni de l'extension que nous avions prise sur le haut plateau. Le comte Antonelli fut envoyé de nouveau au Choa, mais en vain. Antonelli dut revenir en rompant les relations avec le roi des rois. Plus tard, le cabinet di Rudini, ayant succédé au cabinet Crispi, inaugurait en Afrique une nouvelle politique, fondée sur l'amitié avec les chefs tigrins, dans le but de former un rempart entre nous et le Choa et d'établir une division permanente entre le nord et le sud de l'Abyssinie, division qui est dans l'ordre historique des choses en

Éthiopie et que beaucoup considéraient comme nécessaire
à la sécurité de l'Érythrée.

Les négociations avec *ras* Mangascia, avec *ras* Alula, avec
ras Agos du Sciré et avec les autres chefs tigrins, entamées
par le général Gandolfi et continuées par moi, comme vice-
gouverneur, de juillet à octobre 1891, eurent une sanction
solennelle par l'entrevue du Mareb (6-8 décembre 1891),
dans laquelle le général Gandolfi, revenu momentanément
de Rome, échangeait avec *ras* Mangascia le serment d'amitié, et s'entendait avec lui pour l'annexion à la colonie italienne des provinces en discussion, c'est-à-dire du Seraé
et de l'Oculé Cusai.

VII

Depuis le mois de février 1877, l'Italie avait persisté dans
sa politique favorable au *negus* Ménélick et aux Choans,
bien que cette alliance avec le Sud lui créât beaucoup d'ennemis, chez les Abyssiniens du nord, qui étaient en contact
immédiat avec les Italiens ; bien que son amitié avec Ménélick contribuât à lui jeter sur les bras presque toutes les
forces du *negus* Jean ; bien que Ménélick fût au loin, indécis, faible et combattu. L'amitié de l'Italie contribua puissamment à faire reconnaître le *negus* Ménélick *roi des rois*
d'Éthiopie et le rendit fort, craint et confiant en lui-même,
à un tel point qu'il nous obligea à changer de politique,
quoique ce changement mît en discussion et en danger le
protectorat de l'Italie sur l'Abyssinie et sur les terres dépendant de l'Abyssinie. Mais, en Abyssinie, il n'y a pas de
gouvernement régulier et défini, dans le sens civilisé du
mot. Le gouvernement consiste en un régime, changeant à
chaque bourrasque politique, à chaque guerre et à chaque
révolte. Les traités sont inscrits sur le sable, car ils disparaissent avec les chefs qui les ont signés, ou bien ils sont

violés par ceux-ci quand diminue pour eux l'intérêt ou la crainte. L'état de l'Abyssinie — où fait défaut la stabilité des institutions politiques, civiles et militaires — explique, d'une façon évidente, un état de choses qui semble si étrange.

Le pouvoir suprême n'est ni héréditaire ni électif; il n'appartient ni à une famille ni à un territoire; il dépend du hasard et de la force qui prédomine au moment voulu. Le chef suprême de toute l'Abyssinie est actuellement le *negus* du Choa, lequel est généralement reconnu comme le *negus neghesti*. Son pouvoir pourra durer quelque temps, s'il a l'appui des Européens, ou s'il n'éclate pas quelque grosse bourrasque dans le nord. Mais qui lui succédera parmi les prétendants déjà connus[1]?

De même, l'autorité des chefs varie avec les diverses provinces; elle varie avec l'autorité des chefs eux-mêmes, selon la faveur dont ils jouissent au camp du *negus,* selon l'énergie qu'ils déploient, selon la crainte qu'ils inspirent, selon la force de leurs adversaires. Mais, en général, l'autorité est très étendue et absolue, et elle s'exerce de la façon la plus arbitraire.

Le roi des rois, consacré par le clergé dans l'une ou l'autre des cités saintes, est le chef des *ras* guerriers. Il vit souvent dans les camps, car c'est là seulement qu'il peut exercer son autorité tout entière, laquelle ne vaut qu'autant qu'elle est soutenue par les armes. De même que son pouvoir et l'étendue de ses domaines varient, de même varie sa résidence ou capitale. La capitale de l'Abyssinie se trouve dans la région à laquelle appartient le *negus neghesti* et dans l'endroit lui permettant le mieux de se défendre contre les ennemis intérieurs et extérieurs du moment. C'est ainsi que, dans les trente dernières années, l'Abyssinie a

---

1. Tout ceci a été écrit avant le mouvement de *ras* Mangascia et du Tigré contre le *negus neghesti* Ménélick et le Choa.

eu plusieurs capitales : *Gondar,* qui occupe une position
splendide sur le versant du lac de Tsana, mais dans la suite
trop exposée aux attaques des Derviches ; *Debra Tabor* dans
les montagnes de Begameder, un des points les plus cen-
traux de l'Abyssinie tout entière : elle fut abandonnée plus
tard parce qu'elle était trop voisine de la frontière choanne ;
Adoua, bien à l'abri des attaques choannes et assez bien
défendue aussi contre les Derviches : elle fut quittée pour
Macallé, parce qu'Adoua était trop exposée aux attaques des
Italiens, établis dans le Seraé ; *Macallé* était plus en arrière
et mieux à l'abri, quand on nous craignait ; *Entotto* et *Adis
Abeba,* quand l'hégémonie éthiopienne passa au Choa. Ce
seul fait suffirait pour expliquer la décentralisation du gouvernement, l'instabilité du pouvoir souverain et l'erreur
que l'on commettrait en jugeant les choses abyssiniennes
avec des idées européennes.

Le *negus neghesti* a bien, théoriquement, un pouvoir absolu et sans limites ; il fait et défait, à son gré, les commandants des provinces ; il dépouille à sa guise les populations,
malgré le code civil et religieux, appelé *Fatha neghesti ;* il
commande toutes les forces ; il prescrit les razzias, surtout
dans les riches pays du sud et du sud-est, razzias rapportant
souvent à la couronne un riche butin en troupeaux et en esclaves ; il fait la paix et la guerre, il contracte les alliances
comme bon lui plaît et il exerce le suprême pouvoir judiciaire. Mais son pouvoir est basé sur le consentement des
chefs de province, qui souvent sont rebelles ; il émane de
Dieu, par l'intermédiaire du clergé, dont il doit s'assurer la
fidélité par des concessions de toute sorte. Mais la nomination faite par le clergé n'a de valeur qu'autant que le chef proclamé est le plus puissant, par ses partisans et ses soldats.
Mais les chefs conduisent leurs soldats à la guerre, quand
ils espèrent en tirer profit, ou quand ils ne redoutent pas

d'être punis de leur désobéissance. Mais il est difficile au *negus neghesti* de frapper un chef qui lève l'étendard de la révolte ou qui passe à l'ennemi. Mais le *negus neghesti* partage l'administration de la justice avec tous les chefs de province, et, dans bien des cas, avec le clergé, qui est très puissant en Abyssinie, bien qu'il soit ignorant et vicieux, et bien que les Abyssiniens soient assez indifférents en matière de religion.

Les chefs et les sous-chefs ont autour d'eux un noyau permanent de soldats; ils gouvernent à leur gré les malheureuses provinces, soit par eux-mêmes, soit par d'autres sous-chefs; — souvent ils conspirent contre les *ras* voisins ou contre le *ras* suprême, ou bien ils organisent, pour leur propre compte, des razzias sur le territoire même de l'Abyssinie.

Et les populations misérables et clairsemées?

Elles vivent soumises à quiconque a en mains le pouvoir, parce que, dans leur esprit, le succès est la manifestation de la volonté divine. Elles cultivent les champs; elles défendent les troupeaux et les moissons; elles nourrissent les chefs, les soldats permanents, les moines et les prêtres; elles sont prêtes à la guerre avec un fatalisme oriental et avec une mobilité d'esprit et une bravoure tout abyssiniennes. La faim et les maladies succèdent à la guerre, les domaines des couvents et des *ras* s'étendent avec la dépopulation, la misère est générale. Mais l'Abyssinien se contente d'une poignée de *dura*, il ne se préoccupe point de l'incertitude du lendemain : son imagination s'exalte, il vit en chantant et en bavardant, sans même se douter que l'on puisse vivre autrement.

VIII

Mais les conditions du peuple abyssinien vont se modifier sensiblement.

L'Italie, depuis deux ans, cherche en vain à conclure un arrangement pour la frontière méridionale de l'Érythrée ; et même si un traité était conclu avec le *negus neghesti,* personne ne pourrait garantir qu'il serait respecté par les *ras* tigrins.

La France — établie dans le golfe de Tadjourah, qui pénètre dans l'intérieur des terres vers le Choa — regarde, en haut, des ports d'Obock et de Djibouti, vers les montagnes de l'intérieur, sans avoir encore pu déterminer les frontières de sa colonie. Naturellement, elle se dirige, des côtes torrides, d'un côté, vers la fertile vallée de l'Auasce et, de l'autre, vers le fertile haut plateau du Harar, afin de vivre dans une atmosphère plus respirable. La France s'est obligée, il est vrai, à ne pas occuper le Harar... L'Angleterre s'y est engagée, elle aussi ; mais la France et l'Angleterre se trouveront obligées, un jour ou l'autre, à résoudre cette question, pour la tranquillité des pays qui leur sont soumis. D'autre part, la France, dans son expansion africaine, peut revendiquer des droits sur le pays du Nil Blanc, vers le Sobat et Fachoda[1].

Actuellement (septembre 1898), on dit que la Russie, qui depuis longtemps cherche à s'installer dans l'intérieur de l'Abyssinie, surtout en se servant du clergé, veut, elle aussi, un morceau de territoire au fond de la mer Rouge. Il ne me semble pas douteux que cette puissance ne cherche à se placer entre la colonie italienne d'Assab et la colonie française d'Obock, dans le but d'assister aux événements qui se préparent, entre la vallée du Nil et l'océan Indien.

De son côté, l'Angleterre possède une longue et large côte sur le golfe d'Aden, en face d'Aden et de l'Arabie. Ses

---

1. J'ai écrit cette introduction dans la première moitié de septembre, donc avant qu'on eût connaissance en Europe de l'occupation de Fachoda par les braves explorateurs français sous les ordres du commandant Marchand.

possessions, franchissant les montagnes de la côte, pénètrent jusqu'au pays de l'Ogaden et, au delà, dans le territoire des Somalis et des Gallas, pays qui, jusqu'à présent, est un champ ouvert aux razzias et aux *zameccia*[1] des Choans et des Amahras.

De l'autre côté de l'Éthiopie, l'Angleterre remonte actuellement avec ses troupes la vallée supérieure du Nil. L'empire du *mahdi*, qui s'est détruit lui-même par ses tueries, va bientôt n'être plus qu'un triste souvenir. Un nouvel empire, ayant des formes civilisées, va s'étendre sur ce pays désolé, qui a en lui-même une si grande puissance de vie et de forces. Dans peu de temps, les armes anglo-égyptiennes seront aux portes de l'Abyssinie, dans le Ghedaref et dans le Galabat.

Il est difficile que les habitudes séculaires des Abyssiniens changent du jour au lendemain et que maintenant, après une longue guerre, ils acceptent de vivre tranquilles et qu'ils puissent satisfaire aux demandes et aux besoins de leurs propres chefs, en devenant de pacifiques agriculteurs. Et peut-on croire que l'Angleterre, après avoir conquis tout le Soudan, veuille laisser sur le flanc dominant ce vaste empire, le pays agité des *negus* et des *ras* abyssiniens, champ ouvert à toutes les guerres intérieures ou extérieures, foyer de toutes les invasions? Convient-il aux puissances civilisées de laisser l'Angleterre agir librement dans son expansion vers l'Éthiopie?

Les intérêts des puissances coloniales qui entourent l'Abyssinie se combinent avec les intérêts de la civilisation, pour résoudre la question abyssinienne. Mais l'ingérence européenne doit se produire avec une grande prudence, pour ne pas amener la réunion des forces éthiopiennes,

1. Grandes excursions organisées militairement pour faire du butin et conduites par des *ras* ou des *negus*.

comme en 1895 et en 1896; elle doit procéder d'après un accord préétabli, pour triompher de ces résistances, pour vaincre, en les divisant, les forces éthiopiennes et supprimer les causes de tous les troubles et de tous les malheurs, en soustrayant l'Abyssinie au fléau de la servitude féodale. D'un autre côté, il ne convient certes pas aux puissances civilisées, intéressées à la colonisation de l'Afrique ; il ne convient pas non plus aux peuples de cette partie du continent noir de laisser se constituer, au profit de la seule Angleterre, un empire colonial d'une étendue immense, une Afrique indienne, allant de la Méditerranée à la mer des Indes et détruisant, pour l'avenir, un équilibre quelconque dans les possessions africaines.

Dans ces contingences et en face des événements qui se préparent, j'ose espérer que le livre de mes *Mémoires,* écrit avec la plus scrupuleuse sincérité, pourra offrir quelque intérêt. Aussi j'autorise sa traduction dans la langue universelle des peuples à l'esprit cultivé. Je permets qu'il soit publié dans le pays des études universelles, où la civilisation brille d'un tel éclat, dans le pays dont les intérêts, en Afrique, sont d'accord avec les nôtres pour la solution de la question abyssinienne, d'une façon conforme à l'avantage général et permanent de l'Europe, conforme aussi à l'intérêt des populations opprimées et torturées de l'Éthiopie[1].

1. La traduction des *Mémoires* est absolument conforme au texte italien ; mais j'ai mis en tête de l'ouvrage cette présente introduction historique et géographique et j'ai ajouté un chapitre, avec la conclusion que je crois pouvoir déduire des faits racontés. J'ai ajouté encore quelques notes au bas des pages et j'ai introduit certaines modifications au texte, dans le but, soit de rectifier quelques erreurs heureusement insignifiantes, soit de mettre mieux en lumière, pour les lecteurs non italiens, quelque point d'histoire, de géographie ou de nomenclature abyssinienne, soit enfin pour répondre aux demandes et aux observations qui m'ont été adressées, dans le courant de l'année, depuis l'apparition de la première édition italienne.

Arco, septembre 1898.

AUX LECTEURS

Frappé par le plus grand des malheurs, je me suis retiré dans la solitude des montagnes où je suis né, et là, dans le silence, j'ai médité sur les événements qui nous ont conduits à la catastrophe d'Adoua, en m'absorbant dans une unique pensée : l'examen de ma conscience.

Que d'espérances trompées, que de désillusions, que de déchirements ont marqué pour moi cette période néfaste de notre vie coloniale, période qui s'est terminée par le deuil de la Patrie !

Les plus tristes journées de mon existence sont repassées devant mes yeux, les unes après les autres. J'ai revu l'image d'une foule de personnes, et des quantités de souvenirs se sont présentés à mon esprit, pendant que je voyais crouler tout l'édifice à la construction duquel j'avais sacrifié toutes mes facultés, toutes mes pensées et toutes mes affections, dans l'espoir de rendre service à ma patrie.

Et, luttant contre l'atroce souffrance et contre le découragement, avec un cœur trempé par la douleur suprême qui étouffe toute autre passion, face à face avec moi-même, je me mis à analyser les faits dans ma mémoire, bien décidé à rechercher les causes et à étudier les conséquences, en les groupant dans un ordre chronologique, avec la plus grande clarté possible.

J'évoquai l'histoire de la colonie dans ses alternances de paix et de guerre, d'études et d'expériences, d'espérances et d'angoisses, de foi et de crainte, de gloires et de malheurs.

Après les premières épreuves inévitables, la colonie de l'Érythrée croissait et se consolidait de façon à promettre un nouveau champ d'activité à l'expansion de la vitalité italienne et de la civilisation; elle promettait aussi de compenser, dans l'avenir, les sacrifices d'or et d'argent que la Mère Patrie avait faits pour elle. L'organisation civile et militaire semblait répondre aux nécessités de son développement pacifique et de sa sûreté; et l'on voyait grandir le nom et l'ascendant de l'Italie, dans les tribus de l'intérieur et chez les peuples voisins.

La guerre ayant éclaté, d'abord contre les Derviches et ensuite contre les Abyssiniens, la colonie, grâce surtout aux vertus des officiers et à la valeur des troupes, non seulement sortit indemne de la révolte et des invasions qui la menaçaient, tant du Soudan que de l'Éthiopie, mais encore elle puisa une nouvelle vigueur dans cette épreuve du feu qu'elle avait subie avec bravoure et succès; et elle eut pour elle l'auréole de la victoire, qui encouragea ses amis et confondit ses ennemis.

Cependant, un orage se formait au loin, sur les montagnes du Sud. Les circonstances les plus funestes et les plus étranges s'accordèrent pour nous couper les bras et nous empêcher de prévenir, de conjurer et de diviser l'invasion. Les négociations, les préparatifs politiques et militaires, les alliances,... tout, en un mot, alla se briser contre l'écueil d'Amba Alagi. Et puis, au bout de trois mois, pendant lesquels toute l'Éthiopie en armes était arrêtée sur la frontière de l'Érythrée, pendant que la Patrie, disposée à tous les sacrifices, se consumait de désir en soupirant après une victoire imminente, la défaite frappait la patrie et la colonie, excitant les colères du peuple. Pourtant, malgré les incroyables fatalités qui rendirent plus atroce la défaite, l'ennemi, si puissant par le nombre, si orgueilleux par nature, nous tourna le dos et rentra dans ses terres, tout disposé à conclure la paix.

Mon cœur saignait ; mais les faits historiques se présentaient toujours plus évidents à mon esprit ; dans l'angoisse, mon âme s'élevait et se purifiait, et tout sentiment individuel disparaissait dans la douleur qui embrasse toutes les douleurs que la Patrie a souffertes.

Et alors j'ai écrit, en songeant à la Patrie, j'ai écrit là, où, dans mon adolescence, j'appris à l'aimer avant sa résurrection ; là, où je soupirai pour son unité, pour sa grandeur et pour sa gloire ; là, d'où j'ai émigré pour lui consacrer tout moi-même et pour toute la vie ; là, où je suis allé, à mon retour de l'exil, avec une âme toujours plus ardente pour Elle, et ayant conservé les plus riantes espérances pour son avenir ; là, où je vis maintenant, en l'aimant avec d'autant plus d'ardeur que j'ai plus souffert pour Elle et que je sens plus vivement dans mon cœur le souvenir des journées de 1859 et de 1860.

Et quand on songe à la Patrie, dans ce milieu et avec tous ces souvenirs, les individus se fondent avec les événements, les misères disparaissent, les colères s'apaisent, et l'on voit s'élever, grand et impérieux, le devoir, le besoin de la vérité.

J'ai écrit pour moi et pour l'historien de l'avenir, mais non pas dans le but spécial de défendre ma personne. En écrivant, j'ai effacé impitoyablement tout mot qui ne me semblait pas nécessaire à la simple exposition des faits ou qui aurait pu faire suspecter mon calme et mon impartialité.

J'ai écrit de moi comme s'il se fût agi d'une tierce personne, et, me plaçant au point de vue objectif, j'ai non seulement voulu être sincère dans le fond, mais encore paraître tel dans la forme. J'ai écarté de l'ouvrage toute récrimination, toute expression amère, tout échange inutile de responsabilité, toute accusation qui ne s'imposât pas d'elle-même, par l'exposé des faits et des documents.

Naturellement, en écrivant un livre d'histoire contemporaine, j'ai eu affaire à des hommes vivant encore et à des faits réels, et j'ai dû parler des uns et des autres. Toutefois je n'en ai parlé qu'en m'appuyant sur les documents, afin que le lecteur le plus sceptique fût convaincu que, dans mes jugements, il n'y avait aucune critique subjective, aucune prévention personnelle. D'ailleurs, je n'ai formulé de jugements que dans les cas d'absolue nécessité et lorsqu'ils faisaient partie intégrante du récit. Aussi, tout en cherchant à n'oublier aucun des faits essentiels qui constituent l'histoire de la colonie, pendant la période indiquée, et qui lui donnent son empreinte caractéristique et l'expliquent, je me suis imposé la plus grande réserve d'expressions. En négligeant tout commentaire, j'ai voulu mieux faire ressortir les relations existant entre les causes et les effets ; j'ai voulu aussi conduire, le plus rapidement possible, le récit à son dénouement, afin de réduire à des proportions convenables l'importance de l'ouvrage. Toutefois aucun égard, aucun lien, aucune sympathie ni aucune antipathie personnelle ou politique ne m'ont amené ni empêché de dire, au point de vue objectif, ce que je croyais nécessaire pour rétablir la vérité historique.

Pour des raisons faciles à comprendre, je ne publie pas actuellement, dans leur intégralité, des documents concernant ma gestion comme gouverneur ; mais, sur ces documents inédits, je donne des indications précises pour qu'ils puissent être consultés ou vérifiés, soit dans les archives de Massaoua, soit dans celles de Rome.

Je souhaite ensuite que le ministère, dans l'intérêt de la vérité et pour faire disparaître bien des voiles qui recouvrent encore une période critique et intéressante de l'histoire coloniale, les publie intégralement, certain que je suis qu'ils ne contiennent aucun secret dont la divulgation puisse nous nuire ou blesser les convenances internationales.

Mais, bien qu'un long et sévère examen de conscience m'ait convaincu que la lumière de la vérité est l'*unica salus* de ma mémoire et de mon nom ; bien que j'aie cherché à l'exposer tout naturellement et avec la plus grande franchise possible, après avoir étouffé dans mon cœur tout sentiment de dédain ou de révolte ; bien que je sois certain que la vérité a toujours inspiré mon esprit et guidé ma plume ; bien qu'elle soit l'unique consolation dans l'écroulement de mon existence, je ne pouvais et je ne puis me flatter de connaître la vérité tout entière ni de l'exposer dans tous ses détails.

Bien des faits et bien des événements politiques et militaires se sont enchevêtrés, mêlés et confondus, dans un court espace de temps, sur deux échiquiers aussi vastes, aussi lointains et aussi divers que l'Italie et l'Afrique. Ils se sont combinés avec d'autres faits extérieurs ; ils ont eu pour acteurs des centaines d'hommes appartenant à divers échelons de la hiérarchie politique et militaire, ayant des responsabilités différentes ou même complètement irresponsables. Il est impossible qu'un seul homme ait pu tout voir, tout peser, tout se rappeler dans le silence de sa retraite, ni tout raconter en restant dans la juste mesure. Je n'ai eu absolument aucun collaborateur, et j'ai dû écrire bien des choses de mémoire. La réserve même que je me suis imposée de ne parler que des événements indiscutables, laisse nécessairement bien des lacunes. C'est pourquoi j'ai cru devoir donner à cet ouvrage le titre de *Mémoires*. L'homme, surtout l'auteur des événements, quelle que soit sa sincérité, quelque sûr de lui-même qu'il puisse être, est sujet à des oublis, à des erreurs, à des hallucinations. Et la vérité entière, la vérité toute nue, ne peut sortir de la tête d'un seul homme.

C'est pourquoi, au lieu d'attendre encore, pendant quelques années, que les passions se soient entièrement apaisées (comme c'était ma première intention et ainsi que me le conseillaient plusieurs de mes amis), je publie mon livre aujourd'hui, pendant que les acteurs et les témoins sont encore vivants. Ils peuvent combler les lacunes que j'ai laissées, soit volontairement, parce que je ne pouvais pas prouver, par des documents, la vérité du récit, soit par oubli ou par ignorance des faits. Ils peuvent les présenter sous un jour différent à la réflexion des lecteurs et au jugement de l'historien. Ils peuvent trouver de nouvelles relations entre les causes et les effets. Ils peuvent fournir des éléments plus clairs et plus probants, appuyer ou contredire mon récit. Ils peuvent, en somme, faire naître la discussion d'où sortira, limpide, la vérité : et cela dans l'intérêt de la nation.

Nous autres, quoique agents responsables, nous ne sommes, comme individus, que poussière et qu'ombre par rapport à la vie de la nation. Quant à moi, j'exprime seulement le vœu de pouvoir, dans les dernières années de ma vie, contribuer à faire connaître le passé à la Patrie, dans l'espoir que cela pourra lui être utile dans l'avenir.

O. BARATIERI.

Arco, novembre 1897.

MÉMOIRES D'AFRIQUE

1892-1896

PREMIÈRE PARTIE

MARS 1892-JUILLET 1895

CHAPITRE PREMIER

TIGRINS ET CHOANS EN 1892-1895

Traité du Mareb. — Ma nomination comme gouverneur. — *Politique choanne et politique tigrine.* — Difficultés à Entotto; de Martino à Adoua. — Le protectorat italien et les razzias choannes. — Mangascia et Alula. — Entrevue avec Mangascia. — *Je suis appelé en Italie.* — *Changement de ministère.* — J'offre ma démission. — Attaque des Derviches [1].

I

Dans les premiers mois de 1892, les frontières de la colonie de l'Érythrée s'étendaient, au sud, jusqu'au Mareb, et à l'ouest

---

[1]. Il est bon, pour rendre le récit plus clair, de rappeler les dates suivantes :
Traité d'Uccialli, 2 mai 1889.
Gandolfi gouverneur, juin 1890.
Rupture des négociations avec Ménélick, 11 février 1891.
Baratieri gouverneur par intérim, 1er juillet 1891.
Retour de Gandolfi, 20 octobre 1891.
Entrevue sur le Mareb, avec les *ras* tigrins, 6-8 décembre 1891.
Baratieri gouverneur civil et Arimondi commandant des troupes, mars 1892.
Mission Traversi près de Ménélick, juillet 1892.
Ras Alula se révolte contre Mangascia. De Martino fait prisonnier, décembre 1892.
Mangascia demande une entrevue, mai 1893.
Je suis appelé en Italie, septembre 1893.
Retour à Massaoua, 1er janvier 1894.

jusqu'aux monts des Alghedens, sur le chemin de Cassala ; elles renfermaient un territoire presque aussi vaste que la haute Italie. Les sentinelles avancées de cette occupation étaient : vers le sud, la garnison de Godofelassi ; vers l'ouest, la garnison d'Agordat, renforcées, à leur tour, par les postes d'Asmara et de Chéren[1].

Nos relations, vers le sud, avaient été récemment déterminées par le traité du Mareb, que le général Gandolfi avait conclu avec *ras* Mangascia, dans le but d'avoir la paix sur la frontière et de diviser les forces de l'Éthiopie, en nous assurant les Tigrins afin de les opposer, le cas échéant, soit à l'empereur Ménélick, soit à une coalition des princes éthiopiens. Mais déjà, en avril 1892, certains chefs tigrins se montraient hostiles au pacte qui venait d'être juré ; et pendant que, d'un côté, *ras* Mangascia affirmait sa fidélité, de l'autre côté, Tesfai Antalo, un des auteurs de la convention du Mareb, ourdissait une conjuration avec les Choans, tandis que *ras* Alula et ses partisans ne cachaient ni leurs aspirations ni leurs prétentions sur les terres du Seraé et de l'Hamasen. Pendant ce temps-là, on voyait croître et s'accentuer la méfiance, les soupçons et l'hostilité de l'empereur Ménélick et de sa cour contre le gouvernement de l'Érythrée ; des lettres, adressées au gouvernement italien, indiquaient clairement cet état d'esprit.

Mangascia témoignait son amitié pour les Italiens, soit dans ses rapports quotidiens avec le chevalier de Martino, notre représentant à Adoua, soit en envoyant plusieurs fois à Massaoua *fitaurari* John, que des liens d'amitié et d'intérêts unissaient au gouvernement de l'Érythrée. Mais le prince tigrin exagérait ses embarras et sa détresse, pour demander sans cesse de nouvelles faveurs, par exemple la remise entre ses mains de chefs rebelles qui s'étaient réfugiés sur notre territoire, ou bien encore des armes, des munitions, des vivres en quantité considérable. Et tous, amis et ennemis, tirant prétexte de la défection de quelques bandes (*lic* Abarah et *lic* Bajané) qui, dans le courant de février 1892, avaient déserté le service de l'Érythrée, tenaient un langage peu mesuré et émettaient de nouvelles prétentions.

En mars 1892, M. di Rudini étant président du conseil et

---

1. Voir la carte générale de la colonie, à la fin de ce volume.

ministre des affaires étrangères, le général Pelloux étant ministre de la guerre, je fus nommé gouverneur civil de l'Érythrée.
Arrivé à mon poste, à la fin du mois, j'eus raison des rebelles.
Mangascia, soutenu par le clergé et par la majorité du peuple
tigrin, se ralliait de plus en plus à la politique italienne. D'ailleurs, en Italie comme en Érythrée, on considérait généralement
comme bonne la politique tendant à diviser les Éthiopiens et à
créer près de nous, dans le Tigré, un État ami, ayant des intentions aussi pacifiques que possible, et n'étant ni trop puissant ni
trop inféodé aux chefs belliqueux. C'était la conduite que je me
proposais de suivre, conformément aux instructions que j'avais
reçues, à Rome, des ministres di Rudini et Pelloux. Cette politique était d'ailleurs d'accord avec la politique suivie précédem-
ment, et elle était voulue par les nécessités du moment, comme
le prouvent amplement mes rapports aux ministres des affaires
étrangères, di Rudini, Brin et Blanc[1], ainsi que les instructions
très détaillées données au chevalier de Martino et au chevalier
Mulazzani, notre résident à Adoua avant et après de Martino.

Cette politique devait être aidée par nos relations avec les
musulmans qui habitent le long de la frontière orientale de l'A-
byssinie et qui ne demandaient pas mieux que d'être protégés
par l'Italie contre les razzias des Choans. Le centre de ce petit
monde musulman était, et est encore, le pays de Aussa, qui, depuis
un temps immémorial, est l'ennemi des Abyssiniens par sa religion, par sa race, par de traditionnelles et de sanglantes vendettas. On ne devait pas oublier Teclaimanot (ras Adal), roi du
Goggiam, lié à nous par des luttes communes contre les Derviches, par la jalousie, par la crainte, par son aversion pour Ménélick, à ce moment-là successeur discuté de l'empereur Jean.

Mais, depuis longtemps, on avait vu naître en Italie des tendances sympathiques au Choa. C'est ce qui donna lieu aux éternelles discussions sur la politique choanne et la politique tigrine
qui ont alors troublé bien des esprits, comme s'il s'agissait des
intérêts de l'un ou l'autre prince éthiopien, et non de la sécurité
de notre colonie, qui se trouvait en contact, en tout cas et en
tout temps, avec les deux peuples les plus importants, les plus

---

1. Le 15 mai 1892, le ministère di Rudini était remplacé par le ministère
Giolitti, avec M. Brin aux affaires étrangères et le même général Pelloux à
la guerre.

aguerris, les mieux armés et les mieux organisés de tout le continent africain.

Dans un rapport détaillé, envoyé quelques semaines après ma nomination de gouverneur, j'ai complètement décrit notre situation de cette époque par rapport à l'Abyssinie, avec les orages qui pouvaient se former dans le Choa, avec les doutes sur la fidélité des chefs tigrins, avec les dangers d'une politique non conforme à la ligne de conduite que traçait désormais le traité du Mareb.

Dans ce rapport, j'avertis qu'« il ne faut pas se bercer d'illusions pour l'avenir, puisque les courants contraires se succèdent fréquemment dans les campements abyssiniens, et que la fidélité des chefs est et a toujours été aussi mobile que leur imagination...

« Si nous ne nous trouvons pas en état de profiter de l'ambition des *ras* et des *sous-ras*, si nous ne sommes pas considérés comme forts, un jour ou l'autre, les Tigrins, malgré n'importe quel traité, qui n'engage d'ailleurs personne au delà du Mareb, se tourneront du côté du Seraé, et même du côté de l'Hamasen.

« Il est donc nécessaire de procéder avec toute sorte de précautions; il nous faut être toujours sur nos gardes et prompts à la parade. Quelques concessions que l'on fasse à Ménélick (et il nous semble qu'il ne serait pas prudent de lui accorder les millions de cartouches), *il sera toujours notre ennemi*. Il n'est pas sage non plus de compter sur les chefs tigrins.

« Les relations entre le gouvernement de l'Érythrée et *ras* Mangascia sont toujours amicales et courtoises, mais il y a toujours une défiance manifeste, et c'est naturel, car les Abyssiniens nous attribuent leurs défauts et leurs habitudes. Il n'y a donc pas lieu d'insister sur la fidélité qu'ils doivent à l'empereur d'Éthiopie, non seulement parce que cette insistance ferait naître des soupçons sur nos relations avec le Choa, mais surtout parce qu'ils seront amenés à chercher un champ d'action sur notre territoire ou sur les territoires que nous protégeons, le jour où Ménélick, encouragé par leur soumission, les aura enfermés dans des frontières trop étroites[1]. »

1. Lettre du 20 mai 1892, n° 458.
Pour l'histoire de cette époque servirait aussi le *Coup d'œil politique sur les derniers événements en Éthiopie*, envoyé, le 15 mai 1892, au ministère

Les idées relatives au danger que nous courrions d'éveiller les soupçons des Tigrins en nous rapprochant trop du Choa, ont été développées plus en détail dans ma lettre du 20 juin, dans laquelle je disais que, pour établir un *modus vivendi* avec l'empereur d'Éthiopie, il serait nécessaire de lui faire les concessions suivantes :

« 1º Deux millions de cartouches;

« 2º Renonciation à la souveraineté sur le territoire du Seraé et de l'Oculé Cusai;

« 3º Garantie du côté du Tigré en amenant *ras* Mangascia à faire acte de déférence vis-à-vis de Ménélick ou à lui faire une visite;

« 4º Abandon de l'article 17 du traité d'Uccialli. »

Après avoir examiné en détail tous ces différents points et les dangers qu'il y avait de faire ces concessions, je concluais :

« En tout cas, il faut échapper à la tentation de satisfaire aux nécessités du moment par des concessions pouvant compliquer la situation à venir. Personne ne pense à une entente durable avec le *negus neghesti,* quand bien même on lui ferait toutes les concessions possibles et imaginables. Trop de méfiance, à tort ou à raison, a pris racine dans son cœur, etc.

« Je crois donc que, tout en maintenant un *modus vivendi* possible, nous ne devons pas faire la moindre concession qui diminue ses craintes ou qui augmente sa puissance. »

Et puis je demandais :

« Pourrons-nous satisfaire Ménélick, entouré de tous ses conseillers? Pourrons-nous l'amener à faire la guerre pour notre compte, quand les *ras* tigrins, unis dans leur haine pour l'étranger, franchiront le Mareb pour marcher contre nous? Ne pourrait-il pas se produire le cas où Ménélick, ayant reçu les deux millions de cartouches, poussé par les siens et circonvenu par le clergé, profiterait de la circonstance pour conclure, aux dépens de l'Italie, l'accord tant désiré avec le Tigré?

« Sur la rive droite du Mareb jusqu'au Dembesan, dans ce territoire toujours considéré comme abyssinien, n'y aurait-il pas un espace suffisant pour indemniser *ras* Mangascia désormais trop à l'étroit dans ses frontières, et pour contenter l'antique posses-

des affaires étrangères. On pourrait aussi consulter la lettre du 30 mai 1892 ainsi que le rapport du 4 juin 1892 sur les frontières de la colonie. Aucun de ces documents n'a été publié.

seur, *ras* Alula, qui a dû l'évacuer, malgré la victoire, tant vantée, de Dogali? Enfin les Tigrins, chassés ou trop resserrés vers le nord, ne pourraient-ils pas, comme on le leur conseille déjà, se rejeter contre notre territoire?

« Je n'oublie certes pas le parti que l'on pourrait tirer des musulmans, qui considèrent comme leurs plus grandes gloires nationales les victoires remportées au seizième siècle par Mahomet Grange sur les Abyssiniens et sa marche triomphale à travers l'Abyssinie. Car ces musulmans voient avec une crainte et une haine sans cesse grandissantes l'occupation du Harar par les Choans. Il suffit de songer que ces derniers ont implanté et exercent dans cette région le système des razzias, qui désolent ce beau pays.

« De tout cela, une chose me semble certaine : c'est que, en donnant un million de cartouches au Harar, nous fournirons une arme formidable aux pillards des tribus de l'Ogaden et nous nous aliénerons à jamais ces chefs et ces tribus qui cherchent auprès de nous aide et protection[1]. »

Le ministère, dans sa note du 16 juillet 1892, en posant comme base de sa politique l'établissement de rapports pacifiques avec l'Abyssinie tout entière, et par suite le maintien des bonnes relations avec l'empereur, arrêtait cette directive : « Faire en sorte que, par rapport aux puissances européennes, l'empereur resté dans l'orbite de l'influence italienne; faire également en sorte que l'empereur soit amené à adopter et à garder vis-à-vis de nous une attitude telle, que les chefs tigrins soient empêchés de prendre vis-à-vis de la colonie de Massaoua une contenance moins correcte et moins déférente. »

En développant cet ordre d'idées, le ministère d'alors, qui se trouvait en face de faits accomplis, ne croyait pas nécessaire, pour maintenir de bons rapports avec l'empereur, de renoncer à notre souveraineté sur le Seraé et l'Oculé Cusai. Il croyait pouvoir dissiper tous les nuages que j'avais signalés, en assurant à l'empereur que, dans l'avenir comme nous l'avions fait dans le passé, nous ne cesserions jamais de tenir avec les chefs tigrins un langage correct, au sujet de leurs relations avec le roi

1. Lettres du 20 juin 1892, n° 721, et du 27 juin 1892, n° 738, non publiée dans les livres verts. — On peut aussi consulter la lettre du 17 juillet 1892, n° 910, inédite.

des rois, et que nous leur donnerions encore, à l'occasion, des conseils de prudence et de modération.

Quant à ce qui concernait le traité d'Uccialli, le ministère se proposait de charger le docteur Traversi de présenter à l'empereur plusieurs formules contenant toutes le principe que l'Éthiopie restait dans la sphère d'influence de l'Italie.

Pour les cartouches, le gouvernement de Rome croyait devoir adhérer à la demande du *negus neghesti* Ménélick, surtout parce que sans la remise de ces cartouches il n'y avait aucune espérance de continuer les négociations. Le ministère demandait, à ce sujet, que je lui répondisse par télégramme.

J'aurais dû persister dans mon idée première et demander mon rapatriement. Mais je n'étais en fonction que depuis quatre mois, et une discussion avec le ministère aurait fait perdre un temps précieux. Tous les arguments en faveur de ma thèse étaient connus au ministère, et il n'y avait pas lieu d'espérer que ma démission aurait modifié les intentions du ministère; elle aurait probablement créé des embarras, en un moment où toute hésitation nous aurait nui, dans l'un comme dans l'autre camp. D'ailleurs, ébranlé par les déclarations de ceux qui devaient avoir des vues plus larges et plus hautes, je me crus obligé de rester à mon poste et de tout mettre en œuvre pour que la mission Traversi et la convention avec l'empereur fussent couronnées de succès et répondissent au but que m'avaient indiqué ceux qui, comme le ministère, étaient les mieux informés et avaient la responsabilité suprême.

Je télégraphiai à Rome (8 août 1892) qu'étant persuadé par les convenances internationales invoquées par le ministère, « je m'efforcerais de maintenir telle quelle notre situation vis-à-vis des chefs tigrins, malgré la remise des cartouches ». J'expliquai ensuite, dans ma lettre du 8 août, mes intentions et mon plan de conduite. Dans cette lettre, je décrivais les graves difficultés de la situation, les dangers pour la [remise des cartouches, les retards inévitables de leur transport, ainsi que la nécessité d'employer tout le zèle et toute l'attention possibles pour « assurer, sur des bases solides, des relations pacifiques avec l'Abyssinie tout entière ».

Le ministère considérait la situation générale, en étant surtout poussé par le désir d'empêcher le *negus neghesti* de se jeter,

tête baissée, dans une alliance absolument opposée aux intérêts
de l'Italie en Éthiopie et contraire à notre prestige vis-à-vis des
puissances européennes. Il fallait se résigner!

Pour agir dans cet ordre d'idées, avec la plus grande prudence,
il était nécessaire de caresser la susceptibilité ombrageuse de
ras Mangascia en lui confiant ce que l'on ne pouvait pas tenir
secret et en se servant aussi de lui pour arriver à Ménélick.
« *Ras* Sebath et *ras* Alula, dans une entrevue à Axum, ont tenu
des propos menaçants pour *ras* Mangascia. Il semble qu'ils se
soient entendus pour tourner leurs armes, selon les circonstances, soit vers le sud, soit vers le nord, afin de se partager
ensuite les dépouilles du pays conquis. Il paraît toutefois qu'en
ce moment ils se sont dirigés vers Macallé pour avoir l'entrevue
habituelle avec *ras* Mangascia, peut-être dans l'intention de l'a-
mener à faire cause commune avec eux, ou mieux, pour agir selon
les nécessités et les circonstances[1]. »

« Pendant ce temps, *ras* Mangascia éprouve des craintes; il
a peur de l'empereur comme des grands feudataires, et il envoie
de Macallé à Adoua, dans le plus grand secret, à notre résident
de Martino, une *douloureuse protestation* en rappelant que, sur le
Mareb, on a prononcé ce serment : *Mes ennemis sont tes ennemis,
mes amis sont tes amis.*

« Profitant de cette situation, je charge notre résident de Martino, lequel jouit de l'estime et de la confiance de *ras* Mangascia, de s'insinuer habilement près de ce dernier, de lui faire
voir clairement les dangers de la situation, et de chercher à
l'amener, de la façon la plus opportune, à demander la médiation
du gouvernement de l'Érythrée, pour traiter au sujet de la reconnaissance de Ménélick comme empereur d'Abyssinie.

. . . .

« De Martino devrait obtenir de *ras* Mangascia, dans le plus
grand secret, pour lui éviter des soupçons qui finiraient par des
complots, une lettre conçue à peu près dans ces termes : « Obéis-
« sant à la volonté suprême de Sa Majesté le roi d'Italie, je dé-
« clare être prêt à reconnaître Ménélick, roi du Choa, comme *ne-
« gus neghesti* et empereur d'Abyssinie, etc.[2]. »

---

1. Ma lettre au ministre Brin, Asmara, 18 août 1892. — Inédite.
2. Ma lettre au ministre Brin, 13 septembre 1892, n° 1049. — Inédite.

Cette lettre aurait dû être envoyée, par moi, directement à Ménélick, par l'intermédiaire du docteur Traversi.

Mais tout ceci ne me trompait pas, et je ne voulais pas que d'autres se fissent illusion. « Bien que mon plan ait été étudié avec le plus grand soin, dans toutes ses parties et depuis plusieurs semaines; bien qu'il soit basé sur la réciprocité des intérêts, sur la nature du cœur abyssinien et sur les coutumes séculaires de ce pays; bien qu'il soit en harmonie avec le milieu, il peut s'en aller en fumée avant d'avoir eu un commencement d'exécution[1]. L'Hamasen et l'Oculé Cusai doivent exercer une réelle fascination sur le cœur de *ras* Alula, de *ras* Sebath et de leurs compagnons, qui seraient bien heureux de lancer leurs hordes au delà du Mareb. »

D'autres difficultés surgissaient dans l'Aussa, à cause de l'organisation de la caravane qui devait nécessairement être préparée par le sultan de Aussa, Mohamed Anfari.

Mangascia, de son côté, était préoccupé par la situation intérieure : les Choans lui portaient ombrage, il hésitait entre ses feudataires, il se méfiait de tout le monde. Toutefois il se montrait disposé à suivre la volonté des Italiens et à accepter, sous une forme quelconque, l'idée de reconnaître solennellement l'empereur. Mais, tout à coup, au mois d'octobre, il demandait une entrevue avec le gouverneur.

Rien de mieux, si la situation avait été nette; mais, à ce moment, il ne me parut pas opportun d'accepter l'entrevue, d'abord à cause des négociations en cours avec le *negus neghesti* Ménélick, ensuite pour ne pas donner lieu à l'agitation politique et militaire qui l'aurait accompagnée, puis pour avoir le temps de préparer cette entrevue d'une façon plus conforme à notre dignité et à nos intérêts, et enfin pour éviter la discussion sur la lettre de Mangascia à Ménélick. Cette lettre, qui reconnaissait le suprême pouvoir de notre roi et faisait connaître les intentions pacifiques de l'Italie au milieu des contingences d'alors, aurait eu une singulière importance en Europe, comme en Éthiopie.

J'écrivis en ce sens au ministère[2], qui approuva entièrement mes idées et ma conduite. Mais pendant ce temps de Martino ne

1. Ma lettre au ministre Brin, 2 octobre 1892, n° 1253. — Non publiée.
2. Lettre du 22 octobre, n° 1339. — Inédite.

pouvait obtenir que des promesses pour la lettre à Ménélick, tandis que le docteur Traversi ne pouvait plus retarder son départ pour Adis Abeba, car, à ce moment-là, une visite de Mangascia à Ménélick était possible, et il était nécessaire que notre envoyé fût présent dans cette éventualité.

Nous avons fait allusion, au commencement de ce chapitre, aux désertions de bandes abyssiniennes qui s'étaient produites pendant les dernières semaines du commandement du général Gandolfi. Deux chefs de ces bandes, *lic* Abarah et *lic* Bajané, avaient été comblés de bienfaits par les Italiens et avaient une position relativement brillante. Le premier était l'assassin de son propre chef, le capitaine Bettini. Depuis un an je cherchais à obtenir que l'on me remît ces deux déserteurs. J'obtins de Mangascia, par l'intermédiaire de *ras* Agos, la remise de *lic* Bajané, qui subit, en ce moment, sa peine à Nocra. Abarah s'enfuit vers le Choa. Il prit part à toutes les campagnes des Choans contre nous, et, pendant les dernières négociations pour la paix (1896), il obtint de Ménélick sa nomination de chef de province sur notre frontière.

Malgré la remise de Bajané, je ne me faisais aucune illusion. Et même, dans ma lettre du 17 décembre[1], je témoignais ma défiance envers les chefs tigrins, sans en excepter Mangascia; je manifestais le soupçon que ce dernier eût l'intention de s'adresser à l'Angleterre et surtout à la Russie; je prévoyais l'entrevue de Borumieda entre Ménélick et Mangascia, et j'établissais le nombre de fusils que les Tigrins auraient pu mettre en campagne, dans le cas d'une guerre contre le nord (colonie de l'Érythrée). J'attribuais alors : « 6,000 fusils à *ras* Alula, 4,000 à *ras* Mangascia, 3,000 à *ras* Sebath, 2,000 à *ras* Agos ; mais *ras* Mangascia aurait pu éventuellement se servir d'un grand nombre de fusils appartenant aux Azebo Gallas ». L'exactitude de mes calculs se trouva vérifiée dans la suite.

II

Le mécontentement de *ras* Alula contre Mangascia éclata vers la fin de décembre 1892. En cette occasion, il retint près de lui

---

1. Lettre du 17 décembre 1892, n° 1695. — Inédite.

et ensuite fit prisonnier, sans plus se gêner, notre résident, le docteur de Martino. Mais il fut successivement abandonné par les siens, qui se réfugièrent dans le camp du fils du roi Jean ou bien retournèrent dans leurs villages.

Je racontais alors ces faits, au ministère, dans une lettre où je faisais ressortir le peu de confiance que méritait *ras* Mangascia, du moment qu'il ne voyait pas clairement et ne touchait pas du doigt les avantages immédiats de la protection des Italiens[1], surtout étant donnée la nouvelle attitude que nous avions prise vis-à-vis de l'empereur d'Éthiopie.

Et, à ce propos, il faut rappeler ici comment les événements, dans l'Afrique en général, et surtout sur le haut plateau éthiopien, se déroulent avec une lenteur inexplicable pour les idées et pour les habitudes européennes. En janvier, le docteur Traversi n'avait pas encore pu bouger de l'Aussa, avec la mission dont il avait été chargé, six mois auparavant, à Rome. C'est pour cela qu'en Afrique il est nécessaire de prévoir les événements longtemps à l'avance et de régler sa propre attitude à longue échéance ; car les faits isolés qui troublent les situations éclatent souvent à l'improviste dans les milieux les plus variés, où les esprits sont particulièrement excitables et fantasques, où les serments et les traités sont reniés avec une insigne perfidie, où l'organisation politique et sociale est singulièrement instable et irrégulière, où l'on voit se succéder, avec une incroyable rapidité, les complots, les soumissions, les victoires et les défaites.

Comme je l'avais prévu dans ma lettre, *ras* Mangascia, malgré son orgueil, pardonna à Alula, bien que celui-ci fût trois fois félon. Et pourtant Mangascia avait promis à de Martino d'être inexorable ; il pardonna malgré le danger qu'on lui avait fait toucher du doigt, malgré l'offense faite par Alula au gouvernement de l'Érythrée, malgré le péril que faisait courir au Tigré la mise en liberté d'un ennemi aussi audacieux et aussi parjure[2]. Toutefois, pour nous donner satisfaction, Mangascia, sur ma demande, reléguait le vieil aventurier sur la frontière méridionale, vers l'Avergalé et le Tembien ; il avait mille prévenances pour de

---

1. Lettre du 13 janvier 1893, n° 101. Situation vers l'Abyssinie. « En Abyssinie on fait peu de cas de la félonie. Seul est méprisé celui qui trahit hors de propos et contre ses propres intérêts. » — Inédite.
2. Lettre du 12 mars 1893, n° 378. — Non publiée dans le livre vert.

Martino et nommait chef des douanes d'Adoua et d'Axum *fitaurari*
John en lui donnant le titre de *bascia* et en lui assurant d'importants revenus. Tout le monde sait que *fitaurari* John, fils d'un
Anglais, intime avec de Martino, était notre informateur et, le
cas échéant, notre représentant.

Afin d'éviter qu'une autre fois notre résident fût fait prisonnier, et aussi pour montrer que nous n'étions pas entièrement
satisfaits de l'attitude trop bienveillante de Mangascia envers
Alula, je rappelai le docteur de Martino, d'Adoua (février 1893).
Pendant ce temps-là le docteur Traversi, arrivé à la cour d'A-
dis Abeba, y avait ouvert avec l'empereur Ménélick les négociations que lui avait confiées le ministère. De mon côté, toujours
dans le but d'agir en conformité avec les intentions et les instructions supérieures, je prévenais le docteur Traversi des événements tigrins, et je profitais du rappel du docteur de Martino,
d'Adoua, pour montrer à Ménélick que notre conduite, en Érythrée et en Italie, était parfaitement en harmonie avec les déclarations amicales du gouvernement du roi et avec les conventions
qu'il désirait conclure avec l'Éthiopie[1].

La ligne de conduite à suivre une fois déterminée, il était
nécessaire, pour moi, d'agir, dans le sens voulu, avec la plus
grande sagacité, en évitant toutefois de dépasser la mesure, tant
dans les concessions que dans la prudence de mon attitude, ce
qui aurait encouragé le *negus neghesti* Ménélick dans sa résistance. Je devais, en outre, prendre bien garde de faire naître dans
l'esprit des Tigrins, ennemis des Choans, la crainte que nous
nous entendissions avec Ménélick pour comploter à leurs dépens.
Il était nécessaire d'avoir en *ras* Mangascia un ami fidèle, afin de
prévenir tout ce qui pouvait menacer la paix indispensable au
développement de la colonie. Il fallait, en même temps, obtenir
de Ménélick non seulement un *modus vivendi,* mais encore une
déclaration explicite établissant, aux yeux des puissances civili
sées, le protectorat de l'Italie sur l'Éthiopie.

Une trop grande condescendance envers Mangascia aurait
alarmé Ménélick, alors qu'il fallait prouver notre ascendant sur
Mangascia et sur les principaux chefs tigrins.

Du moment que l'on n'avait pas cru opportun d'adopter fran-

---

1. Lettre du gouverneur au docteur Traversi, 2 avril 1893, n° 516. —
Inédite.

chement le système du *divide et impera,* inauguré par le général Gandolfi avec le traité du Mareb, il était indispensable de tenir la balance en parfait équilibre, chose toujours difficile, mais plus particulièrement dans les circonstances d'alors, au milieu de tant de prétentions, d'ambitions, de perfidies, de soupçons et de craintes, avec ces distances et ces communications, avec la nécessité de donner des instructions des semaines et des mois à l'avance, avec la presque impossibilité de faire marcher d'accord nos partisans et nos agents.

Ras Mangascia regardait avec jalousie toute avance que nous faisions au Choa ; et les ennemis des Italiens, dans le Tigré, en profitaient pour accuser le gouvernement de l'Érythrée de s'entendre avec le Choa, pour le partage du Tigré. Ménélick, de son côté, ayant la tête montée par des indigènes et par des étrangers, et alarmé par notre précédente politique, voyait dans toutes nos actions un piège tendu pour lui enlever la souveraineté de l'Éthiopie. Par contre, « il nous fallait aller avec beaucoup de prudence en adhérant à ses demandes, parce que souvent la générosité peut être prise pour de la faiblesse, tandis que la résistance peut rompre l'équilibre nécessaire au maintien de la paix[1] ».

Ras Mangascia, effrayé par le rappel de notre représentant, le docteur de Martino, envoyait à Massaoua *bascia* John avec toutes sortes de promesses et de protestations, et, à la fin de mars 1893, il me proposait de nouveau l'entrevue qu'il avait demandée, au mois d'octobre précédent.

Je répondis évasivement, mais en même temps j'écrivis au ministère : « Une entrevue avec Mangascia, préparée convenablement, pourrait être très utile pour la pacification de l'Éthiopie et pour l'affermissement de notre protectorat dans ce pays. Elle pourrait aussi imprimer, en ceux qui en ont besoin, une idée salutaire de la puissance italienne et de la valeur de notre amitié. Et puis, un second refus pourrait jeter *ras* Mangascia dans les bras des adversaires de Ménélick ou dans ceux des ennemis de la colonie de l'Érythrée[2]. »

Sur ces entrefaites, le docteur Traversi arrivait à Adis Abeba, à la cour de Ménélick, et y trouvait un accueil courtois dans la

1. Lettre du 7 avril 1893, n° 549. — Inédite.
2. Lettre du 7 avril 1893, n° 549. — Inédite.

forme, mais hostile au fond. Le *negus .neghesti* était loin de se prêter à une déclaration conciliatrice renfermant l'idée du protectorat; à la fin de février, il recevait les deux millions de cartouches, et le 27 février 1893, probablement poussé à cela par notre générosité même, il dénonçait le traité d'Uccialli aux puissances de l'Europe, comme s'il avait été le seul contractant[1].

D'autre part, les populations de l'Ogaden et de la Somalie en général réclamaient, comme c'était leur droit, la protection de l'Italie contre les razzias abyssiniennes, « envoyées, non pas par des chefs secondaires et composées de guerriers de la frontière, mais permises, organisées, ordonnées officiellement dans le Harar et dans le Choa, et conduites quelquefois par des chefs dépendant directement de l'empereur ».

Dès les premiers mois de mon administration en Érythrée, je signalais au gouvernement, à Rome, cette question palpitante et compliquée[2]. Que valait donc, aux yeux de l'Europe, l'adhésion de Ménélick à un article contenant l'idée du protectorat sur toute l'Éthiopie et ses dépendances, jusqu'à l'océan Indien, si l'Italie n'était pas en état de protéger, contre les incursions de Ménélick, les tribus qui, du consentement unanime des nations civilisées, étaient considérées comme comprises dans notre zone ? « Le résident italien devrait empêcher les razzias qui, du Harar, désolent l'Ogaden; sans cela *notre influence serait perdue et notre bon renom compromis,* non seulement auprès des indigènes, mais surtout auprès des Anglais et des Français[3]. »

En représentant l'empereur d'Éthiopie, dans ses relations avec les puissances civilisées, nous aurions assumé des obligations et des responsabilités plus grandes. Avec les Français à Djibouti et à Tadjoura, avec les Anglais à Zeilah et à Berbera, les frontières de ces deux possessions coloniales n'étant pas tracées vers l'intérieur, chaque razzia aurait été connue, exagérée et mise, dans les deux mondes, sur le compte de l'Italie, au grand détriment de notre prestige en Europe et en Afrique.

Aussi, plus tard, conformément à un rapport du docteur Traversi, dès le mois d'avril 1893, j'exprimais au ministère l'avis

1. Rapport sur les affaires d'Éthiopie du colonel Frédéric Piano et du docteur Léopold Traversi, novembre 1894.
2. Lettre du 2 mai 1892, n° 385.
3. Lettre du 25 avril 1893, n° 630. — Inédite.

que l'on pouvait « développer le programme italien dans la zone d'influence, même sans le traité d'Uccialli ». « En Afrique, il faut aller avec précaution et suivre, autant que possible, une ligne de conduite, avec une constance qui s'impose plus que toute autre chose aux inconstants. Mais, étant donné que l'objectif que l'on se propose est parfaitement clair, dans certaines éventualités, il peut être sage et prudent de changer de route pour arriver au même résultat. »

Quels étaient donc nos objectifs? Deux essentiels : premièrement, *la paix et la sécurité sur les frontières de l'Érythrée ;* en second lieu, *la protection efficace,* et non nominale, *des populations* comprises dans notre sphère d'influence.

On pouvait, avec de la chance, atteindre plus directement le premier objectif en améliorant nos relations et notre entente avec *ras* Mangascia, vainqueur de *ras* Alula et des chefs rebelles, et en s'en servant pour exercer une pression sur le Choa.

On atteignait certainement mieux le second objectif en montrant aux populations musulmanes et non musulmanes que nous n'étions pas d'accord avec leurs ennemis, et, si c'était possible, en les aidant, depuis l'Aussa jusqu'à l'Ogaden, indirectement ou directement, à se défendre contre les razzias.

« Pour faciliter notre action politique et pour rendre efficace notre influence sur les populations du grand triangle somali, la possession du port de Zeila nous aurait singulièrement servi. Elle nous aurait permis, en outre, de nous assurer le commerce avec le Harar, que les Français et les Allemands s'étaient engagés réciproquement à ne point occuper[1]. » Et il semble qu'à un moment les autorités anglaises d'Aden, moyennant certaines compensations, qui pouvaient être très larges dans le tracé des frontières, en Somalie, n'auraient pas été éloignées de faire des propositions, dans ce sens, au gouvernement anglo-indien. Mais les négociations n'aboutirent pas, bien que jusqu'alors le port de Zeila ait été négligé par les Anglais, qui ont à Berbera un port bien meilleur pour leurs possessions, vers l'intérieur de la Somalie.

Une escale italienne à Zeila nous aurait singulièrement servi

1. Lettres du 25 avril citée plus haut et du 23 mai 1893, n° 774. — Inédites.

pour tenir sous notre influence *ras* Maconnen, maître du Harar. Toutefois, dans les circonstances d'alors, « il est illusoire *de croire et excessif de prétendre que ras Maconnen fasse autre chose que ce que désire Ménélick* [1] ».

De son côté, Mangascia désirait d'abord faire la guerre au Choa, comptant (au commencement de 1892) sur l'aide des Italiens. « Plus tard, il sut que les Italiens étaient devenus les amis et les alliés de Ménélick (mission Traversi); alors, pour ne pas ruiner le pays, il se crut obligé, contre son gré, de se mettre d'accord avec l'empereur. Actuellement, il compte recevoir la couronne (de *negus*) des mains de Ménélick [2]. »

Ménélick se montrait toujours, de plus en plus, notre adversaire :

« Il est certain que Ménélick cherche à souffler sur le feu tigrin contre nous, en se servant de Blata Tesfai (Antalo), l'éternel voyageur entre Adis Abeba et Macallé. Et il est certain que, dans ses intentions hostiles, il est aidé actuellement par *ras* Sebath de l'Agamé et par *ras* Alula, bien que l'un et l'autre soient les ennemis les plus acharnés de la suprématie du Choa ».

La situation politique et militaire de juin 1893 me semble être indiquée, dans tous ses détails, dans mon rapport du 30 juin, qui se termine par le dilemme suivant, au sujet de Mangascia : *Ou bien entrevue (c'est de Mangascia qu'il s'agit) et accord avec le gouverneur de l'Érythrée, ou bien entrevue et accord avec l'empereur d'Éthiopie. Il devient chaque jour de plus en plus difficile de maintenir la balance de la double entente, tenue jusqu'ici en équilibre avec une peine et avec des soins infinis.*

Pendant ce temps, les demandes pour une entrevue de Mangascia avec moi en automne devenaient plus pressantes. *Bascia* John admettait l'idée, et même il lui semblait facile d'amener le fils du roi Jean à accepter cette entrevue sur le territoire de l'Érythrée, surtout si elle devait avoir lieu dans le fort qui venait d'être construit à Adi Ugri, près de Godofelassi, où se trouvait la colonie agricole italienne.

Les avantages de cette entrevue devenaient de plus en plus évidents. Les Dancalis, tout en se résignant à nous obéir et tout

1. Lettre du 18 juin 1893, n° 918. — Non publiée dans le livre vert.
2. Lettre du 39 juin 1893, n° 1021, qui contient les informations de Scimper d'Adoua. — Non publiée dans le livre vert.

en rendant service, à contre-cœur, à Ménélick, et en nous fournissant des chameaux et une escorte pour le transport des cartouches jusqu'à Adis Abeba, se montraient effrayés, d'autant plus qu'à ce moment-là les Abyssiniens occupaient, avec des bandes armées, l'Erer, au nord des communications entre le Choa et le Harar, point menaçant pour le territoire de l'Anfari de l'Aussa.

Déjà nos informateurs annonçaient comme probable une opération des Abyssiniens du Harar contre les Baados, et cette expédition aurait pu entraîner les Abyssiniens jusqu'à l'Aussa. « Les cartouches serviront contre nous, » nous envoyait dire le sultan d'Aussa, par l'entremise d'Abdulrahman. « Certes, ce serait ennuyeux pour nous de voir l'Aussa occupé par l'empereur Ménélick, parce qu'il enlèverait à un de nos protégés la partie la moins pauvre et la plus intéressante à tous égards de la Dancalie. Cela compromettrait gravement notre ascendant et notre autorité sur le district d'Assab. La vie, dans la zone méridionale de notre colonie, en serait paralysée, et l'empereur se mettrait franchement au nombre de nos ennemis déclarés[1]. »

Il n'aurait pas été à propos, pour nous, d'envoyer une garnison dans l'Aussa, soit parce qu'elle aurait été exposée aux attaques des Dancalis comme des Abyssiniens[2], soit parce que la dépense eût été trop forte et la diminution des forces de la colonie trop considérable. D'ailleurs, pour secourir cette garnison, on serait arrivé trop tard et difficilement en partant de Massaoua, à cause du trajet par mer et des quinze jours de marche à travers le désert. Enfin, une occupation permanente, par nos *ascaris*, du territoire de l'Aussa, à une courte distance du territoire choan, aurait été une cause permanente et immédiate de conflits et de guerre non seulement avec les Abyssiniens, mais encore avec les Dancalis[3]. D'autres considérations m'amenaient encore à déconseiller l'occupation d'Aussa, et, parmi ces considérations, je citerai les difficultés qui pouvaient venir entraver les *négociations* ouvertes pour délimiter, avec la France comme avec l'Angleterre, les limites des zones d'influence.

« Maintenant, selon moi, le moment est arrivé de montrer à l'empereur Ménélick que son attitude envers l'Italie et les pro-

1. Lettre du 8 juillet 1893, n° 1070. — Inédite.
2. Lettre du 8 juillet 1893, n° 1078. — Inédite.
3. Lettre du 14 juillet 1893, n° 1097. — Inédite.

tégés de cette puissance lui font courir de gros risques, parce
que l'Italie est très puissante dans la colonie de l'Érythrée et
parce qu'elle tient dans ses mains les destinées du Tigré et, par
suite, l'avenir du trône de Salomon[1]. »

Pendant ce temps, *bascia* John venait me trouver à l'Asmara
afin d'exprimer, pour la quatrième fois, le vif désir du *ras* du
Tigré « de se trouver face à face avec le gouverneur, pour s'entendre avec lui sans aucun témoin d'aucune sorte ». Et moi, en
rendant compte au ministère de cette démarche et en indiquant
les conditions et les forces des partis à la cour choanne, je disais
ceci : « *Bascia* John ajoute de lui-même que cette entrevue est
nécessaire, et il ne cache pas que la fidélité du faible Mangascia
pourrait chanceler, à cause de la crainte que lui inspire le Choa.
Bascia John dit encore ceci : « Dans tout le Tigré, on croit
« que Ménélick, malgré les fusils et les cartouches, s'est déclaré
« l'ennemi de l'Italie, à l'instigation des Français. On craint de ne
« pas être en état de résister à Ménélick, si celui-ci, aidé par les
« Français, envahit le Tigré, à moins que l'on ne puisse compter
« sur l'aide des Italiens. Tout le monde comptera sur cette pro-
« tection si le gouverneur de l'Érythrée a une entrevue avec
« Mangascia. » Et *bascia* John ajoute : « Si Mangascia va trouver
« Ménélick, il se laissera entraîner par lui, parce que Mangascia
« est trop bon et parce que Ménélick est de son pays (c'est son
« compatriote[2]). »

Peu après ces communications, dans les premiers jours de
septembre 1893, j'étais appelé, de l'Érythrée en Italie, par le
ministre Brin, pour discuter et recevoir des ordres au sujet du
projet que j'avais établi, afin d'assurer l'administration de la colonie, avec un budget unique, sous la dépendance du ministère
des affaires étrangères, conformément au vœu exprimé par la
Chambre, au printemps précédent. A Rome, le ministre des
affaires étrangères, M. Brin, approuvait complètement mes idées,
non seulement pour le budget, mais encore pour toute la politique intérieure et extérieure de la colonie. Il me laissait la
latitude de choisir les cadeaux qui devaient être offerts à *ras*
Mangascia, à l'occasion de l'entrevue, au nom de Sa Majesté le
roi, au nom du président du conseil et du ministre des affaires

1. Lettre du 8 juillet 1893, n° 1078. — Inédite.
2. Lettre du 21 juillet 1893, n° 1169. — Inédite.

étrangères. L'entrevue entre le gouverneur de l'Érythrée et *ras* Mangascia aurait dû avoir lieu, autant que possible, sur le territoire italien, et plus spécialement à Asmara ou près du fort de Adi Ugri.

Sur ces entrefaites, arriva la crise ministérielle, provoquée par la démission du cabinet Giolitti; cette crise fut longue. Pendant qu'elle dura, je ne pus que causer des affaires intérieures de la colonie, le ministère démissionnaire ne voulant pas (comme c'était son devoir et son droit) prendre de décisions à longue échéance, qui auraient engagé ses successeurs.

Au ministère Giolitti succéda le ministère Crispi, avec M. Blanc aux affaires étrangères et le général Mocerni à la guerre. Je remis alors, entre les mains du nouveau président du conseil, ma démission, qui ne fut pas acceptée. A ce moment, pendant que le colonel Arimondi, commandant des troupes, faisait fonctions de gouverneur dans la colonie, se produisit, de Cassala, l'attaque des Derviches qui eut pour résultat notre victoire d'Agordat. Sans attendre plus longtemps, je crus de mon devoir de partir immédiatement pour Massaoua, tandis qu'au ministère des affaires étrangères, à Rome, le comte Antonelli étant sous-secrétaire d'État, on préparait une organisation de la colonie à bases étroites et ayant comme but l'alliance et l'amitié du roi des rois.

Comme conclusion, les traits caractéristiques de notre action politique en Éthiopie, pendant les années 1892 et 1893, peuvent se résumer ainsi :

Intention du gouverneur de suivre la politique inaugurée, quelque temps auparavant, par le traité du Mareb ; politique d'amitié et de protection pour le Tigré, représenté par *ras* Mangascia; protection, vis-à-vis du Choa, des populations comprises dans la zone d'influence italienne.

Approbation de cette politique par le gouvernement central. Mais, aussitôt après, apparaissent des tendances à s'assurer l'amitié de Ménélick, en lui faisant des concessions morales et matérielles et en agissant en sa faveur dans le Tigré, dans le but principal de maintenir le protectorat italien sur l'Éthiopie, aux yeux des puissances civilisées.

Énormes difficultés pour concilier les deux politiques oscillantes, sans créer des soupçons, des embarras et des craintes, difficultés qui augmentèrent l'aversion de Ménélick pour nous et nous aliénèrent Mangascia.

Double influence au ministère des affaires étrangères et double action politique vis-à-vis de l'Éthiopie, d'un côté par l'intermédiaire de conseillers et d'agents directs, et, de l'autre côté, par l'intermédiaire du gouverneur; double action qui empêchait le développement de notre politique conformément à l'idée directive, et nous faisait manquer de la fermeté ainsi que de l'esprit de suite nécessaires pour atteindre le but.

Au ministère, indétermination des objectifs, faible connaissance des moyens et de la situation, malgré les nombreux rapports détaillés du gouverneur. Chez ce dernier, trop de condescendance envers le ministère.

Par suite, dans cette période de temps relativement courte, où le but principal était et devait être le maintien de la paix, nous avons vu d'abord prévaloir l'entente avec le Tigré; puis est venue l'idée d'un rapprochement avec l'empereur Ménélick; plus tard on est revenu aux idées du traité conclu sur les bords du Mareb; enfin a surgi la politique choanne, inaugurée, ainsi que nous le verrons en son temps, par le nouveau ministre des affaires étrangères.

CHAPITRE II

AGORDAT

Le mahdisme. — Les tribus du Barca et le fort d'Agordat. — Le corps de Ghedaref et le camp de Cassala. — La marche d'invasion. — Concentration dans le Barca et victoire d'Arimondi à Agordat[1].

Vers l'ouest, à cause des Derviches, la colonie de l'Érythrée avait à triompher de difficultés très sérieuses. Ces difficultés devaient naturellement influer souvent sur notre politique vers le sud, c'est-à-dire vis-à-vis des Abyssiniens. Le mahdisme, soutenu par l'autorité arbitraire et absolue d'un chef, qui réunit en lui tous les pouvoirs religieux, politiques, civils et militaires, avait étendu, et étend encore, sa domination sur les terres baignées par les deux Nils, depuis les anciennes provinces égyptiennes de l'équateur jusqu'à la Nubie, depuis les pentes occidentales de l'Abyssinie jusqu'aux frontières du Darfour. Il couvre ainsi une superficie plus vaste que l'Éthiopie tout entière et presque quatre fois plus grande que l'Italie.

La sentinelle avancée du mahdisme contre la colonie de l'Érythrée était le camp de Cassala. C'est de là que partaient souvent les razzias qui se dirigeaient soit vers Souakim et Tocar, soit contre les tribus nomades de notre frontière occidentale.

Pour garder cette frontière, pendant que je commandais la

1. Les dates suivantes peuvent aider à la clarté du récit :
Premier combat d'Agordat, 27 juin 1890.
Construction du fort d'Agordat, 20 novembre 1890.
Combat de Serobeti, 16 juin 1892.
Concentration des Derviches à Cassala, novembre 1893.
Seconde bataille et victoire d'Agordat, 21 décembre 1893.

zone de Chéren, en automne 1890, j'avais commencé la construction du fort d'Agordat, dans une localité apte à la défensive, sur
le point de passage obligé pour les routes qui conduisent du
Gasce dans la région de Chéren. A Agordat, on avait mis une
garnison, composée d'une compagnie d'indigènes réguliers, renforcée et couverte par les bandes armées des Beni Amer, des
Sabderat et des Alghedens, tribus demi-nomades de la frontière
de l'Érythrée vis-à-vis du Soudan.

De même qu'en juin 1890, en juin 1892, les hordes mahdistes
de Cassala tentèrent un coup de main vers Agordat, contre les
tribus assez riches en grains et en troupeaux. Mais elles furent
brillamment battues à Sarobeti (16 juin), à une marche au delà
d'Agordat, par le capitaine Hidalgo, avec 300 des nôtres (tant
ascaris que *bandes*) qui eurent à lutter contre 900 Derviches, dont
100 étaient montés.

Alors les Derviches du Gasce et de l'Atbara semblèrent vouloir perdre l'habitude des razzias et faire du commerce avec les
tribus voisines qui étaient protégées soit par nous, soit par les
Anglo-Égyptiens de Souakim. Vers la fin de l'année 1892, tout
en constatant la tranquillité du pays, qui avait permis les progrès de l'agriculture ainsi que l'élevage des bestiaux sur une
plus grande échelle et qui avait engagé beaucoup d'indigènes à
se grouper autour du fort d'Agordat, je mettais en garde le
ministre en écrivant : « Les Derviches de Cassala, soit par épuisement, soit par peur, se font à leur situation, et depuis quelque
temps ils dirigent leurs razzias d'un autre côté. Toutefois, rien
ne nous garantit qu'ils ne chercheront pas à tenter un mauvais
coup, soit vers Agordat, soit vers les Barias. Quant à moi, tout
en considérant comme possible, en cette saison, la réunion d'un
nombre important de Derviches, sous les ordres d'un de leurs
chefs célèbres, je crois que les dernières nouvelles concernant
la marche d'Osman Digma, avec un nombre aussi considérable
de soldats, ont été exagérées, sans doute avec intention. Ce qui
me paraît certain, c'est qu'Osman Digma a fait une reconnaissance vers Souakim et vers Tocar; peut-être y était-il attiré par
le mécontentement des natifs contre les Anglo-Égyptiens. Dans
cette entreprise, il a vu s'unir à lui plusieurs Hadendoas, passés
aux Derviches. Les Artegas se sont montrés assez favorables
à l'ancien chef Osman Digma. Enfin, cet ancien lieutenant du

mahdi, ayant pressenti les difficultés et les périls, s'est retiré
dans l'intérieur, en envoyant, comme d'habitude, quelques razzias pour s'assurer des vivres[1]. »

« Je considère comme un devoir essentiel pour moi d'être toujours sur mes gardes. Nous avons à Carcabat, à Cassala, à Bitama,
à Elit, des informateurs dont la fidélité nous est suffisamment
assurée par l'intérêt. Ceux d'Elit sont en correspondance avec
d'autres plus avancés. Depuis le haut plateau d'Aimasa jusqu'à
l'antique Zaga, où le Barca tourne au nord, nous avons en avant-
postes Arei uold Agaba, avec les Barias, et Mohamed Aroda avec
les Adomars, fraction de la grande tribu des Beni Amer[2]. Les
uns et les autres sont les ennemis acharnés des Derviches, à
cause des sanglantes vendettas, tant anciennes que récentes, que
la victoire de Sarobeti vient de rendre encore plus ardentes.

« Ils sont peu nombreux, mais ils connaissent bien ces lieux
propres aux embuscades ; ils sont agiles et pleins de bravoure.
Ils sont répartis le long des puits, qui sont indispensables aux
grosses colonnes en marche.

« Autour d'eux se groupent ceux qui ne sont pas soldats et qui
sont armés de lances ou d'armes prises aux Derviches. Derrière
eux, il y a le retranchement d'Agordat, qu'occupe une compagnie
de 200 indigènes avec la petite bande d'Ali Nurin[3]. Cette compagnie peut être renforcée, dans une certaine mesure, par les Alghedens et les Beni Amer, qui, bien qu'ils ne soient pas guerriers,
peuvent cependant être utiles dans le service d'exploration.

« *Dans de semblables conditions, je crois pouvoir toujours réunir
à temps des forces prépondérantes, pour faire face à une incursion
quelconque des Derviches, pouvant envoyer en même temps, de Chéren et de l'Asmara, les renforts nécessaires.* A Chéren comme à
l'Asmara, il y a, pour chaque garnison, un escadron de cavalerie
et une batterie de montagne, » etc., etc.

Le service d'information et d'exploration, déjà organisé par
le brave lieutenant puis capitaine Spreafico, fut confié, au commencement de 1893, au lieutenant Miani, un des premiers qui,
avec le capitaine Persico, avaient parcouru le territoire du Barca.

1. Lettre du 17 décembre 1892, n° 1667.
2. Voir la carte générale de la colonie, à la fin de ce volume.
3. Tombé en brave, en combattant aux côtés du lieutenant Nigra contre
les Derviches, en janvier 1896, près de Sciaglet.

Au commencement de 1893, tout était silencieux sur l'Atbara et sur le Gasce, soit parce que les forces mahdistes étaient occupées sur les frontières sud et ouest de leur vaste empire, soit parce que des troubles avaient éclaté au centre, soit parce que, à ce moment-là, semblait prévaloir, à Kartoum, la tendance de ceux qui considéraient une trêve comme nécessaire pour que le mahdisme pût assurer ses conquêtes. Mais le mahdisme, fanatique et dévastateur, produit des luttes sociales et religieuses, est incapable de donner à une région un régime tolérable; loin de pouvoir créer, il ne sait que détruire. Il a besoin de la guerre pour maintenir le prestige des chefs, à la fois religieux et militaires; il a besoin de la guerre pour se procurer des vivres, des bestiaux, du grain et des esclaves; la guerre seule lui permet d'obéir à l'ordre du nouveau prophète, de propager dans le monde entier la vraie religion.

Le carnage est érigé en système; les tribus du Soudan étaient emportées par la bourrasque, sinon elles étaient chassées ou détruites. Sur la frontière de l'Érythrée, les Sabderats, les Alghedens, les Omrams, décimés et dépouillés par les Hadendoas, s'étaient enfuis dans le Barca supérieur et jusque dans l'Abyssinie; d'autres avaient embrassé la nouvelle religion du *mahdi*.

Les pays entourant l'immense foyer de l'insurrection mahdiste étaient et sont plus ou moins exposés aux attaques qui se produisent tantôt sous la forme de razzias rapides, tantôt sous la forme d'incursions méthodiques. De temps à autre, les hordes du mahdi campent plus nombreuses près de l'une ou de l'autre frontière; et quand l'occasion s'en présente, quand le besoin devient pressant, quand on croit à l'appel de Dieu, une masse se forme, une invasion a lieu, et la terre se transforme en désert.

Les Anglo-Égyptiens, depuis dix ans, soutenaient la lutte sur le Nil et à Souakim; et cependant de nombreuses bandes de guerriers mahdistes furent, avec des fortunes diverses, lancées, en cette période de temps, vers tous les points de l'horizon : contre les populations du Darfour, contre les Abyssiniens, contre les Silouques, contre les Dencas, et contre les Niam-Niams.

« Ce n'est que contre nous qu'ils n'avaient pas encore tenté une grosse opération de guerre, puisque les deux incursions derviches qui aboutirent aux combats d'Agordat (1890) et de Sarobeti (1892) ne furent autre chose que leurs pointes habituelles, n'ayant aucun but de religion ni de conquête.

« Toutefois, ni la tranquillité relative de notre frontière occidentale ni les assez bonnes relations commerciales existant entre Massaoua et le Soudan n'ont pu calmer mes préoccupations. Je n'ai jamais perdu de vue la possibilité de voir un jour les armes mahdistes se tourner contre notre territoire. »

La formation et la répartition des forces sur le territoire de la colonie, les préparatifs de défense faits d'abord à Chéren, puis à Agordat, après la soumission spontanée des tribus du Barca, l'organisation plus solide que nous avions donnée aux bandes du Barca, notre large service d'informations, tout avait pour but de nous permettre de nous concentrer, en temps voulu, pour nous défendre et pour repousser une invasion quelconque.

Du côté de Cassala, les relations, reprises après le combat de Sarobeti, allèrent toujours en s'améliorant, surtout dans le courant de 1893, l'émir Musaed Gaïdum ayant reconnu les avantages que lui personnellement et ses dépendants pouvaient retirer des rapports commerciaux avec les tribus de la colonie. Les échanges devinrent plus fréquents, et l'on peut dire que le mouvement commercial entre la colonie et Cassala devint continuel. L'émir Musaed Gaidum cherchait à attirer les commerçants de Massaoua par de bons traitements et de fréquentes invitations, et en même temps il encourageait les marchands de Cassala qui se rendaient, pour des raisons de commerce, à Chéren ou à Massaoua.

Pendant l'année 1893, la situation militaire du Soudan était à peu près la suivante :

Au sud, le corps mahdiste du Nil Blanc, commandé par l'émir Abu Ghirgia, parcourait en tout sens le territoire des Dencas, peut-être à cause des bruits qui annonçaient l'arrivée d'expéditions conduites par des blancs venant des lacs équatoriaux.

A l'ouest, dans le Cordofan, les deux corps commandés par Ibrahim el Calil et par Mahmoud Amed étaient chargés d'étouffer une nouvelle secte religieuse et politique dont le chef était Farag el Meschin.

Au nord, le corps mahdiste de Dongola, qui faisait face aux Anglo-Égyptiens, dans la Nubie, ne tentait aucune opération depuis quelque temps Il faisait seulement quelques incursions contre les puits de Mourad sur la route de Corosco, à Abou Ahmed et contre Ambigol. Osman Digma n'était pas en état de rassembler beaucoup de monde, mais il ne cessait pas d'inquiéter les tribus protégées par les Anglo-Égyptiens, et il s'avançait jusqu'à proximité de Souakim et de Handub.

Au sud-est, El Zachi Tumel, dans le Gallabat, à la tête peut-être de 10,000 Derviches, rançonnait les terres à l'ouest du lac de Tsana, sur le Nil Bleu et le long de l'Abai ; il préparait, par une sévère discipline, ses troupes à la guerre. Mais, pendant ce temps, de profonds dissentiments éclataient entre lui et ses émirs. Déjà suspect de peu de fidélité au *khalife,* il est appelé à Kartoum et y est tué en septembre, avec les sous-chefs qui lui étaient restés fidèles. Ahmed Ali, neveu du *khalife,* est nommé commandant du corps de Gallabat.

Au mois d'octobre, aucun symptôme nouveau n'indique un changement de l'attitude des Derviches à notre égard.

L'appel de 3,000 hommes, du Gallabat à Kartoum, avec Ahmed Ali ; le retour du corps entier du Gallabat à Ghedaref, et les autres préparatifs à Ondurman, dans le mois de novembre, peuvent s'expliquer, pour le colonel Arimondi, qui est à Massaoua et qui gouverne la colonie pendant mon absence, par la nécessité où se trouvent les Derviches d'envoyer des renforts en Nubie et dans le Cordofan.

Mais dans la seconde moitié de novembre 1893, des bruits d'abord incertains et contradictoires, puis plus persistants et plus détaillés, annoncent que le *khalife* a décidé de faire la guerre aux Italiens. Comme on connaît les habitudes des peuples de l'Afrique, qui font répandre des nouvelles contraires à leurs véritables projets, il pouvait encore rester des doutes sur les véritables intentions du *khalife.* Mais ces doutes disparurent quand, au commencement de décembre, fut confirmé le mouvement en avant du corps de Ghedaref sur Cassala. Après une courte halte en ce lieu, les Derviches commencèrent leur mouvement offensif le 14 décembre [1].

Mais la colonie était prête à tenir tête à l'invasion, ainsi qu'il

---

1. Rapport annuel sur la colonie de l'Érythrée pour l'année 1893, présenté à la Chambre par le ministre des affaires étrangères (Blanc) dans la séance du 2 avril 1894.

Position géographique d'Agordat

Latitude nord   15.33'44"
Long. est de Green.   37.33'25"

résulte clairement de mes rapports au ministère, et plus particulièrement de ma lettre du 17 décembre 1892, citée plus haut.

Les préparatifs militaires et politiques avaient toujours été en
augmentant, pendant le courant de 1893, et nos relations s'étendaient vers le Gasce et le bas Mareb. Les Barias et les Bazas,
qui devaient garder notre flanc gauche et notre front, nous étaient
plus attachés, car ils espéraient notre protection contre les Derviches et les Abyssiniens. Les tribus des Sabderats et des Alghedens, ainsi que plusieurs fractions des Beni Amer, s'étaient
mieux intallées autour du fort d'Agordat; elles avaient cultivé
les terres qu'on leur avait concédées le long du Barca, elles
étaient mieux organisées, et leurs bandes plus en état de remplir
les obligations du service militaire.

Ainsi que l'assuraient ces braves officiers, Spreafico et Miani,
nous avions des informateurs dignes de foi dans le camp ennemi,
surtout à Cassala; nous avions des informateurs permanents vers
l'extrême frontière, à Elit et à Bitama (200 kilomètres au delà
d'Agordat, et 50 kilomètres de Cassala); nous avions les pasteurs
et les agriculteurs de tout le territoire qui étaient intéressés à
révéler, au moment opportun, les mouvements des Derviches,
pour prévenir les razzias. D'un autre côté, les chefs de caravane
et les négociants avaient grand'hâte de nous mettre sur nos gardes pour assurer la sécurité du commerce.

Derrière ce réseau des informateurs, était échelonnée la bande
des Adomars, commandée par Mohamed Aroda. Cette bande formait, vers l'ouest, devant Agordat, un demi-cercle d'avant-postes
qui, depuis le moyen Barca, montait jusqu'aux monts des Barias
et s'étendait en éventail sur les communications avec le Soudan.

Derrière ce réseau de sentinelles, s'élevait le fort d'Agordat.
Il est vrai qu'il n'était qu'un petit camp retranché, sur un mame-
lon dominant des puits, au confluent du Damtai et du Barca; mais
il était suffisant contre les armes des Derviches. Il occupait une
position dominante; il pouvait offrir un abri sûr à une petite garnison; il pouvait aussi servir de centre de manœuvres à un modeste corps d'opération. Il se trouvait dans une région relativement assez bien pourvue d'eau et sur la route obligée de Chéren,
dont la combe est éloignée d'une bonne journée de marche,
pour les indigènes, en suivant la route qui, tout récemment, avait

été bien améliorée, au point de pouvoir servir au transport de l'artillerie.

Aussi, comme je connaissais la rapidité de la mobilisation des forces de l'Érythrée, la merveilleuse célérité de nos troupes dans leurs marches, les voies de concentration, les distances existant entre Cassala-Agordat, Chéren-Agordat, Asmara-Agordat, je pouvais à bon droit lorsque, le 17 décembre, pendant mon séjour à Rome, on signala de Massaoua le mouvement mahdiste, manifester la même confiance inébranlable que j'avais manifestée officiellement, dans mes rapports de l'année précédente. Je le pouvais *d'autant plus* que le colonel Arimondi était complètement d'accord avec moi sur l'organisation militaire et la concentration de la défense, à l'extrémité de notre frontière occidentale, et aussi sur la façon de combattre les Derviches. Je le pouvais *d'autant mieux* que le colonel Arimondi méritait toute confiance et par ses qualités militaires et par sa connaissance des troupes indigènes et du pays.

En effet, quand Arimondi eut appris le mouvement de Cassala, il put réunir à temps, pour le 21 décembre, autour d'Agordat, un solide noyau de troupes. Il sut les appuyer au fort de façon à tirer le meilleur parti possible des conditions favorables du terrain, des armes, de la discipline et de l'élan de ses soldats, pour remédier à notre infériorité numérique et saisir la victoire.

Voici comment se composait le corps d'opération :

Commandant : colonel Arimondi. — *Commandant en second :* lieutenant-colonel Cortese.

2e bataillon : major Fadda. — Capitaines Oddone, Grossi, Catalano, Giraud. 757 hommes.

Bataillon mixte (3e et 4e) : capitaine Galliano. — Capitaines Verdelli, Forno, Cotta, Debernardis. 724 hommes.

Escadron de l'Asmara : capitaine Flamarin. 123 hommes.

Escadron de Chéren : capitaine Carchidio. 101 hommes.

1re batterie : capitaine Ciccodicola. 109 hommes. — 2e batterie : capitaine Bianchini. 116 hommes.

Bandes du Barca : lieutenant Miani. 251 hommes.

Il y avait en outre, dans le rayon des opérations, la compagnie Persico, avec les bandes de l'Oculé Cusai [1].

---

1. Voir notre carte spéciale d'Agordat ci-jointe.

Le colonel Arimondi avait donc à sa disposition deux bataillons d'infanterie, deux escadrons de cavalerie, deux batteries de montagne et les *bandes* du Barca; en tout 42 officiers, 32 hommes de troupe italiens, 2,106 *ascaris*, 213 chevaux et 8 canons Les troupes occupaient le fort, les pentes du fort vers le Barca, et une hauteur bien marquée, au sud du fort, sur laquelle on avait construit un retranchement. Le front naturel était vers l'ouest; un bataillon et demi en première ligne; deux compagnies, les *bandes* du Barca et deux escadrons en réserve.

Mais les Derviches, au lieu d'attaquer de front, firent un mou vement tournant, au nord, par la rive droite du Barca; puis, passant le fleuve en amont du torrent Damtai, ils arrivèrent aux villages des Sabderats et des Alghedens, et se mirent sur la ligne de communication entre Agordat et Chéren, pour nous prendre à revers.

Alors Arimondi, voyant que les Derviches ne se disposaient pas à nous attaquer, résolut de prendre l'offensive. Vers midi, il ordonna au capitaine Galliano, qui commandait un bataillon, de commencer le mouvement, de façon à envelopper la droite de l'ennemi. Les détails du combat, vif et sanglant, peuvent être lus dans le rapport officiel[1].

Les Derviches, profitant du nombre, ne formèrent qu'une seule troupe, sans réserve, et ils se précipitèrent en masses compactes sur les Italiens, qui avaient dû descendre de la hauteur. La batterie de montagne, ayant perdu ses mulets, tomba momentanément dans leurs mains. Mais la réserve rétablit l'action, et les pièces furent reprises. Ahmed Ali, avec plusieurs autres chefs mahdistes, tomba atteint d'un coup de mitraille, et les Derviches battirent en retraite; mais cette retraite, à partir du Barca, dégénéra en fuite désordonnée.

Dans la soirée, le capitaine Persico arriva sur le champ de bataille avec une compagnie régulière et les *bandes* de l'Oculé-Cusai.

Les résultats de la victoire étaient brillants. Les Derviches laissèrent sur le terrain 1,000 morts, 72 étendards et plus de 700 fusils. Nos pertes s'élevèrent à trois officiers tués, 2 officiers blessés et 230 hommes de troupe tués ou blessés.

Le colonel Arimondi mérite des éloges pour avoir concentré à

1. Livre vert Agordat-Cassala, n° XIII. Rapport du colonel Arimondi, 10 janvier 1894, page 8.

temps les troupes à Agordat, pour avoir pris l'offensive au bon moment et pour avoir lancé la réserve en temps opportun. Lúi et tous les officiers méritent des éloges pour avoir préparé les indigènes au combat en ordre dispersé, pour avoir su adapter au terrain cette formation légère et élastique, dans les circonstances dissolvantes du combat, et aussi, pour avoir su maintenir les troupes contre les masses des Derviches, qui offraient d'énormes cibles à nos coups, se mouvaient difficilement dans ce terrain ondulé et coupé et chez qui le désordre se communiquait avec la plus grande rapidité.

Il est juste aussi de faire observer que les Derviches se sont avancés avec ordre et discipline, qu'ils se sont montrés habiles, en évitant d'attaquer de front la position d'Agordat et en la tournant, hors de la portée de nos canons, pour se placer sur nos communications, dans le but de nous attaquer dans des conditions beaucoup plus favorables ou de nous obliger à capituler, à cause du manque de vivres. Il faut aussi faire remarquer que nos troupes indigènes ont donné une preuve évidente des excellentes qualités militaires dont elles sont douées, ainsi que de la bonté de notre organisation[1].

Les Derviches se retirèrent vers Cassala, en pleine déroute; mais, comme presque toujours dans les guerres africaines, la poursuite ne put se faire immédiatement, surtout à cause des vivres et des munitions. Elle ne put pas non plus être faite à fond, surtout à cause de la rapidité de marche de l'ennemi, à cause du manque d'eau et à cause de la conformation du pays.

Ce fut une belle victoire que celle d'Agordat, et elle fut chère au cœur des Italiens et des indigènes. A l'époque, elle fut estimée à sa juste valeur. La nation la célébra avec enthousiasme. La victoire d'Agordat avait sauvé la colonie d'un grave péril, en en chassant un envahisseur heureux et aguerri. Elle avait démontré la capacité de nos officiers, la valeur de nos soldats, la cohésion de nos troupes. Elle avait augmenté notre autorité et notre prestige, non seulement dans le Soudan et l'Abyssinie, mais encore dans tout le monde civilisé; elle avait été le véritable baptême du feu de la jeune colonie, qui jusqu'alors n'avait jamais joui d'une plus grande tranquillité que dans la période d'Agordat. Actuel-

1. Voir rapport Arimondi, livre vert, XIII, page 8.

lement, on n'a que trop oublié les victoires d'alors, et l'on cherche même à en diminuer la valeur, comme si elles n'étaient pas dues à nos officiers et à nos troupes, comme si elles ne faisaient pas partie de notre patrimoine d'honneur militaire, comme si elles n'étaient pas une consolation dans nos malheurs et une promesse pour l'avenir.

Le colonel Arimondi fut nommé major général, pour faits de guerre, avec la mention suivante contenue dans le télégramme adressé par Sa Majesté le roi au gouverneur, à la date du 2 février 1894 :

En souvenir de la victoire d'Agordat, je vous confère la croix de commandeur de l'ordre des Saints-Maurice-et-Lazare. Cette distinction vous prouve que, si un autre eut le bonheur du succès, c'est vous qui avez eu le mérite d'avoir renforcé, dans la colonie civile et militaire, l'organisation qui prépare les événements heureux. Veuillez transmettre au colonel Arimondi cette communication de ma part :

« Vous avez prouvé que vous possédiez le cœur et l'esprit d'un vaillant capitaine, doué des plus grandes vertus militaires. Grâce à vous, la valeur des officiers, des sous-officiers et soldats italiens et des troupes indigènes a pu triompher du nombre sur un adversaire aguerri. »

UMBERTO.

Comment se fait-il (on l'a demandé bien plus tard, après la malheureuse journée d'Adoua), comment se fait-il que le gouverneur fût à Rome, pendant que l'invasion menaçait la frontière occidentale de la colonie? — La réponse est bien facile, surtout maintenant. Appelé par le ministre des affaires étrangères, j'étais parti de Massaoua, dans les premiers jours de septembre, après avoir visité la zone de Chéren et pendant que le noyau des forces des Derviches campait loin au sud, sur le territoire de Fazoglo, peut-être à 500 kilomètres de Cassala et à plus de 600 kilomètres de notre frontière. C'est seulement en novembre que commença la réunion des troupes mahdistes, au Ghedaref, à 240 kilomètres de Cassala. Cette réunion pouvait être interprétée de plusieurs façons; elle arrivait en pleine crise ministérielle, et c'est seulement au commencement de décembre qu'elle fut signalée à Rome.

Il est vrai cependant que la concentration des Derviches à

Cassala et leur attaque contre la colonie se produisirent presque à l'improviste. Mais celui qui veut juger avec équité l'œuvre des officiers chargés du service d'information, doit réfléchir qu'en Afrique (quelle que soit la vigilance) les nuages s'accumulent avec une extrême rapidité et qu'il est facile de se tromper, au milieu des mouvements continuels de soldats qui campent et se déplacent sans cesse, dans des territoires aussi lointains, où ils vivent avec une incroyable facilité. Une erreur était d'autant plus facile à commettre que, à ce moment-là, Cassala formait la base d'opérations des Derviches contre nous, et que le pays était désert depuis Biscia ou depuis l'Auasciait jusqu'à Cassala.

La dernière invasion des Derviches, dans la colonie, s'est pro duite, tout d'un coup, en janvier 1897, dans des proportions peut-être plus grandes qu'alors. Et pourtant nous occupions Cassala depuis deux ans et demi, nous avions toute la ligne d'opérations entre Agordat et Cassala qui était fortifiée et gardée; nous.avions aussi l'expérience de trois années consécutives et de trois faits de guerre : Agordat (décembre 1893), la Meluja (novembre 1894) et Tucruf (avril 1896).

Du reste, le jour même où l'on reçut à Rome la nouvelle de l'attaque mahdiste, je courus à Brindisi (23 décembre) et je m'embarquai pour l'Érythrée, n'ayant d'autre préoccupation que la situation militaire et espérant que le président du conseil, Crispi, aurait empêché la diminution des effectifs des troupes coloniales que l'on discutait dans les bureaux de la Consulta, au ministère des affaires étrangères.

CHAPITRE III

LE NOUVEAU MINISTÈRE ET LA POLITIQUE COLONIALE

Réduction d'effectif et de territoire (janvier 1894). — Opinion des ministres. — Économies illusoires et dangers plus grands. — Nouvelles menaces mahdistes. — Camp de Chéren. — Milice mobile. — Commission à la Consulta. — Limites à la défense. — Mission Piano chez Ménélick. — Macallé et Adoua. — Le spectre blanc. — Mangascia aux genoux de Ménélick[1].

I

On espérait alors, au ministère des affaires étrangères (janvier-avril 1894), obtenir pacifiquement l'organisation de la colonie, d'une part, en abandonnant à l'Abyssinie le territoire au delà de Scicheti[2], c'est-à-dire tout le Seraé et presque tout l'Oculé Cusai, et en se liant d'amitié avec l'empereur d'Éthiopie; d'autre part, en abandonnant aux Derviches le territoire au delà de Chéren, c'est-à-dire Agordat avec tout le territoire des Beni Amer et des tribus voisines, d'où nous les avions chassés. L'idée dominante était de réduire la colonie au triangle Massaoua-Asmara-Chéren[3], et de ramener à trois millions la contribution de la Mère Patrie.

1. Traversi remet les cartouches à Ménélick, février 1893.
Ménélick dénonce le traité d'Uccialli, 27 février 1893.
Camp de Chéren, février 1894.
Vaines promesses de Mangascia, mars 1894.
Mission de Piano chez Ménélick, mars 1894.
Mangascia à Borumieda, mai 1894.
2. Scicheti, près des sources du Mareb, entre Asmara et Adi Ugri. Voir la carte générale de la colonie, à la fin du volume.
3. A proprement parler, c'était d'abord, en 1891, un triangle, puis, en 1894, c'était un quadrilatère, ou mieux un pentagone.

On considérait cette politique comme possible et honorable, après la victoire d'Agordat, qui avait augmenté notre prestige en Abyssinie et sur le Gasce. On la croyait nécessaire, à cause de nos finances épuisées, qui nous obligeaient à avoir des garnisons insuffisamment nombreuses. On la trouvait prudente, pour éviter l'occasion de nouveaux conflits et pour inaugurer, dans la colonie, une ère de développement pacifique proportionnée à la force expansive de l'Italie.

Le programme était discutable; peut-être était-il avantageux. Mais il fallait changer radicalement d'idées, de tendances et d'objectifs. Il fallait renoncer aux aspirations, aux espérances et aux prétentions et confesser le peu d'aptitude des Italiens à coloniser. Mais, en tout cas, il était nécessaire, avant tout, de résoudre d'abord ces deux grosses questions des Derviches et des Abyssiniens; sans cela nous attirions les uns à Chéren et les autres à l'Asmara, alors que nous ne conservions que le tiers, et même moins, de nos troupes coloniales.

Ce programme de réduction de la colonie, soutenu à la Consulta par l'honorable Antonelli, sous-secrétaire d'État des affaires étrangères, n'était approuvé ni par le président du conseil, Crispi, ni par le ministre de la guerre, Mocenni, ni même par le ministre des affaires étrangères, Blanc. Pour ce seul motif, il aurait dû être immédiatement écarté, afin de ne pas troubler l'action du gouvernement dans la colonie, dans une période obscure et orageuse plus qu'on ne peut le dire. — D'autres motifs d'impérieuse nécessité engageaient les ministres responsables à ne pas adopter ce programme, et le gouverneur devait exposer les inconvénients au-devant desquels on allait, en abandonnant les terres conquises et les tribus qui nous étaient soumises, précisément au moment où il était plus nécessaire que jamais d'éloigner les ennemis du cœur de la colonie.

A une dépêche ministérielle du 28 décembre et à un télégramme du 15 janvier relatif à des réductions d'effectifs des troupes coloniales, je répondis ceci, le 20 janvier : « Tous mes soins, dans l'administration de la colonie, ont été consacrés à en développer l'agriculture et le commerce. Tel a été mon programme en acceptant cette haute charge, tel est le fond de mes discours, tel est le but de toutes les mesures que je prends et de toutes mes actions. C'est pour cela que j'ai, à tout prix, assuré la sécurité à l'intérieur. C'est pour cela que j'ai cherché à avoir de bonnes et pacifiques relations avec les chefs voisins, aussi bien vers le Tigré que vers le Soudan. C'est pour cela que j'ai adopté le système territorial pour les *bandes* indigènes[1], en les intéressant à la culture des champs et à la protection des caravanes. C'est pour cela que j'ai vivement poussé à l'agriculture les naturels du pays, en leur distribuant des graines pour les semailles, en leur donnant des terrains abandonnés, et même en entreprenant des cultures pour le compte du gouvernement. C'est pour cela qu'en dehors des expériences dirigées par l'honorable Franchetti[2], j'ai fait entreprendre des essais agricoles dans diverses localités de la colonie. C'est pour cela qu'on a construit la route carrossable de l'Asmara, entrepris la construction de celle de Chéren et creusé des puits aux étapes où s'arrêtent les caravanes...

« Les fortifications d'Agordat et d'Adi Ugri, près de Godofelassi, représentent même, dans mon esprit, la protection du commerce avec le Soudan et avec le Tigré, la protection de l'agriculture dans le Barca et dans le Seraé.

« D'autre part, je n'ai jamais cherché à donner à la colonie une organisation répondant à un but d'expansion militaire ou de conquête. J'ai tout mis en œuvre pour consolider la colonie dans ses frontières. Dans les cas douteux, par exemple pour continuer l'occupation du Seraé, j'ai demandé des instructions au gouvernement du roi (lettre du 6 juin 1892), bien que mon prédécesseur eût laissé une garnison régulière à Godofelassi. »

Au sujet de l'abandon de territoire, j'ajoutai que, même en restreignant l'occupation au triangle Massaoua-Asmara-Chéren, je n'étais pas en état de proposer des économies d'aucune sorte. « En effet, en laissant de côté la convenance politique, les engagements pris, la diminution de force morale, le moindre rendement des impôts, les lignes commerciales compromises, le renoncement absolu à la colonisation et à un large développement de l'agriculture, je crois de mon devoir, au point

---

1. Les *bandes* étaient composées d'hommes capables de porter les armes et pris dans plusieurs tribus. Commandées par leurs chefs respectifs, elles formaient une milice territoriale irrégulière, placée sous la surveillance d'officiers italiens.

2. L'honorable Franchetti, député au Parlement, était chargé de l'agriculture et de la colonisation en Afrique.

de vue défensif, de faire les observations suivantes, au sujet de l'évacuation des territoires situés en dehors de ce triangle :

« 1° Nous serions privés du large service d'exploration qu'assurent et de l'aide que nous donnent, d'un côté, les bandes des Barias et des Adomars (Beni Amer), de l'autre, les bandes du Seraé et de l'Oculé Cusai ;

« 2° Nous devrions donc être beaucoup plus forts, beaucoup plus vigilants et beaucoup plus prêts dans les garnisons de Chéren et de l'Asmara, qui, sans un vaste pays complètement libre devant elles, pourraient être tournées par surprise ou prévenues par la rapidité des hostilités ;

« 3° Même dans le triangle, en cas de besoin, on ne pourrait avoir à l'Asmara ou à Chéren des troupes régulières ou irrégulières, sur le champ d'action et au moment opportun, en nombre supérieur à celui qui existe dans les postes avancés ;

« 4° L'ennemi éventuel pourrait se faire renforcer par les bandes d'abord armées par nous, puis abandonnées à leur sort ;

« 5° Un insuccès ou, qui pis est, une défaite seraient sans remède, et les hordes ennemies, après avoir pris ou tourné l'un ou l'autre point, pourraient se précipiter sur la route de Massaoua ;

« 6° Les troupes indigènes que l'on devrait recruter en dehors de la colonie seraient réduites à moins d'un tiers de leur effectif actuel, et elles n'auraient probablement ni la fidélité ni la solidité qu'elles ont maintenant ;

« 7° Dans le cas toujours probable d'un nouveau mouvement offensif, nous devrions commencer par attaquer de solides positions ennemies, telles que Debra Sale et Agordat à l'ouest, Debaroua au sud.

« Cette opinion, qui m'est personnelle, est partagée complètement par le commandant des troupes[1]. »

Mais on perdait son temps en dépêches, et il n'était même plus question de l'entrevue du gouverneur avec *ras* Mangascia. Les mahdistes, à peine remis de leur défaite d'Agordat, se préparaient à prendre leur revanche. A dire vrai, le péril était encore éloigné, puisque les renforts destinés par le *khalife* Abdulahi à

---

1. Lettre du 20 janvier 1894, n° 156. — Voir la carte générale de la colonie, à la fin du volume.

Cassala auraient dû mettre, pour venir de Kartoum, par le Nil Bleu et par le Ghedaref, de dix-huit à vingt jours. Et, pendant ce temps, serait arrivée la saison peu propice aux invasions, dans un pays où l'eau manque. La garnison de Cassala, à la suite des pertes éprouvées à Agordat, était réduite à 5,000 hommes, abattus, fatigués, découragés et prêts à déserter, à ce que disaient les informateurs.

Mais en Afrique il est nécessaire d'être toujours sur ses gardes contre les surprises, que facilitent singulièrement les grandes étendues, l'instabilité des esprits, la rapidité des guerriers indigènes marchant, en quelque sorte, sans bagages, l'indétermination des pouvoirs hiérarchiques, la perfidie commune aux Abyssiniens comme aux Derviches, et considérée par eux comme de bonne politique, et enfin l'astuce féline de tous.

Il sembla d'abord qu'après la victoire d'Agordat on pouvait se servir, contre les Derviches, des guerriers tigrins. J'ouvris, dans ce sens, des négociations avec *ras* Mangascia, en cherchant à lui expliquer que c'était la guerre avec les Derviches qui avait fait manquer notre entrevue. Mais il n'y avait pas trop à s'y fier, et, d'autre part, il n'était pas prudent de montrer qu'on avait grand besoin du concours des Tigrins.

« Les choses, en Afrique, prennent rapidement les formes les plus étranges. Nous manquions de nouvelles du Cordofan ; mais tout fait croire que le prophète El Meschin ne donne plus de graves embarras au *khalife,* si celui-ci peut envoyer de Kartoum des renforts soit sur Cassala, soit sur le Nil.

« Les informateurs disent que Abu Ghirgia est en position d'attente à Lado[1]. Malgré tout, je crois encore que le mahdisme se consume peu à peu lui-même dans le désert qu'il forme autour de lui. L'expédition de Ahmet Ali (qui fut dispersée à Agordat) fut un effort tenté pour reconquérir la gloire qui peu à peu diminuait. Abdulahi (le *khalife* successeur du *mahdi*) fera un autre effort qui peut être fort gênant, pour le moment[2].

« Le fanatisme est encore un levier puissant pour le cœur des musulmans. L'esprit de vengeance et le désir du butin, dans

---

1. *Lado*, dans les territoires des Schillouks, 5° lat. nord, 30° long. est. — Voir la carte d'ensemble de l'Afrique du Nord-Est, à la fin du volume.

2. Lettre du 31 janvier 1894, n° 228, inédite. On pourrait aussi consulter ma lettre du 12 janvier, n° 228, inédite également.

une semblable réunion d'hommes, les échauffent et les excitent à la lutte. »

Pour faire face à ces menaces, au commencement de février 1894, je formai à Chéren un camp d'observation et de manœuvres, avec la majeure partie des forces disponibles de l'Érythrée. — C'était une mesure de précaution qui avait l'avantage de tenir l'ennemi en respect, et qui permettait, en outre, de dresser nos troupes, d'augmenter la confiance des populations en leur montrant la rapidité de la concentration de nos forces, d'aider à l'instruction militaire, de former l'esprit et de développer l'entente des officiers avec les troupes.

Les manœuvres, auxquelles prit part la bande de Batha Agos, avec 400 hommes de l'Oculé Cusai, s'exécutèrent, au grand profit de tous, sous les ordres immédiats du général Arimondi.

Je rendis compte de la situation militaire et politique d'alors, dans deux rapports, adressés aux ministres des affaires étrangères et de la guerre, l'un le 15 février, l'autre le 9 mars 1894.

A la fin de février, le nuage madhiste s'était dissipé, au moins pour quelques mois. « Certainement Cassala peut recevoir d'autres renforts venant de Kartoum et peut-être du Cordofan, si la fortune, devenant favorable au *khalife* (Abdulahi), amène Abu Ghirgia à se rapprocher de lui. Certainement, une explosion du fanatisme musulman pourrait, comme autrefois, enflammer les esprits et les pousser à agir. Et alors, après les petites pluies du mois de mai, une fois les récoltes et les travaux des champs terminés, une nouvelle tentative d'invasion serait possible. Si, par hasard, elle était faite à temps, elle pourrait être appuyée par Osman Digma et ses Hadendoas, qui utiliseraient la vallée d'Anseba. Il faut toutefois observer que, avant le mois de juin, on considère généralement comme impossible une opération importante de Cassala sur Agordat, et que, après le milieu de juillet, les eaux rendent impraticable la vallée d'Anseba[1]. »

Pendant que le camp d'observation était installé à Chéren, pour remédier, autant que cela était possible, au manque de troupes, et pour arriver graduellement au remplacement des bandes par des troupes moins irrégulières, j'appelai, à titre d'expérience

---

1. Lettre du 9 mars 1894, n° 477. — Non publiée dans le livre vert.

(fin février 1894), sous les armes, la milice mobile de Chéren. Cette milice était formée par tous les hommes qui avaient servi dans les troupes régulières coloniales; et comme les troupes indigènes existaient depuis plusieurs années, ceux-ci formaient déjà un nombreux contingent. — L'organisation, analogue à l'organisation des puissances civilisées de l'Europe, était aussi enracinée dans les traditions éthiopiennes, qui obligent tout individu capable de porter les armes à défendre le territoire. L'expérience réussit fort bien.

La milice de l'Érythrée fut donc créée; elle rendit de bons services pendant la période des opérations contre Cassala, et reçut brillamment le baptême du feu, d'abord à Halai, puis ensuite à Coatit.

Cette milice étant territoriale, avec ses *muntaz*, *bolucbasci* et *jusbasci*[1] et avec l'instruction qu'elle avait déjà reçue, avait une organisation régulière. Les cadres étaient formés par des officiers italiens, choisis soit parmi les officiers subalternes des troupes indigènes, soit parmi ceux qui avaient un emploi civil et étaient affectés, d'une façon permanente, aux détachements, par ordre du commandant des troupes.

La milice put en tout fournir 6 compagnies, soit 1,500 hommes environ.

A vrai dire, la milice présentait deux inconvénients : 1° les soldats indigènes, en contractant leur engagement volontaire, ne s'étaient obligés qu'au service dans les bataillons actifs, et, après leur congé, ils n'étaient tenus, par aucun texte de loi, de retourner sous les drapeaux; mais le décret était suffisamment justifié par les nécessités de la défense et par les habitudes; 2° il fallait conserver très peu de temps sous les armes les hommes rappelés, surtout en certaines saisons, soit à cause des exigences de l'agriculture, soit pour ne pas détourner les jeunes gens des engagements volontaires, qui sont la base même de l'organisation militaire de l'Érythrée.

Au commencement de mars 1894, il sembla, pendant un moment, qu'on allait voir aboutir les négociations entamées, avec *ras* Mangascia, dès mon retour dans la colonie. Mangascia promit

---

1. Noms équivalant à *caporaux*, *sergents* et *sous-lieutenants*. Ils proviennent de l'ancienne organisation égyptienne.

en effet (peut-être était-il sincère) de réunir un solide noyau
de troupes dans le Sciré et d'en donner le commandement soit
à *ras* Alula (qui était préféré des soldats), soit à *ras* Agos (qui
lui était plus fidèle). Or, du Sciré, il est facile de menacer sérieusement le Ghedaref.

Et de fait, *ras* Mangascia, partant de Macallé pour Ausien, à
la tête de 800 hommes, vint à Adoua, où il fut reçu, avec une
pompe extraordinaire, par le clergé d'Adoua et d'Axum, généralement favorable à une guerre contre les infidèles[1]. Mais les
chefs, aussi bien que le fils du roi Jean, se méfiaient trop des
Italiens, qui semblaient jouer un double jeu avec Mangascia et
avec Ménélick. Et peut-être Mangascia avait-il déjà décidé de se
soumettre à Ménélick et de se lier d'amitié avec lui, car Ménélick
aurait été un voisin dangereux, qui aurait pu lui enlever tout
pouvoir s'il se fût réellement entendu avec les Italiens.

II

Pendant que, dans la colonie de l'Érythrée, on prenait des
mesures défensives contre une reprise éventuelle des hostilités
mahdistes, à Rome, au ministère des affaires étrangères, on réunissait une commission pour réduire à 3 millions les dépenses
coloniales. Mais cette commission ne put procéder à son travail,
car les membres mêmes qui la composaient étaient, en partie,
hostiles au principe posé[2]; de son côté, le président du conseil,
Crispi, était absolument opposé à une sensible réduction de territoire et de puissance, faite au bénéfice d'une très problématique
réduction d'effectifs et de dépenses. D'autre part, il fallait compter avec l'orgueilleux *negus neghesti* avant de se lancer, toutes
voiles dehors, sur la mer incertaine de la politique choanne. La
commission se sépara, et l'un de ses membres, le colonel Piano,
fut envoyé au Choa, par le ministère des affaires étrangères, en
mission auprès de l'empereur d'Abyssinie.

Il y eut alors un échange de lettres et de télégrammes entre
Rome et Massaoua. Naturellement, je demandais des directives
et des instructions. Le ministre Blanc, à mon télégramme du

---

1. Rapports des 9 et 30 mars, n° 477 et n° 655, non publiés.
2. Le général dal Verme peut en témoigner, et le colonel Piano me l'a déclaré à moi ainsi qu'à d'autres officiers, peu de temps après, à Massaoua.

11 février et à une lettre de moi, répondait télégraphiquement, le 14, que mes dispositions militaires le préoccupaient. « Du moment que vous les prenez, je dois les considérer comme indispensables, » me disait le ministre.

Le même jour, à quelques minutes d'intervalle, le ministre de la guerre télégraphiait, au nom du président du conseil, que « le gouvernement ne mettait aucune limite à la défense de la colonie, de quelque côté que vînt l'ennemi, précisément parce qu'il ne voulait en rien diminuer votre responsabilité ».

D'autres dépêches furent échangées, et c'est inutile d'en donner même le résumé. Il suffira de citer deux extraits de lettres qui m'ont été adressées par le général Mocenni, ministre de la guerre.

La première, du 24 janvier, disait :

« Le ministre des affaires étrangères étudie s'il est possible de réaliser quelques économies, *en maintenant les conditions actuelles de la colonie;* il cherche aussi quelles économies on pourrait obtenir, dans l'hypothèse où la colonie reculerait ses frontières. Ayant été informé de cela, je lui ai répondu par écrit *qu'en aucun cas je ne permettrais aucun changement, sans avoir votre avis.* Le ministre Blanc est resté convaincu, et nous n'en parlâmes plus. »

« Se prêter (continuait la lettre du ministre de la guerre) à une diminution de territoire ou d'influence, au point où nous en sommes, au lendemain de la victoire d'Agordat, qui a eu plus d'écho en Égypte et en Angleterre que chez nous, serait non seulement une erreur, mais une faute, et une faute grave. Ce serait une infamie que d'abandonner les tribus auxquelles nous avons promis notre protection. Tous les habitants du Soudan et de l'Éthiopie nous considéreraient comme des imbéciles; enfin ce serait offenser tous ceux qui ont préparé la victoire d'Agordat. Par suite, je ne me prêterai jamais à un fait qui serait, sinon un suicide, tout au moins (qu'on me pardonne l'expression) une castration de nous-mêmes. »

La seconde lettre du général Mocenni, du 17 février, me disait :

« On vous a télégraphié, du ministère des affaires étrangères, de défendre Chéren; j'ai fait ajouter au texte de la dépêche ces mots : *en maintenant les avant-postes d'Agordat;* j'ai voulu par là empêcher une interprétation moins claire de ce télégramme. Plus tard vous avez eu le télégramme de Son Excellence Crispi et le mien. Dans ces télégrammes, nous vous avons dit que nous n'imposions aucune limite à la défense de la colonie, confiants dans les dispositions que vous pourriez prendre, vous qui êtes meilleur juge que qui que ce soit. Je crois ainsi avoir mis les choses à leur vraie place. »

Sur ces entrefaites, le colonel Piano, ci-devant commandant de la zone d'Asmara, était envoyé à Adis Abeba, avec une mission confidentielle du ministre des affaires étrangères. Le but spécial de cette mission était d'apaiser Ménélick et d'obtenir de lui, sous une forme ou sous une autre, une phrase équivalente à celle contenue dans l'article 17 du traité d'Uccialli. Une mission de cette nature, dans les contingences d'alors, rendait impossible l'entrevue projetée du gouverneur de l'Érythrée avec *ras* Mangascia.

Piano vint à Massaoua, et je le chargeai spécialement d'amener, autant que possible, l'empereur d'Éthiopie à agir contre les Derviches d'une façon quelconque, menace, razzia, déclaration.

La mission Piano à la cour du *negus neghesti* eut peu de succès. Ménélick, heureux d'avoir dénoncé le traité d'Uccialli et se regardant comme libre et puissant, considérait les affaires de haut, avec une sérénité tout éthiopienne. Il s'occupait de chemins de fer et de télégraphes. Il faisait frapper des monnaies; il voulait entrer dans l'Union postale; il commandait des machines de tout genre et affectait une insouciance absolue vis-à-vis du résident et du gouvernement italien. « Ce serait une grave erreur que de croire qu'au Choa nous jouissons de cette estime et de cette sympathie auxquelles nous donnent droit nos bienfaits d'autrefois[1]. »

J'avais prévu cette situation (ainsi que je l'ai déjà prouvé dans le chapitre premier) deux années auparavant, car je voyais dans les concessions faites au *negus neghesti* Ménélick un encouragement à la résistance. Tout le monde, à la cour de Adis Abeba, disait que les Italiens devaient se trouver dans de bien mauvais draps : car, après avoir conclu solennellement, sur le Mareb, une convention avec *ras* Mangascia en le traitant en souverain indépendant, après lui avoir promis aide et protection contre le Choa, dans cette phrase trop connue du traité signé par le général Gan-

1. Rapport sur les choses d'Éthiopie par le colonel Piano et le docteur Traversi.

dolfi, mon prédécesseur, sur le Mareb : « Mes amis sont tes amis, et mes ennemis sont tes ennemis, » ils s'étaient, tout à coup, tournés du côté du roi des rois, et lui avaient fait un cadeau aussi précieux que les millions de cartouches, et lui avaient envoyé un ambassadeur d'un rang aussi élevé que le colonel Piano.

Il n'y a pas lieu de s'étonner si la fertile imagination éthiopienne et les exagérations de langage transformèrent en chiffres fabuleux les millions, dont on n'a qu'une vague idée, en Abyssinie. La rumeur publique y ajouta des fusils et même des canons; aussi les échos qui en parvinrent au Tigré éveillèrent le soupçon d'une éventuelle invasion choanne, concertée avec les Italiens. Dans les récits éthiopiens, l'invraisemblable, précisément parce qu'il est tel, joue un grand rôle et est accepté comme une vérité, surtout quand l'imagination surexcitée s'occupe des hommes et des choses de l'Europe.

Tout le monde, dans le Tigré, craignait l'invasion des Choans, comme le pire des malheurs. La population se rappelait que, en 1890, les hordes tigrines et amahras avaient désolé l'Enderta; le clergé, jaloux de l'hégémonie choanne et fier de sacrer le prince tigrin à Axum, craignait pour les biens ecclésiastiques que convoitaient les rapaces *abuna* et *eccighié*[1] faisant partie de la suite du *negus*. Les seigneurs féodaux et les chefs militaires, à qui l'ingérence d'autrui portait ombrage, méprisaient les Choans par morgue et par pose, et ils craignaient que d'autres chefs ne trouvassent, dans le territoire tigrin, une compensation pour avoir été dépouillés, ou une récompense pour services rendus à l'empereur.

En général, on disait que les Choans étaient les ennemis implacables des Italiens. C'est ce que me faisaient savoir les plus fidèles, comme l'*eccighié* Theofilos, *bascia* John et *ràs* Agos. Beaucoup cependant, de bonne ou de mauvaise foi, répandaient le bruit que les Italiens voulaient s'emparer du Tigré, d'accord

---

1. *Abuna*, chef suprême de l'Église éthiopienne. L'*abuna* est nommé par le patriarche copte d'Alexandrie, parmi les prêtres étrangers à l'Abyssinie. Autrefois il résidait dans la ville sainte d'Axum, puis ensuite à Gondar. Son autorité était absolue dans le dogme et sur le clergé. Après la mort du roi Johannès, une grande partie de son autorité, dans l'Abyssinie septentrionale, et surtout dans le Tigré, est passée à l'*eccighié* d'Axum. *Eccighié* (évêque) est le chef des ordres religieux dans l'une ou dans l'autre région. Depuis le roi Johannès et jusque dans les derniers temps, l'*eccighié* à Axum était le Père Theofilos, politiquement contraire aux Choans.

avec Ménélick. « Autrement, me faisaient-ils observer avec une finesse éthiopienne, il serait impossible d'expliquer votre attitude, aussi contraire à vos intérêts immédiats, et aussi favorable aux Choans, qui se proclament vos ennemis. Pendant que vous accordez tout au Choa, qui est éloigné et hostile, vous ne donnez rien à vos voisins et amis du Tigré, qui peuvent être engagés, d'un moment à l'autre, avec vous, dans une guerre contre les Derviches. »

Ajoutez à cela la haine de quelques hauts personnages contre les Italiens. *Ras* Alula, ainsi qu'il résulte des documents et de la correspondance avec notre résident, le capitaine de Martino (et d'ailleurs, comme c'était naturel), avait toujours les yeux fixés sur l'Asmara, l'ancienne base de ses razzias et de ses succès contre les Égyptiens et contre les Italiens, contre le territoire de Chéren et contre celui de Massaoua. Il haïssait les Choans et les Italiens, il était sans doute prêt à s'unir à celui qui aurait fait la guerre contre les uns ou contre les autres. Mais, s'il ne pouvait espérer que les Italiens fissent la guerre aux Choans, il espérait le contraire et comptait, de plus, prendre pour lui l'Hamasen.

Tesfai Antalo, négociateur du traité du Mareb et conseiller écouté de *ras* Mangascia, était resté déçu dans ses espérances d'étendre ses possessions dans l'Enderta et, au nord, vers Adigrat. Alors il se rangea du côté du *negus neghesti* Ménélick, jugeant peut-être que les Italiens étaient ses ennemis ainsi que ceux du Tigré. Il fit si bien que *ras* Mangascia, sous prétexte de consacrer la paix, invita *ras* Sebath à Macallé; il l'enchaîna traîtreusement et le confina sur l'Amba Alagi, soit pour se débarrasser d'un rival, soit pour être agréable à Ménélick, dont Sebath était l'ennemi déclaré, soit pour nommer Tesfai Antalo chef de l'Agamé, avec le titre de *scium* de l'Agamé, c'est-à-dire Sciumagamé.

J'avais cherché, par tous les moyens, à maintenir Mangascia fidèle, en lui écrivant des lettres et en lui envoyant des cadeaux. Mais je ne pouvais m'écarter de la politique du ministère, et cette politique partait de ce principe, que nos droits sur toute la zone d'influence italienne, vis-à-vis de l'Europe, dépendaient de notre protectorat reconnu ou subi par le *negus* Ménélick, lequel, en vertu du droit choan, était le maître de ces territoires.

Quand Ménélick dénonça le traité et prit une attitude arrogante à l'égard de l'Italie, le ministre des affaires étrangères d'alors, l'honorable Brin, n'accepta pas cette dénonciation, parce qu'elle n'avait pas été décidée d'un commun accord entre les deux parties contractantes, l'Italie et l'Abyssinie. Il eut raison et agit avec dignité.

Mon entrevue avec Mangascia aurait donné la sanction qui manquait à la note italienne de M. Brin, parce que Ménélick aurait été prévenu que le Tigré pouvait s'allier contre lui, avec la colonie de l'Érythrée. Cette entrevue aurait étendu notre prestige au delà du Mareb, dans le Tigré, où nous avions des partisans, aussi bien dans le peuple que parmi les chefs inférieurs, parce qu'ils espéraient que l'accord entre le Tigré et l'Érythrée assurerait la paix, ou tout au moins les protégerait contre une autre invasion des Amahras. En tout cas, Mangascia, les grands, ses familiers et une bonne partie du clergé se seraient trouvés, pour un certain temps, engagés envers moi et unis d'intérêt avec la colonie de l'Érythrée, tandis qu'on aurait éloigné les déserteurs et les tripoteurs qui toujours tournaient autour des chefs tigrins.

Quelques-uns de ceux-ci, par exemple *lic* Abarah, l'assassin du capitaine Bettini, servaient d'émissaires entre la cour d'Adis Abeba et quelques chefs du Nord, entre autres avec le *degiac* Batha Agos, chef de l'Oculé Cusaï.

Pendant ce temps, presque insensiblement commençait à se répandre un semblant d'idée nationale abyssinienne, sous la forme de la haine contre les blancs, haine qu'excitait la crainte de la conquête. Jusqu'alors ce semblant d'idée nationale ne s'était jamais manifesté, peut-être pas même dans les guerres contre les Égyptiens ou contre les Derviches.

Dans un milieu, depuis quelques années, en correspondance avec les idées civilisées et excité par les suggestions intéressées d'Européens; dans une nation vaillante, martiale et orgueilleuse de sa race, l'idée nationale abyssinienne, mêlée et confondue avec des superstitions et avec des dogmes, habilement développée par ceux qui en profitaient, sans prendre peut-être racine et sans faire beaucoup de prosélytes, se répandit peu à peu, au détriment de notre influence. Depuis le Choa jusqu'à l'Oculé Cusaï on entendit ce dicton : « On se guérit de la morsure du serpent noir, mais on ne se guérit jamais de la morsure du serpent blanc. »

Et pendant ce temps on exaltait la haine et les actes d'hostilité de l'empereur d'Abyssinie contre les Italiens.

Le 11 mai 1894, j'écrivais, de Massaoua, au baron Blanc :

« Je prie Votre Excellence de vouloir bien remarquer que j'ai toujours considéré et que je considère comme vides de sens les expressions : *politique choanne* et *politique tigrine,* car elles ne sont point déterminées par les véritables intérêts de l'Italie, en Afrique. Elles ne résultent point d'une étude impartiale des événements ; elles ne sont point conformes à notre dignité, et par suite à l'hégémonie que nous voulons exercer en Éthiopie. Cette hégémonie, nous l'exercerions, si aux hésitations, aux incertitudes, aux négociations inspirées par des idées ou des préjugés personnels, nous faisions suivre une attitude politique calme, persévérante, digne, conforme à notre intérêt, et se confondant avec le besoin de pacification en Éthiopie, attitude qui nous a gagné, je crois, la fidélité des populations voisines de nos frontières. La logique des faits ne peut faillir ; le tout, c'est de ne point troubler cette logique *par des ingérences intempestives et de ne point la faire dévier par des changements incessants d'idées, par des faiblesses, par de l'impatience*[1] . »

Nombreuses furent les causes qui amenèrent Mangascia à aller à Adis Abeba pour faire acte de soumission au *negus neghesti.* Mais, certes, parmi les causes déterminantes on peut compter notre attitude envers Ménélick, faite pour exciter ses soupçons, ainsi que son sincère désir de prévenir une invasion choanne. Le *ras* du Tigré dut surmonter sa répugnance naturelle et fouler son orgueil aux pieds, pour aller se prosterner, devant le roi des rois, avec la pierre traditionnelle au cou. Il eut à vaincre les répugnances et les hostilités des grands qui l'entouraient, surtout de l'*eccighié* Theofilos et de *ras* Agos, toujours ennemis des Choans. Il dut enfin triompher de la crainte d'être retenu prisonnier et remplacé dans le gouvernement du Tigré, puisque l'histoire abyssinienne abonde en faits de ce genre.

Une fois sur la pente, *ras* Mangascia ne put s'arrêter au milieu. L'acte de soumission fut accompli dans les formes les plus obséquieuses ; elles furent rendues encore plus pénibles par l'attitude pleine de fatuité des Choans.

_____

1. Livre vert, xiii, n° 6.

Précisément, à ce moment-là, le colonel Piano arrivait à la cour d'Adis Abeba, apportant de nouveaux présents au roi des rois. Dans ces circonstances et étant donnée sa mission, son attitude, bien que très digne, ne pouvait aller de pair avec l'arrogance d'Éthiopiens exaltés par le succès. La majorité considéra cela comme un nouvel acte de faiblesse ou comme une nouvelle intrigue des Italiens. Il suffit de s'imaginer la scène pour penser aux mensonges largement propagés, non seulement par les ennemis des Italiens et des blancs, mais encore par les ennemis des Tigrins et par les orgueilleux Choans.

Ras Alula resta au Choa avec Tesfai Antalo et avec peut-être 2,000 Tigrins. Il était retenu, plutôt que par tout autre motif, par l'espoir de faire, un jour ou l'autre, la guerre aux Italiens.

Ras Mangascia retourna à Macallé, mécontent certainement de l'accueil qu'il avait reçu.

Il sembla alors qu'il voulût se rapprocher de nouveau des Italiens, peut-être à cause de la prise de Cassala, qui venait d'augmenter singulièrement le prestige de nos armes.

Mais le dé était jeté.

Maintenant on voit clairement que seule l'entrevue entre le gouverneur de l'Érythrée et *ras* Mangascia, que je proposais et que le ministre Brin acceptait, aurait pu déjouer les complots et conserver la paix. Mais avec l'inconstance de notre politique flottante, inspirée et conduite, derrière la scène, par des personnes irresponsables, on voulut courir après le fantôme d'Uccialli : la grande protection sur tous les peuples de l'Éthiopie, avec des moyens insuffisants, avec des amitiés feintes, en comblant le roi des rois de caresses qui diminuaient notre prestige et augmentaient son entêtement, son orgueil et sa puissance. Politique contraire aux précédents, en contradiction avec elle-même, parce qu'elle voulait diminuer le territoire et les effectifs. Par suite, politique équivoque, qui, aux yeux des Éthiopiens, semblait mesquine et parjure et faisait naître la crainte et le soupçon qui engendraient la trahison. Par suite (comme je l'avais prévu[1]), entrevue de Mangascia et de Ménélick; et, dans cette entrevue, on prépara la révolte, la trahison et la guerre, au détriment de la colonie.

1. Lettre du 20 juin 1893, n° 1021, page 35 de ce volume.

CHAPITRE IV

CASSALA

Dangers du côté de Cassala. — Je propose un coup de main pour détruire la base d'invasion (11 mai et 8 juin 1894). — Attitude hostile de Ménélick. — Plan des Derviches. — Concentration à Agordat (12 juillet). — Prise de Cassala (17 juillet). — Mes conditions pour l'occuper (21 juillet). — Ligne d'opération. — Tribus du Barca et du Gasce. — Intervention anglaise.

I

Le 23 mars 1894, Ahmed Fadil, chef de l'armée mahdiste du Ghedaref, battue à Agordat, le 21 décembre, par le général Arimondi, abandonna Cassala pour le Ghedaref. De cette façon, il ne resta à Cassala que 1,300 Derviches de l'ancienne garnison, avec quelques chevaux. Toutefois « le khalife doit songer, dans son esprit, à rassembler de nouveau des forces pour les porter, dans une saison plus propice, du Ghedaref, qui n'est pas bien loin, à Cassala, dès que *la bourrasque abyssinienne* sera passée[1] ». La bourrasque abyssinienne que craignait le khalife se rapportait aux Tigrins qui, sous les ordres de *ras* Agos, se rassemblaient dans le Sciré, dans l'intention, ou tout au moins sous le prétexte de menacer le Ghedaref. Ces troupes servirent, immédiatement après, à accompagner *ras* Mangascia à la cour d'Adis Abeba, probablement à la suite d'un de ces courants qui, en Abyssinie, entraînent souvent les hommes et les choses. Ces courants peuvent s'expliquer, soit par la mobilité des esprits, soit par le dévergondage des imaginations, soit par la diversité profonde des

1. Lettre du gouverneur au ministère du 30 mars 1894, n° 657. Situation du côté du Soudan. — Inédite.

aspirations, des passions et des ambitions, soit par la prépondérance qu'exerce aujourd'hui un conseiller, et demain un autre. Ils s'expliquent encore par la soumission absolue des soldats et du peuple, d'où sortent les soldats, à la volonté de leur chef féodal. Autant les chefs sont inquiets, parfois querelleurs, souvent même rebelles, autant le peuple est docile, car il obéit toujours aveuglément à celui qui a l'autorité.

L'entrevue entre l'empereur d'Éthiopie et *ras* Mangascia fut sur le point de ne pas avoir lieu. Mangascia partit, en avril, avec un bon nombre d'hommes armés, pour le Choa; il était précédé par *ras* Alula. « A l'improviste, pendant qu'on entonnait des hymnes de paix, *ras* Olié, qui craignait de perdre des terres et une partie de sa puissance, au profit de son rival, s'opposa à l'entrevue, les armes à la main, en se tournant contre *ras* Mangascia, bien qu'il se proclamât le vassal et fût le beau-frère de l'empereur [1]. »

Mais *ras* Olié, rappelé immédiatement à son devoir par l'empereur Ménélick, laissa vite la route libre à son rival tant redouté, car il avait reçu l'assurance de sa sœur la reine Taïtu, femme de Ménélick, que le possesseur du Tigré ne recevrait ni le titre de *negus* ni l'extension territoriale qui en est la conséquence.

Pendant ce temps, la question de Cassala arrivait à maturité.

Les forces du mahdisme étaient dispersées et divisées sur une très longue bande de terrain, du Ghedaref jusqu'à Berber; beaucoup de ces forces se trouvaient sur la rive gauche de l'Atbara, et, par conséquent, au moment de la crue de ce principal affluent du Nil (juillet), elles devaient être coupées de Cassala; la garnison de Cassala était relativement restreinte; enfin il devait nous être relativement facile de diriger une expédition contre le boulevard oriental du mahdisme, entre la fin de juin et le commencement de juillet. Toutes ces considérations m'amenèrent à écrire, dès le 11 mai, au ministère : « Dans de semblables circonstances, et avant que le corps du Ghedaref ne puisse revenir dans le Taka (province de Cassala), un *coup de main* sur Cassala pourrait déconcerter les plans ennemis et redonner la paix à la frontière. Cette opération devrait être conduite avec prudence et énergie, au moment où les premières pluies fournissent assez

---

1. Lettre du 11 mai 1894, n° 1044, publiée dans le livre vert, XIII, n° 6. Mais ce paragraphe et plusieurs autres manquent.

d'eau et avant que les pluies torrentielles ne rendent difficiles les communications au delà du Gasce. *Il ne serait pas question d'occuper Cassala, trop exposée, vu la faiblesse de nos effectifs, trop éloignée de Chéren et d'Agordat, sans compter les complications politiques auxquelles pourrait donner lieu une semblable entreprise. Il serait question d'une pointe hardie*[1], etc. » Le paragraphe écrit en italique a été omis dans le fascicule des documents diplomatiques (Agordat-Cassala), présentés par le baron Blanc au parlement, le 25 juillet 1895.

Avant que ne me parvînt la réponse, le 8 juin, prenant prétexte des événements d'Abyssinie, j'écrivais : « Il serait très ennuyeux que, par une éventualité bien que peu probable, les attaques des Derviches *coïncidassent, mettons en décembre ou en janvier, avec une levée de boucliers en Éthiopie.*

« Cette éventualité pourrait peut-être être prévenue et conjurée, par un *coup hardi* sur Cassala, si, au moment des premières pluies, la situation était ce qu'elle est maintenant.

« Une telle opération, conduite, en peu de jours, avec audace et énergie, et couronnée de succès, pourrait non seulement dissiper les nuages vers l'occident, mais même prévenir les hostilités du côté du midi, car rien n'en impose plus à l'imagination des Éthiopiens qu'un *coup de main* brillant et audacieux[2]. »

Dans le cours du récit, il est difficile de séparer les deux questions qui intéressent le plus la sécurité de la colonie, c'est-à-dire la question mahdiste de la question éthiopienne, comme ce serait une erreur de les séparer, en gouvernant l'Érythrée. Bien plus que les questions européennes les plus complexes, elles s'entremêlent l'une à l'autre, d'abord à cause des relations toujours incertaines et changeantes, entre le Soudan et les pays limitrophes de l'Éthiopie ; puis, à cause de la singulière habitude qu'on a d'ouvrir les voies au commerce, au lendemain d'une razzia ; ensuite, à cause des mouvements alternatifs des forces mahdistes qui sont tantôt sur une frontière, tantôt sur l'autre ; puis encore à cause des grandes distances, et enfin à cause de la changeante, puissante et arbitraire initiative personnelle de chacun des chefs.

1. Lettre du 11 mai 1894, n° 1044. — Publiée en partie seulement dans le livre vert.

2. Lettre du 8 juin 1894, n° 1186. — Le livre vert, XIII, n° 7, publie seulement la partie qui concerne le Soudan.

Ajoutez à cela la conformation géographique de la frontière occidentale de l'Érythrée et de l'Éthiopie, qui laisse entre les mains des Derviches l'angle du Ghedaref, lequel, au milieu de nos possessions abyssiniennes, commande la route de Kartoum, de Cassala et de Berber.

Dans la lettre sus-indiquée, j'écrivais encore, au sujet du Choa : « Dans les circonstances actuelles, *il est difficile que l'on ne machine pas quelque chose contre la colonie de l'Érythrée. Ménélick est devenu encore plus orgueilleux* depuis le double hommage que lui ont rendu les deux puissants seigneurs du Tigré et du Goggiam, Mangascia et Teclaimanot. Il est plus que jamais opposé à toute ingérence étrangère, surtout s'il s'agit de l'Italie. L'impératrice Taïtu a toujours soufflé sur le feu contre nous. C'est probablement à la suite de son intervention que *ras* Olié a baissé les armes sur le passage de *ras* Mangascia, son rival et son ennemi. *Ras* Alula relève la tête, et, avec le transfuge Abarah, avec *ras* Uoldenchiel, et avec d'autres ennemis du nom italien, *il se présente,* dit-on, *en première ligne à l'empereur, en réclamant peut-être ses droits foulés aux pieds, dans le Scraé et dans l'Hamasen.*

« Il n'est pas improbable que, dans l'entrevue éthiopienne, on agite la question d'*agrandir le territoire de* ras *Mangascia, non pas vers le sud, aux dépens de ras Olié, mais vers le nord, sur la rive droite du Mareb, à même le territoire de l'Érythrée.* L'intervention du colonel Piano et du docteur Traversi (si par hasard ils étaient autorisés par Ménélick à se rendre à Entotto) serait difficilement efficace; *elle risquerait même de faire plus de mal que de bien.*

« Peut-être *ras* Mangascia, *ras* Agos et *ras* Micael des Volo Gallas chercheront-ils, par peur ou par intérêt, à s'opposer au courant; *mais ils seront entraînés* par leur désir d'éviter d'être suspectés de connivence entre eux et de déférence envers nous. L'*orgueil* abyssinien, en cette circonstance, l'*emportera; on parlera de guerre aux Italiens* et l'on répartira les provinces septentrionales de l'Abyssinie [1]. »

C'est précisément ce qui arriva, sans toutefois qu'à Adis Abeba (Entotto) on ait pu prendre une décision formelle ou déterminer un plan de guerre, à échéance fixe, contre l'Érythrée;

1. Fragments omis dans le livre vert, XIII, document n° 7.

car, jusqu'au mois de novembre, aucune hostilité n'était possible. On chercha des alliés dans la colonie de l'Érythrée et l'on ouvrit des négociations avec le *degiac* Batha Agos, nommé par le général Baldissera chef de l'Oculé Cusai, et jusqu'alors sujet fidèle du gouvernement italien.

En tout cas, il était plus urgent que jamais de se délivrer des Derviches, pour ne pas avoir, en automne, à lutter à la fois contre les Derviches et les Abyssiniens. Du reste, *ras* Mangascia, humilié par la cérémonie de sa soumission à Ménélick, déçu dans son espoir d'être nommé *negus*, n'osant pas empêcher les manifestations des principaux Tigrins contraires au Choa, fut, un moment, disposé à accepter, probablement avec sincérité, les conseils de l'*eccighié* Theofilos et prêt à faire cause commune avec les Italiens. Nous trouvons la trace de cette attitude dans ma lettre du 5 juillet, dont le livre vert ne rapporte que la partie concernant le Soudan [1].

Le gouvernement central ne m'avait pas répondu officiellement, au sujet de notre action contre les Derviches : et pourtant cette question était à l'ordre du jour, depuis la réunion du corps d'observation de Chéren, en février, et elle avait déjà pris un caractère précis et déterminé, dans mes lettres du 11 mai et du 8 juin. Par suite, comme je voyais s'approcher la très courte période de temps pendant laquelle l'opération contre Cassala avait toute probabilité de succès, je me rendis à Agordat, et, à la date du 9 juillet, je télégraphiai ceci au ministère :

« Le plan des Derviches est de concentrer, pour l'automne, un gros corps de troupes à Cassala. La situation équivoque, en Éthiopie, nos conditions militaires actuelles et les razzias audacieuses de la cavalerie derviche, m'amènent à *exécuter contre Cassala le coup de main indiqué, dans mes rapports du 11 mai et du 8 juin*. Si la situation se maintient telle qu'elle est aujourd'hui, je compte commencer l'opération le 13 juillet ; j'en prends la direction, d'accord avec le commandant des troupes. »

Le mot *coup de main*, indiqué, répété et souligné dans mes lettres du 11 mai et du 8 juin, se rapportait évidemment à la destruction du camp mahdiste, et non à l'occupation permanente de Cassala. Il n'était donc pas possible que l'on se trompât, à Rome.

---

1. Lettre du 5 juillet 1894, n° 1333. — Situation politique et militaire au commencement de juillet, avec une annexe contenant le journal du mois de juin.

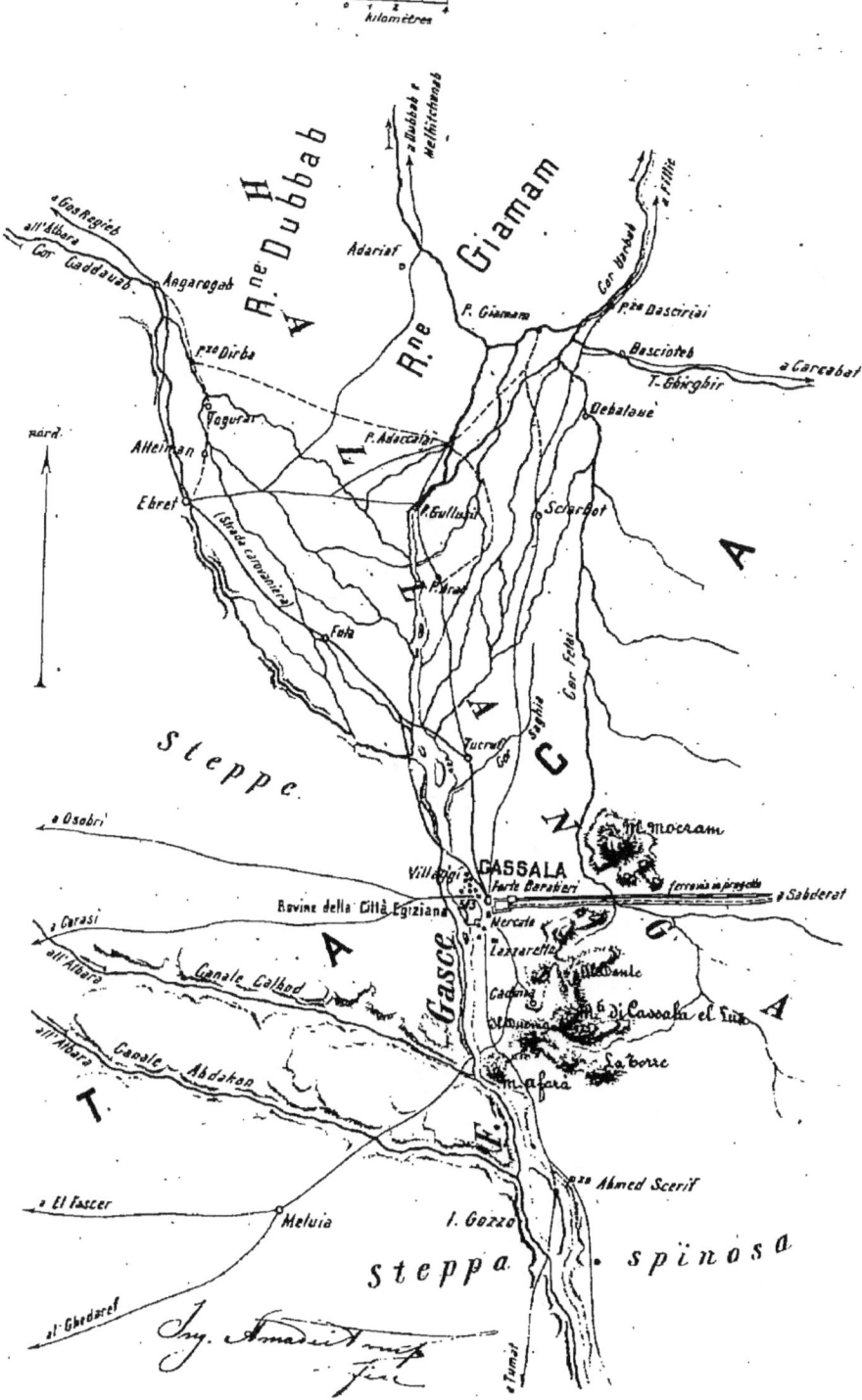

Gassala

Je télégraphiais sous cette forme et assez à temps, afin de permettre au ministère d'empêcher le coup de main, s'il le jugeait à propos, et aussi pour assumer sur moi la responsabilité de l'opération.

Le ministre répondait le 12 juillet : « Le gouvernement du roi vous laisse libre de prendre les dispositions qui vous sembleront opportunes, pour agir contre Cassala[1]. »

Voici comment, à la même date, je voyais la situation : « L'opération militaire se présente clairement et nettement. La tranquillité absolue de la colonie permet de concentrer, sur l'extrême frontière occidentale, la plus grande partie de nos forces régulières. Ici, à Agordat, tout est prêt : vivres, munitions, chameaux pour les transports, télégraphe, etc. Actuellement, l'eau se trouve en quantité suffisante, le long de la route ; les pluies torrentielles qui pourraient retarder la marche ne sont pas encore commencées. Le service d'information nous donne, chaque jour, des nouvelles de tout et nous garde des surprises. L'opération, préparée de longue main, était, jusqu'à hier, un mystère pour tout le monde. Elle s'exécutera avec la plus grande rapidité, grâce aux besoins limités et à la résistance à la marche de nos troupes indigènes. J'espère qu'elle sera couronnée de succès.

« Je ne me dissimule certes pas les difficultés ; mais j'ai laissé la moindre marge possible à l'imprévu. Les officiers ont un moral excellent et tiennent leurs troupes en main ; les soldats sont pleins d'élan, disciplinés, dressés à tout, même aux formations de l'ordre serré : tous ont la plus grande confiance. Je vois la responsabilité qui m'attend, et, par suite, bien que je sois décidé à donner à fond, je suis prêt à changer l'attaque en une reconnaissance ou en une démonstration offensive, si je n'ai pas toutes les probabilités de la victoire.

« Je marcherai avec les troupes groupées en une seule colonne, prête à faire face à une attaque de cavalerie, d'où qu'elle provienne. L'ordre de marche sera à peu près celui-ci :

« *Avant-garde* : *bandes* du Barca, trois compagnies ;

« *Gros* : six compagnies, une section d'artillerie de montagne, un escadron ;

« *Convoi* ;

1. Livre vert, XIII, n° 10.
2. Livre vert, XIII, n° 12.

« *Arrière-garde* : trois compagnies.

« Sauf événements imprévus, je camperai le 13 à Dunguat, le 14 à Auasciait, le 15 à Uacait, le 16 à Sabderat, à quatre heures de Cassala[1]. »

Le corps d'opération était ainsi composé :

Commandant : major général Baratieri.

Commandant en second : major général Arimondi.

Chef d'état-major : capitaine Salsa.

1er bataillon indigène : major Turitto; 1re compagnie, capitaine Severi; 3e, capitaine Spreafico ; 5e, capitaine Sandrini. — 584 hommes.

2e bataillon indigène : major Hidalgo; 1re compagnie, capitaine Martinelli ; 2e, capitaine Barbanti ; 3e, capitaine Magnaghi; 4e, capitaine Oddone; 5e, lieutenant Beruto. — 835 hommes.

3e bataillon indigène : capitaine Folchi; 1re compagnie, capitaine Castellazzi; 2e, lieutenant Anghera; 4e, capitaine Persico. — 570 hommes.

4e bataillon indigène : 2e compagnie, capitaine Perini. — 177 hommes.

Escadron de Cheren : capitaine Carchidéo. — 130 hommes.

Section d'artillerie : lieutenant Manfredini. — 53 hommes.

En tout 2.600 hommes (dont 56 officiers et 41 hommes de troupe blancs), 145 chevaux, 250 mulets, 183 chameaux.

II

Tout se passa comme je l'avais prévu. Le samedi 14 juillet, je pus télégraphier de Auasciait à Rome : « J'espère attaquer Cassala mardi. » Et le mardi 17, à 10 heures du matin, je pus télégraphier la victoire et l'entrée à Cassala du drapeau d'Italie.

Le 16 au soir, un peu avant le coucher du soleil, de la hauteur occidentale de la gorge de Sabderat, je peux apercevoir de loin les monts de Cassala, et au milieu d'eux le camp ennemi et les murs de la ville. On ne voit aucun mouvement dans la vaste plaine, et les informateurs, qui arrivent des monts de Cassala, affirment que les Derviches n'ont aucun soupçon de l'attaque imminente qui les menace.

1. Voir la carte générale de la colonie, à la fin de ce volume.

Le 17 juillet, à 1 heure du matin, le corps d'expédition, précédé par le bataillon Hidalgo, sort de la gorge de Sabderat, en conservant un silence absolu et un ordre admirable ; il s'avance déployé et prêt à l'action[1].

A l'aube, le terrain, toujours de plus en plus plat, me décide à faire resserrer les rangs. Il tombe une petite pluie fine : aucun indice de l'ennemi. Un peu après 6 heures, on signale la cavalerie Baggara, arrivée, quelques jours auparavant, du Ghedaref au camp des Derviches. Notre avant-garde et notre gros forment deux carrés qui s'avancent avec calme, compacts et imposants, contre l'objectif.

A 7 heures, l'avant-garde ouvre le feu contre la cavalerie mahdiste ; peu après notre escadron sort à son tour du carré et charge, pour jeter les escadrons ennemis sous le feu de nos fusils. Pendant la charge, tombe le capitaine Carchidio. Nous continuons notre marche, en restant compacts et en ordre, comme sur la place d'armes. La direction est la cheminée de l'ancien magasin de Munzinger. Les Derviches se rangent et plantent leurs bannières, devant leur campement, avec l'empressement désordonné de la surprise ; avant de s'être servis de leurs armes, ils sont déjà ébranlés par la vue de nos manœuvres et par le feu de l'avant-garde. Dès que je me crois à bonne portée, je fais renforcer Hidalgo par deux compagnies et je lui donne l'ordre d'attaquer, tandis que j'avance avec le gros, en surveillant la plaine et les ruines de la ville égyptienne.

Les détails de cette brillante affaire peuvent être lus dans le rapport officiel[2].

L'avant-garde renforcée culbute les Derviches et se précipite dans le camp et dans la ville. Vers 9 heures, avec le général Arimondi, nous arrivons, à la tête du gros, sur la place du Marché, pendant que la lutte continue dans l'intérieur du camp et que les tentes sont en flammes. Une troupe lamentable de pauvres gens, d'âge et de sexe différents, vient au-devant de nous ; nous y remarquons même des femmes et des fillettes chargées de chaînes. Ce sont des esclaves ; plusieurs d'entre eux sont des blancs qui ont été pris par les Derviches dix ans auparavant, à Cassala et à Kartoum.

1. Voir notre carte spéciale de Cassala, ci-jointe.
2. Rapport du 31 juillet 1894 de Chéron. Livre vert, XIII, n° 28.

Nos pertes : 1 officier, 27 soldats tués ; 2 chefs et 39 ascaris blessés. Nos trophées : 600 fusils, 700 lances, 100 sabres, 52 bannières, 2 canons, etc. — La garnison de Cassala était forte d'environ 2,000 fantassins et 600 cavaliers.

La longue et fatigante marche nocturne en ordre déployé, la manœuvre du matin et l'attaque, avec toutes les péripéties d'une lutte ardente, dans le camp ennemi, avaient rendu indispensable une halte entre 10 et 11 heures, afin de remettre de l'ordre ; cette halte était nécessaire pour permettre aux soldats de se reposer et de boire, et aussi pour nous laisser nous orienter sur le chemin pris par l'ennemi et trouver des guides, afin d'éviter les embuscades en suivant ses traces. Le soleil brûlait. A 11 heures, le bataillon Turitto, après avoir rempli ses *ghirbas* et pris deux jours de vivres, partait sous mes yeux pour poursuivre les Derviches au delà du Gasce, vers le sud-ouest, dans la direction de El Fascer. Mais il trouvait trop d'obstacles sur son chemin : terrain marécageux à cause des inondations du Gasce et de l'Atbara, buissons d'arbres épineux, traces divergentes ; tout cela le retardait, tandis que l'ardent désir d'atteindre les gués de l'Atbara donnait des ailes aux fuyards, qui avaient pris trois directions différentes.

Nos pertes furent minimes, grâce à la surprise qui avait complètement réussi. Et la surprise put réussir grâce au service d'informations, qui, à chaque étape, nous fournit des renseignements nombreux et contrôlés sur l'ennemi, grâce aussi à l'attachement que les tribus des frontières avaient pour nous. La surprise réussit surtout à cause de la discipline, de la cohésion, de la résistance à la marche des officiers et des troupes, « qui, en trois jours, se concentrèrent à Agordat, et en quatre jours arrivèrent à Cassala, après avoir parcouru les 200 kilomètres de cette seconde partie du trajet, dans des conditions particulièrement pénibles, au point de vue des vivres, de l'eau, du climat et du service de sûreté. Cette marche s'exécuta avec un tel ordre et avec une telle discipline, qu'il n'y eut pas une seule alarme dans un pays toujours parcouru par des razzias. Après une marche de nuit de six heures, exécutée dans un terrain inconnu et rempli d'épines, au milieu du silence le plus parfait, près du camp ennemi, ces troupes marchèrent à l'attaque avec un tel ensemble, qu'il suffit d'un combat d'avant-garde pour mettre en fuite un ennemi brave comme les Baggaras et défendant ses foyers. L'ascendant absolu des officiers sur les ascaris, l'entière confiance réciproque, l'ordre et la discipline, la résistance à l'épuisement de notre corps colonial, ont rendu possible un coup de main extrêmement rapide, qui nous a donné la victoire, avec des pertes insignifiantes[1]. »

Dans mon esprit et dans mon plan, le coup de main sur Cassala devait se limiter à la destruction du camp ennemi. Ce campement *pouvait* et même *devait,* d'après les projets faits à Kartoum et au Ghedaref, servir de base d'invasion contre la colonie de l'Érythrée, à la fin de l'automne, après la saison des pluies. Et de fait, on y avait accumulé une quantité considérable de vivres, surtout de *dura*, dans les profonds silos et dans d'énormes récipients qui furent découverts de tous les côtés.

Aussi permit-on de prendre librement du grain à tous les esclaves libérés, aux familles des tribus restées sur le territoire et qui se rassemblaient autour de Cassala, ainsi qu'aux tribus qui étaient accourues. On détruisit ensuite systématiquement, par le feu, tout ce qui restait. On avait complètement exécuté ce plan : *semer la terreur chez l'ennemi, le chasser au delà de l'Atbara et détruire sa base d'opération contre l'Érythrée.*

Mais un télégramme du ministère, en date du 21 juillet, qui ne se trouve pas dans le livre vert, ouvrait un nouvel horizon, c'est-à-dire l'*occupation définitive* de Cassala, soit avec une bande soldée, soit avec une tribu, soit avec un bataillon de réguliers.

L'invitation, qui pouvait se considérer comme un ordre, surtout adressée à un général au lendemain de la victoire, était réellement séduisante. Cassala, entre nos mains, était une puissante affirmation de force contre le mahdisme et une protection efficace, pour nos tribus inquiétées par les Derviches. Cassala signifiait notre domination sur la fertile province de Taka et sur toutes les voies de la rive droite de l'Atbara. Le foyer des expéditions dirigées contre nous était rejeté, à plusieurs journées au delà de notre frontière, à la capitale même du mahdisme, à Kartoum ou tout au moins sur le Ghedaref. C'était une invitation pressante pour les Anglo-Égyptiens de marcher de Souakim et de Dongola contre Berber et Adorama et d'en finir, une bonne

1. Livre vert, XIII, n° 28.

fois, comme nous, avec ces deux nids de brigands et avec leur chef Osman Digma.

Dans ce cas, l'occupation de Cassala, même avec peu de forces, aurait été assurée, et, selon toute probabilité, le mahdisme aurait été définitivement détruit. Alors on aurait vu disparaître un des deux grands périls qui ont toujours menacé la colonie de l'Érythrée, depuis sa naissance; c'eût été un grand avantage pour la sécurité et l'organisation définitive de nos possessions et des possessions anglo-égyptiennes. Il y avait aussi lieu d'espérer qu'une partie du commerce avec le Soudan, tout au moins le commerce avec le Soudan oriental et méridional, aurait pris la route de Massaoua.

Certes, l'occupation permanente de Cassala *étendait beaucoup trop* notre territoire colonial, étant donnés notre puissance d'expansion et l'effectif de nos garnisons. Certes, au point de vue militaire, il fallait garder la longue ligne d'opération qui va d'Agordat à Cassala, par le pays des Alghedens et des Sabderats; il fallait construire un fort à Cassala même et y laisser, comme garnison, au moins un bataillon. Il n'y avait même pas à discuter pour prouver que l'on ne pourrait pas en confier la garde à une bande de nos tribus, des Sabderats, des Alghedens ou des Beni Amer, car celle-ci, très éloignée de sa base, aurait été attaquée non seulement par les Derviches, mais même par les tribus nomades des Hallangas, des Sucrias et des Hadendoas, poussées plutôt par le désir du pillage ou la jalousie de voir ce territoire occupé, que par l'idée de faire la guerre. Et alors il aurait fallu envoyer, de Chéren, une nouvelle expédition, et qui sait dans quelles conditions politiques et avec quelles forces?

Dans cet ordre d'idées, je répondis au ministre des affaires étrangères que l'on pouvait occuper Cassala, mais à la condition d'augmenter le budget et les troupes coloniales, et aussi à la condition que les Anglais, *aussitôt après la saison des pluies, se missent en mouvement vers l'Atbara et le Nil.*

Telle est l'idée contenue dans mon télégramme du 22 juillet, de Cassala, non inséré dans le livre vert[1].

Du moment que le ministère m'invitait à l'occupation de Cassala et qu'il ne répondait pas au télégramme dans lequel j'indiquais les conditions auxquelles on pouvait garder cette place,

---

1. Je ne l'ai pas dans mes papiers, mais j'en parle dans ma lettre au ministère du 19 octobre 1894.

cela voulait dire que ces conditions étaient acceptées et que les *complications politiques* auxquelles je faisais allusion, *deux mois et demi auparavant,* dans ma lettre du 11 mai, n'étaient pas à craindre. Cela voulait dire aussi qu'à la Consulta on avait toutes les raisons pour compter sur l'aide des Anglo-Égyptiens.

Actuellement, après les faits que l'on ne pouvait prévoir alors, en examinant avec impartialité les événements, je dois reconnaître que je me suis trompé, en ne persévérant pas dans l'idée que j'avais mûrie : destruction du camp ennemi et retraite sur Agordat. La prudence conseillait de douter de l'intervention anglaise et aurait dû me mettre en garde contre le mirage d'une belle conquête et contre les suggestions d'un milieu qu'excitait la victoire.

Au télégramme du ministère j'aurais dû répondre carrément : « *Impossible,* » excepté si l'on m'avait affirmé, d'une façon absolue, que les conditions demandées étaient non seulement accordées, mais assurées.

Cassala fut conservée, et, à un certain point de vue, cela aida beaucoup à tenir le mahdisme en respect, vis-à-vis de la colonie de l'Érythrée, et cela contribua puissamment à la chute définitive de l'empire des Derviches, au profit des Anglais. Mais l'occupation de cette place absorba une partie des forces de la colonie et encouragea nos ennemis de l'Érythrée et du Tigré à la révolte, à l'intérieur, et à la trahison, sur la frontière, car, cinq mois après, ils nous virent presque aux prises avec les Derviches.

Comme je l'avais déjà fait remarquer au ministère, dans ma lettre du 11 mai, deux mois avant de décider l'opération, le défaut capital de la ligne de communication avec Cassala était sa longueur, — 200 kilomètres au delà d'Agordat, — dans un pays déjà sillonné de razzias, relativement faciles à exécuter pour ceux qui sont pourvus d'un certain nombre de chevaux. Il fallait surtout protéger cette voie de communication.

Voici le programme suivi, dans ce but, par le gouvernement de l'Érythrée[1] : ramener dans leurs anciennes demeures les Alghedens et les Sabderats, déjà chassés par les Derviches; mieux fortifier Agordat, y construire un dépôt de vivres, de munitions, d'objets de pansement, etc.; ce dépôt devait contenir au moins la

---

1. Lettre du 21 août, n° 1589. — Le livre vert, XIII, la publie incomplètement.

moitié de ce qui était laissé à Cassala, pour une période de trois mois, et pour permettre une résistance prolongée à une garnison d'au moins mille hommes; fortifier Biscia, la gorge d'Algheden et la gorge de Sabderat.

Les *bandes* de Mohammed Nur et d'Ali Nurin devaient garder et défendre la position le long de la montagne, surtout sur le flanc droit, vers la plaine d'Auasciait, tandis que les Barias et les Bazas (Cunama), mieux soumis à notre domination, par le fait même de la prise de Cassala, devaient garder notre flanc gauche[1].

Ma lettre du 27 septembre[2] contient d'autres détails, sur le développement des travaux et sur les mesures adoptées par moi pour protéger la ligne d'opération. Dès ce moment, les communications avec Cassala « furent surveillées et gardées, sur les flancs, de façon à pouvoir, dans les trois postes de Biscia, Ela Dal (Algheden) et Sabderat, tenir tête aux incursions, avec un petit nombre d'indigènes. Ces postes devaient servir de gîtes d'étape à un corps d'opération allant au secours de Cassala; ils permettaient aussi de prendre de flanc ou par derrière une invasion ennemie voulant envelopper Cassala. Or cette idée a été émise par le *khalife,* qui n'a peut-être eu ni l'intention ni la possibilité de la mettre à exécution. » Les mesures prises à cette époque (été et automne 1894) préservèrent les tribus de la frontière occidentale du danger d'une invasion, en un moment périlleux pour la colonie (janvier 1895), et permirent de résister à deux gros orages mahdistes qui s'étaient formés, au commencement de 1896, contre Cassala, et en janvier 1897, contre Agordat.

Toutefois, pour être entièrement en sûreté à Cassala et sur l'Atbara et pour s'y maintenir avec des forces peu nombreuses, tout en en imposant aux Derviches et aux Abyssiniens, il fallait avoir, sur le bas Gasce comme sur le bas Atbara, le concours des Anglo-Égyptiens.

Mais les Anglais se sont contentés de tirer profit de notre opération, ainsi qu'il résulte du rapport de lord Cromer : « Le Soudan oriental et les environs de Souakim ont été tranquilles pendant l'année qui vient de s'écouler. J'attribue ce fait surtout à l'occupation de Cassala par les Italiens. Depuis ce moment,

1. Voir la carte générale de la colonie, à la fin du volume.
2. Livre vert, XIII, n° 37.

l'attention des Derviches a été tout naturellement attirée de ce côté. Ils se sont concentrés, avec des forces considérables, sur l'Atbara. Mais on ne voit pas encore clairement s'ils l'ont fait dans un but offensif ou défensif[1]. »

Donc l'entreprise sur Cassala a été conçue, préparée et annoncée à Rome plus de deux mois avant son exécution. Et à Rome, on n'y fit aucune objection politique ou militaire. Elle fut commencée seulement alors que toutes les conditions prévues la conseillaient, et j'étais pleinement d'accord avec le général Arimondi, ainsi qu'en peuvent témoigner le major Salsa et les capitaines Artale, Giardino, Spreafico, etc. Cette opération fut conduite d'après un plan établi à l'avance dans tous ses détails et laissant le moins de marge possible à l'imprévu. Elle réussit brillamment, dans son but, qui était de chasser les Derviches de leur base d'opérations contre la colonie; ce fut en quelque sorte le couronnement de la victoire d'Agordat; ce fut le coup de massue qui a arrêté l'expansion du mahdisme et en a préparé la ruine. Et pourtant on a voulu, en Italie, en diminuer l'importance, proclamée par tout le monde civilisé; et même, au mépris de notre dignité, malgré les preuves évidentes qui démontrèrent qu'on préparait à Cassala des magasins destinés à une armée devant opérer contre nous; malgré le péril permanent et toujours imminent du mahdisme[2], on a voulu en attribuer le mobile à un sentiment de basse jalousie. Néanmoins, malgré l'erreur commise *en se fiant à la coopération des Anglais sur l'Atbara*, le fait historique subsiste dans sa limpide intégrité, et il apparaîtra de nouveau tel que le jugèrent alors les personnes sensées, avant que la passion ait tout enveloppé de ses nuages. Les Derviches n'osèrent bouger que longtemps après, à la suite de notre guerre contre l'Éthiopie tout entière. Ils n'auraient pas bougé si les Anglais s'étaient portés en avant; et probablement ils n'auraient même pas bougé si, comme nous le devions, nous avions détruit Cassala et concentré la défense à Agordat.

---

1. *Report an the finances, administration and condition of Egypte*, etc.,
1er avril 1895.

2. Pour juger l'opération sur Cassala, en dehors des publications du livre vert, il faudrait examiner le *Journal-Informations* du gouvernement de l'Érythrée, ainsi que les lettres inédites que je cite au bas des pages. Ces documents sont dans les archives de la Consulta et de Massaoua.

CHAPITRE V

Insuccès de la mission Piano. — Pronostics. — *Ras* Micael et *ras* Maconnen. — La presse et la politique coloniale. — *Zemeccia* des Choans. — *Ras* Adal et le mahdisme. — Négociations à Adoua contre les Derviches. — Prodromes de la trahison de Mangascia.

L'éternelle question abyssinienne venait toujours sur le tapis. Dans cette contrée africaine, les questions ne se résolvent pas avec des traités. Car, avec une si grande mobilité des esprits, avec des contingences si variées, avec des abus de pouvoir et des usurpations féodales qui relâchent singulièrement les liens de l'État, le traité n'engage que la puissance civilisée, puisque la mauvaise foi est érigée, par tous, à la hauteur d'un principe de gouvernement. Et par mauvaise foi il faut entendre non seulement la mauvaise foi secrète, les manœuvres cachées, l'imbroglio diplomatique, mais encore la rupture des serments et des accords conclus sous l'égide la plus solennelle de la publicité et de la religion.

Toutes les nouvelles arrivant du Choa, soit par le Harar, soit par le Tigré, s'accordaient pour nous représenter comme *suspecte, infidèle et même hostile l'attitude de l'empereur Ménélick* envers l'Italie. Ces nouvelles étaient confirmées par le manque d'égards du *negus neghesti* pour le colonel Piano et le docteur Traversi, et par le maintien, à son service, d'abord de *ras* Alula, le plus grand ennemi du nom italien, le prétendant à la seigneurie féodale du Mareb Melasc (rive droite du Mareb), puis du traître *lic* Abarah, l'assassin du capitaine Bettini. Ces nouvelles étaient encore confirmées par les bruits qui circulaient, parmi les Tigrins comme parmi les Dancalis, et qui considéraient le Choa comme l'ennemi de l'Italie et annonçaient une guerre civile. »

Le gouvernement de l'Érythrée trouvait encore « d'autres preuves, ne permettant aucun doute, dans l'accueil fait à la cour de Ménélick à *ras* Mangascia, dans le but évident, soit de le punir de ses cordiales relations avec la colonie de l'Érythrée, soit de *l'amener à se mettre au premier rang contre les Italiens.* En effet, on lui enleva le territoire de Tscllemti[1] pour le donner à l'impératrice Taïtu; mais très probablement il était vrai, ainsi qu'on le disait, qu'on lui avait promis *une compensation bien plus grande aux dépens du territoire de l'Érythrée,* sur la rive droite du Bélésa et du Mareb. On ne lui donna pas le titre de *negus,* mais il est très vraisemblable que cette dignité ait été subordonnée à l'attitude qu'il devait prendre envers l'Érythrée. Pour le surveiller et pour l'encourager, on plaça auprès de lui le *scium* Tesfai Antalo, le représentant le plus décidé de l'alliance du Tigré avec le Choa, le vrai *deus ex machina* de l'entrevue d'Entotto (Adis Abeba), le chef de l'Agamé et notre ennemi déclaré[2]. »

C'est en ces termes que je décrivais la situation, au lendemain de la prise de Cassala, et, après tant de vicissitudes, ces paroles peuvent être répétées avec une exactitude historique.

Je disais encore : « Jusqu'ici j'ai pu gagner du temps à force de bonnes paroles; dorénavant elles ne serviraient plus à rien, et nos égards envers Ménélick empêcheraient de croire à nos promesses. *Dès le mois de mai 1892, j'exprimais mon avis en disant que toute concession à Ménélick serait inutile.* Maintenant, je crois fermement que ce n'est que par la crainte qu'on peut le tenir longtemps en respect. »

Dans une lettre, de l'Asmara, adressée au ministre des affaires étrangères[3], je revenais sur ce sujet en disant : « Assuré désormais d'interpréter la pensée du gouvernement, je continue avec la persévérance indispensable, avec énergie et avec prudence, à profiter de la situation créée au delà du Mareb par l'attitude de Ménélick envers *ras* Mangascia; je profite aussi de la victoire

---

1. Rive gauche du Tacazzé. Voir la carte générale de la colonie, à la fin de ce volume.
2. Lettre de Chéren, 10 août 1894.
3. Lettre du 8 septembre 1894.

de Cassala pour attirer à nous les chefs tigrins et pour former, en tout état de cause, avec le Tigré et les Volo Gallas, une barrière contre les velléités et les desseins hostiles du Midi.

« J'espère être aidé, en cela, par nos bonnes relations avec *ras* Micael et par l'amitié de celui-ci pour *ras* Mangascia. De toute façon, la situation n'est ni claire ni facile, à cause des craintes que l'on éprouve toujours, dans le Tigré, à l'égard des Choans; à cause de l'influence de *ras* Alula et de ses guerriers qui ont pris du service chez Ménélick; à cause de la méfiance et des soupçons de certains chefs envers les Italiens (ces soupçons sont paralysés, il est vrai, par la sympathie de la population); à cause de l'influence que conserve encore, sur le faible esprit de *ras* Mangascia, le *scium* de l'Agamé, Tesfai Antalo, le représentant, au delà du Mareb, de la politique choanne. »

J'ajoutais d'autres considérations pour démontrer la nécessité d'être toujours sur nos gardes : « En Orient, les sectes politiques et religieuses qui se sont étendues avec tant de vitalité, sur un si vaste domaine qu'on ne leur conteste pas, ne tombent en ruines que peu à peu. Dans le cas particulier du mahdisme, la secte des Baggaras s'est imposée à toutes les autres par la hardiesse, par le nombre, par la valeur, par l'intérêt moral, par l'étendue du pays, par ses aptitudes martiales et par l'appui d'Abdullahi! »

« La prudence veut que *nous soyons bien en forces et prêts à tout événement*. Cela est d'autant plus nécessaire que, malgré les bonnes paroles et l'intérêt évident qu'a le Tigré de se mettre avec nous, il faut *ne pas perdre de vue ce pays, car la logique politique et militaire est inconnue en Abyssinie*, et les promesses sont généralement faites pour dissimuler la pensée. »

Tel était le ton de toutes mes lettres, de toutes mes dépêches et de tous mes rapports au ministère : *grande prudence* dans nos négociations avec les Abyssiniens; *attitude hostile* du Choa; *manque de sincérité* du Tigré; possibilité d'*incursions mahdistes*.

Dans mon rapport du 19 octobre, je décrivais la situation dans le Soudan, j'indiquais les mesures politiques prises ou à prendre, je jetais un regard sur le théâtre de la guerre et sur l'histoire du mahdisme, je faisais allusion à nos craintes et à nos espérances, et j'ajoutais :

« Comme j'en manifestais l'idée, dans mon télégramme du

22 juillet, indiquant les conditions essentielles pour pouvoir occuper Cassala, il est certain que, si *les Anglais s'étaient avancés jusqu'à Berber ou vers le bas Atbara,* toutes les velléités de revanche se seraient évanouies, et le mahdisme, profondément troublé et ébranlé par la catastrophe de Cassala, se serait réfugié dans ses dernières retraites. Mais maintenant il est prudent de s'attendre *à une nouvelle levée de boucliers avec des essais d'investissement de Cassala et des tentatives d'invasion en Érythrée* [1]. »

Il était donc de plus en plus nécessaire de chercher, par des accords et des intelligences, à augmenter ailleurs le nombre de nos alliés, et il fallait nous préparer le mieux possible à lutter aussi bien contre les Derviches que contre les Choans.

Nous avons fait allusion à *ras* Micael, chef des Volo Gallas. Jadis musulman, il s'était apparenté avec le roi Ménélick et s'était fait chrétien, plus pour s'assurer la possession de ses domaines et pour être bien vu des Choans, des Tigrins et des Dancalis, que par sympathie ou par conviction, car ces sentiments sont inconnus au cœur abyssinien. Il avait cherché à avoir de bonnes relations avec la colonie de l'Érythrée et avait envoyé des missions, avec des présents, au roi d'Italie, en le priant d'ouvrir des voies au commerce, soit au port de Massaoua, soit au port d'Assab. Il avait toujours protégé nos courriers, assurant la correspondance, à travers son pays, avec nos résidents à la cour choanne. Il semblait prendre le parti de *ras* Mangascia, même dans les divergences de ce dernier avec l'empereur, surtout à cause de l'amitié de Mangascia pour le gouverneur de l'Érythrée.

Les musulmans qui habitent sur le versant oriental de la chaîne éthiopienne, depuis le Zebul (sur le parallèle du lac Ascìanghi) jusqu'à Ancober et à l'Aussa, avaient pour lui de la sympathie ; et Abdulrahman ben Jusuf [2], notre agent chez les Dancalis, autrefois chassé par Ménélick de sa seigneurie sur l'Auasce [3], le consi-

---

1. Lettre du 19 octobre 1894.
2. Abdulrahman ben Jusuf, musulman adroit et avisé, demeurait ordinairement à Assab ; il nous fournissait des informations, et, sous la surveillance du commissaire royal à Assab, il nous représentait près des Dancalis et des Somalis.
3. Auasce (Hauasche), fleuve qui a son origine dans les montagnes au midi du Choa, non loin de Adis Abeba (Entotto), et après avoir contourné à Oricate, en remontant vers le nord, la grande chaîne éthiopienne, va se perdre dans le désert de Dancalis et dans les lacs de l'Aussa.

dérait comme son ami. *Ras* Micael était aussi en relations amicales avec Mohamed Anfari, principal chef des Dancalis et sultan d'Aussa. La situation des terres des Gallas, le long de la ligne d'opérations, allant du Choa vers la colonie de l'Érythrée, rendait l'amitié de *ras* Micael utile en toutes circonstances. En effet, ses terres étaient à cheval sur la grande arête éthiopienne, dans la région montueuse et élevée que traversent les routes allant vers l'Aussa et vers le Goggiam ; elles étaient habitées par une population belliqueuse et musulmane. Aussi je ne négligeai rien pour nous l'attacher : je lui envoyai des présents et des missions, et je correspondis avec lui par l'intermédiaire d'Abdulrahman. Et de fait, il fut neutre pendant la guerre contre le Tigré, et le resta jusqu'au mois de novembre 1895, époque à laquelle le *negus* Ménélick arriva dans son pays.

Nous devions aussi nous occuper de *ras* Maconnen. Le Harar, depuis la catastrophe de l'expédition Porro, avait attiré l'attention des Italiens. Il s'en fallut de peu que l'Italie, d'accord avec l'Angleterre, après la chute de la domination égyptienne, ne s'en emparât. Mais ce pays fut occupé plus tard par les Choans. Indépendamment du commandement que le Harar exerce, par sa position géographique, sur l'Ogaden et sur les terres des Somalis, il a encore une action directe sur le Choa, auquel il est relié par d'assez bonnes communications.

Le pays est riche. Il doit même être classé parmi les plus riches de toute la contrée éthiopienne. Ses habitants sont hostiles aux Choans.

L'occupation du Harar était venue plusieurs fois sur le tapis. Elle avait toujours été repoussée, car il fallait résoudre le problème de débarquer à Zeila, occupée par les Anglais. De plus, il aurait fallu engager des dépenses excessives pour conduire une opération militaire, de la côte, sur le haut plateau. En outre, les *ascaris* des garnisons dans l'Érythrée n'étaient pas assez nombreux. Enfin des considérations diplomatiques et politiques nous déconseillaient de créer une trop grande agitation sur les rives de la mer Rouge et du golfe d'Aden.

Le Harar était et est encore gouverné, au nom de Ménélick, par *ras* Maconnen, un des chefs abyssiniens les plus intelligents. Il avait parcouru l'Italie en tout sens, et il semblait disposé à la paix. Sauf en quelques cas sans importance, il s'était toujours bien comporté vis-à-vis des Italiens ; il avait cherché à se faire bien venir de moi, tandis que moi je cherchais à en faire mon ami. On le disait ambitieux, détesté à la cour de Choa, en particulier par la reine Taïtu ; on le suspectait d'intriguer pour succéder à Ménélick. Jusqu'à un certain point, il pouvait avoir cette prétention, à cause de sa parenté, de son rang, de ses qualités personnelles et de sa situation vis-à-vis de bien des chefs féodaux.

Comme on avait reconnu trop tard l'impossibilité d'une entente avec le *negus* Ménélick, aux conditions voulues par le ministère, il fallait se servir de *ras* Maconnen et faire briller à ses yeux la succession au trône de Salomon, s'il prenait le parti de soutenir les intérêts italiens. Vers le milieu d'octobre 1894, à la suite de deux télégrammes du président du conseil (Crispi), je fis appeler, en Érythrée, M. Felter[1], afin de lui donner des instructions verbales. Toutes ces instructions avaient pour but d'attirer *ras* Maconnen dans le cercle de nos intérêts, qui étaient aussi les siens et ceux de la paix.

Mais il était bien difficile de conclure une entente avec Maconnen ; car s'il se méfiait des Français, des Choans et des Anglais, il se méfiait bien davantage des Italiens, à cause de notre politique de bascule, oscillant tour à tour entre les Tigrins et les Choans, mais en définitive toujours pleine d'égards et même obséquieuse envers Ménélick. De plus, toutes les discussions de la presse italienne, au sujet de l'occupation du Harar, lui avaient fait soupçonner qu'avec nos paroles et nos promesses nous voulions déguiser nos désirs de conquête.

« *Ras* Maconnen se montre l'ami de l'Italie et de la colonie de l'Érythrée. Comme j'avais exprimé le désir d'acheter, dans le Harar, quelques bêtes pour la remonte, il s'est empressé de me donner son consentement. Il m'a exprimé de suite ses regrets que l'expédition dirigée vers Faf[2], pour punir les meurtriers des

---

1. Ancien officier commissaire dans l'armée italienne, plus tard représentant de la maison Bienenfeld dans le Harar et notre informateur ; puis officier colonial et représentant du gouverneur dans le Harar ; actuellement commissaire royal à Assab.

2. Faf, dans l'Ogaden, au centre des territoires des Somalis, sur la route du Harar à Uebi, peut-être à 400 kilomètres au sud-est de Harar. J'avais demandé raison à Maconnen d'une razzia exécutée contre des tribus que nous protégions (octobre 1894).

Abyssiniens, ait dégénéré en une razzia. Il a déclaré explicitement qu'il n'aurait pas touché à l'Aussa, sans des ordres exprès
de l'empereur. En plus d'une circonstance, il a manifesté son
admiration pour la victoire de Cassala, et il n'a pas caché sa méfiance pour les émissaires français.

« Mais il n'y a pas à se faire d'illusions, *ras* Maconnen est
toujours sous l'impression des *trop longues cajoleries que nous
avons faites à Ménélick, en lui accordant toujours tout ce qu'il nous
demandait, même quand son attitude nous était hostile.* Il ne semble nullement disposé à risquer un danger, d'autant plus qu'il
attend son tour avec une patience innée et qu'il a été vivement
frappé par la convention du 5 mai[1]. »

« Vous vous êtes partagé nos terres; le pays, jusqu'à la mer,
est la propriété sacrée de l'Abyssinie. » *L'idée du protectorat
n'entre pas dans sa cervelle.* Et il faut procéder avec précaution
pour la faire entrer, parce que, sans lui, *le Harar ne peut être
occupé, l'action de Ménélick ne peut pas être paralysée,* et l'on ne
peut pas séparer les Français du Choa. D'ailleurs les Français
qui résident au Harar ont beau jeu, avec leurs journaux et leurs
nouvelles, pour mettre en garde le chef du Harar et détourner
sa méfiance; car celui-ci, comme presque tous les chefs abyssiniens, ne se sert de la parole que pour dissimuler ses intentions[2]. »

Ce serait une erreur de croire que, en Éthiopie, la presse
européenne n'ait aucune influence et que l'on ne connaisse point
ce que publient les journaux. Bien au contraire; et comme on
ignore nos idées, nos systèmes parlementaires et la liberté qui
existe, même en face du pouvoir, on donne à la presse une portée
et on lui attribue une efficacité bien plus grande que celle qu'elle
a en réalité sur le cours des événements et sur les intentions
du gouvernement. Un article de journal, présenté et traduit par
un ennemi de l'Italie, peut détruire ou paralyser les meilleurs
accords du gouvernement; il peut être cru bien plus et bien
mieux que la *Note* la plus consciencieuse et la déclaration la plus

1. La convention de l'Italie avec l'Angleterre (5 mai 1894) traçait les limites
de la zone anglaise, du golfe d'Aden jusque dans le territoire des Somalis,
à environ 200 kilomètres de la côte, vers l'Ogaden. L'article 4 relatif au Harar
déplaisait surtout à Maconnen.

2. Lettre du 16 novembre 1894, n° 2209, continuation des lettres des 9 et
28 octobre.

sincère du gouvernement local ou du gouvernement central. Il
est impossible de faire comprendre aux indigènes, même aux
plus intelligents et aux plus fins, même à ceux qui nous fréquen-
tent le plus, le rôle que joue la presse dans le mécanisme de la vie
moderne. Et quand on leur objecte que les articles ne représentent que l'opinion individuelle de celui qui les écrit, ils vous
répondent : « Mais si le roi ne le voulait pas, on ne l'aurait pas
écrit. »

A Adis Abeba, dans le Harar, à Adoua, à Macallé et jusque
dans le lointain Goggiam, on a trouvé ou vu les journaux et les
articles qui pouvaient le mieux servir à démontrer nos ambitions, qui indiquaient nos intentions (vraies ou fausses) d'agran-
dissement, ou bien encore qui disaient du mal, soit de Ménélick
et des chefs choans ou tigrins, soit du ministère et du gouvernement de l'Érythrée.

C'est un des principaux motifs pour lesquels j'ai demandé et
obtenu, par le décret du 8 décembre 1892, des restrictions spéciales à la liberté de la presse dans la colonie de l'Érythrée.

Revenons au Harar. La situation dans ce pays s'assombrissait
à la suite des razzias dirigées contre les tribus qui étaient nos
protégées ou celles des Anglais, et aussi à cause des préparatifs
que faisaient, au Harar et dans le Choa, les *ras* abyssiniens
pour une *zemeccia*, c'est-à-dire pour une grosse expédition chargée de recueillir des esclaves et du bétail, dans les territoires
arrosés par le cours supérieur de l'Uebi. Un événement semblable ne pouvait que nuire à notre prestige et à notre ascendant en
Afrique, ainsi qu'à nos droits sur la terre des Somalis, droits
reconnus par les nations civilisées et consacrés spécialement
par le traité du 5 mai 1894 avec l'Angleterre.

« Des nouvelles venant des contrées les plus diverses, du
Choa comme du Tigré, du Harar comme d'Assab et même de
Zanzibar, parlent d'un mouvement en avant des Choans vers
le sud-est, peut-être dans la direction d'Ime[1], probablement en
suivant les torrents qui, descendant des monts du Choa et du
Harar, vont former l'Uebi. L'incursion devrait commencer dans
quelques jours, et déjà la fertile imagination abyssinienne court,

---

1. Ime, région assez fertile, de médiocre extension, sur l'Uebi au sud de
l'Ogaden, 6° 10′ de latitude nord, 41° de longitude, et peut-être à 400 kilomètres au sud de Harar.

par la pensée, vers les marchés si riches qui se tiennent sur l'Uebi et sur le Ganana (Djuba), en confondant Bari avec Log et avec Bardera, ou se précipite vers les pâturages, riches en troupeaux, des Somalis et des Gallas.

« Actuellement, toute cette contrée est sous le protectorat italien, à cause de nos droits sur les populations et sur les territoires dépendant de l'Éthiopie. Mais comment intervenir et faire acte d'autorité ? Comment protéger les tribus ? Impossible. Notre ingérence, près de Ménélick, à Adis Abeba, non seulement serait tardive, mais encore elle aggraverait la situation, au détriment du pays, au détriment du prestige, qui diminue lorsque les prétentions ne peuvent pas être soutenues par la force[1]. »

Pendant ce temps, les Derviches, voyant s'évanouir l'attaque qu'ils redoutaient de la part des Anglo-Égyptiens, se rassemblaient sur l'Atbara, vers El Fascer et Osobri, sur la frontière de l'Érythrée Leur intention probable était de tenter un coup de main contre les tribus que nous protégions sur le Gasce et sur le Barca, ou contre notre ligne d'opérations d'Agordat à Cassala par Ela Dal et Sabderat.

Dans le but de créer des ennemis aux Derviches, je m'étais déjà adressé, l'été précédent, à *ras* Adal (Teclaimanot), seigneur du Goggiam, auquel, dès le mois de janvier, j'avais annoncé la victoire d'Agordat.

Le royaume du Goggiam est placé dans l'ample demi-cercle que décrit l'Abai, à sa sortie du lac Tsana, lorsqu'il tourne vers l'est, avant de prendre le nom de Nil Bleu. Ce royaume étend sa frontière occidentale indéfinie, sur les routes qui mènent au Sennaar, au Galabat et au Ghedaref. Par suite, la coopération de *ras* Adal contre les Derviches nous aurait été précieuse. Elle aurait même encouragé les Tigrins à marcher contre le Ghedaref, en prenant ainsi à dos un mouvement mahdiste contre la colonie.

Mais le « *negus* du Goggiam ne semble plus être le féroce ennemi du mahdisme d'autrefois; peut-être croit-il qu'il vaut mieux ne pas agacer les Derviches, armés de fusils, maintenant qu'ils ne menacent plus sa frontière; peut-être estime-t-il préférable de gagner du terrain, vers le sud-est, contre les Gallas qui sont mal armés et peu belliqueux; peut-être est-il lié maintenant

---

1. Lettre du 16 novembre 1894.

nisme, semble ne pas aimer la guerre contre les mahdistes, depuis qu'ils ont évacué les monts abyssiniens[1]. »

La mission du colonel Piano avait encore échoué sur ce point, au char de Ménélick, lequel, malgré ses déclarations de christia- d'une opération des Éthiopiens contre les Derviches. Et des bruits venant du Choa disaient que le *negus neghesti* s'entendait avec le mahdisme pour avoir la sécurité, derrière lui, pendant sa grande *zemeccia* dans les terres du Sud-Est, et aussi afin de para- lyser la puissance de la colonie de l'Érythrée.

C'est à Adoua, c'est-à-dire à *ras* Mangascia et aux chefs tigrins, que j'adressais mes exhortations les plus pressantes pour obte- nir une coopération, ou mieux une pointe indépendante contre les Derviches. Une simple menace, vers le Ghedaref, m'aurait suffi.

Mes exhortations semblaient appuyées par le clergé, et sur- tout par l'*eccighié* Theofilos, lequel voyait toujours un péril pour la cité sainte d'Axum, dans la présence de nombreux Derviches dans le Ghedaref.

Le principal ennemi des Derviches était *ras* Agos, du Sciré (rive droite du Tacazzé, à l'ouest d'Axum), ami de Mangascia et partisan de l'amitié avec le gouvernement de l'Érythrée. *Ras* Agos pouvait espérer une augmentation de territoire et d'autorité, ainsi qu'un butin fort appréciable, d'une incursion vers le con- fluent du Tacazzé, dans l'Atbara. Et même nous étions tombés un moment d'accord pour ce plan d'opération. J'avais indiqué Tomat comme premier objectif de cette incursion, « qui distrairait l'attention du corps du Ghedaref (écrivais-je alors au ministère) ou bien lui donnerait de l'inquiétude pour sa ligne de retraite, s'il était en marche ou en position vers El Fascer, ou s'il était en mouvement, d'une façon quelconque, contre l'Érythrée[2]. »

« L'incursion devait descendre le long de la rive droite du Tacazzé, pour éviter (disait Mangascia) de passer sur les domai- nes directs de Ménélick[3]. »

« De mon côté, je dois ajouter que, *malgré les négociations enta- mées,* dès le mois de février, avec *ras* Mangascia; malgré l'aide du clergé; malgré les chaudes promesses qui en sont la consé- quence; malgré les probabilités, *pour les Abyssiniens,* d'un brillant

1. Lettre du 16 novembre 1894.
2. *Id., ibid.*
3. Voir la carte générale de la colonie à la fin de ce volume.

succès, *les Tigrins ne se sont pas encore mis en mouvement.* Ils ont d'abord été retardés par la visite de *ras* Mangascia au *negus neghesti,* puis par la rébellion de Salassié et de Negussié[1]. » Mais le *ras* eut promptement raison de cette rébellion, et alors il promit de rassembler des troupes dans le Sciré, à l'ouest d'Adoua, précisément sur les routes qui conduisent à Tomat.

Le 25 novembre, je m'étais rendu à Chéren pour être mieux à même de juger la situation et pour être plus en mesure de prévenir une attaque éventuelle des Derviches, d'y faire face, ou de la repousser. Les officiers les plus audacieux de la colonie, considérant plutôt les choses au point de vue militaire, désiraient une attaque de Cassala contre Osobri. « Mais ce coup audacieux serait peut-être téméraire, étant donnés la distance, le faible effectif des troupes, le terrain et la difficulté des ravitaillements. De plus, nous aurions eu affaire à la cavalerie ennemie, relativement nombreuse, bien montée et hardie[2]. »

A la guerre, il n'y a rien d'absolu, et « ce serait une folie que de ne pas prendre toutes les précautions possibles ». Je continuai donc les éternelles négociations avec *ras* Mangascia pour l'amener à attaquer le Ghedaref, en descendant par la rive droite ou la rive gauche du Tacazzé. Le résident Mulazzani[3], appelé par moi à Chéren pour recevoir des instructions, dans ce but, était retourné de Chéren à Adoua. Mangascia hésitait et entassait excuse sur excuse. « *Il dirait carrément non,* s'il ne craignait pas de déplaire aux Italiens. Dernièrement, il m'a écrit pour m'offrir de réunir ses troupes aux troupes de l'Érythrée, afin de marcher contre les Derviches. Je ne puis accepter, parce que j'ai bien assez d'hommes sur le théâtre immédiat de l'action ; parce que les Abyssiniens désoleraient le pays ; parce que ce serait difficile de les commander ; parce que, en cas de succès, toute l'Éthiopie leur attribuerait la victoire ; parce que, *en cas d'insuccès,* les troupes abyssiniennes pourraient devenir un danger[4]. » Déjà bien des

1. Lettre du 25 novembre 1894. Livre vert, XIII, n° 40.

2. Lettre du 12 décembre 1894 du gouverneur au ministère. — Voir aussi ma lettre du 7 décembre, adressée de Chéren au résident Mulazzani, avec les instructions relatives pour traiter avec le *ras.* — Ces deux documents sont inédits.

3. Le lieutenant Mulazzani était le successeur du capitaine de Martino comme résident à Adoua auprès de *ras* Mangascia.

4. Lettre du 12 décembre 1894. Dans cette lettre on parlait des négociations avec *ras* Mangascia, comme il est dit dans le texte.

doutes me faisaient prévoir une trahison possible, tandis que l'attentif et avisé résident était absolument tranquille.

Plusieurs personnes ont prétendu que, jusqu'à ce moment-là, c'est-à-dire jusqu'au milieu de décembre 1894, *ras* Mangascia n'était pas complètement résolu à trahir et que les troupes appelées dans le Sciré étaient destinées sinon à opérer contre les Derviches, tout au moins à nous montrer ses bonnes dispositions pour nous.

Cela est non seulement possible, mais même probable.

Placé entre deux courants opposés, Mangascia vit se former, sur l'Atbara, l'orage mahdiste; il vit en même temps une révolte éclater, derrière nous, dans l'Oculé Cusai et s'ouvrir la route de Gura et de Saganeiti; il se rappela les promesses de Ménélick et l'intérêt qu'avait l'empereur à le soutenir; il crut la colonie perdue; et, avec la versatilité abyssinienne, il songea à profiter des circonstances pour s'emparer d'une province de l'Érythrée, avec les troupes qui se concentraient dans le Sciré, avec d'autres troupes que Tesfai Antalo, *scium* de l'Agamé, appelait à Adigrat, avec d'autres encore qui se réunissaient dans l'Entiscio.

CHAPITRE VI

HALAI ET ADOUA

Les *bandes*. — Batha Agos et l'Oculé Cusai. — La révolte éclate (15 décembre 1894); elle est étouffée à Halai (18 décembre). — Mort de Batha. — Menaces des Tigrins. — Ultimatum de l'Érythrée (17 décembre). — Marche
sur Adoua (27 et 28 décembre). — Négociations.

Dans l'organisation militaire de la colonie, mon intention,
comme je l'ai dit ailleurs et comme le démontrent mes lettres et
mes actes, était de remplacer l'élément irrégulier par l'élément
régulier. Mais il fallait procéder avec prudence, pour ne pas
heurter les habitudes et les droits acquis, pour ne pas perdre ou
jeter dans les bras de l'ennemi des éléments connaissant le pays
et intéressés à sa défense, pour ne pas diminuer les effectifs, déjà
si faibles, des forces coloniales, enfin pour ne pas dépasser les
limites si restreintes des dépenses.

Je profitai cependant de toutes les circonstances pour diminuer les *bandes*, c'est-à-dire les soldats des tribus armées de
l'Érythrée, et pour les fractionner. Je commençai par supprimer
les *bandes* mobiles, véritables compagnies d'aventure, et je conservai les *bandes* régionales, parce qu'elles étaient attachées aux
localités, par leurs familles et leurs biens. Puis, en juin 1893, le
moment me sembla venu de diminuer ces dernières et de me
débarrasser des plus importantes; et, de fait, la grosse *bande* du
degiac[1] Sabatu de l'Hamasen fut licenciée, en même temps que
plusieurs autres bandes plus faibles.

1. *Degiac* ou *degiacmac*, c'est le commandant de l'aile gauche de l'armée,
comme *guerasmac* c'est le commandant de l'*aile droite; fitaurari*, le commandant de l'avant-garde; *cagnasmac*, le commandant de l'arrière-garde. Mais

· Le même sort était réservé à la *bande* commandée par le *degiac* Batha Agos, de l'Oculé Cusai, surveillée par le lieutenant Sanguinetti, résident à Saganeiti; il va sans dire que l'on devait prendre toutes les précautions indispensables pour éviter les inconvénients possibles. Mais je fus appelé entre temps (septembre 1893) en Italie, et, pendant mon absence, les Derviches s'avancèrent contre Agordat.

Alors le colonel Arimondi, vice-gouverneur, en décembre 1893, appela à la rescousse toutes les forces disponibles. Il appela, par suite, la *bande* la plus forte et la mieux commandée de l'Oculé Cusai, et celle-ci arriva à Agordat. De même, lorsque, en février 1894, pour faire face aux menaces des Derviches, je formai le camp d'instruction de Chéren, le *degiac* Batha y fut appelé avec ses soldats. « Il parut alors plein d'ardeur et de bonne volonté pour combattre les infidèles et pour prendre part à nos manœuvres[1]. »

Pendant les événements qui suivirent, il fallait conserver précieusement d'accord toutes les forces susceptibles de faire face aux Derviches et de marcher contre Cassala. Il aurait donc été imprudent de désarmer des soldats, pour créer un foyer de mécontentement et de désordre. « Le camp de Chéren[2] ayant été supprimé, parce que l'attaque projetée par le *khalife,* contre la colonie, était évidemment renvoyée à juin ou à octobre, et *voyant dans l'entrevue d'Adis Abeba, entre Mangascia et Ménélick, un danger d'avoir sur les bras, en automne, à la fois les Derviches et les Abyssiniens,* j'avais préparé l'expédition de Cassala, dans le but de détruire la base d'opérations du mahdisme et d'en imposer, par une brillante action militaire, à l'imagination des Abyssiniens. »

« Ce n'était certainement pas le moment de mettre en application le plan d'organisation générale, car on aurait privé immédiatement la colonie d'un grand nombre de soldats vaillants, surtout contre les Derviches. Une semblable mesure ne pouvait être prise que dans une période de tranquillité absolue. Du reste, personne ne doutait de Batha, non à cause de sa fidélité, mais à cause de l'intérêt qui liait sa cause à la nôtre. »

ces dénominations sont aussi des titres que le *negus neghesti* et les chefs féodaux d'ordre supérieur donnent aux divers chefs et même aux dignitaires de l'Éthiopie.

1. Lettre de l'Asmara, 22 décembre 1894, n° 2650, publiée dans le livre vert, XIII *bis*, n° 11.

2. Février 1894. Voir le chap. III.

A propos de Batha, je n'avais jamais fermé l'œil sur lui. Et dès 1892, peu de temps après que l'on ait eu l'intention d'en faire un prince autonome, en lui donnant la souveraineté sur tout le Seraé et l'Oculé Cusai, j'écrivais ceci au ministère : « Bien que le chef de l'Oculé Cusai mérite notre confiance, surtout parce que son intérêt le lie évidemment au gouvernement de l'Érythrée, il est cependant nécessaire de se rappeler que les surprises sont fréquentes, en Abyssinie, et que *les ambitions sont démesurées ;* il faut donc exercer la plus grande surveillance [1]. »

Mais la trahison et la révolte avaient été préparées, dans le Choa, avec une finesse tout abyssinienne. L'ingénieur Capucci soupçonna ce qui se tramait, et je mis en garde le lieutenant Sanguinetti, résident dans l'Oculé Cusai. « Batha Agos est un homme faux, par nature; il suffit de le regarder en face pour s'en rendre compte. Il est patient et avisé, mais il a vu tant de révolutions en Abyssinie, qu'il peut chercher à préparer le terrain pour l'avenir, en prévoyant pour lui la possibilité de tomber en disgrâce, ou simplement d'être désarmé, comme c'est arrivé à tant d'autres [2]. »

J'avais déjà manifesté l'intention (commencement de décembre 1894) d'appeler à Chéren les *bandes* de l'Oculé Cusai, en prévision d'une invasion possible des mahdistes. Le *degiac* Batha voulut prévenir cette concentration, car les guerriers de l'Oculé Cusai étant entrés dans le cercle d'action contre les infidèles, auraient échappé à son pouvoir. Il voulut profiter de l'attaque des Derviches, que tout le monde en décembre considérait comme imminente; il voulut encore profiter de mon absence de Massaoua et de l'Asmara pour mettre à exécution son projet, avec cet avantage que l'appel aux armes, dans l'Oculé Cusai, pouvait sembler destiné à assurer la défense du pays, et être fait au nom du gouvernement italien.

Il paraît certain qu'entre lui et Tesfai Antalo, ami de Ménélick, nommé, par Mangascia, chef de l'Agamé, il y ait eu une entente secrète. C'est ce qui explique le rassemblement des soldats de l'Agamé à Adigrat. Il avait dû également se tramer quelque chose entre lui et *ras* Mangascia, car ce dernier, au milieu de ses hési-

---

1. Lettre du 18 août 1892.
2. Au résident à Saganeiti. — Asmara, 1er décembre 1894. Livre vert, XIII *bis,* n° 14.

tations, n'était peut-être pas encore décidé à trahir ; il attendait qu'on lui donnât le signal et l'occasion de se révolter. La méfiance règne en souveraine dans ces esprits troublés, accoutumés aux actions les plus mauvaises et considérant comme des vertus la rébellion (en dehors du champ de bataille), la désertion et la trahison, pourvu qu'elles servent à augmenter la force et la puissance.

Le 15 décembre au matin, je fus avisé, d'Asmara, qu'un poste de la *bande* de Batha Agos avait disparu et que la ligne télégraphique avec Saganeiti était coupée. Immédiatement, bien que de prime abord cela me semblât absurde, je soupçonnai une révolte dirigée par Batha Agos, dans le but d'ouvrir l'Oculé Cusai à une invasion tigrine, en profitant du moment où toutes nos forces étaient employées sur l'Atbara, à plus de 500 kilomètres de Saganeiti.

Je télégraphiai à Rome ce qui suit :

« Les Abyssiniens, sous le prétexte d'attaquer les Derviches, réunissent des forces considérables dans le Tigré. La disproportion entre les forces rassemblées et les promesses faites, les nouvelles venues du Choa et l'attitude contradictoire de *ras* Mangascia font croire à la possibilité d'une attaque par trahison. L'attitude de Batha Agos est suspecte[1]. »

Cette situation nous imposait trois choses urgentes :

Réprimer l'insurrection ;

Assurer la sécurité de Cassala ;

Prévenir les hostilités tigrines.

Dans ce but, j'ordonnai par télégramme au major Toselli, qui était à l'Asmara, de se diriger le plus tôt possible, avec son bataillon (le 4º indigène) et une batterie, vers l'Oculé Cusai. Je fis immédiatement partir pour Cassala une importante caravane de vivres et de munitions, convaincu que la garnison, grâce au fort, pourrait tenir plusieurs mois. J'appelai la milice mobile, je fis renforcer les troupes de Toselli dans l'Oculé Cusai par les garnisons d'Archico et de Ghinda. Je concentrai à l'Asmara le plus grand nombre de forces possible et je m'y rendis le lendemain (16 décembre), aussitôt après avoir reçu des nouvelles ultérieures de Cassala et de l'Oculé Cusai.

1. Livre vert, XIII *bis*, nº 1.

Le 17 décembre, j'écrivais immédiatement, de l'Asmara, à Mangascia, en lui demandant catégoriquement trois choses, à titre de garantie : 1° licencier les troupes rassemblées dans l'Entiscio[1]; 2° remettre les rebelles entre nos mains; 3° ordonner à *ras* Agos de poursuivre, comme il était convenu, son mouvement contre les Derviches, dans la direction de Tomat.

« Pendant ce temps, le major Toselli arrivait, le matin du 16, à Maharaba, à une bonne marche de l'Asmara et à une faible distance de Saganeiti. Il commençait habilement des négociations avec Batha Agos, pour obtenir la restitution du lieutenant Sanguinetti, fait prisonnier avec deux télégraphistes, et pour obtenir la soumission des rebelles. Le *degiac* Batha répondait par des protestations de fidélité pour le gouvernement. Il se plaignait seulement de Sanguinetti et jurait de le rendre, dès que les troupes italiennes se seraient retirées. Mais, en même temps, sur le marché du village, il se proclamait lui-même, devant ses soldats, chef indépendant de l'Oculé Cusai; il se disait allié de Mangascia; il déclarait qu'il voulait se venger sur les Italiens, parce que ceux-ci avaient foulé aux pieds les droits des Abyssiniens, en incorporant des terres au domaine, en empêchant de brûler les bois, en construisant des routes et en menaçant les Abyssiniens d'un désarmement imminent.

« Les négociations, selon la coutume abyssinienne, traînèrent en longueur, à cause de l'intervention des prêtres catholiques et cophtes. Cela nous permit de gagner du temps, et le major Toselli, dans la journée du 17 et dans la matinée du 18 décembre, reçut des renforts qui lui permirent d'être maître de la situation, au point de vue militaire. Mais désormais il fallait rompre avec les hésitations et triompher du *degiac* par la force des armes, ainsi que je l'avais ordonné, le 17, par un télégramme envoyé de l'Asmara[2]. »

Le major Toselli, qui avait montré beaucoup de sagacité en conduisant les négociations, dirigea alors, avec promptitude et énergie, les opérations contre les rebelles, grâce aux renforts qui lui étaient parvenus à temps.

Dans la matinée du 18 décembre, pendant que Toselli se dis-

1. Sur la route d'Adoua à notre frontière de l'Oculé Cusai, presque à demi-distance d'Adoua à Adigrat.
2. Livre vert, XIII *bis*, n° 56. Rapport sur les opérations de guerre.

posait à attaquer Saganeiti, il apprit que Batha Agos avait abandonné ce nid de la révolte, forte position dominante, entourée de
bois et de rochers. Il en déduisit que le rebelle avait dû se diriger sur Halai, la clef de l'Oculé Cusaï du côté de Massaoua[1],
pour désarmer et prendre la compagnie qui y tenait garnison
(1re du 3e bataillon).

C'était exact. Cette compagnie était commandée par le capitaine Castellazzi. Ce dernier, attendant du secours, cherchait à
gagner du temps en négociant habilement, et pendant ce temps-
là préparait une vigoureuse défense, sur le léger ressaut de terrain que couronne le petit fort. Mais il avait en tout 250 hommes
contre peut-être 1,500 rebelles.

Pendant ce temps, Toselli dirigeait sa petite colonne, par les
sentiers difficiles, semés de précipices, qui conduisent de Saganeiti à Halaï, en suivant la crête des montagnes. Il arriva un peu
avant 5 heures du soir, au moment où les nôtres, complètement
entourés, achevaient d'épuiser leurs munitions[2].

La compagnie d'avant-garde (capitaine Folchi) s'avance; elle
est suivie par les compagnies Olivari et Gentile. Un feu très vif,
venant d'au delà du village, annonce à Castellazzi sa libération
prochaine. La batterie Ciccodicola peut tirer quelques coups de
canon, pendant que les compagnies Galli et Cotta serrent, elles
aussi, sur la tête et prennent leur formation de combat.

Les rebelles sont entre deux feux; Batha Agos tombe. Alors
ses soldats s'enfuient, en descendant ce labyrinthe de montagnes
qui rendent inextricable la contrée nord de l'Oculé Cusaï. Le
brouillard, qui, en ces hautes régions, accompagne et suit le
coucher du soleil, empêche toute poursuite. Nos pertes sont de
11 *ascaris* tués et 22 blessés.

L'insurrection était étouffée; il suffisait de purger le pays des
brigands et de désarmer les habitants.

---

1. La colonne Toselli comprenait : la 2e compagnie du 3e bataillon (capitaine Folchi), la 2e du 4e (capitaine Olivari), la 3e du 4e (capitaine Cotta),
la 4e du 4e (capitaine Gentile), la 5e du 4e (capitaine Galli), la batterie de
montagne (capitaine Ciccodicola); en tout 1,036 hommes et 4 pièces de canon.
La 5e compagnie du 3e bataillon (capitaine Alferazzi) était en marche, avec
207 hommes.

2. Halaï (2,563 m.) domine immédiatement la vallée de l'Haddas (1,069 m.),
qui conduit à Massaoua. Voir la carte générale de la colonie, à la fin de ce
volume.

On lit dans le rapport officiel du 25 janvier 1895[1] le récit de ce combat, si honorable pour le major Toselli et si brillant pour les armes de l'Érythrée, qui commença heureusement les opérations défensives contre l'invasion tigrine qui nous menaçait.

A vrai dire, les habitants de l'Oculé Cusai avaient été surpris par l'audace de Batha Agos; ils l'avaient suivi à l'aveuglette, sans se rendre compte des faits et sans grande sympathie.

Beaucoup probablement croyaient s'associer à une démonstration, ou à une protestation, selon la coutume abyssinienne; et les soldats de la bande avaient, en grande partie, obéi à l'appel aux armes, par discipline envers leur chef.

Cette singulière façon de considérer ses devoirs envers le gouvernement a ses racines dans les antiques coutumes de l'Oculé Cusai. Ce pays était autrefois administré par des assemblées populaires, il avait des traditions à peu près républicaines et il nommait ses chefs militaires, qui étaient chargés de le protéger contre les razzias. Au contraire, au delà du Mareb et du Bélésa et dans le Seraé lui-même, les coutumes étaient essentiellement féodales. Du reste, la constitution purement républicaine et indépendante de l'Oculé Cusai était voulue par la structure du pays, tout parsemé d'*ambas,* sortes de forteresses naturelles, aux parois abruptes, sur lesquelles s'élèvent les villages, faciles à défendre contre les incursions des brigands, dont, avant notre prise de possession, toutes les populations étaient la proie.

La mort de Batha Agos permit de réduire promptement le pays à l'obéissance. Le désarmement nous fit obtenir la remise d'environ 1,200 fusils, pendant que 300 étaient en distribution près des soldats des bandes restées fidèles.

Mais en même temps la bourrasque se formait dans l'Entiscio, précisément sur la route la plus courte du Tigré à l'Oculé Cusai. Tesfai Antalo, d'Adigrat, s'avançait en ennemi, avec sa bande, vers le Scimenzana, région que l'on peut considérer comme une dépendance de l'Oculé Cusai, vers l'Agamé, et il en exigeait une contribution de guerre. *Ras* Mangascia était venu d'Adoua dans l'Entiscio, d'où il pouvait se diriger, soit vers le Scimenzana, soit sur Saganeiti, alors que lui et ses guerriers auraient dû se

1. Livre vert, XIII *bis,* n° 56.

trouver dans le Sciré à la frontière ouest, contre les mahdistes. Et, ce qui était encore plus suspect, il y avait reçu les chefs de la révolte, qui s'étaient enfuis de l'Oculé Cusai, après la déroute d'Halai, et il les avait traités avec une singulière distinction. Scimper[1] et *bascia* John écrivaient, d'Adoua, des lettres alarmantes, et Mulazzani devait se tenir sur ses gardes, car il risquait d'être retenu prisonnier. Tout le Seraé et l'Oculé Cusai, vers le 20 décembre, étaient en émoi, dans l'attente de l'invasion; notre bande de Tesfu Mariam[2], renforcée par tous les hommes capables de porter les armes, occupait la crête du Mareb, prête à repousser les attaques et à couvrir Adi Quala.

Ras Mangascia ne répondit que le 21 à mon ultimatum du 17. La réponse était cordiale dans la forme, mais nulle dans le fond. Il adressait des protestations d'amitié et condamnait les rebelles, mais il évitait de répondre sur deux des demandes essentielles : *le licenciement des troupes rassemblées dans l'Entiscio* et *la remise des rebelles entre nos mains.*

La révolte étant maîtrisée, il était nécessaire de prévenir, sur la frontière sud, la trahison des Tigrins, en utilisant la belle position du fort d'Adi Ugri, que j'avais fait construire dès 1892. Aussi, pour le jour de Noël, je concentrai rapidement, dans cette position, 3,500 réguliers, et j'écrivis, le 25, une nouvelle lettre à *ras* Mangascia. Dans cette lettre, je lui rappelais son devoir, et je le sommais de dissiper les doutes, en prenant une attitude en rapport avec les conventions établies, auxquelles le gouvernement italien était toujours resté fidèle.

Cette lettre, très urgente, resta sans réponse; pendant ce temps-là, le lieutenant Mulazzani devait fuir d'Adoua pour éviter le sort de Sanguinetti; nous étions aussi informés que *ras* Agos avait reçu des ordres lui prescrivant de rejoindre, avec ses soldats rassemblés dans le Sciré, *ras* Mangascia, dans l'Entiscio.

---

1. Scimper, fils d'un Allemand établi en Abyssinie, était notre *informateur* à Adoua; il avait épousé la fille de *bascia* John.

2. Tesfu Mariam est encore actuellement chef du Seraé et commandant de la bande territoriale qui réside à Adi Quala (Mai Tzade), à la frontière du Mareb, sur la route d'Adoua. Un peu au sud d'Adi Quala, le vaste haut plateau du Mareb descend en pente dans la vallée du Mareb par les gorges de Gundet. Adi Quala est à 2,150 mètres d'altitude; l'eau du Mareb est à 1,200 mètres. La crête du Mareb est l'arête rocheuse qui domine la rive droite du fleuve. Voir la carte générale de la colonie, à la fin du volume.

Dans le rapport officiel, les raisons de la marche sur Adoua sont expliquées. Il n'y avait pas de temps à perdre. Un coup de main hardi aurait impressionné l'esprit des Abyssiniens, tout en nous donnant peut-être l'occasion de les battre pendant qu'ils étaient partagés en deux groupes, un dans l'Entiscio, l'autre dans le Sciré. Peut-être aurait-il décidé nos ennemis d'au delà du Mareb à abandonner *ras* Mangascia; peut-être aurait-il déterminé celui-ci à se soumettre.

Les habitants de l'Adirbate, sur la rive gauche du Mareb, jusqu'au Bélésa, étaient avec nous; ils déploraient la trahison qui exposait ce malheureux pays aux guerres et aux massacres. La route d'Adoua était ouverte, la *bande* de Tesfu Mariam avait poussé ses avant-postes au delà du Mareb, la nécessité nous pressait, il fallait aller vite pour que l'incendie ne se propageât pas au milieu de ces populations si excitables et si passivement soumises aux chefs féodaux. Les Derviches étaient toujours sur l'Atbara; même ils y réunissaient des forces plus considérables, pendant cette saison plus propice; on devait donc prévoir que la prolongation d'une situation critique, vers le sud, les aurait amenés à nous attaquer à l'ouest. En temporisant, on aurait exposé à un danger imminent Agos Tafari[1], qui tenait la campagne, dans l'Agamé, contre Tesfai Antalo et s'était déclaré le vassal des Italiens; on aurait aussi donné le temps, aux autres chefs de l'Abyssinie centrale, de venir renforcer les *bandes* tigrines, ainsi que, selon toute probabilité, cela avait été décidé à Maçallé.

Dans la nuit du 27 au 28 décembre, nous occupâmes le col de Gasciorchi, clef d'Adoua vers le Mareb; et, dans l'après-midi du 28, le corps d'opération dressa le camp au *sud* et au *sud-est* d'Adoua. La plus grande partie des hommes valides étaient au camp de Mangascia, et le *chitet*[2] continuait à battre, contre nous, dans toutes les provinces de l'Abyssinie septentrionale et même centrale. *Ras* Agos avait tourné au large, vers le sud, et, avec environ 2,000 hommes, il s'était réuni à Mangascia dans l'En-

---

1. Agos Tafari, un des chefs feudataires de l'Agamé, faisait la guerre pour son compte d'abord contre *ras* Sebath, puis contre Tesfai Antalo, *scium* (chef) de l'Agamé; il prétendait avoir droit à la souveraineté sur tout le pays.

2. *Chitet*, tambour; battre le *chitet*, appeler les guerriers aux armes; le *chitet* signifie encore *milice territoriale*, ou mieux l'ensemble des hommes capables de porter les armes, non encadrés, mais tenus au service de guerre,

tiscio. Il ne fallait pas exposer notre propre ligne de communication, pour attaquer, dans les montagnes, un ennemi qui occupait, à bien peu près, les positions que nous avons occupées ensuite, contre le camp de Ménélick, en février 1896, d'autant plus que toutes les nouvelles s'accordaient pour donner à l'ennemi plusieurs milliers d'hommes, qui allaient toujours en augmentant; en outre, toute attaque de notre part aurait exposé notre flanc droit aux bandes ennemies venant du sud. Les plus hardis auraient alors préféré laisser Adoua derrière nous, pour marcher à l'attaque du camp tigrin, dans l'Entiscio; mais il me sembla alors (et en ce moment encore j'en suis davantage persuadé) que ce serait une témérité inexcusable que de risquer le tout pour un succès douteux, car nous ne pouvions compter sur la surprise et nous devions attaquer, après une longue marche, un ennemi occupant une position formidable. Que l'on songe aux phases de la double journée de Coatit, malgré la surprise, la supériorité de nos positions et la domination assurée du pays.

L'*eccighié* Theofilos et le clergé d'Axum firent quelques tentatives pour rétablir la paix. J'accueillis les envoyés avec bienveillance et je me montrai disposé à accepter des préliminaires. Dans la proclamation lue dans toutes les églises, dans mes discours comme dans mes lettres, je disais que j'étais venu, avec des troupes, pour ramener Mangascia à la paix conclue par le traité du Mareb et jurée sur l'Évangile. — Mais l'*eccighié* Theofilos, malgré mes invitations répétées, ne vint pas d'Axum à Adoua, par peur d'être pris en otage, ainsi qu'il le confessa lui-même et comme le voulait sa nature d'Abyssinien.

Ces tristes soupçons, qui tirent leurs origines d'habitudes séculaires, rendent les négociations d'autant plus pénibles et d'autant plus difficiles que, de part et d'autre, on craint un piège. Il semblait qu'il fût de l'intérêt de Mangascia de gagner du temps pour avoir des renforts, probablement convenus avec les chefs du centre de l'Abyssinie, et pour permettre au *chitet* des pays les plus lointains de le rejoindre dans l'Entiscio.

Les populations abyssiniennes, avec une partie du clergé, étaient d'abord bien disposées pour nous, parce qu'elles espéraient que nous conclurions la paix et que nous préviendrions l'invasion choanne qui les menaçait. Mais ces populations se résignent facilement à obéir aveuglément à celui qui, pour le

8 .

moment, exerce le pouvoir, qu'il soit chef ou roi. Ceci est inhérent à la nature humaine; mais ces sentiments ont pénétré plus profondément que partout ailleurs dans le caractère et les habitudes des Abyssiniens. L'histoire de ce peuple est une suite ininterrompue de trahisons, de luttes et de factions entre les puissants, d'exactions sur les faibles, de spoliations et de razzias qui ont réduit ce peuple à n'avoir aucune conscience de lui-même, aucune idée d'un droit quelconque, aucune volonté; et pourtant le peuple abyssinien est courageux, intelligent, plein d'imagination, et il a hérité d'une civilisation relative.

Ajoutez à cela les bruits que l'on répandait sur les Italiens : on nous accusait d'être des athées ou des persécuteurs de la religion, des spoliateurs de terres, des ravisseurs de femmes; on répandait encore bien d'autres calomnies, qui, fausses, apparentes ou vraisemblables, se propagent, en toute circonstance, et sont acceptées par un peuple ignorant et mobile, factieux et fantasque.

Militairement et politiquement, il nous fallait quitter Adoua; nous ne pouvions y résoudre complètement le problème, ni par la paix ni par la guerre, et nous y perdions un temps précieux. Indépendamment de ces raisons politiques et militaires concernant l'Abyssinie, nous en avions d'autres encore qui nous obligeaient à abandonner Adoua : c'étaient les menaces des mahdistes sur l'Atbara, menaces qui pouvaient, d'un moment à l'autre, se terminer par une attaque.

Aussi, voyant cesser les négociations pour un arrangement, et voyant *ras* Mangascia accumuler ses forces sur la route de l'Oculé Cusai, je résolus de battre en retraite, d'Adoua dans le Seraé, afin de me servir comme point d'appui du fort d'Adi Ugri, pour prendre en flanc une invasion probable, dont j'avais pénétré le but et la direction générale.

Les événements sont suffisamment décrits dans le rapport officiel sur le combat de Coatit et dans la lettre qui le précède (lettre du 4 janvier, d'Adi Ugri). Ces deux documents sont publiés dans le livre vert [1].

1. XIII *bis*, n°⁵ 25 et 56.

CHAPITRE VII

COATIT ET SÉNAFÉ

Le 3 janvier nous étions à Adi Ugri (Godofelassi), alors que le jour précédent j'avais envoyé, d'Adi Quala, le major Hidalgo, avec le 2e bataillon indigène, pour pacifier l'Oculé Cusai.

Tout annonçait l'invasion de la colonie. L'extrême avant-garde tigrine était déjà au Bélésa avec les rebelles transfuges de l'O-culé Cusai; Tesfai Antalo, *scium* de l'Agamé, s'était réuni à *ras* Mangascia, près de Mai Maman, dans la vallée de l'Unguja, sur les routes du Belesa; et presque tous les hommes valides d'au delà de la frontière, qui dépendaient du fils du roi Jean, s'étaient, bon gré mal gré, mis avec lui. Le manque de vivres et d'eau les empêchait de rester pendant longtemps dans leur camp. Il nous fallait prévenir l'occupation de l'Oculé Cusai, où un corps ti-grin relativement important aurait trouvé non seulement des vivres en quantité suffisante et des positions excellentes pour résister à une attaque quelconque, mais encore la route libre vers Ghinda et vers Massaoua. De plus, quelques bandes de brigands, épaves de la révolte, auraient été prêtes à aider les Tigrins à couper l'Asmara de Massaoua, opération ne présentant d'ailleurs aucune difficulté. En tout cas, l'armée tigrine aurait pu changer sa ligne d'opération, en choisissant la route du Scimenzana[1].

Comme le plan de l'ennemi était évident, je résolus d'occuper,

1. Voir la carte générale, à la fin du volume, au point où le 15e parallèle coupe le 39e méridien.

avec les troupes sous mes ordres (environ 3,900 hommes), une
position dominante, qui fût, d'abord, assez rapprochée de l'ennemi pour me permettre de le surveiller et de l'attaquer de flanc,
pendant sa marche en avant. Cette position devait, en outre, être
assez voisine d'Adi Ugri pour que ce fort pût fournir une base
d'opération commode et protéger la retraite ; de plus, cette position devait être assez forte pour permettre de repousser toute
attaque d'un ennemi, même très supérieur en nombre. Il fallait
enfin qu'elle fût difficile à tourner. Tous ces avantages nous
étaient offerts, sans aucun doute, par l'arête de Chenafena sur la
rive droite, dominant le cours du Mareb. De ce point, le regard
s'étend jusqu'à la crête qui surplombe le Mareb, jusqu'au Belesa
et jusqu'au mont Dighin, à travers la vaste plaine de Zama. De
Chenafena on voyait les trois directions probables de la marche
des Tigrins : la première par Gura, la seconde par Coatit, et la
troisième en se repliant vers l'est ; la vue s'étendait en demi-
cercle, dans un rayon d'environ 25 kilomètres. Les flancs étaient
bien appuyés, et le front plutôt trop raide et trop escarpé. Il y
avait de l'eau, de la paille et du bois.

Il n'était pas probable que l'ennemi se divisât en plusieurs
colonnes. Il semblait se diriger sur Coatit, bonne et forte localité, bien pourvue de grain et d'eau, et d'où il pouvait se porter
sur Saganeiti ou sur Halai. C'était d'autant plus probable que
le commandant de l'avant-garde était *fitaurari* Tesfa, de Coatit,
autrefois *cicca* (chef) de ce pays et chef de la *bande* qui s'était
révoltée, le mois précédent, avec Batha Agos.

Le 9 janvier, nous occupions Chenafena, le mouvement étant
couvert, sur notre droite, par la bande de Tesfu Mariam. Mais,
la probabilité d'une action des Tigrins, contre Gura, étant écar-
tée, ainsi que celle d'une attaque directe contre nous, nous par-
tions, le 12, pour Adis Adi, qu'occupait déjà le bataillon Hidalgo.
Le village d'Adis Adi s'étale au pied d'une petite hauteur, non
loin du mont Toculé, qui s'élève à l'est de cette localité, comme
une tour chargée de défendre les territoires de Gura et de Coatit.
De la hauteur d'Adis Adi, on découvre toute la plaine de Zama,
qui s'étend aride et épineuse jusqu'au delà de la route directe du
Belesa, par Ambà Raindi et Coatit, route assez commode et plane.

Après avoir franchi, dès l'aube, le Mareb, qui s'est creusé un
lit entre Chenafena et Adis Adi, j'appris et je constatai moi-même

de visu qu'une colonne de poussière longue et basse s'élevait dans la direction du mont Dighin. C'était un indice certain de la marche de l'armée ennemie, vers Coatit. Les troupes italiennes, qui avaient passé rapidement le Mareb, étaient toutes sous la main. Restait le dilemme : ou bien *attaquer* l'ennemi pendant sa marche, ou bien le *prévenir* à Coatit.

En prenant le premier parti, il fallait, pendant environ trois heures, sous un soleil de feu et sans eau, traverser la plaine de Zama, toute ravinée, encombrée de rochers et parsemée d'épines. Notre marche aurait été découverte par l'ennemi, qui aurait eu tout le temps de prendre une position défensive.

Les Éthiopiens font ordinairement des étapes lentes et courtes, afin de se tenir réunis, autant que possible, autour des chefs. Par suite, leurs colonnes, à cause de leur grande habitude de la guerre, sont souvent moins longues que les colonnes de troupes régulières ayant même effectif. Et puis, les pentes du mont Dighin pouvaient offrir des positions dominantes, permettant une défense énergique, surtout si l'on considère que l'ennemi avait pour lui le nombre et que sa ligne de retraite était toujours assurée par le Scimenzana.

Je préférai donc prendre le second parti, c'est-à-dire prévenir l'ennemi sur la position de Coatit, en exécutant une marche qui avait bien des chances de rester secrète, du Mareb par le mont Tuculé et Ragahit, à Coatit, en laissant à droite Amba Raindi[1]. Le 12 au matin, je réunis, sur la hauteur d'Adis Adi, le général Arimondi, les officiers supérieurs et les commandants de détachement. Je leur exposai la situation telle qu'elle résultait des nouvelles reçues, je leur expliquai mes intentions et je donnai des ordres pour la marche immédiate, qui devait s'exécuter autant que possible rapidement et avec les troupes groupées.

Le corps d'opération était ainsi composé :

Commandant : major général Bàratieri.

Commandant en second : major général Arimondi.

Chef d'état-major : major Salsa.

Chef du bureau du gouverneur : major Gigli Cervi.

2ᵉ bataillon indigène : major Hidalgo; 2ᵉ compagnie, capitaine Barbanti; 3ᵉ, capitaine Pavesi; 4ᵉ de milice mobile, lieu-

1. Voir notre carte spéciale Coatit-Sénafé.

tenant de Marco ; 5e, lieutenant Craveri ; 6e, capitaine Artale. —
1,018 hommes.

3e bataillon indigène : major Galliano ; 1re compagnie, capitaine Castellazzi ; 2e, capitaine Folchi ; 3e, capitaine Verdelli ;
4e, lieutenant Vecchi ; 5e, capitaine Alferazzi. — 916 hommes.

4e bataillon indigène : major Toselli ; 1re compagnie, capitaine
Prestinari ; 2e, capitaine Olivari ; 3e, capitaine Cotta ; 4e, capitaine Gentile ; 5e, capitaine Galli ; 3e de milice mobile, capitaine
Cantoni. — 1,182 hommes.

Batterie de montagne : capitaine Ciccodicola. — 118 hommes.

Peloton de cavalerie : lieutenant Ferrari. — 31 hommes.

Bandes de l'Oculé Cusai : lieutenant Sanguinetti. — *Bandes*
du Seraé : lieutenant Mulazzani. — 638 hommes.

En tout, environ 3,900 hommes (dont 65 officiers et 42 hommes de troupe blancs), contre 12,000 hommes armés de fusils, et
peut-être 7,000 hommes armés de lances ou sans armes.

Comme tout le monde le sait, la surprise réussit complètement. Le 12 janvier, à 3 heures de l'après-midi, le major Toselli,
avec l'avant-garde, occupait Coatit ; successivement, les autres
bataillons prirent position, sans que l'ennemi eût le moindre
soupçon de notre mouvement, de sorte que, vers le soir, les
troupes italiennes, cachées par des rochers et des arbustes,
pouvaient, d'en haut, découvrir le vaste campement ennemi qui
s'étendait, en bas, dans la vallée, autour de l'eau, entre Mai Mehemesa et Adi Legghi[1]. Pendant la nuit, on comptait les feux,
qui occupaient un vaste demi-cercle, tandis que les nôtres, réduits
au minimum possible, étaient cachés par un important ressaut
de terrain. Nous avions pour nous l'initiative, la surprise, la
position dominante, la formation élastique de combat, les armes,
la discipline, la situation stratégique. Le moral très élevé des
officiers et des soldats faisait pressentir une victoire assurée.

Pendant la nuit, le silence fut complet, dans notre camp,
comme dans le camp ennemi. Il n'y avait pas à hésiter, il fallait
commencer l'attaque à laquelle j'avais déjà songé. La lune brillait, et les plis du terrain favorisaient le commencement de la
manœuvre. Deux heures avant l'aube (3 heures et demie), j'appelai les commandants d'unité et je donnai les ordres ainsi que les

---

1. Voir la carte ci-jointe Coatit-Sénafé.

directives. Le major Toselli devait appuyer l'aile droite à un précipice perpendiculaire qui défendait notre flanc ; au centre, le
major Galliano devait occuper une hauteur : les sentiers et les
hauteurs à gauche étaient gardés par les bandes ; derrière Galliano, le major Hidalgo suivait avec la réserve. L'artillerie était
à droite avec le bataillon Toselli.

Avant l'aube, tout le monde était à son poste de façon à pouvoir se porter en avant, en ordre de bataille. Au lever du soleil,
qui, dans ces régions tropicales, suit l'aube presque immédiatement, la batterie ouvre le feu sur les tentes ennemies, et l'action
commence entre les avant-lignes italiennes et les Abyssiniens
qui sortent en foule du camp.

Le général Arimondi et moi, nous montons, avec la première
ligne, au sommet d'une hauteur indiquée par les mots $P\textit{g}^{io}$ Co-
mando, dans notre carte spéciale. Cette hauteur, en forme de pain
de sucre, domine la voie principale qui, de la vallée, où étaient
les Tigrins, conduit à Coatit.

D'en haut, nous pouvions apercevoir le mouvement d'une
colonne assez épaisse qui se dirigeait vers le nord, c'est-à-dire
vers Adi Auei. Cette colonne pouvait ensuite se diriger vers les
sentiers à notre gauche que gardaient les bandes. Elle formait
l'avant-garde tigrine, sous les ordres de fitaurari Tesfa, autrefois
chef de Coatit. Cette avant-garde, avant de connaître notre présence, s'était mise en route pour Coatit, en faisant un grand
détour, probablement pour laisser libre la route la plus directe
que devaient suivre les troupes du ras Mangascia. Nos bataillons de première ligne avaient déjà engagé une action chaude et
énergique, et, poussés par la vivacité de l'attaque ainsi que par
leur esprit martial, ils s'étaient précipités des pentes mêmes des
hauteurs, vers le camp ennemi. Les bandes, entraînées par la déclivité du sol, attirées par l'objectif, par le son du canon et par
la masse des combattants, abandonnèrent presque complètement
l'extrême gauche et descendirent en grand nombre vers le centre,
dans la combe qui était encombrée par des rochers et des arbustes
et coupée par des précipices et des crevasses. Par suite, l'ennemi
pouvait nous tourner par les massifs boisés de gauche et se diriger sur Coatit. En de pareilles circonstances, aucune manœuvre,
résultat de la réflexion et du calcul, ou inspirée par le génie,
ne pouvait être plus dangereuse pour nous ni plus favorable à

l'ennemi. Celui-ci, en effet, avait une très grande supériorité numérique, et le terrain était parfaitement connu de son avant-garde, qui ne comprenait que des rebelles, natifs de ces contrées. Notre aile gauche, au contraire, avait à lutter contre les aspérités du terrain, qui avaient, de plus, l'inconvénient de nous cacher le mouvement tournant de l'ennemi, mouvement tournant fait, il est vrai, dans un but de marche, et non dans un but de manœuvre. Mais le bruit de la fusillade indiquait la pointe des rebelles contre Coatit.

L'attaque de notre aile droite et du centre contre le camp de Mangascia, établi le long du Mai Mehemesa, conduite avec une rare énergie par leurs chefs, nous était favorable. Déjà le cri de « Savoia » retentissait vers le fond de la vallée, et la réserve se préparait à entrer en action. Mais le succès nous éloignait de Coatit et découvrait aux rebelles ce point, qui était notre base d'opération et où nous avions nos vivres, notre ambulance et nos services de guerre.

A peine eus-je compris la situation, que je reconnus la nécessité pour nous de nous replier, sous la protection de la réserve, en faisant faire à notre front une conversion de l'est vers le nord, pour dégager notre flanc menacé par l'ennemi, pour lui faire face et pour défendre Coatit. Lés Tigrins, repoussés déjà dans le vallon, ne pouvaient nous donner grande inquiétude; mais il était difficile de suspendre l'action, de retirer les troupes victorieuses et de nous diriger, en manœuvrant, vers Coatit; d'autant plus que, précisément à ce moment-là, les troupes qui nous avaient tournés, par la route, entre Adi Auei et Coatit, se lançaient à l'attaque de nos bandes. Toutefois, la manœuvre réussit parfaitement, grâce à la fermeté des officiers, grâce à leur autorité sur les soldats, grâce à la cohésion des mouvements, grâce à l'accord des bataillons, grâce à la valeur et à la discipline de tout le monde. Les ordres arrivèrent à temps et furent exécutés immédiatement avec une exactitude et une vigueur singulières. Les unités exécutèrent sous le feu la conversion à gauche et, en s'élançant à la contre attaque, quelquefois après une lutte corps à corps, ils débarrassèrent la route de Coatit. Vers onze heures, notre position autour de Coatit était fortement occupée et prête à une vigoureuse défensive. Deux bataillons et les *bandes* étaient en première ligne, et un bataillon en réserve.

Coatit-Senafé

Il est inutile de refaire ici le récit détaillé des événements, car on peut le lire dans le rapport officiel. Je n'ai point l'intention d'évoquer des épisodes glorieux pour notre armée coloniale; tout le monde a rivalisé de fidélité, de confiance et de discipline; tout le monde était inspiré par l'esprit d'union et de sacrifice qui élevait les cœurs et faisait converger les efforts vers le but commun. C'est la suggestion de l'héroïsme qui crée la victoire, comme la suggestion opposée crée la défaite.

Pendant la journée, les Tigrins et les rebelles, enhardis par notre petit nombre et par notre mouvement de recul, poussés par le manque d'eau, attirés par l'abondance de grain qu'ils savaient être réuni dans les *tuculs* de Coatit et excités par les chefs rebelles, se lancèrent plusieurs fois à l'attaque avec une bravoure tout abyssinienne; ils se précipitèrent même jusque sous la bouche de nos fusils, échangeant d'une voix vibrante, avec nos *ascaris,* les défis les plus étranges et les plus audacieux, pendant que, çà et là, l'incendie dévorait les maquis desséchés. Les balles tombaient dans le village et ne nous causaient que des pertes insignifiantes; quant à nos soldats, il leur était rigoureusement prescrit de ne tirer qu'à coup sûr.

La nuit fut une veillée des armes, dans le sens le plus martial du mot; mais il n'y eut aucune alarme, tant était grande la vigilance.

Les deux camps se gardaient en demi-cercle. Le nôtre était convexe, celui de l'ennemi concave. Le 14, dès l'aube, il semblait que l'ennemi, profitant de sa grande supériorité numérique, voulût tenter une attaque enveloppante. Nous étions prêts, dans une bonne position, bien reliés les uns aux autres, nos flancs appuyés, notre ligne de retraite abritée; nous avions assez de munitions, malgré une journée entière de combat, et nous avions pleine confiance dans le résultat final.

Le feu de l'ennemi était trop désordonné et trop intense pour indiquer les préparatifs d'un mouvement énergique. Mangascia occupait, avec des forces nombreuses, la hauteur située au nord de Coatit, jusqu'à Adi Uofertit; sur la route de Gura, il avait barré par des petits murs les sentiers qui conduisaient vers nous. De notre côté, pour prendre l'offensive, il nous aurait fallu descendre dans une étroite vallée et remonter ensuite une hauteur escarpée tout encombrée de pierres et de racines. L'ennemi nous aurait attendus à couvert et il aurait attaqué nos ailes pendant notre marche en avant. En tout cas, et au milieu des circonstances de cette journée, l'offensive nous aurait coûté beaucoup de sang, et nous avions déjà perdu le dixième de notre effectif. Il n'était pas possible non plus d'évacuer immédiatement nos blessés, de Coatit, qui se trouvait être le centre du combat. Dans la journée, nous devions recevoir d'Adi Ugri, par Ragabit, une caravane de munitions, alors que toutes les informations nous disaient que l'ennemi avait subi des pertes importantes, qu'il manquait d'eau, de munitions et de vivres, et que son moral était déprimé. Le *negarit* (tambour de bataille) continuait à battre; de temps en temps, on signalait quelque mouvement ou on recevait quelque décharge. Plusieurs pointes audacieuses furent vainement tentées par Mangascia, qui voulait s'emparer de l'eau de Coatit.

Mais, bien que la journée du 14 janvier nous fût favorable et nuisît à l'ennemi, il fallait cependant sortir d'une situation qui, en se prolongeant, pouvait devenir dangereuse. J'étudiai donc le problème de l'attaque : dès que la caravane fut arrivée, je fis distribuer les munitions, et, ayant été informé des conditions défavorables dans lesquelles se trouvait Mangascia, qui faisait demander la paix, je pris toutes les dispositions nécessaires pour pouvoir, à l'aube du lendemain (15), prononcer notre action offensive. Sur ces entrefaites, arrivait un messager d'Agos Tafari nous apportant la promesse que celui-ci attaquerait les Tigrins pendant leur retraite.

La journée qui se terminait fut saluée, au coucher du soleil, par une vive fusillade des Tigrins. Pendant ce temps, auprès du grand sycomore qui se trouve près du cimetière de la petite église de Coatit, à portée des fusils de l'ennemi, nous rendions les honneurs de la guerre aux hommes qui étaient tombés pendant le combat.

Pendant la nuit, j'eus d'abord des indices, puis ensuite la nouvelle de la retraite de Mangascia. Avant l'aube, selon les ordres donnés, les troupes étaient prêtes pour l'attaque. Mais, au lieu de l'attaque, ce fut la poursuite qui eut lieu.

Nous suivîmes immédiatement les traces de l'ennemi, d'abord par la plaine d'Auei et par Adi Auei, puis par Ascéra, Contotafé et

Intò, en ayant en avant-garde le bataillon Toselli [1]. Pour laisser les hommes respirer et se rafraîchir, je leur donnai une heure de repos, vers onze heures, à Mai Tzadé, puis une autre heure à Toconda. L'ennemi avait abandonné ce point peu auparavant, bien que la hauteur sur laquelle s'élève Toconda se prêtât à une défense prolongée, bien qu'on y trouvât l'eau et les vivres nécessaires à un gros corps de troupe, bien que cette position barrât la route de Sénafé. J'ordonnai de continuer sur Sénafé, où je devais certainement trouver Mangascia. Il importait, par-dessus tout, de ne lui laisser aucune trêve et de terminer la poursuite par la défaite de l'ennemi.

Je croyais trouver de la résistance au passage difficile du col de Cascassé; mais tout était évacué. Sur la route qui s'était élargie sous le passage de ces masses de fuyards, on trouvait des branches brisées, des lambeaux de vêtements, des ustensiles et des armes; on voyait aussi quelques blessés ou quelques hommes épuisés qui avaient été abandonnés, malgré l'habitude toujours scrupuleusement suivie de ne laisser aucun homme en arrière.

Nous continuons notre route, sous un soleil ardent, jusqu'à Amba Tarica; cette amba s'élève, en forme de cône, devant la combe de Sénafé et en garde les approches. L'avant-garde signale l'ennemi et s'arrête. Il est environ quatre heures et demie de l'après-midi. J'ordonne au gros de serrer sur la tête, près de l'obélisque Axumita, car la colonne s'était beaucoup allongée à cause de la rapidité de la marche et à cause de la chaleur. Mais les figures blanches (sans doute des vedettes des Tigrins) qui se trouvaient sur le col boisé que traverse la route disparaissent vite en criant. Nous continuons notre marche jusqu'au sommet du col de Sénafé, où l'avant-garde prend une position de combat.

Le vaste camp du *ras* s'étendait bien visible le long des bords du torrent Aghir, dans la vaste combe. On plantait les tentes, et déjà celles des chefs étaient dressées. Une masse d'hommes s'agitaient dans un vaste cercle, comme dans une fourmilière; ils s'étendaient vers les monts granitiques et nus qui ferment la vallée. Le *negarit* commençait à battre, sans doute pour ordonner le rassemblement. L'alarme venait d'être donnée par les fuyards d'Amba Tarica, et le soleil, en se couchant derrière les hautes

1. Voir la carte ci-jointe Coatit-Sénafé.

aiguilles des montagnes, nous permettait de voir les guerriers qui semblaient se rassembler pour combattre.

Je fis aussitôt avancer la batterie au col de Sénafé, et, après avoir estimé, à 2,600 mètres, la distance entre nous et la tente de *ras* Mangascia, je fis ouvrir le feu en la prenant comme but. Avec une rapidité incroyable, après tant de fatigues et une si longue marche, les compagnies se rangèrent, prêtes à combattre. De leur côté, les guerriers abyssiniens se rassemblaient en foule, en dehors du camp de Mangascia. Des coups de fusil, tirés en l'air pour s'exciter au combat, s'entendaient au milieu des battements furieux des *negarits*. Un épais brouillard, comme d'habitude au coucher du soleil, montait à ces altitudes (Sénafé, 2,310 m.; Amba Tarica, 2,758; le col de Sénafé, environ 2,500); il enveloppait tout, ouvrant seulement, de temps en temps, son voile épais. Aussitôt après le coucher du soleil, la nuit arrivait; pendant ce temps-là, deux compagnies du 3e bataillon, le peloton de cavalerie et les *bandes* descendaient pour explorer le terrain.

Les ténèbres et la descente dans la vallée de tout le corps d'opération pour combattre auraient diminué ou fait disparaître les avantages que nous donnaient notre armement, notre discipline et notre cohésion, et auraient rendu prépondérants les avantages que tirait l'ennemi de sa supériorité numérique, de sa connaissance du terrain et de la position dominante qu'il occupait dans la combe. Mais l'ennemi, profitant des ténèbres et des larges vallées qui s'ouvrent vers le sud, dans la direction d'Adigrat, s'était déjà dispersé et avait pris la fuite. Pendant la nuit, nos *bandes* envahirent son camp, sans rencontrer la moindre résistance. J'y entrai le lendemain matin, avec tout le corps d'opération. Nos soldats, avec l'ardent enthousiasme africain, regardaient le camp que venait d'abandonner, avec ses *impedimenta* rudimentaires et en donnant tous les signes de la terreur, l'armée puissante, quatre ou cinq fois plus nombreuse, qui, les jours précédents, nous avait disputé la victoire avec tant de ténacité.

La tente du *ras* était traversée par un, peut-être par deux coups de canon; autour d'elle gisaient plusieurs cadavres. Dix-sept *negarits* étaient jetés là tout autour, et avec eux il y avait des sabres, des fusils, des trompettes, des lances et des boucliers des provenances les plus diverses. Dans la tente tout indiquait la précipitation de la fuite. On trouvait épars çà et là les objets les plus variés et les plus étranges, servant aux usages domestiques européens et éthiopiens, et, au milieu de tout cela, une cassette contenant la correspondance du *ras*.

Dans les journées du 13 et du 14 janvier, nous avions perdu 3 officiers, 2 sous-officiers européens et 90 *ascaris* tués. Nos blessés étaient 2 officiers, 2 sous-officiers européens et 217 *ascaris*.

Pour donner une preuve lumineuse de la discipline de nos troupes, je rappellerai qu'en ces deux journées, où l'action a été particulièrement chaude et sanglante, nos 3,685 fusils n'ont brûlé que 153.725 cartouches.

Les papiers trouvés à Sénafé nous ont montré que l'armée battue à Coatit comptait, en chiffres ronds, 12,000 hommes armés de fusils et 7,000 armés de lances. Les pertes de *ras* Mangascia ont été évaluées à environ 1,500 morts et au double de blessés. C'est un compte approximatif.

Les dépenses de l'Érythrée pour la campagne, depuis l'insurrection de Batha Agos jusqu'à la débandade de Sénafé (15 décembre-15 janvier), atteignirent à peine un demi-million [1].

Les quatre compagnies de milice mobile déployèrent la même bravoure que les compagnies permanentes.

Pendant toute cette période critique, où nous eûmes l'insurrection à l'intérieur, la guerre au dehors et à l'intérieur de nos frontières, vers le sud, ainsi que des menaces vers l'ouest, pendant toute cette période, dis-je, l'ordre public dans la colonie ne fut jamais troublé. Et, au milieu de tant de mouvements différents, l'on n'eut à déplorer, pendant un mois de campagne, que trois ou quatre désertions sur tant de milliers d'hommes, appelés, pour la plupart, à combattre contre des parents et des coreligionnaires.

---

1. Tous les chiffres que résument les comptes rendus sont détaillés dans les annexes VIII, IX et X de mon rapport, pages 65, 66 et 67 du livre vert, XIII *bis*.

CHAPITRE VIII

AU LENDEMAIN DE SÉNAFÉ

Le ministère veut profiter de la victoire. — Ordres d'enrôlements et envoi de bataillons (18 janvier 1895). — Le soldat en Europe et le soldat dans la colonie. — Les *ascaris*. — Les forces coloniales (mai 1895).

Cette victoire, précisément parce qu'elle avait été si disputée, excita un grand enthousiasme en Italie. Elle avait détruit les forces des *ras* tigrins et avait augmenté le prestige italien dans la colonie; elle avait démontré la bonté de notre organisation coloniale et prouvé, sur une vaste échelle, l'habileté, la capacité et la valeur de nos officiers; elle avait enfin fait ressortir la discipline, l'instruction et la cohésion de la petite armée de l'Érythrée, ainsi que les qualités remarquables de nos soldats. En peu de jours, on avait écrasé une révolte qui, en éclatant dans le cœur de la colonie, avait pris un caractère des plus alarmants; on avait fait une pointe contre la capitale des terres tigrines; on avait manœuvré avec rapidité au milieu des montagnes; on avait obtenu une victoire tactique et stratégique, couronnée par une poursuite qui avait dispersé l'armée ennemie, peut-être cinq fois supérieure en nombre. Tout cela s'était fait tandis qu'à l'extrême frontière opposée, sur le Gasce, nous étions presque aux prises avec les Derviches.

La déroute de *ras* Mangascia à Sénafé (15 janvier) fut le signal de la soumission absolue pour tout le pays; mais cela ne suffisait pas pour résoudre la question abyssinienne. Dans mon rapport officiel[1], j'explique au ministère les motifs qui m'amenèrent à

---

1. 25 janvier 1894; livre vert, XXII, n° 56. Je reproduis ce passage au commencement du chapitre IX de ce volume.

m'arrêter dans le Scimenzana, alors que l'on espérait que, par une marche téméraire, j'irais cueillir, dans l'Agamé, des lauriers faciles à cueillir en ce moment-là.

Malgré les télégrammes trop modestes, envoyés de Coatit et de Sénafé, on exagéra les conséquences de la victoire, bien avant que parvînt à Rome le rapport officiel.

Une année après, au milieu de l'abattement des esprits, une violente réaction voulut effacer cette période brillante de l'histoire de l'Érythrée. Les uns prétendirent que la trahison de *ras* Mangascia avait été inventée[1]; les autres taxèrent d'imprudence l'attaque de Coatit; d'autres supposèrent que le nombre des ennemis avait été exagéré; d'autres enfin accusèrent le commandant d'avoir manqué de courage, en ne se lançant pas au delà du Bélésa, au lendemain de Sénafé. — Il serait curieux de comparer avec les premiers enthousiames ce qui a été imprimé depuis. Et pourtant les faits étaient évidents, contrôlés et documentés; ils s'étaient produits devant quantité de témoins, et les conséquences étaient visibles à la lumière du soleil. Et pourtant les télégrammes et les rapports disaient la vérité tout entière, cette vérité qui devait être chère à la nation et réconforter dans les jours de malheur.

Le ministère, le lendemain de Sénafé, voulait profiter de la victoire. Aussitôt que la nouvelle lui en est parvenue, dès le 18 janvier, Crispi télégraphie : « Le Tigré est ouvert à l'Italie ; ce sera de l'indulgence de notre part si nous ne voulons pas l'occuper[2]. » Le même jour, le général Mocenni, en m'adressant ses plus chaudes félicitations, m'annonce que l'on a décidé l'envoi en Afrique de 4 bataillons, et il m'ordonne d'enrôler au moins 2,000 indigènes.

Je réponds en demandant encore la reconstitution d'une seconde batterie de montagne, ainsi qu'il résulte de la dépêche du général Mocenni au baron Blanc du 21 janvier[3].

Le baron Blanc télégraphiait de suite : « *Nous attendons vos*

---

1. Malgré les preuves trouvées dans la tente de Mangascia et publiées, avec ma lettre du 14 février 1895, dans le livre vert, XIII *bis*, n° 69, et aussi malgré les lettres adressées par Mangascia à S. M. le roi d'Italie et à moi, lettres dans lesquelles il parle de l'œuvre du diable, faisant ouvertement allusion à celui qui l'avait poussé à la guerre.

2. Livre vert, XIII *bis,* n° 43.

3. Livre vert, *Événements d'Afrique* (janvier 1895-mars 1896), présenté à la Chambre, dans la séance du 27 avril, XXIII *bis* n° 1.

propositions sur la façon de tirer profit du succès. Deux bataillons partiront le 30 courant, et les deux autres le 14 février, à moins que vous ne manifestiez un désir contraire. Pour la batterie de montagne, nous attendons la proposition que vous nous avez déjà annoncée. »

Dans ces circonstances, comme l'ennemi avait été rejeté au delà de la frontière, *tirer profit de la victoire en doublant presque les troupes régulières de la colonie,* cela voulait dire clairement qu'il fallait *passer offensivement la frontière,* d'autant mieux que les télégrammes avaient été expédiés de Rome, bien avant que n'y arrivât, par lettre, le rapport officiel. En effet, comme il fallait puiser aux sources exactes et contrôler les renseignements, pour la narration des événements militaires, ce rapport fut signé le 25 janvier et parvint à la Consulta le 4 mars.

Mais en répondant au télégramme du baron Blanc, le 22 janvier, je demandai encore des explications et posai cette première et si importante question : les préparatifs doivent-ils avoir pour but de protéger l'intégrité du territoire et la sécurité de la colonie, en restant dans les frontières actuelles ? Et j'ajoutais : « Je vous ferai observer *combien il sera difficile et long de compléter l'enrôlement de deux mille indigènes et combien il sera difficile d'employer les troupes italiennes en première ligne,* aussi bien dans les montagnes de l'Abyssinie que dans les plaines torrides du Soudan[1]. »

Le même jour (22 janvier), le baron Blanc, en écartant l'hypothèse de l'offensive, dans le Soudan, ajoutait : « Les portes du Tigré étant ouvertes à l'Italie, si Votre Excellence croit pouvoir agir, qu'elle le dise franchement, et nous maintiendrons l'envoi des renforts annoncés. »

Le 24 janvier, je répondis : « L'occupation du Tigré et de l'Agamé offre de notables avantages politiques et militaires et sera mon objectif ; *mais je considère comme imprudent de le faire avant d'avoir augmenté les forces et préparé l'opération.* En attendant, nous aurons des nouvelles de l'attitude des Choans, *qui rentrent actuellement de leur expédition[2] vers le sud, avec leurs forces réunies.* Nous verrons si les Derviches continuent à rester inactifs et si la garnison de Cassala est suffisante pour les main-

---

1. Livre vert, XXIII *bis,* 2, 3, 4, 5, et 7.
2. La *zemeccia* contre les Vollamos, dans le territoire de l'Uebi, dont il est question au chapitre V.

tenir. Le 5e bataillon indigène est presque constitué. Pour le 6e, je commence l'enrôlement. »

Le lendemain, 25 janvier, j'écrivais : « Le gouvernement du roi, après la victoire de Coatit, en m'annonçant l'envoi de quatre bataillons blancs, m'ordonnait l'enrôlement sur *une vaste échelle*. Je crus que l'intention du ministère était de prendre l'offensive, et je demandai des explications, pour déterminer et préparer mon action. A la suite des derniers télégrammes de Votre Excellence, je considère que, pour assurer la défense du territoire colonial et pour occuper éventuellement le Tigré et l'Agamé, il suffit d'envoyer deux bataillons blancs, de former une batterie indigène de montagne et d'enrôler de l'infanterie indigène, *dans les limites fixées par le ministre de la guerre*. » Il s'agissait de l'enrôlement de *plus de deux mille indigènes, sans compter les bataillons en formation,* ainsi qu'il résulte du reste de ma lettre du 27 mars 1895, datée d'Adigrat[1]. Il s'agissait aussi des besoins ordinaires, comme l'indiquent le texte du télégramme, la nature même des choses et toutes les dépêches qui ont suivi.

C'est une erreur périlleuse que de se baser sur la valeur des troupes dans la mère patrie, pour juger de la valeur des troupes dans la colonie; surtout quand celles-ci ne sont point habituées au climat, rompues à la fatigue, familiarisées avec le milieu, endurcies à la marche à travers ces terrains et dans des conditions spéciales. L'esprit du soldat le plus calme et le plus brave est frappé par le spectacle d'une nature aussi diverse, où les climats si variés passent de la chaleur déprimante de Massaoua et de la côte, à l'air vif et piquant des altitudes dépassant deux mille mètres, qui occasionne parfois des phénomènes singuliers. Dans la caserne et au bivouac, les curieuses légendes surexcitent les esprits, elles font voir les choses les plus invraisemblables et produisent les hallucinations les plus étranges.

Tout le monde se rappelle les alarmes si fréquentes durant la campagne de 1887-88[2]; et tous ceux qui ont été en Afrique

---

1. Livre vert, XIII *bis*, n° 41, page 41, troisième avant-dernier paragraphe. La lettre même est contenue dans le livre vert, XIII *bis*, mais il y manque le paragraphe relatif aux effectifs.

2. Sous les ordres du général San Marzano contre les Abyssiniens commandés par le *negus* Jean et dans laquelle je commandais un régiment de *bersagliers*. Voir l'Introduction.

peuvent raconter de curieuses anecdotes sur les mirages, sur la double vue, sur le vertige et sur l'exaltation des conscrits.

Pour calmer et corriger l'imagination surexcitée, il suffit d'un séjour de quelques mois dans la colonie, en familiarité avec les indigènes, qui, généralement, témoignent de la déférence pour les Italiens. Mais une période de quelques mois est indispensable, même pour les meilleurs. Ajoutez à cela que quelques mois sont à peine suffisants pour que l'entente et l'union puissent s'établir entre les officiers, les sous-officiers et les soldats, et pour donner à l'ensemble la cohésion nécessaire à la suprême abnégation et aux suprêmes sacrifices.

Le défaut capital des armées européennes, armées dans lesquelles on place le nombre avant certaines qualités essentielles de guerre, ne consiste pas dans la faible instruction des soldats, mais il provient surtout de ce que les inférieurs et les supérieurs ne se connaissent pas réciproquement entre eux; par suite, l'entente manque, et les liens se relâchent sur le champ de bataille.

Et pourtant, les unités tactiques, en Europe, sont toujours organisées et elles ont des cadres permanents. Pourtant ces unités sont contenues dans des unités d'ordre supérieur; et il y a un noyau plus ou moins gros qui constitue la famille militaire. Pourtant il existe, plus ou moins fort, un esprit de corps cultivé et développé avec des soins généralement assidus. C'est surtout dans les guerres européennes que l'on peut faire appel, avec bien plus de confiance, à des sentiments moraux d'ordre supérieur, comme l'amour de la patrie, l'orgueil blessé, les droits nationaux foulés aux pieds, etc.

Il n'y a rien de tout cela dans une guerre coloniale de l'Italie. Avec le système adopté jusqu'à présent pour la constitution des troupes coloniales européennes en Érythée, l'individu est enlevé, tout d'un coup, à son régiment et il est destiné à former un élément d'une unité tactique quelconque que l'on improvise. Il n'est point nécessaire de recourir à des preuves matérielles (car cela est assez naturel et humain) pour savoir que l'on n'envoie pas en Afrique les meilleurs éléments, malgré tous les ordres du ministre de la guerre. On part de ce préjugé que les éléments les plus mauvais sont toujours bons, peut-être même les meilleurs, pour les guerres coloniales.

La plupart des soldats, il est vrai, se présentent spontanément pour aller en Afrique; mais il faudrait regarder très adroitement dans la compagnie, pour voir d'où vient ce mouvement spontané. À ce propos, le commandant des troupes, le général Arimondi, et moi, nous nous sommes plaints, plusieurs fois, au ministre de la guerre, des troupes envoyées, en temps de paix; il est facile de se figurer comment se sont faites les désignations, en temps de guerre, quand on ne pensait qu'au nombre et qu'il fallait embarquer des volontaires.

Les hommes destinés à l'Afrique sont envoyés, par bandes, à Naples. Là, on les embarque tant bien que mal, et c'est au milieu des petites misères du voyage qu'ils commencent à faire connaissance avec leur nouvelle famille militaire, avec leurs sous-officiers et avec leurs officiers.

La tenue, qui entre pour beaucoup dans la discipline, est négligée. Et, une fois débarqués à Massaoua, l'uniforme peu militaire qu'on leur distribue, au hasard, et qu'ils endossent maladroitement, n'est pas fait pour les rehausser, ni à leurs propres yeux, ni aux yeux des autres.

Il faut un apprentissage relativement long pour redonner à ces troupes leur apparence, pour étudier les hommes, pour établir la camaraderie, pour créer, à l'état embryonnaire, un sentiment de collectivité militaire, pour amener enfin les compagnies et les bataillons à être des unités de combat. Cet apprentissage serait peut-être plus facile aux Italiens qu'à d'autres, à cause de la plus grande facilité qu'ils ont de s'adapter au milieu, à cause aussi de leur plus grande docilité. Mais, en général, la discipline est observée et exigée moins rigoureusement, en Afrique, par des officiers nouveaux, qui aspirent à l'Afrique, pour un temps passager, ou qui ne demandent qu'à obtenir une place dans les troupes indigènes.

Ces troupes régulières indigènes avaient, partout, parfaitement réussi. Tous les doutes que l'on pouvait avoir sur les *ascaris* avaient complètement disparu. Musulmans et chrétiens avaient combattu, tour à tour, contre les adeptes du Coran et de l'Évangile; et les cordons azurés, caractéristique des guerriers éthiopiens[1], avaient attaqué leurs compatriotes au milieu de leurs terres

---

1. En général, les Abyssiniens (chrétiens) portent autour du cou un cordon bleu auquel est suspendue une croix, ou bien un anneau, ou bien encore une amulette quelconque.

sans que, en temps de guerre, les désertions fussent plus nombreuses qu'en temps de paix.

Même pendant la révolte de l'Oculé Cusai, les soldats en congé, aussi bien des bataillons actifs que de la milice mobile, bravant les haines et les dangers, accoururent sous les ordres de leurs capitaines, pour prendre leur poste de combat.

L'instruction et la discipline avaient fait des progrès. Les nouveaux règlements avaient donné plus de cohésion aux unités tactiques, ainsi qu'une plus grande régularité et des règles plus précises aux relations hiérarchiques. Ces progrès avaient été obtenus sans diminuer l'agilité ni l'élan des soldats, et en développant, par des exercices, la résistance des troupes et la rapidité des marches.

D'esprit militaire et d'esprit de corps, il y en avait même de trop dans les troupes indigènes régulières, surtout à cause de l'orgueil que la victoire développe chez les soldats. D'autre part, on ne remarquait aucun conflit entre les musulmans et les chrétiens, réunis dans la même compagnie.

Tout le monde connaît, en Italie et au dehors, la simplicité de la nourriture et la résistance aux privations du soldat érythréen. Une ration de farine suffit pour la journée. Chacun pourvoit à ses propres besoins, même dans le pays le plus pauvre ; chacun supporte la faim avec indifférence, chacun se soigne lui-même. Aussi la plus grosse difficulté de la guerre (les *impedimenta*) se trouve réduite relativement à peu de chose. Les mouvements peuvent donc être rapides et longs, même dans les pays de montagne, même avec ces chemins.

Et puis, le soldat indigène a un œil et une oreille de sauvage. Il a toujours vécu et marché nu-pieds sur ces rochers, au milieu de ces précipices, dans cette nature qui semble si étrange aux regards de l'Européen. Le soldat indigène s'excite, il s'enthousiasme, mais rien ne le surprend. Il sait tirer parti du terrain pour le combat individuel, mieux qu'on ne pourrait le lui enseigner. C'est donc un élément précieux, indispensable, pour lutter contre un ennemi qui possède à peu près les mêmes qualités naturelles.

En toute circonstance, l'ambition, l'orgueil, le cœur martial qui bat en lui, l'excitent à des actes de courage réellement admirables et admirés, ainsi qu'on peut le voir par les citations, à titre de récompense, à la suite de chaque combat.

Certes, le soldat italien, dans une guerre européenne, s'il est

bien encadré et bien commandé, déploiera des qualités supérieures, surtout à cause de son éducation, de son amour pour la
patrie, de son sentiment du devoir et de sa fermeté même quand
la fortune vient à tourner. Mais ce serait une illusion dangereuse
que de se figurer qu'en Érythrée le soldat italien va déployer
toutes ses éminentes qualités militaires, alors qu'il a été pris à
l'improviste, sans une idée quelconque, alors qu'il s'enrôle volontairement pour échapper à la discipline, alors qu'il n'a que
des cadres improvisés, alors qu'il a laissé pénétrer dans son
cœur l'idée qu'il combat pour une cause injuste ou même dans
un but dangereux pour la patrie.

Certes, le soldat italien, après une éducation appropriée et
après une certaine préparation, se trouvant, dans ce milieu, commandé par des cadres permanents d'officiers et de sous-officiers,
peut devenir un excellent soldat colonial, mieux peut-être que
tout autre soldat d'Europe. Il est plus que les autres sobre et
rapide, il est plus agile que les autres et plus capable de s'orienter; en général, il est mieux préparé au climat. Le bataillon de
chasseurs d'Afrique nous en donne une preuve réconfortante; car
ce bataillon, après un entraînement peu prolongé, avec un peloton
de sapeurs du génie, put exécuter, de concert avec les troupes indigènes, la marche d'Adigrat à Antalo (octobre 1895) et se présenter intact et en ordre à Debra Aila, impatient d'aider le bataillon
Ameglio et les bandes tigrines à chasser Mangascia de l'amba.

De toute façon, les troupes blanches coûtent incomparablement plus cher que les troupes de couleur. Les premières ont
besoin d'une préparation plus sérieuse; il leur faut des officiers
experts dans les choses d'Afrique autant et plus que ne le sont
les officiers des *ascaris*. Elles exigent infiniment plus d'égards,
des services plus sûrs et mieux ordonnés, des convois infiniment
plus encombrants que ne le sont ceux des troupes indigènes.
Dans les circonstances d'alors, on considérait comme insoluble
le problème de l'emploi de troupes blanches contre les Derviches, à cause du manque d'eau sur la ligne d'opération Agordat-
Cassala et de Cassala vers l'Atbara, à cause aussi de la température torride du pays, surtout en cette saison (février-juillet), à
laquelle succédait la saison des pluies.

Deux nouveaux bataillons blancs suffisaient donc, surtout si
l'on considère que les membres du cabinet, à Rome, n'étaient

point d'accord. Ce qui le prouve, ce sont les lettres échangées, à ce sujet, entre le ministre des finances M. Sonnino et le ministre des affaires étrangères M. Blanc[1]. A part la dépense, qui aurait obligé à les rapatrier promptement, plus de deux nouveaux bataillons blancs auraient été gênants. D'ailleurs, le ministère voulait rappeler ces mêmes bataillons, peu de temps après leur débarquement, bien qu'ils aient été affaiblis par les congés et bien que, pendant ce temps, on ait occupé Adigrat et Adoua. De toute façon, sans autres explications de ma part et sans nouvelles concessions du ministère, je crus devoir procéder à la formation, déjà commencée, des deux nouveaux bataillons indigènes et de la batterie de montagne indigène et continuer les enrôlements.

Mais il fallait aller prudemment, à cause des difficultés, toujours croissantes, d'avoir un bon choix d'*ascaris,* dans un pays aussi peu peuplé et aussi épuisé par la guerre. Il fallait compter aussi avec les difficultés que l'on éprouvait à former de nouveaux cadres, avec des officiers insuffisamment préparés et ne connaissant point ces soldats. Ajoutez à cela l'inconvénient d'avoir, avec la guerre toujours en perspective, trop de conscrits et, par suite, moins d'instruction militaire, moins de solidité et moins de cohésion dans les unités.

Voici, en attendant, l'effectif des troupes et des milices dont la colonie disposait pour sa défense, en mai 1895 :

1 bataillon de chasseurs (blancs).....................	592
3 bataillons d'infanterie d'Afrique (blancs).............	1,370
États-majors, directions et bureaux.....................	348
6 bataillons d'infanterie (indigène).....................	7,093[2]
2 batteries de montagne (indigène)	356
1 escadron de cavalerie (indigène)	159
1 compagnie de carabiniers (mixte).....................	197
1 compagnie de canonniers (mixte)	214
1 compagnie de génie (mixte)	254
1 compagnie du train (mixte)	160
Section de télégraphistes (mixte)......................	92
Milice mobile (6 compagnies) indigène	1,500
Milice européenne (Massaoua, Asmara, Chéren, Adi Ugri).	450
Bandes territoriales (Barca, Scraé, Hamasen, Oculé Cusai).	1,650
TOTAL (officiers compris).....	14,435

1. Livre vert, XXIII *bis,* nᵒˢ 14 et 15.
2. On avait enrôlé 275 hommes de plus que l'effectif organique, dans l'espoir que le ministère consentirait à la formation de nouvelles unités.

CHAPITRE IX

ADIGRAT ET ADOUA

Mangascia demande la paix et menace l'Agamé (10 mars). — Camp de Sénafé (14 mars 1895). — Agos Tafari. — Occupation d'Adigrat et d'Adoua (23 mars et 1ᵉʳ avril 1895). — Instructions au major Ameglio (7 avril). — Tentatives de paix (9 avril).

Pendant que les deux bataillons blancs, arrivés de la mère patrie, commençaient à s'organiser dans la colonie, et pendant que l'on s'occupait d'augmenter les troupes indigènes, la question de l'Agamé et du Tigré arrivait à maturité.

Je n'avais pas cru à propos de franchir la frontière, au lendemain de Sénafé, et cela (comme j'écrivais alors au ministère) parce que « l'occupation politique et militaire du pays, avec des forces régulières, aurait d'abord dépassé les pouvoirs du gouverneur, en raison des engagements qui en auraient été la conséquence. De plus, cette occupation nous aurait obligés à pénétrer dans l'intérieur du pays bien au delà de la frontière; il nous aurait fallu, en effet, occuper les points ayant une réelle valeur stratégique, et il eût été difficile et peut-être dangereux de communiquer avec ces positions, au milieu des populations soulevées et avec les bandes des Tigrins, qui, après la défaite, se seraient probablement sauvés dans la montagne.

« D'autre part, les forces disponibles de la colonie n'auraient pas été suffisantes, et la campagne, préparée pour repousser sur le Gasce une invasion éventuelle des Derviches de l'Atbara, ne pouvait raisonnablement s'étendre au delà de l'extrême frontière qui lui était diamétralement opposée [1]. »

---

1. Rapport officiel sur les combats Coatit-Sénafé du 25 janvier 1895, xiii *bis*, n° 56, page 55.

On ne pouvait pourtant pas laisser l'Agamé et le Tigré à la merci de *ras* Mangascia; car il y avait à craindre, pour nous, que celui-ci ne profitât de la retraite, devenue indispensable pour nos troupes, du congédiement nécessaire de la milice et de l'éloignement de nos postes de défense, pour tenter, sinon une invasion, tout au moins des incursions avec ses bandes. Et le fils du roi Jean aurait trouvé, dans le Tigré, comme dans l'Agamé, des partisans prêts à l'accueillir et à le soutenir.

Mangascia, avec quelques centaines de fidèles, s'était retiré vers Macallé, localité qui a les communications les plus directes avec l'Abyssinie centrale et méridionale. C'était à Macallé, dans ce pays préféré de son père le roi Jean, qu'il comptait le plus de fidèles partisans; c'était là qu'il pouvait trouver les moyens de vivre largement; c'était cette localité enfin qui lui offrait la meilleure route pour battre ultérieurement en retraite, ou pour avancer contre l'Agamé. Pendant ce temps, Agos Tafari, à la suite d'un entretien avec moi, dans la combe de Sénafé, partait, suivi de quelques douzaines d'hommes, pour se rendre à Adigrat.

Degiac Agos uold Tafari, dont nous avons déjà parlé dans le chapitre VI, depuis plusieurs années menait une existence vagabonde, au milieu des montagnes de l'Agamé orientale, entre le mont Azimba et le mont Auda. Il s'était révolté d'abord contre Sebath, puis ensuite contre Tesfai Antalo, ou mieux contre *ras* Mangascia. Il se déclarait volontiers l'ami des Italiens et il s'abstenait de venir piller sur notre territoire. De temps en temps, il adressait une lettre, soit à moi, soit au colonel de Maio[1], pour lequel il professait une dévotion spéciale, soit au lieutenant Sanguinetti : il écrivait pour demander des armes et des munitions, que naturellement il ne reçut jamais. Parfois il se donnait l'air d'être le maître de l'Agamé; mais son fils était près du P. Bonomi, à l'Asmara, servant en quelque sorte d'otage pour garantir sa fidélité. Pendant l'insurrection de l'Oculé Cusai, il augmenta le nombre de ses soldats et envoya fréquemment des messagers qui nous apportaient des nouvelles; pendant la seconde journée de Coatit, il promit d'inquiéter les Abyssiniens en les attaquant sur les flancs et par derrière. Au lendemain de Sénafé, il apparut,

1. Le lieutenant-colonel de Maio, en 1892-93, commandait la zone d'Asmara; il fut ensuite attaché militaire à l'ambassade italienne de Saint-Pétersbourg.

dans le camp italien, avec des soldats, en nous disant que plusieurs de ses fidèles partisans avaient pénétré, en armes, dans l'Agamé. Si Agos Tafari avait pu se maintenir à Adigrat, ou, pour mieux dire, dans la position d'Adagamus, la frontière, de ce côté, se serait trouvée protégée contre une tentative quelconque ayant une certaine importance. D'autre part, Agos Tafari, en exerçant le pouvoir, à Adigrat, aurait enlevé à Mangascia les partisans que celui-ci avait dans l'Agamé; car c'est une habitude invétérée, chez les Abyssiniens, de s'incliner devant tout pouvoir constitué, *surtout quand la victoire lui sourit*.

Même à Adoua, ou plutôt surtout à Adoua, je cherchais à gagner des partisans pour saper le pouvoir de *ras* Mangascia. L'*eccighié* Theofilos sortait de sa retraite et semblait bien disposé à se mettre de notre côté. Mais c'était un prêtre astucieux, voulant tout sauver, dans n'importe quelle éventualité. Les habitants d'au delà du Mareb, qui s'étaient montrés partisans de l'Italie, *demandaient protection; mais il n'était point facile de les protéger* sans recourir à une intervention armée, et cette intervention me semblait prématurée. Pour le moment, le lieutenant Mulazzani, notre résident à Adoua, avait comme instructions : d'*aider* à faire prévaloir l'autorité des petits chefs aux dépens des chefs supérieurs; d'*enrôler* beaucoup de Tigrins, qui auraient fait leur service dans la zone lointaine de Chéren; d'*entretenir* des négociations avec le clergé : car si le clergé est influent dans toute l'Abyssinie, il l'est bien plus encore dans le territoire de la cité sainte d'Axum; de *découvrir* la trame ourdie par Mangascia et d'en *empêcher* les effets.

Le Tigré et l'Agamé nous étaient ouverts, et la tentation était grande, aussi bien à Rome qu'à Massaoua.

À la Consulta, les avis des conseillers écoutés par les ministres des affaires étrangères et de la guerre étaient divisés. Le docteur Nerazzini, partant de cette idée (probablement exacte quand il écrivait) que Mangascia était « acculé dans les montagnes du Tembien, comme un bandit », semblait déconseiller, pour le moment, au point de vue politique, l'occupation des pays au delà du Mareb, et ajoutait[1] :

1. Livre vert, XXIII *bis*, n° 11.

« Je me crois autorisé à parler comme je le fais, par la ferme
attitude et le prudent recueillement qu'a pris le général Baratieri, après ses victoires, car lui seul peut juger de ce que l'on
doit faire, puisqu'il possède seul tous les éléments du jugement.
Je dis donc combien cette *attitude expectante* est conforme à mes
convictions. Grâce à cette attitude, nous ne pouvons rien perdre,
et nous pouvons encore beaucoup gagner, car nous donnons le
temps nécessaire à l'évolution naturelle des choses du Tigré ;
les intentions de Ménélick pourront se manifester plus clairement ; la discorde entre les chefs tigrins et l'empereur pourra
peut-être s'accentuer de nouveau et devenir plus sérieuse. Pendant ce temps-là, nous laissons les troupes, nouvellement arrivées, s'acclimater au nouveau milieu et aux nouveaux contacts ;
nous augmentons les cadres et l'organisation de ces troupes indigènes qui, seules, se prêtent aux mouvements dans la périphérie
de nos possessions ; nous nous préparons enfin à la solution
définitive d'un autre problème, c'est-à-dire que nous nous préparons à réduire à l'impuissance la réaction qui nous menace
inévitablement de la part des Derviches. »

Voilà ce qu'écrivait le docteur Nerazzini, à Rome, le 26 janvier 1895. A la même date, à Rome, le capitaine Perini, qui, après
avoir étudié la colonie et avoir pris part à tous les précédents
événements, était alors attaché au ministère des affaires étrangères, rédigeait un mémoire pour le ministre des affaires étrangères. Dans ce mémoire, il soutenait cette idée que l'on devait
pousser nos troupes au delà de la frontière sud de la colonie ;
et, entre autres choses, il écrivait ceci :

« Nos soldats, au lieu de rester spectateurs oisifs des préparatifs hostiles dirigés contre nous, serviront de noyau autour
duquel viendront se grouper tous ceux qui, dans le Tigré, con-
templent avec envie l'état florissant de l'Érythrée. Ceux-là sont
les plus nombreux, je dirais presque que ce sont tous les Tigrins,
s'il n'y avait point les chefs, parce que ces derniers considèrent
comme compromis leurs abus de pouvoir, leur immense vanité et
la vénalité qui actuellement les distingue. » Dans la colonie presque tout le monde, surtout les militaires, était de cette opinion.

Mais j'étais décidé à ne point franchir la frontière, si ce n'est
dans le but de *prévenir une nouvelle levée de boucliers de la part
de ras Mangascia, et par suite une menace pour notre territoire.*

J'avais manifesté cette intention, au lendemain de Sénafé. Mes projets sont indiqués non seulement par mon retour à Massaoua, par les mesures pacifiques prises par moi et par les demandes d'instructions que j'adressai, lors de l'annonce de l'envoi de troupes blanches; mais ils sont encore indiqués par les travaux mêmes de fortification que j'ai ordonnés, non pas à Adi Caie, sur la frontière du Scimenzana, ni plus en avant encore, vers Adigrat, par exemple à Sénafé, porte de l'Agamé, mais à Saganeiti, sur la frontière septentrionale de l'Oculé Cusai, dans le but purement défensif de garder l'Oculé Cusai et les routes qui conduisent à Massaoua.

Si mon plan avait compris l'annexion permanente d'Adigrat et d'Adoua, les fortifications auraient été certainement poussées, vers le sud, en des localités qui, indépendamment de leur valeur défensive, auraient pu servir de base à une attaque.

Donc, au lendemain de Sénafé, les ministres qui avaient autorité sur la colonie désiraient, en principe, prolonger vers le sud le territoire de l'Érythrée. Ils y étaient probablement poussés par les manifestations favorables de l'opinion publique. Parmi les conseillers officiels, l'un croit qu'il faut aller de l'avant; l'autre, tout en admettant la dispersion des forces tigrines, préfère attendre. Et moi, tout en acceptant l'objectif si séduisant que l'on me proposait, je croyais devoir attendre des forces plus considérables, un temps plus favorable et des menaces effectives. Je fus alors jugé trop prudent; l'année suivante, je fus accusé de témérité. Mais, à ce moment-là, comme depuis, j'ai toujours conseillé la prudence. Et maintenant encore, je puis répéter ce que j'ai dit dans une réunion de plusieurs députés, le 1er août 1895, à Rome, que, dans la colonie, on n'avait fait aucun mouvement militaire sans y être amené par les nécessités de la défense.

J'étais d'autant plus prudent, que j'étais convaincu qu'il n'aurait été ni digne ni sage d'entrer dans un pays sans l'occuper d'une façon stable. L'occupation d'Adigrat aurait imposé l'occupation d'Adoua, car, au double point de vue militaire et politique, il était dangereux et imprudent de ne fermer qu'une seule des deux voies d'invasion et de laisser le Tigré au pouvoir de Mangascia et en proie à l'anarchie; cette région aurait, en effet, pénétré, comme un coin, dans le cœur de la colonie et ne lui aurait laissé aucune trêve. Et alors j'aurais dû employer jusqu'aux troupes italiennes, qui sont moins aptes aux opérations dans les montagnes de l'Abyssinie ; j'aurais dû les employer loin de la base, avec des routes extrêmement difficiles ; il aurait fallu résoudre des problèmes logistiques toujours nouveaux et de plus en plus compliqués. J'aurais dû surtout contre-battre les guérillas indigènes sur des échiquiers, et dans ces circonstances bien autrement embrouillées et difficiles que dans les guerres d'Espagne et du Tyrol.

Je cherchais donc à augmenter les troupes indigènes, avec le calme nécessaire, parce que les enrôlements précipités en auraient diminué la valeur. L'augmentation était indispensable, même en restant sur une défensive vigilante, d'abord parce que, l'entente avec les Tigrins étant rompue, il n'était pas probable que ceux-ci, bien que battus, restassent longtemps avec la honte de la défaite ; ensuite, parce que la question mahdiste était toujours palpitante, puisque nous n'avions pas à compter sur les Anglo-Égyptiens ni sur l'occupation, de leur part, de la ligne de l'Atbara.

Pendant ce temps, le ministre des affaires étrangères m'écrivait, le 1ᵉʳ février 1895 : « Ma correspondance privée avec vous arrive à peine à suivre vos succès, pour lesquels je dois vous réitérer mes félicitations. Plus que jamais le gouvernement et le pays ont confiance en vous... Quant au Soudan, la position qui, au point de vue politique, est la plus avantageuse pour nous, est celle d'une défensive pure et simple à Cassala, mais d'une défensive assurée, qui empêche les incursions des Derviches, entre Cassala et l'Érythrée. Quant au Tigré, *qui nous est désormais ouvert,* notre situation ne peut certainement pas, *ni au point de vue politique ni au point de vue militaire, retourner au statu quo ante.* Nous songeons, pour cette région, à une défensive qui ne soit pas passive. Il faut que les moyens de la défense permettent de prévenir, par la rapidité des mouvements, une incursion abyssinienne sur Massaoua. Il faut encore ne pas affaiblir la défense, soit au point de vue militaire, en donnant une extension excessive à la surveillance, soit au point de vue politique, en plaçant sous notre domination directe de nouveaux territoires, qui pourraient fournir un nouvel aliment à l'hostilité des populations abyssiniennes. Quels sont les points à fortifier dans l'Oculé Cusai et jusque dans l'Agamé? Quelle protection y a-t-il lieu d'accorder aux populations d'Adoua et d'Axum? Ce sont là des questions que nous ne pourrons résoudre qu'après avoir reçu vos propositions motivées. Comme vous connaissez nos difficultés financières et les tendances de l'opinion publique à adopter le programme d'une défensive sûre (défensive que vous avez rendue glorieuse), vous étudierez ces questions, sans faire abstraction de notre avenir, en Abyssinie; vous vous baserez plutôt sur le principe d'une défensive plus large et plus complète, *qui n'est plus maintenant forcément limitée au Mareb*[1]. »

Au milieu de ces phrases obscures, entortillées et parfois contradictoires, on distingue les idées principales du gouvernement à Rome. Le *Tigré est ouvert; défensive non passive; impossible de retourner au statu quo ante; fortifications jusque dans l'Agamé; protection aux habitants d'Axum et d'Adoua; la défense peut aller au delà du Mareb*.

Qu'on remarque bien cette date du 1er février et cette circonstance que la dépêche ministérielle répondait à ma demande précise adressée par télégraphe, le 22 janvier : *Le ministère veut-il l'offensive contre l'Abyssinie, avec ou sans l'annexion éventuelle de nouveaux territoires?*

Que l'on examine cette lettre, en la comparant avec les télégrammes du président du conseil, du ministre de la guerre et du même ministre des affaires étrangères, télégrammes cités plus haut, et que l'on juge qui poussait à la guerre un général, au lendemain d'une victoire qui avait dispersé et détruit l'armée ennemie.

En tout état de cause, les préparatifs militaires en devaient être d'autant plus sérieux, bien que l'idée de la défensive persistât chez moi, ainsi que l'indique ma lettre du 16 février. Dans cette lettre, j'affirme au ministre que, au commencement de mars, la colonie sera prête à toute éventualité, et je rends un compte détaillé de tous les préparatifs militaires[2]... « Notre préparation sera telle, que nous pourrons considérer sans aucune appréhension l'éventualité *d'un retour offensif de* ras *Mangascia*, aidé des renforts qu'il espère de Ménélick. »

1. Livre vert, xxiii *bis*, n° 22.
2. Livre vert, xxiii *bis*, n° 29.

Ce n'était pas l'idée d'une expansion territoriale et politique qui devait nous pousser vers le sud; nous y étions appelés par le besoin d'une *défense non passive de l'ancienne frontière*.

En effet, Mangascia, le lendemain de Sénafé, écrivait à Ménélick pour lui demander du secours contre les Italiens. Il s'adressait à toute l'Éthiopie pour nous susciter des ennemis. Il avait ourdi une nouvelle trame et avait recours à de nouvelles manœuvres pour trouver des partisans, dans l'Agamé et le Tigré. Il envoyait des messagers jusqu'au Ghedaref, pour chercher à s'entendre avec les Derviches. Il rassemblait des soldats à Macallé et à Antalo, pour attaquer Adigrat et marcher contre la colonie. Dès le 10 mars, je pouvais télégraphier, à Rome, que Mangascia avait 4,000 hommes, à une étape d'Adigrat (Ausien) et qu'il y attendait *ras* Alula, avec 1,000 Tigrins provenant du Choa.

Mais le fils du *negus* Jean ne s'en tenait pas aux préparatifs de guerre. Peut-être pour montrer sa bonne volonté au clergé et aux paysans tigrins qui désiraient la paix, peut-être aussi pour masquer ses projets, il envoyait, pour négocier avec le gouvernement de l'Érythrée, un homme avisé, mais d'un rang peu élevé. Cet homme, Gabré Michael, qui s'était beaucoup attardé en route, était reçu par moi, à Massaoua, le 11 mars, au moment où me parvenait la nouvelle que Mangascia avait occupé Ausien (Haussen), position qui menace à la fois Adigrat et Adoua[1].

En pareille occurrence, il fallait être en mesure de prévenir une attaque.

Par suite, après en avoir avisé télégraphiquement le ministère, je pris, le 14 mars, les dispositions nécessaires pour réunir un camp d'observation, à la frontière de l'Agamé, et je me rendis à l'Asmara. Le camp fut installé dans la combe de Sénafé, localité qui, au point de vue stratégique et tactique, est plus apte à couvrir la colonie et à soutenir notre protégé Agos Tafari, reconnu, par nous, seigneur de l'Agamé.

Mes intentions sont indiquées à la fin de ma lettre du 14 mars 1895[2] :

« Un semblable fait (l'occupation de l'Agamé par Mangascia) diminuerait l'ascendant que nous avons acquis au delà du Mareb et du Bélésa, grâce à la victoire de Coatit et à la poursuite de Sénafé. Il enorgueillirait le *ras* vaniteux, il amènerait beau-

---

1. Voir la carte générale de la colonie, à la fin de ce volume.
2. Livre vert, XXIII *bis*, n° 35.

coup de chefs tigrins à faire cause commune avec lui ; et même, dans ce milieu faux où tout s'exagère, il pourrait être représenté comme un succès sur les Italiens. »

« La concentration des troupes à Sénafé, qui est la porte de l'Agamé, tend à prévenir ces inconvénients et a pour but d'amener *ras* Mangascia à *licencier ses troupes, et même à conclure une paix donnant à la colonie des garanties et des avantages suffisants.* »

Aussi, pendant que le camp se réunissait, les négociations continuaient ; car, selon moi, la meilleure solution du problème abyssinien aurait été la conclusion d'une paix durable avec *ras* Mangascia, pourvu que celui-ci offrît des garanties suffisantes pour l'observer.

Mais c'eût été imprudent d'ajouter foi à de simples serments.

Au lieu du désarmement promis, le recrutement des soldats continuait dans les camps ennemis de Macallé, d'Ausien et d'Antalo ; et, sans une résolution énergique, Adigrat serait tombé entre les mains des Tigrins, à notre honte. Nous aurions encore eu à redouter une invasion imminente, dans le Scimenzana et dans l'Oculé Cusai, pays qui s'était déjà révolté et qui était désarmé.

Les troupes étant réunies à Sénafé, et l'*ultimatum* enjoignant au *ras* de congédier ses soldats étant resté sans effet, il était nécessaire d'opérer vigoureusement et rapidement. D'un moment à l'autre, une bourrasque pouvait éclater sur la frontière occidentale du Soudan, où « Osman Digma[1], nommé au commandement des opérations contre Cassala, rassemblait les Hadendoas et disposait, entre le Ghedaref et les rives de l'Atbara, de plusieurs milliers d'hommes (6,500 fusils, 3,800 lances, 1,200 chevaux) ».

Par suite, le 19 mars 1895, je télégraphiais à Rome[2] : « *Si Mangascia ne nous donne pas des garanties sûres,* je considère comme nécessaire l'occupation d'Adigrat. En conséquence, je serai, le samedi 23, à Sénafé, avec trois bataillons, deux batteries et des *bandes,* 4,000 hommes en tout. » Le ministère ne répondit rien, et le 23 je télégraphiais de Sénafé : « Mangascia *n'obéissant pas à l'ordre qu'il a reçu de désarmer* et continuant à molester l'Agamé, je franchirai demain la frontière, et après-demain je serai à Adigrat à la tête des troupes. »

1. Télégramme du 17 février, livre vert, XXIII *bis*, n° 31.
2. Livre vert, XXIII *bis*, n° 38.

Il est inutile de rappeler l'occupation de l'Agamé et la pointe lancée, contre Macallé, sous les ordres du colonel Pianavia. Les récits détaillés sont publiés dans le livre vert[1]. L'inconvénient essentiel de l'occupation était, sans doute, la plus grande extension de la colonie, ce qui nécessitait des dépenses plus considérables et des troupes plus nombreuses.

Mais se retirer d'Adigrat, après avoir chassé Mangascia d'Ausien et de Macallé, sans l'avoir battu, loin d'être une solution, aurait compliqué les choses et aurait de nouveau laissé aux prises Agos Tafari avec son plus puissant adversaire. On aurait ouvert ainsi la voie de l'Oculé Cusai à l'invasion tigrine. D'autre part, on ne pouvait pas occuper Adigrat sans avoir dispersé, ou tout au moins sans en avoir imposé, par notre présence, aux groupes des partisans de Mangascia qui s'étaient formés du côté d'Adoua, menaçaient nos partisans du Tigré et, d'un moment à l'autre, pouvaient entrer dans le Seraé.

Il est vrai que l'occupation d'Adigrat nous donnait un notable avantage politique et stratégique. En effet, la capitale de l'Agamé domine la principale ligne de communication entre Massaoua et l'intérieur de l'Abyssinie ; de plus, c'est d'Adigrat que partent, vers l'est, les communications avec Pian del Sale, ainsi que celles qui conduisent à la baie d'Anfila, à travers les tribus des Ménéfen, des Bellesu Hasu et Rassamo (Dahoimelas) ; c'est d'Adigrat que part, vers l'ouest, la communication avec Adoua. Toutefois, ni ces considérations, ni l'avantage d'annexer à la colonie un vaste territoire, mieux arrosé et plus salubre que le haut plateau érythréen, ni même l'espoir de mieux organiser et d'unir à nous, contre une éventuelle invasion choanne, les tribus musulmanes, nomades ou fixées sur le versant de la mer Rouge, ne m'auraient amené à occuper le pays, si les nécessités de la défense ne m'y avaient pas obligé.

L'occupation d'Adigrat et d'Adoua fut-elle une erreur ? Après les événements, on pourrait répondre affirmativement, soit à cause des inconvénients déjà indiqués, soit parce que Ménélick, sans l'occupation des territoires situés au delà du Mareb-Bélésa-Mai Muna, n'aurait peut-être pas fait la guerre à la colonie. Mais l'on pourrait croire aussi qu'il l'aurait faite *également* (et

---

1. XIII *bis*. Rapports des 14 mars, 27 mars et 10 avril, n⁰ˢ 76, 82, 89.

alors plus *facilement*, à ce qu'il semblait à tout le monde); car il aurait eu, dans le Tigré et dans l'Agamé, d'abord ses avant-postes, puis une excellente base d'invasion dans le Scimenzana et dans l'Oculé Cusai. Il est probable aussi que notre inaction l'aurait enhardi, et que les Tigrins de *ras* Alula auraient plus et mieux soufflé sur le feu. Mais pouvait-on laisser Mangascia parcourir, à son gré, les territoires situés au delà de la frontière? Et, une fois entrés dans le pays, devions-nous l'abandonner immédiatement?

Voilà les demandes que l'on peut faire maintenant, mais auxquelles on ne peut répondre que par des conjectures changeantes et trompeuses. Ce fut une erreur que de ne pas accorder tous les moyens demandés à temps. Ce fut une erreur que de ne pas préparer tout, en Europe et en Afrique, pour une guerre annoncée plusieurs fois et possible, malgré tous les efforts faits pour maintenir la paix.

Pour faire face aux besoins, je crus devoir recourir à de nouveaux enrôlements, en me servant non seulement de la latitude qu'on m'avait laissée, mais même en exécutant l'ordre qui m'avait été donné d'enrôler au moins 2,000 indigènes.

Comme plus de deux mois s'étaient passés et comme notre puissance s'était accrue, on pouvait compter sur un choix plus considérable et renforcer de trente hommes chaque compagnie.

Mais à mon télégramme du 31 mars, qui annonçait l'enrôlement de mille autres indigènes, le ministre répondait en ordonnant de le réduire à des proportions moindres. Peu après, le 10 avril, le président du conseil télégraphiait : « En ce moment, il faut *se limiter à l'entreprise tigrine,* et, puisque les derniers bataillons ont été envoyés, sans une *véritable nécessité de la défense, le ministère est d'avis* [1] *que deux d'entre eux pourraient être rapatriés.* »

Mais pour *se limiter à l'entreprise tigrine,* il fallait que le pays au sud du Bélésa et du Mareb ne fût pas abandonné aux caprices de *ras* Mangascia; et, par suite (ainsi que le ministère l'avait d'abord encouragé, accordé et approuvé), il était nécessaire non seulement d'avoir une garnison à Adigrat, mais même de garder Adoua, fût-ce au moyen d'un détachement provisoire, Adoua étant le chef-lieu du Tigré proprement dit et le séjour ordinaire de

---

1. Livre vert, XXIII *bis*, n° 59.

ras Mangascia. Il fallait pacifier les populations, étendre notre réseau d'informations, nommer les chefs les plus dociles et, autant que possible, attachés à nous, pour remplacer ceux qui s'étaient enfuis. Il fallait enfin affirmer notre pouvoir sur Adoua en empêchant le retour de Mangascia.

C'est dans ce sens que furent rédigées les instructions pour le major Ameglio, laissé près d'Adoua pour garder le Tigré (Adoua, 7 avril 1895)[1] : « Vous resterez, avec le bataillon que vous commandez et une section d'artillerie, dans la position que vous occupez actuellement à Fremona[2]. Notre maintien, en ce moment, ne doit être considéré que comme passager. Mais personne ne doit le savoir. Vous devez aussi éviter de prendre des engagements et d'assurer, à qui que ce soit, que votre maintien est permanent. »

Je désirais tant conserver ma liberté de manœuvres, j'avais tellement à cœur d'abandonner le Tigré, dès que les besoins de la défense auraient cessé, que je répondis trois fois négativement aux propositions du major Ameglio, qui voulait fortifier Fremona, dans la combe d'Adoua, et y créer un dépôt de vivres et de munitions. Et pourtant je reconnaissais que cela aurait beaucoup favorisé nos partisans dans le Tigré.

Je cherchai donc à en venir à un accommodement avec *ras* Mangascia. Cela nous aurait dispensés de l'occupation militaire d'Adoua et nous aurait évité le danger d'une trop grande expansion. Battu, trompé, errant en fugitif dans les montagnes méridionales de son ancien royaume, Mangascia aurait peut-être écouté les conseils de l'*eccighié* Theofilos, de *ras* Agos et de ses anciens amis qui craignaient les Choans et nous étaient favorables. Peut-être, selon la coutume abyssinienne, aurait-il renoué les négociations. Mais il fallait être très prudents pour ne pas éveiller de soupçons et pour ne pas sembler faibles.

Il y avait avec nous, au camp d'Adi Ugri, l'avocat Mercatelli, qui avait suivi les opérations militaires de Coatit à Sénafé et avait assisté à l'occupation d'Adigrat et d'Adoua.

C'était un homme expert des choses d'Afrique, avisé, prudent,

1. Livre vert, xxiii *bis*, p. 55, annexe au n° 60.
2. Hauteur caractéristique qui domine la combe d'Adoua et bat la ville à 3 kilomètres. C'est une bonne position défensive, que nous avions déjà occupée momentanément à la fin de décembre 1894.

bien vu de *ras* Mangascia et en relations amicales avec le chef
de l'Église d'Adoua; il était aussi en bonnes relations avec plusieurs chefs tigrins de l'un et de l'autre parti, et il possédait à
Adoua un morceau de terrain. Il accepta, de bon gré, la difficile
mission, et, — sauf erreur de ma part, — le 9 avril, il partit d'Adi
Ugri pour Adoua, avec une lettre pour le major Ameglio relative
à une entente avec Mangascia. Mais l'ancien seigneur du Tigré
ne pouvait pas nous donner de garanties pour le maintien de la
paix; et si nous avions conclu un accord avec lui, nous courions
le risque de faire le jeu de nos ennemis.

CHAPITRE X

LA QUESTION FINANCIÈRE

Prévision de la guerre en automne avec le Choa (14 février 1895). — Besoins indispensables de la défense (9 avril). — On veut réduire le budget et les effectifs, tout en maintenant le territoire (6-22 avril). — Je demande mon rapatriement (23 avril). — Nouvelles menaces, nouvelles demandes, nouveaux prognostics. — Je redemande mon rapatriement (10 juin). — Réponse du ministre. — J'insiste dans ma démission (7 juillet). — Ordre de me rendre à Rome (8 juillet).

Pendant ce temps, les nuages s'accumulaient du côté du Choa. Déjà la révolte de Batha Agos nous prouvait clairement la conspiration et les excitations venant du sud. Dès le 22 décembre de l'année précédente (1894), j'écrivais ceci au ministère, au sujet de la *levée de boucliers* dans l'Oculé Cusai : « Pour le moment, *il me semble que la révolte a pris naissance dans le Choa,* et je crois qu'elle est un épisode du mouvement général des Éthiopiens contre nous[1]. » Le 14 février 1895, en rendant compte des documents qui avaient été trouvés dans la tente de *ras* Mangascia, à Sénafé, je faisais observer que « bien que les Abyssiniens eussent l'habitude constante de ne point traiter par lettre les affaires importantes, et particulièrement celles qui sont secrètes et compromettantes, cependant l'ensemble des lettres rendait indiscutable l'accord qui, depuis un certain temps, existait entre Ménélick, *ras* Mangascia et Batha Agos dans le but de *nous enlever la totalité ou du moins une grande partie du territoire éthiopien au nord du Mareb-Bélésa-Mai Muna*[2] », c'est-à-dire le Seraé, l'Oculé Cusai et peut-être l'Asmara.

1. Livre vert, XIII *bis*, n° 11.
2. Livre vert, XXIII *bis*, n° 69.

Une guerre avec le Choa devenait plus probable, à cause du retour victorieux de Ménélick, qui revenait avec 24,000 soldats de la *zemeccia* dans les terres des Vollamos. Ce fait, que j'ai déjà raconté, avait été signalé au ministère, le 21 février. En effet, l'attitude de Ménélick envers notre allié et protégé Mohamed Anfari, de l'Aussa, devenait chaque jour plus arrogante. Le 17 mars, j'annonçais que Ménélick n'enverrait pas de secours à Mangascia avant le mois d'octobre.

Le 9 avril, je télégraphiais d'Adi Ugri : « Ménélick prépare la guerre contre l'Aussa probablement pour le mois de mai, et *pour octobre contre nous*[1]. » Le 12 avril, en réponse à des sollicitations réitérées du ministère pour obtenir la réduction du budget, je télégraphiais : « Nous sommes en hostilité ouverte avec Mangascia. Les lettres et l'attitude de Ménélick font croire à une *guerre prochaine* contre l'Aussa, et *peu éloignée contre nous. Les Derviches peuvent nous attaquer en juin.* Il est indispensable de tenir Adigrat et Cassala et de garder Adoua. La réduction du budget à neuf millions exigerait *le rapatriement de trois bataillons italiens et la suppression de deux bataillons indigènes.* Le rapatriement des Italiens encouragerait l'ennemi et précipiterait l'ouverture des hostilités. La situation étant ainsi, je ne puis proposer une diminution d'effectifs en conservant la responsabilité de la défense de la colonie[2]. »

Le baron Blanc écrivait (6 avril) : « L'Italie n'a jamais eu un commandant plus capable et des circonstances plus favorables pour faire *faire un pas décisif* à notre entreprise africaine. » En même temps il envoyait un pro-mémoire de M. Sonnino, dans lequel le ministre des finances déplorait les dépenses pour les armements et les enrôlements en Afrique, et déclarait une folie toute augmentation au delà des 9 millions[3].

Nous avons vu, dans le chapitre précédent, le télégramme du président du conseil, qui, tout en voulant *se limiter pour l'instant à l'entreprise tigrine,* manifestait, le 10 avril, l'intention de rapatrier deux bataillons et la ferme volonté de ne pas dépasser 9 millions de dépenses[4].

1. Livre vert, XXIII *bis*, n° 57.
2. Livre vert, XXIII *bis*, n° 61.
3. Livre vert, XXIII *bis*, n° 52.
4. Livre vert, XXIII *bis*, n° 59.

Mais moi je demandais le strict nécessaire pour assurer la défense ordinaire et immédiate. Je ne songeais pas — et je ne pouvais pas songer — à aucune opération offensive à laquelle n'auraient suffi ni les effectifs, ni l'argent, ni les convois, ni les préparatifs, et à laquelle s'opposait la situation politique et militaire que j'ai tant de fois décrite.

L'échange des télégrammes continuait, car il était impossible de s'entendre. Lorsque je croyais devoir « *insister absolument sur les 13 millions*[1] » de dépenses pour les effectifs de paix, le ministère ne voulait en accorder que 9. De plus, dans un pays épuisé par la guerre, n'ayant point d'argent comptant, pauvre et à moitié dépeuplé, il était impossible de faire vivre les troupes aux dépens des nouvelles provinces, ainsi que me le demandait le président du conseil : « Trouves-tu le moyen de résoudre le problème avec les ressources que t'offre le pays? Napoléon Ier faisait la guerre avec l'argent des vaincus. »

Quelques jours après, les ministres Crispi et Blanc me télégraphiaient de concert (22 avril) : « Le gouvernement du roi *ne peut certes pas vouloir que* ras *Mangascia s'empare d'Adoua, et Votre Excellence trouvera certainement le moyen de l'empêcher*. Notre désir est d'avoir, *dans le Tigré, une position* qui nous assure contre la nécessité de nouvelles occupations, sans nous faire perdre toutefois les avantages obtenus. »

Nous étions aux élections générales pour la dix-neuvième législature, et il fallait contenter tout le monde, africanistes et antiafricanistes. Nous devions occuper un vaste territoire avec des crédits réduits à un *minimum impossible*.

Comment pouvait-on avoir une position, dans le Tigré, sans mettre une garnison dans Adoua? Cette ville serait naturellement tombée dans les mains de *ras* Mangascia, si nous ne l'avions pas gardée nous-mêmes. Et comment garder de Cassala à Adigrat, avec des effectifs extrêmement réduits, un territoire de cette étendue, en étant en guerre ouverte avec les deux peuples les plus puissants de l'Afrique?

En réduisant à 9 millions les dépenses militaires, on ne réduisait pas, dans le même rapport de 13 à 9, la puissance de la défense, mais on la diminuait peut-être de moitié, comme il est

---

1. Livre vert, XXIII *bis*, n° 65.

facile de s'en convaincre en songeant qu'une partie importante des dépenses militaires — travaux du génie, fortifications, directions, ateliers, transports — restait la même, avec un budget réduit; par suite, toute l'économie devait se faire sur la force vive, c'est-à-dire sur les combattants. Il faut encore remarquer qu'en faisant rapatrier les bataillons, on perdait tous les avantages obtenus par leur séjour de quelques mois en Afrique. Le renvoi des bataillons en Italie aurait été considéré par tous les Abyssiniens comme un signe d'impuissance, lequel — dénaturé et publié partout, comme il arrive toujours — aurait stimulé tous ennemis aux dépens de la colonie.

Nous avions alors, dans la colonie, les forces régulières suinos vantes de troupes combattantes :

	OFFICIERS	TROUPES ITALIENNES	INDIGÈNES
3 bataillons d'infanterie d'Afrique .	60	1.310	»
1 bataillon de chasseurs d'Afrique.	18	574	»
6 bataillons d'infanterie indigène .	108	60	6.650[1]
2 batteries de montagne............	8	22	326
Escadrons de cavalerie............	5	9	145

On ne pouvait diminuer ni les carabiniers, ni les artilleurs, ni le génie, ni le train, ni les télégraphistes, ni les autres services, ni le personnel de bureau, car — d'un commun accord entre moi et le général Arimondi, commandant des troupes — ce personnel de bureau avait été réduit à l'extrême limite des besoins. La dépense pour l'effectif indiqué plus haut était de 13 millions. Pour la réduire à 9 millions, ainsi que le prouve un calcul détaillé que j'avais fait moi-même, l'effectif des combattants, en Érythrée, aurait dû être ramené au bataillon de chasseurs blancs et à quatre bataillons indigènes. Peut-être même aurait-on été contraint de supprimer l'escadron.

« En guerre, on n'est pas le maître de s'arrêter où l'on veut, et moins que partout ailleurs en Afrique. *Fata trahunt.* »

Il était impossible de laisser la frontière ouverte sans s'entendre avec Mangascia, ou sans détruire dans une bataille les nouvelles forces qu'il venait de rassembler.

Il était impossible de s'entendre avec lui sans courir le risque

1. Non compris 275 *ascaris* enrôlés en sus des effectifs organiques.

d'une reprise subite des hostilités contre le centre de la colonie. Par suite, l'occupation d'Adigrat et l'organisation du Tigré étaient indispensables à la défense ; or cela exigeait une occupation militaire d'au moins quelques mois.

« Je dois construire des fortifications, rappeler la milice, organiser des bandes dans les nouvelles garnisons, dépenser énormément pour les transports, tenir en éveil et contenter les Dancalis et les Gallas, étendre le service d'informations, établir de nouvelles lignes télégraphiques, etc.[1]. »

Du reste, tout cela était conforme aux ordres et aux intentions du ministère. Il fallait au moins deux bataillons indigènes avec une batterie pour occuper les positions d'Adigrat et d'Adoua. Un bataillon et une demi-batterie étaient nécessaires pour tenir Cassala. Il restait quatre bataillons indigènes pour tout le reste de la colonie. Comment pouvait-on diminuer et rapatrier les bataillons italiens ou licencier les *bandes,* alors que nous avions trois lignes d'opération (Massaoua, Chéren, Cassala ; — Massaoua, Adi Ugri, Adoua ; — Massaoua, Sénafé, Adigrat) ?

Aussi, voyant la position intenable, aussitôt après avoir reçu le télégramme du 23 avril de Crispi et Blanc : « Le gouvernement du roi ne peut certes pas vouloir que *ras* Mangascia s'empare d'Adoua... Notre désir est d'avoir dans le Tigré une position,... » télégramme cité plus haut, — j'écrivais, à la date du 23 avril 1895 : « Je comprends que l'opinion publique soit alarmée et que le gouvernement doive chercher à la calmer au moment suprême des élections... Je crois que la meilleure manière de calmer les esprits est de *me rappeler*. Un autre gouverneur, qui ne se serait pas autant engagé que moi, pourrait tenter, en Afrique, de s'entendre avec Mangascia et avec Ménélick de façon à réduire notablement les dépenses. Il pourrait peut-être abandonner quelques parcelles du territoire. J'aiderais le gouvernement par mes déclarations et je me préparerais à passer le service[2]. »

Deux jours après, je télégraphiais que, d'après des nouvelles du Choa, « *ras* Alula, en partant le 24 avril, serait à la frontière au milieu de mai, avec 12,000 hommes, pour envahir la colonie. Ménélick le suivrait avec des forces convenables. L'idée

---

1. Livre vert, XXIII *bis*, n° 68.
2. *Id., ibid.*

d'attaquer l'Aussa semble suspendue, on se limite à une simple action de surveillance [1]. »

Pendant ce temps, le gouvernement du roi se taisait sur la question capitale d'accroître les forces et le budget et de faire les préparatifs indispensables pour la guerre prochaine avec le Tigré et le Choa : seul le ministre Blanc, en réponse à ma lettre du 23 avril, me télégraphiait, le 7 mai : « Le gouvernement est bien loin de songer à se priver du concours de Votre Excellence, en Afrique, où vous avez fait une œuvre si utile et si honorable pour les armes italiennes. *Nous ne croyons pas à un arrangement avec Mangascia ni avec Ménélick.* » Et il me manifestait le désir que je me rendisse à Rome [2].

A la date du 20 mai, j'envoyais un autre rapport très détaillé, dans lequel, à propos des forces italiennes, je faisais observer ceci : « Depuis le mois de juillet précédent, la superficie de l'Érythrée soumise à la domination immédiate de l'Italie s'est presque doublée (de 86,000 kilomètres carrés à 150,000); nous sommes en état permanent d'hostilité; nous avons actuellement un effectif d'environ 3,000 blancs [3], 8,000 noirs réguliers, 1,700 irréguliers, y compris ceux en congé, 1,500 de la milice; les communications sont longues et difficiles. »

Inutile de citer le long rapport publié *in extenso* de la page 62 à la page 72 du livre vert, xxiii *bis*. Je répète que Ménélick, « dès son retour des Vollamos, dès le lendemain du jour où il apprend la fuite de Mangascia, de *Sénafé, prépare la guerre pour rétablir son grand feudataire Mangascia* ... » En de semblables conditions, je ne vois pas pour nous d'autre issue que *de nous tenir prêts à la guerre, pour le prochain mois d'octobre.*

« Du moment que la révolte de *ras* Mangascia a éclaté, du moment qu'est tombé l'édifice des amitiés et du protectorat au delà du Mareb, édifice que nous avions construit avec tant de soins, il est clair que, vers l'occident comme vers le midi, la colonie doit s'imposer par la force. Naturellement, comme nous sommes toujours exposés à de nouvelles attaques, *nous ne pou-*

1. Livre vert, xxiii *bis*, n° 69.
2. Livre vert, xxiii *bis*, n° 70.
3. Y compris les officiers, les carabiniers, les artilleurs, les soldats du génie et du train, ainsi que les télégraphistes. Voir la situation militaire à la fin du chapitre VIII.

*cons ni reculer, à notre gré, l'ouverture des hostilités, ni en limiter
le champ.* C'est ainsi qu'il ne nous a pas été possible de nous
arrêter à la victoire de Sénafé... *Je n'ai pas besoin de dire combien je désire la paix, ni avec quel plaisir je l'aurais conclue avec
Mangascia, même au lendemain de Sénafé,* si j'avais pu croire
que ce traître eût voulu et pu réellement la maintenir. Et maintenant, comme alors, la paix me semble très difficile. D'ailleurs,
Votre Excellence elle-même, dans son télégramme du 7 courant
(mai), dit ne pas croire à un arrangement, ni avec Mangascia ni
avec Ménélick. Donc *una salus* pour la colonie : *se préparer à
la guerre...* »

Le 24 mai, nouvel avertissement de ma part, par télégramme :
« On fait, *dans le Choa, de grands préparatifs de guerre, probablement pour octobre.* On nous annonce, du Harar, à la date du
22 mai, que Maconnen est de retour. Il ordonne de préparer les
sandales : on dit que c'est pour faire la guerre à l'Aussa. Dans le
Harar, se succèdent les impositions extraordinaires, les extor-
sions, les prêts forcés, même pour les Européens qui ont de
l'argent : toutes ces sommes sont envoyées dans le Choa. Les
courriers du Choa manquent, probablement parce qu'ils sont
séquestrés. Ménélick invite le Goggiam à envoyer des contingents... »

Viennent ensuite d'autres télégrammes et d'autres dépêches, —
tous publiés dans le livre vert, — avec les renseignements sur les
préparatifs ennemis et sur les dispositions prises par l'Érythrée
pour faire face aux éventualités de l'automne, en dehors de la
préparation militaire. « Ce serait une folie que de compter sur
l'incertain, et, pour la fin de septembre, il nous faut être prêts à
la guerre. » Voilà ce que j'écrivais le 7 juin. Et trois jours après,
ne recevant pas de réponse sur cette question si capitale de la
préparation à la guerre, j'offrais, pour la seconde fois, par télégramme, ma démission : « *Je considère comme possible, pour l'automne, une grande guerre avec Ménélick.* Le travail dissolvant
que je fais dans le *camp ennemi pourrait échouer,* ou ne *réussir
qu'en partie.* Par suite, les augmentations que j'ai indiquées
comme un minimum absolu sont nécessaires pour parer aux
éventualités. Le devoir m'impose d'insister. Il me semble
impossible d'augmenter les recettes ; et les gros transports,
les fortifications, etc., rendent impossible la diminution des

dépenses. *Un autre pourra, soit faire la paix, soit défendre la colonie avec des ressources moindres. Je renouvelle donc la demande
que j'ai faite, par ma lettre du 23 avril, d'être rapatrié*[1]. »

Le silence du ministère continuant, le 18 juin, je lui annonçai
la capture de l'ingénieur Capucci, notre chargé d'affaires au
Choa. J'exposais un plan d'après lequel les Abyssiniens, en
octobre, devaient s'avancer avec toutes leurs forces disponibles,
et je sollicitais une réponse à ma demande de rapatriement.

Le baron Blanc répondait, à la date du 22 juin : « Loin d'accepter votre proposition du 10, j'espère que Votre Excellence
trouvera, dans ma lettre d'aujourd'hui, un encouragement à
continuer son œuvre patriotique[2]. »

Mais la lettre tant attendue ne contenait que des paroles de
courtoisie. Point de réponse à ma demande catégorique d'une
augmentation d'effectifs; point de *directive*, pour les préparatifs
en vue des prochaines hostilités; aucune allusion au dilemme
essentiel que je posais dans toutes mes *notes*, mais principalement dans ma lettre du 7 juin.

« Je ne sais si le gouvernement croit possible de faire la paix
avec Ménélick, ou s'il a des raisons pour l'essayer. Ménélick
craint, dit-on, notre future expansion, et l'on prétend que, pour
l'empêcher, il s'est adressé à la Russie. Peut-être pourrait-il
voir la paix d'un bon œil. Mais sur quelles bases? Pouvons-
nous céder le territoire conquis? Pouvons-nous traiter avec le
rebelle qui revient du pays des Vollamos avec des milliers
d'esclaves? *Je sacrifierais tout au développement pacifique de la
colonie... Mais il faut se décider : trois ou quatre mois passent
vite; et nous aurions affaire à un grand nombre d'ennemis. Je sens
la nécessité de connaître nettement la volonté du gouvernement*[3]. »

Au contraire, le ministre des affaires étrangères s'étonne que
j'aie demandé mon rapatriement, en un moment où ma « présence dans la colonie est si nécessaire et si *précieuse pour que
l'on puisse tirer profit d'une situation qui touche, en ce moment, à
son point culminant* et qui doit tendre à la solution du problème
africain ». Il affirme, par deux fois, la complète confiance du

1. Livre vert, XXIII *bis*, n° 85.
2. Livre vert, XXIII *bis*, n° 89.
3. Livre vert, XXIII *bis*, n° 83.

gouvernement et il demande un autre rapport détaillé, s'en rapportant à « ma courtoisie et à mes lumières[1] ».

Avant que ne me parvînt la lettre du 22 juin, j'envoyais, le 27 juin, de l'Asmara, un autre long rapport, concernant les négociations et les manœuvres tentées, par moi, pour susciter des ennemis à nos ennemis : « *Mais si, d'un côté, mon action politique est incessante et est d'autant plus active que les garnisons de la colonie sont plus faibles,* on ne peut, d'autre part, compter sur le hasard, d'autant plus que *le moindre insuccès partiel, gonflé et exagéré, pourrait décider les indécis à se mettre contre nous et rendre neutres ou ennemis nos tièdes amis.*

« Les effectifs sont faibles; la superficie de la colonie est plus de la moitié de celle de l'Italie. De Cassala à Adigrat il y a environ 600 kilomètres; et nous avons en tout moins de 3,000 blancs et moins de 7,000[2] noirs réguliers.

« Il y a une limite à tout, et la prudence nous engage à laisser la moindre marge possible à la fortune.

« Que Votre Excellence pense *à ce qu'il faut de quadrupèdes,* avec des distances aussi grandes dans des terrains montueux, quand il faut maintenir des garnisons italiennes à 200 kilomètres de la base, quand il faut transporter un nombre considérable de munitions, quand il faut être prêt à une défensive active contre un ennemi brave, adroit, mobile, connaissant généralement bien le pays, habile à la guerre de montagne et certainement bien plus nombreux que nous[3]. »

A la lettre ministérielle du 22 juin, reçue à l'Asmara, le 9 juillet, je répondis télégraphiquement le jour même : « Mes précédents télégrammes indiquent clairement que, si j'ai offert ma démission, c'est à cause *de la prohibition catégorique de l'augmentation des effectifs, et à cause de l'ordre de diminuer les dépenses. Je considère les préparatifs actuels comme insuffisants, pour nous permettre de maintenir, contre une attaque possible de Ménélick, en automne, les positions que le gouvernement du roi défend absolument d'abandonner.* Je dois donc insister pour avoir l'autorisation

1. Lettre du 22 juin, livre vert, xxiii *bis,* n° 68, arrivée à l'Asmara le 7 juillet.

2. Evidemment il y a une faute d'impression dans le livre vert, ou une erreur de copie dans le rapport. Le document original que je possède dit 8,000, ainsi qu'il résulte des chiffres précédents.

3. Livre vert, xxiii *bis,* pages 84 et 85. Document n° 90.

de conserver *les troupes italiennes existant actuellement, d'aug-menter immédiatement les troupes indigènes ainsi que les moyens de transport; il est impossible d'improviser.* Sans cette autorisation, ma conscience et mon patriotisme *m'obligent à maintenir ma démission que j'ai donnée* dans l'espoir qu'un autre pourra con-server la colonie, avec des ressources moindres, et conclure une paix honorable et durable.

« Je vous prie de me télégraphier la ligne de conduite que le gouvernement du roi compte adopter.

« Capucci est prisonnier, et Felter expulsé[1]. »

Le gouvernement du roi était unanime pour me répondre par ce télégramme :

Rome, 8 juillet 1895.

Le gouvernement ne peut délibérer, sur un aussi grave sujet, sans avoir d'abord conféré verbalement avec Votre Excellence. Nous vous prions donc de prendre immédiatement les dispositions opportunes, pour votre courte absence de la colonie. Nous aurons ainsi le temps de nous entendre sur ce qu'il y a à faire et d'y pourvoir, le cas échéant, avant l'automne.

CRISPI-BLANC-MOCENNI.

1. Livre vert, XXIII *bis*, n° 91.

CHAPITRE XI

ORGANISATION CIVILE

Les employés dans la colonie. — Sécurité intérieure. — Tribunaux de guerre.
— Décret pour la sûreté publique. — Organisation de la justice. — La
traite et la réduction en esclavage. — Armes à feu. — Dépenses civiles. —
Budget unique. — La colonisation. — La mission lazariste. — Les écoles.

Dans le but de rétablir la vérité historique, il me semble utile
de jeter aussi un regard sur l'organisation civile de la colonie;
car on ne peut la séparer facilement ni de l'organisation militaire,
ni des événements dont la colonie a été le théâtre, depuis 1892.

La commission d'enquête, envoyée par le ministère, pour examiner les événements qui s'étaient produits dans la colonie, surtout
pendant l'administration militaire du général Baldissera, avait
visité la colonie pendant le printemps et l'été de 1891, et avait,
dans son rapport, exprimé beaucoup d'idées qui lui étaient personnelles ou qui venaient du rapporteur, au sujet de l'organisation de l'Érythrée. Ces idées, quoique théoriquement justes, ne
pouvaient pas avoir l'unité de conception; elles ne pouvaient pas
non plus être appliquées avec une connaissance expérimentale
proportionnée aux ressources et aux moyens pour atteindre
le but.

La plus grande difficulté, pour nous, a toujours été, dans une
branche coloniale quelconque, de trouver des personnes aptes à
diriger et à administrer, les Italiens manquant complètement de
la préparation à ces fonctions et de traditions coloniales. Rien ne
s'improvise, et, moins que toute autre chose, la capacité profes-
sionnelle et l'aptitude des agents du gouvernement, surtout quand
il s'agit de services spéciaux, de milieu nouveau, d'idiomes incon-

nus, de relations étranges, — quand il faut se plier à des lois et à des coutumes inconnues, quand il faut lutter contre un climat dangereux et énervant et contre des difficultés de toute nature.

On parle toujours de l'Angleterre; mais l'Angleterre possède, depuis des siècles, des colonies nombreuses et étendues qui s'administrent dans les conditions les plus diverses. Elle a recueilli des trésors d'expérience qu'elle a condensés en sagesse pratique et qui lui ont permis d'éduquer et de dresser sa forte jeunesse, à tous les échelons sociaux. L'Angleterre a pu créer une législation appropriée aux divers peuples de l'univers et toujours conforme à ses propres intérêts; elle a, dans la mère patrie comme dans les colonies, des bureaux et des services organisés qui répondent aux besoins des tribus barbares et des peuples civilisés que doit gouverner et avec lesquels doit négocier et traiter le gouvernement central dans toutes les contingences de la vie coloniale.

Nous devions tout créer, du néant, alors que nous étions en hostilité ouverte ou latente avec les populations les plus belliqueuses et les plus fortes de l'Afrique; alors que nous devions donner une organisation civilisée à des tribus qui différaient par la race, par la langue et par la religion, et qui étaient séparées par des montagnes sans chemins. Ces tribus avaient même ce désavantage, par rapport aux sauvages, que la corruption d'une civilisation relative les avait fait tomber au bas de l'échelle sociale.

Les commencements de la colonie avaient été laborieux : en 1887, les Abyssiniens étaient descendus jusqu'à la combe de Massaoua, et nous, avec un corps d'expédition, nous n'étions pas remontés au delà de Saati (1888). Mais la fortune nous avait ensuite souri. Nous avions pu, sans coup férir, en 1890, arriver jusqu'à Adoua et chasser les Derviches de la vallée du Barca. Il sembla alors que la colonie pût recevoir une organisation normale avec l'administration civile.

La plupart des employés de la colonie, militaires et civils, se mirent alors à l'œuvre, avec foi et avec amour. Le manque de connaissances spéciales et de pratique devait être compensé par le zèle, l'assiduité, le bon sens et l'élasticité de l'esprit.

C'eût été un prodige si plusieurs erreurs n'avaient pas été commises. Toutefois il serait injuste de dire actuellement que, même dans l'organisation civile, nous n'avions pas fait des progrès notables, dans un laps de temps bien moindre que dans des

colonies appartenant à d'autres peuples, plus experts que nous
dans la colonisation.

En 1892, la sécurité intérieure laissait beaucoup à désirer, et
c'était la conséquence matérielle d'une longue période de guerre.
Quelques tribus batailleuses, comme les Assaortas, avaient de la
peine à se résigner à vivre tranquillement. Quelques bandes de
brigands, épaves des compagnies d'aventure, tenaient la campagne, et la traite des esclaves faisait des victimes, même sur
plusieurs points de la côte de l'Érythrée[1].

J'étais donc contraint d'inaugurer mon œuvre de gouverneur
civil, commencée le 29 mars 1892, en proclamant l'état de guerre
(5 avril 1892).

Mais, après une répression sévère, la tranquillité à l'intérieur
devint parfaite; elle ne fut pas troublée dans les moments difficiles, même pas quand toutes les forces de la colonie durent se
réunir à l'extrême frontière occidentale pour repousser l'invasion
des Derviches (décembre 1893); même pas quand l'insurrection
éclata dans une province centrale (décembre 1894); même pas
quand toutes les troupes durent s'unir à la frontière méridionale pour en chasser les Abyssiniens (janvier 1895).

Tout le monde était déjà intimement persuadé que notre domination était stable et que les attentats contre la sécurité publique
restaient rarement impunis. En 1892 et 1893, le gouvernement
de la colonie fit tout le possible pour réorganiser les tribus en
leur donnant des chefs stables, ayant de l'autorité et responsables, et en déterminant les zones d'expansion, au grand avantage
des relations réciproques et de la paix intérieure.

Les cultures plus développées et le retour à une période de
calme avaient notablement diminué la misère; et le *camp de la
faim*, où, jusqu'en 1892, on mourait chaque jour par douzaines,
aux portes mêmes de Massaoua, n'était plus désormais qu'un
triste souvenir.

Les *tribunaux de guerre*, organisés en 1892, avec le zèle dont
étaient animés les officiers qui les composaient, et, disons aussi,
grâce à la sagacité et à l'esprit pratique de beaucoup d'entre eux,

1. Voir le chapitre premier de ce volume.

prononçaient, sans retard, des sentences justes et sévères, comme il convenait à la situation. Nous étions dans un milieu sain et élevé, et tous rivalisaient pour faire le bien, dans le but de servir les intérêts et la gloire de la mère patrie.

Le décret, concernant la *sécurité publique,* publié le 8 décembre 1892, ne doit pas avoir peu contribué à maintenir l'ordre. Ce décret avait été intégralement accepté par le ministère, comme je le proposais, bien que, par aventure, il pût sembler au public d'alors trop sévère et arbitraire. Mais il était si conforme à nos intérêts dans la colonie, que je n'eus presque jamais besoin d'user des pouvoirs exceptionnels accordés au gouverneur; la peur du châtiment suffisait à prévenir les délits.

Pendant l'année 1892, je cherchai à étendre l'administration de la justice au territoire situé en dehors de la combe de Massaoua, territoire qui, dans la brève période de temps précédente, s'était étendu jusqu'au Barca et au Mareb. Pendant que je commandais la zone de Chéren (de juillet 1890 à juillet 1891), j'avais étudié un système qui, tout en conservant dans nos mains l'exercice de la justice, c'est-à-dire la manifestation de l'autorité suprême, et tout en assurant des verdicts et des sentences civilisés, décidât, autant que possible, dans la forme comme dans le fond, selon les traditions des indigènes, traditions qui sont basées, en général, sur le sentiment humain de l'équité et sur les véritables besoins des populations.

Indépendamment des *jugements des chefs de village* et *des officiers résidents,* il en résulta *les jugements des tribunaux d'arbitrage* qui avaient été déjà expérimentés par le colonel Piano à l'Asmara, et par moi à Chéren, en 1890. Les indigènes accouraient avec empressement devant ces tribunaux, à cause de l'autorité et de la promptitude des sentences; ces sentences ne pouvaient évidemment pas prétendre à l'infaillibilité, dans cette évolution des idées et avec des codes législatifs aussi défectueux; mais du moins elles étaient plus conformes au bon sens et à la justice distributive que bien des sentences prononcées par des tribunaux, dans les pays civilisés. Elles étaient, en effet, ordinairement inspirées et dictées en dehors et au-dessus de toute illusion trompeuse et de toute subtilité casuistique.

Pendant mon séjour dans la colonie, des milliers de jugements, en matière civile comme en matière pénale, furent prononcés par les résidents, par les commandants de détachement, par les tribunaux d'arbitrage et par les tribunaux de guerre : eh bien, malgré l'attention que j'y prêtais (je lisais moi-même la majeure partie des registres), malgré le droit de recours dont tout le monde pouvait user, je reçus relativement bien peu de réclamations : et plusieurs de celles-ci étaient non fondées.

Profitant de l'expérience faite de 1890 à 1892, et d'autres études ou projets, après avoir examiné l'administration de la justice dans les colonies anglaises comparables à l'Érythrée, je rédigeai, en 1893, un projet d'*Organisation judiciaire de la colonie*. Mais comme la compétence légale me manquait, comme je devais lutter contre les opinions les plus disparates, comme j'étais gêné par les nécessités du budget qui m'imposait de réduire au *minimum* le nombre des employés, — comme il fallait désormais séparer l'administration de la justice entre le district de Massaoua et les zones coloniales, entre les Européens et les indigènes, je comprenais déjà que je ne pouvais faire qu'une œuvre inharmonique et défectueuse; d'autant plus que le ministère, le conseil d'état et l'opinion publique, en Italie, désiraient que l'on appliquât, à la colonie, les garanties civiles. Or, si ces garanties sont l'honneur de notre progrès législatif, elles sont souvent incompatibles avec l'application directe, efficace et sûre de la justice, à des peuples à moitié sauvages, habitués au sang et aux sentences promptes et immédiatement exécutoires, dans les conditions, avec les moyens et avec les exigences d'alors[1].

De toute façon, je cherchai à faire l'œuvre la moins incomplète et la moins compliquée possible; et j'eus, à ce sujet, un échange de projets, de lettres et d'idées, avec les plus hautes autorités judiciaires de la mère patrie. Mon projet fut accepté, presque en entier, par le conseil d'État et par les ministères des affaires étrangères, de la guerre et de la justice.

Un article dudit décret, sur l'organisation judiciaire de la colonie, chargeait le gouverneur de proposer, à la fin de l'année, les modifications qui seraient suggérées par l'expérience. J'en avais déjà étudié un certain nombre quand, à la fin de 1895, éclata la guerre avec l'Éthiopie.

---

1. Voir le rapport qui accompagnait mon projet soumis au ministère. Il est dans les archives du gouvernement, à Massaoua, et dans celles du ministère des affaires étrangères. Je n'en ai pas la copie.

Dans l'organisation de la sûreté publique, comme dans l'organisation de la justice, la traite des esclaves et la réduction en esclavage méritaient une attention toute spéciale. Ce dernier délit était déjà prévu dans l'article 145 du nouveau code pénal, depuis peu de temps en vigueur dans la mère patrie, code très doux, qui supprime la peine de mort.

Depuis un temps immémorial, des caravanes d'esclaves, venant de notre *Hinterland* et spécialement des pays gallas, des Denkas et du Sennaar, étaient conduites dans les rades de la côte à demi déserte de l'Érythrée, pour être transportées à la côte arabe voisine. On employait principalement, pour ces transports, des *samboucks,* dont le passage à travers la mer Rouge était facilité par le vent souvent propice et par les refuges qu'offrent les îles. Il y a quelques années, on calculait que, à Beilul (au nord d'Assab), il n'arrivait pas moins de mille esclaves par an. Du marché des esclaves qui se tenait à Cassala, on traînait souvent, par petites fractions, des groupes d'esclaves dans les rades situées au nord de Massaoua. Et, dans l'intérieur de la colonie, on commettait le délit de réduction en esclavage soit par violence, soit par ruse.

Le traité de Bruxelles, qui traça, autour des côtes de l'Afrique et de l'Asie, la zone de l'esclavage, sur les côtes et par mer, pour y appliquer des lois internationales spéciales de visite aux bâtiments et de répression du commerce des esclaves, comprit dans cette zone tout le vaste littoral italien qui s'étend, le long de la mer Rouge, sur plus d'un millier de kilomètres. Notre colonie devait donc répondre aux exigences de la civilisation et satisfaire aux engagements pris par l'Italie dans le congrès international; elle y trouvait en outre l'avantage d'assurer sa propre sécurité, tout en travaillant pour les intérêts de la mère patrie.

Je pris donc, avec sollicitude, les dispositions nécessaires pour faire appliquer les articles arrêtés par les puissances contractantes; et je fis paraître des règlements concernant les bâtiments indigènes, les armes à feu, l'importation des boissons spiritueuses, etc. [1].

1. Les mesures concernant les armes à feu furent les suivantes :
Défense d'introduction de toutes les façons et sous toutes les formes ;
Enregistrement et marquage de toutes les armes à feu possédées par les indigènes et les Européens;

Mais il était inutile de prendre des dispositions, fussent-elles même très sévères, au sujet des armes à feu, parce que ces dispositions n'avaient de valeur que dans la limite de nos possessions directes. Les fusils et les munitions entraient en Abyssinie par les ports français et même par les ports anglais, d'autant plus que, chose singulière, l'empereur Ménélick, représenté par nous au congrès tenu à Bruxelles pour assurer la répression de la traite, du commerce des esclaves et de la réduction en esclavage, était, par ce fait, considéré comme adhérant à la ligue internationale civilisée. Par suite, il n'était pas atteint par la défense d'importation des armes, et il était d'autant moins atteint par cette défense, que nous-mêmes nous lui remettions des fusils et des cartouches.

Toutefois, après l'extension à toute la colonie du décret royal du 13 mai 1886; après la saisie des esclaves faite à Beilul en mars 1893; après les condamnations sévères prononcées par les tribunaux de l'Érythrée; après le rappel aux conventions et à son devoir du sultan d'Aussa,... les délits du commerce d'esclaves et de réduction en esclavage allèrent, on peut le dire, en disparaissant de la colonie italienne. Et la traite reçut, dans le Soudan, un rude coup par notre occupation de Cassala, qui était un marché mahdiste de chair humaine, très fréquenté pendant cette période de dix ans qui va de 1885 à 1895.

Les dépenses générales pour l'Érythrée étaient réduites au minimum, et l'intention du ministère était que les dépenses civiles fussent couvertes par les recettes de la colonie (douanes, impôts, etc.). Il serait trop long et trop minutieux de s'occuper ici des détails du budget. De toute façon, avec moins de deux millions (budget 1892-93) il fallait pourvoir aux services civils, à l'administration de la justice, à la sécurité publique; au personnel civil, aux pensions et aux gratifications des indigènes civils et militaires, aux travaux publics, routes, eaux, bâtiments civils, ports, phares; aux écoles, aux hôpitaux, aux prisons, au service

Défense absolue de donner ou, qui pis est, de vendre des armes et des munitions.

Ces mesures, prises par le gouverneur, ont été sanctionnées par le décret royal du 8 décembre 1892.

On peut consulter, en outre, le décret du 22 janvier 1893 et le *Règlement pour la navigation des bâtiments indigènes*.

télégraphique international, à la subvention pour le protectorat italien sur la côte du Bénadir, au nord de l'équateur, sur la côte de l'océan Indien (celle-ci, à elle seule, s'élevait à 300,000 fr.), etc.

Les contributions avaient été imposées, pour la première fois aux tribus indigènes, sous une forme très douce, en 1892-93. A cette époque, comme l'année suivante, la perception des impôts fut relativement facile, grâce aux cultures plus développées et grâce aux habitudes traditionnelles du pays. Dans la suite, on chercha à les augmenter graduellement, mais en prenant les précautions voulues, tant au point de vue économique qu'au point de vue politique; puis vint la guerre, d'abord contre les Derviches (décembre 1893), puis contre les Abyssiniens, et avec la guerre l'appauvrissement du pays et l'impossibilité d'en obtenir une plus forte contribution dans les dépenses.

Ainsi que le ministère le reconnaissait, on avait inauguré dans la colonie une administration très économe, surtout à la suite de plusieurs réformes administratives, grâce à la réduction du nombre des employés civils, grâce aussi au travail assidu et infatigable de plusieurs fonctionnaires, surtout du chevalier Del Corso, d'abord chef du bureau des finances, puis chef du bureau central administratif; grâce enfin à la parcimonie qui régnait partout, et principalement dans le bureau des travaux publics.

Il sembla, à Rome, à la Chambre des députés, que ce n'était point conforme aux bonnes règles administratives d'avoir un double budget colonial, l'un pour les dépenses militaires, l'autre pour les dépenses civiles, dépendant, le premier du ministère de la guerre, et le second du ministère des affaires étrangères, mais placés tous les deux sous la direction du gouverneur. La séparation absolue pouvait produire un dualisme dans l'exécution du programme. De son côté, l'administration civile et l'administration militaire estimèrent que la réunion des deux budgets en un seul était plus conforme aux bons principes administratifs, qu'elle permettait un contrôle plus facile et qu'elle établissait plus nettement les responsabilités. Et les ministres d'alors (M. Brin pour les affaires étrangères, M. le général Pelloux pour la guerre) acceptèrent volontiers la proposition parlementaire et me chargèrent de présenter un projet complet d'*organisation des services militaires et civils de la colonie de l'Érythrée*, basé sur un budget unique dépendant du ministère des affaires étrangères.

Le règlement organique administratif fut rédigé (1893), sous ma direction, principalement par le chevalier Del Corso et par le chevalier Ugenti, chef de la comptabilité militaire. Il fut revu ensuite par le commandant des troupes, le général Arimondi, lequel ne me proposa que de légères modifications (toutes acceptées par moi). Il fut examiné par divers bureaux et directions, dans les ministères de la guerre et des affaires étrangères, puis promulgué par les ministres, MM. le baron Blanc et le général Mocenni, à la date du 18 février 1894, avec des variantes peu importantes et convenues avec moi. Jamais règlement ne fut étudié et contrôlé avec plus de soin, jamais règlement ne fut accepté par le ministère avec plus de faveur ni plus de confiance ; mais, comme c'est de règle pour les choses humaines, ce règlement souleva de vives discussions, parce qu'il lésait un peu certains intérêts et parce qu'il contenait certaines imperfections que je reconnus moi-même dans la suite. Heureusement les critiques se limitaient à des questions de petites indemnités pour le personnel. Du reste, quelques erreurs, facilement réparables, peuvent bien échapper à tant de personnes. Mais on peut dire que l'édifice administratif, dans sa structure générale, répondait aux besoins de la colonie, tels qu'ils étaient avant les malheurs de 1896; d'ailleurs il n'a pas été modifié jusqu'à présent.

On a beaucoup écrit sur la colonisation de l'Érythrée. Ceux qui ont étudié la question sur place et plus à fond, avant les vicissitudes de la guerre, sont généralement, à des degrés différents, d'opinion favorable. Selon moi, c'est une question très complexe, qui doit être envisagée non seulement au point de vue des productions, du climat, du sol, de la sécurité, de la facilité de vivre, etc., mais encore — et peut-être surtout — au point de vue de l'esprit d'initiative, de l'audace, de la persévérance et de l'habileté du peuple colonisateur.

Il y aurait à écrire un volume sur tout cela : et même, en admettant l'abandon de l'Érythrée, cela en vaudrait la peine, de chercher à ne pas perdre tout le fruit d'une expérience trop chèrement payée.

De mon côté, comme gouverneur, obligé de lutter sans cesse contre le manque d'argent, je devais, selon moi, de toute façon et avec tous les sacrifices possibles, faciliter la colonisation, en me proposant les objectifs suivants :

1° Étudier les terrains les plus aptes et par suite les plus salubres, les plus fertiles et les plus rémunérateurs, les mieux reliés au port de Massaoua, les plus à l'abri des razzias éventuelles;

2° Incorporer les terrains au domaine, ou en préparer l'incorporation, d'après les règles indiquées par le décret royal du 19 janvier 1893, en appliquant le principe que la terre appartient à l'État; mais en prenant aussi les précautions nécessaires pour ne pas créer aux Italiens provenant de la mère patrie une atmosphère hostile chez les indigènes, et pour ne pas appauvrir le pays, en empêchant les indigènes de se livrer à l'agriculture;

3° Accorder aux familles des paysans italiens, seules ou associées, les zones de terrain sus-indiquées, soit selon leur choix, soit d'après un tirage au sort, en prenant les mesures nécessaires pour que les concessions ne dégénèrent pas en spéculations illicites et pour que le travail des paysans ne soit pas exploité indûment.

4° Faciliter aux immigrants italiens la façon de se procurer, sans usure, des avances en argent garanties sur les concessions;

5° Préserver les colons de toute agression extérieure ou intérieure et assurer, par tous les moyens possibles, la sécurité des personnes et des biens;

6° Réunir les villages des colons italiens par des artères prinpales de communication, au moyen de routes du type adopté par la colonie (Voir le chap. suivant);

7° Régulariser le service des eaux de façon qu'elles puissent servir à l'agriculture, partout où c'est possible; pourvoir les villages de citernes et de puits, en raison de l'étude et du choix des terrains, faits conformément aux règles exposées dans les paragraphes nos 1 et 2;

8° Aider les paysans, en leur donnant des conseils, soit sur la façon de vivre, soit sur le mode de culture des denrées coloniales, soit sur les petits commerces indispensables pour qu'ils puissent rendre l'argent emprunté et s'assurer une meilleure existence;

9° Exercer une surveillance continuelle, bienveillante et paternelle sur les familles des paysans italiens, en prélevant, sur le budget, une somme modique, pour subvenir à d'éventuels besoins urgents;

10° Assurer, selon les besoins, le service religieux, le service médical et l'instruction aux villages, une fois constitués avec un certain nombre de familles[1].

La *colonie agricole de Godofelassi*, fondée par l'honorable M. Franchetti (député au parlement et chargé des questions relatives à la colonisation et à l'agriculture dans la colonie de l'Érythrée) avec des secours accordés sur le budget colonial, devait servir comme expérience, comme exemple et comme indication pour la colonisation générale de l'Érythrée.

Des concessions de terrains domaniaux devaient être accordées également — surtout à la périphérie de la colonie — aux familles des *ascaris* (soldats indigènes) congédiés, appartenant à la milice et intéressés à la défense du territoire. De cette façon, je voulais encourager les enrôlements et rendre plus fortes les institutions militaires.

Ces simples idées m'étaient inspirées par le bon sens, à la suite de l'étude de la situation pratique. Mais les études économiques et coloniales me faisaient défaut; et, pour les raisons que j'ai déjà exposées, je n'avais point de conseillers experts et compétents sur un sujet aussi nouveau, aussi complexe et aussi délicat. — Cependant mes idées furent entièrement approuvées à Rome, par le gouvernement, qui devait avoir un programme de colonisation et devait trouver, aux départements des affaires étrangères et de l'agriculture, des organes capables de conseiller et de diriger le développement de ce programme. Il me semble même que mes idées furent alors trouvées bonnes aussi par l'opinion publique.

Mais vint la période des guerres, et, les événements se précipitant, ce programme ne put avoir qu'un commencement d'exécution, alors que tous les hommes sensés sont persuadés qu'il fallait une longue période de paix pour l'appliquer complètement dans un pays nouveau, encore très peu connu par les Italiens, pays inquiet, tout récemment sorti de la guerre, et qui devait toujours se tenir sur ses gardes contre les razzias abyssiniennes. Il faut avouer qu'en Italie beaucoup parlaient et écrivaient sur la colonisation; mais bien peu avaient des idées exécutables, eu égard

1. Ma lettre au ministère, 19 avril 1894. A ce sujet, on pourrait consulter la volumineuse correspondance échangée avec le ministère. Elle se trouve dans les archives de la Consulta et du gouvernement de l'Érythrée. Aucun document n'a été publié dans les livres verts.

aux conditions de l'Italie et aux contingences de la colonie; et ce petit nombre n'exposait ses idées qu'avec une grande circonspection.

De toute façon, j'avais déjà organisé, dès le commencement de 1893, un *Bureau du cadastre et des domaines*[1], qui recevait la sanction suprême par le décret royal du 18 février 1894. Ce bureau travailla activement, sous la direction des capitaines du génie Fornaca, puis Cantoni; il reçut le concours actif d'autres officiers, ainsi que des commandements et des commissariats de l'Asmara et de Chéren; il était sous ma surveillance immédiate.

Après les études et les *levés* indispensables pour permettre de reconnaître et de déterminer les propriétés privées et collectives, bien des terrains furent déclarés propriété de l'État et destinés aux colons italiens de l'avenir, dans les zones tempérées et productives de la colonie de l'Érythrée, principalement le long des artères principales de communication. Il y en avait bien plus qu'il n'en fallait, en admettant même un concours décuple de celui qui était probable; mais ce concours ne pouvait se développer que peu à peu, pour divers motifs, et surtout pour des raisons économiques.

Ma circulaire du 25 avril 1895, approuvée par le ministère, réglait les concessions des terrains domaniaux, soit à des familles isolées ou associées, soit à des sociétés ou à des institutions, en donnant et en exigeant les garanties indispensables. Déjà on était prêt à soumettre à l'examen du gouvernement central un règlement basé sur ces principes, quand, au mois de décembre, éclata la guerre abyssinienne. Au même moment, grâce au concours généreux du sénateur Rossi, la *colonie agricole de Chéren* naissait sur les concessions de terrains déjà exploités par la *mission lazariste*.

Le ministère, à Rome, avait d'abord cru pouvoir arranger un *modus vivendi* avec cette mission lazariste, de façon qu'elle employât son ascendant, sans dérangement pour elle, à propager la langue italienne et la civilisation.

Mais, selon moi, l'évêque, Mgr Crouzet, chef de la mission qui

1. Ses principales attributions étaient les opérations concernant le bornage des terrains appartenant à l'État, aux tribus, aux familles, et au clergé, selon le décret royal du 19 janvier 1893.

étendait son influence surtout dans l'Oculé Cusai et dans le territoire de Chéren, promettait beaucoup, demandait beaucoup et
aurait peu fait, auprès des indigènes catholiques, pour développer le crédit de l'Italie. L'institution catholique ne pouvait
renoncer à son origine française et étrangère. Le dualisme inévitable qui, à chaque instant, occasionnait des conflits, n'aidait
ni à la propagande politique ni à la propagande religieuse; seuls
subsistaient les antiques soupçons et les tendances marquées de
certains missionnaires à propager la langue française : et l'on
voyait naître chez les indigènes, surtout chez les habitants de
l'Oculé Cusai, des antipathies contre les Italiens, qui étaient considérés comme indifférents en religion. La scission religieuse
de l'Italie était transportée en Afrique.

Un *modus vivendi* avait été conclu, à Rome, le 21 octobre 1892,
entre le ministre Brin et l'évêque Mgr Crouzet; mais, comme je
le faisais observer dans une lettre à ce même ministre[1], tandis
que l'évêque exigeait que chaque prêtre catholique et par suite
les aumôniers militaires fussent sous sa dépendance, il ne constituait pas, comme il s'y était engagé, une mission de nationalité
essentiellement italienne. « Personne ne peut nier que la mission
dirigée par Mgr Crouzet, dont l'âme est le P. Coulbeaux, ne soit
plus française que catholique, et plus catholique qu'italienne[2]. »

Le ministre Brin comprit facilement ces inconvénients et ces
dangers. Je reçus donc des instructions me prescrivant de m'abstenir de favoriser cette mission lazariste comme de la combattre.
C'est ce que je fis, persuadé que, l'appui du gouvernement venant
à manquer, appui qui était indispensable pour se maintenir vis-
à-vis des indigènes, la mission française aurait dû céder la place
à une mission italienne, dans l'intérêt même de la foi.

Je traitai cette question, à Rome, pendant le bref séjour que
j'y fis à la fin de 1893. Et, de retour dans la colonie, je reçus du
baron Blanc l'assurance que le ministère partageait mes idées,
qui d'ailleurs répondaient entièrement aux sentiments des Italiens, dans la colonie comme dans la mère patrie.

La propagation de la foi céda au courant de l'opinion publique;
et, au commencement de septembre 1894, le souverain pontife

---

1. 9 juillet 1892. N'a été publiée dans aucun livre vert.
2. Lettre du gouverneur au ministre Brin, 2 juin 1893.

Léon XIII créait la *préfecture apostolique de l'Érythrée,* ayant à sa tête le P. Michel de Carbonara et, comme missionnaires, des pères capucins, tous Italiens.

La mission lazariste continua à rester en Érythrée, étendant sa juridiction ecclésiastique sur toute l'Abyssinie, au delà de la frontière italienne.

Mais sa position n'était plus tenable. La création du bureau du cadastre, dans la colonie de l'Érythrée, ayant fait commencer les études et les recherches sur la propriété foncière, et les missionnaires lazaristes ayant perdu leur ascendant, les autorités italiennes purent examiner, selon la justice et l'équité, les titres des missionnaires sur de vastes terrains du Senhait, dans la zone de Chéren.

Le tribunal d'arbitrage, présidé par le colonel Cortese, à la suite de procès intentés par des communautés indigènes, déclarait la mission lazariste déchue de la plus grande partie des terrains sur lesquels elle prétendait avoir des droits. Ces terrains furent incorporés au domaine, par le décret du gouverneur du 19 septembre 1894, et concédés, plus tard, à plusieurs colons protégés par la mission italienne des pères capucins.

Pendant ce temps — en décembre 1894 — éclatait la révolte de l'Oculé Cusai, ce centre de la mission lazariste. Le chef des rebelles, *degiac* Batha Agos, était un fervent catholique et étroitement lié avec les lazaristes. Sa bande de soldats permanents de l'Oculé Cusai comprenait 468 catholiques, 346 cophtes et 15 musulmans. Ceux qui étaient restés fidèles étaient presque exclusivement de religion cophte. Il est difficile de juger si la mission lazariste s'est entremise directement pour faire éclater la révolte. Je répugne à le croire et je n'ai point trouvé de preuves directes. Il peut se faire toutefois qu'un ou plusieurs missionnaires aient soufflé sur le feu, et il est probable que les lazaristes de nationalité française, en totalité ou en partie, ont eu connaissance des intrigues du *degiac* Batha avec les Tigrins, au moment où nous faisions face aux Derviches, et ne les ont pas révélées aux autorités. Plusieurs indices sont d'accord pour donner de la valeur au soupçon et à l'accusation, aussi bien auprès des blancs comme auprès des hommes de couleur, car ceux-ci ne peuvent concevoir l'idée d'une autorité ecclésiastique hostile à l'autorité politique et militaire. Par suite, une tolérance plus longue des lazaristes français dans la colonie italienne aurait diminué le prestige du gouvernement et était incompatible avec la tranquillité publique. Aussi, après avoir pris les ordres du gouvernement central, le 22 janvier 1895, je publiai le décret d'expulsion.

Dès ma nomination comme gouverneur, je considérai comme mon devoir civil essentiel de propager la *langue italienne;* car j'ai toujours considéré la langue comme un des moyens les plus efficaces pour répandre les idées et pour assurer notre autorité sur les indigènes. Et puis, avec sept ou huit idiomes différents, parlés par des tribus qui ne se comprennent pas entre elles, il était nécesaire d'introduire, avec l'unité de gouvernement, l'unité de langage. Cette langue ne pouvait être que la langue italienne.

Avant tous les autres, les *ascaris* devaient apprendre notre langue, dont la connaissance devait servir pour l'instruction militaire et pour le maintien de la discipline. Les *ascaris* devaient ensuite la répandre dans la colonie, au moyen de leurs familles, qui étaient liées à nous par des traditions militaires et par des concessions de terrains. Aussi, dès l'été 1892, on créa *des écoles dans les compagnies,* sous la direction d'officiers et de sous-officiers italiens.

Les écoles donnèrent, en général, des résultats supérieurs à ceux que l'on pouvait espérer, grâce au zèle passionné des uns et grâce à l'émulation des autres. Alors, dans cet élan de la jeune colonie, par la force même des choses et par suite d'une suggestion réciproque qui portait vers le bien, on vit disparaître l'apathie et la négligence, et tout le monde se consacra, de tout son pouvoir, aux intérêts de la mère patrie. Il est bien certain que la langue italienne, enseignée et apprise avec amour, ainsi que la sollicitude du gouvernement pour les familles militaires, ont puissamment contribué à la fidélité, à l'attachement et à la solidité dont les *ascaris* ont fait preuve en tant de circonstances et qui leur ont fait verser tant de sang sur les champs de bataille.

Autant que le permettaient le budget et les contingences locales, on chercha à donner le plus grand développement possible aux écoles, dans le but essentiel de propager la langue italienne.

On fonda des écoles un peu partout. Ces créations furent singulièrement facilitées par le zèle que déployaient certains officiers pour protéger et diriger l'enseignement et l'éducation.

On n'a pas pu évidemment atteindre le *desideratum,* ni même appliquer le programme arrêté ; mais, somme toute, les naturels de l'Érythrée avaient, et probablement ont encore toute facilité pour s'instruire dans le cercle restreint de leurs besoins, et plus spécialement pour apprendre la langue de la mère patrie, aussi bien et mieux que bien des citoyens de certaines contrées de l'Italie.

Je n'entre point dans les détails ; mais, en dehors de l'école laïque de Massaoua, qui, d'une part, selon mes intentions, devait servir à l'éducation et à la préparation des sous-officiers pour les troupes indigènes, on créa des écoles laïques à Archico, à l'Asmara, à Chéren et à Adi Ugri. A Massaoua et à Assab, il y a des écoles de filles tenues par les sœurs. Les missionnaires catholiques ont ouvert des écoles, sous la surveillance du gouvernement, à Chéren et à Acrur. Les missionnaires suédois se livrent à l'enseignement, à Bélésa, à Zazega et à Gheleb.

Écoles pauvres, c'est vrai, mais capables d'améliorations successives, et, pour le moment, répondant parfaitement au degré de civilisation, au nombre des habitants et au but que s'était fixé le gouvernement.

On pourrait citer d'autres mesures afin de rappeler actuellement que si, avant la défaite, on adressait des éloges, aussi bien en Italie qu'à l'étranger, au sujet des progrès de la colonie, ce n'était point sans raison.

CHAPITRE XII

Il me semble utile, aussi, de jeter un regard sur ce qui s'est fait, dans la colonie de l'Érythrée, comme travaux d'utilité publique et de défense. Mais il faut immédiatement dire, avant tout, que, malgré toutes les études et tous les efforts, on n'a pas pu exécuter tout ce qui était prévu dans mon programme, et cela pour quatre cas de force majeure, c'est-à-dire à cause : 1° *des embarras budgétaires;* 2° *du manque de temps;* 3° *du manque de bras;* et 4° *de l'arrivée des événements de guerre.* En effet :

Dans le budget de l'Érythrée, qui était réduit autant que possible, on ne consacrait aux routes que les sommes épargnées sur la contribution de l'État. La somme effectivement disponible oscillant autour de 200,000 francs par an, il fallait donc procéder avec la plus grande circonspection.

On manquait de bras pour ces travaux, soit à cause de la nonchalance naturelle et de la faiblesse physique des indigènes, soit à cause de la rareté de la population. La colonie (sans compter le territoire d'Assab et la côte des Dancalis), sur un territoire aussi étendu que toute la haute Italie (environ 86,000 kilomètres carrés), ne comptait même pas 200,000 habitants[1]. Naturellement les plus valides et les plus robustes étaient soldats. On employa aussi des ouvriers italiens; mais leur paye journalière était quintuple, et leur nombre très limité.

1. Recensement de 1893 : 191,127 habitants.

La guerre avec les Derviches éclata au commencement de décembre 1893, c'est-à-dire quatorze mois après que l'on avait pu mettre la main aux travaux de route; les hostilités continuèrent ensuite, sans interruption, absorbant le personnel dirigeant, les ouvriers et l'argent.

Afin de pousser les travaux de route et de fortification qui intéressaient vivement la défense de la colonie (et en cela j'étais aidé par le commandant des troupes), partout où cela était possible et sans inconvénient pour l'instruction militaire, j'employai des soldats européens et des soldats indigènes; en règle générale, j'organisai militairement le travail. Des officiers du génie le dirigeaient; des sous-officiers, des caporaux et même des soldats du génie ou d'infanterie blanche, capables et habitués à ces travaux, encadraient les soldats ou les travailleurs indigènes. Des officiers d'infanterie furent même chargés de la direction, et, en certains cas, on employa comme travailleurs des fractions entières organisées de troupes européennes ou indigènes, comme des fractions blanches, tour à tour à Chéren et à l'Asmara, comme la compagnie Persico, qui, en peu de temps, construisit, d'une façon magistrale, la route Az Teclesan-Baloa, sur la ligne Asmara-Chéren.

A mon arrivée comme gouverneur dans la colonie de l'Érythrée, je trouvai les travaux de route suspendus, parce que l'on n'avait pas encore achevé les études nécessaires pour les entreprendre; et certes il était raisonnable de procéder avec précaution. Mais, vu l'urgence, dès avril 1892, je crus devoir prescrire, comme idée fondamentale, l'ouverture d'un triangle de routes dont les sommets étaient dirigés vers la mer Rouge, vers le Soudan et vers l'Abyssinie, pour assurer les communications du port et de la capitale de Massaoua avec les zones de l'Asmara et de Chéren [1]. Ce système de voies de communication était ainsi en relations avec les deux frontières de l'Érythrée (méridionale et occidentale), ainsi qu'avec Chéren et Asmara, nos deux centres principaux de la défense à cette époque. Ces deux localités constituaient d'ailleurs les centres les plus peuplés et les plus commerçants. C'est de là que tire son origine le triangle stratégique, politique et commercial des routes, c'est-à-dire Saati-Asmara, Saati-Chéren, Asmara-Chéren.

De Saati à Ghinda, un côté de ce triangle de routes (Saati-

1. Voir la carte générale de la colonie annexée à ce volume.

Asmara) monte aux Portes du Diable, c'est-à-dire à l'altitude de 2,500 mètres; un second côté (Saati-Chéren), par Maldi, traverse la crête des montagnes à 2,100 mètres, pour redescendre ensuite dans la vallée de l'Anseba (1,400 mètres); le troisième côté, le côté de raccord (Asmara-Chéren), serpente sur le haut plateau, entre 2,800 et 2,500 mètres; il tombe ensuite dans la vallée de l'Anseba, pour se réunir avec le second côté de Maldi et servir de communication entre nos deux centres de défense, c'est-à-dire Asmara vers la frontière abyssinienne et Chéren vers la frontière soudanaise.

Il est bon de faire remarquer comme les deux côtés du triangle de routes qui divergent de Saati, arrivés au premier gradin du haut plateau érythréen (de 900 à 1,000 mètres), montent, par les versants de la montagne, à des zones singulièrement propres tant aux cultures coloniales qu'à la future colonisation italienne. Ces routes traversent le territoire dépendant autrefois du couvent abyssinien (cophte) du Bizen[1], et, par suite, propriété domaniale, selon les lois italiennes étendues, par analogie, à la colonie de l'Érythrée. La route de raccord (Asmara-Chéren) parcourt une région propre à la culture et dont le climat a une température moyenne annuelle qui peut se comparer à celle de Messine et de Naples. Tout le monde connaît la température et les produits des zones d'Asmara et de Chéren.

Sur ce triangle Saati-Asmara-Chéren, on aurait embranché d'autres chemins nécessaires à la défense ultérieure ou voulus par de nouvelles cultures ou par le commerce à venir. Le triangle constituait la base et l'ossature; il correspondait au triangle géographique auquel on avait songé, par deux fois, à réduire la colonie. Les routes ultérieures devaient se développer dans trois directions : de l'Asmara vers le Seraé (Godofelassi) et le Mareb, — de Chéren vers le Barca (Agordat), — et d'un point situé entre Ghinda et Asmara, vers Gura et le Bélésa.

Certes, la construction d'un réseau de routes complet méritait une étude plus approfondie, surtout à cause des ressauts des montagnes à des altitudes atteignant parfois le niveau de nos glaciers, à cause de l'impétuosité des torrents, à cause de la nature

---

1. Ce territoire comprenait le versant oriental des monts de l'Hamasen, depuis le torrent Aidereso jusqu'au torrent Laba; ce versant bénéficiait d'une double saison de pluies en été et en hiver.

des roches; mais le temps pressait, et il y avait peu d'argent. Pour diminuer les études, les travaux et la dépense, je décidai que, pour le moment, la largeur de la route pouvait être de trois mètres; mais (ainsi que le prescrivaient les directives) « les tracés en pente ainsi que les courbes doivent être tels que la route de trois mètres puisse devenir une route carrossable ordinaire, en élargissant ensuite la chaussée jusqu'à cinq mètres; les ouvrages d'art nécessaires le long du tracé doivent être étudiés, mais leur exécution est renvoyée à l'époque où se fera l'élargissement définitif de la route. En attendant, on doit rendre le passage possible pour les voitures, en allongeant le tracé là où ces ouvrages doivent se construire. » (Ma lettre au ministère et directives du gouverneur pour les travaux du génie; juin 1892.)

Le ministère approuva la pensée directrice et les lignes générales du projet; par suite, sitôt l'autorisation reçue, je fis commencer les travaux, dès la cessation des pluies, dans l'automne 1892.

Les travaux se poursuivirent en 1893, 1894 et 1895, de sorte qu'une route carrossable fût ouverte de Massaoua jusqu'à l'Asmara (2,423 m. d'altitude); cette route continuait celle que le général Baldissera avait fait construire jusqu'à Ghinda (912 m. d'altitude); on avait bien avancé les travaux de la route carrossable de Maldi (2,184 m. d'altitude) sur la direction Saati-Chéren; on avait achevé l'étude et le tracé de l'Asmara à Chéren (1,460 m. d'altitude) et construit le beau tronçon Az Teclesan (2,270 m. d'altitude) à Baloa (1,560 m. d'altitude); la garnison d'Adi Ugri avait amélioré, autant que possible, la route de l'Asmara, de façon qu'elle pût être utilisée, dans une certaine mesure, par la colonie agricole de Godofelassi; on avait amélioré la route de Chéren, vers le Barca, de façon qu'elle répondait aux besoins des caravanes pour Cassala; on avait étudié la route du Nefasit par Gura vers le Bélésa; on avait rendu facile la route de Maaraba sur Saganeiti, qui se raccordait avec l'Asmara; on avait amélioré la route d'Halai; on avait construit la descente d'Amba Tarica sur Sénafé, etc.

Le long des artères principales, il y avait un noyau de cantonniers armés, placés sous la direction d'un gradé italien. Ces hommes servaient non seulement à conserver et à améliorer la route, mais encore ils la gardaient et protégeaient les communications télégraphiques.

Ces travaux rappellent l'œuvre intelligente de plusieurs offi-

12

ciers, qui, pendant la période de paix, s'employèrent à assurer le développement de la colonie. C'est ainsi que la belle route de Nefasit, qui se déroule en dominant les flancs escarpés de l'Arbaroba, rappelle les noms du capitaine Fornaca et du lieutenant Ferrero; la route Portes du Diable-Asmara est due au zèle intelligent du colonel de Maio; la route de Maldi rappelle encore le lieutenant Ferrero; la route d'Az Teclesan rappelle le capitaine Persico; les routes vers l'Oculé Cusai sont l'œuvre du lieutenant Sanguinetti, du capitaine Oddone et du major De Vito; la route d'Adi Ugri a été améliorée par le major Folchi et par le lieutenant Campagna; les améliorations de la viabilité, dans le territoire d'Asmara, sont dues au colonel Pianavia. J'en devrais citer d'autres encore, car plusieurs officiers étaient justement convaincus que la construction des routes rend non seulement un service militaire à la colonie, mais encore qu'elle habitue les hommes au travail et à la discipline; ces travaux, en effet, diminuent considérablement et font disparaître, en partie, ce préjugé des *ascaris* que le travail manuel n'est pas assez noble pour la classe guerrière.

Mais, malheureusement, les travaux de route, comme les autres travaux, durent subir un ralentissement forcé, dans la période postérieure à 1893, à cause des nécessités de la guerre, qui toutefois ne les interrompirent complètement que pendant la dernière période de l'invasion choanne. Les soldats, aussitôt après Agordat, durent être rassemblés dans le camp d'observation de Chéren (février 1894), puis, pendant l'été, ils furent appelés à opérer contre Cassala (juillet); après Cassala, vint la saison des pluies, du mois d'août à octobre; après la saison des pluies (d'octobre à décembre), il y eut une courte période de calme; puis vinrent l'insurrection de l'Oculé Cusai, la trahison de *ras* Mangascia et l'invasion des Tigrins. Pendant les périodes de préparation ou pendant les intervalles, nos soldats purent difficilement s'occuper aux travaux de route, soit parce qu'ils étaient employés au besoin plus urgent de la construction des forts ou à des instructions spéciales, soit parce que la création de nouvelles unités et l'augmentation des effectifs des unités existantes enlevaient des ouvriers et les obligeaient à un travail plus important, d'autant plus que les *ascaris* de chaque nouvelle garnison devaient construire eux-mêmes leurs propres *tuculs*.

Parmi ceux qui ne sont pas allés en Érythrée, bien peu peuvent se figurer les difficultés de construction que l'on rencontre à ces hauteurs, bien plus élevées que les passages les plus élevés de nos Alpes, et avec ces pentes, au milieu de ces montagnes. Il faut éviter les torrents qui, gonflés subitement pendant l'été, se précipitent, du haut des crêtes dénudées par des incendies[1] continuels, renversant tout et détruisant tout. Il faut traverser un terrain qui bien des fois s'éboule, est parfois rocheux et présente des différences de niveau très accentuées et des profils très aigus. Il faut passer dans ces combes du haut plateau, où l'eau tombée à flots, pendant une seule saison, séjourne et forme un marais. Il faut interrompre, de temps en temps, le travail, soit à cause des pluies torrentielles, soit à cause de la chaleur torride. Malgré cela, comme on peut le voir par les rapports officiels et les budgets, la dépense faite pour les routes fut relativement minime[2].

Quoi que l'on en ait dit et écrit, les *travaux de fortification* eux-mêmes eurent leur développement et répondirent au double but stratégique et tactique.

Jetons d'abord un coup d'œil vers le sud, sur la frontière avec l'Éthiopie.

Le *fort Baldissera,* à l'Asmara, servait de base à la défense de l'échiquier sud. Les travaux de ce fort ont continué pendant les années 1892, 1893 et 1894 et ont mérité les éloges de bien des gens, aussi bien pour l'enceinte que pour les constructions intérieures. En même temps, en octobre 1892, aussitôt que la saison des pluies permit de commencer les travaux, on entreprit la construction du *fort d'Adi Ugri,* près de Godofelassi, sur la route la plus directe provenant d'Adoua. Adi Ugri, point avancé dans l'échiquier abyssinien, est le gardien de la frontière du Mareb et le pivot de la défense contre d'éventuelles razzias abyssiniennes. Ainsi, ce fort qui couronne une hauteur aux flancs abrupts et

1. Les incendies se propagent très facilement dans les bois de l'Érythrée, soit parce que le sol est recouvert, pendant l'été, de très hautes herbes sèches, soit à cause de la nature résineuse des plantes, soit en raison de l'habitude qu'ont les indigènes de mettre le feu aux herbes pour préparer le terrain à l'agriculture, pour gagner d'autres espaces libres et pour faire fuir les bêtes sauvages.
2. Voir les rapports annuels présentés à la Chambre des députés dans les années 1893 et 1894.

caractéristiques, servit, successivement, à abriter une garnison régulière avec des magasins, à donner de la consistance aux bandes armées à notre service du Seraé, à en imposer au pays avoisinant, à protéger la colonie agricole italienne de Godofelassi et à soutenir nos opérations d'Adoua et de Coatit-Sénafé.

Au lendemain de la dispersion de l'armée tigrine à Sénafé, j'ordonnai la construction d'un *fort* sur la hauteur de *Saganeiti,* sur la crête des montagnes qui dominent la descente des routes provenant du sud et se dirigeant vers le littoral de Massaoua (fin janvier 1895). Le major Toselli d'abord et le major De Vito ensuite surent l'organiser de façon qu'il répondît à ce que l'on exigeait de lui, c'est-à-dire tenir en respect l'Oculé Cusai, couvrir la route de l'Asmara à Ghinda et à Massaoua, servir de gîte d'étape et de base vers l'Oculé Cusai et le Scimenzana, menacer le flanc de l'ennemi qui voudrait descendre vers Massaoua par la route de Maio.

L'Agamé étant occupéé, il était nécessaire d'y construire un fort, comme centre de notre défense contre les Tigrins et les Choans, et comme fort d'arrêt, sur la voie principale d'invasion dans la colonie. Ce fort devait garder la nouvelle province et servir de magasin de vivres dans une localité bien choisie, au point de vue stratégique et tactique. On trouva cette localité près du chef-lieu même de l'Agamé, sur la route de Macallé et en communication selon la latitude avec Adoua. Et, depuis mars 1895, on vit s'élever — grâce aux soins du major Toselli d'abord, ensuite du major Prestinari — le *fort d'Adigrat,* qui, jusqu'au dernier moment, répondit entièrement au but proposé. Je rappelle seulement que l'enceinte, construite à peu près le long de la sinuosité d'une crête rocheuse, avait un développement de 750 mètres, avec un mur haut, en moyenne, de 3 mètres, épais de 4^m,50 et contenant quatre plates-formes pour l'artillerie.

Je ne prescrivis pas la construction d'un fort à Adoua, au lendemain de l'occupation (avril 1895), pour trois motifs : 1° parce que l'occupation d'Adoua ne devait être que provisoire, pour empêcher *ras* Mangascia de la reprendre immédiatement; 2° parce qu'en y construisant un fort, il eût été absurde de l'abandonner ensuite; 3° parce que, en cas de défense active, mon intention était de concentrer les forces à Adigrat, et non pas de les diviser entre Adigrat et Adoua.

Après le combat de Debra Aïla contre Mangascia (octobre 1895), j'ordonnai la construction du *fort d'Enda Jésus,* près de Macallé; mais ce devait être un bloc de rocher, un nid d'aigle, pour une petite garnison, ainsi que le disent les instructions *et comme on le verra ensuite.* Le fort résista à toute l'invasion choanne.

Laissons le fort ou le *retranchement d'Adi Caié,* aux sources de l'Haddas, au point de réunion des routes de Massaoua et de l'Asmara; ce fort a été commencé d'abord (juin 1895), et continué ensuite pour défendre les deux lignes de ravitaillement pour Adigrat : nous en parlerons plus tard.

Et maintenant jetons un regard à l'ouest sur les défenses contre le Soudan :

La base de la défense de l'échiquier occidental était le *fort de Chéren,* que j'avais cherché à améliorer, depuis que j'avais commandé cette zone (1890-1891). Plus tard (novembre 1890), avec le consentement du général Gandolfi, je fis construire, comme sentinelle avancée contre les Derviches, le petit *fort d'Agordat*[1], sur la gauche du Barca, au débouché des montagnes de Chéren vers le Soudan, sur la route de Cassala; c'est autour de ce fort que devait se décider la belle victoire d'Agordat. Autant que le permettait le relief du sol, le retranchement fut renforcé, et, aussitôt après, le fort d'Agordat servit de pivot à l'expédition contre Cassala, ensuite il servit de point d'appui, de magasin et de sentinelle à la ligne d'opération Chéren-Cassala. Les Derviches, dans leur incursion de janvier 1897, n'osèrent pas l'attaquer, bien qu'ils s'en fussent approchés avec des forces bien plus nombreuses que les nôtres.

Cassala étant occupée (17 juillet 1893), on y construisit, de suite, le fort que S. M. le roi fit appeler, en vertu d'un décret spécial, *fort Baratieri.* Ce fort, lui aussi, fit ses preuves, et, grâce à la valeur de la garnison, il vit par deux fois (avril 1896, janvier 1897) les Derviches battre en retraite. Le fort fut construit suivant mes idées : le dessin fut fait par le capitaine Acerbi, et la construction dirigée surtout par le major Turitto; il acquit ensuite plus de valeur, grâce au zèle du major Hidalgo. Le mur d'enceinte forme un vaste rectangle de 200 mètres sur 100; il est haut de $2^m,65$. Il est en briques et est protégé par un fossé

1. J'en posai la première pierre le 20 novembre 1892, en présence de tous les chefs des tribus nomades, y compris les Hadendoas.

profond, par des palissades et par un réseau de fil de fer sur le devant. Il contient à l'intérieur un puits abondant.

D'autres ouvrages de défense furent construits par des officiers italiens, à l'aide des soldats indigènes réguliers et irréguliers, pour garder la ligne de communication avec Cassala, par exemple à Ela Dal, à Sabderat et ailleurs.

La construction de ces forts coûta très peu au budget de la colonie, car des nécessités inéluctables obligeaient à diminuer la contribution de la mère patrie, et l'on était toujours en lutte d'argent, avec Rome, à cause de l'augmentation indispensable des forces vives combattantes. Les soldats européens et les soldats indigènes devaient tout faire; et maintenant, dans les jours de malheur, il n'est pas juste d'oublier l'intelligente activité des officiers, non plus que la discipline et l'abnégation des troupes, dans la construction des voies de communication et des ouvrages de défense.

Grâce à l'œuvre du génie, on put couvrir toute la colonie d'un réseau télégraphique permanent et d'un réseau de télégraphie de campagne. Ce réseau fut gardé, sur des milliers de kilomètres, même dans les moments les plus scabreux; il fut rarement interrompu, même dans les pays les moins fidèles et au milieu des populations révoltées. Les télégraphistes du génie firent, en toute occasion, parfaitement leur devoir; ils méritent certainement une parole d'éloge pour le courage et l'énergie dont ils ont fait preuve, pour les dangers qu'ils ont courus dans leurs différentes stations, souvent isolées, souvent menacées par les Derviches ou les Abyssiniens. Que l'on pense à la longue ligne télégraphique de Massaoua à Cassala par Chéren; à celle de Massaoua à Adoua par Asmara et Adi Ugri; à la troisième de Massaoua à Adigrat et Macallé par Maio; que l'on pense aux lignes télégraphiques transversales d'Asmara à Chéren par Az Teclezan, — d'Asmara à Adi Caié par Saganeiti, — d'Adi Quala à Adi Caié par Adis Adi et aux nombreuses stations isolées, dans lesquelles travaillaient deux télégraphistes avec quelques soldats indigènes chargés de surveiller les fils. Et, en se rappelant les événements des années 1894-95, on pourra se convaincre des services rendus, avec tant de cœur, par notre génie militaire, dans le cercle modeste et pourtant si utile de ses attributions.

J'avais l'intention d'établir, le long des voies de communication, des points d'eau permanents qui pourraient suffire, même pendant la saison sèche, au service des étapes. Rien n'est plus connu, en Italie, sur l'Afrique, que la rareté de l'eau, même dans les meilleures localités du haut plateau. Mais pour avoir de l'eau en tant d'endroits, il fallait des études, du temps, des bras et aussi de l'argent.

Mon prédécesseur, le général Gandolfi, avait espéré obtenir de l'eau, surtout pour Massaoua et la plaine basse, en forant des puits artésiens. Les essais qu'il avait commencés et que je continuai ne donnèrent pas de résultats pratiques. Pendant ce temps-là, on élargit et on approfondit les puits dans les diverses localités où il y en avait; de plus, on étudia le système consistant à construire des bassins au fond des vallées les plus appropriées pour recueillir de l'eau. Mais ces études, elles aussi, ne donnèrent pas les résultats pratiques que l'on espérait. Restait la méthode la plus naturelle et la plus simple : creuser des puits et les revêtir convenablement. Ce travail s'exécuta partout où il y avait des garnisons; on fit même, comme à Chéren et à Agordat, des œuvres trop grandioses, eu égard à la modicité des moyens et à la simplicité qui devait s'imposer forcément à nos travaux.

Je rappelle les travaux exécutés à Maio, à Saganeiti, à Adigrat, à l'Asmara, à Ghinda, à Nefasit, à Adi Ugri, à Az Teclesan, à Adis Adi, à Adi Caié, à Ela Dal et à Cassala. Partout où se sont arrêtés des officiers italiens avec des soldats au service de l'Italie, on a creusé des puits, on a amélioré les communications, on a essayé de cultiver les terres, on a préparé des travaux de défense.

Le plan, conçu par moi, d'établir le long des voies de communication des points d'eau permanents, des relais pour les caravanes, des centres pour la colonisation de l'avenir, ne put pas être suivi avec ordre et méthode, comme on l'aurait désiré, soit parce que les événements de guerre survinrent, soit parce qu'il aurait fallu toute une génération pour le développer, soit parce que les études scientifiques et techniques n'étaient pas et ne pouvaient pas être encore arrivées à maturité. Toutefois, quoi qu'on en dise maintenant, à ce moment-là l'activité des officiers, pour cette question comme pour les autres, était hautement louée par

les consciencieux et intelligents voyageurs italiens et étrangers,
qui avaient une idée approximative des difficultés à vaincre
pour donner, le plus vite possible, à la colonie l'organisation
la meilleure.

Bien que les vicissitudes de la guerre, en absorbant, on peut le
dire, tous les hommes valides, aient obligé aussi souvent à relé-
guer au second plan les travaux ou à les interrompre, on peut
dire que, pour les eaux aussi, on a fait quelque chose. Et si les
hostilités n'avaient pas éclaté, on aurait fait bien plus dans la
suite, car les recherches et les études du capitaine Sermasi
avaient abouti. De toute façon, à la fin de 1895 et en 1896, malgré
la concentration des soldats européens et de milliers de quadrupèdes, le long des voies d'opération, dont nous parlerons plus
tard, on eut à souffrir du manque d'eau moins que l'on n'en
aurait souffert dans certaines régions de l'Italie.

Malheureusement les crédits budgétaires étaient réduits autant
que possible. Mais, d'un côté (et non à tort), le gouvernement et
le parlement voulaient restreindre à un *minimum* les dépenses
coloniales, généralement antipathiques à la mère patrie; d'un
autre côté, si l'on avait entrepris des travaux plus importants, il
eût été indispensable de faire venir d'Italie un bon nombre de
travailleurs, ce qui aurait compliqué la question coloniale, alors
qu'il fallait graduer les études et les travaux avec le calme et le
temps nécessaires, pour qu'ils se développassent d'une façon continue.

Au lendemain de l'occupation de Cassala (juillet 1894), je pensai aux avantages que la défense, le commerce et la colonisation
auraient pu retirer d'une voie ferrée mettant en communication
le Soudan et la mer Rouge. Après avoir obtenu le consentement
du ministère, je traitai avec la Société des chemins de fer mé-
ridionaux, qui entreprit, de bon gré et à ses frais, le travail des
études préparatoires. Ces études furent achevées en 1894. Les
études définitives étaient presque terminées, pour le tronçon
conduisant jusque dans la combe de Ghinda, lorsque, à la fin
de 1895, éclata la guerre; ces études furent même continuées pendant que l'on était en pleine guerre avec les Choans[1].

1. Voir le tracé de voie ferrée Massaoua-Belesa-Chéren-Agordat-Cassala,
sur la carte générale de l'Érythrée, annexée à ce volume.

Il est inutile d'établir la liste des autres travaux. Ce qui a été dit, les traces qui subsistent et le témoignage de tous ceux qui les ont vus doivent suffire pour rétablir la vérité, c'est-à-dire pour prouver que l'on a fait humainenent tout ce que l'on a pu, pour préparer, dans ces contingences, à la mère patrie une colonie aussi sûre que possible et convenant à l'expansion coloniale de l'Italie.

DEUXIÈME PARTIE

JUILLET 1895-FÉVRIER 1896

CHAPITRE XIII

LA PRÉPARATION POLITIQUE DE L'ÉRYTHRÉE

Mission du capitaine Persico chez les Dancalis. — Le mouvement musulman. — *Cheick* Thala. — *Ras* Micael et les Volo Gallas. — Uaescium Buru du Lasta. — Le Goggiam. — De nouveau *ras* Maconnen. — Le major Toselli dans l'Agamé et le major Ameglio dans le Tigré. — Le caractère des chefs abyssiniens.

Pendant la période décrite dans les chapitres IX et X, c'est-à-dire depuis mars 1895, le ministère, à Rome, voulait contenter tout le monde et faire des économies, tout en maintenant sur le fort d'Adigrat et sur celui de Cassala le drapeau italien victorieux ; pendant ce temps-là, il ne se préoccupait nullement ni de l'orage qui grossissait vers le sud, ni des menaces de l'ouest. Augmentation de territoire, réduction de dépenses, grande politique avec des moyens insuffisants et, qui pis est, dans un moment périlleux. C'étaient des hésitations, des indécisions et des retards, toujours nuisibles en ces circonstances et à la veille de deux guerres.

J'avais décrit au gouvernement central la situation, en indiquant toute son alarmante gravité : et les faits prouvèrent trop tard que j'étais dans le vrai. Il semblait que le ministère ne lisait rien, ou, s'il lisait, qu'il n'ajoutait foi ni aux nouvelles, ni aux rapports, ni aux télégrammes. J'en vins à croire que le ministère voulait changer radicalement de politique et qu'il avait en main tous les moyens pour conjurer les périls que je décrivais. Je ne pouvais certes pas être taxé ni même soupçonné de pessimisme.

Dans cette longue discussion entre le ministère et moi, si serrée et si complète sur chacune des nécessités de la défense, je demandais le *minimum*; mais si ce *minimum* pouvait suffire quelques mois auparavant, il devenait insuffisant à cause du retard mis à l'accorder. En outre, il devenait, peu à peu, plus difficile d'augmenter ce minimum, parce qu'il faut beaucoup de temps pour enrôler les hommes, pour acheter les animaux, pour former les colonnes de transport, pour organiser de nouvelles troupes, dans un pays aussi pauvre, aussi peu peuplé, avec des distances aussi grandes, avec des besoins toujours croissants pour l'entretien des troupes.

Mes demandes pressantes et réitérées sur la ligne de conduite à suivre n'obtiennent aucune réponse. C'est ce qui explique l'abîme qui sépare ma pensée de celle du ministère. Celui-ci, tout en voulant conserver la situation politique, militaire et civile, demande une diminution d'effectif et de dépenses. Je me berce de l'espoir que le ministère peut assurer la paix, d'autant plus que je ne puis m'expliquer mon appel à Rome, dans un moment aussi critique et pour une demande aussi claire et aussi nettement posée; et pendant ce temps il était question, en Érythrée, d'organiser les nouvelles provinces, de renforcer la ligne défensive, d'augmenter le travail de dissolution, de surveiller les préparatifs et les mouvements de Mangascia et de Ménélick et de nous préparer, pour les derniers mois de l'année, à la guerre tant de fois annoncée.

Peut-être le ministère avait-il une trop grande confiance dans la préparation politique, bien que je l'eusse mis, à plusieurs reprises, en garde contre les surprises, les incertitudes, la mauvaise foi et les parjures des Africains « Le jeu est serré (cessé, dit par erreur le livre vert), et ici la plupart sont prêts à faire volte-face; ils cherchent à gagner du temps, et plusieurs étudient déjà le moyen de trahir, si on leur en offre l'occasion. »

L'action politique du gouvernement de l'Érythrée, dans le but de diminuer les inconvénients de notre défense militaire (dont nous avons parlé, pour la période précédente, dans le chapitre V), continuait à se développer par une progression croissante. Nous avions des relations plus directes dans les trois camps que j'ai déjà indiqués, c'est-à-dire :

L'un sur les rives de l'Auasce et vers les montagnes du Zebul, qui rayonnent autour de l'Aussa et vers la chaîne centrale éthiopienne, c'est-à-dire avec l'Anfari, avec *cheick* Thala et les musulmans et avec *ras* Micael des Volo Gallas;

L'autre dans l'intérieur de l'Éthiopie, c'est-à-dire dans le Lasta, dans le Goggiam et dans le Harar avec Uacscium Buru, avec le *negus* Teclaimanot et avec *ras* Maconnen;

Le troisième dans les provinces nouvellement annexées et dans celles qui les avoisinent : Tigré, Agamé, Uogerat, Tembien.

Déjà, depuis l'année précédente, nous avions à Aussa, pour organiser la défense avec les éléments locaux, le capitaine Persico, homme prudent et avisé, suffisamment familier avec l'arabe, avec les coutumes et avec la religion musulmane. Comme on peut le lire dans un long rapport envoyé par moi au ministère, vers la fin de mars, il y avait trouvé un bon terrain et de bonnes dispositions, surtout chez Mohamed Anfari, sultan d'Aussa, et chez les Dancalis de l'Auasce. Avec le temps, il avait pu étendre ses relations jusqu'au Zebul et au Tantal[1] et gagner à notre cause *cheick* Thala, homme vénéré, musulman fervent, ennemi des Derviches et des Abyssiniens, ami de Mohamed Anfari et de l'agent italien chez les Dancalis, Abdulrahman ben Jusuf. Peut-être a-t-on exagéré l'ascendant politique de *cheick* Thala sur les tribus voisines; peut-être n'eut-il pas le temps de s'expliquer; toutefois personne ne peut nier l'importance d'un mouvement musulman, pénétrant à travers les montagnes, sur les flancs d'une armée comme celle de Ménélick, qui, avec un nombre infini d'animaux, transporte avec elle sa propre base d'opération.

Du reste, l'agitation musulmane contre les Abyssiniens ne se limitait pas au Tantal et au Zebul, mais elle s'étendait jusqu'aux Gallas de l'Auasce, qui m'avaient envoyé, à Massaoua, deux émissaires. Abdulrahman ben Jusuf (comme je l'ai déjà dit) avait été le seigneur d'une partie de ces terres et il en avait été chassé par Ménélick. De là sa haine contre les Choans, de là les promesses qu'il nous adressait; elles étaient exagérées soit par son imagination surexcitée, soit par son désir de montrer sa puissance, soit par son envie d'obtenir des compensations.

1. Le Zebul et le Tantal, territoires de la Dancalie sur la frontière abyssinienne, sont à cheval sur le 13° de latitude septentrionale, sur le parallèle d'Amba Alagi et de la frontière tigrine.

Certainement ni le capitaine Persico, ni le commissaire italien Pestalozza.à Assab, ni moi, nous n'ajoutions une foi entière aux promesses et aux hâbleries d'Abdulrahman ben Jusuf; et nous comptions encore bien moins sur lui. Mais, tout en réduisant tout cela à des proportions minimes, il restait ce fait d'une agitation latente des musulmans en notre faveur. Cette agitation était basée sur leur intérêt, sur l'antique haine de race et de religion, sur la confiance qu'ils avaient de trouver, auprès des vainqueurs des Abyssiniens, une aide dans leurs désirs d'indépendance et dans leurs haines de religion. Il n'y avait certes pas lieu d'espérer de les voir — comme trois siècles auparavant, avec Mahomet Grange — parcourir victorieux le haut plateau éthiopien. Mais nous pouvions espérer que cette agitation, tout en conservant les modestes proportions d'une menace permanente contre le plan d'une invasion choanne en Érythrée, aurait produit une diversion ayant pour résultat d'occuper une partie des troupes choannes. Cet espoir était d'ailleurs justifié par la conduite tenue quelques années auparavant par les Dancalis, qui, avec leurs guérillas et en incendiant les terres, avaient, sans l'aide des peuplades voisines, contraint Ménélick à battre en retraite.

Nos relations avec *ras* Micael, des Volo Gallas, dont nous avons déjà parlé, étaient combinées avec le mouvement dancalo-galla. *Ras* Micael était peut-être, en secret, encore musulman; il semblait que sa parenté, par les femmes, avec Ménélick n'avait point fait disparaître la méfiance qui existait entre l'empereur d'Éthiopie et son grand vassal. Ce dernier avait accentué son amitié et son dévouement à l'Italie, à l'occasion des victoires d'Agordat et de Cassala; il avait déploré l'insurrection de *ras* Mangascia; il conservait de bonnes relations avec le sultan d'Aussa et avec notre agent Abdulrahman ben Jusuf; il semblait désireux de conserver son territoire, dont l'intégrité était menacée par d'autres prétendants et par des chefs tigrins qui espéraient être indemnisés, au moyen des terres amharas, des pertes qu'ils avaient subies dans leur pays.

Le territoire des Volo Gallas, depuis la crête de l'arête éthiopienne, s'étend à l'ouest, le long des puissants contreforts qui descendent vers l'Abai. C'est dans ce pays que se trouvent les passages les plus élevés et les plus difficiles de la route du Choa vers l'Érythrée; c'est dans ce pays que s'élèvent les positions défensives les meilleures, aussi bonnes d'un côté que de l'autre, c'est-à-dire soit contre les attaques venant du nord, soit contre celles venant du sud. *Ras* Micael tenait donc les clefs des portes vis-à-vis du Choa et vis-à-vis du Tigré. Son intérêt, les négociations personnelles qu'il avait ouvertes avec moi et son désir (probablement sincère à ce moment) de développer le commerce nous faisaient croire qu'il ne livrerait pas le passage à l'envahisseur venant du Choa, — et même que, sans entamer les hostilités, il aurait exercé une pression sur l'esprit de Ménélick pour assurer le maintien de la paix. On prétendait encore que, étant données certaines circonstances, il se mettrait franchement en lutte avec le roi des rois. Pour peu que l'on connaisse les habitudes et les coutumes abyssiniennes, on ne trouvera pas étrange ce jeu que tous les *ras* ont plus ou moins joué, dans l'une comme dans l'autre contingence.

Ras Micael continua pendant longtemps à se montrer notre partisan. Et même — selon un télégramme et une lettre du général Arimondi, à ce moment-là gouverneur par intérim de l'Érythrée, à la fin d'août[1] — « il fit dire secrètement au capitaine Persico qu'il était notre partisan, mais qu'il ne pouvait pas, pour l'instant, se révolter contre Ménélick, de crainte de ne pas être soutenu par nous ».

Effectivement, il avait rassemblé des troupes et s'était avancé vers l'Aussa; mais ensuite il se retira à l'improviste à Desié et congédia ses soldats. Le général Arimondi dit à ce propos : « Il est difficile de juger quelle sincérité il y a dans la déclaration du *ras* des Volo Gallas. Il convient toutefois de ne pas oublier son passé et de se rappeler qu'il a de grandes ambitions, qu'il pourra difficilement satisfaire en restant avec Ménélick. »

Probablement, à ce moment-là, *ras* Micael disait la vérité, et il aurait tenu sa parole si des événements avaient tourné à notre avantage ou si nous avions pénétré, avec des forces suffisantes, jusqu'à la frontière de son pays. Au milieu de ce relâchement progressif des liens hiérarchiques, au milieu de toutes ces factions, au milieu de ces bouillantes et folles ambitions, et avec ces relations si incertaines et si changeantes, beaucoup parmi les principaux chefs abyssiniens, épiaient une occasion pour se mettre du

---

1. Télégramme du général Arimondi du 4 septembre 1895 au ministère; livre vert, xxiii *bis*, n° 100. Lettre du 13 septembre, *id.*, n° 101.

côté où ils espéraient trouver leur profit et qui semblait leur offrir des facilités plus grandes, pour atteindre le but qu'ils se proposaient. Jusqu'alors les Italiens l'emportaient, parce que, après avoir triomphé des Derviches et des Tigrins, ils avaient occupé et occupaient le Tigré, et parce qu'il y avait toutes les probabilités pour qu'ils fussent indirectement les arbitres de la situation dans toute l'Éthiopie.

Pour cette raison et pour d'autres encore, dans le second champ de notre action politique, c'est-à-dire dans l'intérieur de l'Éthiopie, Uacscium Buru, seigneur du Lasta, s'était déclaré partisan des Italiens, plus ouvertement encore que *ras* Micael; peut-être était-il poussé surtout par sa haine et sa méfiance envers Ménélick. Le pays alpestre du Lasta — placé entre les origines du Tacazzé et le lac de Tsana, non loin des Volo Gallas — aurait complété le tampon politique entre la colonie de l'Érythrée et le Choa, et aurait opposé une barrière militaire très forte à un mouvement en avant éventuel des hordes choannes. Mais Uacscium Buru disparut vite de la scène : il avait été relégué, par ordre de Ménélick, sur une *amba,* parce qu'il était accusé d'être en correspondance avec le gouvernement érythréen. Il eut pour successeur son fils Uacscium Guangul, considéré généralement comme l'ami de *ras* Mangascia. » Toutefois (disait le général Arimondi, dans sa lettre de l'Asmara, datée du 13 septembre 1895), toutefois, Uacscium Buru nous fait dire qu'il faut se fier en Guangul comme en lui-même, parce que Guangul n'a d'autre but que d'obtenir la liberté de son père; dès que nous avancerons, il jettera le masque et se mettra avec nous[1]. »

Dans l'intérieur de l'Éthiopie, d'autres négociations étaient ouvertes, depuis l'année précédente, avec Teclaimanot, roi du Goggiam. Déjà, avant notre occupation de l'Érythrée, le Goggiam avait bien accueilli les Italiens, et il semblait que Teclaimanot, ennemi des Derviches, contre lesquels il avait combattu avec plein succès, vît d'un bon œil l'ascendant italien. Que l'on ajoute à cela les discordes avec le Choa, la guerre précédente avec Ménélick, la jalousie et l'envie excitées par la proclamation de Ménélick comme *negus neghesti.* Teclaimanot m'avait adressé ses

1. Livre vert, XXIII *bis*, n° 101, page 97.

congratulations pour la victoire d'Agordat et la prise de Cassala; pendant la lutte contre *ras* Mangascia, il s'était tenu tout à fait tranquille.

Les papiers trouvés dans la tente de Mangascia, à Sénafé, faisaient voir que Teclaimanot était resté complètement en dehors des trames ourdies contre l'Érythrée. En tout cas, cela lui aurait servi (et c'était dans les idées des grands feudataires abyssiniens) d'avoir des voisins faibles et divisés plutôt que puissants et unis entre eux.

Ménélick, le *negus neghesti,* l'avait nommé *negus;* mais beaucoup croyaient que Teclaimanot n'était point satisfait du titre seul, sans augmentation de territoire. Il était cependant difficile de nous entendre avec lui, à cause de la grande distance qui nous en séparait.

Nos envoyés furent bien accueillis et nous rapportèrent des déclarations explicites d'amitié. On croyait généralement qu'en cas de guerre le Goggiam prendrait une attitude hostile au Choa, ou tout au moins qu'il resterait neutre. Et de fait, comme on le verra ensuite, Teclaimanot ne répondit pas aux deux premiers appels de Ménélick, et il se décida tardivement à envoyer, à la fin de novembre, son contingent vers Borumieda. Pendant longtemps il maintint ses troupes dans une douteuse expectative, et il ne leur donna l'ordre d'agir, d'accord avec celles de Ménélick, que dans les premiers jours de janvier 1896.

A l'horizon opposé du Goggiam, mais presque sur le même parallèle (16° nord), dans le Harar, nos relations avaient toujours été bonnes avec *ras* Maconnen. J'avais profité de toutes les occasions pour les améliorer, en lui adressant des lettres et des cadeaux. *Ras* Maconnen, d'un côté, aspirait évidemment à la succession de Ménélick; d'autre part, à cause de l'influence de la reine Taitu, il craignait, un jour ou l'autre, de devenir suspect et d'être dépossédé. Conscient de la supériorité de son esprit, il avait la grande ambition (et peut-être l'a-t-il encore) de devenir l'arbitre de la situation et le pacificateur de l'Abyssinie, et cela dans son intérêt et dans l'intérêt de sa réputation.

Autant que la discrétion et le respect des intérêts supérieurs me le permettaient, j'ai déjà fait allusion aux ouvertures que j'avais faites personnellement à Maconnen, en octobre 1894, par l'intermédiaire du chevalier Felter, notre représentant au Harar. Ces ouvertures avaient été accueillies avec la prudente réserve qui est dans la nature de Maconnen, mais elles étaient loin d'avoir été repoussées[1].

Il ne semble pas toutefois qu'il ait été complètement persuadé. Les aspirations de l'Italie sur le Harar avaient été trop clairement indiquées non seulement par la presse, mais encore par nos agents diplomatiques; ces manifestations avaient été trop exploitées par des agents qui nous étaient hostiles, pour ne pas impressionner l'esprit de Maconnen. Le but de sa politique était de chercher à se maintenir en équilibre entre les Anglais, les Français et les Italiens; peut-être considérait-il ces derniers comme les plus dangereux, parce que les deux premiers s'éliminaient mutuellement. Néanmoins, peut-être à cause de cela, Maconnen aurait agi dans son intérêt comme dans le nôtre, si l'écho exagéré des prétentions italiennes ne fût parvenu jusqu'à lui.

Les gouvernements parlementaires, s'ils sont moins aptes que les autres aux intelligences diplomatiques, avec les gouvernements européens, qui pourtant voient et considèrent les exigences de la situation et l'importance que l'on peut accorder aux manifestations individuelles, sont encore bien moins aptes aux intelligences avec les gouvernements non civilisés, qui ont l'habitude d'attribuer au roi et à ses ministres ces manifestations.

Donc, dans l'intérieur de l'Éthiopie, du Harar au Goggiam, en passant par les Volo Gallas et le Lasta, rien n'était négligé pour isoler le Choa et diminuer ainsi les probabilités de la guerre et les forces de l'invasion. Ces préparatifs, comme on le verra par la suite, auraient atteint leur but, qui était d'assurer la paix, si les événements, en se précipitant, n'avaient pas détruit l'édifice construit avec tant de soin et avec tant de peines.

Et maintenant que l'on nous permette quelques mots sur notre action politique dans notre troisième champ d'action, c'est-à-dire dans l'Agamé, le Tigré, l'Uogerat et le Tembien.

Le rétablissement de la sécurité dans les provinces nouvelle-

---

1. Le 3 février 1895, d'après le rapport de M. Felter, je pouvais télégraphier à Rome :

« Maconnen *promet de se révolter* si Ménélick commence les hostilités contre l'Érythrée. Nouvelle secrète. Une indiscrétion de la presse gâterait tout. » Je n'aurais pas publié ce télégramme, s'il n'était déjà contenu dans le livre vert, XXIII *bis,* n° 24.

ment annexées et dans celles qui leur étaient voisines, se faisait dans de bonnes conditions; des éloges spéciaux sont dus, pour cela, au major Toselli, commandant de l'Agamé. C'était un esprit élevé, clairvoyant et cultivé; par étude et par expérience, il connaissait bien les hommes et les choses d'Abyssinie. Le major Ameglio, commandant du Tigré, mérite aussi des éloges.

Par un décret du 9 juillet 1895, daté de l'Asmara, immédiatement avant de m'embarquer pour l'Italie, j'organisais le territoire de la colonie de l'Érythrée, au sud du Bélésa-Mareb-Mai Muna, en deux zones, dont les commandements respectifs étaient à Adigrat et à Adoua; ils avaient des attributions analogues à celles qui avaient été expérimentées, avec plein succès, à l'Asmara et à Chéren. Le décret du gouverneur indiquait les circonscriptions territoriales des deux zones[1]. Et, pendant que l'on organisait politiquement le pays, on réorganisait les bandes armées pour sa défense et l'on procédait activement à la construction du fort d'Adigrat.

Mais dans l'Agamé, *degiac* Agos uold Tafari, dont nous avons déjà parlé dans les chapitres VI et IX, nommé chef du pays, se montrait inférieur à sa réputation : « Il semble manquer d'initiative et de décision; il est nécessaire d'être attentif pour qu'il ne devienne pas le jouet des intrigants.» Voilà ce que j'écrivais au ministère, dès le 20 mai[2]. Comme il est dans la nature des choses, il y avait dans l'Agamé trop de rivalités, trop de haines, trop d'ambitions. On ne sort pas impunément d'un siècle de luttes et de sang.

Les autres chefs du Tigré et de l'Agamé, nommés au fur et à mesure que l'occasion s'en présentait, et qui avaient été choisis par nous, restaient corrects; et les commandants de ces zones, tout en connaissant les défauts, se montraient satisfaits.

En les nommant, je cherchais à respecter les traditions de leurs aïeux, tout en ayant pour but principal d'assurer notre domination. A cet effet, je résolus de nommer, en principe, des chefs sur une faible étendue de territoire. Ces chefs n'avaient donc point un grand pouvoir, — par suite ils avaient un plus grand besoin de notre appui; ils étaient moins dangereux en cas de défec-

1. Livre vert, xxiii *bis*, n° 93. Voir la carte générale de l'Érythrée à la fin de ce volume.
2. Livre vert, xxiii *bis*, n° 74, page 64.

tion, plus faciles à surveiller et plus soumis. Les grandes sei-
gneuries féodales sont le plus grand obstacle au développement
progressif de l'Éthiopie ; c'est le danger le plus à craindre, pour
celui qui en occupe le territoire.

Le clergé, surtout dans le Tigré, semblait nous être favorable ;
je crus agir prudemment en le traitant avec beaucoup d'égards,
en montrant, par-dessus tout, mon désir de la paix et en respec-
tant ses biens. Malgré son avidité et des mœurs peu exemplaires,
le clergé a un grand ascendant en Abyssinie, où la superstition
est très enracinée et où les sentiments religieux sont absorbés
par les formes liturgiques. Au mois d'avril, j'avais assisté à la
fête des Rameaux dans l'église principale d'Adoua : puis, en me
rendant à Axum, la ville sainte, l'ancienne capitale de l'empire
des Axumites, du haut de l'atrium du sanctuaire, j'avais affirmé
à tous ceux qui étaient là que le roi d'Italie accordait sa protection à ceux qui restaient fidèles à la religion de leurs pères. A
cette occasion je m'adressai à l'*eccighié* Théofilos et je l'amenai
à rentrer à Axum. J'obtins de lui qu'il demandât pardon au gouvernement italien d'avoir pris parti, quelques mois auparavant,
pour *ras* Mangascia ; je le décidai aussi à publier ce manifeste
ou cette circulaire, contraire à l'Église russe et favorable au
gouvernement italien, dont la publication en Europe fit impression par la précision et la justesse des idées et des phrases, et par
la déclaration explicite du clergé cophte contre les ingérences
russes.

Je cherchai immédiatement à étendre notre influence et notre
réseau d'informations au delà de la frontière des pays nouvellement annexés. *Ras* Olié, frère de la reine Taitu et chef féodal du
Begameder, semblait disposé à prendre parti pour nous ; mais il
y avait peu à s'y fier. *Ras* Mangascia, à la fin de juin, avec quelques
centaines d'hommes, était venu rôder au sud d'Antalo. Mais ces
quelques centaines d'hommes pouvaient devenir quelques milliers ; c'était, du reste, prévu, et, en effet, cela arriva vers la fin de
la saison des pluies[1]. Nous devions chercher à saper le pouvoir
qui lui restait encore, en traitant avec ses adversaires possibles ;
nous devions aussi avoir pour but de lui enlever les moyens de

---

1. Voir, pour la répartition des troupes, ma lettre du 27 juin, livre vert,
xxiii *bis*, n° 90.

faire la guerre qu'il trouvait dans le midi et qui lui étaient fournis surtout par les Tigrins revenus du Choa et campés au sud du
lac d'Ascianghi.

Dans ce but, le major Toselli devait se servir du chef des Azebu
Gallas, — Iman Tafari, — notre partisan, grâce auquel il pouvait, à travers l'Uogerat, tendre la main à *cheik* Thala et communiquer avec lui par des sentiers de montagne. Les Azebu
Gallas (musulmans) demeurent sur le versant oriental du massif
d'Amba Alagi, entre l'Uogerat, le Tantal et le Zebul. Pour désagréger les forces de Mangascia, le major Toselli devait, si c'était
possible, se servir des notables de l'Uogerat, qui, comme dans
l'Oculé Cusai, étaient habitués à se gouverner un peu comme
en république. Pour semer la discorde, il pouvait s'aider de *ras*
Sebath, dont nous avons parlé au chapitre III, qui, deux ans
auparavant, avait été emprisonné traîtreusement par Mangascia.
Ras Sebath jouissait d'une grande réputation dans toute la région,
soit à cause de la haute noblesse féodale de sa famille, dont le
pouvoir s'était étendu sur tout le Tigré, soit à cause de ses qualités personnelles, soit enfin à cause de la lutte qu'il avait soutenue avec succès, cinq ans auparavant, contre Ménélick et contre
les envahisseurs du sud. *Ras* Sebath avait conservé dans l'Agamé
un sérieux ascendant, et il ne pouvait attendre sa libération que
de nous seuls.

Le major Toselli était l'homme qu'il fallait, surtout à cause de
ses relations personnelles avec les notables. Mais, même pour
un homme avisé et attentif comme lui, il était difficile de voir clair
au milieu des ambitions démesurées, au milieu des haines dissi-
mulées, ouvertes ou feintes, toujours prêtes à éclater ou à s'apaiser pour un moment, au milieu des jalousies qui pullulaient dans
les cœurs inconstants, au milieu des mensonges et de la mauvaise foi de tous. Aucun de ces chefs factieux, accoutumés aux
fortunes subites, et pour qui les embûches et la trahison sont un
jeu et un titre de gloire quand ils réussissent, n'a l'habitude
de dire la vérité, pas même à ses amis. Et l'on se méfie tant de la
loyauté que souvent on ne s'en sert pas autant qu'il faudrait, de
crainte de se trouver trop engagé, ou bien de peur qu'elle n'ait
nécessairement des conséquences pernicieuses.

C'est un état psychologique singulier que celui des chefs abyssiniens; il est la conséquence probable des vicissitudes histo-

riques et mériterait une étude spéciale qui serait pour nous d'un utile enseignement[1]. On ne peut refuser aux chefs abyssiniens des élans de générosité qui, par moments, peuvent les pousser jusqu'au sacrifice. On doit généralement admirer en eux un courage à toute épreuve et une intelligence prompte, sinon profonde. Mais, débarrassés de tout lien moral, poussés par une vanité et un orgueil enfantins, inconstants et passionnés, ils cherchent avec complaisance les voies tortueuses et n'emploient la parole que pour cacher leur but.

Je parle des *grands* et de leur attitude politique, parce qu'il faudrait parler différemment du peuple, qui, lui, n'est pas habitué à tant de détours. Le peuple supporte tous les changements avec patience, avec une désinvolture ingénue et soumise; il obéit au maître quel qu'il soit, il lui prodigue toujours les plus profonds signes de respect, et conserve une attitude si humble que parfois il éveille les soupçons et excite le mépris.

Par rapport à nous, les chefs nous obéissent quand ils nous voient puissants par nos armes, ou quand ils espèrent de nous une humiliation de l'adversaire, un accroissement de pouvoir ou d'autorité, une satisfaction à des désirs souvent fantastiques. Ce serait une grave erreur de croire que, dans leur orgueil de caste et de race, ils nous obéissent par respect, sympathie ou gratitude, ou bien encore dans l'espoir de servir les intérêts de leur pays.

L'individualisme, fruit du régime féodal, est un des traits caractéristiques des chefs abyssiniens, aussi bien de ceux qui émanent directement du *negus neghesti,* que de ceux qui ont un rang inférieur. Toutefois, tout en étant très respectueux, dans les formes, pour la majesté royale qui brille bien loin, et pour le principe de gouvernement, dont ils ont une idée assez vague, ils ne reconnaissent ordinairement que la seule personne avec qui ils ont affaire, soit directement, soit par délégation. Quand ils ont connu cette personne et s'ils y trouvent leur profit, ils se fient à elle et subissent son autorité. Changer de personne est pour eux comme changer de croyance ou de politique. Ni les protestations ni les déclarations n'ont de valeur, parce que (sans le dire) ils n'y ajoutent pas foi. « Celui qui a entamé les négociations doit les achever, autrement il n'y a pas de garantie. »

---

1. Voir, dans ce volume, l'*Introduction* à l'édition française.

Entre eux, seules la violence, la révolte ou la trahison enlèvent le pouvoir avec la liberté; et le vainqueur fait le contraire du vaincu. De notre côté, nous avons trop souvent changé de politique et de personnes pour ne pas avoir développé cet individualisme inné et traditionnel, qui subordonne les négociations et les engagements à l'ascendant d'une personne, qui rend hésitante et incertaine la politique coloniale et qui affaiblit l'autorité du gouvernement central.

CHAPITRE XIV

VOYAGE EN ITALIE

Mon départ de Massaoua pour Rome (17 juillet). — Questions à traiter avec le ministère. — J'arrive à Rome (27 juillet). — Première concession (3 août). — Mon absence de Rome (9 août-3 septembre). — Bonnes nouvelles de l'Érythrée (commencement d'août). — La situation change en Érytrée (commencement de septembre). — Je repars pour l'Afrique (15 septembre).

On avait donc ouvert des négociations suivies jusqu'aux extrêmes confins de l'Éthiopie; et il était nécessaire de surveiller et de diriger, par le télégraphe, jour par jour, le même travail d'organisation des zones récemment occupées, en portant la plus grande attention à ce qui arrivait le long de la ligne d'opération des Choans, vers l'Érythrée; il fallait aussi surveiller l'attitude de *ras* Mangascia, au nord du lac d'Ascianghi.

Il était nécessaire de regarder Cassala d'un œil attentif, car la *condition essentielle pour l'occuper d'une façon permanente, condition* que j'avais exposée au ministère, ainsi que je le dis dans le chapitre IV, *n'était pas remplie,* puisque les Anglais ne s'étaient point avancés sur l'Atbara; par suite, on voyait s'accentuer le danger, déjà prévu par moi l'année d'avant, d'avoir, en hiver, sur les bras à la fois les Derviches et les Abyssiniens[1].

Ceux qui connaissent ce que valent, en Afrique, l'action et l'ascendant personnel d'un homme, surtout quand celui-ci a la charge suprême, comprendront facilement combien était inopportun le départ du gouverneur de l'Érythrée. A vrai dire, j'aurais dû m'excuser et rester, comme je l'avais fait au mois d'avril, au lendemain de l'occupation d'Adoua, et persister, en attendant,

1. Lettre du 8 juin; télégramme du 9 juillet 1894, chap. IV.

dans ma démission. Mais l'ordre de me rendre à Rome était péremptoire, — et d'ailleurs le gouvernement du roi était informé, en détail, de toute chose. Il savait qu'une grosse guerre nous menaçait pour l'automne; il était au courant de toutes les manœuvres et de toutes les négociations entamées pour faire disparaître, ou tout au moins diminuer, le péril suspendu sur la colonie. Depuis trois mois et demi, je demandais en vain l'autorisation d'enrôler des indigènes et d'augmenter le nombre des animaux du train. Depuis trois mois et demi, on m'ordonnait, de Rome, de conserver le territoire et de diminuer les dépenses. Je pouvais donc supposer que l'on voulait accepter, avec tous les égards, ma démission, que j'avais offerte par trois fois, afin d'inaugurer une politique différente, avec un autre gouverneur, en se servant d'agents que le ministère des affaires étrangères emploie souvent, bien qu'ils n'appartiennent pas au cercle hiérarchique officiel.

De toute façon, à un ordre péremptoire, un soldat ne pouvait qu'obéir; et l'ordre était d'autant plus formel qu'il était signé (comme cela se faisait seulement pour les cas très graves) par le président du conseil et par les deux ministres des affaires étrangères et de la guerre.

Je m'embarquai donc le 17 juillet à Massaoua, pour Brindisi, en exprimant à mes subordonnés immédiats, à Massaoua, des doutes sur mon retour dans la colonie. Pendant mon voyage, je cherchai à réduire au *minimum* la demande pour les dépenses militaires que je regardais comme absolument indispensables; je pouvais me limiter dans la demande immédiate de fonds, parce que je me rendais compte que je n'aurais pas pu donner à nos effectifs le développement désirable, à cause du temps perdu et de la proximité des hostilités éventuelles.

Pour acheter quelques centaines d'animaux et pour enrôler un millier de soldats, il nous fallait des mois.

En effet, le nombre des hommes capables de porter les armes, en Érythrée, avait beaucoup diminué, à la suite du combat d'Agordat et de l'expédition de Cassala, à cause des événements amenés par l'insurrection ou la guerre, de Halai à Sénafé, et, enfin, en raison de l'occupation des nouvelles provinces, au delà du Mareb et du Bélésa. En attendant, on avait, en peu de temps, créé de nouveaux bataillons indigènes et organisé la milice. Que l'on songe que la colonie entière de l'Érythrée (y compris les provinces au delà du Bélésa et du Mareb) comptait à peine plus de 250,000 habitants; de plus, parmi les hommes valides des nouvelles provinces, il y en avait beaucoup avec l'ennemi; enfin une grande mortalité sur les animaux était la conséquence naturelle d'une longue guerre. Il y avait donc non seulement manque d'hommes, mais même manque de temps pour les enrôler, les encadrer, les instruire, créer les convois et organiser les services sur une plus vaste échelle. Pour le moment, et avec ces difficultés, demander davantage, quand bien même on me l'aurait accordé, n'aurait pas augmenté, en automne, notre puissance militaire. On avait perdu quatre mois, — et pour nous préparer il en restait à peine trois.

Je devais, à Rome, discuter trois choses :

1° *Augmentation des hommes et des animaux* réclamés depuis si longtemps; *maintien des bataillons italiens dans l'Érythrée,* et par conséquent *dépense ordinaire* de 13 millions à la charge du budget, *la dépense extraordinaire* pour la guerre éventuelle étant à part;

2° *Négociations politiques* avec divers *ras;* attitude vis-à-vis de Ménélick; intentions du ministère au sujet de la politique générale africaine;

3° *Organisation de la colonie* avec le budget unique dépendant du ministère des affaires étrangères, innovation introduite l'année précédente dans l'administration coloniale; cette organisation devait être réglée selon les enseignements de l'expérience.

A mon arrivée en Italie, je fus accueilli par la nation et par le parlement avec des démonstrations qui dépassaient toute mesure. Profitant de cela et de la bonne volonté des ministres baron Blanc et général Mocenni et du président du conseil M. Crispi, je pus, en insistant beaucoup, télégraphier, quelques jours après, au général Arimondi, avec lequel je m'étais entendu, l'autorisation obtenue d'enrôler mille indigènes et d'acheter sept cents animaux. Heureusement tous les détails d'exécution avaient été réglés à l'avance, à Massaoua, avant mon départ, entre le général Arimondi et moi. Mais qui peut calculer les dommages causés par ce retard, à la veille d'une guerre, quand les troupes nouvellement enrôlées et tout de suite mobilisées, au lieu de s'occuper aux détails de l'instruction, doivent réprimer le brigandage;

quand les garnisons européennes et indigènes doivent marcher vers la frontière méridionale, en consommant, à cause de ces distances et de ces conditions de viabilité et de besoins, une si précieuse quantité d'animaux? Dans toutes les choses humaines, mais plus spécialement à la guerre, une mesure prise à temps vaut cent fois plus que si elle est prise en retard : et le plus petit poids peut faire pencher la balance en notre faveur.

Donc — quitte à régler plus tard les comptes et en renvoyant la question de chiffres au budget de l'Érythrée — je fus autorisé à augmenter les troupes indigènes. Mais il ne me fut pas possible de traiter aucune autre question, bien que j'aie fait mon possible pour avoir, à ce sujet, les entrevues indispensables.

Notre système est certainement défectueux et incompatible avec un État qui, comme l'Italie, veut et doit administrer directement, avec les deniers de la mère patrie, une colonie, quelle qu'elle soit, — surtout si le commencement de son organisation civile est compliqué par de très graves difficultés militaires.

Les ministres consacrent tous leurs soins au parlement, dont ils sont l'émanation. Ils n'ont ni ne doivent avoir aucune étude ni aucune connaissance spéciale de la vaste question coloniale, qui absorberait en grande partie leur activité. Ils gaspillent leur temps dans une infinité de questions différentes; souvent ce sont les plus insignifiantes qui éveillent les plus graves préoccupations.

A dire vrai, j'avais obtenu ce que je demandais en vain depuis des mois et des mois, — ce qu'il était urgent et possible d'obtenir avec les désaccords dans le ministère au sujet de la question africaine, — c'est-à-dire le maintien, en Afrique, de deux bataillons blancs (qui auraient dû être rapatriés), la conservation des bataillons indigènes, qui, étant donnée la réduction du budget à neuf millions, auraient dû être diminués d'un tiers. J'avais obtenu le consentement aux dépenses occasionnées par le maintien, en surnombre, des *ascaris* enrôlés hors cadres, l'augmentation de *mille* autres *ascaris* et l'achat de 700 bêtes de somme. En argent (sauf réductions à faire *quand aurait disparu tout danger pour la colonie*), la dépense correspondait à environ 14 millions.

Je ne pouvais pas demander immédiatement une plus grande augmentation de garnisons coloniales indigènes, parce que l'on n'aurait eu ni le temps ni le moyen de dépenser les crédits accordés, car on ne peut improviser ni les enrôlements ni les acquisitions. Je ne pouvais pas demander l'envoi immédiat de *bataillons européens de renfort,* puisque la guerre était encore lointaine et hypothétique; puisque le ministère hâtait le résultat des ouvertures avec Maconnen pour conserver la paix; puisque, immédiatement après la saison des pluies, les hostilités étaient tout au plus probables avec Mangascia et quelques chefs, ses partisans; puisque, enfin, le général Arimondi, au commencement d'août, envoyait, de l'Érythrée, les nouvelles les plus tranquillisantes.

On me promit qu'en cas de besoin les navires et les bataillons seraient prêts; et la promesse fut faite solennellement, à la Chambre, par le ministre des affaires étrangères. On me promit que l'on discuterait largement et que l'on prendrait une décision, à la prochaine occasion favorable, sur la question de l'organisation générale et de la politique coloniale, à l'égard de l'Abyssinie et du Soudan. On me promit que l'on ferait toutes les concessions ultérieures pour assurer la sécurité de la colonie et lui préparer un avenir prospère.

Je n'insistai plus alors dans ma démission, et je crus de mon devoir de laisser au gouvernement le temps de se consulter, de s'entendre et de délibérer. Les ordres étaient en cours d'exécution, à Massaoua, — où, pendant les pluies, on passait par une période de calme, due au développement des négociations en cours, pour gagner à notre cause les musulmans de l'Auasce et de la chaîne éthiopienne, ainsi que les princes du Lasta, du Goggiam et du Harar; cette période de calme était due aussi au travail d'organisation des nouvelles provinces, comme je l'ai dit dans les chapitres précédents.

Le président du conseil, pendant les vacances du parlement, s'était éloigné de Rome, où je restai encore quelques jours afin de terminer certaines questions d'importance secondaire. Puis, le baron Blanc étant parti à son tour (le 8 août si je ne me trompe), je m'en allai moi aussi en congé, après m'être entendu avec les ministres des affaires étrangères et de la guerre, qui devaient m'appeler à Rome au moment opportun.

Les nouvelles que le général Arimondi envoyait de l'Asmara, au commencement d'août, annonçaient le calme. « Maconnen a congédié ses troupes; Ménélick est rentré à Adis Abeba; Capucci a été remis en liberté; mais, comme il est surveillé, il est dans l'impossibilité de correspondre; *cheik* Thala, après avoir réuni autour de lui les éléments musulmans hostiles au Choa, se rend à Ghiscé. Persico, qui est allé à Teru pour conférer, télégraphie qu'il a retardé son entrevue à cause de son mouvement. *Ras* Olié se replie dans Jeggiu[1]. *Ras* Mangascia, impressionné par l'abandon de *ras* Olié, est toujours au sud d'Antalo. Cassala est tranquille[2]. »

Voilà ce que télégraphiait le général Arimondi, à la date du 1er août. Et, en date du 2 août, il envoyait de l'Asmara des nouvelles encore plus rassurantes, dans une lettre arrivée à Rome le 18[3].

Le général Arimondi fait ressortir l'heureuse issue de la mission Persico près du sultan d'Aussa ; puis, au sujet de *cheik* Thala, il fait cette remarque :

« Il semble que son influence aille toujours en augmentant. Les gens de Raya, les Azebu Gallas et le rebelle Iman Tafari, dont Votre Excellence connaît les entreprises contre les détachements de *ras* Mangascia, ont pris parti pour le *cheik* et se déclarent prêts à le suivre. On dit aussi qu'il y a des intelligences secrètes entre *cheik* Thala et *ras* Micael; mais ces bruits, qui sont basés sur la parenté éloignée existant entre eux deux et sur leur ancienne amitié, sont accueillis avec beaucoup de défiance. A l'Aussa sont aussi arrivés des envoyés de plusieurs chefs de l'Uogerat et d'Uain Galmiccia, des Azubos (Azebu Gallas), pour amener le sultan à demander pour eux la protection italienne. Ces chefs se trouveront probablement à la prochaine entrevue du capitaine Persico avec le *cheik* Thala.

« Dans les provinces septentrionales, le fait le plus important est le départ imprévu de *ras* Olié avec tous ses soldats. Cet événement pourrait avoir des conséquences importantes, favorables pour nous, puisque les chefs qui, jusqu'à présent, n'ont pas osé prendre parti pour nous, parce qu'ils étaient tenus en sujétion par la présence du *ras,* cesseront probablement d'hésiter et se déclareront pour nous.

1. Jeggiu, sur l'arète de la chaîne éthiopienne, au sud du Lasta et à l'est de l'Amahra, au nord et non loin d'Ucciali, de Borumieda et de Magdala.
2. Livre vert, xxiii *bis,* document 97.
3. Livre vert, xxiii *bis,* document 98.

« ... Tout le monde affirme que le départ de *ras* Olié a produit une impression profonde sur l'esprit de *ras* Mangascia, lequel se voit maintenant dans l'impossibilité de tenter le coup hardi, tant désiré par ses sous-chefs, » etc.

Le document entier montre, en premier lieu, combien le général Arimondi était d'accord avec moi; puis comme il considérait la situation, en se plaçant à un point de vue plus rassurant que le mien; enfin ce document prouve comme l'action politique de l'Érythrée, commencée l'année précédente par les négociations avec le sultan d'Aussa et avec *cheik* Thala, se développait à notre avantage et était menaçante contre un mouvement éventuel des Choans vers le nord. Le général Arimondi, gouverneur par intérim de la colonie, avait le droit et même le devoir d'exposer les faits comme ils étaient, avec les conséquences qui devaient en résulter.

Pendant ce temps-là, le ministre des affaires étrangères, alors que j'étais encore en Italie, — malgré les démonstrations les plus vives et les plus expansives de confiance illimitée, malgré ses déclarations les plus formelles de ne pas vouloir entendre parler de mon rapatriement, — envoyait le docteur Nerazzini, capitaine-médecin de la marine, avec une mission spéciale pour *ras* Maconnen, seigneur du Harar. M. Nerazzini, il est vrai, se présenta à moi, avec déférence et courtoisie, en me demandant des instructions et en se mettant entièrement à ma disposition. *Mais avec lui, un nouveau rouage s'ajoutait à un mécanisme qui en avait déjà trop; ce rouage n'obéissait qu'à la Consulta,* c'est-à-dire au ministère, et non au gouverneur. *C'était un danger de mésintelligence, d'équivoque et de froissements,* — *et cela toujours au détriment de l'unité de direction,* si indispensable en tout, mais surtout quand il faut conduire des affaires aussi vastes et aussi compliquées, dans lesquelles les armes et la politique devraient aller d'accord.

Deux autres raisons spéciales devaient dissuader le ministre des affaires étrangères d'envoyer un ambassadeur, indépendant du gouverneur, pour négocier avec les princes abyssiniens.

La *première* raison et *la plus essentielle,* c'est que rien ne pouvait nuire davantage aux intelligences déjà ouvertes (et tenues si soigneusement secrètes) que de montrer à *ras* Maconnen, homme avisé, prudent et timoré, que d'autres personnes — en dehors de M. Felter et de moi, en Europe et en Afrique — connaissaient le double jeu qu'il jouait ; la moindre indiscrétion, en effet, suffisait pour causer sa ruine, — et malheureusement l'Italie n'a donné que trop d'exemples, en Afrique, de ses indiscrétions diplomatiques.

La *seconde* raison, c'est que, du moins en apparence, on laissait de côté le gouverneur, au détriment de son autorité, et l'on diminuait, vis-à-vis des Éthiopiens, les garanties morales qui sont nécessaires pour venir à des conclusions, dans des questions aussi délicates.

Je ne m'opposai pas au départ de Nerazzini, — et j'eus tort, quand bien même Nerazzini aurait reçu l'ordre du ministère des affaires étrangères de se présenter et de parler à *ras* Maconnen, au nom du gouvernement de l'Érythrée.

Mais, de mon côté, je supposai que le ministre des affaires étrangères était en mesure de faire la paix que je proposais : d'autant plus que Nerazzini croyait tenir les deux clefs du cœur de Maconnen. J'espérais, d'ailleurs, qu'en envoyant une mission spéciale, le ministère assumerait toute la responsabilité d'une action diplomatique en Éthiopie. Enfin, je crus devoir, comme les autres fois, soutenir, en tout et pour tout, la politique de Rome, surtout dans les moments les plus difficiles, croyant que toutes ces mesures du ministère visaient à empêcher la guerre, cette guerre qui ne pouvait qu'être funeste à la colonie et coûteuse pour la mère patrie. Qui pouvait alors prévoir que la présence de Nerazzini allait précisément retarder les communications avec *ras* Maconnen, de façon à empêcher que les négociations se fissent avant que le sang eût été versé ?

Le matin du 3 septembre, j'étais de nouveau à Rome ; mais il n'y avait ni le président du conseil ni le ministre des affaires étrangères, alors que j'avais plus que jamais à cœur une ample discussion et une résolution définitive sur la ligne de conduite que je devais suivre et sur la politique du gouvernement en Afrique. Pendant ce temps-là, à Rome, je recevais de Massaoua des lettres qui ne pouvaient me laisser indifférent ; et un télégramme du général Arimondi exprimait le désir de mon prochain retour.

La *scène changeait,* et certains indices me faisaient croire à une prochaine levée de boucliers, dans le Tigré méridional. L'attitude, dans l'Agamé, de *degiac* Agos uold Tafari, incapable et déçu dans ses aspirations, n'était pas rassurante. Le général Arimondi, le

4 septembre, envoyait au ministère un télégramme qui m'était communiqué le 6. Dans ce télégramme, — après avoir donné quelques bonnes nouvelles sur la situation générale, au delà des frontières, — il annonçait ceci, pour la frontière immédiate du Tigré : « *Ras* Olié semble s'avancer vers Ascianghi[1]. *Ras* Mangascia est toujours à Debra Aila (près d'Antalo); il a lancé différentes fractions sur la frontière, qui y maintiennent une vive agitation et y provoquent quelques escarmouches. La mission russe est partie d'Aden, le 29 août, pour Djibouti[2]. » Un autre télégramme du 10 septembre, daté de l'Asmara, sollicitait mon retour dans la colonie.

Il n'y avait rien de précis; mais il était évident que Mangascia, avec quelques milliers de partisans et renforcé peut-être par *ras* Olié, pouvait nous causer des ennuis, surtout si, sur le lac d'Ascianghi, il était soutenu par les Tigrins, revenant du Choa. Et puis, la mission russe pouvait troubler notre action politique. Il y avait en outre, à l'horizon, la bourrasque encore lointaine du Choa; il y avait aussi les négociations avec Maconnen. En effet, Nerazzini télégraphiait, aussitôt après, que Ménélick avait appelé Maconnen à Entotto pour marcher, à la fin de septembre, contre nous : « Maconnen propose de faire la paix, en prenant comme base du traité nos possessions actuelles; il attend une réponse du Harar. Nerazzini demande des instructions, dans le cas où Maconnen lui ferait des propositions[3]. »

La situation, tant à cause des menaces de guerre qu'à cause des négociations pour la paix, me sembla assez grave pour ne pas *me permettre de retarder mon départ*. Je renonçai donc à m'entendre avec le gouvernement central sur les questions qui avaient une suprême importance pour l'avenir de la colonie et pour sa défense, et pour lesquelles j'avais attendu jusqu'à ce moment. Il avait été décidé qu'il y aurait une réunion avec le président du conseil, le ministre de la guerre et celui des affaires étrangères; mais le temps pressait.

---

1. Le lac d'Ascianghi, 2,409 mètres d'altitude, sur la route principale de communication entre la colonie, l'Amahra et le Choa, est à environ 100 kilomètres au sud de Debra Aila et d'Antalo. Voir notre carte générale de la colonie.
2. Le vice-gouverneur (Arimondi) au ministre des affaires étrangères, livre vert, XXIII *bis*, n° 100.
3. Télégramme du général Arimondi au ministre des affaires étrangères, 13 septembre. Livre vert, XXIII *bis*, n° 104.

Du reste, on n'aurait peut-être pas décidé grand'chose. Malgré tous les rapports si longs et si détaillés qui, depuis des années, arrivaient périodiquement de l'Érythrée, les ministres étaient bien peu au courant des conditions de la colonie; ils croyaient probablement que j'avais assombri la teinte, afin d'obtenir, pour les dépenses militaires, des crédits plus considérables. Quant aux autres questions de politique intérieure, d'organisation civile, militaire et judiciaire, de colonisation, de domaine public, etc., ils s'en remettaient à moi, tout en exposant, d'après des préjugés européens, les idées les plus diverses, tout en laissant les bureaux agir pour leur propre compte et bien souvent en dehors du cercle hiérarchique officiel. C'étaient des questions très longues et très complexes, que l'on n'aurait certainement pas pu résoudre en quelques heures de conférence, avec des personnages obligés de consulter leurs inférieurs. Ces inférieurs, en général, connaissaient peu le véritable milieu africain : ils professaient trop de sympathies ou trop d'antipathies, et, comme ils n'étaient pas responsables, ils s'inquiétaient peu des conséquences. Pendant ce temps-là, comme cela eût été naturel, il n'y avait pas l'accord nécessaire entre le bureau d'Afrique dépendant de l'administration de la guerre et le bureau d'Afrique dépendant du ministère des affaires étrangères. De toute façon, le ministère n'avait qu'une seule préoccupation, *la question financière,* et qu'un seul but, *le succès devant le parlement et la nation.*

Il sembla même au gouvernement qu'une réunion des ministres à Naples, chez le président du conseil, ou bien à Rome, en ma présence, aurait excité des commentaires passionnés sur la question coloniale; or, on préférait passer cette question sous silence et la soustraire aux discussions ardentes du journalisme et du parlement.

Toutefois, comme j'avais décidé de m'embarquer le 15 septembre à Brindisi, sur le premier vapeur partant pour la mer Rouge, je me rendis, avec le ministre de la guerre, le 14, à Naples, pour m'entendre, avec le président du conseil, sur la question essentielle. Mais je pus bien peu causer avec lui. L'honorable Crispi m'exprima sa confiance la plus absolue : il se montra désolé de ne pas pouvoir augmenter les dépenses, et il promit de résoudre le grave problème de la manière la plus conforme à mes demandes et de façon à assurer la sécurité et l'avenir de la colonie. Il ne

14

voulut point entendre parler ni de mes préoccupations ni de mes doutes sur les complications probables que je considérais comme prochaines, — et il affirma sa ferme espérance en de nouvelles victoires. Tout semblait nous sourire, et je ne pouvais me soustraire à l'exaltation générale, surtout en pensant à nos récents succès. Toutefois, comme j'avais exprimé au ministre de la guerre les craintes qui me troublaient à la veille de complications probables, j'obtins cette réponse, qui me fut faite en présence du commandeur Municchi, préfet de Naples : « Ne craignez rien; je suis heureux, et sous mes ordres, même en Afrique, tout doit bien marcher. »

Je commis alors, pour la seconde fois, l'erreur, ou plutôt j'eus le malheur, de m'en retourner en Afrique, où j'étais appelé par le péril qui me semblait menacer la colonie, sans avoir rien conclu définitivement avec le ministère. La première fois, cela avait bien marché : et la seconde fois je comptais trop sur les promesses et sur les espérances. Mais de nombreuses considérations expliquent et justifient cette erreur, et devant ma conscience et devant l'histoire impartiale. D'un côté, il y avait le danger d'une invasion prochaine des Tigrins de Mangascia et des Amahras d'Olié dans l'Agamé; de l'autre côté il y avait la proposition explicite de paix de la part de *ras* Maconnen; ces deux faits nouveaux ne me permettaient pas l'hésitation. J'espérais, une fois sur place, pouvoir prévenir de plus grandes complications. Je tenais tous les fils des négociations entamées en Afrique, et je croyais qu'un autre ne pourrait pas éviter les intrigues et mener à bonne fin le travail que j'avais entrepris sur le terrain politique. Je considérais comme une lâcheté de laisser un autre aux prises avec les plus grands embarras, tandis qu'avec mes relations personnelles — aussi efficaces, en ces circonstances — je pouvais espérer en sortir et prévenir l'invasion. Je regardais comme une faiblesse de rester oisif, en Italie, et de lancer contre le ministère une accusation qui aurait semblé un prétexte pour me soustraire aux responsabilités, au moment du danger que j'avais tant de fois signalé d'une façon si explicite.

Je partis pour Massaoua, persuadé que le ministère avait à cœur, tout comme moi, les intérêts de la colonie et ceux de la mère patrie. Je me faisais l'illusion que le ministère était, autant et plus que moi, responsable devant le pays. Je me flattais que tout serait prêt, en Italie, lorsque nous aurions sur les bras toute l'Éthiopie. J'espérais que, grâce aux intelligences avec les chefs, mon action personnelle aurait eu le succès qui me permettrait de maintenir la paix et de réduire, comme quelques mois auparavant, à un *minimum* le nombre des ennemis.

Maintenant on me blâme pour être retourné en Afrique. Le blâme serait mérité si j'avais pu prévoir que les négociations du ministère avec Maconnen allaient entraver les miennes, au lieu de les seconder; que les conventions acceptables pour la paix allaient être prévenues par l'effusion du sang qui annihilait toute prévision politique; que les hostilités allaient éclater subitement, malgré mes dispositions et contre mes ordres, dans une localité située à près de 200 kilomètres au delà de la localité prescrite, annihilant ainsi toute prévision militaire; que tout l'édifice politique — du Mareb à l'Auasce, de la mer Rouge à l'Abai — allait s'écrouler, tout d'un coup, en faisant surgir de ses ruines, partout, des ennemis; que les forces indigènes allaient être à l'improviste aussi réduites et aussi ébranlées; qu'il n'y aurait rien de prêt, en Italie, pour la grande guerre coloniale; que tout allait me manquer, à l'action finale qui, malgré tous les événements funestes l'ayant précédée, et sans une série incroyable de malheurs, aurait pu résoudre la question coloniale au bénéfice de la mère patrie.

CHAPITRE XV

Mangascia menace le Tigré (fin septembre 1895). — Concentration à Adigrat (3 octobre). — Marche sur Antalo (6 octobre). — Debra Aila (9 octobre). — Pointe sur Amba Alagi (12 octobre). — Impossibilité d'avancer au delà d'Antalo.

Le 15 septembre, je m'embarquai, avec le colonel Pittaluga, à Brindisi pour Aden et Massaoua. La situation de la colonie était à peu près telle que je l'avais comprise à Rome. Les nouvelles reçues de Massaoua me permettaient, à la date du 24 septembre, de télégraphier ceci d'Aden : « On annonce des velléités d'hostilité de la part de *ras* Mangascia. Le général Arimondi est parti pour Adigrat afin de parer un coup éventuel[1]. »

Pendant que je voyageais d'Aden à Massaoua, le général Arimondi envoyait deux télégrammes aux ministres des affaires étrangères et de la guerre, datés tous deux du 25 septembre et dépeignant la gravité des événements : « D'après des informations venant du Harar, Ménélick a repoussé les propositions de Maconnen et insiste pour la guerre. On a ordonné l'expulsion immédiate des Italiens du Harar. Une attaque contre l'Aussa est probable. Mangascia tient ses troupes rassemblées au sud d'Antalo. On annonce comme prochaine l'arrivée de secours venant de l'Amahra[2] et du Lasta. »

1. Livre vert, xxiii *bis*, nᵒˢ 106, 107, 108 et 109.
2. Ce nom, dans la contrée, a été donné, par les Tigrins, aux Éthiopiens occupant la région au sud du lac Ascianghi, y compris les Choans. Ce nom s'étend aussi à leur territoire. Plusieurs cartes géographiques donnent le nom d'Amahra au pays compris entre le Goggiam, le Choa et les Volo Gallas, au sud du Tigré. Voir l'Introduction.

« Ménélick insiste pour la guerre. On annonce une attaque probable contre l'Aussa. *Ras* Mangascia se trouve, avec ses troupes groupées, au sud d'Antalo, et l'on dit qu'il attend l'arrivée prochaine de secours venant de l'Amahra et du Lasta. »

Le lendemain (26 septembre), arrivé à Massaoua, je télégraphiai au ministère : « L'attitude de Ménélick et de Mangascia me décide à appeler la milice mobile et à me rendre à Adigrat, dès demain. » Arrivé à Adigrat le 3 octobre, j'y prenais le commandement des troupes, qui y étaient rassemblées dans un camp d'observation. A la date du 6 octobre, ces troupes avaient, en tout, un effectif de 116 officiers, 672 soldats blancs, 8,065 soldats indigènes, 1,200 quadrupèdes et 10 canons de montagne. Il faut ajouter à ces chiffres quelques centaines de miliciens et des *bandes*.

De nombreuses informations nous arrivaient du camp de *ras* Mangascia. Il occupait la position montagneuse de Debra Aila, au sud-ouest d'Antalo, à trois fortes journées (environ 130 kilomètres) d'Adigrat, avec un effectif estimé de 4,000 à 5,000 hommes. Il avait avec lui quelques centaines de ses fidèles partisans, 1,500 Tigrins, revenus du Choa, deux ou trois mille natifs appelés par le *chitet,* et quelques dizaines de fugitifs de l'Oculé Cusai.

Ras Mangascia attendait des secours de *ras* Olié, qui, du Jeggiu, s'était avancé jusqu'aux bords du lac d'Ascianghi, ainsi que d'Uacscium Guangul du Lasta[1]. Il était encouragé par le *negus* Ménélick, qui lui promettait de marcher contre les Italiens ; il avait des armes et des munitions en quantité suffisante ; elles lui avaient été envoyées du Choa, comme on peut le croire. Mangascia distribuait encore quelques sacs de thalers de la même provenance. Son conseiller écouté était Tesfai Antalo, ci-devant *scium* de l'Agamé, chassé, après Sénafé, lequel Tesfai Antalo avait arrangé l'entrevue de Mangascia avec Ménélick et combiné l'appel des Choans.

Pendant la saison des pluies, *ras* Mangascia avait cherché à entrer en relation avec les chefs du Tigré et de l'Agamé, qui nous avaient appelés et s'étaient soumis à nous, mais qui n'étaient point satisfaits de la déconvenue qu'ils avaient éprouvée en voyant que,

---

1. Voir la carte générale de la colonie de l'Érythrée, échiquier sud-est, pour tout ce chapitre. Voir le chapitre XIII.

sous notre égide, ils ne pouvaient pas commander selon leur bon plaisir. Et l'on savait déjà que plusieurs avaient prêté une oreille favorable aux messages secrets du *ras,* avec la surprenante mobilité et la légèreté des Abyssiniens ; on savait que plusieurs avaient promis de faire défection : et de fait, ces jours-là, on vit la défection de *degiac* Abaguben, frère de Debeb et prétendant à la seigneurie d'Enderta, entre Macallé et Antalo. Quatre mois auparavant, *degiac* Abaguben avait été délivré, par le major Ameglio, de la dure prison dans laquelle *ras* Mangascia le tenait ; il occupait un poste de confiance auprès du major Toselli. Mais aucune obligation de gratitude ne peut empêcher un Abyssinien de commettre une trahison politique et militaire.

La population, il est vrai, était fatiguée de la guerre, et plusieurs assuraient que les soldats du *ras* ne se sentaient pas le cœur de se mesurer avec les Italiens. Mais notre hésitation aurait augmenté les forces de Mangascia, et un retard nous aurait non seulement enlevé les avantages de l'initiative, mais nous aurait encore contraints à affronter des forces très supérieures.

Pendant ce temps, *cheik* Thala, chef des musulmans dancalis, préparait les siens, dans le Zebul, à menacer le flanc droit d'une éventuelle invasion choanne. Les Gallas, ennemis des Amahras, se montraient disposés à se révolter, s'ils y étaient encouragés ou poussés. Abdulrahman ben Jusuf, notre agent près des musulmans, était occupé à organiser une bande de partisans, sur l'Auasce, dans l'ancien territoire dont l'avait chassé Ménélick. Toute cette préparation était l'œuvre du capitaine Persico, lequel, à ce moment-là, était retourné, de l'Aussa, au camp d'Adigrat. Il fallait encourager nos amis, décider les indécis, prévenir l'union des Choans avec les forces de *ras* Mangascia et nous imposer par une action vigoureuse[1].

Dès le 30 septembre, j'avais télégraphié au ministère au sujet de la formation du camp mobile à Adigrat, et j'ajoutais : « Il est nécessaire de prévenir les défections, de décider les indécis et de s'imposer à l'ennemi, avant l'arrivée éventuelle des Choans qui nous est annoncée de différents côtés[2]. » Et le ministère, — bien qu'il fût informé chaque jour de la situation, bien qu'il dût

1. Mon rapport d'Antalo, 15 octobre 1895. Voir le chapitre XIII.
2. Livre vert, xxiii *bis,* n° 111.

avoir sous les yeux tous les renseignements que je possédais,
— pendant toute cette opération militaire, n'exprima en aucune
façon son opinion. Naturellement j'interprétais toujours le silence
par ce dicton : « Qui ne dit mot consent; » mais dans ces contingences, connaissant les dispositions des ministres et leur crainte
d'endosser la responsabilité, je devais interpréter ce silence
comme un encouragement.

Je résolus donc d'agir, autant que possible, par surprise, en
ayant surtout comme but d'amener ou de contraindre l'ennemi
au combat; sans cela la solution aurait toujours été incomplète.
Nous avions des raisons suffisantes pour espérer combattre; en
effet, des informations disaient que Mangascia avait juré de finir
comme Théodoros, plutôt que de fuir de nouveau devant les Italiens; d'un autre côté, Debra Aila lui offrait une position tactique
assez avantageuse; de plus, on ne pouvait refuser à Mangascia
le courage, l'ambition et l'amour-propre, surtout au moment où
il devait se montrer devant toute l'Éthiopie; enfin, nous consi-
dérions non seulement comme possible, mais même comme probable, une surprise, grâce à la manœuvre que j'indiquerai plus
loin.

Les troupes pour l'opération contre *ras* Mangascia étaient ainsi
réparties[1] :

Le 5e bataillon indigène (major Ameglio) avec une section
d'artillerie et les *bandes* du Seraé et du Tigré, à Ausien (Hausen), au sud-sud-ouest d'Adigrat, sur la route occidentale de
Macallé.

Le 4e bataillon indigène (major Toselli) avec une section d'artillerie et les *bandes* de l'Agamé, à Mai Meghelta, au sud-sud-
est d'Adigrat, le long de la route suivie par l'expédition anglaise.

Le bataillon de chasseurs, la section des sapeurs du génie,
les 1er, 3e et 6e bataillons indigènes, la 2e batterie et une section
de la 1re, à Adigrat.

Adigrat, Mai Meghelta et Ausien constituaient un triangle
dont les sommets sont à peu d'heures de distance les uns des

1. Voir notre carte générale de la colonie à l'échelle de 1/1,000,000 : et pour
plus de détails, la carte à l'échelle de 1/250,000 publiée récemment par l'Institut géographique militaire, feuilles d'Adigrat et de Macallé.

autres ; ce triangle domine, au point de vue stratégique, la région entière qui, au sud du mont Augher et des montagnes d'Adigrat, étend ses ondulations entre les communications qui, en partant d'Ascianghi, conduisent à Adoua et à Adigrat.

Des sommets de ces triangles, trois routes conduisaient à la position ennemie, c'est-à-dire :

Une *orientale* (gauche), de Mai Meghelta par Asbi, plus élevée, un peu plus difficile et un peu plus longue ;

Une *centrale*, ou pour mieux dire principale, d'Adigrat par Dongola et Agula, plus directe et meilleure : elle conserve encore, par places, les traces de l'expédition anglaise ;

Une *occidentale* (droite), d'Ausien par Agula.

Par conséquent, en se portant en avant, il fallait former trois colonnes : une principale et deux secondaires, protégeant les flancs, — toutes les trois communiquant entre elles et concourant au but tactique.

La *colonne de gauche,* sous les ordres du major Toselli, devait marcher, par Asbi, vers le sud de Debra Aila ; elle devait un peu nous précéder, et elle avait l'ordre de se diriger, sur le flanc et sur la ligne de retraite du *ras* Mangascia, vers Buja, dans le but de l'amener à accepter le combat à Antalo ou à Debra Aila. Une certaine autonomie fut laissée à cette colonne, car elle avait des forces suffisantes eu égard à ses ennemis éventuels ; elle était, en tout cas, dans notre rayon d'observation et avait un but nettement déterminé.

La *colonne principale,* dont l'avant-garde était sous les ordres du major Galliano, devait marcher d'Adigrat par Agula sur Dolo, en utilisant la route centrale, déjà suivie par l'expédition anglaise.

La *colonne de droite,* sous les ordres du major Ameglio, devait marcher d'Ausien sur Agula, et là constituer l'avant-garde du corps principal.

Le soir du 8 octobre, le corps principal devait camper à Dolo, et de Dolo marcher par Scelicot sur Antalo ; le 9, à midi, les troupes devaient être à portée et en mesure d'attaquer la position du *ras.* Les bataillons partirent avec huit jours de vivres.

L'opération — commencée le 6, par le mouvement des chasseurs et du bataillon Galliano jusqu'à Mai Meghelta, et par le déplacement du bataillon Toselli vers Asbi — se développa les

jours suivants, 7 et 8 octobre, exactement comme cela avait été
établi à l'avance, malgré les difficultés des sentiers de montagne
franchissant les contreforts occidentaux de la chaîne abyssinienne
à des hauteurs variant entre 2,100 et 2,800 mètres, malgré les torrents et les fonds marécageux, dus à la récente saison des pluies,
malgré la longueur des colonnes, obligées souvent de défiler
homme par homme. Les chasseurs èt les sapeurs du génie (troupes
blanches) marchèrent admirablement. Après une journée entière
de marche, arrivés, de nuit, au camp de Dolo, ils en repartirent la
même nuit, à 3 heures, — et le 9, à midi, ils étaient réunis avec le
gros des troupes à Antalo, pleins d'ardeur et prêts à combattre.

La colonne Toselli, notre flanc-garde de gauche, conduite par
son chef avec une grande intelligence et une grande célérité,
arrivée au nord de Buja dès le 8 au soir, m'envoya des renseignements sur l'ennemi; et, dans la nuit du 8 au 9, elle se porta
vers Debra Aila, par Maara, qu'occupait une bande ennemie.
Mais, pendant ce temps, *ras* Mangascia, s'étant aperçu de notre
manœuvre, pouvait fuir la nuit même de Debra Aila, avec une
bonne partie de ses forces, en laissant, pour couvrir sa retraite,
une importante arrière-garde.

Le 9 à midi, nous avions sur les hauteurs d'Antalo, presque
aux pieds de Debra Aila, tout le corps d'opération. D'Antalo,
la vue s'étend largement en cercle, vers le sud, jusqu'au massif
de montagnes qui forme la base d'Amba Alagi et barre, en
quelque sorte, la route d'Ascianghi. Debra Aila s'élève au sud-
ouest, comme une forteresse, dont les parois sont à pic par
endroits, avec des tours, des flèches, des masses saillantes; elle
avait l'empreinte caractéristique de l'*amba* éthiopienne.

Pour reconnaître l'ennemi sur la montagne de Debra Aila, le
bataillon Ameglio s'avance, avec les bandes du Seraé et du Tigré
et avec une demi-batterie. L'*amba* est encore occupée et, de la
crête, commence une fusillade très vive. La forme du terrain ne
permet pas de déployer un plus grand nombre de troupes; l'élan
est donné; les *ascaris* sont en ordre et bien en main; le secours
est proche; tout retard serait meurtrier. Aussi le major Ameglio
s'élance à l'attaque, tandis que le major Toselli a l'ordre de tourner vers le bas (en restant en vue et à la portée d'un secours
venant d'Antalo), afin de couper, si possible, la ligne de retraite
vers Amba Alagi.

Mais la résistance ennemie — d'abord énergique, à cause des avantages tactiques que donne la position dominante — dure très peu. Tandis que la batterie italienne continue son feu calme et ajusté, la première ligne, en deux bonds, rejoint l'angle mort, sous la haute muraille escarpée de l'*amba*. Après avoir soufflé à l'abri du feu, elle grimpe par les rares parties accessibles. Pendant ce temps, l'ennemi se disperse et s'échappe avec l'incroyable agilité des natifs, à travers les bois, les précipices et les anfractuosités. C'est un sol raviné et coupé, traversé par des crevasses, encombré de roches brisées et effritées, à travers lesquelles poussent, avec une vigueur tropicale, des buissons et des plantes.

En de telles conditions, la poursuite aurait rompu les liens tactiques. Aussi le major Ameglio fit sonner l'assemblée et dressa son camp dans le camp même du *ras*.

L'arrière-garde ennemie, qui avait combattu, comptait environ de 1,200 à 1,300 fusils. Nous avions eu 11 morts et 30 blessés : les ennemis peut-être une trentaine de morts et une centaine de blessés.

Bien que ce coup de main ait été préparé avec tant de soin et exécuté avec tant d'ordre, de rapidité et d'énergie; bien qu'il eût dispersé l'ennemi et chassé Mangascia des extrêmes limites de ses États; bien qu'il ait été couronné par un brillant assaut, il n'avait cependant réussi que partiellement, puisque Mangascia s'était sauvé vers le lac Ascianghi. Il fallait réinstaller le service des renseignements et d'exploration et soumettre le pays. Mais il était nécessaire de procéder avec de grandes précautions, parce qu'un ennemi comme l'Abyssinien, dans son propre pays, au milieu de ses montagnes favorables aux embuscades, dans des sentiers si difficiles, sans bagages, avec sa facilité de se séparer et de se réunir, facilité qu'il devait à l'habitude et à l'atavisme, avec son instinct félin de la guerre, pouvait préparer des surprises qui auraient paralysé notre succès partiel.

Le lendemain (10 octobre), on renoua le fil des informations que les événements de guerre avaient brisé; on battit le pays pour disperser et prévenir l'action des bandes hostiles, qui auraient pu opérer facilement dans cette région, avec cette population et avec ces chefs. Le clergé de plusieurs églises vint à

Antalo pour nous rendre hommage; quelques chefs aussi vinrent se présenter. Le mouvement s'accrut le jour suivant.

Degiac Ali, homme considéré comme très influent et chef de l'Enda Mœni[1], offrait de se soumettre si l'on voulait confirmer son autorité sur son territoire. *Ras* Sebath, ancien chef de l'Agamé, dont j'ai plusieurs fois parlé[2], trahi, déporté et maintenu prisonnier par *ras* Mangascia sur Amba Alagi, demandait du secours. Il s'était débarrassé de ceux qui le gardaient sur l'*amba,* mais il ne pouvait descendre, parce que les environs étaient occupés par les soldats de *ras* Mangascia.

Pour délivrer Sebath et déloger Mangascia, j'envoyai, à l'aube du 12, trois bataillons indigènes avec une batterie sous les ordres du général Arimondi. *Ras* Sebath et *degiac* Ali furent délivrés ; Mangascia put se retirer plus au sud, avec quelques centaines de fidèles : il avait échappé, encore une fois, à notre poursuite.

Il était téméraire de s'avancer encore, par les défilés étroits et difficiles des montagnes de l'Enda Mœni, avec des forces qui devaient forcément s'affaiblir pour pouvoir garder la ligne d'opération. La question des vivres, dans un pays aussi dépeuplé, pouvait devenir sérieuse, à une aussi grande distance d'Adigrat. Les animaux nous faisaient défaut, et nous n'avions aucun espoir d'atteindre Mangascia, dont les forces étaient dispersées : et l'on ne pouvait pas tenir longtemps, sans garnison régulière, le fort d'Adigrat.

Nous étions à plus de 350 kilomètres de notre base d'opération ; il fallait donc avoir un énorme service de transports et exercer une surveillance active, en installant des postes suffisants dans les diverses stations d'étapes. Il nous fallait avoir des garnisons d'autant plus en état de dominer le pays qu'elles étaient plus éloignées de la base. Or, nous étions dans une région infestée par les bandes dissoutes et dispersées de *ras* Mangascia, auxquelles s'étaient unis des paysans et des montagnards que la misère avait transformés en brigands dangereux, à cause de leur connaissance des lieux, à cause aussi de leur hardiesse et de leur agilité naturelles. Nous étions dans une région, pour le mo-

---

1. Enda Mœni, région de hautes montagnes escarpées, au sud du massif d'Amba Alagi, est à cheval sur la frontière du Tigré, qui domine la route du lac d'Ascianghi, et à environ 50 kilomètres au sud d'Antalo.

2 Voir le chapitre XIII.

ment, épuisée par la guerre, le long d'une route devenue un vrai désert.

Pour suivre Mangascia au delà d'Amba Alagi, on aurait dû franchir cette barrière de montagnes, à plus de 3,000 mètres d'altitude (le passage de Dubbar est à 3,158 mètres) et pénétrer dans une région absolument inconnue, où nous aurions prêté le flanc à toutes les embûches. Nous aurions dû suivre une route qui peut être coupée par une poignée d'hommes installés sur une *amba*. D'ailleurs, comment aurions-nous pu rejoindre Mangascia, au delà des frontières de ses anciens États, et quelle espérance avions-nous de le prendre ? De toute façon, nous devions avoir assez de forces pour pouvoir affronter, avec la presque certitude du succès, *ras* Olié et les *ras* du centre, qui, bien que suspects jusqu'à ce moment-là, n'avaient pas encore envoyé à *ras* Mangascia les secours demandés.

On ne pouvait certes pas parvenir, même de loin, à troubler la mobilisation que l'empereur Ménélick venait de commencer à Adis Abeba, à des semaines de marche (peut-être 800 kilomètres) d'Antalo, le long des âpres sinuosités de la crête des montagnes éthiopiennes, défendues par ses *ambas,* qu'il aurait fallu conquérir de force. Il suffit, pour s'en convaincre, de jeter les yeux sur une carte et de songer que l'on était à la mi-octobre.

Maintenant — après les événements, en se rappelant cette situation et en mettant de côté les hasards heureux ou malheureux de la guerre — on peut dire que, si, dans ces circonstances, j'avais lancé un ou deux bataillons avec les *bandes,* seulement jusqu'au lac Ascianghi, un malheur semblable à celui d'Amba Alagi se serait produit cinquante jours plus tôt. La catastrophe d'Amba Alagi est due précisément à l'erreur commise d'aller trop au sud.

Donc, l'opération contre *ras* Mangascia, campé sur Debra Aila, avait eu l'avantage de dissiper la bourrasque qui se formait sur les montagnes méridionales de la colonie et menaçait de près l'ancien royaume du Tigré ; l'armée de Mangascia servait d'avant-garde à une éventuelle invasion choanne ; elle divisait et décourageait nos amis ; elle répandait l'agitation dans les provinces nouvellement annexées, dont elle empêchait l'organisation ; elle fournissait un prétexte et un encouragement à nos ennemis et nous tenait toujours en suspens.

L'opération, conduite avec un effectif proportionné au but,
grâce surtout aux qualités des troupes blanches et indigènes,
réussit brillamment, au point de vue tactique; mais elle ne remplit pas ce *desideratum,* d'obliger au combat toutes les bandes de
Mangascia et de nous faire prendre ce dernier.

Il n'était nullement prudent et il n'était même pas possible
de poursuivre Mangascia au delà d'Amba Alagi, car cela nous
aurait exposés à un échec assuré.

CHAPITRE XVI

LA FRONTIÈRE MÉRIDIONALE

Le général Arimondi commandant du Tigré et de l'Agamé (16 octobre-9 décembre 1895). — Adigrat pivot de la défense. — Je demande de nouvelles forces. — Je signale la prochaine guerre (15 et 22 octobre). — Constitution des nouveaux bataillons. — Retour à Massaoua. — La question des Hababs et les négociations avec Maconnen. — Macallé sentinelle avancée.

Au lendemain du combat de Debra Aila, se présentait, avec insistance, le problème *quid faciendum,* après la dispersion des forces de *ras* Mangascia. Il ne fallait pas abandonner immédiatement ce pays, où les champs devaient être moissonnés; c'eût été, en quelque sorte, inviter les Amahras et les Tigrins à établir une large base d'opération dans ce territoire, où bifurquaient les deux voies d'invasion, l'une vers Adoua, l'autre vers Adigrat. Il ne fallait pas annexer cette région à la colonie, parce que les forces coloniales étaient insuffisantes, parce qu'il était impossible de porter notre défense vers le sud, au delà du fort d'Adigrat et des montagnes qui couvrent cette localité (Adagamus), en prévision d'une sérieuse attaque des Amahras. Il ne fallait pas se retirer immédiatement, en laissant le pays dans les mains des chefs des bandes de *ras* Mangascia : c'eût été perdre tous les avantages que nous avions le droit d'espérer de cette opération de guerre; c'eût été abandonner le contact avec nos amis du sud et de l'est, c'est-à-dire du Zebul, de l'Enda Mœni et de l'Uogerat; c'eût été renoncer à l'idée de rendre le pouvoir aux ennemis de Mangascia.

Ces considérations et d'autres encore m'amenèrent à prendre les dispositions que j'explique en détail dans deux documents, c'est-à-dire dans un *rapport* aux ministres de la guerre et des affaires étrangères et dans les *instructions* écrites laissées au général Arimondi.

J'écrivais, en effet, à la date du 15 octobre au général Mocenni et au baron Blanc : « Selon mon idée, *le centre de notre défense, vers le sud, doit être le fort d'Adigrat, avec la position avancée d'Adagamus.* Mais il me semble nécessaire d'affirmer notre pouvoir plus au sud. Il faut tenir *ras* Mangascia éloigné de ses anciennes possessions; il faut organiser le pays avec deux chefs influents, *ras* Sebath et *degiac* Ali, d'Enda Mœni, en créant, en vue de la défense, un tampon politique et militaire pour la colonie, opposé à une invasion du sud, toujours possible. Il faut séparer des Choans le Lasta et les autres pays indécis ou désireux de leur indépendance; il faut maintenir l'esprit de haine et de révolte contre les Choans, chez les musulmans de *cheik* Thala, chez les Gallas, chez l'Anfari d'Aussa, etc. »

« Si l'ennemi s'avance avec des forces très supérieures et s'il est en état de jeter contre nous la majeure partie de ses soldats, étant donné notre service d'informations et les habitudes de guerre abyssiniennes, nous pourrons toujours nous retirer à temps *d'Antalo sur la position d'Adagamus, qui est plus rapprochée de la base d'opération de trois journées de marche.* Voici pourquoi le commandant occupera la position d'Antalo; sa mission consistera à repousser toutes les attaques éventuelles de *ras* Mangascia, à se mettre en relation avec nos partisans du sud et à les soulever; à observer et à rendre compte sur une vaste échelle; à organiser le pays. *Dans le cas où des forces très prépondérantes, venant du Choa, s'avanceraient et nous serreraient de près, la position d'Antalo devrait être évacuée, et il faudrait détruire les ressources que l'ennemi pourrait employer contre nous*[1]. »

Ces principes furent discutés et arrêtés d'un commun accord avec le général Arimondi, ainsi que peuvent en témoigner le colonel (actuellement général) Pittaluga, attaché temporairement au corps d'expédition, et le chef d'état-major, le major Salsa. De son côté, le général Arimondi était le plus indiqué — il était même le seul indiqué — pour les mettre à exécution, d'autant plus qu'il devait prendre, à la fois, d'abord le gouvernement du vaste territoire situé au sud du Mareb-Bélésa-Mai Muna (c'est-à-dire du

1. Rapport aux ministres de la guerre et des affaires étrangères, sur les opérations contre Mangascia : Antalo, 15 octobre 1895.

Tigré et de l'Agamé) et ensuite le commandement des troupes et des services placés sur le territoire. Les troupes directement placées sous ses ordres étaient : le bataillon de chasseurs, les bataillons indigènes 3, 4 et 5, la première batterie de montagne, les détachements de l'artillerie, du génie, des services des subsistances et de santé, ainsi que les *bandes* locales : en tout 6 canons et 6,500 fusils, c'est-à-dire 600 fusils pour les chasseurs, 3,750 pour les soldats indigènes réguliers et 2,000 pour les *bandes;* momentanément il avait aussi à sa disposition le 6e bataillon indigène.

Voici les instructions écrites, pour le général Arimondi, le 16 octobre, au camp d'Antalo :

« *Le pivot de la défense de la colonie reste le fort d'Adigrat* avec le terrain avoisinant. Mais, plus au sud, il est nécessaire d'établir un centre d'où notre action se fasse mieux sentir, soit pour compléter la dispersion des troupes de *ras* Mangascia, soit pour résister à de nouvelles entreprises offensives de ce *ras* uni à quelque chef de l'Abyssinie du nord, soit encore pour assurer l'organisation régulière des nouvelles provinces, soit enfin pour donner une nouvelle impulsion au service d'information.

« *Dans le cas où des forces prépondérantes, venant du Choa, s'avanceraient et nous serreraient de près, on devra, sans nouveaux ordres, abandonner la position en se retirant sur Adigrat, après avoir détruit les ressources de toute espèce* qui pourraient servir à l'ennemi. »

« Dans cet ordre d'idées, vous choisirez une position que vous ferez fortifier pour qu'une petite garnison puisse s'y trouver en sûreté, alors que la majeure partie des troupes doit rester disponible, pour exécuter des opérations de campagne. Vous répartirez les troupes sous vos ordres de la façon répondant le mieux aux exigences de la situation ; vous prendrez les mesures nécessaires pour constituer la base d'opération d'Adigrat, pour constituer la dotation du nouveau fort et pour étendre la ligne télégraphique jusqu'à ce dernier [1]. »

Telles sont les instructions que j'écrivis de ma propre main et que j'expliquai de vive voix au général Arimondi. Celui-ci eut

---

1. Livre vert, fascicule Amba Alagi-Macallé, présenté à la Chambre des députés le 27 avril 1896. Annexe n° 1, page 11.

toutes les attributions fixées pour les commandants des zones du Tigré et de l'Agamé, avec le droit de les déléguer.

Par suite, le général Arimondi, en sa qualité de *commandant du Tigré et de l'Agamé,* avait une sphère de gouvernement, de commandement et d'action clairement et nettement déterminée. Et cette sphère aussi importante (par le nombre des troupes, par la grandeur du territoire, par l'étendue des attributions, par sa situation, eu égard à l'ennemi éventuel et par les services à rendre) n'était certes pas au-dessous du grade, des fonctions, de l'activité et de la capacité du général Arimondi, qui conservait, en outre, la surveillance sur la discipline et sur l'instruction des troupes occupant le reste de la colonie.

Après avoir donné les instructions et les explications nécessaires au général Arimondi et avoir parlé avec *ras* Sebath et *degiac* Ali d'Enda Mœni, le 17 octobre, je visitai le pays entre Antalo et Macallé, et de Macallé, par Amba Salama, je pris la route d'Adoua, pour revenir à Massaoua, après avoir traversé la colonie. Je ne pouvais rester plus longtemps, à l'extrême frontière méridionale de la colonie, éloigné de Massaoua, d'où j'étais absent depuis quatre mois; je devais pourvoir aux services de l'arrière, créer deux nouveaux bataillon indigènes et m'occuper des multiples services civils, qui, dès l'été précédent, avaient été suspendus; quelques-uns même l'avaient été dès ma première demande de rapatriement, c'est-à-dire dès le mois de mai.

Il y avait en suspens des négociations importantes et urgentes avec *ras* Maconnen, seigneur du Harar, par l'intermédiaire de M. Nerazzini et de M. Felter. Ces négociations, — concernant la chose la plus importante pour l'avenir de la colonie de l'Érythrée, c'est-à-dire la paix sur la base de nos possessions d'alors, — comme l'avait télégraphié M. Nerazzini de Zeila[1], pouvaient à ce moment-là être mieux dirigées de Massaoua que d'Adigrat. Et même on ne pouvait les conduire que de Massaoua. Il ne fallait pas perdre de vue Cassala, car la saison favorable aux incursions des Derviches arrivait à grands pas.

Il fallait résoudre définitivement la question des Hababs et les questions pendantes avec les Anglo-Égyptiens au sujet des frontières du nord et du nord-est. Du reste, il fallait donner au com-

1. Voir le chapitre XIV.

mandant des troupes la satisfaction d'un commandement autonome, tandis que, dans les précédentes expéditions, en vertu
des pouvoirs qui m'avaient été conférés, j'avais toujours pris la
direction militaire, parce que toujours (à Cassala, à Coatit, à Adoua,
à Antalo) il fallait être prêt à traiter, et l'action politique était en
relation intime avec l'action militaire.

Rester deux généraux dans l'Agamé eût été militairement et
politiquement absurde, comme il eût été absurde d'envoyer le
général Arimondi à Massaoua, en le chargeant de diriger les
affaires civiles, politiques ou diplomatiques avec *ras* Maconnen
et avec les Anglais en Égypte et de traiter les questions complexes que j'avais moi-même commencé à traiter avec le ministère, pendant mon séjour en Italie.

Bien que — depuis des mois et des mois — j'eusse signalé les
probabilités de la guerre et le besoin de terminer nos armements
en temps utile, j'espérais cependant le maintien de la paix, à
cause même du calme du ministère, vis-à-vis de mes préoccupations et de mes propositions, qui étaient à la fois insistantes
et inquiétantes. La paix aurait été probablement maintenue, si
les événements ne s'étaient pas précipités, comme nous le verrons dans un instant. Voilà la cause principale de mon retour
à Massaoua, qui était le seul point d'où je pusse surveiller les
négociations.

Comme je l'ai dit plus haut, une des raisons qui m'ont amené
à retourner, à la fin d'octobre, du haut plateau abyssinien à
Massaoua, après l'opération contre *ras* Mangascia et ma visite
à Adoua, fut le besoin de résoudre la question des Hababs, en
même temps que la question de la frontière de l'Érythrée avec
les Anglo-Égyptiens.

Les Hababs sont constitués par trois tribus nomades qui, au
nord-ouest de Massaoua, font paître leurs troupeaux, le long des
pentes de la Rora Asghedé, jusqu'aux bords de la mer Rouge[1].
Pendant l'été, ils restent sur les montagnes, fertilisées par les
pluies tropicales ; pendant l'hiver, ils descendent dans les plaines

1. Voir notre carte générale de la colonie de l'Érythrée, à la fin de ce volume.
Comme commandant de la zone de Chéren, en 1891, j'ai visité le pays des
Hababs et j'en ai publié ensuite un étude, en 1892, à Rome.

ondulées du *Sciohel,* où ils trouvent de l'eau dans les lits des torrents et une végétation suffisante.

Ils appartiennent à la religion des peuples nomades, c'est-à-dire à l'islamisme. Leur gouvernement est patriarcal; mais ils sont toujours troublés par des discordes intestines et par une profonde division des castes. Chez les Hababs, plus encore que chez les autres tribus musulmanes, l'esclavage est enraciné; c'est la conséquence du commerce d'esclaves qu'on exerce sur les côtes de la mer Rouge, pour les ports de l'Arabie. Pendant l'occupation des Derviches, Cassala était devenue un centre très important du commerce d'esclaves, dont une partie était conduite, à travers les montagnes des Hababs et le long de la frontière égyptienne, vers une quelconque des nombreuses baies qui sont au nord et au sud du cap *Casar,* le point le plus septentrional de la colonie sur la mer Rouge.

L'abolition de l'esclavage dans la colonie de l'Érythrée, les mesures de rigueur que nous avions adoptées contre la traite et contre le commerce de chair humaine, avaient naturellement heurté les intérêts et les habitudes de la caste supérieure et des nobles de la tribu des Hababs. Que l'on ajoute à cela la répression de certains abus qui opprimaient la caste plébéienne; l'imposition d'un impôt, bien que très léger; le désir de la nouveauté, le manque de demeure stable, l'espérance d'être mieux avec les Anglo-Égyptiens, la facilité et l'habitude de se transporter d'un lieu à l'autre..., et l'on comprendra facilement que, dans les moments où la colonie se trouvait dans une crise de guerre, une partie des mobiles tribus des Hababs ait franchi notre frontière pour se rendre sur le territoire anglo-égyptien.

Du reste, la frontière n'était déterminée que scientifiquement par une ligne droite, basée sur le tracé des parallèles et des méridiens. Il fallait nous mettre d'accord avec les autorités anglo-égyptiennes, pour empêcher l'exode des tribus d'une frontière à l'autre, exode qui créait pour nous et pour les Anglo-Égyptiens un danger, surtout avec les Derviches qui étaient voisins. Il fallait tracer la ligne frontière, selon les conditions topographiques et selon les besoins de ces tribus, — en pâturages et en eau, pour leurs troupeaux, — sans fractionner ces tribus. Il fallait maintenir, d'une part, le prestige de l'autorité civile, et d'autre part le respect aux lois et l'obéissance aux gouvernants, en rendant la paix aux Hababs ainsi que la tranquillité et la sécurité aux tribus avoisinantes. C'était d'autant plus nécessaire que l'Abyssinie semblait de plus en plus menaçante, sur la frontière opposée de l'Érythrée.

L'accord conclu à ce moment fut satisfaisant pour les deux partis, et il atteignit le but proposé de maintenir l'ordre, pendant les opérations militaires suivantes, qui eurent pour théâtre un territoire qui n'appartenait pas à la colonie de l'Erythrée.

On m'a blâmé pour avoir congédié, à ce moment-là, la milice mobile. Mais j'ai déjà fait observer[1] que l'on doit agir avec prudence, en conservant la milice mobile sous les armes, surtout en certaines saisons et quand cette mesure n'est pas motivée par un besoin évident de la défense. Car, en dégoûtant le pays et en imposant des obligations excessives, on diminue le choix pour les enrôlements volontaires, et, de plus, quand tant de bras manquent, il ne faut pas en enlever à l'agriculture. Quant aux tribus nomades de l'antique territoire de l'Érythrée, elles se soustraient facilement à l'obligation du service militaire, en franchissant la frontière. Elles échappent ainsi non seulement à l'impôt du sang, mais encore à l'impôt en argent, et laissent le pays désert. Ajoutez à cela qu'il parut alors opportun de donner aux hommes de la milice la faculté de rentrer dans les *ascaris* au moment où l'on augmentait les unités combattantes et où le choix manquait. Et de fait, plusieurs hommes de la milice rentrèrent dans les troupes régulières, où ils apportèrent des éléments mûrs et instruits. Il faut encore considérer qu'aucun homme de la milice n'avait pris part à l'expédition de Debra Aila ; que les hommes de la milice rassemblés dans leurs régions respectives purent rentrer immédiatement dans leurs foyers et être rappelés en deux jours, avant même Amba Alagi ; enfin, que si l'on avait conservé les milices sous les armes dans les mois d'octobre et de novembre, il n'y aurait pas eu un homme de plus entre Macallé et Amba Alagi, dans les premiers jours de décembre. A cette époque on maintint les *bandes* au service ; mais on n'avait pas pour elles les mêmes exigences que pour la milice, et elles servaient essentiellement sur la frontière.

1. Chapitre III de ce volume, où l'on traite de l'institution de la milice mobile.

En même temps que le rapport général des opérations sur la frontière éthiopienne (qui ne fut *jamais publié, bien qu'il ait été écrit pour le public), je crus nécessaire, avant de quitter Antalo, d'envoyer* aux ministres de la guerre et des affaires étrangères un autre rapport confidentiel, écrit le même jour, 15 octobre, sur la nécessité d'augmenter les forces coloniales[1].

« Dans le Choa, des agents ou des agitateurs français ou russes continuent à souffler sur le feu, et à fournir des armes et des munitions et probablement de l'argent. Les troupes de Mangascia sont dispersées; beaucoup sont contre lui, soit à cause de leur confiance[2] dans nos armes, soit pour des discordes intestines, soit par espoir de lui succéder, soit par antipathie pour les Choans. Mais ce serait imprudent de ne pas tenir compte ni des forces énormes, ni du besoin qu'a le *negus* de rétablir son prestige amoindri, ni de la mobilité abyssinienne, ni des encouragements européens. Il est donc nécessaire de prévoir à temps, d'autant plus que, bien qu'ils soient découragés et domptés, les Derviches, qui voient les Anglo-Égyptiens immobiles, peuvent lever la tête, et, à chaque instant, nous obligent à maintenir vers Chéren des forces importantes. »

Mais comme je ne pouvais pas obtenir une autorisation quelconque, ni même une réponse du ministère, — de ma propre autorité, dépassant mes attributions, — je créai d'abord un septième, puis un huitième bataillon indigène.

Et quelques jours après — c'est-à-dire le 22 octobre — je revenais sur la question déjà amplement traitée au printemps et à l'été, en écrivant d'Adoua au ministère :

« La situation si précaire dans laquelle nous nous trouvons actuellement ne cessera pas si, par la politique ou par les armes, nous n'arrivons pas à paralyser la puissance choanne, ou bien si nous ne concluons pas un accord durable. En négligeant de prévoir à temps avec des moyens assez limités, — l'Italie pourra être entraînée à une guerre dont nous pouvons à peine imaginer les énormes dépenses, si nous en pouvons prévoir l'issue finale.

« Les Derviches sont tenus en respect par l'occupation de Cassala; sans cela, après Agordat, ils auraient établi à nouveau sur le Gasce leur base d'opérations contre la colonie. Mais il faut

---

1. Livre vert, XXIII *bis*, n° 120, 15 octobre, page 107.
2. Le livre vert dit par erreur *fortune*.

leur faire face avec 1,500 hommes, nombre qu'on ne pourrait diminuer sans imprudence, si même, en faisant une supposition absurde, on voulait abandonner Cassala. Ce nombre de 1,500 hommes est au-dessous du *minimum* des garnisons anglaises occupant les postes fortifiés les plus reculés dans le Soudan. Et puis, bien que la prise de Cassala ait porté un coup terrible au mahdisme, ce serait une folie que de négliger les précautions les plus élémentaires contre un réveil éventuel, fût-il même passager, de cette secte religieuse.

« Sur la frontière sud, vers l'Éthiopie, à une si grande distance de la frontière ouest qu'il y tiendrait la moitié de l'Italie, entre des montagnes escarpées et élevées, avec des sentiers rares et difficiles, il *est nécessaire plus que jamais d'être prêts à une grande guerre*[1].

« Donc tout nous pousse à sortir d'une situation épineuse pour donner à l'Italie une colonie réellement fertile et pleine d'avenir. Naturellement, deux procédés se présentent : la paix ou la guerre. Pour moi, sous tous les rapports, surtout eu égard à la nation, *la paix est de beaucoup préférable*. Mais un accord durable est-il possible, soit directement avec le *negus neghesti*, soit indirectement, en plaçant sur le trône d'Éthiopie un des *ras, ras* Maconnen par exemple ?...

« Maconnen a déjà offert sa médiation pour la paix ; et, bien que, par sa nature, il mérite peu de confiance, il pourrait, en cela, pour le moment et en attendant l'avenir, être sincère, ainsi que le croient Felter et Nerazzini.

« Pour mon compte, *je crois que l'on doit essayer tout, pour en arriver à un accord et à une paix honorable*, basée sur le tracé de notre frontière au sud de Macallé et sur l'établissement de notre protectorat sur toute l'Éthiopie[2].

« De toute façon, je crois de mon devoir d'insister auprès de Votre Excellence pour que le gouvernement du roi examine cette grave question sous toutes ses faces. Pour baser un jugement, il y a beaucoup d'éléments au ministère des affaires étrangères,

---

1. Que l'on compare ce que j'écris, dans le rapport au ministère, avec ce que j'écrivais quatre mois auparavant, comme on peut le lire à la fin du chapitre X.

2. « On pourrait, du reste, être larges de concessions territoriales, si l'on pouvait former un tampon avec des chefs intéressés à se maintenir sous la protection sûre et puissante de la colonie de l'Érythrée. »

provenant du gouvernement de la colonie. Il me paraît nécessaire
que ces documents soient examinés au point de vue des conditions politiques, diplomatiques et financières de notre pays et
qu'une résolution soit prise. Le gouvernement de l'Érythrée, con-
formant tous ses actes à cette résolution, pourrait mieux répondre
à la confiance du ministère, et il serait plus à même d'accomplir
son devoir, dans la plus ardue, la plus compliquée et la plus difficile des missions[1].»

Je proposais donc, en insistant, *un programme définitif, pacifique autant que possible, et une augmentation de forces.* Mais le ministère ne répondit jamais rien, ni officiellement, ni par le moyen
des lettres qu'ordinairement les ministres des affaires étrangères
m'adressaient, à titre privé. Toutefois, il semblait que le gouvernement désirât résoudre la question éthiopienne par de l'audace. On songeait peut-être qu'une marche rapide vers le sud, en
bouleversant le plan de l'ennemi, nous aurait conduits au Choa,
créant ainsi, comme par un coup de baguette magique, l'empire
d'Éthiopie.

Mais celui qui blâmait ma trop grande prudence, au lendemain
de Sénafé comme de Debra Aila, ne songeait ni à nos armes, ni
aux armes ennemies, ni au théâtre de la guerre, ni aux conditions
économiques et politiques de l'Éthiopie.

Comme nous l'avons observé dans tout le cours du récit, et
ainsi qu'il ressort jusqu'à l'évidence de mes rapports, nous avions
des forces à peine suffisantes pour garder la colonie, de Gassala
à Adigrat. Pour avancer au sud de Macallé et d'Antalo, il était
absolument nécessaire de nous garder, par derrière, à Adigrat
et à Adoua, naturellement avec des forces blanches, parce qu'il
aurait été impossible de porter dans le cœur de l'Éthiopie, en
tête de l'opération, les forces blanches, sans faire de grands préparatifs nécessités par le terrain et la difficulté de se procurer des
vivres. Il fallait, au fur et à mesure, échelonner les troupes noires
régulières, à une étape ou deux de distance; nous en aurions semé
beaucoup le long de la route, et nous serions arrivés au but, au
cœur même des Amahras, avec des fractions insignifiantes.

Sans pouvoir citer le chiffre des combattants, quelques mois
après l'entrée en campagne de Ménélick, et en faisant abstraction

---

1. Mon rapport d'Adoua au ministère des affaires étrangères, 22 octobre
1895, n° 127 du livre vert, XXIII *bis.*

des contingents du Goggiam, du Harar, etc., tout le monde
savait que l'empereur avait un grand nombre de milliers de soldats bien armés et parfaitement aptes à la guerre, surtout dans
leur pays. Et si, d'un côté, il était probable qu'en nous enfonçant
dans le pays nous aurions attiré à nous plusieurs seigneurs féodaux, avec leurs contingents, — il était certain, d'autre part, que
d'autres seigneurs féodaux, intéressés à repousser l'invasion, se
seraient rangés contre nous, en d'autant plus grand nombre et
avec d'autant plus de forces que nos fractions seraient devenues
plus faibles.

La ligne d'opération s'allongeait nécessairement, dans un territoire tout coupé par des contreforts escarpés, qui présentaient
de formidables positions défensives, favorables aux surprises et
aux embuscades, et que nous autres, envahisseurs, nous aurions
pu tourner très difficilement, parce qu'il n'y avait pas de routes,
ou parce que les routes étaient réduites à l'état de sentiers invraisemblables.

Et comment faire vivre les troupes, dans un pays si peu peuplé, où il fallait employer tant de quadrupèdes et où une troupe
régulière, même composée d'indigènes, avait tant besoin de
transports?

Aux excitations qui venaient de Rome, je crus devoir répondre d'une façon officielle et par lettre privée. Dans la lettre officielle[1] j'écrivis de Massaoua, à la date du 4 novembre, ce qui
suit : « Après la victoire de Debra Aila, je n'ai pas cru devoir
poursuivre Mangascia au delà des frontières de ses anciens
États, parce que la prudence la plus élémentaire me conseillait de
ne pas pénétrer dans ces montagnes sans avoir soumis entièrement le pays, sans avoir assuré ma base d'opération en fortifiant
un point important, sans avoir à ma disposition de nombreux
moyens de transport pour les vivres et le matériel, et sans avoir
conquis les différentes *ambas* sur lesquelles s'étaient réfugiées
les troupes dispersées de *ras* Mangascia. Au fur et à mesure que
s'allongerait la ligne d'opération, les forces diminueraient. Et
les ennemis, ou bien, certains de la victoire, nous auraient attendus sur une de leurs si nombreuses positions formidables, ou
bien, excessivement supérieurs en nombre, ils auraient cherché à

1. Livre vert, XXIII *bis*, n° 132.

nous envelopper ; ou bien encore, en devenant toujours plus nombreux, ils auraient continué leur retraite vers les localités de l'intérieur, de plus en plus hors de portée de nos attaques, et ils n'auraient laissé que le désert le long de notre route. »

Puis, dans une lettre particulière adressée, à la même date (4 novembre), au baron Blanc, ministre des affaires étrangères, je crus devoir rappeler la campagne des Anglais de 1867 et 1868. Dans cette campagne, un corps composé de 10,000 à 11,000 hommes, tant Européens qu'Indiens, pour arriver à Magdala, dut employer 26,214 porteurs et 50,000 bêtes de somme de différentes espèces, jusqu'à des éléphants. L'expédition, préparée avec le plus grand soin, l'année précédente, eut lieu de janvier à avril ; elle ne livra que deux combats, dans lesquels les Anglais n'éprouvèrent que des pertes insignifiantes, contre un ennemi à ce moment-là mal armé, et n'ayant pas un effectif supérieur à 6,000 ou 7,000 hommes. Après avoir pris Magdala, lord Napier avait cru devoir l'évacuer immédiatement pour se replier sur Zula. Et pourtant Magdala était bien moins loin que les objectifs que nous aurions dû atteindre dans une marche à fond contre le Choa.

Comme sentinelle avancée de notre défense à Adigrat, on choisit la petite hauteur de Enda Jésus, près de Macallé[1]. Selon les instructions, elle devait servir de château fort ou de forteresse à une petite garnison, destinée simplement à observer et à veiller.

On préféra la position de Macallé (Enda Jésus) à une autre dans les montagnes d'Antalo, soit parce que Macallé, étant plus en arrière, a des communications meilleures et plus rapides avec Adoua et Adigrat, et par suite rend plus facile et plus prompte une marche en retraite à travers les montagnes ; soit parce que Enda Jésus fut reconnu comme un point convenant bien à la construction d'un petit fort ; soit enfin parce que de Macallé partent (vers le Tacazzé d'un côté et vers le territoire des Dancalis de l'autre) plusieurs routes qui gardent, de flanc et à courte distance, l'artère de communication indiquée par la route anglaise. Et puis, « le nom de Macallé, où régnait le roi Jean avec tout le faste possible à un roi d'Éthiopie, d'où sont parties, depuis Dogali,

1. Voir, à la fin du volume, notre carte générale de la colonie de l'Erythrée à l'échelle 1/1,000,000 et notre carte spéciale de Macallé à l'échelle de 1/100,000, chapitre XXIII.

les attaques contre la colonie de l'Érythrée, exerçait une fascination qu'il ne fallait pas négliger sur un peuple doué d'imagination; d'autre part, le combe populeuse et riche offrait des ressources importantes pour une troupe d'occupation et les enlevait à l'ennemi[1]. »

Macallé (Enda Jésus) est à environ 115 kilomètres d'Adigrat, à 120 kilomètres d'Adoua, et à 74 kilomètres d'Amba Alagi.

J'étais encore à Antalo quand, de Zeila, arriva la nouvelle que la foudre avait paralysé la langue du *negus* Ménélick. La forme de la nouvelle était trop abyssinienne et méritait d'autant moins d'être crue qu'elle n'avait point été confirmée par la voie directe du Choa. Toutefois, je la télégraphiai au ministère comme un bruit ayant cours, dans deux télégrammes datés, l'un d'Antalo, et l'autre de Macallé[2]. En Europe cette nouvelle se répandit avec toutes les apparences de la vérité. Déjà le ministère comptait en profiter, pour ouvrir des négociations avec Maconnen et les autres prétendants à la succession du roi des rois. Cet espoir s'étant évanoui, le ministère, malgré mes instances répétées, ne donna plus signe de vie, et ne répondit ni aux questions politiques ni aux questions militaires, pas même quand (le 9 novembre) le docteur Nerazzini télégraphiait ceci : « Ménélick est parti, au milieu d'octobre, pour le Tigré, avec une armée nombreuse, accompagné de Maconnen. Les troupes de Maconnen sont campées entre Harar et Auasce, en observation. Cette nouvelle est sérieusement confirmée[3]. »

---

1. Les motifs sont exposés, en détail, dans ma lettre du 4 novembre, aux ministres de la guerre et des affaires étrangères, n° 132 du livre vert, XXIII *bis*.

2. Télégrammes au ministre des affaires étrangères, page 108 du livre vert, XXIII *bis*, n°ˢ 121 et 122.

3. Le docteur Nerazzini au gouverneur de l'Érythrée et au ministre des affaires étrangères, livre vert, XXIII *bis*, n° 135.

CHAPITRE XVII

LE GÉNÉRAL ARIMONDI

Le gouverneur civil et le commandant des troupes. — Relations personnelles. — Pouvoirs indivisibles. — Agordat, Cassala, Coatit. — Le général
Arimondi à Chéren (mars-avril 1895). — Sa proposition d'attaquer Osobri
(19 mars et 17 avril). — Sa demande de rapatriement (21 avril). — Arimondi, commandant du Tigré et de l'Agamé, ordonne une pointe contre le
Lasta (17 octobre). — Seconde demande de rapatriement (10 novembre).

Ce fut dans un moment aussi critique, pour notre action politique et militaire, que le général Arimondi demanda son rapatriement. Il est nécessaire de voir d'un peu près les raisons de
cette demande, si l'on veut juger avec impartialité les hommes et
les événements de la colonie et en tirer des enseignements pour
l'avenir, car les dépêches confidentielles publiées dans le livre
vert, par le ministère di Rudini, pourraient facilement conduire
à des erreurs, si elles ne sont pas complétées et accompagnées
d'une explication historique[1].

Déjà, dès la constitution dans la colonie (mars 1892) du pouvoir civil séparé du pouvoir militaire, j'avais exposé verbalement
au président du conseil et ministre des affaires étrangères, M. di
Rudini, puis aux ministres Brin, Pelloux et Saint-Bon, l'inconvénient et le danger d'une semblable division de pouvoirs, là où
le gouverneur était un militaire.

Mais le ministère, soit pour répondre aux exigences d'une
partie de la Chambre, soit qu'il considérât comme terminée la
période des guerres africaines et qu'il crût pouvoir imiter la
constitution de certaines colonies anglaises, soit qu'il espérât

1. Livre vert, XXIII bis.

condenser dans un adjectif un programme pacifique, tenait essentiellement à ces mots : *gouvernement civil*. On espéra remédier à l'inconvénient signalé, en donnant, par un décret royal, le droit au gouverneur de prendre le commandement des troupes ; et l'on fut pleinement satisfait, en considérant que le gouverneur était et serait — par la hiérarchie ou par l'ancienneté — un officier supérieur au commandant des troupes, ce dernier devant obéir, avec toute la subordination imposée par la discipline militaire [1].

Au nom du ministère, j'avais offert moi-même ces fonctions au lieutenant-colonel Arimondi, que j'avais connu en Afrique pendant la campagne 1887-88. Il accepta les fonctions de commandant des troupes de la colonie, avec enthousiasme, et à n'importe quelles conditions. Les relations les plus franches et les plus cordiales unissaient les deux plus hautes autorités de la colonie.

Tout alla très bien pendant les premières années, alors que, absorbé par le souci de la paix à l'extérieur et des questions multiples de l'organisation intérieure, je laissais au commandant des troupes toute latitude pour la discipline, pour l'instruction et pour l'administration, qui, à ce moment-là, dépendait plus directement du ministère de la guerre.

Mais on ne peut violer impunément les principes fondamentaux sur lesquels doit être basée l'autorité, dans une colonie, ni semer le germe de la division là où il est nécessaire que la concorde soit florissante, là où la discipline doit régner en souveraine. On ne peut pas, non plus, avec des palliatifs, souvent plus dangereux que le mal, prévenir ou corriger les conséquences d'une institution contraire aux sentiments du cœur humain et à la hiérarchie militaire. Et il n'est pas sage de compter sur l'esprit d'abnégation ni sur les relations individuelles, quand est tendu le ressort puissant de l'ambition et de l'action individuelle.

---

1. Article unique : « Le colonel d'infanterie commandeur Oreste Baratieri, gouverneur civil de l'Érythrée, a le droit de prendre le commandement suprême des forces de terre et de mer de la colonie, toutes les fois qu'il croira la chose nécessaire.

« Dans ce cas, le commandant des troupes aura, par rapport au colonel Baratieri, la situation de chef d'état-major.

« Fait à Rome, le 10 mars 1892.

« *Signé :* UMBERTO.

« *Contresigné :* PELLOUX. »

Néanmoins, tout alla si bien et l'accord fut si complet que le colonel Arimondi, après deux années d'expérience, le lendemain de
sa victoire d'Agordat, avec une grande abnégation, demanda spontanément et obtint d'être maintenu dans ses fonctions (février
1894), bien que sa nomination au grade de général l'eût fait l'égal
du gouverneur. Cependant son nouveau grade (d'après les tableaux
que j'avais proposés, d'accord avec lui, et que le ministère avait
acceptés) était supérieur à l'emploi[1]. Nous nous asseyions à la
même table, nous faisions vie commune, nous traitions journellement, dans mon bureau, les affaires politiques et militaires, et
chacun s'efforçait de faciliter à l'autre sa difficile mission, dans
le cercle de son autorité respective.

Mais vint l'expédition de Cassala, vint l'administration avec
un budget unique dépendant du ministère des affaires étrangères.

L'expédition fut commencée et conduite, d'un plein accord,
avec le général Arimondi[2], qui, à ce moment-là, se montra content et satisfait de sa position de commandant en second et de la
mission qu'il eut ensuite d'activer la construction du fort, d'organiser la défense du territoire à l'extrême frontière occidentale,
et de protéger dans les premiers temps la garnison de Cassala
(juillet 1894)[3].

Après l'entreprise de Cassala, le général Arimondi alla en
congé en Europe, et il témoigna le désir de ne plus retourner à
son poste, en Afrique, au ministre de la guerre, général Mocenni, au chef d'état-major général, général Primerano, et au
président du conseil, M. Crispi. Il m'écrivit, à ce propos (fin octobre 1894), en m'annonçant que très probablement il ne retourne-
rait pas en Afrique. Je lui avais, du reste, fait observer que, le
gouverneur étant devenu entièrement responsable du budget militaire, vis-à-vis du ministre des affaires étrangères, je devrais
m'occuper des questions administratives militaires plus directement que par le passé.

1. Les tableaux pour les troupes d'Afrique assignaient au commandant
des troupes le grade de lieutenant-colonel ou de colonel, aussi bien ceux
arrêtés par le ministre Pelloux en 1891 que ceux approuvés par le ministre
Mocenni en 1894.

2. Ainsi que je l'ai annoncé au ministère, par mon télégramme du 9 juillet
1894, page 41, livre vert, XIII, n° 9.

3. Ainsi qu'en peuvent témoigner le capitaine Artale et le lieutenant Vecchi, attachés à l'état-major des troupes.

Pendant ce temps, au commencement de décembre 1894, les Anglo-Égyptiens ne s'étant pas avancés vers l'Atbara (condition que j'avais posée pour occuper Cassala), les Derviches semblèrent nous menacer de prendre leur revanche, ou pour le moins de piller les tribus qui étaient protégées par nous ou par les Anglais. Le ministère crut donc devoir exercer une pression sur l'esprit du général Arimondi, à ce moment à Rome, pour qu'il retournât en Afrique, reprendre ses fonctions de commandant des troupes de la colonie. Celui-ci obéit en soldat, dans l'espoir de lutter une autre fois contre les hordes mahdistes. Mais, au lieu des Derviches, on dut venir à bout de l'insurrection intérieure de l'Oculé Cusai, et il fallut écarter la menace d'invasion de la part du Tigré.

Le général Arimondi arriva, le 23 décembre, à l'Asmara, quand l'insurrection de l'Oculé Cusai était étouffée, et après la belle victoire des troupes coloniales, sous les ordres du major Toselli, à Halai (18 décembre), dans laquelle le chef Batha Agos fut tué. Il arriva le jour même où je concentrais, à Adi Ugri, toutes les troupes coloniales disponibles, et où je me rendais dans cette localité pour appuyer avec les armes l'ultimatum que j'avais expédié à *ras* Mangascia. (Voir le chapitre VI.)

L'opération étant commencée, pouvais-je céder le commandement des troupes au général Arimondi, qui venait d'arriver d'Italie, alors qu'il y avait en cours des négociations de tout genre, directes avec *ras* Mangascia et indirectes avec l'*eccighié* Théofilos, avec Agos Tafari, le chef des rebelles dans l'Agamé, et avec les chefs mécontents du Tigré? Ces négociations devaient nécessairement se développer dans le courant de la campagne et avoir une action immédiate sur ses résultats.

Du reste, tout le monde sait la valeur considérable qu'a, en Afrique, l'ingérence directe et individuelle des personnes vis-à-vis des chefs et des populations. A tout changement de personne on attribue d'habitude un changement d'idée, et surtout l'intention de manquer aux engagements sans violer la parole donnée. Tout le monde sait que les peuples les plus voisins de l'état naturel arrivent difficilement à comprendre la division du gouvernement en civil et militaire, surtout lorsque l'état de guerre exige que tous les pouvoirs soient concentrés dans la main d'un seul; car, dans ces contingences, il est impossible d'imposer à l'avance des limites à l'action.

· Le général Arimondi suivit donc, comme commandant en second, toutes les opérations qui finirent à Sénafé. Il n'eut jamais à manifester, pas même indirectement, de mauvaise humeur ou à émettre des prétentions au commandement en chef. Peut-être aurait-il pu être chef d'état-major, mais son grade de général était supérieur à la fonction; d'ailleurs il était d'un grade égal au mien, par suite il n'avait pas à s'occuper des menus détails de cette fonction : dans les conditions d'alors, avec un corps d'opération composé seulement de bataillons, un chef d'état-major avec le grade de général aurait exigé un sous-chef d'état-major avec le grade d'officier supérieur, et tout cela aurait créé un rouage inutile, et par suite dangereux à la guerre, entre le commandant en chef et les commandants des diverses fractions. De son côté, le général Arimondi, comme dans l'expédition de Cassala, se montra content de suivre les opérations comme commandant en second; et dans cette situation il était nécessaire pour pouvoir me remplacer en cas de besoin.

Dans le rapport sur l'occupation d'Adoua (écrit à Adi Ugri, le 4 janvier 1895) je pus lire au général Arimondi le récit des faits, et j'obtins sa pleine approbation, notamment pour ces mots : « Le général Arimondi était avec moi; il m'a suivi, dans toutes les opérations, comme commandant en second; j'ai procédé en restant toujours complètement d'accord avec lui et en utilisant ses conseils autorisés [1]. »

Pendant les mouvements qui conduisirent à l'occupation de l'Agamé et du Tigré (seconde moitié de mars, première moitié d'avril 1895), je confiai au général Arimondi le gouvernement et le commandement des zones de Chéren et de Cassala; il avait pour mission de surveiller spécialement la frontière occidentale et de repousser une attaque éventuelle des Derviches. A peine arrivé à Chéren, à la date du 19 mars, — le jour même où toutes les forces disponibles de la colonie attendaient l'ordre de marcher de Sénafé vers l'Agamé, — il me proposait de nouveau un coup de main contre les Derviches. Cette proposition m'avait déjà été faite, seize jours auparavant, par le major Turitto, commandant de Cassala; mais je ne l'avais pas acceptée. Il s'agissait de franchir l'Atbara et d'attaquer Osobri, pour y détruire le camp mahdiste.

1. Livre vert, Halai, Coatit, Sénafé, XIII *bis*, page 18.

Or, Osobri est à environ 65 kilomètres à l'ouest de Cassala[1],
au delà (rive gauche) de l'Atbara, sur la ligne des campements
des Derviches, à environ 30 kilomètres au nord d'El Fascer,
point occupé par les Derviches et situé dans un territoire exposé
aux attaques de la cavalerie. Nous avions un seul bataillon à
Cassala et point de cavalerie. J'avais télégraphié, le 5 mars, au
major Turitto que je ne comprenais pas le but de la reconnaissance vers Osobri. Elle ne pouvait pas avoir pour objectif de
découvrir les forces ou les intentions de l'ennemi, puisque le
commandement était déjà informé et qu'il n'était pas probable
que cette opération éclairât davantage la situation. Cette reconnaissance ne pouvait ni battre l'ennemi ni détruire son camp,
puisqu'elle disposait de forces insuffisantes pour cela. Elle ne
pouvait pas enfin avoir comme but d'occuper une localité sur
l'Atbara, puisque nous n'avions ni l'intention ni la possibilité de
nous y maintenir. Par suite, pour le premier objectif, les forces
étaient trop considérables, pour les deux autres elles étaient
insuffisantes. Une incursion jusqu'à Osobri n'était point facile,
à cause du manque d'eau. Se retirer sans avoir battu l'ennemi
aurait pu relever son moral : une surprise, même insignifiante,
de la cavalerie mahdiste aurait été annoncée, dans le Soudan,
comme un succès.

Ajoutez à cela que, d'après des informations récentes, — venant
de Cassala et signalées à Rome, — l'ennemi, sous le commandement d'Osman Digma, disposait dans le Ghedaref et le long de
l'Atbara de plusieurs milliers d'hommes[2].

Mais si l'opération semblait risquée, au commencement de
mars, — plus tard elle l'était encore bien davantage à mes yeux,
d'abord à cause de la concentration de toutes les forces coloniales au delà des frontières méridionales, puis à cause des difficultés logistiques qui ne faisaient qu'augmenter. Aussi le 20 mars,
en partant pour Adigrat, je télégraphiai de l'Asmara au général
Arimondi à peu près ce qui suit :

« Je n'ai pas accepté la proposition de Turitto parce que les
forces seraient *insuffisantes* pour écraser l'ennemi, et *trop considérables* pour une reconnaissance, et parce que l'objectif était

---

1. Voir notre carte générale de la colonie à la fin de ce volume, entre les
16° et 17° parallèles nord.
2. Livre vert, XXIII.*bis*, n° 31, cité dans le chapitre IX de ce volume.

mal défini. Je ne puis accepter à présent, parce qu'il serait trop hasardeux d'avoir sur les bras *deux opérations offensives;* parce qu'il n'est pas possible, dans les circonstances actuelles, de pousser à fond; parce que le manque d'eau et les difficultés logistiques pourraient nous créer des embarras, alors que la zone de Chéren n'est pas tranquille. »

Le Tigré étant occupé, le général Arimondi renouvela (17 avril) sa demande de pousser, au delà de l'Atbara, l'attaque à laquelle il avait songé. Mais — à part le danger, à part l'insuffisance des moyens, à part le manque encore plus sensible d'eau entre le Gasce et l'Atbara, à part les énormes distances qui auraient allongé de deux nouvelles journées de marche la si longue ligne d'opération — il y avait l'ordre supérieur du ministère. Je me conformai à cet ordre, en répondant le même jour que le gouvernement du roi m'ordonnait d'une façon absolue de rester sur la défensive à Cassala et à Adigrat[1].

A la suite de cette réponse catégorique, le général Arimond présentait, le 21 avril 1895, une demande de rapatriement, en l'accompagnant d'une lettre particulière.

Dans une lettre particulière, je répondis de la façon la plus amicale, en indiquant les motifs pour lesquels il serait fâcheux, pour tout le monde, de montrer du désaccord alors qu'il était si facile de s'entendre de vive voix. Nous étions au moment où l'on annonçait pour le milieu de mai l'arrivée de *ras* Alula, sur la frontière, avec 12,000 hommes (mon télégramme du 25 avril 1895 au ministère[2]). Nous étions au moment où j'avais déjà été invité une fois à me rendre à Rome pour entendre la parole du ministère et où j'avais *demandé mon rapatriement,* parce que j'étais en désaccord avec le ministère au sujet de l'insuffisance des effectifs et des crédits. Le général Arimondi vint à Massaoua, et sa démission resta suspendue.

1. Ceux qui désireraient étudier à fond ce bref épisode pourraient consulter, dans les archives de Massaoua, les documents suivants :
1° Proposition pour la reconnaissance sur Osobri, — 4 mars 1895 ;
2° Réponse négative du gouverneur, — 5 mars ;
3° Rapport du général Arimondi pour reprendre le projet, — 19 mars
4° Réponse télégraphique du gouverneur, — 20 mars ;
5° Seconde proposition du général Arimondi, — 17 avril ;
6° Télégramme définitif, — 17 avril ;
7° Demande de rapatriement du général Arimondi, — 21 avril.
2. Livre vert, XXIII *bis,* n° 69. Voir chapitre X de ce volume.

De toute façon j'eus tort, parce qu'aucune considération personnelle, aucun inconvénient du moment, aucun à-coup ne pouvait contre-balancer les dangers d'un accord qui ne fût pas parfait,
dans le fond comme dans la forme.

Mais les événements se précipitèrent.

A peine arrivé de Rome dans la colonie, je dus me dépêcher de
briser la jactance de *ras* Mangascia. Et je dus me rendre au camp
d'Adigrat (3 octobre), tant pour les motifs politiques que j'ai déjà
exposés que pour être prêt à arrêter l'action et même à faire la
paix. Au camp et dans les opérations contre Antalo et Debra Aila,
je ne pouvais certes pas laisser à un autre le commandement des
troupes ni la direction des mouvements. C'était une question de
hiérarchie, en dehors et au-dessus de toute personnalité; c'était
une question d'unité de direction et d'action. Au lendemain de
Debra Aila, le général Arimondi eut (comme il convenait et ainsi
que je l'ai dit dans les deux chapitres précédents) le commandement d'un mouvement en avant. Immédiatement après (16 octobre), il eut le commandement et le gouvernement du Tigré et de
l'Agamé, c'est-à-dire du vaste territoire situé au sud du Mareb-
Bélésa-Mai Muna, avec environ la moitié des combattants de
la colonie; il avait l'honneur de faire face à un ennemi dispersé,
c'est vrai, mais non écrasé, et de triompher du brigandage; mal
endémique en Abyssinie, surtout dans les provinces récemment
dévastées par la guerre. (Voir le chapitre XVI.)

Mais, naturellement, je devais exercer la surveillance et la direction supérieure pour tout ce qui concernait les nouvelles provinces et la garde de la frontière méridionale, toujours menacée.
Par suite, — indépendamment des directives générales ordonnant que *l'on devait se replier sur Adigrat si des forces prépondérantes du Choa se portaient en avant et nous serraient de près,* —
je recommandais, dans les directives partielles, la plus grande
prudence, parce qu'il me semblait que les idées du général Arimondi étaient toujours empreintes d'une trop grande hardiesse.

C'est ainsi que je dus suspendre l'expédition déjà ordonnée, le
26 octobre, par le général Arimondi, au major Ameglio, dans le
Lasta[1]; je disais ceci : « *Je me refuse formellement à avancer au delà*

---

1. Le Lasta, région de l'Amahra, entre le haut Tacazzé (rive droite orientale) et la crête occidentale de la chaîne éthiopienne. La frontière entre le
Tigré et le Lasta passe justement au sud d'Amba Alagi.

des anciens États de Mangascia. Le Lasta est éloigné de plusieurs journées de marche; les informations sont vagues, et l'objectif incertain. Une action commune est impossible. » (Télégramme du 28 octobre.) — Dans mon télégramme du 29, je disais : « D'après le texte du télégramme adressé au major Ameglio, j'ai remarqué qu'il devait partir pour le Lasta afin d'y poursuivre Mangascia, tandis que, le 30, deux compagnies devaient se diriger, d'Afagol, dans le territoire d'Antalo, vers le Lasta. D'Adoua au Lasta, il faut environ sept ou huit jours de marche. D'Afagol au Lasta, il en faut environ la moitié, et le Lasta est en dehors des anciennes possessions de *ras* Mangascia; les nouvelles, en ce moment, sont incertaines sur les forces et sur la direction prise par ce dernier. J'ai donc suspendu l'opération. Je crois toutefois que les troupes doivent battre le terrain *dans le rayon des opérations déjà faites,* surtout dans le Tembien, dans le Seloa, dans le territoire d'Antalo, pour prendre les *ambas* qui sont faciles à attaquer, pour disperser les brigands, pour établir notre domination, pour assurer nos communications et pour montrer nos forces. *Mais il est nécessaire d'éviter tout risque d'un échec partiel qui compromettrait nos succès.* Par suite, faites mouvoir les troupes comme vous le jugerez à propos, *mais en restant dans les limites indiquées,* et rendez-moi compte, pour ma propre gouverne, des principaux mouvements[1]. »

D'Adoua à Socota (chef-lieu du Lasta, à proximité de la frontière du Tigré), il y a environ 250 kilomètres, par des sentiers difficiles qui traversent les montagnes et les lits des torrents allant au Tacazzé[2]. D'Adoua à Afagol, il y a environ 140 kilomètres, et peut-être 120 d'Afagol à Socota. Ce vaste échiquier n'avait point de communications télégraphiques et l'expédition n'aurait pas pu s'arrêter à Socota. Il n'était pas prudent de sortir des anciens États de *ras* Mangascia, avec des forces insignifiantes, sans un objectif déterminé, alors que les garnisons laissées en arrière devaient veiller à la sécurité des pays conquis, alors que le brigandage levait la tête, alors que le centre de notre défense

---

1. Télégramme du gouverneur au commandant des troupes, livre vert Amba Alagi, Macallé, XXIII *quater*, pages 13 et 14. Annexes n°s 3 et 4 à mon rapport.

2. Voir notre carte générale de la colonie de l'Érythrée à la fin de ce volume.

devait être Adigrat, à 260 kilomètres plus en arrière, c'est-à-dire à une distance bien supérieure à celle qui sépare Adigrat de Massaoua.

Le commandant du Tigré semble s'être senti gêné par ces restrictions ; en même temps, il croyait que son autorité sur les troupes était diminuée, puisqu'il lui était impossible d'assurer différents services, surtout ceux du génie, de l'intendance et des transports. Or, dans une de mes lettres, je lui avais fait observer cette impossibilité, en le priant de me proposer un système en rapport avec les circonstances.

Le général Arimondi envoya alors, pour la seconde fois (10 novembre), sa demande de rapatriement. Le moment était critique, et les événements pressaient. Certes, bien qu'il eût entre les mains tout le service d'information de l'Éthiopie, remarquablement organisé par le major Toselli, il ne croyait pas à une prochaine attaque des Tigrins, combinée avec les Amahras, — autrement il n'aurait pas proposé la pointe hardie dans le Lasta, il n'aurait point demandé à abandonner son commandement, il n'aurait pas enfin autorisé le major Toselli, environ quatre semaines plus tard, à se rendre au sud d'Amba Alagi, c'est-à-dire au delà du cercle déterminé par moi.

Bien que la chose fût désagréable et compromettante, bien qu'elle fût intempestive, je crus devoir tailler dans le vif et je télégraphiai en conséquence (13 novembre 1895) au ministère en disant que de graves raisons conseillaient d'accepter immédiatement la demande de rapatriement qu'adressait le commandant des troupes[1].

1. Voici le texte du télégramme du 13 novembre 1895, publié dans le livre vert, XXIII *bis*, n° 137 : « Dès le mois de novembre 1894, le général Arimondi était décidé à demander son rapatriement. Il attendit, sur une demande du ministre de la guerre. Au mois d'avril, il adressa une demande officielle, que, d'accord avec lui, je suspendis, d'abord à cause de la situation et de l'offre que j'avais faite de ma démission, puis en raison de mon absence de la colonie. Actuellement, le général Arimondi renouvelle sa demande. De graves motifs conseillent de l'accepter immédiatement. L'expérience a démontré qu'en temps de guerre il y a incompatibilité absolue entre le maintien simultané, dans la colonie, du commandant des troupes et du gouverneur ayant pleins pouvoirs militaires. Comme je ne puis renoncer à de semblables pouvoirs, je propose que le commandant des troupes (dans le texte on dit commandement) soit remplacé par un colonel ou un lieutenant-colonel chef d'état-major, auquel, en temps ordinaire, on pourrait accorder de larges attributions... »

Le même jour, le président du conseil répondait en faisant appel à notre patriotisme à tous les deux et nous demandait de patienter. Je lui répondais le lendemain : « J'obéis à l'appel de Votre Excellence; je continuerai avec la séparation de pouvoirs jusqu'à ce que la situation au sud se soit éclaircie. Mais il est impossible de maintenir à l'avenir la responsabilité de gouverneur pour les opérations militaires sérieuses, s'il ne peut préparer à l'avance, avec son énergie personnelle, les services et le commandement des troupes, si tout ne concourt pas au but et s'il n'y a pas une unité absolue pour l'action civile, politique et militaire. » Le président du conseil me télégraphiait, le 16 novembre, que tous les pouvoirs civils et militaires étaient concentrés dans les mains du gouverneur de l'Érythrée[1].

Le germe du désaccord était donc d'abord dans la division des pouvoirs; cette séparation devait avoir nécessairement deux tendances différentes, l'une appuyée sur le ministère des affaires étrangères, et l'autre sur le ministère de la guerre. Mes intentions conciliantes ne suffirent pas, pas plus que les témoignages de respect militaire donnés par le général Arimondi, pas plus que son attitude correcte de subordonné, pas plus que la longue période de temps pendant laquelle nous avions vécu dans un échange continuel d'idées, rivalisant tous deux pour mieux accomplir le devoir auquel nous avions consacré toutes nos facultés. Le germe du mal était dans le dualisme : et les efforts de conciliation ne faisaient que le développer, parce que les deux autorités croyaient toujours, au fond du cœur, s'être montrées trop coulantes.

L'introduction du budget unique, dans les mains du gouverneur responsable, sous la direction du ministère des affaires étrangères (1er juillet 1894), ne fit qu'aggraver la situation au lieu de l'améliorer, parce qu'elle apportait nécessairement, pour le commandant des troupes, une *diminutio capitis*. Celui-ci, en effet, — fier à juste titre de la victoire d'Agordat et de sa nomination au grade supérieur, — aspirait à une autorité plus grande, et, jusqu'à un certain point, cette autorité lui était accordée par le décret fondamental qui avait créé le gouvernement civil dans la colonie de l'Érythrée. C'est précisément à ce moment-là que

---

1. Livre vert, XXIII *bis*, n° 140.

commença la période de la guerre, et je dus déployer toute mon autorité militaire. De son côté, le commandant des troupes — poussé par une inclination naturelle, par une ambition bien explicable — voulait aller toujours plus loin, dans les opérations de guerre qu'il considérait comme étant de sa compétence exclusive; et, comme c'est naturel, il était excité par les officiers, impatients de cueillir des lauriers. De là des mésintelligences, des équivoques, de la mauvaise humeur, des propositions inacceptables d'opérations non voulues par des raisons politiques et dépassant la limite des responsabilités. J'étais obligé d'intervenir, par suite je froissais la susceptibilité et j'exaspérais l'esprit du commandant des troupes.

CHAPITRE XVIII

LE SERVICE D'INFORMATION ET LES NÉGOCIATIONS AVEC MACONNEN

Persico à Amba Alagi (16 novembre). — Forces éthiopiennes. — Offres de Mangascia (1er décembre). — Lettres de Maconnen (25 octobre). — Nerazzini m'en télégraphie le résumé, le 25 novembre. — Felter et Nerazzini. — J'accepte une entrevue avec Maconnen (26 novembre). — Instructions à Arimondi et Toselli. — Possibilité de s'entendre. — Maconnen de bonne foi.

I

Tandis qu'en octobre et novembre je signalais au ministère la gravité de la situation et que j'augmentais — sans y être autorisé — les forces de la colonie, le général Arimondi, conformément aux instructions reçues, après avoir passé plusieurs jours à Antalo, à Afagol et à Macallé, pour tenir le pays en respect, s'installait à Adigrat, d'où il ordonnait des colonnes mobiles et des détachements chargés de réprimer le brigandage et de faire valoir notre autorité. Pendant ce temps, on annonçait avec plus d'insistance la nouvelle de la concentration des Amahras et des Choans, le long de la ligne d'opération la plus généralement suivie, du sud au nord de l'Éthiopie. Ces mouvements avaient été signalés, à Rome, par moi, dans plusieurs télégrammes, à partir du 20 novembre jusqu'au 7 décembre [1].

Indépendamment des instructions générales sur le service d'information, je télégraphiais — dès le 9 novembre — au général Arimondi : « Maintenant que plusieurs chefs d'au delà de la

1. Aux ministres de la guerre et des affaires étrangères, livre vert, XXIII bis, pages 125-135, nos 141, 145, 149, 151, 152, 154, 156, 157

frontière sont et se déclarent unis à nous contre un ennemi
commun, il faut en profiter, pour leur donner une direction et les
unir dans un but commun. Pour arriver à ce résultat, il est bon
d'entretenir des relations assidues et suivies, et même il peut être
utile d'envoyer *un détachement volant à Amba Alagi,* avec un officier adroit et intelligent. Cette mesure pourra déterminer d'autres chefs à prendre parti pour nous ; elle servira à prévenir
des discordes entre nos partisans ; enfin elle tiendra en respect
et surveillera les indécis[1]. »

Le commandant du Tigré y envoyait alors, le 16 novembre,
d'Adigrat, le capitaine Persico, avec sa compagnie d'indigènes
réguliers. Le capitaine Persico, autrefois notre agent dans l'Aussa,
ainsi qu'il est dit dans le chapitre XIII, était, sans aucun doute,
l'homme le plus indiqué pour cette mission, aussi bien pour sa
connaissance des hommes et ses relations avec *cheik* Thala,
auquel il avait inspiré une confiance entière, que pour ses qualités
morales de prudence et d'énergie et pour sa familiarité avec la
langue arabe et les coutumes du pays.

Amba Alagi (3,013 mètres) a, comme position, une notable
importance géographique ; par suite, elle a une importance analogue au point de vue politique et militaire. C'est une localité qui
s'élève comme une tour, semblable à une roche, presque à la frontière de nos possessions méridionales.

Amba Alagi domine à peu près, en son point milieu, le parallèle Assab-Metemma (13° nord). Elle indique, dans le sens du
méridien, la ligne de partage des eaux entre les torrents qui descendent, à l'ouest, vers le Tacazzé, et ceux qui se précipitent à
l'est, dans le désert des Dancalis, en face de la mer Rouge[2].

Cette importance d'Amba Alagi s'imposait d'autant plus à
nous qu'à ce moment-là *degiac* Ali, chef d'Enda Mœni, s'était
placé sous nos ordres, et aussi parce que d'Amba Alagi on peut
avoir des communications relativement faciles avec les Gallas et
avec les musulmans de *cheik* Thala. Ces derniers s'étaient ouvertement déclarés pour nous et contre les Abyssiniens, grâce précisément à l'œuvre intelligente et assidue du capitaine Persico.

1. Annexes 6, 7 et 8 à mon rapport n° 2 sur Amba Alagi, pages 14 et 15,
ivre vert, XXIII *quater.*
2. Voir notre carte générale de la colonie à la fin du volume, ainsi que la
carte spéciale d'Amba Alagi à 1/200,000 jointe au chapitre XX.

Aussi une colonne légère pouvait être très utile au service d'information et de communication, et elle pouvait toujours se retirer à temps sur Macallé et sur Adigrat, où, comme le prescrivaient les directives les plus explicites, devait se grouper la défense.

Le service des renseignements avait été organisé depuis plusieurs mois, c'est-à-dire dès la première occupation d'Adigrat, par le major Toselli. Il avait des ramifications, d'une part vers Lasta et d'autre part chez les Volo Gallas et vers les Dancalis, grâce aux relations directes et indirectes avec Uacscium Buru, autrefois seigneur du Lasta, avec *ras* Micael et quelques autres chefs moins importants. On cherchait à l'étendre et à le contrôler, d'abord par les nouvelles qu'envoyaient de l'Aussa le lieutenant Giannini, successeur du capitaine Persico, et de Zeila MM. Felter et Nerazzini; puis par les nouvelles que nous fournissaient l'*eccighié* Théofilos et nos autres partisans dans le Tigré et dans l'Agamé. Le général Arimondi — avec juste raison — avait laissé tout le service d'information, rayonnant autour de Macallé, à l'habileté et à l'expérience éprouvée du major Toselli. Mais les nouvelles devenaient plus compliquées, plus obscures, plus entortillées et souvent contradictoires, au fur et à mesure qu'augmentaient les forces choannes, sur la ligne d'opération contre nous, entre Borumieda et le lac d'Ascianghi.

Parmi les informateurs, les uns, en général, dépeignaient les faits non seulement comme leur vive imagination les leur représentait, mais encore de la façon qui répondait le mieux à leur attente, à leurs désirs, au plaisir qu'ils croyaient nous faire en nous les présentant sous une certaine forme. Les autres cherchaient à dissimuler les difficultés, soit pour nous amener à avancer contre le Sud, soit afin de témoigner leur mépris pour l'ennemi. D'autres, espérant pêcher en eau trouble, voulaient brouiller les cartes. Tous se donnaient l'air d'être bien informés, de dépenser beaucoup d'argent et de courir beaucoup de dangers à notre service. Il est certain que des informateurs ennemis étaient mêlés aux nôtres; ils disaient la vérité alternativement à l'ennemi et à nous : ou bien, comme c'est naturel, ils nous mentaient à tous deux.

Il fallait surtout être en garde contre les exagérations; et, malheureusement, tous nous n'avons été que trop sur nos gardes à ce sujet!

Dès le 8 novembre, je télégraphiais ceci au commandant du Tigré : « Il importe d'avoir le plus de renseignements possible sur les forces de Ménélick, sur les ressources en. vivres que les divers pays, au delà de la frontière, peuvent offrir à l'ennemi et à nous. Les informateurs peuvent recueillir des indices positifs ; ces indices nous intéressent plus que d'avoir sur l'esprit public des opinions génériques qui peuvent être individuelles. Ce qui importe, ce sont les faits ; car, s'ils sont classés et comparés avec soin et avec intelligence, s'ils sont confrontés avec des données bien déterminées, ils peuvent faire la lumière. Il faut, autant que possible, connaître exactement les moyens d'existence des hordes tigrines, sur le territoire voisin, pendant le mois de novembre écoulé.

« Les éventuelles négociations civiles et politiques au sujet de la présentation [1] de Mangascia et les relations avec Ménélik doivent être traitées en langage chiffré et avec le plus grand secret [2]. »

En Europe on connaît, par les états-majors, d'une façon très détaillée, les effectifs, l'organisation, les armes, le service des vivres, les voies ferrées, les communications, les transports, en un mot tout ce qui concerne l'armée ennemie, sa rapidité et sa puissance de concentration, sur un théâtre dont on possède les cartes les plus exactes.

Rien de tout cela pour l'Éthiopie. L'empereur lui-même ignore le chiffre de ses soldats et de ses fusils ; il ignore encore davantage, au milieu des vicissitudes et des discordes féodales, quels sont les *ras* ou les généraux en qui il peut avoir confiance. Plusieurs fois je chargeai nos envoyés et nos représentants de fournir un tableau approximatif des forces éthiopiennes. Personne, quelque expert qu'il fût des choses abyssiniennes, quelque diligent et avisé qu'il fût, ne put donner des chiffres conformes à la réalité. Les meilleures indications sont encore fournies par le

---

1. Mangascia venait de me faire savoir qu'il aurait été disposé à se présenter à moi, à condition de ne pas avoir à obéir à *ras* Sebath. C'était une conséquence probable de la tentative que j'avais faite, en avril, par l'intermédiaire de M. Mercatelli, — tentative dont on parle à la fin du chapitre IX, — et de l'aversion des Tigrins contre les Choans, qui, même amis, auraient affamé le pays.

2. Livre vert, XXIII *quater*, Amba Alagi-Macallé, annexe 5 à mon rapport n° 2, page 14.

mémoire du colonel Piano et du docteur Traversi, qu'ils ont rédigé au retour de leur mission en Abyssinie, le lendemain de leur arrivée en Italie.

Certes, ces indications ne pouvaient pas provenir d'une source plus compétente, à cause de leur long séjour en Abyssinie, à cause de leur connaissance des hommes et des choses, à cause de la facilité qu'ils avaient de recueillir des renseignements, à cause de leur coup d'œil et de leur habileté technique. Or, le mémoire Piano-Traversi, de novembre 1894, dans le chapitre relatif à la puissance militaire de l'Éthiopie, avant la guerre (donc avant que le Tigré et l'Agamé ne fussent dans nos mains), attribue à toute l'Éthiopie un maximum de 82,000 fusils, dont 54,000 à Ménélick et aux chefs sous ses ordres, 10,000 à *ras* Maconnen, 7,000 à Teclaimanot, *negus* du Goggiam, 9,000 à *ras* Mangascia. Il n'y avait pas plus de 5 millions et demi de cartouches, 10,000 ou 12,000 lances destinées à disparaître; la cavalerie galla n'avait que peu de chevaux, qui étaient en mauvais état depuis l'épizootie; les armes étaient de différents modèles,... et ainsi de suite [1].

1. « En accordant au Goggiam, au Tigré, aux particuliers et aux petits chefs oubliés, un demi-million de cartouches pour eux tous, avec les 5 millions que nous avons libéralement donnés à Ménélick, il y aurait en tout 5,500,000 cartouches en Abyssinie, c'est-à-dire environ 70 cartouches par fusil. L'Abyssinie se trouve dans cette condition que les fusils font négliger l'emploi de la lance, l'arme indigène par excellence; or les fusils et leurs munitions viennent tous de nos pays. Il est facile d'imaginer ce qui arriverait le jour où l'on empêcherait l'introduction des armes en Éthiopie.

« A une autre époque, on parla beaucoup, en Italie, de la cavalerie galla, mais avec une faible connaissance du sujet. Autrefois, quand les chevaux abondaient et quand il n'y avait pas beaucoup de fusils, il y avait une espèce de chevalerie; mais ce mot n'avait pas le même sens que chez nous, où chaque chevalier combattait pour son compte, à ce que disent les anciennes histoires. Aujourd'hui les armes à feu ont fait presque complètement tomber en désuétude cette façon de combattre; les chevaux sont devenus rares et mauvais depuis l'épizootie.

« D'après tout ce que nous avons dit, on voit donc que la puissance militaire de l'Éthiopie ne peut pas nous épouvanter.

« Si l'on tient compte de l'humeur des chefs, du manque de cartouches, de la facilité avec laquelle les armes se détériorent en Abyssinie, de la confusion apportée par la variété des modèles, et surtout de ce fait que Ménélick et ses chefs dépendent absolument des Européens pour les armes et pour les munitions, on peut arriver à de consolantes conclusions.

« Pour peu que nous isolions Ménélick, et nous pourrons le faire facilement, comme nous le verrons plus loin, nous provoquerons la ruine de son empire. »

La façon de produire cet isolement est résumée dans le mémoire Piano-

Le capitaine russe Zviaghin, de la mission Léontieff, écrivait en 1895, après son retour à Saint-Pétersbourg : « En temps de guerre, l'armée est formée par tous les habitants mâles; il .est impossible d'en déterminer le nombre, qui est inconnu même aux Abyssiniens. D'après nos informations et celles d'écrivains étrangers, ce nombre atteint 200,000 hommes. L'organisation militaire de l'Éthiopie est l'image de son fractionnement et rappelle les armées féodales du moyen âge. » Après avoir parlé de la mobilisation et du ravitaillement, fait par des razzias, il ajoute : « Le manque de l'idée même du service de l'intendance ne permet à l'armée abyssinienne que d'opérer dans des pays riches et fertiles; dans les pays inhabités et privés d'eau, les guerriers abyssiniens ne peuvent se maintenir que tant que durent leurs provisions. Ces circonstances rendent difficile la concentration de grandes masses de troupes. »

La dernière campagne a donné tort aux assertions des officiers russes et italiens qui avaient étudié l'armée éthiopienne un peu avant que cette campagne ne commençât. Plus tard, comme c'est naturel, on exagéra les chiffres et la puissance. Mais, même maintenant, bien que nous ayons affronté, pendant plus de trois mois, la plus grande partie des troupes d'Éthiopie; bien que le gouvernement de l'Érythrée ait certainement fait tout le possible pour avoir des chiffres exacts; bien que nos prisonniers et nos envoyés aient tant de fois visité les camps et aient eu des relations avec les peuplades abyssiniennes les plus diverses,... nous croyons que personne ne peut dire avec exactitude combien l'Éthiopie a armé de soldats contre nous, ni combien elle pourrait en mettre en campagne dans une prochaine guerre.

L'on sait (et l'on savait en principe, mais d'une façon générale) que l'Éthiopie avait et a 225,000 hommes capables de porter les armes[1]. Quant à ceux qui ont été amenés dans le Tigré, les recherches les plus récentes et les plus consciencieuses confir-

Traversi par cette phrase : *Divide et impera*. Du reste, elle a été la devise du gouvernement de l'Érythrée depuis 1890.

Bien avant ma nomination de gouverneur, j'avais cherché à me rendre compte des forces abyssiniennes, comme on peut le lire dans mon livre *Di fronte agli Abissini (En face des Abyssiniens)*, Rome, 1888.

1. Le comte Antonelli calculait, en 1888, que les troupes abyssiniennes s'élevaient à 196,000 hommes, y compris les milices mobiles, les partisans et les volontaires; 50,000 de ces hommes auraient eu des fusils.

ment les chiffres que j'ai télégraphiés dans le cours de la campagne (1895-1896) : 80,000 fusils, 10,000 lances ou chevaux, — sans compter le contingent de *ras* Sebath et d'Agos Tafari, qui sont passés de notre camp au camp ennemi.

Mais la plus grande incertitude, dans le calcul préventif, provient du régime féodal, qui, il y a peu de temps encore, était à son apogée. Maintenant l'autorité se concentre dans les mains de Ménélick, à cause de la haine contre les étrangers qui s'est formée dans les esprits les plus ouverts et a pris, en quelque sorte, la forme d'un sentiment national. Dans la guerre qui allait s'ouvrir, peut-être dans le mois de novembre, peut-être en décembre, qui serait avec nous? qui conserverait la neutralité? qui se mettrait contre nous? Presque tout devait dépendre du premier hasard. Il suffirait que le roi du Goggiam fît une démonstration hostile vers l'Abai oriental; il suffirait d'un commencement d'hostilité entre les chefs d'aventuriers, même d'un ordre inférieur, ou bien encore du succès de Uacscium Buru, dans le Lasta; il suffirait que *ras* Micael se déclarât franchement neutre et qu'on le soupçonnât de pouvoir se mettre en ligne avec ses anciens coreligionnaires, les musulmans, pour arrêter, dans ces circonstances, le mouvement en avant des Choans.

A propos de chiffres, dans une lettre du 23 novembre 1895, en m'efforçant de donner au ministère les plus menus détails, j'écrivais ceci : « Il est très difficile, pour ne pas dire impossible, même avec un service d'information diligent, contrôlé, quotidien, triple et quadruple, d'avoir des chiffres approximativement conformes à la vérité, sur les forces choannes et amahras. Elles augmentent ou diminuent, dans les diverses localités, non seulement selon les mouvements, souvent incohérents et imprévus, mais selon les besoins de se procurer des vivres, selon les congés que, d'habitude, on accorde largement aux soldats, selon les permissions qu'ils s'offrent souvent d'eux-mêmes, surtout lorsque, comme dans le cas présent, l'envie de combattre n'est pas grande. Généralement le paysan obéit au *chitet* du seigneur féodal et du *negus,* et, après avoir pris son fusil, il court au camp. Mais si les choses traînent en longueur, il abandonne le camp, surtout quand les moissons jaunissent et quand on craint pour les troupeaux et pour la famille[1]. »

1. 23 novembre, livre vert, XXIII *bis,* n° 42.

De toute façon, après Debra Aila (9 octobre) et avant Amba
Alagi (7 décembre), les indices se rapportant au nombre de nos
ennemis nous étaient favorables. Ils indiquaient, en effet, de la
part de l'empereur Ménélick, une certaine crainte ou une certaine aversion pour la guerre, car Ménélick avait autorisé *ras*
Maconnen à conclure la paix. De plus, de fortes fractions de
troupes du Choa et du Harar devaient être maintenues sur les
frontières, vers l'Aussa, vers les Dancalis, vers les Gallas. Certains chefs semblaient disposés à entrer en composition avec nous,
tandis que d'autres nous étaient franchement favorables. On savait
aussi, d'une façon positive, que le *chitet* général (c'est-à-dire l'appel aux armes de toutes les forces éthiopiennes, paysans compris),
surtout dans le centre, n'avait pas rendu tout ce qu'espérait le
negus neghesti. Enfin *ras* Mangascia lui-même écrivait à l'*eccighié*
Théofilos qu'il était disposé à se présenter à Adoua, se fiant à ma
générosité et posant comme seule condition de ne pas être placé
sous les ordres de *ras* Sebath. « Ce pourrait être une ruse. »
Voilà ce que je télégraphiai à Rome le 1ᵉʳ décembre[1]. Mais en
même temps j'envoyai au major Ameglio, commandant à Adoua,
des instructions lui prescrivant, si c'était possible, de détacher
le fils du roi Jean de la coalition des Amahras avec *ras* Alula.

Il était naturel, en ce moment, de soupçonner une ruse ; mais,
en y réfléchissant plus tard, on pouvait croire que l'offre de *ras*
Mangascia était sincère, si l'on considère que son ami intime *ras*
Agos s'était déclaré pour nous, et que jusqu'alors nous avions
pour nous une bonne partie du clergé. De plus, Mangascia re-
doutait, pour son antique territoire, l'invasion désolante des
Choans, bien qu'ils vinssent en amis ; il craignait les prétentions
des Tigrins revenant du Choa avec *ras* Alula, qui par trois fois
s'était montré parjure envers lui ; il se fiait toujours sur ses relations personnelles avec moi, d'autant plus qu'il prenait à la légère
sa trahison et qu'il la considérait comme expiée ; enfin des bruits
couraient que les Choans lui enlèveraient son pouvoir. Ce changement de l'ancien chef des Tigrins, battu à Coatit, était, du reste,
conforme à sa nature impressionnable et inconstante ainsi qu'à la
façon de penser et au caractère des Abyssiniens. D'autre part, il
craignait d'être abandonné, au bon moment, par ses amis du

1. 1ᵉʳ décembre, livre vert, XXIII *bis*, n° 151.

centre, comme cela lui était déjà arrivé deux fois, dans le courant
de l'année, c'est-à-dire à Macallé à la fin de mars, et à Debra Aila
au commencement d'octobre. Dans tous les cas, il est très probable que *ras* Mangascia avait connaissance des propositions de
paix adressées par *ras* Maconnen, au nom de l'empereur Ménélick, ainsi que de l'entrevue projetée entre le seigneur du Harar
et le gouverneur de l'Érythrée.

Et de fait, *ras* Maconnen — à la suite de relations confidentielles, ouvertes l'année précédente, sur mon ordre, par le chevalier Felter — écrivait ceci à la date du 25 octobre, du camp de
Debac[1], à ce représentant direct du gouverneur de l'Érythrée :

« Sa Majesté m'a adressé la réponse suivante : « Si cette chose
« est sincère, toi, Maconnen, tu iras du côté du Tigré, tu te rencon-
« treras avec le général Baratieri, et vous finirez tout en causant.
« S'il est exact que nous puissions trouver ce qui nous convient,
« nous aurons la paix et la tranquillité. » L'empereur ajoute : « Je
ne cherche point de querelle.» Sa Majesté a fait arrêter les troupes
qui sont derrière elle, et elle va garder l'église de Ghescen pour
voir. comment finiront les choses. Elle s'arrêtera chez les Volos
(Gallas), mais sans mauvaises intentions. Toi aussi, cherche à venir avec le général du côté du Tigré. Voilà, je pars pour le Tigré.
Jusqu'à ce que je me sois rencontré avec les Italiens, que l'on
veille à ce qu'il ne nous arrive point de mal du côté de Zeila. Ce
serait une mauvaise action, pour le nom du gouvernement italien.

« Dieu nous donne la santé. »

Le chevalier Felter s'était entendu, en mon nom, avec *ras* Maconnen ; et il était convenu qu'il attendrait la réponse à Zeila
jusqu'au 30 octobre. Ne voyant pas arriver la réponse, Felter se
rendit, le 15 novembre, à Aden pour ses propres affaires. La
lettre de Maconnen arriva à Zeila juste le lendemain, *16 novembre*.
Le docteur Nerazzini, qui était à Zeila, chargé spécialement par
le ministre des affaires étrangères de traiter avec le chef du Harar
(chap. XIV), ouvrit la lettre et m'en envoya le résumé par un
télégramme parti d'Aden le 25 *novembre, sans indiquer* le jour où
la lettre, venant du camp de Debac, était arrivée à Zeila.

1. Livre vert, XXIII *bis*, page 130. — Debac est à environ 90 kilomètres au
nord d'Adis Abeba (Entotto), parallèle 9° 42', méridien 39°, à peut-être 600 kilomètres de Zeila.

Il était déjà étrange qu'un document de cette importance — écrit au nom de l'empereur, et traitant du dilemme de la paix ou de la guerre — eût mis vingt-deux jours de Debac à Zeila, malgré la rapidité bien connue des courriers impériaux de l'Abyssinie. Cela devait me sembler d'autant plus étrange que, pour moi, le retard s'élevait à vingt-huit ou vingt-neuf jours, car je croyais que le docteur Nerazzini avait télégraphié de Zeila, sans perdre de temps, — et je ne pouvais pas supposer que de Zeila à Aden on employât neuf jours, alors que deux bureaux télégraphiques existaient à courte distance, l'un français, à Djibouti, l'autre anglais, à Périm. Ce retard augmenta en moi le soupçon que *ras* Maconnen voulait masquer ses intentions, d'autant plus que la lettre semblait avoir été écrite après que l'on eut appris, à Debac, la nouvelle de la défaite des forces tigrines à Debra Aila et la pointe du général Arimondi sur Amba Alagi (9-13 octobre). Je devais être d'autant plus méfiant que cette lettre arrivait au moment où les événements de guerre se rapprochaient de la frontière tigrine, et où l'on pouvait considérer comme achevée la concentration à Ascianghi de la moitié des forces abyssiniennes. Enfin mes soupçons étaient justifiés parce que, jusqu'alors, *ras* Maconnen n'avait pas donné signe de vie du côté du Tigré, et qu'à ce moment-là il se montrait visiblement préoccupé des hostilités, possibles de notre part, venant de Zeila, contre le Harar qui était dégarni de troupes.

De toute façon, on devait envoyer au plus tôt M. Felter — chargé par moi de négociations si importantes et si pressantes — à Massaoua, afin qu'il pût être immédiatement à la disposition du gouverneur, soit pour l'accompagner à l'entrevue demandée par *ras* Maconnen, soit pour se rendre comme messager de la paix au camp du seigneur du Harar, lequel devait être arrivé (et il l'était) à la frontière du Tigré, soit enfin pour donner des conseils *sur la forme à donner à la réponse* aux négociations que le chevalier Felter lui-même avait conduites verbalement.

Au lieu de cela, le docteur Nerazzini — qui connaissait cependant les intelligences secrètes et délicates que, sur mon ordre, Felter avait avec *ras* Maconnen, et bien qu'il fût informé de la gravité et de l'urgence de la situation — ordonna au chevalier Felter de *retourner immédiatement à Zeila, où pouvaient arriver des ordres supérieurs le concernant,* comme si M. Felter, bien qu'officier colonial, ne dépendait pas du gouverneur; comme si les ordres supérieurs ne devaient pas se rapporter aux négociations avec *ras* Maconnen et au contenu de la lettre; comme si M. Felter n'aurait pas pu recevoir les ordres plus facilement, plus directement et plus clairement à Massaoua, de moi qui l'avais chargé des négociations pour la paix.

Voici le résumé de la lettre de Maconnen, d'après le télégramme de M. Nerazzini, envoyé d'Aden, à la date du 25 novembre : « Maconnen écrit de Debac (25 octobre) qu'il a reçu l'ordre de se rendre dans le Tigré pour conférer avec le gouverneur général de l'Érythrée. Ménélick reste, avec ses troupes, chez les Volo Gallas, sans attitude hostile, en attendant le résultat des négociations. Maconnen recommande au gouvernement italien de ne pas faire de démonstrations hostiles du côté de Zeila, et il désire que Felter accompagne le gouverneur général de l'Érythrée[1] ». De Zeila il n'y avait pas de date.

II

Aussitôt après avoir reçu le télégramme par lequel le docteur Nerazzini me communiquait le résumé de la lettre de *ras* Maconnen, parlant de son entrevue avec moi et d'une suspension d'armes, — je m'empressai (26 novembre) de le communiquer au général Arimondi, qui était à Adigrat, et j'ajoutai : « A la suite de cet avis, vous voudrez bien prévenir, aux avant-postes, les majors Toselli et Ameglio que, si un parlementaire se présente, il doit être reçu comme il convient, afin de *faciliter les négociations éventuelles,* et vous pouvez donner l'assurance que, tant qu'elles dureront, *nous ne franchirons point, dans un but hostile, les anciennes frontières du royaume du Tigré.* Il est nécessaire d'avoir sous la main une personne prête à porter ma réponse aux propositions et aux offres éventuelles de Maconnen, bien que cette lettre me semble de date trop ancienne, bien qu'elle ait été dictée peut-être sous l'impression du combat de Debra Aila et de notre mouvement en avant sur Amba Alagi[2]. »

1. Livre vert, XXIII *bis,* n° 144 : le capitaine Nerazzini au gouverneur de l'Érythrée et au ministre des affaires étrangères; Aden, 25 novembre.
2. Amba Alagi-Macallé, livre vert, XXIII *quater,* page 20, annexe n° 17 à mon rapport.

Pendant ce temps-là, *ras* Maconnen — précédant les troupes choannes, placées directement sous les ordres du *negus neghesti* — était venu, jusqu'à notre frontière, au nord du lac Ascianghi, presque en vue d'Amba Alagi, comme représentant du *negus neghesti* et comme commandant des contingents du Harar, des Volo Gallas, du Lasta, du Begameder et du Tigré. Probablement inquiet de ne pas avoir reçu de réponse à sa lettre du 25 octobre, *ras* Maconnen en écrivait une autre, le 26 novembre, et l'expédiait directement à nos avant-postes d'Amba Alagi.

« Pour qu'elle arrive à mon illustre ami le général Baratieri, gouverneur de l'Érythrée et de tous les pays qui en dépendent.

« Balomata, 26 novembre 1895.

« Que la paix et le salut soient avec vous.

« Envoyé par *ras* Maconnen, gouverneur du Harar et de tous les pays qui en dépendent. Si vous me demandez des nouvelles de ma santé, jusqu'à ce moment je me porte bien. Quand j'étais dans le Harar, M. Felter et moi nous avons conféré sur ce qui concerne le bien qui sera pour votre gouvernement et pour le nôtre. Il me dit que ces paroles sont de votre gouvernement.

« Maintenant, si cette affaire peut être conclue, dans une conversation personnelle, entre vous et moi, ce serait un bienfait pour ne pas verser, sans motif, le sang chrétien.

« Sa Majesté m'a envoyé vers le Tigré, avant tout pour conférer avec vous et pour terminer. J'espère maintenant que vous me ferez savoir immédiatement ce qui vous convient. Si M. Felter est absent, il serait bon de l'appeler. »

Or le télégramme m'apportant le résumé de la lettre écrite par *ras* Maconnen, au camp de Balomata, le 26 novembre, me parvenait cinq jours après le télégramme qui me donnait le résumé de la lettre écrite le 25 octobre par le même Maconnen.

Le général Arimondi, à la date du 1er décembre, télégraphiait le résumé de la lettre écrite ci-dessus, qu'il avait reçue à Agula, au nord de Macallé. Je lui répondais immédiatement par télégramme (2 décembre) : « Faites savoir à *ras* Maconnen que *je suis disposé à entrer en pourparlers avec lui;* dites-lui que Felter, que j'ai fait appeler à Zeila, me rejoindra le plus tôt possible à Adigrat. Que *ras* Maconnen me fasse connaître l'endroit où l'entrevue peut avoir lieu. Pendant ce temps-là, ses troupes et les nôtres doivent rester où elles se trouvent et ne commettre aucun acte d'hostilité, car dans ce cas je donnerais l'ordre de combattre[1]. »

Le lendemain (3 décembre), après avoir reçu la lettre de *ras* Maconnen, je télégraphiai encore au commandant du Tigré :

« Je reçois la lettre de Maconnen. Il sera bon que Toselli lui écrive que je l'ai reçue à Adigrat et lui réponde que j'accepte de prévenir l'effusion du sang chrétien, *ayant reçu du roi Humbert tous les pouvoirs,* comme lui les aura reçus de l'empereur. En attendant, je charge Toselli *de préparer toutes les formalités de l'entrevue;* que Maconnen en fasse autant en en chargeant une personne de confiance. Felter arrivera demain à Massaoua sur *un navire de guerre de l'escadre* qui est en ce moment dans le golfe d'Aden. Que Maconnen ne craigne rien pour son pays.

« Toselli ne laissera pas échapper l'occasion pour pénétrer les intentions des chefs choans et pour mieux surveiller l'ennemi. Je laisse à sa sagacité le soin de déterminer la ligne de conduite à suivre qui soit la plus favorable à nos intérêts. Inutile de dire que les négociations doivent engager tout le monde à user de la plus extrême vigilance et à hâter la préparation à la guerre, soit parce que l'offre d'une entrevue peut cacher un piège, soit parce que les négociations éventuelles auront pour nous un résultat d'autant plus favorable que nous serons plus forts[2]. »

C'est dans cet ordre d'idées que je rédigeais, pour *ras* Maconnen, la lettre qu'on lira plus loin. Dans ma lettre à *ras* Maconnen, comme dans mon télégramme relatif aux instructions pour le major Toselli, on peut voir mon très vif désir d'en venir à une conclusion pacifique, désir de paix que j'avais manifesté, de la façon la plus claire et la plus explicite, dans les lettres que j'avais adressées au gouvernement, au lendemain de Debra Aila[3]. Et de fait, pour faciliter une conclusion et pour amener le seigneur du Harar, le chef des troupes abyssiniennes au nord du lac d'As-

---

1. Ce télégramme et les autres des mêmes jours (2 et 3 décembre) portent, dans le livre vert, xxiii *quater,* la date de Massaoua, alors que j'étais en voyage d'Asmara à Adigrat.

2. Du gouverneur au commandant des troupes, livre vert, xxiii *quater,* annexe 19 à mon rapport.

3. Voir chapitre XVI du présent volume : lettres des 15 et 22 octobre d'Antalo et d'Adoua, livre vert, xxiii *bis,* n°s 120 et 127.

cianghi, à parler au nom de l'empereur, j'affirmais que j'avais reçu du roi d'Italie tous les pouvoirs, bien que, malgré toutes mes lettres, le ministère ne se fût jamais prononcé au sujet de la paix. Je datais ma lettre d'Adigrat (où du reste je me rendais en toute hâte), pour faire croire à *ras* Maconnen que j'étais plus rapproché et prêt à l'entrevue. Je parlais de notre escadre imaginaire entre Zeila et Aden, pour faire impression sur l'esprit de *ras* Maconnen, qui craignait surtout une pointe de notre part, venant de la mer, par Zeila, et dirigée contre le Harar.

Les propositions de *ras* Maconnen paraissaient alors suspectes, non seulement parce que l'on doit toujours suspecter les propositions abyssiniennes et aussi à cause du grand retard de la lettre de Debac (retard, je le répète, qui me paraissait encore plus considérable qu'il ne l'était, puisque le télégramme du docteur Nerazzini était daté d'Aden, du 25), mais encore à cause de l'anxiété qu'exprimait *ras* Maconnen au sujet du Harar et parce qu'il se trouvait dans le camp ennemi, à la tête de son contingent et des autres contingents militaires. Toutefois, des considérations postérieures font croire que Maconnen cherchait sincèrement à obtenir la paix, au moyen d'arrangements possibles pour l'un et l'autre parti. Il admettait, en principe, que nous ne nous déciderions jamais à abandonner le territoire colonial que nous avions occupé. C'étaient précisément les bases que j'avais déjà indiquées au ministre, dans ma lettre d'Adoua du 22 octobre[1].

Comme je l'avais écrit alors, ces bases étaient parfaitement acceptables, même en faisant quelques sacrifices territoriaux pour constituer une barrière entre l'empire des Amahras et la colonie. En effet, nous ne renoncions à aucune de nos conquêtes; nous pouvions tracer une frontière satisfaisante, au point de vue militaire, un peu au nord du parallèle (13°) Assab-Amba Alagi-Metemma, avec le Tacazzé occidental pour limite et avec les citadelles d'Adoua et d'Adigrat comme points d'appui de la défense; par rapport aux années précédentes, nous avions acquis des territoires colonisables, meilleurs que le Seraé et que l'Oculé Cusai et incomparablement meilleurs que la colonie de l'Érythrée tout entière.

Mais le ministre n'avait rien répondu aux demandes que j'avais

1. Livre vert, XXIII *bis,* n° 127.

adressées au lendemain de Debra Aila (15 octobre), alors qu'une partie de la presse, en Italie, songeait à de nouvelles conquêtes. Nous avons déjà vu comme, en Afrique, les articles des journaux — même s'ils reflètent l'idée la plus personnelle, la plus indépendante et, disons-le, la plus contraire au gouvernement — sont habilement exploités, auprès du *negus neghesti* et des différents *ras*. On en fait remonter la responsabilité au pouvoir suprême, parce que personne, en Éthiopie, ne peut arriver à croire qu'un roi tolère la liberté de la presse.

Aussi, malgré mes déclarations les plus formelles et les plus explicites, personne, en Éthiopie, ne doutait que notre intention ne fût d'étendre nos conquêtes au sud d'Amba Alagi, au delà des frontières de l'ancien Tigré.

On peut croire réellement que les armements de Ménélick, pendant l'année 1895, avaient pour but essentiel la défense de ses anciens États, plutôt que l'offensive contre la colonie de l'Érythrée. Certes, les réfugiés tigrins poussaient à la guerre à outrance; mais les chefs, plus prudents, qui n'avaient rien à gagner, conseillaient la modération. L'issue d'une guerre est toujours douteuse, surtout dans le milieu éthiopien. L'insuccès des précédentes incursions dans le Tigré n'était pas encourageant; le théâtre d'action était lointain et pauvre; le gain était incertain, et il devait profiter à autrui.

Ras Maconnen, en offrant sa médiation pour la paix, se faisait bien voir du grand parti qui, en Abyssinie, la désire franchement. Ce parti a ses représentants à la cour même d'Adis Abeba, et il trouvait probablement un écho dans l'esprit prudent et modéré de Ménélick. De plus, *ras* Maconnen, en tenant le rameau d'olivier de la paix, devenait l'arbitre de la situation entre les Italiens et les Amahras; il se mettait en dehors et au-dessus de tous les *ras,* et il montrait son tact politique et son habileté diplomatique, qualités si appréciées par les guerriers abyssiniens. En agissant ainsi, non seulement il se plaçait dans des conditions lui permettant de satisfaire à l'ambition qui était innée chez lui, mais encore il acquérait un ascendant singulier vis-à-vis des autres prétendants à la succession de l'empereur Ménélick, et, pour le reste, il luttait avec eux à armes égales.

D'autre part, le même *ras* Maconnen, qui avait visité l'Italie avec intelligence et qui connaissait à peu près les progrès des peuples civilisés dans les conquêtes coloniales, comprenait qu'une campagne, même victorieuse, aurait attiré sur l'Éthiopie d'autres guerres plus longues et plus sanglantes, jusqu'à ce que la supériorité fût restée à l'Italie. Dans une conversation avec le chevalier Felter, il montra sa sagacité en disant à peu près qu'une victoire serait plus funeste à l'Abyssinie qu'une défaite. De toute façon, *ras* Maconnen, en arrivant à une entente, aurait mieux assuré sa souveraineté sur le Harar, pour laquelle il tremblait toujours.

Et puis, que lui importait *ras* Mangascia du Tigré? En l'abandonnant à son sort, il se serait débarrassé d'un prétendant et d'un ennemi possible, pour les tempêtes intérieures de l'avenir, tempêtes auxquelles l'Abyssinie est en proie depuis des siècles. Somme toute, les Tigrins n'avaient jamais été les amis des Choans; et si *ras* Mangascia, le fils du roi Jean, avait été couronné *negus* du Tigré par le *negus neghesti,* il aurait obtenu une supériorité marquée sur *ras* Maconnen, le seigneur du Harar, lequel avait certainement appris avec une secrète complaisance la victoire des Italiens sur les Tigrins à Coatit.

Les Italiens étaient peu nombreux, c'est vrai, mais ils avaient comme partisans plusieurs chefs, une partie du clergé et la majorité des populations tigrines. On ne sait pas ce qui peut arriver à une armée comme l'armée choanne, quand elle s'enfonce dans les montagnes. Ainsi, quelques années auparavant (1890), les Choans avaient dû se retirer devant les Agamites et les Tigrins de *ras* Sebath, sans pouvoir même arriver à Adagamus. A leur tour, les Italiens avaient vaincu les Tigrins, autrefois vainqueurs des Choans, et ils avaient comme partisans plusieurs grands feudataires, dans les diverses régions de l'Abyssinie; déjà ces seigneurs étaient suspectés et montrés au doigt.

D'ailleurs la victoire n'aurait point donné de butin dans un pays épuisé par les guerres précédentes; elle n'aurait point non plus donné la puissance, car tous les accroissements territoriaux auraient été au bénéfice de *ras* Mangascia, de Tesfai Antalo, de *ras* Alula et des chefs, qui avaient été dépossédés par les Italiens. Enfin la victoire aurait pu, par hasard, augmenter pour un autre chef militaire quelconque les probabilités de sa succession au trône de Salomon.

Voilà tous les raisonnements que *ras* Maconnen était en mesure de faire, et que probablement il a faits avant et pendant la campagne, alors qu'il se mettait en avant comme l'apôtre de la paix, bravant les méfiances, les jalousies et les accusations de trahison, avant et après Amba Alagi et Macallé.

Quant à moi, tout en restant sur mes gardes et en éveillant l'attention des autres, je voulus hâter autant que possible le moment de l'entrevue. Voici la lettre qu'à la date du 3 décembre j'écrivis à *ras* Maconnen, de l'Asmara [1] :

« Que la paix et la santé soient avec vous. Je suis content que vous jouissiez d'une excellente santé. Moi aussi, grâce à Dieu, je me porte bien.

« Quand le sang chrétien est versé, même si la victoire m'est favorable, c'est une grande douleur pour moi. Aussi, je serai très content si un entretien entre nous deux peut éviter l'effusion du sang. *Sa Majesté notre roi Humbert le désire aussi, et j'ai de lui pleins pouvoirs.* Je suis convaincu que vous, de votre côté, vous viendrez à l'entrevue *muni des pleins pouvoirs* de Sa Majesté le *negus* Ménélick.

« J'ai chargé le major Toselli de régler tous les détails de l'entrevue. Envoyez, vous aussi, une personne qui puisse s'entendre avec le major Toselli.

« M. Felter m'a rendu compte de tous les entretiens qu'il a eus avec vous; et comme vous êtes de véritables amis, je l'ai envoyé chercher à Zeila. N'ayez aucune crainte pour votre pays.

« Je souhaite que Dieu vous accorde la santé, à vous et à toute l'Éthiopie. »

Toutes les dispositions étaient donc prises : et il y avait toutes les probabilités pour qu'une entrevue eût effectivement lieu entre *ras* Maconnen et le gouverneur de l'Érythrée. Cette entrevue aurait pour le moins traîné les choses en longueur; mais elle pouvait facilement aboutir à la paix, étant données nos intentions pacifiques à Maconnen, à Ménélick et à moi, si la lettre de *ras* Maconnen à M. Felter était arrivée plus tôt à destination, et si M. Felter, au lieu de retourner d'Aden à Zeila pour recevoir les instructions du docteur Nerazzini, — qui n'était pas même nommé dans les lettres de *ras* Maconnen, — était parti pour Massaoua; car là, il pouvait recevoir de moi des instructions plus précises et

1. Livre vert, XXIII *quater*, annexe n° 20 à mon rapport.

plus directes, et la lettre de *ras* Maconnen qui le demandait prouvait combien sa présence était urgente à Massaoua et dans le Tigré.

Un navire de guerre — le *Curtatone* — fut envoyé à Zeila pour y prendre le chevalier Felter; celui-ci arriva au camp italien au lendemain d'Amba Alagi. S'il était arrivé, comme cela était possible, quelques jours auparavant, il aurait certainement été envoyé, avant ce combat, au camp de *ras* Maconnen, comme messager de paix.

La présence du docteur Nerazzini à Zeila, qui mettait le *ras* du Harar trop sur ses gardes et éveillait ses soupçons et ses craintes, fut encore cause du long, de l'irréparable retard; c'est essentiellement la faute de la mission qui lui avait été confiée, car elle l'amenait à prétendre que toutes les négociations, là-bas, devaient passer par ses mains, et il entravait ainsi l'œuvre du gouverneur. Le ministère di Rudini, en publiant les livres verts XXIII *bis, ter* et *quater,* se proposa de faire connaître, au public, et à tout prix, les documents les plus délicats, les plus secrets, compromettant non seulement des personnalités quelconques, mais même nos relations diplomatiques et nos arrangements pour l'avenir. Mais le rapport du chevalier Felter du 18 décembre et ma lettre du 30 décembre, sur ce grave incident, sur le plus grave incident politique de la guerre, ne furent pas publiés.

Il faut remarquer (et c'est facile à comprendre) que le retard de M. Felter, qui resta plus d'un mois avant de répondre à la lettre du *ras,* fut interprété par *ras* Maconnen, commandant des forces abyssiniennes sur la frontière nord de l'Amahra, comme une preuve de dédain à son égard et d'indifférence pour ses propositions, alors que nos troupes, placées à l'improviste à cheval sur la frontière, étaient, pour lui et pour les autres chefs placés au nord du lac d'Ascianghi, une menace d'invasion.

Tout fatalement conduisait à une première solution par les armes, dans un terrain et dans des circonstances qui nous étaient on ne peut plus défavorables. Et cela donnait plus de force à l'idée abyssinienne que notre intention était de repousser tout accommodement et de marcher à la conquête de l'Amahra.

CHAPITRE XIX

A LA VEILLE D'AMBA ALAGI

Le major Toselli dans l'Enda Mœni (28 novembre). — Mon ordre de concentration à Macallé (30 novembre). — Toselli à Atzala (4 décembre). — Il se croit obligé de s'arrêter à Amba Alagi. — Incursion dans le Tacazzé. — Ordre de retraite sur Macallé (5 décembre). — Cet ordre n'arrive pas à Amba Alagi.

Le major Toselli, commandant du 4e bataillon indigène et chef du service des renseignements sur la frontière méridionale, avait été chargé de rester à Macallé, d'y construire un petit fort avancé, sur les hauteurs d'Enda Jésus, de pacifier le pays et d'étendre vers le sud notre cercle d'observation, comme l'établissaient les instructions que j'avais laissées au général Arimondi, en le nommant commandant du Tigré et de l'Agamé[1].

Ce valeureux major, à la fin de novembre, tout en voyant le danger de la situation, et même afin de le regarder de plus près, et aussi pour encourager nos partisans au sud de Macallé, pour donner la main au mouvement commencé chez les musulmans de *cheik* Thala, et enfin pour pouvoir mieux renseigner, proposait au commandant du Tigré de faire une excursion dans le Seloa, Bora[2] et Enda Mœni, « afin de mieux étudier les raisons de certains intérêts et pour aplanir certaines difficultés qui avaient surgi dans le projet d'organisation territoriale ». Le général Arimondi y consentait, comme il le dit lui-même dans sa lettre du 13 décembre[3]. Et de fait, le 24 novembre, le major Toselli

1. Voir chapitre XVI, *la frontière méridionale*.
2. Seloa est à l'ouest-sud-ouest d'Antalo ; Bora, sur la frontière du Tigré, est à l'ouest-sud-ouest d'Amba Alagi.
3. Livre vert, XXIII *quater*, n° 3, page 29.

partait de Macallé avec trois compagnies, la première batterie de
montagne et la bande de *ras* Sebath [1]; il se dirigeait vers Amba
Alagi, où, comme garde avancée, se trouvait déjà le capitaine
Persico avec sa propre compagnie.

Pendant ce temps, comme les bruits annonçant le mouvement
des Choans vers le lac Ascianghi prenaient plus de consistance,
le major Toselli crut devoir pousser encore plus au sud et prendre position à Belago, dans l'Enda Mœni, au sud de la frontière
du Tigré.

De cette façon, on *dépassait* les limites que j'avais fixées par
mes télégrammes du 28 et du 29 octobre [2]; on remplaçait le détachement volant *avec un seul officier,* accordé par mon télégramme
du 9 novembre [3], par une colonne comprenant presque la moitié
des forces disponibles; on troublait la pensée claire et explicite
de l'*observation avancée* et on la remplaçait par l'idée de la *pointe
offensive;* on rendait pour le moment *superflue* la mission confiée
au capitaine Persico. D'Amba Alagi à Belago il y a environ
20 kilomètres de sentiers de montagne; et pour y arriver il faut
franchir le col de Dubbar à 3,158 mètres au-dessus du niveau de
la mer [4].

La position de Belago, bien que forte, présentait le double
inconvénient d'être trop voisine de l'ennemi et d'être facile à
tourner, comme le sont d'habitude ces positions de montagne,
surtout dans un pays ayant un réseau aussi compliqué de sentiers
et contre un ennemi qui passe partout et qui porte toujours avec
lui sa base d'opération.

Toselli lui-même s'en aperçut; dans les nouvelles envoyées,
le 28 novembre, au commandant du Tigré et télégraphiées par

1. *Ras* Sebath de l'Agamé, après sa libération, avait été nommé chef de l'Enderta, et, avec le *degiac* Ali d'Enda Mœni, il avait organisé une bande de près
de 400 hommes du pays.

2. « Je me refuse absolument à m'avancer au delà des anciens États de
Mangascia... Battre le terrain dans le rayon des opérations déjà faites, surtout dans le Tembien, dans le Seloa, dans le territoire d'Antalo. » (Livre
vert, XXIII *quater,* page 13.) Voir chapitre XVII de ce volume.

3. « Pour arriver à ce résultat il est bon d'entretenir des relations assidues et suivies, et même il peut être utile d'envoyer un détachement volant
à Amba Alagi avec un officier. Voir chapitre XVIII; livre vert, XXIII *quater,*
page 14.

4. Voir notre carte générale de la colonie, au sud du 13ᵉ parallèle, à la fin
de ce volume, ainsi que la carte spéciale d'Amba Alagi jointe au chapitre
suivant.

celui-ci, le 29, à Massaoua, il disait : « La position de Belago est
très forte ; toutefois, ce matin, j'ai trouvé que l'on pouvait tourner le Dubbar par la route de l'ouest qui conduit d'Ascianghi à
Aiba. Si je suis coupé d'Amba Alagi, je devrai me jeter par les
Azubos (Azebu Gallas) sur la route d'Uogerat à Scichet[1]. »

Même Amba Alagi, qui fournissait à une compagnie indigène
volante un très bon poste d'observation et de liaison, n'avait pas
la même valeur comme position défensive, car elle prêtait le flanc
à un mouvement tournant aussi facile à exécuter de loin que
de près. Du reste, tout conseillait d'éviter un conflit prématuré.
Aussi, prévenu par la communication des nouvelles de Toselli,
je télégraphiais le 30, de Massaoua, à Arimondi, de rassembler
les forces à Macallé, par suite bien en arrière (74 kilomètres)
d'Amba Alagi. En même temps, je mettais à sa disposition, en
dehors des forces destinées à la défense du territoire, le 6e bataillon indigène (major Cossu), moins une compagnie chargée de
garder les communications de l'arrière. « En prévision d'un événement quelconque, vous pouvez faire avancer les forces régulières d'Adoua dans la Gheralta, en ayant une ligne de réapprovisionnement avec Adigrat ; vous pouvez réunir les forces d'Adigrat
dans une localité convenable, peut-être vers Asbi ; vous pouvez
rassembler les forces régulières du Tigré à peu près dans le
Tembien, et les autres, avec *ras* Sebath, au sud d'Antalo. Vous
pourrez ainsi, en deux journées de marche, *avoir à Macallé, dans
une excellente position,* appuyées au fort, avec la ligne d'opération
gardée, 16 compagnies régulières et la batterie, c'est-à-dire environ 4,500 soldats réguliers, plus les *bandes* de l'Agamé, du Tigré,
du Seraé, de l'Oculé Cusai, de l'Enderta et de l'Enda Mœni.

« Ces forces me paraissent suffisantes pour résister victorieu-
sement à une attaque quelconque, même si toutes les bandes
d'Alula, Micael, Olié, *ras* Mangascia, Mangascia Atichin, Guangul
et quelques autres partisans osaient s'avancer. A moins qu'une
nécessité impérieuse de sûreté ne vous oblige à faire le contraire,
il me semble indispensable de *conserver les forces autant que possible réunies sous la main et constituées en grosses fractions*[2]. »

En même temps, le major Toselli adressait, de Belago, au général Arimondi, commandant du Tigré, à la date du 29 décembre,

1. Livre vert, XXIII *quater,* page 18, annexe n° 12 à mon rapport.
2. Livre vert, XXIII *quater,* page 17.

la demande suivante : « Bien que je sois convaincu de vous dire une chose non nécessaire, puisqu'elle me semble toute naturelle, je vous prie cependant de me permettre de vous exprimer le désir que j'ai d'avoir un mot qui *m'éclaire,* pour la suite, sur *les intentions du gouvernement.* Depuis que la situation est ce qu'elle est actuellement, c'est-à-dire depuis dimanche, je me conduis comme me l'indique la réflexion. Mais je désirerais vivement savoir si j'ai autre chose à faire ou si j'agirais mieux autrement. D'autre part, en sachant si le gouvernement mobilise et quel est le point de concentration, je pourrais montrer plus d'assurance envers la région et à l'égard des chefs[1]. »

Le général Arimondi répondit, à la date du 30 novembre[2] :

« A ma demande de directives, le gouverneur répond en mettant à ma disposition trois compagnies du 6e bataillon. Il ne semble pas avoir l'intention de mobiliser; mais il m'engage à rapprocher de *Macallé les troupes et les bandes du Tigré, afin d'avoir à Macallé 16 compagnies régulières et la batterie,* en dehors des *bandes.* Le gouverneur dit qu'il faut faire face à l'ennemi s'il ose s'avancer; mais, sauf le cas d'une absolue nécessité, il ne m'autorise pas à *essayer l'offensive.* Il m'invite à acheter des vivres dans le pays. Je vous ferai connaître les mouvements des troupes dès qu'ils seront exécutés.

« En attendant, je vous laisse libre de *vous maintenir en position à Belago* ou bien de vous replier *aux pieds de l'Amba Alagi, selon les circonstances.* »

Donc le général Arimondi pense à l'offensive, du moment qu'il répond ainsi au major Toselli; or, ce dernier, dans sa dépêche, n'y fait même pas une allusion lointaine, et moi, dans mes instructions, je ne parle que de faire face à l'ennemi, à Macallé. Et pouvait-on supposer qu'il fallait prendre l'offensive au sud d'Amba Alagi, en un point aussi *éloigné* de notre base de défense, en se mettant ainsi *en dehors* des directives du gouverneur, en opposition des ordres formels, et cela précisément au moment où le général Arimondi lui-même devait *faciliter les éventuelles négociations pour la paix* avec Maconnen, comme le prescrivait mon télégramme du 26 octobre? Donc, malgré l'ordre donné de concentrer ses troupes à Macallé, le général Arimondi ne répond pas

1. Livre vert, XXIII *quater,* page 25.
2. Livre vert, XXIII *quater,* page 26.

à la demande essentielle du major Toselli et lui envoie mon ordre après l'avoir modifié. Donc il consent à ce que le major Toselli se maintienne en dehors du rayon prescrit, ou bien qu'il se replie aux pieds d'Amba Alagi. Donc, pour le major Toselli, Amba Alagi représente le point qu'il faut *garder coûte que coûte.* Et tout cela sans m'en donner avis.

Le texte du télégramme du 30 novembre, adressé au major Toselli, que le général Arimondi présenta à l'appui de son rapport (Adigrat, 13 décembre), se termine ainsi : « *Je vous laisse la faculté de vous maintenir encore à Belago ou de vous replier aux pieds d'Amba Alagi, ou,* SELON LES CIRCONSTANCES, PLUS EN ARRIÈRE ENCORE. » Mais le texte remis effectivement au bureau télégraphique d'Adigrat est bien celui publié dans les *Documents diplomatiques,* page 18[1]. Or il *ne laisse pas* au major Toselli, rigide observateur des ordres militaires, *la faculté* de se retirer plus en arrière. C'est précisément cette interprétation qu'il a donnée au télégramme du général Arimondi, ainsi qu'il l'a déclaré plusieurs fois au lieutenant Bodrero, son adjudant-major, qui a survécu au massacre d'Amba Alagi.

Tout fait croire que si mon télégramme concernant les directives que Toselli demandait au général Arimondi lui avait été intégralement transmis, il se serait replié sur Macallé, parce qu'il aurait vu clairement que l'intention du commandant en chef était de concentrer les forces dans cette localité. Le major Toselli se serait replié, car il n'était parti que pour une simple excursion, et il connaissait, dès le début, le plan général de défense contre le mouvement en avant *de forces ennemies prépondérantes;* il l'aurait fait, car il demandait la lumière sur les intentions du gouvernement; il l'aurait fait, puisqu'il savait que le fort Enda Jésus, contruit par lui-même à Macallé, était le point le plus avancé de la défense de l'Agamé.

Cette supposition est corroborée par les pourparlers entamés par moi avec *ras* Maconnen; non seulement Toselli était au courant de ces pourparlers, mais il était même chargé de régler les préliminaires et de s'entendre pour l'entrevue entre le gouverneur et *ras* Maconnen. Toselli était un homme prudent et avisé dans les choses politiques, comme il était hardi, énergique et

---

1. Livre vert, XXIII *quater,* annexe n° 13. Général Arimondi au major Toselli.

méticuleux dans l'exécution de ses devoirs militaires. Il connaissait les forces abyssiniennes, et il savait bien qu'un combat, même
ayant une issue favorable, compromettrait toutes les négociations.
C'est précisément à cause de sa prudence et de sa connaissance
des hommes et des affaires que je l'avais choisi pour lui confier
le commandement de la position avancée de Macallé.

Dans la journée du 2 décembre, Toselli signalait au général
Arimondi le grand nombre des ennemis et leur intention de marcher sur Amba Alagi. Le 4, d'Atzala[1], il rendait compte que, dans
la soirée, il y avait eu un vif échange de coups de fusil dans la
plaine d'Atzala. Le bruit même courait que le *negus neghesti*
était à Alomata, un peu au sud du lac Ascianghi[2].

Pendant ce temps, je renforçais les garnisons méridionales et
j'en avisais le général Arimondi, par mon télégramme du 2 décembre[3] ; je mobilisais les troupes coloniales ; j'appelais au service la milice mobile et les *bandes* et je prenais les mesures
nécessaires pour les vivres et les transports. Les 1er, 6e, 7e et 8e
bataillons, commandés par les majors Turitto, Cossu, Valli et
Gamerra, ainsi qu'un bataillon de la milice mobile, devaient se
concentrer à Adigrat. J'avais encore télégraphié, le 3 décembre,
de Massaoua, au commandant des troupes, que je croyais convenable une action énergique au delà du Tacazzé, pour rassembler
les forces éparpillées du Sciré, du Tembien et des amis que nous
avions au delà du Tacazzé. A mon avis, il fallait profiter de cette
circonstance que notre résident Mulazzani devait venir d'Axum
à Macallé pour la concentration ; que la région du Tacazzé avait
été évacuée par l'ennemi et que nous y avions, en outre, de nombreux partisans ; il fallait utiliser les relations personnelles de
Mulazzani avec *ras* Agos[4] et les notables ; il fallait profiter de la
facilité et de la rapidité avec laquelle les indigènes savent se soustraire aux dangers et parcourir de grandes distances ; enfin, il

---

1. Au nord de Belago et du pas de Dubbar, un peu au sud de la frontière
du Tigré et d'Amba Alagi.
2. Livre vert, XXIII *quater*, annexes nos 21 et 28, pages 22 et 23.
3. Livre vert, XXIII *quater*, n° 14.
4. *Ras* Agos du Sciré, ami de Mangascia, s'était déclaré, comme l'*eccighié*
Théofilos, favorable aux Italiens, parce qu'il détestait avant tout les Choans.
Il occupait un territoire situé à cheval sur le Tacazzé, entre le Sciré et le Tselemti, et entretenait des relations amicales avec le major Ameglio.

fallait nous servir des qualités individuelles des deux lieutenants, Miani et Mullazzani, si experts dans la conduite de ces incursions.

« Ce rôle pourrait être confié à une colonne composée d'une compagnie et des *bandes* placées sous les ordres du lieutenant Mulazzani. L'opération aurait pour but de décider *ras* Agos, qui paraît suspect, et de nous protéger contre une menace sur notre flanc droit, ou vers Adoua. A *ras* Agos on pourrait promettre le Tselemti et le Semien. La colonne, une fois l'opération achevée, se replierait sur Màcallé, ou sur la localité qui serait indiquée par la situation. Cette opération devrait être conduite avec sollicitude et énergie[1].

Donc *préliminaires de paix* appuyés par la concentration, vers Macallé, des troupes disponibles de l'Érythrée. Cette *concentration* était non seulement nécessaire pour éviter les surprises et pour obtenir des conditions plus favorables, mais encore pour assister à l'entrevue selon les coutumes abyssiniennes, auxquelles, dans ces contingences et en face de ces armements, nous devions nous conformer[2].

L'incursion dans le Tembien et dans le coude formé par le Tacazzé, tout en rassemblant les forces, devait démontrer notre ascendant sur ces populations et avoir un poids dans la balance, lors des négociations pour la paix. Et elle l'aurait eu, puisque, comme le montrent les rapports des lieutenants Miani et Mulazzani, nos officiers furent parfaitement accueillis et ne rencontrèrent pas d'hostilité, *pas même après* le combat d'Amba Alagi, bien que ce désastre eût naturellement diminué l'enthousiasme qui avait commencé à se répandre et qui aurait quadruplé nos forces au détriment de l'ennemi, dont les incertitudes et les dissensions n'auraient fait que croître.

On pouvait prévoir alors, comme on peut le voir maintenant, que les bandes des Amahras, qui n'étaient pas encore homogènes ni unies entre elles, ne se seraient pas avancées dans un terrain favorable aux embuscades, contre une position fortifiée comme

1. Télégramme du 3 décembre du gouverneur au commandant des troupes, annexe n° 15, page 19, livre vert, XXIII *quater*.

2. En Abyssinie, il y a fréquemment des réunions pour conclure solennellement des alliances de paix ou de guerre. Les deux partis viennent alors, en grande pompe, au lieu désigné, avec le plus grand nombre possible de guerriers. Ceux-ci se rangent d'abord face à face, puis ils fêtent le traité.

celle de Macallé, en ayant sur le flanc droit (à l'est) le mouvement des musulmans que les incertitudes et les bruits faisaient paraître plus considérable qu'il ne l'était réellement, et sur le flanc gauche (à l'ouest) les Tigrins du Tacazzé, opposés alors, comme ils le sont maintenant encore, à une invasion choanne. *Ras Agos*, même quelque temps après Amba Alagi, est resté notre partisan, d'accord en cela avec l'*eccighié* Théofilos.

Rappelons les premières directives, laissées au milieu d'octobre au général Arimondi, commandant supérieur du Tigré et de l'Agamé.:

Centre de la défense, fort d'Adigrat.

Sentinelle avancée, Macallé.

Retraite sur Adigrat quand nous serions serrés de près par des forces choannes prépondérantes. (Voir page 224).

Mais il était nécessaire de soumettre le pays et de couvrir la construction du fort d'Enda Jésus. Par suite, nos garnisons d'au delà du Bélésa vinrent naturellement rayonner vers le sud, poussées par la tendance même du général Arimondi à se porter en avant, et attirées par l'extension trop considérable donnée au fort de Macallé.

Dans ces contingences et avec cette répartition des troupes, la défense était actuellement portée plus en avant; mais elle ne devait jamais dépasser le fort de Macallé.

D'après ce qui s'est dit alors, il semble que le major Toselli ait pensé à demander des explications sur un ordre aussi péremptoire, qui lui imposait comme extrême limite de retraite non pas Macallé (Enda Jésus), sa position naturelle, mais une localité située à deux marches au delà de Macallé (74 kilomètres) et indépendamment de cela n'ayant aucun appui stratégique ni tactique, — étant donné surtout qu'il lui fallait, avec un petit nombre d'hommes, tenir tête à des Amahras extrêmement nombreux, qui savent pénétrer dans toutes les anfractuosités et dont l'art de la guerre (que Toselli appréciait à sa juste valeur) consiste principalement dans les mouvements tournants.

Ce qui le dissuada de le faire, ce fut probablement la crainte d'être considéré comme trop prudent ou trop politique eu égard aux propositions de paix d'un côté, et, de l'autre côté, devant les idées offensives que manifestait son commandant direct, idées qui électrisent toujours un cœur de soldat. Peut-être espérait-il un secours opportun, peut-être attendait-il l'ordre de battre en retraite. Pendant ce temps, dans la plaine, aux pieds du massif d'Amba Alagi, avait lieu une collision d'avant-postes qui le liait toujours plus au donjon d'Amba Alagi, que lui et bien d'autres considéraient, à cause de sa forme et de sa position géographique, comme une des clefs de la frontière italienne. Cette collision faisait croître la méfiance contre les propositions de Maconnen et touchait au vif l'amour-propre militaire et national d'un noble cœur.

Ne croyant pas pouvoir reculer, ni demander de nouvelles instructions, le major Toselli sollicitait des secours.

Le général Arimondi, commandant du Tigré, se disposait à les envoyer, et, le 5, il me télégraphiait : « Je pars demain matin avec 6 compagnies et une section d'artillerie; je suivrai la route anglaise en allant de l'avant, aussi loin que possible, pour me trouver en mesure de soutenir Toselli ou de me déplacer vers Azubo, Uogerat, Scichet ou dans le Bora[1], selon que les colonnes ennemies défileront d'un côté ou de l'autre[2]. »

Donc, *exactement le contraire de l'idée* générale et spéciale du commandant en chef, idée qui semblait être en harmonie non seulement avec le devoir, mais encore avec la conviction du commandant des troupes; donc *action opposée* à celle que j'avais ordonnée dès le 30 novembre; donc *dispersion des troupes en avant,* sans but et sans objectif bien défini, au lieu du *rassemblement en arrière,* devenu d'autant plus nécessaire que, d'après la nouvelle nous parvenant, le nombre des ennemis était plus considérable qu'on ne le croyait; donc *abandon de la position organisée et fortifiée* de Macallé, mieux soutenue par Adrigat, danger pour les flancs insuffisamment protégés, et difficultés bien plus considérable pour recevoir des vivres et des secours; donc *risque immédiat et imminent de collisions* alors que l'on avait entamé des pourparlers pour arriver à une entente; donc *précipitation* du mouvement *en avant* tandis que des raisons politiques et militaires conseillaient de *gagner du temps en arrière.* Et pourtant le général Arimondi était parfaitement au courant des événements, et c'était par lui que passaient toutes les instructions et toutes les informations concernant notre frontière méridionale et l'Ethiopie; il

1. Voir la carte générale de l'Érythrée à la fin du volume.
2. Livre vert. XXIII *quater,* annexe n° 22, page 22.

18

savait aussi combien il fallait de temps pour mobiliser, nourrir et concentrer les troupes.

Je crus donc que c'était pour moi un devoir impérieux d'intervenir sur-le-champ, tout en laissant au général commandant une certaine latitude afin de conserver le contact avec l'ennemi, car, sans cela, il eût été impossible d'avoir des nouvelles. Aussi de l'Asmara, pendant mon voyage pour Adigrat, je lui télégraphiai immédiatement (5 décembre)[1] :

« Il ne faut pas s'éloigner de Macallé, parce que, la concentration n'étant pas terminée, les forces seraient divisées et les réapprovisionnements seraient très difficiles. Que le major Toselli conserve le contact tant qu'il pourra, puis qu'il se replie aussi lentement que possible. En allant de l'avant, nous pourrions nous trouver en l'air et divisés. Si les Choans avancent par les voies latérales, il faudra les laisser défiler et choisir ensuite un endroit et un moment pour les attaquer avec toutes les forces réunies. Il faut être prêts à l'éventualité d'une attaque, mais dans une position bonne pour nous, pas trop avancée, connue de nous, apte à nous fournir un point d'appui dans n'importe quelle direction, et qui nous permette surtout d'attaquer, pendant sa marche, un ennemi divisé et ayant sa ligne d'opération compromise. »

Le commandant du Tigré, le matin du 6, à 8 h. 15, accusait réception de la dépêche sus-indiquée : *Je me conforme aux instructions de Votre Excellence et je les communique aussi au major Toselli.* » Mais le major Toselli restait dans l'incertitude, parce que, bien que le général Arimondi eût reçu mon télégramme dans la soirée du 5, à Macallé, il ne le lui envoya que le lendemain matin. Et bien qu'il fût attendu avec anxiété par le major Toselli (ainsi que l'affirme le lieutenant Bodrero et comme c'est bien naturel), *le télégramme ne parvint jamais à destination.*

Voici comment le général Arimondi explique lui-même la chose, dans une lettre qu'il m'écrivit le 20 décembre de Massaoua, lettre qui me parvint le 26 décembre : « Quand j'ai reçu, à 7 heures du soir le 5 décembre, le télégramme de Votre Excellence qui suspendait mon départ, j'en envoyai la copie au major Toselli; *mais comme je manquais de messagers disponibles, je la fis partir seulement le lendemain matin (6 décembre) à 7 heures[2].* »

1. Livre vert, xxiii *quater*, annexe n° 23, page 23.
2. Livre vert, xxiii *quater*, page 24, n° 641; confidentielle.

Or, le général Arimondi avait sous la main à Macallé 1,500 *ascaris;* le pays était parfaitement connu, parce qu'il était battu en tout sens par les nôtres; une caravane portant des vivres au bataillon de *Toselli,* partie de Macallé peut-être deux heures auparavant, pouvait être rejointe en peu de temps; enfin, dans ces conditions, *la prudence la plus élémentaire conseillait de se tenir toujours en communication avec l'avant-garde.* Car c'est ainsi que, dans ces contingences, il fallait considérer la colonne Toselli, dont toutes les nouvelles devaient nécessairement parvenir.

Les messagers portant la lettre envoyée par le général Arimondi n'arrivèrent pas même le lendemain (7), — bien qu'Amba Alagi soit un des points les plus caractéristiques de cette contrée et qu'elle s'élève nette et distincte sur l'horizon; bien que des milliers d'expériences nous aient prouvé que les dépêches confiées aux *ascaris* sont toujours fidèlement portées à destination. Le même général Arimondi écrit dans son rapport du 13 décembre[1] « que la route est restée libre jusqu'aux premières heures *du 7, si bien que, dans l'après-midi, il reçut encore des billets* que le major Toselli lui adressait le matin, au moment même où se prononçait l'attaque. »

Dans un entretien particulier, publié par M. Rossi dans le *Corriere della sera,* au commencement de février 1897, le général Arimondi ne peut cacher « qu'un télégramme du gouverneur, arrivé dans la soirée du 5, opposait son veto au mouvement, prescrivait d'une façon formelle au 4e bataillon de se replier d'Alagi, et donnait des directives pour une attitude purement défensive à Macallé, et pour l'abandon de Macallé même dans le cas où l'attaque eût été sérieuse, l'intention du gouverneur étant de rassembler toutes les forces de la colonie à Adigrat »,

Donc le général Arimondi, dès le 30 novembre, avait les directives du commandant en chef pour la concentration à Macallé; donc, malgré ces directives, il ordonna au major Toselli de rester à Belago ou de reculer tout au plus à Amba Alagi, voulant lui-même à la date du 5 décembre, se porter en avant avec la plus grande partie de ses troupes pour soutenir Toselli; donc il communiqua au major Toselli l'ordre essentiel et formel de battre en retraite douze

1. Livre vert, xxiii *quater,* page 41.

heures après l'avoir reçu et de façon qu'il n'arriva jamais à desti-
nation, comme jamais n'arriva l'avis du lendemain.

Dans des circonstances ordinaires, j'aurais certainement dû faire rapatrier immédiatement le général Arimondi, ne fût-ce que pour le télégramme prescrivant de se replier à Amba Alagi, qu'il avait transmis d'une façon au major Toselli et communiqué d'une autre au gouvernement, — et aussi pour l'ordre de battre en retraite envoyé avec tant de retard et sans que les précautions indispensables eussent été prises pour qu'il arrivât à destination. Mais la chose fut tirée au clair seulement plusieurs jours après, quand le général Arimondi n'était pas présent pour se défendre. Quelques jours plus tard, quand Macallé était investi et au moment où les événements pressaient, il ne me parut ni sage ni prudent de prendre une mesure aussi grave contre un homme doué d'éminentes qualités militaires, qui avait rendu tant de services à la colonie et qui avait encore autour de son front la brillante auréole d'A-gordat.

Et puis, pour juger avec impartialité, il faut tenir compte de la situation spéciale du général Arimondi, de sa position comme commandant des troupes, de la mission qu'il remplissait à ce moment-là à Massaoua, du grave scandale qui en serait résulté en pleine guerre, des soupçons qui — malgré l'éclatante vérité — seraient tombés sur le gouverneur, lequel en ce moment se trouvait dans une situation particulièrement difficile. Enfin la prudence me conseillait d'attendre le jugement du gouvernement central, juge compétent des deux généraux, lorsqu'il aurait reçu le rapport ou, pour mieux dire, les documents qui mettaient tout en lumière. Mais les documents relatifs à Amba Alagi, expédiés d'Adigrat au commencement de janvier, malgré mes pressantes instances, ne furent présentés au Parlement et publiés que plusieurs mois après (27 avril 1896), au moment où il était impossible de demander des comptes à un officier tué sur le champ de bataille, lorsque les passions étaient déchaînées et lorsque j'étais considéré comme le seul responsable de toutes les erreurs commises [1].

1. Il est pénible, il est triste d'écrire ces pages ; mais c'est nécessaire pour la vérité. Les documents sont clairs, précis, irréfragables. Pourtant ces faits, qui décidèrent l'issue de toute la campagne, ont une telle gravité que je dois faire appel au témoignage des officiers survivants, tels que le colonel Valenzano, le major Salza, le capitaine Anghera, les lieutenants Bodrero et Pavoni, ainsi qu'à la bonne foi de ce même journaliste, M. Rossi.

CHAPITRE XX

AMBA ALAGI ET SES CONSÉQUENCES IMMÉDIATES

Les combattants d'Amba Alagi. — Ni les ordres ni les renforts ne parviennent. — Glorieuse journée du 7 décembre. — Le mouvement musulman s'arrête; les amis ardents se refroidissent, les tièdes passent à l'ennemi. — Macallé (Enda Jésus) assiégé (8 décembre). — On concentre la défense de l'Érythrée à Adigrat (9 décembre). — Le général Arimondi à Massaoua (14 décembre).

Il est inutile d'exposer bien des détails que l'on peut lire dans le livre vert; *il est inutile de refaire l'historique de cette journée,* qui, bien que malheureuse, est cependant si glorieuse pour les officiers italiens et pour les troupes coloniales.

La major Toselli se croyait lié aux pieds d'Amba Alagi; il espérait avoir des renforts lui permettant de remédier aux difficultés du lieu et à l'insuffisance du nombre. Aidé par l'ardente fermeté de ses officiers qui avaient toujours vu le dos de l'ennemi, et parmi *lesquels plusieurs avaient combattu* pendant les deux journées de Coatit, il resta en position, disposant ses troupes avec calme et intelligence et réservant une place pour les troupes de secours qui pouvaient arriver. Il conserva sa position trop longtemps même contre un ennemi qui débordait de toutes parts.

Amba Alagi peut s'occuper comme une roche de montagne, en haut, avec une poignée d'hommes, tout comme un château du moyen âge; alors *elle peut résister des mois et des mois, comme* les autres *ambas*[1] éthiopiennes, contre un ennemi dépourvu

---

1. Les montagnes qui constituent l'Éthiopie — le long de la grande arête africaine, se dirigeant du sud au nord, entre les bassins des lacs équatoriaux et du Nil d'un côté, et de la mer Rouge de l'autre — ont en général leurs parois à pic, tandis que le sommet est plat et a la forme d'une grande table. Leurs dimentions sont naturellement très diverses; souvent, néanmoins,

d'artillerie et placé dans des positions moins favorables. Si on l'occupe comme une position, dans la plaine, on est amené à s'étendre toujours davantage ; alors il faut plusieurs milliers d'hommes, surtout en ce terrain embrouillé qui se prête si bien aux mouvements tournants des Abyssiniens [1].

Le major Toselli avait sous ses ordres, les forces suivantes :

Compagnie Issel...........	⎫	
— Canovetti......	⎪	
— Persico........	⎬ 1,350 fusils.	
— Ricci..........	⎪	
— Bruzzi........	⎪	
Centurie Pagella...........	⎭	
Batterie Anghera..........	4 canons.	
Bandes de l'Oculé Cusai...	300 fusils.	
Ras Sebath et *degiac* Ali...	350 —	
Cheik Thala	350 —	

Il y avait en tout, à Amba Alagi, dans la matinée du 7 décembre, 2,350 fusils au service de l'Italie.

Le récit de ce splendide combat se lit dans mon télégramme, adressé le 10 décembre, d'Adigrat au ministère [2], et dans les rapports des lieutenants Bodrero, Bazzani et Pagella annexés au rapport du général Arimondi écrit le 13 décembre [3].

Comme on l'a dit, le 5 au soir, le général Arimondi, commandant du Tigré, reçoit l'ordre de faire replier le major Toselli et de se tenir sur la défensive, à Macallé. Le 5, Toselli informe le général Arimondi qu'il prévoit le contact pour le lendemain et l'attaque pour le 7. En me communiquant cette nouvelle (le 6 à 4 heures de l'après-midi), le général Arimondi télégraphie : « Macallé me semble trop éloigné du poste avancé d'Amba Alagi, et je considère comme inopportun d'assister passivement à une retraite, qui pourrait devenir désastreuse pour la colonne Toselli.

---

ces montagnes offrent des positions militaires ou des forteresses naturelles qui se prêtent à une défense prolongée. Ces positions rendent très difficile l'occupation du territoire. On donne le nom d'*ambas* à ces forteresses naturelles, et ce nom s'étend à toutes les montagnes ayant cette forme spéciale. Voir l'Introduction.

1. Voir notre carte spéciale d'Amba Alagi, jointe à ce chapitre.

2. Livre vert, XXIII *bis,* n° 168. Le télégramme est, par erreur, daté de Massaoua.

3. Livre vert, XXIII *quater,* page 45.

D'autre part, je considère qu'en me portant à la distance tactique de la troupe engagée, j'exécute plutôt une concentration qu'un éparpillement des forces. J'aurai là possibilité de réunir environ 5,000 hommes, tant des compagnies régulières que des *bandes*. Ce groupe est assez fort pour permettre une défensive active en avant du fort de Macallé[1]. »

Dans le but de soutenir la retraite du major Toselli et de faciliter la concentration en arrière sur Macallé, par un télégramme daté de Saganeiti, du même jour (6 heures de l'après-midi), j'approuvais ce mouvement dans ces termes :

« J'autorise votre mouvement en avant *pour soutenir la retraite* de Toselli. Cette retraite *devra commencer dès qu'il verra ne pas pouvoir arrêter,* à lui seul, la marche des Choans sur Amba Alagi, ou bien s'il court le risque d'être coupé par des colonnes exécutant des mouvements tournants. Vous ferez en sorte d'être toujours en état de pouvoir tenir Macallé en sûreté, au moins pendant plusieurs jours, afin de donner le temps d'opérer, en ce point, notre concentration, qui, autrement, devrait se faire à Adigrat, après avoir abandonné complètement Macallé, ainsi que j'en avais l'intention quand l'occupation de cette localité a été décidée. Prenez les dispositions nécessaires pour que les troupes qui arrivent à Adigrat s'y concentrent, sans continuer au delà[2]. »

Le général Arimondi se disposa immédiatement à avancer avec six compagnies d'indigènes réguliers, une section d'artillerie et la bande tigrine de *degiac* Fanta, en tout avec 1,500 hommes. Il m'écrit ceci :

« Naturellement, dans cette même journée du 6, avant de partir, j'ai envoyé en double au major (Toselli) l'avis habituel, pour l'aviser de mon mouvement et le prévenir en même temps que, dans la matinée du 7, je me trouverais dans la localité où j'aurais dû me trouver dès la soirée précédente[3], » c'est-à-dire à Afagol, non loin d'Antalo, à environ 26 kilomètres de Macallé et à environ 38 kilomètres au nord d'Amba Alagi[4]. Mais pas un seul de ces deux avis ne parvint au major Toselli, ni dans la nuit ni

1. Livre vert, xxiii *quater,* page 30.
2 Télégramme au commandant des troupes, livre vert, xxiii *quater,* annexe n° 26, page 31.
3. Le général Arimondi au gouverneur de l'Érythrée; Adigrat, 13 décembre 1895 : livre vert, xxiii *quater,* n° 3, page 39.
4. Voir la carte générale de l'Érythrée à la fin du volume.

dans la matinée. Il n'y a pas de doute que s'il avait reçu l'avis que
le général Arimondi était en position à Afagol, il ne fût replié
sur cette localité, parce qu'il savait que la position aux pieds
d'Amba Alagi était trop étendue pour ses maigres forces; parce
qu'il voyait que les Abyssiniens (dont il connaissait le nombre)
l'auraient tournée; parce qu'en descendant d'Amba Alagi, avant
l'enveloppement, il aurait eu — grâce à son habileté et à l'adresse
de ses troupes — le temps et le terrain pour manœuvrer, en battant en retraite, sans perdre le contact de l'ennemi.

Mais tout fait croire que l'ennemi ne se serait pas avancé, soit
à cause des courtes étapes qu'il a l'habitude de faire, soit à cause
des négociations en cours avec *ras* Maconnen, qui avait le commandement supérieur des forces éthiopiennes au nord du lac
Ascianghi, soit parce qu'en dépassant Amba Alagi, il franchis-
sait incontestablement la frontière tigrine, dont Amba Alagi, aux
yeux de Maconnen, était la limite méridionale.

Le matin du 7, vers 6 h. 30, une forte colonne sous les ordres
de *ras* Olié avança contre la gauche italienne; immédiatement
après, deux autres colonnes commandées par *ras* Micael et *ras*
Maconnen, des deux côtés de la route anglaise, avancèrent contre
le centre. De notre côté, la bande de *ras* Sebath, repoussée, se
retira sur la compagnie Issel; celle-ci et la compagnie Canovetti,
bien qu'attaquées de front et de flanc, tinrent ferme; mais vers
9 heures, comme l'ennemi devenait pressant, le major Toselli
les fit renforcer par une compagnie de réserve. Alors, grâce au
feu de l'artillerie, on put avoir un moment de répit.

Vers 10 heures, l'aile droite fut attaquée par *ras* Alula et par
ras Mangascia. Alors Toselli fit reculer un peu les ailes, pour se
maintenir jusqu'à l'arrivée, au centre, du secours qu'il attendait
du général Arimondi.

La défense continua donc près de l'*amba,* contre un ennemi
douze fois supérieur en nombre, qui, de toutes les hauteurs, s'a-
vançait en demi-cercle. A midi, la route anglaise était occupée, et
il ne restait plus de libre que le sentier montagneux de Togora. A
midi 40, Toselli ordonna la retraite, pendant que l'ennemi grim-
pait sur l'*amba.*

Dans ces conditions, la retraite se transforma en désastre.
Toselli tomba en héros, quand aucune puissance au monde n'aurait pu remédier à la situation.

Amba Alagi

Echelle

0   1   2   3
kilomètres

Ch XX

Les conséquences de la déroute d'Amba Alagi furent on ne peut plus funestes, bien que, au simple point de vue militaire, la bravoure de nos soldats en ait imposé et ait arrêté la furie des soldats abyssiniens; bien que nos troupes coloniales, dans leur fatalisme martial, aient été peu impressionnées par la défaite.

Mais tout l'édifice politique, indispensable à la défense coloniale, était ébranlé jusque dans ses fondations et s'écroulait même, en partie, alors que croissaient la hardiesse, l'orgueil, les forces et les prétentions de l'ennemi.

Toute l'agitation musulmane qui, depuis plusieurs mois, avait été créée et fomentée avec tant d'adresse, d'habileté et de courage, par le capitaine Persico (aidé et remplacé ensuite par le lieutenant Giannini), était arrêtée par la disparition, à Amba Alagi, de *cheik* Thala et par la dispersion de ses soldats. Ceux-ci, moins habitués aux armes que les Abyssiniens, portèrent en fuyant, dans leurs montagnes et dans leurs oasis de la Dancalie, la nouvelle de la défaite; ils l'exagérèrent en la dépeignant sous les couleurs fantastiques qui leur sont habituelles; et ils arrêtèrent le mouvement en notre faveur jusque chez les Gallas, jusque dans l'Aussa, au moment même où il avait pris une tournure décisive, contre la ligne d'opération éventuelle du *negus,* depuis Adis Abeba jusqu'à Amba Alagi [1].

Il ne faut pas se figurer que nous aurions eu des milliers de vaillants alliés, capables de combattre en rase campagne; mais il est facile de s'imaginer que même des bandes éparses de gens armés et hostiles, dans un semblable terrain, auraient obligé l'ennemi à employer de nombreuses forces pour garder ses flancs. De semblables manifestations auraient probablement empêché l'ennemi de s'engager à fond dans ses opérations, car, en cas d'insuccès, une retraite se serait transformée en une débandade, en une fuite.

A la suite de la défaite d'Amba Alagi, nos relations avec les chefs abyssiniens d'au delà de la frontière tigrine reçurent un coup dont elles auraient difficilement pu se relever, même par une victoire ultérieure. Dans le Lasta, le parti favorable aux Italiens, qui allait, un jour ou l'autre, avoir le dessus, tomba tout d'un coup Les petits seigneurs féodaux, principalement ceux du centre,

---

1. Voir pour la préparation politique le chapitre XIII.

qui attendaient les événements pour savoir de quel côté ils devaient se ranger, rassemblèrent immédiatement leurs guerriers et leurs *chitets* (c'est-à-dire les paysans qui ne sont pas soldats de profession, mais qui sont obligés au service en temps de guerre) pour aller grossir le torrent choan à Amba Alagi et sur le lac d'Ascianghi. Teclaimanot, roi du Goggiam, qui nous était favorable, ou qui du moins paraissait décidé à observer une rigoureuse neutralité, réunit de suite son contingent; il sembla d'abord vouloir garder sa frontière et maintenir la paix, mais ensuite il se prononça ouvertement contre nous et conduisit son contingent à l'ennemi. Dans le camp choan lui-même, le parti de la paix, représenté par Maconnen, dut, pour le moment, rentrer dans l'ombre et laisser la parole aux chefs guerriers, qui étaient, en général, jaloux de l'ascendant politique qu'avait su acquérir le seigneur du Harar. D'autre part, pour nous, au lendemain d'un échec et d'un sacrifice comme celui d'Amba Alagi, les négociations étaient plus délicates et plus scabreuses, tandis que grandissaient, avec une fougue tout africaine, les exigences et les prétentions du vainqueur dans le premier combat.

Une défaite au début d'une guerre est toujours suivie par des malheurs; mais aucune défaite ne pouvait être plus terrible, sous le rapport militaire et politique, que celle d'Amba Alagi, car elle était complètement en dehors de toute prévision possible.

Le général Arimondi, après avoir recueilli les survivants d'Amba Alagi, dans la bonne position d'Adera[1], et après s'être replié sur Macallé, dans la nuit du 7 au 8 décembre, avait à choisir entre trois déterminations : ou bien *se replier* avec toutes ses forces sur Adigrat, en détruisant Macallé (Enda Jésus); ou bien *garder* le fort Enda Jésus, en y laissant une garnison suffisante, et se retirer avec le reste à Adigrat; ou bien, enfin, *rester* avec tous ses soldats à Macallé et opposer, en cet endroit, une énergique résistance aux progrès de l'ennemi.

Il choisit le second parti, — et sur ma demande télégraphique de Barachit (8 décembre), il répondit qu'il avait résolu de ne pas abandonner le fort pour les raisons suivantes : « 1° parce que l'effet

---

1. Voir la carte spéciale d'Amba Alagi annexée à ce chapitre. Sur la carte générale de la colonie, on doit placer Adera tout près et au nord de Mai Mesghi, à 22 kilomètres au nord d'Amba Alagi.

moral serait désastreux pour les troupes elles-mêmes; 2° parce que l'approvisionnement du fort en vivres et en munitions est tel que le transport demanderait plusieurs mois, et leur destruction beaucoup de temps; 3° parce que le fort, occupé par une garnison, pourra servir et *servira de pivot et de base à nos possibles opérations futures;* 4° parce que je ne voulais pas enlever une base à une concentration éventuelle à Macallé, si les Choans n'entendaient pas ou ne savaient pas profiter des succès obtenus [1]. »

Le ministre de la guerre, par son télégramme du 13 décembre, m'exprimait sa grande préoccupation pour la garnison laissée à Macallé, et il m'invitait à « examiner s'il était possible et s'il convenait, sans s'exposer à un malheur, d'en retirer la garnison [2] ».

Il était trop tard, non seulement le 14 décembre, mais il aurait été trop tard même le 9, quand le général Arimondi s'était replié sur Adigrat; le pays était au pouvoir de l'insurrection [3].

Pendant ce temps-là, ces désastres avaient complètement bouleversé le plan primitif de la défense dans l'Agamé.

Il manquait en entier les deux bataillons Galliano et Toselli (3° et 4°) sur les sept bataillons réguliers qui, d'après la première idée, devaient se concentrer à Adigrat. A Amba Alagi on avait perdu environ 2,000 hommes, et l'on devait peu compter sur les survivants. Pour tenir garnison à Macallé (Enda Jésus), on avait laissé 21 officiers, 176 soldats blancs, 1,150 indigènes. Il manquait en tout plus de 3,200 combattants, c'est-à-dire plus du quart de l'effectif qu'on aurait pu réunir à Adigrat. Le renom d'invincibles qu'avaient gagné nos soldats était perdu; les *bandes* nouvellement organisées n'avaient plus confiance ni en nous ni en leurs chefs; beaucoup de natifs des nouvelles provinces Enda Mœni, Avergalé, Enderta, Uogerat, Seloa, Gheralta, s'adonnaient au brigandage; ou bien, espérant sauver leurs biens, ils couraient dans le camp ennemi. Il nous fallait tout concentrer dans Adigrat, en abandonnant le pays, qui nous devenait hostile, car il avait plus peur des Choans que de nous.

Et, le territoire diminuant, on voyait diminuer la possibilité de

---

1. Télégramme du général Arimondi, de Macallé, au gouverneur, à Barachit, 8 décembre; livre vert, XXIII *quater*, annexe 35, page 34.

2. Livre vert, XXIII *bis*, n° 171.

3. Mon télégramme au ministre de la guerre, du 14 décembre; livre vert, XXIII *bis*, n° 179.

satisfaire à l'ambition des grands du pays qui étaient avec nous, car s'ils étaient avec nous, c'était uniquement dans l'espoir d'augmenter leur autorité et leurs domaines.

Néanmoins, il me sembla pouvoir mettre à exécution la première idée : défendre la colonie dans la position d'Adigrat, où, avec des forces relativement petites, j'aurais pu tenir en échec un ennemi très supérieur en nombre, et où j'aurais peu à peu rassemblé la majeure partie des bataillons qui devaient être envoyés d'Europe. Macallé, selon les affirmations du général Arimondi et du major Galliano, était en état de résister trois mois. L'ennemi, en tout cas, aurait dû investir ce fort avec un corps important, et il n'aurait pas pu aller au delà, en laissant sur ses flancs et sur ses derrières la position d'Adigrat, qui augmentait chaque jour de valeur par les travaux que l'on y exécutait sans relâche et par les troupes qui y arrivaient. A ce moment, une attaque contre Adigrat aurait été pour nous une véritable bonne fortune, parce que, avec ce terrain et avec la répartition des troupes, l'ennemi n'aurait pu se déployer que tardivement et mal sous le feu des positions et sous celui de l'artillerie.

Adigrat (2,530 mètres) présente une vaste combe salubre, surtout en cette saison, pour des troupes blanches ; il y a de la bonne eau, en quantité suffisante même, pour un camp important. Le bois et le fourrage y sont abondants, et de gras pâturages voisins nourrissaient de nombreux troupeaux.

Presque au centre de la combe, sur une hauteur, s'élève le fort, très bien défendu, eu égard à l'armement de l'ennemi, et dominant le terrain avoisinant. Il était en état de protéger les magasins et les ambulances du corps d'opération.

Le fort et les hauteurs voisines qui se flanquaient réciproquement, au grand avantage du défenseur, barraient l'unique route que l'ennemi pouvait prendre pour envahir l'Agamé. L'ensemble constituait une position militaire proportionnée aux forces dont nous pouvions disposer, jusqu'au commencement de janvier, époque à laquelle devaient arriver les bataillons européens. Une fois les premiers renforts arrivés, nous aurions pu occuper, au delà et en dehors de la combe d'Adigrat, la position d'Adagamus, comme on le verra plus loin.

Mais — pendant que nous faisions face à l'ennemi à Adigrat et pendant que nous rassemblions dans cette localité tout ce qu'il fallait pour la guerre — il était nécessaire que l'un des deux généraux s'occupât des communications de l'arrière, activât les services, reçût les troupes arrivant d'Europe, les envoyât à destination, surveillât Cassala et s'occupât du gouvernement civil et militaire de la colonie.

Je confiai ces multiples et délicates fonctions au général Arimondi, qui se rendit, dans ce but, à Massaoua, muni de tous les pouvoirs, ainsi qu'il est dit dans ma lettre du 11 décembre, « pour prendre le commandement de la défense du reste de la colonie et préparer, comme troupes de renfort, les forces qui sont actuellement en formation ou qui arrivent d'Italie.

« L'invasion peut se prononcer dans différentes directions, et même, ainsi qu'il résulte de plusieurs informations, elle peut prendre la route d'Adoua ou du Sciré pour se diriger plus directement au cœur de la colonie, en évitant Macallé et Adigrat. Dans ce cas, il est indispensable d'avoir un homme muni d'une haute autorité et d'un grade élevé pour faire face à toute éventualité...

« Nous avons les forts d'Adi Ugri, Saganeiti et Asmara, dont la défense à outrance est assurée et organisée. Il y a tous les services de l'arrière, au fonctionnement rapide desquels il faut pourvoir avec ordre, avec énergie et par une direction haute et sûre...

« On doit pourvoir à la sécurité intérieure, pendant que nous avons sur les bras une grosse invasion. Le télégraphe peut être coupé, et alors la colonie resterait sans gouvernement et sans commandant militaire.

« Ces considérations, et d'autres encore, que vous comprendrez comme moi, m'amènent à me priver, en ce moment, de votre concours et de vos conseils, qui peuvent trouver un champ d'action incomparablement meilleur et qui seraient plus utiles ailleurs [1]. »

On aurait peut-être préféré que je me rendisse en personne à Massaoua, après avoir laissé au général Arimondi le commandement du corps d'opération. Mais les précédents que j'ai exposés ont fait déjà connaître que le général Arimondi n'adoptait pas mes idées, au sujet de la prudence qu'il fallait garder dans la défensive. Et puis, d'un moment à l'autre, il pouvait être néces-

1. Livre vert, XXIII *quater*, page 36, annexe n° 32.

saire, au camp, de négocier soit avec *ras* Maconnen, selon les coutumes abyssiniennes, soit avec d'autres chefs amis ou douteux; on pouvait aussi avoir à prendre certaines dispositions de nature politique. D'ailleurs, quel général, en de semblables circonstances, avec une disproportion numérique aussi marquée, avec une si grande responsabilité de toute nature, aurait laissé ses troupes à la veille probable d'une bataille?

Ne m'avait-on point critiqué parce que, à la fin d'octobre, après avoir dispersé les soldats de *ras* Mangascia et retiré les troupes d'Amba Alagi et de Debra Aila, j'étais allé à Massaoua pour mieux satisfaire aux exigences politiques et expédier les affaires les plus urgentes du gouvernement civil et militaire, laissant au commandant des troupes le soin de pacifier le pays?

CHAPITRE XXI

LES INSTRUCTIONS MINISTÉRIELLES ET LES RENFORTS

Négociations avec *ras* Maconnen (16 décembre). — « Je demande que les instructions ministérielles soient d'accord. » — La question des renforts en décembre. — « Qu'on envoie 14 bataillons et 5 batteries, mais qu'ils soient pourvus de tout. » — Guerre offensive et guerre défensive. — Pourquoi je n'ai pas demandé à être relevé de mon commandement. — Les offres de soldats et la préparation en Italie.

J'écrivis le 3 décembre, de l'Asmara, à *ras* Maconnen, pour répondre à l'offre de médiation en faveur de la paix qu'avait faite le seigneur du Harar, dans sa lettre du 26 novembre, datée de Balomata, ainsi que je le raconte dans le chapitre XVIII. Ma lettre parvint trois jours après — le 6 — au général Arimondi, c'est-à-dire à la veille d'Amba Alagi. Mais le commandant des troupes ne crut pas devoir la faire suivre, parce que les hostilités étaient déjà ouvertes par des coups de fusil tirés aux avant-postes dans la combe d'Atzala.

Plus tard, *ras* Maconnen, impressionné par cette même victoire d'Amba Alagi, m'écrivit une autre lettre de Mai Mesghi (22 kil. au nord d'Amba Alagi) (12 décembre), dans laquelle il s'excuse d'avoir été poussé par les troupes de l'empereur. « C'est sans son commandement (de Maconnen) que les troupes ont attaqué. Ce fut mal. Il prie d'éviter pire ; il écrit ainsi parce qu'il *connaît l'Italie.* Il demande un homme de confiance pour traiter. »

Je répondis en m'en tenant à des généralités et sans repousser ces offres. Ma lettre, avec celle de Maconnen (arrivée le 15 à Adigrat), fut télégraphiée à Rome, le 15 décembre ; je faisais observer, dans le télégramme, que le chevalier Felter était présent au camp d'Adigrat[1].

1. Le gouverneur de l'Érythrée au ministre des affaires étrangères : télégramme du 15 décembre, d'Adigrat ; livre vert, xxiii *bis*, n° 183.

Le président du conseil me répondit ceci, le 16 décembre :
« Dites à Maconnen, qui demande un homme de confiance pour
traiter, qu'il en envoie un au camp italien ; ou bien qu'il vienne
lui-même soit dans un endroit neutre, soit à l'Asmara, pour
négocier un accord[1]. »

Il était impossible, de cette façon, de s'entendre avec le chef
abyssinien, d'autant plus que l'ordre formel du chef du gouvernement à Rome démontrait qu'on y était hostile à une entente.
Cette hostilité était partagée par les troupes coloniales, par l'armée et probablement par une grande partie de la nation.

Pendant ce temps, *ras* Maconnen envoyait, par un de ses partisans, des lettres pour M. Felter et pour moi. Ces lettres montraient son très vif désir de conclure un arrangement. Bien que
ras Maconnen eût une notion exacte des intentions du gouvernement italien, il se flattait cependant de pouvoir arrêter l'effusion du sang chrétien.

Je télégraphiai la nouvelle *au ministère des affaires étrangères,
le 20 décembre*[2]. *Huit jours* après (le 28 décembre), il me répondait en me laissant juge de l'opportunité qu'il y avait d'adhérer
au désir de Maconnen, en envoyant M. Felter ; mais le lendemain
(29 décembre), le baron Blanc télégraphiait ceci : « Il sera difficile d'expliquer comment nous avons pris la responsabilité de
refuser d'envoyer à Maconnen la seule personne avec laquelle il
voulait traiter, » etc. — A ce télégramme, je répondis immédiatement que Felter aurait déjà été envoyé à la première demande,
si le président du conseil, dès le 16 décembre, ne m'avait pas
donné ses directives ; et je finissais ainsi : « Je vous envoie la
copie du télégramme du président du conseil, et *je demande que
les instructions ministérielles soient d'accord.* » (29 décembre,
d'Adigrat ; 30, de Massaoua.)

Depuis des mois et des mois, quand il en était temps, je demandais des augmentations de troupes, d'animaux et de convois,
comme je l'ai expliqué en détail dans les chapitres IX et X, relatifs à l'occupation d'Adigrat et d'Adoua et à la question financière. Et j'insistais d'autant plus qu'à ce moment-là, alors que,

1. Livre vert, XXIII *bis,* n° 188.
2. Livre vert, XXIII *bis,* n°ˢ 214, 352 et 256.
3. Livre vert, XXIII *bis,* n° 262.

dans mes dépêches, je prévoyais la possibilité d'une guerre, le ministère voulait rappeler en Italie les deux bataillons de renfort envoyés en Afrique après Coatit et que l'on m'ordonnait d'arrêter l'enrôlement des indigènes. Par trois fois, j'avais posé comme condition de mon maintien dans la colonie la préparation à la guerre. Obtenir des forces plus considérables avait été l'unique but de mon voyage en Italie; et puis, poussé par le besoin, j'avais augmenté le nombre des bataillons indigènes, sans avoir obtenu l'autorisation que j'avais demandée, ainsi que je l'ai raconté dans le chapitre XVI, relatif aux menaces contre la frontière méridionale.

Mais les soldats ne servent à rien, quand ils ne sont pas munis de tout ce qu'il faut pour une guerre de montagne, étant donnés les conditions où nous nous trouvions, les besoins des troupes blanches en Afrique, les routes et la distance qu'il y a entre Massaoua et Adigrat. Certes, j'aurais pu demander un corps d'armée; mais un corps d'armée n'aurait pas pu être envoyé de suite, parce que tout manquait, même les navires de transport. De plus, sa présence à Massaoua et aux environs aurait causé de graves embarras, à cause des difficultés du ravitaillement; enfin, il n'aurait pu être dirigé, de Massaoua, sur la frontière méridionale, que peu à peu, à cause du manque d'eau, de vivres et d'animaux.

Il était nécessaire de régler le mouvement, d'après les fonctions organiques possibles, de façon à empêcher la pénurie ou la pléthore, là où il fallait le plus grand ordre et une répartition des forces parfaitement en harmonie avec les moyens et avec le but. Il valait mieux voir arriver successivement d'Italie à Massaoua les bataillons et les batteries, pourvus de tout, surtout de convois et de chaussures, tandis que, sur toute la côte de la mer Rouge, on achetait des animaux destinés à transporter sur le haut plateau tous les objets nécessaires à la guerre. Il fallait réapprovisionner Cassala, exposée plus que jamais aux attaques des Derviches, tant à cause de la saison propice qu'à cause des hostilités ouvertes contre nous par les Abyssiniens. Il fallait penser à constituer de gros dépôts de vivres à l'Asmara, à Adi Ugri, à Saganeiti et à Adi Caié; enfin l'on devait pourvoir à l'entretien de toutes les troupes placées à la frontière.

Les télégrammes relatifs aux renforts peuvent se lire de la page 136 à la page 160 du livre vert.

19

J'allais avec prudence, prévoyant de graves retards dans les expéditions, de sérieux obstacles pour la nourriture et l'emploi des troupes. Je prévoyais aussi les inconvénients matériels et moraux qu'il y aurait à imposer des privations aux soldats européens, nouveau venus en Afrique. Le 13 décembre, je remerciais pour les cinq bataillons que le ministre m'annonçait, « auxquels j'espère que l'on voudra bien ajouter un bataillon d'alpins » ; et je demandais que l'on préparât trois autres bataillons, en insistant pour avoir des convois abondants, appropriés aux circonstances.

Le 17 je télégraphiais d'Adigrat (18, de Massaoua) : « Je crois qu'il est utile de préparer d'autres renforts, » et le 18 je télégraphiais d'Adigrat : « Envoyez au plus tôt 14 bataillons et 5 batteries de montagne; *mais qu'ils soient pourvus de tout, qu'ils aient l'approvisionnement nécessaire* à la guerre en pays de haute montagne[1]. » Le président du conseil répondait le lendemain 19 : « Le gouvernement n'entend ni faire de la politique d'expansion, ni entreprendre d'expéditions militaires dans l'intérieur de l'Abyssinie. Il entend demander au parlement seulement les moyens nécessaires pour *défendre la colonie et repousser l'ennemi.* Télégraphiez au gouvernement, si, pour ce seul objectif, il faut d'autres renforts, en dehors des 9 bataillons et des 3 batteries de montagne en partance, et dites combien[2]. » Je répondis immédiatement en insistant sur la demande de 5 autres bataillons et de 2 batteries. Je renouvelai la même demande, le 21, au ministre de la guerre[3].

Les renforts demandés ne pouvaient être tous sur le champ d'action avant la fin de janvier, en admettant que tout procédât régulièrement ; en admettant que le vice-gouverneur[4] pût réussir, à Massaoua, à organiser convenablement les transports, les convois et les lignes de ravitaillement ; en admettant enfin que, de l'Italie, dussent arriver tous les effets d'habillement et d'équipement et tous les animaux demandés.

Nous en étions bien loin de la guerre offensive dont il est

---

1. Livre vert, XXIII *bis,* n° 196, 201.
2. Livre vert, XXIII *bis,* n° 211.
3. Livre vert, XXIII *bis,* n° 225.
4. Le major général Lamberti avait été nommé le 23 décembre et envoyé de Rome à Massaoua comme vice-gouverneur, avec les pouvoirs de gouverneur, pendant que je commandais le corps d'opération à la frontière.

question dans le télégramme du président du conseil Crispi, surtout avec ce terrain, avec nos effectifs, avec l'éloignement de la base d'opération, avec ces éléments européens qui entraient à peine en jeu par leur organisation et leur embarquement, et qui étaient encore loin de pouvoir mettre dans la balance même un effet moral,... et enfin avec les Derviches sur l'Atbara. Mais, même dans l'idée purement défensive, on pouvait observer que mon plan de défendre la colonie de l'Érythrée dans le cœur de l'Agamé, au lieu de pécher par excès de prudence, péchait au contraire par excès d'audace. Et maintenant, après les événements, la remarque s'est changée en un blâme complet. Alors, on appelait timidité ce que, trois mois après, on a qualifié de témérité.

Adigrat (dit-on actuellement) était trop éloignée ; il fallait reculer au moins à Adi Caié, ou à l'Asmara, parce que la ligne de jonction avec Massaoua était longue et difficile ; parce qu'il était compliqué et difficile de concentrer des troupes italiennes à Adigrat et de les y faire vivre ; parce que l'ennemi en s'avançant se serait affaibli.

Certes, au lendemain d'Amba Alagi, j'étudiai soigneusement le problème ; mais je ne crus pas devoir reculer en attirant la guerre au cœur de la colonie. Il me semblait très dangereux de laisser pénétrer l'ennemi au delà des anciennes frontières, soit parce que, dans ces conditions, une défaite aurait eu des conséquences irréparables et aurait amené probablement la ruine complète de l'Érythrée ; soit parce que, en nous retirant, nous aurions sacrifié toutes les ressources des nouveaux pays et nous aurions exposé nos territoires à être dévastés ; soit parce que nous aurions dû abandonner à son sort la garnison de Macallé et démanteler le fort d'Adigrat. Le général Arimondi, après Amba Alagi, n'avait-il pas maintenu le fort de Macallé *pour servir de pivot et de base* à nos possibles opérations futures ? Et Macallé n'était-il pas à 115 kilomètres au sud d'Adigrat[1] ?

Que l'on pense à l'atmosphère d'alors : on voulait la guerre offensive et l'on n'admettait même pas l'idée d'un arrangement. Que l'on pense aux acerbes critiques qui m'ont été adressées pour ne m'être pas décidé à attaquer le camp ennemi de Macallé.

Le ministre était bien informé sur les forces ennemies, puisque

1. Télégramme du général Arimondi au gouverneur, du 8 décembre. Voir chapitre XVIII.

dès le 7 décembre, c'est-à-dire avant même de savoir que le combat était engagé à Amba Alagi, je calculais que Maconnen avait 30,000 fusils. Le 9, je comptais que les forces de l'envahisseur immédiat pouvaient s'élever à 40,000 fusils, y compris les *bandes*. Ce chiffre resta peu supérieur au chiffre exact, pendant un mois entier, jusqu'à ce que l'empereur Ménélick, avec toute l'armée choanne, arriva à Scelicot (Celiquot), près d'Antalo, dans le rayon des opérations contre Macallé (4 janvier), trois jours avant que le premier bataillon italien ne parvînt à Adigrat[1].

Le ministre savait parfaitement qu'à Amba Alagi nous avions perdu environ 2,000 hommes tués ou disparus, que nous en avions environ 1,300 enfermés à Macallé, qu'il y avait autour de Macallé plus de 30,000 fusils et que précisément à ce moment-là (20 décembre) Ménélick venait d'arriver au lac Ascianghi avec le même nombre de fusils. Si l'on songe que ce fut plus tard qu'arriva Teclaimanot, *negus* du Goggiam, avec 20,000 fusils, et que d'autres hommes rejoignirent la colonne choanne, soit par groupes, soit isolément, on verra facilement que les informations étaient conformes à la vérité.

Par mon télégramme du 26 décembre, je précise le nombre des fusils, autour de Macallé (32,000, tous se chargeant par la culasse), en indiquant la répartition entre les différents *ras* (Mangascia, Maconnen, *ras* Micael, *ras* Olié, *ras* Alula, Uacscium Guangul, Mangascia Atichim, etc). Mes chiffres furent, plus tard, reconnus exacts[2].

Le ministère savait que mon intention formelle était de rassembler les troupes dans la combe d'Adigrat. Et, dès ce moment, les menaces des Derviches contre Cassala étaient évidentes. Je les avais annoncées par les télégrammes des 1er, 15 et 19 décembre[3], confirmées par des télégrammes ultérieurs; elles furent mises à exécution deux mois plus tard. Et pendant ce temps (13 décembre) je télégraphiais à Rome, sur la situation à Adigrat, entre autres choses : « *Je ne puis attaquer l'ennemi, parce qu'il est encore hors*

---

1. J'annonce que, d'après trois informateurs, Ménélick est arrivé à Celiquot avec Teclaimanot, roi du Goggiam (télégrammes du 8 janvier, d'Adigrat, du 9 janvier, de Massaoua, livre vert, XXIII *bis*, n° 284), en disant que la nouvelle concernant Ménélick est probable et en ajoutant que l'armée choanne avait le même effectif que celle des *ras*.

2. Livre vert, XXIII *bis*, n°s 229, 244.

3. Livre vert, XXIII *bis*, n°s 151, 184, 204.

de portée et trop nombreux. Si l'ennemi s'avance et nous attaque avec ses forces groupées, je suis sûr de le repousser; la retraite pour lui se changera facilement en désastre. Si l'ennemi se porte vers le Mareb, je compte profiter de la circonstance pour l'attaquer de flanc[1]. »

Si, au point de vue militaire, on peut reprocher une erreur à ce programme défensif, dans les conditions où nous nous trouvions, c'est d'être trop déterminé et trop hardi, surtout si l'on réfléchit (et le ministère le savait) qu'au camp d'Adigrat il n'y avait qu'un peu plus de 7,000 combattants[2].

Toutefois, c'était un programme de pure défensive, avec l'espoir d'un coup offensif, si l'ennemi s'était divisé ou nous avait prêté le flanc. Je n'avais aucune idée de conquête. — Et comment aurais-je pu l'avoir?

Mais le président du conseil télégraphiait, le 17 décembre :

« Le moment est critique pour toi et pour nous. Nous t'avons envoyé et nous t'envoyons plus que ce que tu as demandé. Si l'insuffisance des moyens ou l'imprévoyance occasionnent des malheurs, *ce ne sera pas notre faute.* »

Le lendemain il télégraphie : « Tu demandes de nouveaux renforts sans spécifier, attendant pour cela que la situation soit nettement définie. La distance entre l'Italie et Massaoua et de Massaoua à l'Abyssinie est telle *qu'il faut savoir prévoir les besoins.* — Explique-toi immédiatement; il y va de ton honneur et de l'honneur de l'Italie. Il semble que, dans ton esprit, il y ait confusion et incertitude. Il est temps de prendre les mesures nécessaires. »

Le 23 décembre : « On fait courir le bruit que l'ennemi a 200,000 fusils... Je crois qu'il est nécessaire d'organiser un service d'information qui nous indique avec sécurité ce qu'il y a à faire et nous prévienne d'une surprise comme celle d'Amba Alagi. »

Et le même jour : « Tu devrais connaître les ... de l'ennemi pour pouvoir te décider s'il faut faire *une campagne offensive,* ou nous mettre sur la défensive. Dans le premier cas, pense que le passage par Zeila nous est permis, sans cependant que nous puissions nous y arrêter. Pour les deux partis à suivre *il faut*

1. Livre vert, XXIII *bis*, n° 173.
2. Télégramme du 13 décembre, n° 172 : « J'ai de présents, à Adigrat, 6,350 réguliers, 1,450 irréguliers et une batterie de montagne de 8 pièces. »

déterminer le nombre des hommes qui nous sont nécessaires. Dans le cas où nous devrions nous limiter à la défensive, il faut organiser notre Gibraltar. — Décide-toi. — Ne perds pas de temps. »

Et le 25 décembre : « *Je ne donne point de conseils,* parce que le général qui se trouve sur les lieux peut seul décider ce que doit et peut être l'action qui nous convient le mieux. Je puis cependant faire observer que, pour une guerre offensive, il faut des forces plus considérables que celles dont nous pouvons disposer actuellement. Sur l'armée abyssinienne nous ne pouvons faire que des conjectures... Il ne faut pas perdre de temps, parce que le temps perdu est au bénéfice de l'ennemi[1]. »

Bien que ces télégrammes fussent alors secrets et bien qu'ils puissent s'expliquer par l'impatience et par la façon d'agir de l'homme et par la familiarité qui l'unissait à moi, son ancien compagnon d'armes, j'aurais dû répondre en demandant à être relevé de mes fonctions. Mais un soldat pouvait-il faire une semblable demande à la veille d'un combat? Ne devais-je pas tenir compte des manifestations officielles du roi, du parlement et du gouvernement, qui, à plusieurs reprises, témoignaient, de la façon la plus solennelle, leur confiance en moi, bien que l'on ne connût pas encore, en Italie, les responsabilités d'Amba Alagi et que la presse hostile eût pu me les attribuer?

A qui aurais-je pu confier la direction suprême, et pour combien de temps et dans quelles conditions aurais-je dû attendre un successeur?

Plus tard, en janvier, la question des renforts se présenta de nouveau, et Crispi télégraphiait, le 7 janvier : « Le gouvernement t'a envoyé *tout ce que tu as demandé en hommes et en armes.* Le pays *attend une autre victoire,* et moi je l'attends[2]... telle qu'elle termine pour toujours la question abyssinienne. Fais attention à ce que tu fais. Il y va de ton honneur et de la dignité de notre Italie... »

Je répondis le lendemain (8 janvier) : « Je mériterais le blâme, la méfiance et une condamnation, si j'avais demandé moins de troupes qu'il n'était possible d'en nourrir, pour obtenir le meil-

---

1. Livre vert, xxiii *bis,* nᵒˢ 191, 197, 231, 232, 243.
2. Ici dans la dépêche est inscrit le mot *authentique,* mais probablement au mot *authentique* on doit substituer le mot *complète.* Telle est l'impression que j'en ai reçue. Livre vert, xxiii *bis,* nᵒ 278.

leur résultat possible, étant donnée la situation. Jusqu'à présent, j'ai gardé la défensive avec succès, parce que *ç'eût été une folie* que d'affronter l'expérience [1] avant que n'arrivât de l'Italie un renfort double. J'espère que l'ennemi, renforcé par Ménélick, se portera en avant ou *exécutera une marche de flanc*. J'opérerai alors avec mes forces groupées, de façon à avoir un succès, dont je chercherai à tirer tout le parti possible; car le but de ma vie et de mes pensées, c'est l'honneur et la gloire de la patrie. »

Il est inutile d'expliquer que le mot *double* se rapporte aux *hommes,* et non au *matériel* de guerre.

Le même jour, 8 janvier, je télégraphiais au général Mocenni, ministre de la guerre : « *J'éprouve des difficultés infinies à approvisionner les troupes européennes, qui sont éloignées de la base,* au milieu des montagnes, avec des sentiers au lieu de routes, avec des bêtes de somme peu nombreuses, sans magasins avancés largement approvisionnés à l'avance; aussi, au delà d'une certaine limite, *le nombre, au lieu d'être utile, pourrait être un embarras.* Après avoir réuni, à Adigrat, les forces venant d'Italie, j'ai le ferme espoir de battre les Choans réunis ou divisés. Après un succès, la poursuite pourra désorganiser les forces. Puissé-je avoir *les moyens de poursuivre !* Mais, comme je l'ai écrit, une campagne à fond contre l'Abyssinie *exige une préparation de quelques mois et des moyens qui ne peuvent pas s'improviser,* dans un pays désolé par la guerre et par des hordes qui y vivent depuis si longtemps. Ce n'est pas par excès de confiance, ce n'est pas par égard pour le pays que je ne demande pas des renforts plus considérables; c'est parce que *je n'ai pas le moyen d'assurer leur nourriture.* Quand bien même le gouvernement du roi se déciderait à une guerre à fond, il serait nécessaire *de commencer par tout préparer;* puis on enverrait les troupes le plus tard possible, pour ne pas consommer les ressources prématurément[2]. »

Le télégramme, surtout à la fin, fut mal chiffré ou mal déchiffré (peut-être y a-t-il les deux choses), mais le sens militaire ne peut échapper : les troupes doivent être envoyées au moment de l'opération, pour ne pas *consommer prématurément les provisions*

1. C'est ce que dit le télégramme du 7 janvier, dans le livre vert, XXIII *bis,* n° 281. Peut-être dit-il *combat;* mais si le mot est erroné, le sens ne change pas.
2. Livre vert, XXIII *bis,* page 182, n° 282.

nécessaires. Cela devait être d'autant plus clair, pour le ministre de la guerre, qu'il était informé de tout et qu'il devait connaître quelles étaient les provisions nécessaires à une opération en montagne, dans une colonie aussi éloignée de l'Italie, avec des objectifs aussi éloignés de Massaoua, dans un pays dépourvu de tout.

Certes, le ministre de la guerre, en face de l'invasion choanne, prodiguait ses offres en hommes; il montrait d'autant plus de sollicitude qu'il sentait davantage le retard ainsi que les défauts de la préparation, et qu'il avait fait jusqu'ici moins attention aux indices précurseurs de la tempête. Mais, à part mes demandes et mes avertissements, pouvait-il croire que les hommes suffiraient?

Le ministre de la guerre d'Italie, en envoyant les troupes destinées à défendre la colonie, devait satisfaire à *trois* conditions essentielles pour la guerre d'Afrique; les hommes devaient être : 1° bien organisés; 2° bien équipés, et 3° envoyés à temps. La question du nombre venait en seconde ligne, parce qu'en toute première ligne les troupes de renfort avaient besoin de la *qualité* : qualités morales, qualités organiques, qualités physiques, qualités logistiques. Ces qualités devaient être *d'autant plus grandes* que le nombre des hommes qui pouvaient être appelés à faire face à l'ennemi était *plus petit;* de plus, l'on pouvait espérer que ces *qualités mêmes augmenteraient d'autant ce nombre,* pour l'action décisive, que ces hommes montreraient plus de solidité sur le champ de bataille.

Nous possédions la colonie depuis plusieurs années et souvent nous étions en guerre. Les africanistes, comme les antiafricanistes, disaient souvent que nous étions toujours à la veille d'une double guerre, sur nos frontières coloniales, c'est-à-dire du côté du Soudan et du côté de l'Abyssinie, avec deux très puissants ennemis. Récemment nous avions repoussé trois invasions, qui avaient laissé la porte ouverte à d'autres. Plusieurs fois (comme on l'a vu dans le cours du récit) j'avais signalé la possibilité d'avoir, en automne 1895, à la fois sur les bras les Derviches et les Abyssiniens. Depuis sept mois, dans mes lettres comme dans mes dépêches, je prévoyais non seulement la possibilité, mais même la probabilité d'une guerre en automne. Le baron Blanc, ministre des affaires étrangères, en juillet 1895, faisant allusion, dans un discours à la Chambre des députés, à cette probabilité, disait que les navires étaient prêts pour envoyer de braves bataillons en Érythrée. Et dans un si grand laps de temps on avait beaucoup discouru, peu étudié, rien conclu, rien préparé en Italie, pour une guerre coloniale que la situation faisait prévoir. Mais dans les gouvernements parlementaires on s'occupe peu des choses éloignées soit par l'espace, soit par le temps; on ne s'intéresse guère aux choses qui exigent une longue préparation et beaucoup d'esprit de suite et qui ne touchent point aux intérêts palpitants du moment politique fugitif.

Le ministre de la guerre a près de lui le chef d'état-major général; celui-ci a dans ses officiers et dans ses bureaux tous les moyens d'étude et d'information, et il doit tenir le ministre au courant de tous les besoins pour la guerre, sur un échiquier quelconque, rapproché ou éloigné. Pour que le ministre de la guerre fût rapidement informé, je lui envoyais non seulement l'original de tous les rapports qui étaient de son ressort, mais encore je lui adressais la copie des rapports, notes et informations politiques, de la compétence du ministre des affaires étrangères, qui pouvaient l'intéresser. Par suite, on devait connaître au ministère de la guerre, et on y connaissait les probabilités de la guerre et l'extension qu'elle pouvait prendre, comme on y connaissait les embarras militaires de la colonie. Et pourtant, l'on n'avait rien préparé, ni la composition des troupes d'opération, ni les cadres, ni le personnel, ni le service médical, ni le service de l'intendance, ni les convois, ni l'habillement,... comme on le verra plus tard et comme tout le monde le sait actuellement.

Enfin, après avoir lutté avec moi, pour renfermer dans les moindres limites possible la préparation en Afrique; après avoir laissé sans réponse les demandes pressantes que j'avais faites avant que n'éclatât la guerre; après avoir oublié la préparation en Europe, comme si l'Italie n'avait pas l'Érythrée, — au lendemain d'Amba Alagi on cherche à couvrir sa propre responsabilité, en offrant fébrilement des hommes et en m'accusant, moi, le général en chef, de refuser les moyens de sortir d'une terrible situation et d'obtenir la victoire, parce que je demande que ces hommes soient munis de tout ce qui est nécessaire pour les conduire sur le lieu de l'action et les mener au combat!

CHAPITRE XXII

ADAGAMUS (EDAGA AMUS)

Les bataillons de renfort d'Italie en Afrique. — Lignes de ravitaillement. — Arrivée des renforts à Adigrat (7-20 janvier). — Première constitution du corps d'opération (9 janvier). — Adagamus et Mai Meghelta. — Le colonel Albertone et le général Arimondi.

Notre soldat est habitué aux privations ; il est résistant, sobre, bon marcheur et brave autant que les autres, plus même que les autres. Souvent il est vif, gai, industrieux, et il sait se faire au milieu. Mais avec tant de qualités, il faut aussi confesser ses (je dirai nos) défauts : il est impressionnable et il se décourage facilement (plus en apparence qu'en réalité), donnant ainsi le spectacle de la prostration, laquelle, à son tour, est contagieuse en Afrique, aussi bien pour les soldats blancs que pour les troupes de couleur.

J'en ai déjà parlé au chapitre VII, quand j'ai écrit d'une façon générale sur le soldat en Afrique. Or, avec ces nouvelles circonstances de guerre, la dépression morale était bien plus facile et bien plus contagieuse, dans ces bataillons de renfort, formés au pied levé, par petits groupes, — sans liens tactiques, sans liens disciplinaires renforcés par l'habitude, sans coutumes fraternelles dans la compagnie ni dans le bataillon, où l'on ne connaissait ni les supérieurs ni les camarades, où l'on n'avait pas ces sentiments militaires qui, dans la paix comme dans la guerre, constituent en grande partie la religion du soldat. Ajoutez à cela les souffrances inévitables, les écarts de la température, le singulier spectacle des hommes et des choses, et puis l'imagination exaltée, la pauvreté de l'uniforme, la jeunesse excessive ; et l'on verra

que mon idée première n'était point fausse, de préférer des soldats bien préparés et bien équipés à un grand nombre d'hommes
réunis n'importe comment et fort mal équipés.

Dans toute chose au monde, les hommes ne suffisent pas : il
faut encore que ces hommes soient liés par un rapport organique
et permanent ; sans cela on ne peut pas exiger d'eux la plus
grande des abnégations, le plus grand des sacrifices. Or, les liens
des bataillons envoyés en Afrique n'étaient qu'occasionnels et
qu'éphémères, aussi bien entre les officiers et les sous-officiers
qu'entre les compagnons d'armes. Aussi, dans ce ramassis fait
au hasard et sans organisation, les soldats envoyés en renfort *ne
pouvaient représenter la valeur italienne,* d'autant mieux que leur
formation précipitée et l'improvisation de tout en faisaient une
proie désignée pour les secousses morales et matérielles.

Ce grave inconvénient provenait essentiellement du faible effectif des compagnies de l'armée italienne sur le pied de paix. Par
suite, pour composer un corps d'expédition quelconque, il était
nécessaire de tout bouleverser pour former péniblement, au moment le plus pressant, de nouvelles unités de combat. C'était une
grosse perte de temps, c'était au détriment de la cohésion de
toute l'armée, c'étaient des difficultés énormes, pour donner une
vie organique et disciplinée aux nouvelles fractions.

Il y avait un inconvénient plus grave encore, parce qu'il était
latent et impondérable, parce qu'il sapait la discipline dans les
moments suprêmes. Certains soldats (qui peut dire combien ?)
étaient partis de l'Italie avec l'idée qu'ils étaient envoyés en
Afrique afin de combattre en faveur d'une cause injuste ou dangereuse pour la mère patrie. N'a-t-on pas fait des démonstrations hostiles au départ de plusieurs détachements ? En quelques
endroits n'a-t-on même pas enlevé les rails des voies ferrées
pour empêcher le départ ? Il y eut, il est vrai, bien d'autres démonstrations solennelles, en sens contraire ; mais ces démonstrations ne servirent point à inculquer les vertus militaires,
c'est-à-dire la discipline et la cohésion, chez les troupes destinées à combattre dans la colonie : elles ne réussirent qu'à ali-
menter la lutte, qu'à fomenter et qu'à répandre dans la foule, en
Italie, des illusions dangereuses.

La suggestion de l'injustice de la guerre en Afrique trouvait
une oreille complaisante chez ceux qui allaient loin de leur

famille; qui devaient lutter contre les misères et les privations
inévitables de la vie des camps, surtout sur les montagnes de
l'Éthiopie; qui devaient combattre côte à côte avec des gens
étranges et contre un ennemi inconnu, alors qu'ils n'avaient et
ne pouvaient avoir que peu de réactifs moraux, pour neutraliser
ce poison latent qui se présentait avec toutes les apparences de
la vérité. — Et pour beaucoup c'était la vérité indiscutable.

Ce n'étaient point des soldats d'aventure; ce n'étaient point
des guerriers avides de gloire personnelle. Ils portaient en eux-
mêmes le microbe dissolvant que n'avait pu détruire l'ascendant
personnel des officiers, nouveaux pour leurs soldats et nouveaux en Afrique. Ce microbe, dans les moments critiques, pouvait se développer et se répandre avec une contagion terrible et
subite.

Le corps d'expédition fut composé, autant que possible, de
volontaires. Or, de tous ces volontaires, combien se présentèrent
spontanément, soit pour fuir la surveillance de leurs propres
supérieurs, soit pour se soustraire à la vie de caserne, soit pour
courir les aventures? Et l'on envoya en Afrique, en même temps
que les cerveaux brûlés, les hommes les moins disciplinés, par
suite, plus disposés que les autres au mécontentement, moins
obéissants et moins aptes à maintenir la cohésion tactique. Il
était naturel que les bataillons et les régiments, appelés à fournir un contingent par petits paquets, en eussent profité pour se
débarrasser de leurs plus mauvais éléments. L'expérience était
faite par les précédentes expéditions d'Afrique; l'*inconvénient*
que le général Arimondi et moi avions signalé pour la garnison
ordinaire de deux ou trois bataillons qui s'acclimataient, pendant la paix, devenait un *danger* quand il fallait envoyer plusieurs
milliers de soldats, pour une guerre immédiate, étant donné le
préjugé qui considère comme bons pour l'Afrique les soldats
mauvaises têtes; étant donné l'égoïsme qui fait garder pour soi,
dans la patrie, les éléments les meilleurs; étant données les habitudes des commandants en sous-ordre de n'obéir au ministre
qu'en apparence et que pour la forme. Tout le monde sait que
beaucoup d'affiliés à la *Camorra* et à la *Maffia*[1] se sont glissés

---

1. DE BLASIO, *Usages et coutumes des Camorristes*, qui cite les correspondances de MACOLA à la *Gazette de Venise*.
    La *Camorra* et la *Maffia* sont des associations secrètes de la province de

dans le corps d'expédition, improvisé avec des cadres étrangers, et — surtout dans les grades supérieurs — peu habitués à la connaissance intime et au commandement des troupes.

On exagéra, en Italie, les souffrances des soldats blancs dirigés de Massaoua sur le haut plateau. Ces exagérations elles-mêmes auraient dû mettre en garde. Certes, des inconvénients étaient inévitables ; mais on peut dire, à la louange de tout le monde, qu'ils furent réduits au *minimum*. On ne fait la guerre, sur aucun échiquier et encore moins sur l'échiquier éthiopien, sans souffrir beaucoup de privations. Au bout du compte, dans une concentration de guerre sur un théâtre d'Europe, avec des troupes jeunes, on peut laisser en arrière le long de la route d'opération plus d'hommes qu'on n'en a laissé sur les routes de Massaoua à Adigrat durant la guerre d'Afrique. Sur les 9,500 hommes qui, de Massaoua, montèrent jusqu'au 20 janvier sur le haut plateau, en employant les deux routes de ravitaillement, il resta dans les infirmeries provisoires 250 hommes, et la plupart d'entre eux furent ensuite dirigés sur leurs compagnies.

Il est vrai qu'ils arrivaient devant l'ennemi dans des conditions laissant beaucoup à désirer, au point de vue de l'habillement et de la chaussure. Moralement ils se remontaient dans ce milieu martial, avec cet air oxygéné. Mais les inconvénients du manque de préparation se manifestaient à chaque instant. L'œil expérimenté voyait aussi le manque de cohésion organique et l'absence de l'énergie calme dans la hiérarchie, l'impressionnabilité vibrante de ces gens pour qui tout était nouveau, l'insuffisance des cadres, les défectuosités de l'équipement et l'absence de l'uniforme, qui reflète la discipline et qui donne le prestige militaire.

Il y avait de l'élan ; il y avait chez les individus isolés un courage visible et une noble ambition ; toutefois la qualité essentielle organique d'une troupe en campagne manquait. Et ce manque de solidité permanente et régulière ne pouvait pas, comme chez les volontaires des guerres de l'Indépendance, être remplacé par l'ardent amour de la patrie ou par une foi élevée dans la cause pour laquelle on affrontait la mort.

Naples et de la Sicile, dans lesquelles les affiliés s'aident mutuellement à voler le bien d'autrui, à exiger des taxes des petits commerçants, du peuple, à se soustraire à la surveillance des autorités et aux peines infligées par la loi.

Pour diriger les troupes de Massaoua sur le haut plateau de l'Agamé et pour les ravitailler, on crut d'abord, à cause de l'eau, devoir se servir seulement de la route la plus commode, *Asmara-Saganeiti-Adi Caié*, bien qu'elle fût la plus longue[1]. C'était l'opinion formelle du général Arimondi, qui était chargé, dans les premiers jours, de diriger, de Massaoua, le mouvement des renforts. Mais, dès le 1er janvier, sur mon ordre, on utilisa aussi la route *Archico-Maio-Adi Caié*, plus courte et plus directe[2].

Déjà, le printemps précédent (mars-avril 1895), j'avais fait étudier la route dite du Comailo, de *Zula par Toconda et Senafé;* mais une portion de cette route, construite à l'époque de l'expédition anglaise contre l'Abyssinie, était détruite; et il fallait, d'après celui qui l'avait visitée, trop de temps, trop d'hommes et trop d'argent pour la remettre en état.

Au contraire, pour les communications ordinaires avec Adigrat, on avait amélioré la route par Maio. A Maio, il y avait un bon point d'eau, avec quelques hangars et quelques abris. Adi Caié (près de Toconda) était un point commun aux deux routes venant l'une de l'Asmara et l'autre d'Archico. A Adi Caié même, avant l'occupation d'Adigrat, c'est-à-dire dès décembre 1894, on avait commencé un petit fort qui fut ensuite augmenté et continué par le major Galliano.

Un *Mémoire* envoyé par le ministère des affaires étrangères aux ministres de la guerre et de la marine et au quartier général d'Adigrat, traite la question des lignes d'opération, et il indique aussi celle des Anglais, de Zula, par le Comailo et Toconda, à Sénafé. Cette route était connue en Érythrée, en dehors de la description anglaise, par plusieurs croquis et itinéraires d'officiers qui l'avaient parcourue en colonne mobile; le major Toselli en avait fait une étude complète, lorsque, au printemps

---

1. Voir notre carte générale de la colonie à 1/1,000,000, à la fin de ce volume.

2. De Massaoua à Maio, 1er gradin, 1,100 mètres d'altitude...　80 kilom.
　De Maio à Adi Caié, 2e　　—　　2,200　　—　　—　...　24　—
　D'Adi Caié à Adigrat, le long des ondulations du haut plateau, de 2,200 à 2,600 mètres d'altitude ....　86　—
　　　　　　　　　　　　　　　　　　　　　　　　　　　190 kilom.

M. BRUCHHAUSEN, *Der Erythræisch-Abessinisce Krieg* (Berlin, Mittler, 1897), évalue la distance de Massaoua à Adigrat par Asmara à 275 kilomètres; par Maio à 186; par le Comailo à 196.

précédent, on voulait (et l'on ne put pas) s'en servir pour transporter les canons destinés à armer le fort d'Adigrat.

Je considérai comme suffisantes les deux lignes de ravitaillement suivantes : *Massaoua-Saganeiti-Adi Caié; Massaoua-Maio-Adi Caié,* parce que la ligne *Zula-Comailo Sénafé* aurait exigé, en premier lieu, une nouvelle base à Zula, d'autres garnisons pour la garder, ainsi que des commandements d'étapes, ce qui nous aurait fait gaspiller nos forces; puis, parce qu'elle était moins bonne que les autres et parce qu'elle n'aboutissait pas, comme les deux premières, à notre position fortifiée d'Adi Caié; enfin parce que, malheureusement, il n'y avait pas un nombre suffisant d'animaux pour rendre utile la troisième ligne. De toute façon, de Sénafé à Adigrat, les trois lignes se seraient réduites à une seule, avec un arrêt peu commode à Sénafé.

Les Anglais, dans leur marche sur Magdala (1868), avec peut-être 50,000 bêtes de somme, dont plusieurs éléphants et 14,000 chameaux, n'eurent besoin que d'une seule ligne de ravitaillement. Le général Baldissera, dans ses opérations d'avril et de mai 1896, pour délivrer la garnison d'Adigrat, ne crut pas devoir utiliser la ligne Zula-Comailo-Sénafé, bien qu'il eût des forces plus nombreuses avec bien plus d'animaux et bien qu'il eût pu profiter de l'expérience précédente.

Quoi que l'on dise ou que l'on écrive, les distances restent. Or, de Massaoua à Sénafé par l'Haddas, il y a 126 kilomètres; de Massaoua à Sénafé par le Comailo, 136; les pentes, naturellement, sont semblables : et Sénafé est un point commun aux deux lignes.

Les Anglais ont pris la ligne du Comailo, parce que leur base d'opération était Zula; la nôtre était Massaoua, et il aurait été absurde de la changer. Les Anglais, à Zula, avaient non seulement des appontements pour débarquer, mais même un tronçon de voie ferrée. Pour nous, il était impossible de faire les travaux suffisants (abris pour les hommes, les marchandises et les animaux) et de tout improviser, en quelques jours, afin d'avoir une autre base comme celle de Massaoua.

Le conseil d'employer la ligne du Comailo, que donnaient les bureaux du ministère des affaires étrangères aux autorités militaires en Italie et en Afrique, a été publié dans le livre vert et a servi à la presse italienne ainsi qu'à la presse étrangère pour accuser le commandant en chef de l'armée d'Afrique d'imprévoyance et d'incapacité. C'est, dit-on, parce que j'ai négligé cette fameuse ligne du Comailo que les marches ont été pénibles, les transports difficiles, et les ravitaillements en retard. Aussi j'ai cru devoir insister sur ce point particulier, — qui du reste est parfaitement évident, — afin de disculper non seulement le quartier général, mais encore les généraux Arimondi et Lamberti, qui, comme vice-gouverneurs, ont installé et dirigé le service des approvisionnements, ainsi que le lieutenant-colonel Ripamonti, chef de l'intendance.

Le 14 décembre, le ministre de la guerre annonçait ces départs aux dates suivantes :

Le 16, un bataillon de bersagliers et un d'infanterie ;

Le 18, deux bataillons d'infanterie ;

Le 20, un bataillon d'alpins ;

Le 21, deux bataillons d'infanterie ;

Le 23, un bataillon d'infanterie ;

Le 25, un bataillon d'infanterie.

Ces bataillons commencèrent à débarquer à Massaoua le 27 décembre; ils commencèrent à arriver à Adigrat le 7 janvier, et continuèrent jusqu'au 20. Le bataillon d'alpins les précéda tous, parce que, suivant mes ordres, il fut dirigé par la route Maio-Adi Caié. Outre les bataillons indiqués plus haut, arrivèrent encore, dans cette période, les trois batteries de montagne que j'avais demandées. Il fallait donc un mois entre la demande à Rome et l'arrivée dans l'Agamé.

Le 20 décembre, le général Mocenni, ministre de la guerre, télégraphiait ceci :

« Sur les bataillons et les deux batteries *demandées* (par moi le 18 et le 20), deux bataillons partiront le 26, et le 28 une batterie. Avant de prendre les mesures pour assurer le départ des deux autres bataillons et des autres batteries, j'attends une réponse immédiate à mon télégramme d'hier[1]. »

J'avais déjà répondu affirmativement au président du conseil : et, naturellement, je répondis affirmativement au général Mocenni, en insistant sur la nécessité de cet envoi. Par suite, les envois

---

1. Livre vert, xxiii *bis*, nᵒˢ 177 et 219.

d'Italie continuèrent. Mais on ne pouvait pas espérer, étant données les difficultés toujours croissantes, que les renforts fussent à leur poste avant la fin de janvier. Un bataillon arriva à Adigrat le 1er février.

La majeure partie des bataillons arriva sur le haut plateau, comme cela était prévu et comme je l'ai dit. Toutefois, le manque des convois et la faiblesse de la chaussure, par ces sentiers rocheux, se faisaient toujours sentir davantage, comme se faisaient sentir d'ailleurs le manque de préparation, la hâte qui avait présidé aux expéditions, le manque, en Italie, de connaissances pratiques sur le théâtre de la guerre et la préoccupation majeure qui était celle du nombre.

Aux soldats, qui étaient déjà armés et instruits dans le maniement des excellents nouveaux fusils de petit calibre, on les enleva et on les remplaça par de vieux fusils qu'ils n'avaient jamais vus. C'est ainsi qu'au camp d'Adigrat, à la veille de la bataille, on dut dresser les jeunes soldats au maniement et au tir avec le vieux fusil, — qu'ils devaient trouver lent, peu précis et inefficace, — après avoir essayé le nouveau qui est excellent sous tous les rapports.

On s'excusa d'avoir retiré le nouveau fusil à petit calibre, en disant qu'il fallait éviter l'emploi de deux espèces de munitions. Mais l'emploi de deux espèces de munitions ne pouvait pas avoir un inconvénient équivalent à la dépression morale et à l'infériorité matérielle; et d'ailleurs, dans les troupes coloniales, on avait déjà un double et même un triple système de munitions[1]. On a dit que les munitions manquaient pour le fusil à petit calibre; et pourtant, on avait, selon les déclarations du ministre, 133 millions de cartouches pour 350,000 fusils, soit 380 cartouches par fusil.

Dès le 9 janvier je prescrivis que les bataillons blancs, à Adigrat, seraient formés en quatre régiments et deux brigades :

1. Les troupes de renfort que l'Allemagne envoya dans sa colonie africaine furent toutes armées avec le fusil de petit calibre. A propos des renforts italiens, un écrivain allemand, dans *Jahrbücher für die deutsche Armee und Marine* (novembre et décembre 1896), critique sévèrement la mesure prise de changer les fusils, et il fait observer que les Allemands avaient dû entrer en campagne en 1870 avec différentes espèces de munitions et pour des masses incomparablement supérieures à la petite armée coloniale de l'Érythrée.

I. — Brigade Arimondi.

Bataillon de bersagliers...	De Stefano...	
— d'alpins.........	Menini	Colonel *Stevani*.
— de chasseurs....	Prestinari ...	
Bataillon II.............	Viancini	
— IV	Deamicis	Colonel *Brusati*.
— IX	Baudoin	
— XIII	Rayneri	

II. — Brigade Albertone.

Bataillon V	Giordano....	
— VI............	Prato	Colonel *Ragni*.
— X	De Fonseca..	
Bataillon VII............	Montecchi ...	
— VIII	Violante	Colonel *Romero*.
— XI	Manfredi	

« Les bataillons indigènes, la brigade d'artillerie et les *bandes* restaient sous la dépendance du commandant en chef. »

Naturellement les brigades ne pouvaient se constituer que successivement, pendant une période qui dura tout un mois.

Au fur et à mesure que les troupes blanches arrivaient, l'importance de la position d'Adigrat diminuait, tandis qu'augmentait celle d'Adagamus, sur le revers méridional de la combe d'Adigrat. — Adigrat devenait trop étroit, trop condamné à la défensive passive; et l'on voyait disparaître les probabilités que l'ennemi, en s'avançant, vînt nous attaquer dans cet entonnoir. — La position d'Adagamus[1] avait été étudiée avec soin par le major Toselli d'abord, puis par moi et le général Arimondi ensuite. Le général Arimondi y était resté deux jours, après sa retraite de Macallé (9 et 10 décembre); mais alors cette position était trop étendue pour pouvoir être occupée avec nos forces exiguës. Par suite, dans le premier mois (décembre) elle nous aurait exposés au danger d'être enveloppés. On avait envoyé là les *bandes* comme avant-garde, sous le commandement du capitaine Barbanti. Elles étaient soutenues, sur le sommet de la montagne

1. Dans la carte toute récente de l'Institut géographique à 1/250,000, feuille d'*Adigrat,* on écrit Edaga-Amus et mont Goruelo, au lieu de mont Gorueto. Voir notre carte générale de la colonie à 1/1,000,000, à la fin de ce volume.

(Goructo, 2,998 mètres), par le bataillon Valli (7e indigène), qui était en communication avec la garnison d'Adigrat, à la défense de laquelle il devait directement concourir.

La position d'Adagamus appuie son flanc droit au mont Goructo; le flanc gauche était défendu par un précipice presque impraticable. Derrière, se développait la ligne de retraite, relativement commode, vers Adigrat. Devant, le terrain descendait en ondulant, coupé de temps en temps par des ressauts ou des vallonnements; il était traversé transversalement par une large vallée; mais, en général, le terrain était plat, battu et découvert. Il était facile de renforcer la défense par quelques travaux et quelques retranchements, surtout sur le flanc droit, qui se relevait et s'appuyait à la montagne. La vue s'étendait librement au sommet de l'*amba* Goructo, où était placé un appareil optique de signaleur, communiquant avec Adigrat. L'eau et l'herbe y étaient en abondance; le climat était sec, froid, salubre; il y avait, de temps en temps, quelques brouillards.

Adagamus est sur la route directe allant de Macallé, par Adigrat, dans l'intérieur de la colonie. Cette position garde aussi la route d'Ausien, par laquelle le *negus* pouvait s'avancer vers le flanc droit de notre ligne déployée. Par suite, la position d'Adagamus, si elle était convenablement occupée par des troupes suffisantes pour son étendue et avec un nombre convenable de canons, enlevait à l'ennemi la possibilité de déployer toutes ses forces et se prêtait très bien à la défensive active qui était dans mes intentions et qui était imposée par la situation politique et militaire.

Le 9 janvier, les colonels Albertone, Brusati et Ragni arrivèrent au camp d'Adigrat. L'ancienneté du premier l'appelait à commander une brigade. Le lendemain ils étudièrent, avec le chef d'état-major, le colonel Valenzano, la position d'Adagamus, où j'avais l'intention de placer le corps d'opération.

Sur ces entrefaites, on éprouva des craintes sérieuses pour Macallé. D'après les déclarations formelles du major Galliano, on croyait que l'eau, pour le fort, était assurée. Mais, à la suite d'une attaque, l'ennemi venait de s'installer dans un angle mort et rendait problématique la reprise, par la garnison, du point d'eau.

Le fort de Macallé (Enda Jésus) avait eu une extension bien

plus considérable que celle qui était nécessaire pour lui permettre de remplir son rôle de sentinelle avancée vers le sud, ainsi que le prévoyait mon plan de défense arrêté au mois d'octobre, plan dont j'ai parlé dans le chapitre XVI. On avait transformé une roche en un fort exigeant une forte garnison. C'est un des motifs pour lesquels le général Arimondi n'avait pas eu le courage de l'abandonner.

Le fort manquait d'eau dans l'intérieur. Les sources les plus voisines étaient, l'une à 100 mètres au sud, l'autre à 400 mètres au nord de l'enceinte. Cette dernière source était défendue par un petit *blockhaus*[1].

La nouvelle de la perte du point d'eau parvint à Adigrat le 10 janvier, au moment même où arrivaient au camp les premiers bataillons de renfort. Je donnai aussitôt l'ordre aux bataillons indigènes et aux *bandes* sous le commandement du colonel Albertone de s'avancer jusqu'à Adagamus, dans le but de chercher à établir des communications avec Macallé, d'impressionner éventuellement l'ennemi et de préparer l'occupation définitive d'Adagamus par tout le corps d'opération.

En cette circonstance, je dus me servir du colonel Albertone, qui m'avait été envoyé de Rome pour commander une brigade, au lieu de prendre le général Arimondi encore absent. A Adigrat, personne n'avait une position hiérarchique pour un commandement aussi élevé, et personne, sauf Albertone, n'avait l'expérience du commandement sur les soldats indigènes.

Le général Arimondi n'était pas encore arrivé à Adigrat, et il n'était pas à propos de l'attendre pour lui confier une opération que je considérais comme très urgente. Il y avait à Adigrat seulement les premiers bataillons des deux brigades, constituées par l'ordre du 9 janvier. Le commandement de la première était destiné au général Arimondi, et celui de la seconde au colonel Albertone. Pendant ce temps, il fallait occuper et organiser, avec tous les indigènes, la position d'Adagamus, alors que le ministère notifiait l'envoi du général Dabormida, auquel revenait naturellement le commandement de la seconde brigade. Le général Arimondi étant arrivé au camp d'Adigrat, il ne me parut pas opportun de lui enlever le commandement de la première

1. Voir la carte spéciale de Macallé annexée au chapitre suivant.

brigade blanche qui lui avait été confié, pour lui donner le commandement des indigènes. Le colonel Albertone avait déjà commandé les indigènes, au temps du général Baldissera. Le colonel Albertone, vif et décidé, s'était déjà familiarisé avec les officiers et les chefs ; il avait commencé les opérations de la campagne, il déployait la plus grande activité et avait rapidement organisé le service d'information. Quant à ses tendances, il était réputé pour un homme prudent, avisé, ayant de grandes connaissances militaires ; dans sa conversation, il manifestait des opinions parfaitement conformes à mes idées, tandis que le général Arimondi se montrait toujours disposé à l'offensive, ainsi que je l'ai dit dans les chapitres XIX et XX relatifs à Amba Alagi. Il aurait été encore bien plus disposé à l'offensive, s'il avait eu le commandement d'une brigade rapide et libre d'*impedimenta,* destinée, par sa nature, au service souvent autonome de l'avant-garde

CHAPITRE XXIII

MACALLÉ

Le fort Enda Jésus. — La question d'avancer d'Adigrat pour venir à son secours. — Relations entre Enda Jésus et le camp de Maconnen. — Premiers
coups de fusil autour du fort (1er janvier). — Ménélick devant Macallé
(7 janvier). — Attaques toujours repoussées (7-12 janvier). — Impossible
de secourir Macallé. — Forces réciproques.

Le général Arimondi avait laissé, sous les ordres du major
Galliano, pour défendre Macallé (Enda Jésus), le 3e bataillon
indigène (diminué de deux centuries), plus une compagnie du
8e bataillon, 4 pièces de montagne, deux sections du génie et un
poste de carabiniers : en tout, 21 officiers, 176 hommes de troupe
blancs, 1,150 indigènes.

La hauteur d'Enda Jésus, que j'avais choisie comme poste avancé
vers la frontière sud, ainsi que je l'ai écrit dans le chapitre XVI,
garde, sur un large cercle, la vaste et fertile combe de Macallé
et les routes qui viennent du lac d'Ascianghi. En avant, vers le
sud, s'alignent les hauteurs de Scelicot, bien en vue et favorables
au mouvement d'une grosse armée. La hauteur d'Enda Jésus a,
à ses pieds et tout autour, de l'eau relativement bonne et abon-
dante. Derrière, vers le nord, du côté d'Adigrat, se trouvent
d'autres collines et d'autres cours d'eau qui offrent de bonnes
positions défensives [1].

Le fort Enda Jésus (2,075 mètres au-dessus du niveau de la mer)
s'élève sur un sommet au sud-ouest de Macallé. Il y avait là une
église cophte entourée par les murailles d'un ancien cimetière;

1. Voir notre carte générale de la colonie à la fin de ce volume, ainsi que
la carte spéciale de Macallé

Macallè

Echelle

kilométres

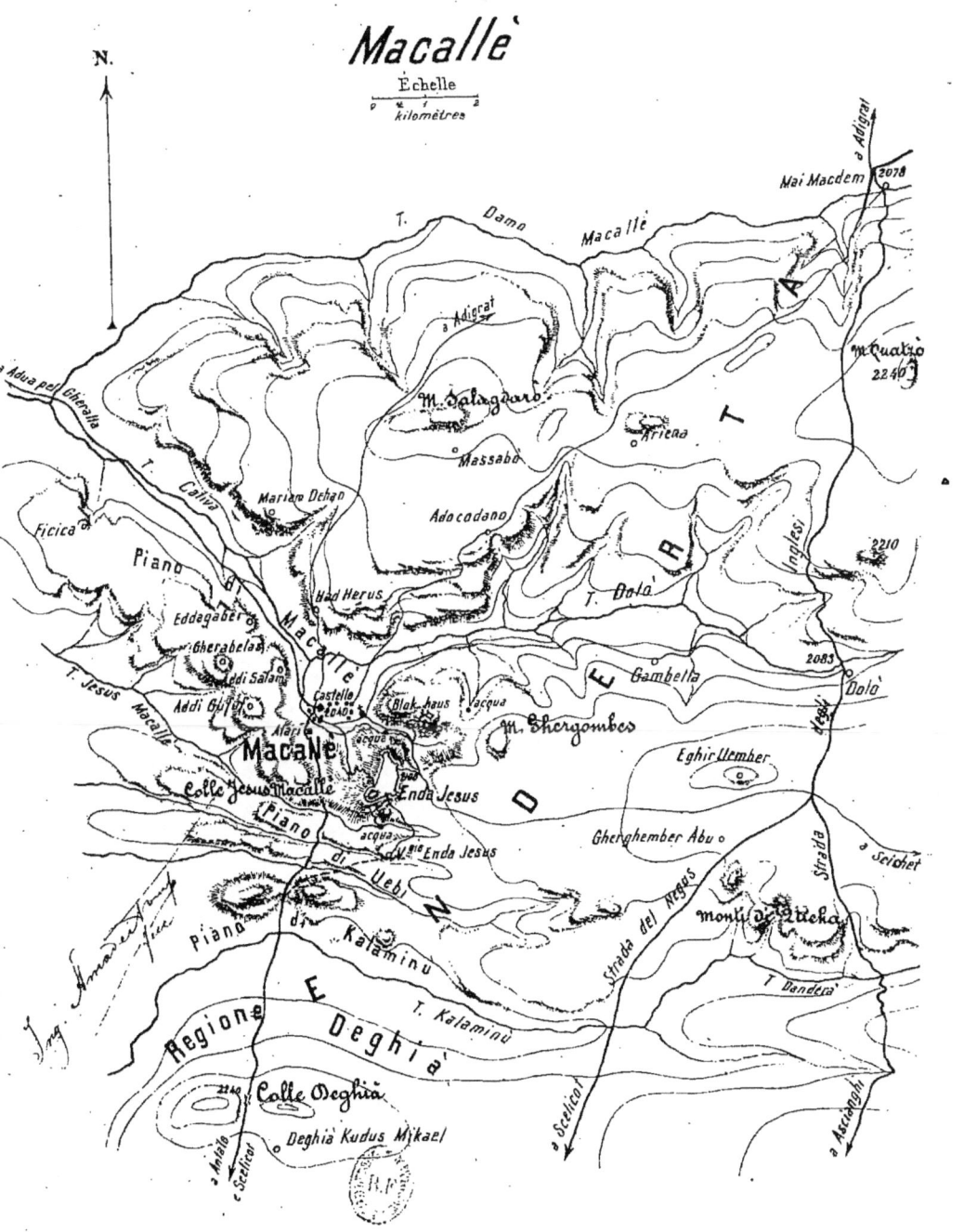

Ch. XXIII

ces murailles couronnaient la crête dominant la plaine tout autour. Derrière, il y avait une gorge qui descendait par un précipice à travers lequel montait la route de Macallé ; cette gorge
séparait le fort d'une hauteur située en arrière.

Le premier tracé du fort est dû au capitaine Sermasi. Le major Toselli en avait activé la construction et l'avait agrandi de
façon qu'il pût servir à une garnison importante. Mais, bien que
le fort ait été inauguré dès le jour de la Reine (20 novembre), la
pointe du major Toselli, au delà d'Amba Alagi, avait notablement
retardé les travaux, si bien que le major Galliano dut continuer
à les compléter pendant que l'ennemi était en vue, et même pendant le siège [1].

Je n'ai pas l'intention de raconter les phases de cette belle défense, décrite presque jour par jour dans les télégrammes que
j'adressais, d'Adigrat, aux ministres de la guerre et des affaires
étrangères, et exposée ensuite dans le rapport du lieutenant Partini, adjudant-major du 3e bataillon.

L'ennemi, après la journée d'Amba Alagi, s'avança avec de
grandes précautions et avec sa lenteur habituelle, d'abord vers
Mai Mesghi, dans la plaine d'Adera, — où le général Arimondi
avait recueilli les survivants d'Amba Alagi, — puis aux environs
de Buja et d'Antalo, enfin sur les hauteurs de Scelicot.

Les 8 et 9 décembre, quelques patrouilles de cavalerie galla
vinrent rôder autour du fort Enda Jésus. Le télégraphe était coupé
entre Adigrat et Macallé ; cependant je continuai à avoir des nouvelles de la garnison, par des messagers que m'envoyait le major
Galliano et des *ascaris* échappés à Amba Alagi, qui n'étaient pas
reçus dans le fort, pour ne pas augmenter le nombre des bouches
inutiles.

Les travaux de complément purent se faire avec une tranquillité relative, grâce à l'énergie et au calme du brave commandant,
grâce aussi à l'éloignement de l'ennemi. On compléta l'enceinte
et les banquettes ; on éleva de grosses traverses et des rampes
d'accès ; on construisit une route couverte pour accéder à l'eau ;
on fit un barrage en aval ; on acheva les défenses accessoires ; on
débarrassa le terrain tout autour ; on construisit enfin des plates-
formes pour l'artillerie. Pendant ce temps, on recueillait à l'inté-

1. Rapport Partini, livre vert, XXIII *quater*, page 53.

rieur du fourrage et du bois : on avait en magasin des vivres suffisamment abondants pour 3 mois, et l'on croyait avoir parfaitement assuré le service de l'eau.

Le 13 décembre, on vit se présenter deux prêtres venant du camp amahra : ils apportaient une lettre, datée de Mai Mesghi le 12 décembre, pour le général Arimondi, que les ennemis croyaient dans le fort. C'était la lettre dans laquelle *ras* Maconnen offrait de s'entendre avec moi pour la paix, tout en s'excusant d'avoir été poussé par les troupes de l'empereur vers Amba Alagi, qui avait été attaquée contre sa volonté; j'ai parlé de cette lettre au commencement du chapitre XXI.

Le 16, l'armée ennemie, avec peut-être 30,000 combattants, campait sur les hauteurs d'Afagol, appuyant sa gauche aux rochers d'Antalo et étendant sa droite vers l'Uogerat, d'où il recevait des vivres et où il exerçait des réquisitions, au moyen de razzias régulières.

Ras Maconnen continuait à envoyer des messagers pour solliciter une réponse à ses pressantes demandes. Le major Galliano, autorisé par moi, envoya le lieutenant Partini, lequel put rentrer dans le fort et continuer ensuite sur Adrigat, en passant toujours par le camp du *ras* du Harar, qui avait le commandement de toutes les troupes éthiopiennes chargées de l'investissement d'Enda Jésus.

C'était la période des négociations, dont j'ai déjà parlé : négociations extrêmement difficiles (disons impossibles), au lendemain d'Amba Alagi, avec les prétentions du gouvernement central, avec les espérances de l'opinion publique, avec les demandes de Ménélick, avec les aspirations de l'Italie à la revanche, avec l'orgueil choan. Elles étaient impossibles malgré le zèle et la bonne volonté dont nous avons fait preuve tous deux, moi d'une part et *ras* Maconnen de l'autre.

On a dit et écrit que c'était le moment d'avancer d'Adigrat avec les troupes disponibles, pour délivrer Enda Jésus et disperser les troupes de Maconnen.

Examinons rapidement ce problème que je m'étais posé dès le moment où j'avais pris le commandement à Adigrat (9 décembre), pendant la première phase de notre concentration dans cette localité, c'est-à-dire pendant la seconde moitié de décembre et les premiers jours de janvier; puis nous l'examinerons dans sa phase suivante, c'est-à-dire à l'époque à laquelle nous reçûmes nos premiers renforts et où le *negus neghesti* s'avança sur Ausien.

Pendant la seconde moitié de décembre et jusqu'à l'arrivée de tous les Amahras avec Ménélick devant Macallé (7 janvier), il n'était arrivé à Adigrat aucun soldat venant d'Italie. Par suite, l'effectif à Adigrat était, au début (12 décembre), d'environ 6,350 réguliers et 1,400 irréguliers; après le 22 décembre il atteignit environ le chiffre total de 10,000 hommes.

Voici les effectifs italiens du 26 décembre, à Adigrat :

Officiers	188
Soldats blancs	815
Indigènes réguliers................	7,583
Bandes	1,528
Chitet (milice indigène de la réserve).	382

Voici l'effectif ennemi auprès de Macallé le 26 décembre. (Ces chiffres, signalés alors par notre service d'informations, ont été plus tard reconnus exacts.)

Ras Mangascia, *Ras* Alula et Tigrins.	2,000
Ras Maconnen.....................	7,000
Mangascia Atichim..................	3,000
Ras Olié.........................	4,000
Ras Micael	7,000
Fitaurari Gazain.................	5,000
Scium Uoldié.....................	3,000

Presque tous les fusils sont bons et se chargent par la culasse.

Ces chiffres furent télégraphiés le jour même à Rome[1].

Pour avancer, j'aurais dû laisser une garnison à Adigrat; celle-ci aurait employé, avec les divers services, plus d'un millier d'hommes. A chaque étape et à chaque point dangereux, j'aurais dû laisser un détachement pour défendre la longue ligne d'opération, car nous aurions parcouru un territoire favorable aux embuscades et essentiellement hostile, — ainsi que le prouvent les attaques qu'eut à subir le général Arimondi en battant en retraite de Macallé, et les luttes à main armée qu'engageaient les paysans pour résister aux réquisitions de fourrage ordonnées par

1. Livre vert, XXIII *bis*, n° 244.

le major Galliano. Donc des postes à Adagamus, à Mai Meghelta, à Dongolo, à Agula ; donc dangers toujours croissants pour une ligne d'opération qui se serait allongée d'encore quatre marches, c'est-à-dire de 115 kilomètres ; donc réduction du corps combattant à 6,000 ou 7,000 hommes ; donc besoin toujours plus grand de convois, dont l'insuffisance nous faisait tant souffrir ; donc enfin difficultés incomparablement plus considérables pour le ravitaillement[1].

Après être sortis, par Adagamus, de la combe montagneuse d'Adigrat et de la barrière formée par les montagnes du Tigré (dont nous parlerons plus tard), nous nous serions trouvés entre le Gheralta et l'Enderta, avec les flancs toujours exposés, dans un pays infesté de brigands depuis des mois et, à ce moment-là, après Amba Alagi, complètement en proie à la révolte. A deux journées de marche, au sud d'Adigrat, il y a la traversée dangereuse de Dongolo ; en cet endroit, la route serpente au milieu de gorges et d'escarpements, et la ligne d'opération, dans cet échiquier particulièrement embrouillé, aurait pu être attaquée, soit par Asbi (à l'est), soit par Ausien (à l'ouest). A environ 15 kilomètres plus au sud, il y a le passage dangereux d'Agula : et, après plusieurs autres défilés semblables, se trouve le col de Mai Macden. En continuant vers le sud, il y a la barrière de Dolo, exactement sur le parallèle de Macallé. Pendant la campagne qui aboutit à la prise de Magdala en 1868, les Anglais crurent indispensable de mettre dans ces localités de très fortes garnisons, bien que le pays fût indifférent et à moitié dépeuplé, bien qu'aucun chef indigène ne les menaçât, des montagnes. Nous avions contre nous le traître Abaguben, frère de Debeb, très connu dans l'Enderta à cause de sa famille et de ses partisans : nous avions encore contre nous Tesfai Antalo, auparavant chef de la province d'Antalo et plus tard chef de tout l'Agamé, d'où nous l'avions chassé.

Dans ces conditions de distances et de mouvements, une surprise de notre part contre l'ennemi aurait été impossible. De toute façon, quand les Abyssiniens se seraient aperçus de notre marche (fût-ce même au dernier moment), ils auraient eu beau jeu à agir

---

1. En dehors de notre carte générale de la colonie à l'échelle de 1/1,000,000, à la fin de ce volume, il est utile de consulter, pour les communications avec Macallé, la carte toute récente de l'Institut géographique militaire, au 1/250,000, feuilles *Macallé* et *Adigrat*.

contre nous de deux manières différentes : 1° soit en nous enveloppant, — ils n'avaient qu'à profiter, pour cela, du terrain (bien connu de beaucoup d'entre eux) ainsi que du nombre, de la confiance et du courage qu'inspire la victoire, surtout aux Abyssiniens; — 2° soit en nous attendant sur la belle position de Scelicot, que nous aurions dû attaquer de front et à découvert, avec moins de 7,000 ou de 8,000 hommes, en admettant même que la garnison de Macallé se fût unie à nous. Pendant ce temps-là, des groupes de cavalerie ennemie pouvaient se lancer sur nos flancs et sur nos épaules, et nous devions laisser une garnison à Enda Jésus. Nous aurions dû marcher à l'attaque, après quatre jours d'une marche déprimante, contre un ennemi qui n'avait certainement pas moins de 25,000 bons fusils, avec quelques milliers de lances en plus, qui occupait une série de positions dominantes contre une attaque de notre part venant de n'importe quel côté, contre un ennemi qui recevait journellement des renforts et qui pouvait être secouru promptement par toute l'armée choanne.

En quittant Adigrat pour marcher vers le sud afin de donner la main à Galliano et pour nous mettre en ligne devant Scelicot, il nous fallait, pour la première phase, au moins cinq jours. Pendant ce temps, tous les Choans qui étaient au lac Ascianghi, ou une grande partie d'entre eux, pouvaient arriver à Scelicot. Dans ce cas, nous aurions dû attaquer l'armée choanne tout entière. Mais l'ennemi n'avait pas besoin des troupes placées sous les ordres immédiats du *negus neghesti* (troupes qui étaient encore en arrière) pour établir, en sa faveur, une grande disproportion de forces, qui aurait rendu absurde, de notre part, l'espoir du succès.

Des raisons absolument évidentes (qui ont été télégraphiées au ministre de la guerre)[1] ne permettaient pas, après la retraite du général Arimondi, d'ordonner au major Galliano la destruction du fort et la retraite de la garnison sur Adigrat; car il aurait couru le risque très grave, la presque certitude même d'être massacré. Si, dans les premiers jours, l'ennemi n'avait donné signe de vie qu'en envoyant des patrouilles de cavalerie, il était cependant tout près, et il surveillait attentivement la ligne de retraite, qui traversait un pays qui nous était hostile et lui était favorable.

---

1. Livre vert, xxiii *bis*, 179. Voir aussi chapitre XX, page 280 de ce volume.

D'ailleurs le fort d'Enda Jésus servait à arrêter l'ennemi, à le tenir en respect pendant les éternelles négociations pour la paix. Nous pouvions espérer une résistance prolongée, à cause des assurances que le commandant nous avait données au sujet de la défense du point d'eau, à cause des approvisionnements en vivres, à cause de la position, à cause de la ténacité et de l'énergie bien connues du major Galliano, à qui l'on n'aurait pu confier une mission plus en harmonie avec son caractère.

Pendant que le lieutenant Partini allait au camp de *ras* Maconnen et en revenait, et qu'il obtenait du commandant des forces abyssiniennes réunies autour de Macallé l'autorisation de venir me voir à Adigrat, l'armée abyssinienne, sans s'exposer aux vues du fort d'Enda Jésus, grossissait tout autour et envoyait, vers le fort et sur ses derrières, des bandes de cavalerie. Le 20 décembre, quelques-uns de ces groupes de cavaliers, qui s'étaient approchés de l'enceinte, furent repoussés à coups de canon. Les mouvements des troupes continuaient aux environs, sans hostilités directes, et même avec des actes de courtoisie singuliers en temps de guerre. Le major Galliano, sur la demande de *ras* Maconnen, envoya le lieutenant-médecin Mozzetti pour soigner Mangascia Atichim; il envoya aussi, ce jour-là et le lendemain, des médicaments en cadeau.

Le 1er janvier commencèrent les coups de fusil, qui continuèrent les jours suivants. Le 7 janvier, au sud du fort apparut la tente rouge du *negus neghesti,* indice probable d'une attaque. En effet, pendant la journée on tenta plusieurs assauts contre les avant-postes, et plusieurs canons furent mis en batterie. Le feu continua jusqu'au soir, au moment où l'ennemi rentra dans ses campements, après avoir laissé des postes sur les positions que nos avant-postes avaient abandonnées.

Le lendemain, 8 janvier, nouvelle journée de combat. Dans cette journée, l'ennemi, s'étant avancé dans l'angle mort de deux précipices, occupa la source. Jusqu'à la nuit le feu de l'artillerie et celui de l'infanterie continuèrent, et pendant la nuit la garnison dut repousser deux nouvelles attaques.

Le 9, troisième journée de lutte. L'ennemi se forme à l'emploi des tranchées et au pointage des canons; plus que jamais il s'obstine à garder la source. Pendant la nuit, de nouvelles attaques, qui furent brillamment repoussées. Mais, malheureusement,

on vit échouer toutes les tentatives faites pour déloger, du précipice, le poste abyssinien et pour reconquérir la source. On avait
une provision d'eau dans l'intérieur. Aussi, « d'après l'avis conforme de tous les commandants de compagnie et des chefs de
service, on renonça à faire de nouvelles tentatives pour reconquérir la source tant que ces tentatives n'auraient pas été rendues
nécessaires par le manque absolu de l'eau mise en réserve [1]. »

L'attaque la plus vigoureuse et la plus prolongée semble celle
du 12 janvier. On dit alors, à plusieurs reprises, que *ras* Maconnen voulut se lancer en personne et en première ligne contre la
pente raide conduisant au fort, pour démentir l'accusation qu'on
portait contre lui d'être l'ami des Italiens. Toutes les informations d'alors et celles qui suivirent confirment que les Abyssiniens éprouvèrent des pertes sérieuses, tandis que les nôtres
purent être considérées comme insignifiantes, bien que l'artillerie ennemie ait tonné presque toute la journée. Ménélick sus-
pendit ensuite les attaques contre Enda Jésus, attendant sans
doute que la soif obligeât la garnison à se rendre.

Mais ni la menace de la soif, ni la crainte d'être massacrés en
cas de sortie, ni la vue des hordes qui les entouraient, ni le sacrifice des animaux chassés de l'enceinte parce qu'ils n'avaient plus
à boire, ni les souffrances des blessés abrités dans un espace
étroit,... ne purent ébranler l'énergie du commandant (qui venait
d'être promu lieutenant-colonel pour sa conduite héroïque pendant la défense de Macallé), pas plus que la bravoure des officiers,
pas plus que l'ardeur des troupes.

Le 11 janvier, j'envoyai à Adagamus les bataillons réguliers
indigènes sous le commandement du colonel Albertone, en poussant en avant les *bandes* sur la route de Macallé, dans le but
indiqué au chapitre précédent.

Le corps indigène était ainsi composé :

1er bataillon indigène.........	Turitto....	⎫	
5e — —	Ameglio...	⎬ Effectif moyen	
6e — —	Cossu.....	⎬ 1,100 *ascaris*.	
7e — —	Valli......	⎭	
8e — —	Gamerra..	1,300	—
Bataillon de milice mobile......	De Vito...	800	—

1. Rapport Partini, livre vert, xxiii *quater,* page 53.

1re Batterie de montagne.......	Henry......	⎫	130 *ascaris*
2e — —	Vibi	⎬	
Bandes (Barbanti)			1,400 —

En tout un peu plus de 8,000 hommes.

Les bandes et le 8e bataillon furent poussés jusqu'à Mai Meghelta, 15 kilomètres au delà (vers le sud) d'Adagamus, dans une position excellente pour observer et résister et n'offrant aucun danger pour la retraite.

Pendant ce temps, à Adigrat, les bataillons blancs avaient grand besoin de se refaire des fatigues éprouvées dans leurs marches pour arriver sur le haut plateau ; ils devaient s'exercer au tir avec les vieux fusils, s'unir au point de vue de la discipline, et surtout organiser et compléter leurs convois.

Toutefois le manque d'eau à Macallé me pesait comme un cauchemar : et je pensais toujours à délivrer l'admirable garnison. Mais le problème restait toujours insoluble. Nos bataillons arrivaient bien à Adigrat, mais l'ennemi avait augmenté ses forces dans une proportion bien plus considérable, puisqu'il avait été renforcé par toute l'armée choanne.

De même qu'il eût été absurde de tenter un mouvement en avant dans la première période, c'est-à-dire avant que les renforts venus d'Italie n'arrivassent au camp d'Adigrat, — de même il aurait été absurde de s'avancer après, car, après, les difficultés de l'entreprise étaient devenues plus considérables pour deux raisons, c'est-à-dire à cause des exigences logistiques, devenues plus grandes, et à cause de la disproportion du nombre, qui s'était accentuée au bénéfice de l'ennemi.

Dès le 31 décembre, j'avais écrit au ministère :

« La position prise par l'ennemi est trop forte, trop éloignée d'Adigrat, trop garnie et trop bien gardée pour pouvoir l'attaquer avec nos troupes, quelque disciplinées et aguerries qu'elles soient, car leur nombre n'est même pas le tiers de l'effectif des troupes ennemies, même en mettant dans la balance, de notre côté, la garnison de Macallé. Ce serait une folie que de prendre une position plus en avant ou plus rapprochée de Dolo (Ausien, par exemple, ou Dongolo), en laissant une garnison à Adigrat, parce que nos ailes seraient en l'air, et nous serions exposés à des attaques de la part d'un ennemi disposant d'un nombre de fusils triple ou quadruple. Et même d'Adigrat, à trois bonnes marches de distance pour les troupes indigènes, il ne serait pas possible de tenter une surprise, tant l'ennemi fait bonne garde sur la ligne Dongolo-Asbi. Sans la possibilité d'une surprise, ce serait une grave imprudence de tenter une pointe ou un mouvement tournant, par exemple, par le flanc est de la position de Dolo ; on exposerait les troupes employées aux risques d'un échec [1]. »

Dans les premiers jours de janvier, quand les premières trou_ pes blanches débarquent à Massaoua, notre attitude ne peut changer, pour les raisons que j'ai déjà exposées.

Le 8 janvier, en annonçant l'arrivée des renforts à Adigrat, j'informe les ministres de la guerre et des affaires étrangères que, dans le camp de Ménélick, à Scelicot, selon les informateurs, il y aurait autant de soldats que dans celui des *ras* du Tigré et de l'Amahra [2].

Le 10 janvier je répète la nouvelle [3].

Le 12 janvier, je télégraphie à Rome : « Les tentatives de notre part pour reprendre la source ont échoué... Un mouvement en avant est impossible en ce moment comme auparavant, sans courir des risques très graves et sans compromettre les opérations ultérieures [4]. »

Le 18 janvier, d'Adagamus, je télégraphie que Felter estime que les forces ennemies s'élèvent à 65,000 bons fusils et à 10,000 lances [5]. Le 19, j'indique comme il suit, aux ministres de la guerre et des affaires étrangères, les corps qui investissent Macallé [6] :

Ras Mangascia	8,000	fusils.
Ras Olié	10,000	—
Ras Micael avec Alula . . .	8,500	—
Ras Maconnen	15,500	—
Ménélick	20,000	—

Ne sont pas comptés les cavaliers gallas et les bandes armées de lances qui battent l'estrade.

1. Livre vert, XXIII *quater*, page 11.
2. *Id.*, XXIII *bis*, n° 284.
3. *Id., ibid.*, n° 297.
4. *Id., ibid.*, n° 302.
5. *Id., ibid.*, n° 327.
6. *Id., ibid.*, n° 328.

Or, le 14 janvier, nous avions, entre Adigrat et Adagamus, 6,000 blancs et 10,300 indigènes, y compris les *bandes,* y compris le *chitet,* y compris la garnison d'Adigrat, qui, dans le cas d'un mouvement en avant, n'aurait pas pris moins de mille hommes presque tous réguliers. — Et l'on voyait se présenter à nouveau le problème qui s'était déjà posé dans la période précédente; mais avec cette circonstance aggravante que non seulement le nombre des ennemis avait doublé, mais encore qu'il fallait des convois incomparablement plus considérables pour envoyer en avant, indépendamment des troupes indigènes, des troupes blanches, et qu'il fallait les ravitailler avec cette pénurie de bêtes de somme et de bât, avec ce manque relatif de vivres à Adigrat. Il fallait aussi tenir compte du terrain, de l'ennemi et des conditions d'équipement et d'entraînement des troupes blanches.

Le lieutenant-colonel Ripamonti, chef du service de l'intendance, écrivait à ce propos :

« Pour que le corps d'opération pût marcher sur Macallé et y laisser le strict nécessaire, il aurait fallu environ 2,000 chameaux en plus du nombre d'animaux que nous possédions [1]. »

Le 19 janvier, nous avions 7,929 soldats blancs, 10,878 indigènes et 34 canons. Je télégraphie ces chiffres au ministère en même temps que les chiffres indiqués plus haut, relatifs à l'ennemi.

Les conditions des troupes blanches s'étaient un peu améliorées, mais une partie seulement des bataillons avait pu être dirigée sur Adagamus.

Le 25 janvier, l'effectif était de 452 officiers, 8,463 soldats blancs, 10,749 indigènes. Mais la brigade Dabormida, qui venait d'être constituée partie à Adigrat, partie à Adagamus, n'aurait pas pu avancer, car les convois lui manquaient. Et comment, étant donnés les routes et les animaux, former une autre colonne de ravitaillement avec de semblables rations journalières?

D'après les nouvelles indiquées plus haut, le 22 janvier, j'avais signalé la situation aux ministres de la guerre et des affaires étrangères : « L'ennemi, avec 65,000 ou 70,000 fusils, occupe une double série de hauteurs, sans compter les bandes qui sont

1. Notes et considérations sur le service de l'intendance, du lieutenant-colonel Ripamonti, annexées au *Rapport sur les opérations militaires de la seconde période de la campagne d'Afrique, 1895 et 1896.*

poussées sur les flancs ou vers le nord. Les positions sont élevées, favorables à la défense avec mouvements tournants... (?)
Abyssiniens et permettant peut-être l'emploi de 2,000 cavaliers
gallas. Une surprise est impossible; pays ennemi trois journées
de distance pour noirs, quatre pour blancs..., etc.[1]. »

1. Livre vert, XXIII *bis,* n° 340. Il est facile de comprendre ce télégramme,
malgré ses erreurs évidentes : « Les positions sont élevées, favorables à la
défense avec mouvements tournants, comme ont l'habitude de faire les Abyssiniens... Une surprise est impossible dans un pays ennemi, à trois journées
de marche de notre base d'opération Adigrat et Adagamus, » etc.

CHAPITRE XXIV

LA RETRAITE DE LA GARNISON DE MACALLÉ

Offres de laisser libre la garnison de Macallé (17 janvier). — Instructions au lieutenant-colonel Galliano. — Rapports de Partini, de Felter et de moi. — Bonne foi du *negus*. — Garanties pour l'évacuation du fort. — Racontars en Italie. — Le bataillon Galliano à Adagamus (30 janvier). — Le problème d'attaquer l'ennemi en marche sur Ausien.

Pendant que la brigade indigène, sous les ordres du colonel Albertone, préparait les fortifications d'Adagamus et que la brigade Arimondi, pas encore constituée, était envoyée dans cette localité (où le 17 janvier se transportait également le quartier général), le chevalier Felter revenait du camp du *negus neghesti*, en apportant des offres inattendues pour rendre la liberté à la garnison de Macallé. Felter avait été envoyé au camp de *ras* Maconnen, pour adhérer aux demandes réitérées de ce *ras* qui insistait pour conclure la paix. Il revenait pour offrir à la garnison de Macallé, *sans conditions d'aucune sorte,* au nom de l'empereur Ménélick, *ras* Maconnen s'en portant garant, *de sortir librement, avec armes, munitions de guerre, femmes et bagages, pour rejoindre nos troupes à Adigrat.* Aucune autre condition, aucune autre restriction, ni écrite ni verbale, ne fut proposée et encore moins acceptée, ainsi qu'il résulte des rapports écrits par moi et par le chevalier Felter, ainsi qu'il peut résulter des dépositions du chef et du sous-chef d'état-major, le colonel Valenzano et le major Salsa.

J'appris cette nouvelle au moment où j'arrivais à cheval au sommet du col d'Adagamus (4 heures de l'après-midi, 17 janvier). Le premier qui m'en parla fut le général Arimondi; il était

préoccupé seulement de l'idée que cette offre arrivait trop tard,
car il craignait que, pendant ce temps, la soif n'eût amené la garnison de Macallé à faire quelque tentative désespérée. J'interrogeai notre représentant, le chevalier Felter, en détail : je m'entre-
tins avec le colonel Albertone, avec le général Arimondi et avec
le colonel Valenzano, de l'offre de Ménélick, contre laquelle ne
pouvait s'élever ni ne s'éleva aucune objection. Il fallait seulement se mettre en garde contre des surprises éventuelles.

J'écrivis donc au lieutenant-colonel Galliano une lettre qui
contenait l'avis explicite que pleine liberté lui était laissée de se
retirer de Macallé sur Adigrat, sans aucune restriction ni obligation d'aucune sorte, — et je lui donnai l'ordre de n'abandonner le
fort *que lorsqu'il aurait obtenu toutes garanties que les conditions
seraient pleinement observées.* J'annonçai ensuite la chose au ministère en télégraphiant que, « la chute du fort étant imminente, à
cause du manque d'eau, la garnison étant dans l'impossibilité de
s'ouvrir un chemin à travers les rangs serrés des Choans, les
troupes ne pouvant pas s'avancer en ce moment pour apporter
du secours à temps, sans courir de graves risques d'éprouver
un échec, je considérais ces conditions comme acceptables,
comme honorables pour la garnison qui avait soutenu de si nombreuses attaques de la part de forces si prépondérantes[1]. »

Ce télégramme raconte simplement comment les choses se sont
passées. J'avais un seul doute : je craignais un traquenard. Le
lieutenant-colonel Galliano et le chevalier Felter devaient être sur
leurs gardes : le premier était connu par son énergique audace
et par sa méfiance de l'ennemi ; le second avait acquis, par une
longue habitude, l'expérience des hommes et des choses de l'A-
byssinie. Felter devait retourner au camp ennemi pour déterminer les garanties assurant la sécurité de la garnison pendant
l'évacuation du fort et sa marche en retraite ; du camp choan, il
devait aller à Enda Jésus, porteur non seulement de ma lettre à
Galliano, mais encore de toutes les instructions et de tous les
avertissements que je ne pouvais confier à une lettre.

Du reste, il était difficile de ne pas croire à la parole de Ménélick, parce qu'il semblait avoir un désir évident de conclure la
paix, surtout après avoir obtenu les satisfactions d'Amba Alagi

1. Télégramme d'Adagamus, 18 janvier. Livre vert, xxiii *bis*, n° 327.

et de Macallé. Il semblait impressionné des graves pertes subies
à Amba Alagi et dans les attaques successives et toujours repoussées contre Macallé. De plus, tous les informateurs affirmaient, et c'était vraisemblable, qu'il y avait pénurie dans le
camp ennemi. Enfin *ras* Maconnen non seulement craignait pour
le Harar, mais il craignait surtout qu'en faisant périr de soif ou
en massacrant un bataillon de braves, cela ne dût creuser entre
l'Italie et l'Éthiopie un tel abîme qu'on devait perdre tout espoir
de réconciliation; du reste il avait, plusieurs fois déjà, manifesté
cette pensée dans ses discours, et il l'avait dite à l'oreille de ses
messagers de paix. Et puis, si l'empereur Ménélick n'avait pas
voulu la paix, pourquoi aurait-il insisté à plusieurs reprises,
avant et après, pour qu'on lui envoyât un personnage muni de
tous les pouvoirs, afin d'en déterminer les clauses, alors qu'il
n'avait aucun besoin de dissimuler ses propres sentiments?

En effet, toute l'armée choanne avait dû s'arrêter devant un pi-
ton couronné de murailles. La guerre se prolongeait indéfiniment
sur la frontière du Tigré, — et les Italiens recevaient toujours de
nouveaux bataillons et de nouvelles batteries. La guerre appau-
vrissait le pays, et, d'après les expériences passées, l'Agamé
n'était point un théâtre de guerre encourageant pour les Choans.
A chaque instant, s'élevaient des discordes entre les *ras,* — et
un échec pouvait être fatal à l'armée nombreuse, inconstante et
changeante des Abyssiniens.

Peut-être aussi le *negus neghesti* espérait-il obtenir d'excellentes conditions de paix, comme on en peut juger par les prétentions qu'il émit plus tard. De toute façon, il était assuré, en
concluant la paix, de se débarrasser du traité d'Uccialli, qu'il
détestait, et de s'en retourner victorieux dans le Choa, après
avoir, sans nouveaux risques, affirmé son pouvoir sur toute l'É-
thiopie, devant l'Afrique et devant l'Europe.

Mais, en Italie, aux plus audacieuses prétentions de combats
et de victoires, aux illusions les plus étranges, on joignait les
défiances les plus absurdes. On dit donc dans la presse italienne
et dans le pays — et le bruit s'y répandit avec la rapidité des
nouvelles ignominieuses — que la garnison de Macallé avait été
rachetée à prix d'argent et que ce triste marché avait été conclu,
par moi, avec l'empereur Ménélick, sur l'ordre de la suprême autorité de l'Italie. C'était une période d'exaltation générale. Plus une

chose était incroyable, plus on l'entourait de détails fantastiques pour la rendre vraisemblable. Tous étaient les complices les uns des autres, par suite d'une mystérieuse suggestion universelle, qui supprimait le bon sens et chassait la raison.

Ce racontar fut, avec leur complaisance habituelle, recueilli, répandu et soutenu par les étrangers qui étaient ou se vantaient d'être en relations avec la cour éthiopienne. D'une façon presque générale, on y ajouta foi en Italie, bien que, pour beaucoup, la vérité fût évidente, bien que ce faux bruit jetât une ombre fâcheuse sur des faits glorieux et fût une cause de discrédit pour nos armes et pour le chef suprême de l'État.

Afin de prévenir un malheur quelconque, mon ordre au lieutenant-colonel Galliano, porté par le chevalier Felter, qui devait le compléter par des instructions verbales, disait ceci : « Vous abandonnerez le fort *quand vous trouverez dans les négociations, dans l'exécution* [1]*, les garanties les plus absolues que ces conditions seront scrupuleusement observées.* Dans le cas contraire, *je vous laisse toute latitude d'agir* comme bon vous semblera, *le gouvernement ayant pleine confiance* dans votre expérience, votre bravoure et votre sagacité. »

Le lieutenant Partini [2] et le chevalier Felter indiquent dans leurs rapports comment les choses se passèrent au camp éthiopien et à Macallé. Mais le lieutenant Partini dit peu de chose, — et il ne pouvait pas en dire plus. L'officier colonial Felter raconte tous les faits en détail ; mais son rapport (8 avril 1896) ne fut pas publié dans les livres verts. Mon rapport du 9 avril 1896, écrit sur l'ordre du ministre de la guerre, ne fut pas publié non plus, bien qu'il eût pu servir à démentir les sottes calomnies qui frappaient la couronne et non pas moi, qui, en tout cas, aurais dû obéir.

Le 25 janvier, c'est-à-dire six jours après le départ du chevalier Felter, commencèrent à s'élever des doutes sur la bonne foi et la sincérité de l'ennemi à observer les clauses garantissant la retraite de la garnison du fort Enda Jésus. Les nouvelles directes

---

1. Sur une assez longue distance, la ligne télégraphique d'Adigrat à Macallé était une ligne de campagne. Ajoutez à cette considération les difficultés de chiffrer et de déchiffrer, on comprendra facilement que, dans tous les télégrammes, il y a des lacunes et des erreurs. Ici, par exemple, on doit dire : « Non seulement dans les négociations, mais encore dans leur exécution. »

2. Livre vert, xxxiii *quater*, page 53.

manquaient, et les nouvelles indirectes disaient que le bataillon Galliano arrivait environné par les Abyssiniens. Le lieutenant-colonel Galliano lui-même m'avait fait dire, puisqu'il ne pouvait pas écrire, « qu'il était tenu en quelque sorte comme prisonnier ». Ce qui semblait certain, c'est qu'au loin, vers le sud, il y avait un déplacement de toute l'armée choanne, dans la direction d'Ausien. On soupçonna que le bataillon Galliano, avec les troupes de *ras* Maconnen et des Tigrins, servait aux Choans pour couvrir leur marche, dans l'espoir que nous n'aurions pas attaqué pour ne pas exposer les nôtres à un massacre éventuel. Des informateurs, envoyés du camp des *bandes* indigènes (Mai Meghelta) par le capitaine Barbanti, donnaient comme certain que le bataillon était désarmé.

Mais ces bruits et ces soupçons étaient en grande partie exagérés. Les défenseurs de Macallé étaient escortés, c'est vrai, — et cela semblait pénible au brave lieutenant-colonel Galliano; — mais (comme l'assurait Maconnen, d'ailleurs, c'était dans l'ordre des choses et conforme aux habitudes) on les escortait afin de les préserver des attaques des hordes abyssiniennes, qui auraient pu empêcher l'exécution de la convention. La précaution semblait d'autant plus dure et d'autant plus suspecte que d'abord la colonne s'était dirigée directement de Macallé sur Dongolo, puis elle avait obliqué vers Ausien, objectif de toute l'armée choanne. On ne peut pas cependant nier que le *negus neghesti* et les siens n'aient eu l'ingénieuse idée de se servir du bataillon Galliano comme d'un bouclier contre les attaques qu'ils craignaient d'Adagamus.

Pour la troisième fois, depuis Amba Alagi, revenait la question de l'offensive, non pas, cette fois, contre un ennemi en position, mais contre l'ennemi marchant vers Ausien. Or, nous n'étions point en état de prendre l'offensive avec quelques probabilités de succès, car il aurait fallu porter nos troupes noires et blanches à deux journées de marche, en moyenne, de notre base d'opération; de plus, les vivres étaient rares, les convois manquaient, et les bataillons italiens arrivaient lentement sur la position d'Adagamus.

Tout le monde sait comment se déplacent les armées abyssiniennes, qui, même dans des contrées très accidentées et dépourvues de routes, peuvent avancer sur un très large front, grâce à leur agilité, grâce aussi à ce que leurs mouvements ne sont pas gênés par les *impedimenta*. Les marches pendant le jour sont courtes, bien qu'ils soient lestes et bons marcheurs; ils s'avancent par bandes groupées pour former de grosses fractions. Ces fractions peuvent rapidement faire face de n'importe quel côté, surtout parce que la surveillance rapprochée est exercée par des avant-gardes et des flancs-gardes composées de cavalerie. Ils dressent le camp d'après l'ordre de bataille, autour des tentes des chefs, près de l'eau; mais surtout dans le voisinage d'une bonne position tactique. Ils marchent presque en ordre de combat, ce qu'il nous serait absolument impossible de faire dans un semblable terrain. Voici un croquis approximatif de la marche d'une armée abyssinienne :

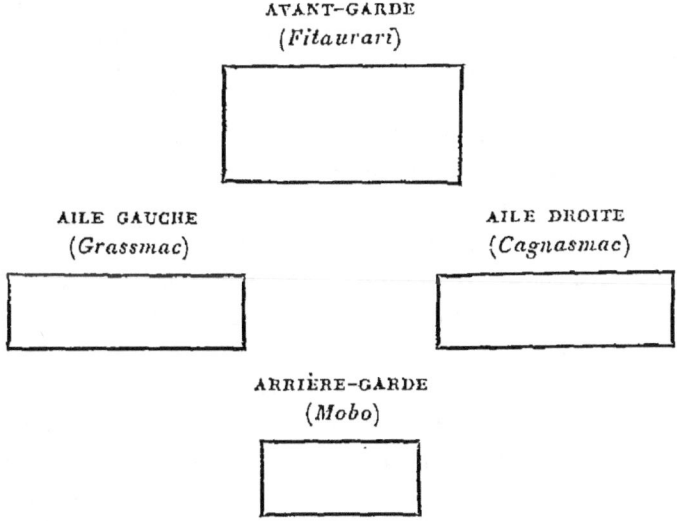

AVANT-GARDE
(*Fitaurari*)

AILE GAUCHE
(*Grassmac*)

AILE DROITE
(*Cagnasmac*)

ARRIÈRE-GARDE
(*Mobo*)

Le pays entre Macallé et Ausien, bien qu'il soit ondulé et coupé par des précipices, est en grande partie découvert; des hauteurs, la vue s'étend largement au loin. Il y a des crevasses et des fentes longitudinales avec des gonflements : ces accidents sont produits par les masses granitiques en décomposition et par les torrents qui, du massif de l'Haramat, descendent vers le Tacazzé et coupent les voies de communication avec Adagamus. Tout cela rend le terrain singulièrement malaisé, tourmenté, découpé, difficile pour les mouvements des troupes blanches, tandis que, dans le cas présent, le terrain était favorable aux mouvements des troupes ennemies, qui s'embarrassent peu des pierres, des racines, des trous et des rochers. C'étaient autant d'obstacles à notre marche et autant de facilité pour la marche ennemie. Pourtant, les jours précédents, je m'étais flatté de pouvoir faire une manœuvre offensive dès que j'aurais eu toutes les troupes sous la main et en ordre. En cas de marche de l'ennemi sur Ausien, j'avais pensé à marcher avec deux colonnes : une colonne extérieure, composée d'indigènes et partant de Mai Meghelta; l'autre colonne intérieure, composée de troupes blanches, partant d'Adagamus et appuyée à Amba Sion[1]. J'envoyai étudier le problème, sur l'échiquier, par les colonels Valenzano et Albertone, qui poussèrent jusqu'à Ausien. Mais tout mouvement offensif de notre part — en dehors de la structure topographique du terrain et du nombre des ennemis — était subordonné à la possibilité de surprendre cet ennemi; il était aussi fonction de la concentration, à Adagamus, non seulement de tous nos hommes, mais encore de tous les moyens permettant d'aller de l'avant. Dès ce moment, l'emploi du nombre sur le théâtre de l'action devenait une question péremptoire.

Il est étrange que l'on ait cru que le *negus neghesti*, pour venir à Ausien (Hausen), ait dû prêter son flanc 'droit' aux troupes concentrées à Adagamus. Même une fois arrivé à Ausien, il nous faisait d'autant mieux face qu'il maintenait son ordre de bataille; car Ausien était au sud-sud-ouest d'Adagamus, et séparé de cette localité par environ 37 kilomètres de route ouverte et découverte, de sorte qu'il était impossible de dissimuler une opération de notre part; en même temps, cette route était coupée transversalement par les lits des torrents et les profondes crevasses des versants. Il faut encore penser que notre ligne d'opération se serait prolongée de deux autres journées de marche au delà d'Adagamus, et que, par suite, la question des ravitaillements se serait encore davantage compliquée.

Dans ces conditions, il n'était pas possible, dans un pays hostile, de surprendre un ennemi aussi attentif et avisé, qui s'avançait vers Ausien avec tous ses convois sur le flanc extérieur (ouest) et avec le bataillon Galliano sur le flanc intérieur (est).

1. Voir notre carte générale de la colonie à la fin de ce volume.

Peut-être avait-il l'intention de venir nous attaquer à Adagamus, où nous étions prêts à lutter contre lui quelle que fût sa supériorité numérique.

Au contraire, en nous portant en avant, — sans pouvoir compter sur la surprise, — nous risquions d'être pris dans un étau, surtout sur un théâtre d'action qui permettait, qui obligeait même une grande masse à exécuter ces mouvements tournants si chers aux Abyssiniens et si employés par eux dans toutes leurs guerres.

Si donc l'ennemi a voulu se servir du bataillon Galliano comme d'un bouclier contre un éventuel mouvement offensif de notre part, il a manqué son but, parce que nous n'étions nullement en état de l'attaquer. Si l'attaque avait présenté quelques probabilités de succès, personne n'aurait hésité à aller de l'avant, parce qu'aucune convention, *pas même une trêve verbale,* n'engageait notre action; parce qu'à la guerre on songe seulement au but suprême, la victoire, sans se laisser influencer par des motifs partiels; parce que, en certains cas, le bataillon Galliano, composé d'hommes décidés à tout, au lieu de nuire, aurait pu concourir à l'action finale; parce qu'enfin le succès nous aurait donné la revanche d'Amba Alagi et de Macallé et aurait sauvé la colonie de l'invasion.

Il faut enfin remarquer que (ainsi qu'il résulte de mon télégramme du 28 janvier aux ministres de la guerre et des affaires étrangères[1]) la brigade Dabormida, qui manquait de convois, n'aurait pu quitter Adigrat pour Adagamus que le 30 janvier, c'est-à-dire lorsque le camp ennemi était déjà installé à Ausien. Par suite, pendant les jours précédents, l'attaque n'aurait pu être faite que par les bataillons indigènes (brigade Albertone) et la brigade Arimondi; or cette dernière n'était pas encore au complet et manquait de bien des choses nécessaires à l'action.

Mais le chef du gouvernement en Italie était impatient, et le 29 janvier il télégraphiait : « Dans toute la conduite de l'ennemi je vois un piège. Il avance sans combattre vers le territoire que nous occupons. Veillez et mettez notre armée en état de pouvoir attaquer et de pouvoir répondre à l'attaque. (CRISPI[2].)

Le même jour, 29 janvier, le général Mocenni, ministre de la guerre, me télégraphiait entre autres ceci : « La présence de ce

1. Livre vert, XXIII *bis,* n° 363.
2. *Id., ibid.,* n° 369.

bataillon (Galliano) au milieu des Choans ne doit pas arrêter les opérations que votre prévoyance vous suggère[1]. »

Le 30 janvier, le bataillon Galliano arrivait à Adagamus; mais, à la dernière heure (le motif de cette défiance est encore une énigme) le *negus neghesti* retenait au camp neuf officiers et un sous-officier, qu'il relâcha ensuite quelques jours plus tard, dès qu'il eut reçu une protestation de ma part.

Pendant ce temps, le 30 janvier, j'avertissais le ministère que « la disproportion énorme des forces, la sagacité de l'ennemi, son organisation bien améliorée depuis 1888, nous obligeaient à la plus extrême prudence pour ne pas compromettre le résultat final et que nous devions veiller attentivement pour profiter de toutes les erreurs qu'il pourrait commettre[2] ».

Pendant un moment, nous eûmes l'espérance que l'ennemi voulait nous attaquer à Adagamus. Mais aussitôt après on sut au contraire qu'il se dirigeait vers Faras Mai, c'est-à-dire sur la route conduisant à Adoua.

Ce mouvement étant avéré, la position d'Adagamus devenait pour le moins inutile, et l'on devait en choisir une autre pour défendre la colonie contre l'invasion choanne. J'ordonnai donc un changement de front, du *sud* vers l'*ouest;* au lieu de faire face à Macallé, il fallait faire face à Adoua, en prenant Adigrat comme point d'appui de la manœuvre. Le flanc gauche du mouvement devait être protégé par le massif du mont Augher, qui s'étend jusqu'aux environs d'Adoua. Les passages de ce massif étaient occupés par les *bandes* et par les troupes indigènes du bataillon Valli (7e).

1. Livre vert, xxiii *bis,* n° 370.
2. *Id.*, *ibid.*, n° 372.

CHAPITRE XXV

D'ADAGAMUS A SAURIA

Barrière montagneuse du Tigré d'Adigrat à Adoua. — Mont Augher et ses dépendances. — Il faut prévenir l'enveloppement (31 janvier). — Déplacement des Abyssiniens vers Adoua (1er février). — Mai Gabeta et Tocuz (3-8 février). — Réapprovisionnement par Debra Damo-Sauria (13 février). — La trahison de *ras* Sebath et de *degiac* Agos Tafari. — Les faits d'Alequa et Sceta (15 février). — Forces à Sauria réduites au minimum (17 février).

Près d'Adagamus se détache de l'arête éthiopienne et se dirige vers l'ouest une chaîne de montagnes qui étend ses ondulations presque jusqu'à Adoua. Cette chaîne constitue la ligne de partage des eaux entre le Bélésa et l'Ueri, et, par suite, entre le bassin du Mareb, au nord, et le bassin du Tacazzé, au sud. Des sentiers peu nombreux et malaisés la franchissent dans sa partie orientale; deux de ceux-ci aboutissent dans la combe d'Adigrat. Sa partie occidentale est moins raide et moins fermée, au delà du mont Augher; parfois cette dénomination d'Augher s'étend à toute la chaîne elle-même et se confond avec elle.

Les altitudes s'élèvent à environ 3,000 mètres : le mont Goructo, qui domine Adagamus (Edaga Amus), 2,998; le mont Alequa, qui domine Adigrat, 3,167; le mont Atebes, 3,127; le mont Augher, 2,987,... et ainsi de suite jusqu'au mont Semaiata, élevé de 3,092 mètres, qui, avec son contrefort occidental, — Abba Garima, — domine la combe d'Adoua.

Ces montagnes[1] prennent soit la forme d'*ambas*, c'est-à-dire

1. Voir notre carte de la colonie de l'Érythrée à l'échelle de 1/1,000,000. — Les lecteurs studieux consulteront utilement la nouvelle carte de l'Institut géographique à l'échelle de 1/250,000, feuilles d'*Adigrat*, d'*Adoua*, de *Macallé*.

de tables avec des parois rocheuses escarpées, soit de flèches, de coupoles, d'obélisques et de dents, dont plusieurs sont inaccessibles. La chaîne étend, vers le nord et vers le sud, ses contreforts qui forment d'autres chaînes et d'autres *ambas,* parfois séparées. Une de celles-ci — Amba Sion, haute de 3,011 mètres — s'avance vers le sud, comme un bastion caractéristique, placé en avant des montagnes d'Adigrat, vers Ausien; elle domine, en vaste demi-cercle, toute la région située au-dessous d'elle. La chaîne entière, en ligne droite, du mont Goructo à l'*amba* Semaiata, peut mesurer environ 65 kilomètres. Elle présente une barrière formidable à une armée d'invasion du sud vers le nord; et cette barrière ne peut être franchie par un gros corps de troupes qu'à l'est, par Adigrat, ou à l'ouest, par Adoua, à cause des difficultés du terrain, à cause de l'étroitesse des sentiers, à cause du manque d'eau, à cause des difficultés que l'on éprouve à marcher groupés.

Dans les combes, dans les précipices, dans les petites vallées intérieures, la végétation est luxuriante. On voit des champs cultivés jusqu'à près de 3,000 mètres. Le paysage a l'empreinte spéciale de l'Éthiopie, avec ses euphorbes et ses sycomores qui poussent droit sur les roches granitiques.

Les Abyssiniens, campés à Ausien, pouvaient tout aussi bien s'avancer pour attaquer notre position d'Adagamus, en avant d'Adigrat : ou bien se diriger par le Faras Mai vers Adoua. D'Ausien à Adigrat il y a environ 52 kilomètres; d'Ausien à Adoua, environ 60.

Le camp choan d'Ausien était surveillé par des patrouilles mobiles et aussi par une escouade d'*ascaris* installés sur l'Amba Sion, sous le commandement d'un officier, lequel, au moyen d'un poste de télégraphie optique, correspondait avec le quartier général à Adagamus et avec le bataillon Valli sur le mont Goructo. Pour mieux assurer la surveillance de l'ennemi et la protection de nos troupes, on y avait envoyé le capitaine Spreafico, officier très connu pour les services rendus comme résident et informateur auprès des tribus du Barca, vers le Soudan. Ce dernier, le 31 janvier, à midi, commençait à signaler des nuages de poussière dans la direction du sud-ouest, vers Adoua. C'était déjà un indice suffisant indiquant que l'armée choanne, tout entière ou en grande partie, se mettait en mouvement pour tourner la barrière montagneuse et notre position d'Adagamus, en évitant de l'atta-

quer. Par suite, comme il était facile de le prévoir, l'invasion de
la colonie se faisait par le Tigré, au lieu de se faire par l'Agamé,
c'est-à-dire par l'ouest, au lieu de se faire par l'est, en tournant
par Adoua la barrière de montagnes du Tigré.

Dans les conditions où nous nous trouvions, il aurait été téméraire de tenter une poursuite pour attaquer l'arrière-garde ennemie dans sa marche vers l'ouest, comme l'idée en était venue tout
d'abord aux esprits les plus hardis.

Ausien est séparé d'Adagamus par une distance d'environ
37 kilomètres, c'est-à-dire par deux journées de marche, à cause
des routes, à cause des convois, à cause de l'allongement des
colonnes, à cause de la nécessité des concentrations successives,
à cause des précautions à prendre, etc. Mais l'ennemi aurait
peut-être gagné autant de terrain sur la route qui conduit à
Adoua, par le Faras Mai; et par suite il aurait doublé la distance.
En tout cas, il aurait placé entre nous et lui les précipices des
torrents qui descendent de l'Amba Sion et du mont Augher.
D'ailleurs, avec nos convois, comment aurions-nous pu prolonger
la ligne d'opération, puisque chaque étape nécessitait l'emploi, en
dehors des besoins journaliers, d'animaux que nous n'avions pas?

En partant le soir même, nous aurions peut-être atteint l'ennemi dans le Faras Mai, à environ 32 kilomètres d'Ausien, sur
les positions qui s'élèvent au delà d'une série de précipices
creusés par le torrent Sadiai; nous l'aurions atteint avec des
troupes en désordre et fatiguées, ne dépassant pas, tout compris,
12,000 hommes, puisque nous n'avions pas encore reçu, à Adagamus, ni tous les bataillon ni tous les convois.

Restait à prévenir l'enveloppement; il fallait donc se porter, à
couvert et le plus promptement possible, vers la nouvelle ligne
d'invasion, prendre une bonne position défensive pour faire face
à l'ennemi, tout en cherchant à le décider à nous attaquer; dans
ce cas, la grande valeur tactique de notre artillerie, ainsi que la
supériorité de l'ordre, de la discipline, des manœuvres, de la
formation de combat et de l'utilisation du terrain... auraient
compensé l'infériorité numérique et nous auraient donné les
premiers avantages.

Du reste, il fallait gagner du temps, parce qu'il semblait qu'une
réunion de soldats aussi nombreuse que l'armée choanne n'aurait
pas pu résister au temps, bien que les Choans fussent simples,

sobres et endurcis ; car il leur fallait porter avec eux leur base de ravitaillement avec une énorme quantité d'animaux et de gros bagages, dans un pays riche, c'est vrai, en grains et en fourrages, mais épuisé par des guerres continuelles et de plus en plus pauvre en eau, au fur et à mesure que la saison s'avançait.

Cette idée, fondée sur la nature des choses et confirmée par l'observation de ceux qui connaissent ces peuples de près, était alors partagée par tout le monde. Même un officier russe, — le capitaine d'artillerie Zviaghin, — qui, de janvier à juin 1895, avait fait partie d'une mission russe en Abyssinie, et qui avait observé, avec la plus grande bienveillance pour ses hôtes d'Adis Abeba, et avec le plus grand soin, les conditions d'une guerre choanne, écrivait que l'armée éthiopienne « doit forcément battre en retraite quand les réserves des vivres portées par les hommes sont épuisées ».

En prolongeant la campagne, on pouvait encore espérer que la discorde ou le mécontentement pénétreraient dans le camp ennemi.

Tout le monde connaît les ambitions cachées, les rivalités, les susceptibilités, les anciennes et nouvelles discordes des chefs abyssiniens, qui sont encouragés à beaucoup oser, à cause des rapides changements de fortune. Tout le monde connaît également les jalousies, les craintes et les soupçons qui séparent les Éthiopiens du nord de ceux du sud. Et puis, le manque de vivres les obligeait à faire exploiter le pays par des razzias ; celles-ci étaient, la plupart du temps, organisées par celui qui commandait en chef, mais elles se transformaient ensuite en vols et en pillage qui alarmaient les populations et les rendaient hostiles. Dans les monts de l'Enderta et du Gheralta, plusieurs fois les razzias des Choans, envoyées par ordre du *negus neghesti,* avaient été reçues à coups de fusil par les natifs, bien qu'ils fussent nos ennemis et qu'ils désirassent probablement le retour de Mangascia.

Récemment quelqu'un a critiqué le commandant en chef de l'armée érythréenne de ce qu'il n'avait pas fait reculer les troupes d'Adigrat vers leur base, au moment où l'ennemi, abandonnant le Faras Mai, menaçait de tourner par l'ouest la barrière montagneuse du Tigré, ayant pris pour objectif probable Adoua et le Seraé. D'après cette critique, dans une position située plus en arrière, par exemple à Gura ou à l'Asmara, on aurait eu plus de facilités pour réunir les bataillons de renfort et pour pourvoir à tous leurs besoins ; on aurait en outre diminué les inconvénients graves de la longue et tortueuse ligne de ravitaillement.

Mais, en agissant ainsi, on aurait abandonné une grande partie de l'ancien territoire de la colonie — et la meilleure — au pillage des Amharas, et ceux-ci auraient trouvé une base d'opération non encore exploitée, au moment où ils souffraient beaucoup du manque de vivres. En les laissant pénétrer dans l'Érythrée, on aurait probablement détruit les germes des discordes (surtout le mécontentement des Tigrins), on aurait augmenté leur orgueil et l'on aurait laissé l'armée choanne et tigrine libre d'agir dans les terres du Seraé et de l'Oculé Cusai. Mais une retraite sans coup férir, après les échecs non vengés d'Amba Alagi et Macallé, aurait déprimé le moral de nos soldats, aurait ruiné les populations fidèles, dont tous les hommes valides étaient avec nous, et aurait semé le découragement dans la colonie. Mais il fallait démanteler ou abandonner à leur sort, en nous privant de leurs garnisons, les forts d'Adigrat et d'Adi Ugri, où nous avions de gros dépôts de vivres et de munitions. Et puis, une bataille perdue dans une position en arrière, sur la crête des montagnes qui dominent Massaoua, aurait eu pour conséquence probable la perte complète de la colonie. Cette retraite volontaire aurait dû se faire au moment où tout le monde — en Italie, dans la colonie et dans le camp — aspirait à la revanche et au moment où le gouvernement, mis au courant de tout, poussait à l'offensive ! Aujourd'hui, après le désastre, la retraite peut paraître prudente ; alors elle aurait semblé pusillanime.

De mon côté, je considérai la région de l'Entiscio comme un théâtre de guerre permettant d'arrêter l'invasion des Éthiopiens. Une route y conduit, d'Adagamus par Adigrat et le col d'Alequa, en passant sur le revers (au nord) de la chaîne de montagnes ou de la barrière indiquée plus haut. Cette route n'était certes pas commode ; mais le major Toselli l'avait récemment améliorée afin de relier plus directement Adigrat à Adoua. Le fort d'Adigrat, où nos provisions affluaient avec la plus grande rapidité et où l'on avait exécuté d'importants travaux de défense, d'abord sous la direction du major Toselli, puis sous celle du major Prestinari, devait protéger le mouvement et nous préserver d'un mouvement tournant éventuel. Le long de cette route (Adigrat-Entiscio-Adoua), on aurait ensuite pu ouvrir (comme l'a fait le chef de l'intendance, le lieutenant-colonel Ripamonti) une route plus directe de ravitaillement par Debra Damo et Mai Maret, sur la route de Sénafé. On aurait pu arriver en bonne position au contact de l'ennemi, en ayant le flanc gauche couvert par les montagnes déjà décrites de l'Augher, et — ce que l'on ne doit jamais oublier dans des pays aussi arides — dans une position pourvue d'eau, car, dans les endroits où l'eau n'abonde pas, il est impossible de faire séjourner beaucoup d'hommes et beaucoup d'animaux.

Le soir même du jour où l'on signala que l'ennemi se déplaçait, je réunis les trois commandants de brigade, c'est-à-dire les généraux Arimondi et Dabormida et le colonel Albertone, avec le chef d'état-major, sous ma tente, près du col d'Adagamus ; et, après m'être informé des conditions morales et matérielles des brigades, je donnai des ordres pour lever le camp d'Adagamus, pour faire diriger par le col d'Alequa les approvisionnements venant d'Adigrat vers l'Entiscio et pour faire marcher les troupes le matin suivant sur la route Adigrat-Entiscio.

Depuis l'angle sud-ouest de la combe d'Adigrat, la route monte très rapidement, entre le mont Andiel (3,106 mètres) et le mont Alequa, au col d'Alequa ; puis elle se déroule au milieu des combes de la montagne, couvertes de champs cultivés, laissant çà et là quelques misérables villages, pour descendre au Mai Mergaz, affluent du Mai Calai, qui se jette à son tour dans le Bélésa.

La première marche (1er février) s'exécuta en ordre jusqu'à l'ouest du col d'Alequa ; les *bandes* marchaient en tête sous les ordres du capitaine Barbanti ; venait ensuite la brigade indigène constituant l'avant-garde ; la brigade et les *bandes* étaient commandées par le colonel Albertone, promu quelques jours après au grade de major général. La brigade Arimondi, puis la brigade Dabormida, suivaient. Le mouvement fut un peu troublé et retardé par une fausse alarme venant d'Adagamus. Cette alerte avait été produite par quelques paysans ou brigands armés qui, selon la coutume abyssinienne, voyant que nous nous retirions, s'étaient approchés de la position. Cette fausse alerte avait amené une partie de la brigade Dabormida à prendre sa formation de combat entre Adagamus et Adigrat.

Cette circonstance, jointe à l'inévitable allongement de la colonne, au milieu de ces précipices et dans ces montagnes resserrées, fit que le mouvement dura jusque dans la nuit avancée; mais nous n'eûmes pas à déplorer d'inconvénients plus sérieux. Le chemin parcouru n'était pas considérable, et les soldats, qui étaient conduits avec prévoyance par leurs commandants, avaient pu tranquillement faire cuire leur ordinaire. Les inconvénients étaient les inconvénients habituels,... quelques-uns irréparables, tels que ceux provenant de la chaussure et du manque de bâts : les autres étaient réparables par l'expérience, comme la façon de porter les vêtements, la façon de marcher réunis et à une allure convenable, la façon de charger les convois, qui variait selon l'habileté, la pratique, le zèle et l'intelligence des officiers. L'esprit, en général, était martial, et les conditions morales et physiques étaient bonnes; mais la prestance des troupes laissait à désirer.

Le lendemain (2 février), le corps d'opération marcha encore pendant huit heures dans la direction générale d'Adoua, précédé à bonne distance par la brigade indigène et par les *bandes;* le flanc gauche était couvert par la barrière de montagne de l'Augher, souvent décrite, que gardaient des détachements indigènes, sous le commandement du major Valli. Le soir, les brigades blanches s'arrêtèrent dans la belle combe de Seriro, pourvue d'eau, de paille et de bois, tandis que l'avant-garde se hâtait d'aller à Mai Gabeta afin d'en prévenir l'occupation éventuelle.

Le lendemain encore (3 février), tout le corps d'opération était réuni à Mai Gabeta, position qui, pour le moment, répondait à l'idée directive de garder la colonie, en nous plaçant de façon à faire face, avec peu d'hommes, à un grand nombre d'ennemis et d'amener même ceux-ci à nous attaquer sur des hauteurs dominantes protégées sur les flancs. En effet, nous avions à gauche les ramifications septentrionales de l'inaccessible mont Augher; à droite, la crête était terminée par un précipice. L'attaque ennemie aurait dû se produire de front, par des vallées enchevêtrées, contre deux espèces de bastions que couronnait notre brigade indigène.

A peine arrivées au camp, les troupes s'étaient mises au travail pour ouvrir des communications, pour se couvrir par de petites tranchées, pour aplanir le sol, pour détruire les herbes et les buissons qui encombraient les approches, sur notre front,

22

et diminuaient l'efficacité du tir. En étant à Mai Gabeta, il ne nous semblait pas probable que l'ennemi dût s'avancer, par la ligne d'invasion du Faras Maï, vers l'Oculé Cusai, sans venir nous attaquer. Dans ce cas, nous voyions chaque jour augmenter pour nous les probabilités du succès.

Les informations disaient que l'ennemi était dans la plaine du Faras Maï et qu'il avait l'intention d'occuper le nœud de montagnes du Gundapta, situé précisément entre Mai Gabeta et Adoua.

De la région du Gundapta, deux routes conduisent au Bélésa, et par suite dans l'Oculé Cusai. Il semblait probable que l'ennemi, ne se dirigeant pas de suite sur Adoua, cherchait à se servir de ces deux voies pour pénétrer dans le cœur de la colonie, dans cette double hypothèse : ou bien qu'il n'avait pas trouvé sur son flanc le corps d'opération italien, ou bien, s'il l'avait trouvé, qu'il l'avait battu.

Il n'était ni prudent, ni habile, ni conforme aux habitudes de guerre des Abyssiniens de nous laisser sur leur flanc droit sans nous attaquer; car ils devaient se mettre en longues files sur des routes désertes, manquant d'eau, coupées par des précipices, avec des procédés de ravitaillement complètement en désordre et en traînant derrière eux des bagages et des bêtes de somme. S'ils l'avaient fait, tant mieux pour nous !

La position de Mai Gabeta avait aussi l'avantage de couvrir directement notre voie de réapprovisionnement plus courte et plus sûre que celle faisant le tour par Adigrat, c'est-à-dire la voie Mai Gabeta-Debra Damo-Mai Maret, qui allait s'ouvrir dès que les travaux indispensables d'aménagement seraient terminés.

Mais la position de Mai Gabeta[1] avait plusieurs défauts stratégiques et tactiques. Les premiers se résument en ce qu'elle était trop en arrière, par rapport à l'ennemi, et par suite hors de portée de sa vue (même de loin) ou d'une exploration éloignée

---

1 Les télégrammes adressés de Mai Gabeta sont datés de Mai Memen. Mais Mai Memen est un petit cours d'eau de la région; les hauteurs de Mai Gabeta prirent leur nom du cours d'eau qui y coule à l'est et qui donne son nom à toute la combe. Du reste, la confusion des noms est fréquente dans une région aussi peu peuplée, où l'on n'a pas grand besoin de distinguer les localités, où les points topographiques sont indéterminés, et où un même nom indique souvent un col, une montagne, un cours d'eau et une plaine. Il est presque inutile de dire que *mai* veut dire *eau*, comme *amba* et *debra* veulent dire montagne; *adi*, village; *enda*, demeure; *rora*, lieu cultivé, etc.

faite par lui ; par conséquent, il n'était pas suffisamment probable qu'en occupant cette position nous le déciderions à nous attaquer. Les seconds (défauts tactiques) se rapportaient à la forme trop embrouillée, trop escarpée et trop couverte des flancs, à la difficulté de diriger l'action des troupes, à la maigre offensive que nous aurions pu développer sur le front, en cas de succès.

Je jugeai donc opportun de faire un bond en avant et d'occuper une position nous permettant d'être plus en contact avec l'ennemi et d'avoir mieux les troupes sous la main, pour en diriger et surveiller les mouvements ; toutefois elle devait avoir les autres avantages de la position de Mai Gabeta. La localité de Tucuz me semblait pour le moment remplir ce but ; elle avait le mérite inestimable d'avoir, dans la belle combe d'Entiscio, de l'eau, de l'herbe et du bois en abondance ; et, ce qui nous importait le plus, nous aurions, dans cette position nouvelle, de plus grandes chances d'être attaqués par l'ennemi, qui, du haut des monts de Sauria, aurait assisté à notre manœuvre.

A la suite d'une reconnaissance offensive faite par moi, le 5 février, avec le bataillon alpin, une partie des *bandes* et un bataillon indigène, tout le corps d'opération, le 7 février, occupa les hauteurs de Tucuz dans l'ordre suivant :

Brigade indigène (6 bataillons indigènes, 2 batteries de montagne, 2 batteries à tir rapide) en avant, à gauche, sur les contreforts septentrionaux du mont Augher ; un bataillon (le 7e, major Valli) comme extrême gauche. Les *bandes,* sous les ordres du capitaine Barbanti, au col de Zala, qui, la veille, était occupé par les Abyssiniens, et où, disait-on, Ménélick lui-même s'était porté le jour de ma reconnaissance.

Les *bandes* constituaient donc l'avant-garde et occupaient une forte position dominante et défensive.

Brigade Dabormida, à l'aile *droite* (6 bataillons européens, 1 bataillon indigène) ; le bataillon de milice mobile, indigène, sous les ordres du major De Vito, gardait une hauteur en forme d'*amba,* qui était accessible seulement par deux sentiers permettant de communiquer avec la brigade.

Brigade Arimondi, au *centre* (6 bataillons avec 6 batteries de montagne) ; les bataillons étaient échelonnés de la combe vers Entiscio, à cheval sur la hauteur que couronnent les sycomores et l'église de Tucuz.

Réserve. Elle était constituée par les deux régiments Nava et
Romero (6 bataillons), un peu en arrière, vers la gauche, sur la
hauteur de Tucuz ; la réserve avait été formée en enlevant un
régiment à la brigade Arimondi et un régiment à la brigade
Dabormida ; ces brigades étaient auparavant trop fortes pour
manœuvrer dans ces terrains.

De bien des points des hauteurs avoisinantes, on voyait, toutes
blanches, à la distance de quelques kilomètres, les petites tentes
éthiopiennes, placées par groupes, sans ordre déterminé ; au milieu d'elles, se détachaient çà et là des tentes notablement plus
grandes et plus élevées. Nos campements étaient masqués à la
vue de l'ennemi.

L'armée éthiopienne avait donc abandonné la forte position de
Sauria, dominant à l'ouest la combe d'Entiscio, et s'était retirée
vers Gundapta. Peut-être voulait-elle aller à Adoua, car elle avait
grand besoin de se ravitailler ; peut-être voulait-elle, de là, tenter
un coup de main vers le Mareb, contre le Seraé ? Il fallait donc
faire un nouveau bond en avant pour conserver le contact de
l'ennemi, ou le provoquer au combat, et l'amener (en menaçant
ses derrières, s'il se retirait, ou sa ligne d'opération, s'il marchait
vers le nord) à nous attaquer dans une position comme Sauria,
le contrefort septentrional le plus élevé du mont Augher. Ce
contrefort forme une espèce de barrière qui coupe transversalement à la route de Mai Gabeta à Adoua et garde au loin les communications entre le Faras Mai et l'Oculé Cusai. Cette position
de Sauria, grâce à sa situation dominante, grâce aux obstacles
existant sur ses flancs, aurait compensé notre infériorité numérique et aurait augmenté nos avantages en donnant beau jeu à la
portée et à l'efficacité de nos fusils et de nos canons, et en permettant à nos troupes de manœuvrer dans le rayon de l'action
tactique.

Aussi, le 13 février, je résolus de ranger les bataillons sur les
hauteurs de Sauria, qui soutiennent et dominent le col de Zala[1].

La route traverse la combe d'Entiscio et monte, en serpentant,
dans la direction des monts de Guldam et de Gundapta. Après
avoir franchi le col, long et encaissé, de Zala, la route tourne un

1. On trouve ce nom écrit de plusieurs façons : Tzala, Zahala, Zalo et
même Zahalo. Mais il me semble qu'en l'écrivant simplement Zala, cela cor-
respond mieux à la prononciation abyssinienne.

peu sous la position, descend vers un torrent (le Mai Cherbara), puis monte lentement vers les montagnes indiquées plus haut où était le camp du *negus neghesti* [1].

Les brigades avancèrent en ordre, couvertes par l'avant-garde, qui, comme on l'a dit, occupait déjà le mont de Sauria. Elles couronnèrent les hauteurs à peu près dans l'ordre indiqué plus haut, c'est-à-dire : le bataillon De Vito, de milice mobile, attaché à la brigade Dabormida, était à droite, sur le col même de Zala ; au centre était la brigade Arimondi, et, immédiatement derrière, la brigade de réserve ; à la gauche se trouvait la brigade indigène.

On donna les ordres les plus formels aux troupes de débarrasser le champ de tir en avant d'elles, de construire des retranchements sur leurs positions, de rendre plus rapides et plus faciles les communications en arrière avec Entiscio, où fut établi le lieu de réapprovisionnement et d'étape. Naturellement on organisa un rigoureux système d'avant-postes et de patrouilles périodiques et non périodiques. Tout le monde, dans sa sphère d'action respective, se mit au travail avec un excellent esprit militaire et avec énergie.

Le 13, dans la matinée, pendant que nous prenions position et pendant que les troupes étaient presque toutes en ordre de combat, il sembla que l'ennemi allait se décider à l'attaque. C'était d'autant plus vraisemblable que, la nuit auparavant, les *bandes* de *ras* Sebath, nommé par le gouvernement italien chef de l'Enderta, et de *degiac* Agos Tafari, nommé chef de l'Agamé, avaient déserté notre camp, avec environ 600 fusils. De grosses fractions abyssiniennes étaient sorties des tentes du camp, placé entre les monts de Guldam et de Gundapta, et, en deçà de ces monts, elles s'étaient groupées sur un front assez large, et leurs mouvements étaient parfaitement visibles de nos positions. Le fourmillement des hommes, au delà de la rive occidentale du Mai Cherbara, dura peut-être jusqu'à midi : puis, peu à peu, tout disparut derrière les tentes. Tout le monde, dans le corps d'opération italien, désirait l'attaque, non seulement à cause de la bravoure individuelle et du désir de combattre, mais parce que l'on avait conscience de pouvoir la repousser grâce aux avantages de la position. Or une attaque repoussée, dans ces circonstances (les Amahras y ayant

1. Voir *De Sauria à Adoua,* esquisse démonstrative annexée au chapitre XXXIII.

pris part), était le commencement de la solution, sinon la solution
même de la campagne.

Pendant la nuit du 12 au 13 février, les *bandes* de *ras* Sebath
et de *degiac* Agos Tafari avaient déserté. Le capitaine Barbanti
connaissait depuis longtemps ces deux chefs agamites, depuis
qu'il avait été résident dans l'Oculé Cusai ; il savait combien peu
on doit se fier aux serments des chefs abyssiniens ; il connaissait
les aspirations exagérées de l'un et de l'autre ; il les surveillait en
cherchant à utiliser la rivalité, ou pour mieux dire la profonde
inimitié qui les séparait. Toutefois, il considérait que *degiac* Agos
Tafari non seulement nous était resté fidèle pendant la période
critique Halai-Adoua-Coatit, mais qu'il était entré dans l'Agamé
à la poursuite de *ras* Mangascia, qu'il avait occupé ce pays pendant des mois contre *ras* Mangascia, et qu'il avait reçu de nous la
seigneurie de l'Agamé. Il considérait aussi que *ras* Sebath avait
été récemment délivré par nous de la prison où le maintenait
depuis longtemps *ras* Mangascia, et il savait la haine féroce qu'il
nourrissait pour Mangascia qui l'avait fait lier traîtreusement et
qui avait donné son territoire à Tesfai Antalo. Or *ras* Mangascia
et Tesfai Antalo étaient très en faveur dans le camp abyssinien.
Il faut dire aussi que *ras* Sebath et *degiac* Agos Tafari avaient
combattu à Amba Alagi. Il faut ajouter encore (comme explication
spéciale) que, d'après les exemples antérieurs, on considérait, il
est vrai, les chefs abyssiniens comme disposés à la trahison,
mais plutôt dans le domaine politique que dans le domaine militaire, et jamais sur le champ de bataille.

De toute façon, la trahison dut être préparée et conduite avec
une rare simulation, pour que les indices en aient échappé aux
regards expérimentés et vigilants de Barbanti, de Sapelli, de
Lucca et des officiers affectés aux *bandes*. Ces officiers avaient
leurs tentes près de celles des chefs ; ils vivaient avec eux, et aucun
mouvement du camp ne pouvait leur échapper ; les précipices
existant sur le front paraissaient rendre impossible toute évasion,
et ils croyaient pouvoir tout surveiller avec leurs espions.

La perte de 600 hommes ne constituait pas, par elle seule, un
grave dommage ; mais elle ébranlait notre confiance dans les
bandes ; elle nous obligeait à prendre de grandes précautions et
à employer pour la garde des communications des forces qui

auraient été précieuses au jour décisif. Elle nuisait au prestige italien dans notre camp et dans le camp ennemi, et elle fournissait aux Choans et aux rebelles des quantités d'informateurs et d'espions. Elle troublait profondément le pays et elle était le signal de la révolte sur le théâtre même de la guerre.

Ras Sebath connaissait parfaitement la région, même au point de vue militaire. Comme ancien chef de l'Agamé, il avait défendu ce pays avec succès, quelques années auparavant (1890), contre une tentative d'invasion choanne venant de Macallé et dirigée sur Adagamus; il l'avait défendu aussi contre les attaques des Tigrins venant d'Adoua par l'Entiscio et par Alequa, ou par Debra Damo, contre Adigrat. Et puis, en nous servant, il avait pu non seulement voir notre façon d'explorer, de nous garder et de combattre, mais encore il avait pu renouer des liens de familiarité avec les populations dont il avait été éloigné pendant deux ans. L'importance de notre communication avec Adigrat n'avait pas pu échapper à son œil éclairé, — et il avait pu voir combien cette communication était exposée à quelque hardi coup de main ou à quelque surprise, à travers la chaîne de montagnes qui protégeait, sur le flanc gauche, d'Entiscio à Adigrat, le mouvement des Italiens. Lui et la plupart des siens connaissaient tous les secrets de ces montagnes, qu'ils avaient parcourues, observées et décrites pour le compte même des Italiens.

Toutefois, le chef agamite ignorait probablement que déjà les ravitaillements étaient dirigés, sur la position de Sauria, par la route de Mai Maret et de Debra Damo, et que, par suite, les caravanes de vivres étaient indépendantes d'Adigrat, à l'exception cependant des provisions accumulées dans la place même d'Adigrat, pour la consommation du corps d'opération.

En tout cas, pour assurer nos relations avec Adigrat par le col d'Alequa, je télégraphiai au lieutenant-colonel Ferrari, commandant la place forte d'Adigrat, d'envoyer un détachement à l'étape d'Atebes, sur le Mai Mergas, à une heure et demie à l'ouest du col d'Alequa.

Cette mission fut confiée au capitaine Moccagatta, avec 350 hommes, dont 200 blancs; une escouade du *chitet* (milice territoriale indigène) gardait le col; une autre escouade du *chitet* gardait aussi le col de Seeta, par lequel passe un sentier qui, partant des environs de l'Amba Sion, conduit dans la combe d'Adigrat. La porte de la combe d'Adigrat, vers le sud, est constituée par le col d'Adagamus. Mais il y a aussi les fenêtres praticables de Seeta et d'Alequa, et naturellement les rebelles cherchaient à isoler notre fort, en occupant les montagnes qui l'entourent et où ils trouvaient des montagnards amis et alliés.

Notre poste d'observation de Seeta, dans la nuit du 13 au 14 février, fut attaqué et dispersé. Alors le lieutenant-colonel Ferrari, « dans le but de renseigner le commandement général sur les forces de l'ennemi » (comme il le dit dans son rapport), envoya 70 hommes en reconnaissance, sous le commandement du lieutenant Cisterni; il fit, plus tard, soutenir ces hommes par une escouade de 35 autres, sous les ordres du lieutenant de Conciliis; mais ces deux détachements furent repoussés.

Le lendemain (15), le capitaine Moccagatta, qui, comme commandant d'Atebes (Mai Mergas), dépendait directement du quartier général, envoya deux détachements pour renforcer la position d'Alequa; d'abord un, composé de noirs, puis un autre composé de blancs. Mais les uns et les autres durent se laisser surprendre pendant la nuit, car le lendemain matin le capitaine Moccagatta, s'étant dirigé lui-même, avec le restant de ses forces, vers Alequa, trouva le col occupé, sans que, à une heure et demie de distance, il ait entendu le bruit du combat.

En effet, croyant le col occupé par les nôtres, il s'en approcha à courte distance, et il fut accueilli si subitement par les décharches de l'ennemi, qu'il dut retourner à l'étape.

Dès que je connus le fait de Seeta, j'expédiai le 7e bataillon indigène, sous les ordres du major Valli, et deux compagnies indigènes commandées par le capitaine Oddone. Oddone, s'étant réuni à Moccagatta, attaqua l'ennemi au col d'Alequa et l'en chassa, tandis que le major Valli en faisait autant pour le col de Seeta[1].

L'insurrection s'accentuait dans l'Agamé. *Ras* Sebath et *degiac* Agos Tafari, unis, pour le moment, à nos dépens, avaient rassemblé environ 1,500 hommes, pris parmi les bandes de brigands qui occupaient la montagne. Ils cherchaient évidemment à nous couper de notre ligne de réapprovisionnement qui, par Debra Damo et Mai Maret, conduisait à Sénafé et à la base d'opération.

1. Ces faits sont racontés par les télégrammes des 18, 21 et 23 février, nos 444, 453 et 454 du livre vert, XXIII *bis*.

Le point de Mai Maret était pour nous d'une importance capitale, puisqu'il était aussi commun à la ligne d'Adigrat. J'y envoyai donc, le 17, le colonel Stevani, de la brigade Arimondi, avec 3 bataillons (un de chasseurs et deux de bersagliers), une batterie et deux compagnies indigènes. En même temps, j'appelais, d'Adi Ugri à Mai Maret, le colonel de Boccard avec ses trois bataillons [1].

Par le départ du régiment Stevani, du bataillon Valli, du demi-bataillon Oddone et d'autres détachements, chargés de protéger nos relations avec Debra Damo, le corps d'opération avait été diminué d'environ 1,400 blancs et peut-être de 2,000 indigènes réguliers ; c'est-à-dire d'environ le cinquième des combattants. Et comme, pour garder la direction du Mareb, on envoyait le bataillon Am eglio (5e indigène moins une compagnie), — 1,300 hommes avec les *bandes* du Seraé, — on eut ces jours-là, sur la position de Sauria, l'effectif minimum des combattants, c'est-à-dire :

15	bataillons d'Afrique	6,350	fusils.
3 1/2	— indigènes	4,505	—
1	— de milice mobile et le *chitet* d'Asmara.	1,060	—
Bandes		370	—
avec 50 canons.		12,285	—

Mais, comme la position de Sauria était une excellente position défensive, convenablement fortifiée, et comme elle avait ses flancs bien appuyés et difficiles à tourner, on pouvait avoir toutes les probabilités de repousser une attaque quelconque, bien que notre nombre fût singulièrement réduit. Pendant ce temps-là, l'ennemi disparaissait derrière les montagnes de Gundapta, et — après avoir fait mine de se diriger vers le Faras Mai, pour couvrir son mouvement et l'élargir — il se retirait, en grande partie, dans la combe d'Adoua, en laissant, dans les défilés qui nous faisaient face, de grosses bandes de soldats.

1. Voir notre carte générale de la colonie à la fin de ce volume.

CHAPITRE XXVI

Ménélick demande un personnage pour conclure la paix. — Réponse du ministère (28 janvier). — Le major Salsa avec *ras* Maconnen à Entiscio (7 février). — Je suis autorisé à traiter (9 février). — Conditions du conseil des ministres pour traiter avec les Abyssiniens. — Question essentielle du protectorat. — Rupture des négociations (11 février). — *Ras* Mangascia et *negus* Teclaimanot. — Le prince Gubsa.

La prolongation de la guerre, l'impossibilité de réunir à la frontière un corps d'opération plus fort que celui que j'avais sous la main, les vicissitudes de la fortune, le nombre des ennemis, les risques des batailles, la possibilité que l'armée choanne se dissipât en laissant la porte ouverte à d'autres guerres, tout nous conseillait d'être prudents et d'examiner les ouvertures de paix qui nous avaient été faites à plusieurs reprises.

Dans l'offre qui avait été faite et maintenue, de laisser, sans condition d'aucune sorte, sortir de Macallé la vaillante garnison, apparaissait le désir constant du *negus neghesti* Ménélick d'en arriver à une conclusion pacifique. Et cela non seulement avant que le bataillon Galliano arrivât à Adagamus, mais même plus tard : surtout lorsque — après avoir reçu une lettre de moi pleine de dédain, pour ne pas avoir tenu complètement la parole qu'il avait donnée de laisser absolument libre la garnison de Macallé, sans aucune condition d'aucune sorte — l'empereur relâcha les officiers qu'il avait retenus en otage (2 février), en insistant toujours sur sa demande d'avoir un officier italien d'un grade élevé pour traiter des conditions de la paix.

Certes, il aurait été difficile de s'entendre, car il nous manquait la satisfaction de la victoire, et nous ne pouvions pas tolérer le retour des chefs rebelles dans les pays où avait flotté le drapeau italien. Mais, dans les singulières contingences où nous nous trouvions, attachés, avec nos brigades, à la ligne d'opération que nous ne pouvions plus prolonger, contraints par la disproportion des forces à une guerre pénible de positions, entourés d'embûches comme nous l'étions,... nous devions être prêts à tout, même aux sacrifices d'amour-propre et d'orgueil militaire.

Aussi, dès Adagamus, à la date du 28 janvier, je demandais quelles étaient, « dans leurs lignes générales, les intentions du gouvernement du roi, *attendant des ordres dans le cas où le gouvernement du roi se refuserait complètement à traiter* ». Le jour même, le ministre Blanc répondait : « Dans l'état des opérations militaires et avant que *l'Italie ait remporté une victoire sur l'ennemi*, le gouvernement du roi ne croit pas que l'on puisse traiter sérieusement et obtenir des conditions utiles permettant d'assurer, pour l'avenir, notre position en Éthiopie. »

Et le président du conseil télégraphiait le lendemain, 29 janvier : « Dans toute la conduite de l'ennemi, je vois un piège, » etc.[1].

Le ministère était donc contraire aux négociations. Pourtant, par les télégrammes cités dans le chapitre XXIII[2], je rendais compte des forces considérables dont disposaient les Abyssiniens, je faisais connaître nos forces à Adigrat et à Adagamus, je faisais ressortir, en les expliquant, les graves difficultés de la guerre, je prévoyais une action prochaine des Derviches et je donnais des nouvelles de la concentration mahdiste dans le Ghedaref[3].

J'aurais dû, en conséquence, — selon l'opinion qui s'est formée après les événements funestes, — insister davantage pour une attitude de recueillement, en étouffant ce sentiment d'amour-propre militaire et d'honneur national qui nous excitait tous à chercher une revanche; j'aurais dû, en jugeant après les événements, faire tous mes efforts pour décider à la résignation l'opinion publique, en Italie, qui poussait à la hardiesse; j'aurais dû amener le ministère, impatient de victoires et dégoûté de ma prudence, sur le terrain des négociations, avant d'affronter une bataille décisive.

1. Livre vert, XXIII *bis*, nᵒˢ 363, 364 et 369. Voir le chapitre XXIV.
2. 26 décembre, 18,19 et 22 janvier. Livre vert, XXIII *bis*, nᵒˢ 244, 327, 340.
3. Télégramme du 29 janvier, livre vert, XXIII *bis*, nᵒ 371.

Mais à ce moment-là était-ce possible? Un général en chef pouvait-il être assez sûr de lui et de sa façon de voir les choses, pour imposer une abnégation absolue à lui-même comme aux autres? Pouvait-il nourrir l'espoir de conclure une paix honorable pour nos armes, sans effusion de sang? Pouvait-il montrer une si grande indifférence de l'opinion publique? Pouvait-il renoncer à la fois à la revanche possible d'Amba Alagi et de Macallé? aux avantages que pouvaient donner à la patrie et à la colonie les succès contre l'ennemi? à la gloire que la valeur des troupes, conduites avec sagesse et prudence, pouvait faire acquérir aux armes italiennes? à l'espoir de résoudre définitivement par les armes la question abyssinienne? Ne serait-il pas tombé sous l'accusation de pusillanimité et d'indignité?

Du reste, personne ne considérait comme probable (et cela semble encore merveilleux à ceux qui ne connaissent l'Abyssinie que superficiellement) qu'une telle masse d'hommes, où les contingents étaient si différents, où les idées féodales étaient si vives, pût rester et se maintenir groupée, pendant tant de temps, dans de semblables pays. De plus, les offres continuelles de paix de la part de l'empereur Ménélick ne faisaient que nous confirmer, moi et les autres, dans cette idée que le besoin de se séparer et de se dissoudre croissait et se propageait dans les masses abyssiniennes.

A Mai Gabeta, le 6 février, arriva un messager de Maconnen[1] demandant une entreve avec moi. Le seigneur du Harar m'écrivait que l'empereur Ménélick devait rester six jours, avec son camp, à Gundapta, pour négocier. Mais je ne crus pas compatible avec mes pouvoirs, ni conforme à la dignité de ma charge, ni utile pour nos intérêts, d'accepter pour moi l'invitation indirecte de Ménélick; j'envoyai donc à ma place le major Salsa, sous-chef d'état-major. Celui-ci eut un long entretien avec *ras* Maconnen, en présence des deux armées, près des puits d'Entiscio.

Les propositions officielles du *negus neghesti* (retour aux frontières du traité d'Uccialli, etc.) n'étaient pas acceptables; mais

---

1. Le télégramme 403 du livre vert, xxiii *bis*, parle de la reine Taïtu comme si celle-ci avait envoyé le messager Uold Emanuel; évidemment il y a une erreur dans le chiffre, et l'on confond la reine Taïtu avec *ras* Maconnen.

les confidences de *ras* Maconnen à notre envoyé faisaient croire que l'on pouvait entamer des négociations sur la base de l'occupation (tout au moins temporaire) de tous les territoires sur lesquels avait flotté le drapeau italien, donc d'Amba Alagi au Tacazzé[1] ; mais, *condition essentielle,* « *modification du traité d'Uccialli* ». Inutile de dire que les Éthiopiens voulaient supprimer l'article relatif au protectorat italien sur toute l'Éthiopie et les terres qui en dépendent.

A la communication de cette nouvelle, le ministère répondit par ce télégramme du 8 février :

Vous êtes autorisé par le conseil des ministres à traiter *ad referendum,* en vous en tenant, autant que possible, aux clauses du *projet de traité* que le ministre des affaires étrangères vous a envoyé le 18 janvier dernier. Les bases des négociations doivent être, *au moins, la possession définitive* pour l'Italie des territoires occupés en août 1895, ligne Adigrat-Adoua, et *la confirmation du traité d'Uccialli.* Demandez aussi l'occupation temporaire de Macallé et d'Amba Alagi. Gardez-vous des pièges. Ne suspendez les hostilités que si ceci nous est utile. Vous aurez les *renforts demandés hier.*   CRISPI.

Le lendemain, je recevais ce télégramme daté du 9, de Rome :

J'ai obtenu de mes collègues que l'on t'envoyât deux autres brigades et tout ce que tu avais demandé. Rappelle-toi qu'Amba Alagi et Macallé *sont deux insuccès militaires,* bien qu'ils soient glorieux. Souviens-toi que tu as dans tes mains l'honneur de l'Italie et celui de la monarchie.   CRISPI.

Pendant ce temps, le *negus neghesti* faisait écrire, par *ras* Maconnen, qu'il accueillerait avec plaisir, au camp impérial, le major Salsa. Et le 9, avant même d'avoir reçu les télégrammes précédents, je télégraphiais au ministère[2] :

Nos troupes et les troupes choannes sont face à face à quelques kilomètres de distance, toutes deux en bonne position. Tous les informateurs affirment que les Choans sont décidés à ne pas nous attaquer dans nos positions ; ils espèrent être attaqués dans la leur. Si nous

---

1. Télégramme du 7 février, livre vert, XXIII *bis,* n° 404.
2. Livre vert, XXIII *bis,* télégrammes 406, 411 et 413.

sommes attaqués, notre succès est certain ; il est douteux si nous devons nous lancer à l'attaque de positions formidables, garnies par un ennemi plus nombreux que nous. En nous déplaçant d'Adagamus pour occuper les positions actuelles, nous avons augmenté notablement, tout au moins d'une façon transitoire, la difficulté des approvisionnements, si bien qu'il nous serait très difficile de poursuivre l'ennemi de près, s'il s'éloignait ; de nouvelles difficultés entraveraient la poursuite après un combat heureux. Dans cette région escarpée et montagneuse, les troupes blanches se meuvent avec difficulté et avec lenteur, en comparaison des troupes indigènes. Il me faut une prompte réponse m'indiquant les intentions du gouvernement, dans le cas où Ménélick serait disposé à traiter sur la base d'une occupation temporaire des provinces dépendant autrefois de Mangascia. En attendant, comme je l'ai fait aujourd'hui, je continue les opérations et je réponds que, pour donner satisfaction au désir exprimé par l'empereur, j'attends des instructions.   BARATIERI.

Les opérations s'étaient en effet continuées, puisque nous nous étions portés de Mai Gabeta à Tucuz, et nous avions exécuté des reconnaissances dans la direction du camp ennemi, comme c'est écrit dans le chapitre précédent.

Le projet de traité envoyé à la date du 18 janvier par le ministre des affaires étrangères, et dont parle la dépêche télégraphique du président du conseil, rédigée au nom même du conseil des ministres et m'autorisant à traiter *ad referendum* (dépêche citée plus haut), exigeait des clauses rendant une entente réellement impossible non seulement sans livrer bataille à un ennemi aussi fort par le nombre, mais même impossible au lendemain d'une belle victoire remportée par nous. Il était impossible d'imposer ces conditions aux Amahras, sans conquérir la capitale du Choa, sans détruire les forces abyssiniennes qui sont constituées par un peuple entier, belliqueux et bien armé ; sans abolir le système féodal plusieurs fois séculaire en Éthiopie, sans établir en Éthiopie une organisation, des formes, des lois et, disons-le aussi, des idées européennes.

Si même l'empereur Ménélick, acceptant ces conditions, les avait fait agréer de tous ces esprits rebelles, il aurait fallu qui sait combien de dizaines de millions et combien de milliers de soldats pour les maintenir et les faire exécuter.

Ce projet, rédigé le 18 janvier, à la Consulta, d'un traité de paix avec l'Abyssinie, est publié dans le livre vert; XXIII *bis,* n° 320. Il veut que l'on reconnaisse la souveraineté directe du roi d'Italie sur le Tigré tout entier, jusqu'au lac Ascianghi et jusqu'au Tacazzé (art. premier); il veut que l'on reconnaisse la haute souveraineté du roi Humbert sur toutes les dépendances de l'Éthiopie, qui sont indéterminées (et actuellement indéterminables) jusqu'au delà des Somalis, jusqu'aux régions inconnues de l'Omo (art. II); il veut que le droit de représenter l'Éthiopie devant le monde civilisé soit réservé en tout et pour tout à l'Italie; il veut l'exclusion des étrangers (art. III et V).

Il veut encore que le *negus neghesti* et les chefs de province ne puissent avoir des troupes qu'avec le consentement de l'Italie, qui en déterminera le nombre et la nature (art. IV). L'Italie se réserve le droit d'approuver la nomination et l'investiture des *ras,* chefs de province (art. VII). Le *negus* et les *ras* sont tenus de concourir à la défense de l'Érythrée, avec tous leurs moyens et avec toutes leurs forces (art. XV). Toutes les contestations entre le *negus* et les *ras,* ou entre les *ras* et les chefs indigènes, doivent être soumises au jugement du gouvernement italien (art. XVII).

Tout cela pour un territoire qui contient facilement six fois la superficie de l'Italie, qui est dépeuplé dans bien de ses parties, sans routes, avec des communications invraisemblables. Dans ce pays, l'homme met tout son orgueil à porter des armes, personne n'en est dépourvu; les *ras* feudataires jouissent, pour tout, d'une complète indépendance même vis-à-vis du *negus neghesti*[1], car c'était la première fois que ce dernier, à la suite d'une série de circonstances, avait su les unir contre nous. On devait conclure un traité avec un peuple orgueilleux, fier des succès obtenus, infidèle, fat, inconstant, se souciant peu du présent,... avec un peuple (comme nous en avions fait l'expérience) qui ne se croyait point lié par des engagements, surtout s'ils avaient été conclus par un seul homme. Il faut faire attention, pour l'avenir, que les *ras* (malgré le respect et la déférence qu'ils peuvent avoir en ce moment pour le *negus neghesti*) se croiront difficilement liés par les engagements que nous pouvons conclure avec lui; ils se croiront même d'autant plus tenus de les violer, que ces engagements

1. Voir l'Introduction.

nous seront plus favorables, croyant en cela faire chose agréable à l'empereur Ménélick.

D'ailleurs on ne peut dire d'aucun chef qu'il ne se soit pas révolté directement contre le *negus* ou contre le *negus neghesti*.

Dans les dernières années, sous l'impulsion des étrangers, l'Abyssinie a fait de notables progrès dans l'organisation militaire : elle a su se procurer des dizaines de milliers de fusils; elle a vu se développer le sentiment non encore défini de sa propre indépendance. C'est ce sentiment qui a poussé le *negus neghesti* Ménélick à la guerre, — surtout pour déchirer le traité d'Uccialli. Mais ce n'est pas du jour au lendemain que, chez un peuple ignorant, corrompu, vain et martial, l'on crée la fidélité aux conventions, surtout si elles concernent les étrangers et les envahisseurs.

De toute façon, avec l'empereur Ménélick on pouvait négocier sur tout, excepté sur le *renouvellement du protectorat* italien sur l'Abyssinie et ses dépendances. Naturellement il fallait mettre en dehors de la discussion toutes les clauses qui concernaient ce protectorat.

A la suite de l'autorisation du conseil des ministres et sur la demande pressante de l'empereur Ménélick, j'envoyai, le 11 février, le major Salsa au camp ennemi, porteur des propositions suivantes : « Renouvellement du traité d'Uccialli : cession à l'Italie de tout le territoire où a été planté le drapeau italien. » La contre-proposition de Ménélick excluait la cession permanente de nouveaux territoires et voulait une modification radicale au traité d'Uccialli en sa faveur. Nous étions loin des ordres du conseil des ministres, et surtout du chef du gouvernement. Par suite, les négociations furent rompues, par une lettre que j'écrivis à Ménélick[1].

Au sujet de la loyauté des *ras* à observer les conventions, il suffit de rappeler la conduite de *ras* Mangascia, un des meilleurs. Après avoir juré, sur l'Évangile, l'alliance, au Mareb (1892), avec mon prédécesseur, le général Gandolfi, — il hésite et il oblige le gouvernement de l'Érythrée à mille expédients pour le maintenir dans le devoir. Mais, pendant ce temps, — sous le prétexte de faire avec nous la guerre contre les Derviches, — il prépare et il

1. Télégramme de Tucuz du 12 février, n° 426 du livre vert, XXIII *bis*.

mûrit la trahison qui fut étouffée à Coatit et à Sénafé. A la veille d'Amba Alagi, il m'offre de rompre avec les Amahras et de les combattre sous les ordres des Italiens. Il l'aurait probablement fait, si la catastrophe n'avait pas fait basculer la balance à notre détriment.

La guerre commencée, ou du moins après avoir appelé l'empereur Ménélick à son secours, *ras* Mangascia — si l'on en croit notre agent diplomatique au Caire — écrit des lettres à la reine d'Angleterre et aux officiers anglais pour implorer leur aide contre nous. « Le messager du *ras* assure que *ras* Mangascia ne reconnaît pas l'autorité de Ménélick, dont il est décidé à se séparer éventuellement, d'accord en cela avec Teclaimanot, *negus* du Goggiam. »

Certes, ces lettres auraient « produit un bel effet » chez Ménélick, chez Mangascia lui-même et chez Teclaimanot, comme le désirait le baron Blanc [1], si l'on avait eu l'original authentique ; mais c'était une illusion que d'espérer convaincre les chefs abyssiniens si soupçonneux, car on n'avait pas en main la moindre preuve, pas même indirecte, de l'authenticité de ces lettres. Et puis, les lettres mêmes de *ras* Mangascia ne contenaient qu'une prière à la reine d'Angleterre, sans indication de date : et les déclarations contre l'empereur Ménélick étaient des paroles de l'envoyé abyssinien, et rien de plus.

Nos négociateurs, le major Salsa et le chevalier Felter, connaissaient les lettres et les paroles des envoyés de *ras* Mangascia adressées aux Anglais en Égypte ; mais (comme ils le dirent au retour de leurs excursions dans le camp ennemi) il était très risqué de s'en servir, étant donnés les regards vigilants et les oreilles aux aguets des chefs abyssiniens, qui sont entre eux d'une méfiance dépassant tout ce que l'on peut dire.

Précisément les défiances et les inimitiés justifiaient l'espoir que nous avions de voir se manifester, avec le temps, quelque symptôme de décomposition dans cette vaste coalition d'éléments si différents et bien souvent si hostiles entre eux. *Ras* Maconnen était tenu en suspicion, à cause de ses sympathies pour la paix et pour les Italiens et à cause de son aversion pour les Tigrins, tandis que son incontestable supériorité d'esprit et son influence

---

1. Voir livre vert, xxiii *bis*, rapport n° 373, et télégrammes du baron Blanc, n°ˢ 376 et 377.

sur l'esprit du *negus neghesti* lui créaient bien des jalousies. Tout le monde connaissait les hésitations de Teclaimanot, *negus* du Goggiam, à faire la guerre aux Italiens. Tout le monde savait que *ras* Mangascia voyait avec horreur l'invasion, et par suite le pillage du Tigré par les Choans. La politique du gouvernement de l'Érythrée, avant comme après Amba Alagi, a toujours été de diviser l'ennemi. Mais, comme les deux camps étaient face à face, il était impossible de conclure une entente. Il fallait se borner à favoriser la désunion dès que paraissait un indice quelconque à ce sujet.

Et pour terminer ce qui concerne l'action diplomatique, il suffit de dire deux mots du prince choan qui fut envoyé de Rome à notre camp. Le 25 novembre, le baron Blanc, ministre des affaires étrangères, télégraphia pour me demander si le prince abyssinien Gubsa pourrait être utile. Ce prince était le fils de *ras* Darghié, et par suite cousin de l'empereur Ménélick. Le prince Gubsa était alors en Suisse avec l'ingénieur Ilg, qui avait vécu plusieurs années dans le Choa et avait gagné la confiance du *negus neghesti*. Je répondis affirmativement : et Gubsa, avec deux de ses compagnons, arriva à Massaoua, puis à Adigrat, où l'on eut pour lui et pour ceux qui l'accompagnaient toutes sortes d'égards. Au camp d'Adagamus ses tentes furent dressées près de celles du quartier général. Mais le parti que voulait et qu'espérait en tirer le ministre des affaires étrangères était certainement exagéré et hors de propos.

Le prince Gubsa, comme bien d'autres, était le cousin de Ménélick; mais il ne pouvait avoir aucune influence dans le camp choan. Il n'y était nullement considéré : il était probablement méprisé, parce que, en s'éloignant du Choa, il avait pris des habitudes et des façons civilisées. Il était très jeune, peu guerrier, réservé, taciturne, doux d'esprit et de manières, tout surpris et effrayé de se trouver dans le camp italien. Son secrétaire, qui s'était européanisé, parlait pour lui; ce secrétaire, originaire du lac de Tsana, vantait avec trop d'ardeur l'affection du prince et la sienne pour les Italiens, ainsi que leur zèle à tous les deux à servir notre cause. Mais quand, à Adagamus, à la fin du mois de janvier, il fallut savoir quels étaient les chefs que Gubsa comptait comme amis dans le camp du *negus neghesti,* il hésita un peu, en nomma quelques-uns, et, selon la coutume abyssinienne, il allégua des prétextes pour ne pas écrire et pour ne pas se compromettre. *Ras* Darghié, le père, avec quelques milliers d'hommes, gardait les provinces du sud, vers l'Aussa; du reste, en ces circonstances, ce vieux guerrier abyssinien, après la victoire des Abyssiniens à Amba Alagi, aurait soigneusement évité d'éveiller des soupçons qui l'auraient perdu, s'il se fût mis en relation avec nous.

De toute façon, en nous servant ouvertement de l'indécis et du pauvre Gubsa (que tout le monde savait être à notre camp et à notre solde), nous aurions rendu impossible un compromis quelconque avec *ras* Maconnen ou avec *ras* Mangascia. Pour faire naître des discordes dans le camp ennemi, n'importe quel chef aurait été plus utile que le timide Gubsa. Bien que ce dernier fût traité comme il convenait à son rang de prince abyssinien, il mit en avant tous les prétextes possibles pour retourner d'Adagamus à Adigrat, puis plus tard d'Adigrat à Massaoua, afin de ne courir aucun risque de voir les Abyssiniens.

CHAPITRE XXVII

HARAR ET AUSSA.

Proposition d'un débarquement à Zeila (12 décembre) et d'une expédition dans le Harar (24 décembre). — Admonestation du baron Blanc à *ras* Maconnen (14 janvier). — L'Angleterre refuse le passage par Zeila. — Obbia et les Somalis (17 janvier). — Expédition dans l'Aussa (29 janvier).

Je dois maintenant parler brièvement de deux diversions auxquelles on a songé, pendant la campagne, qui ont été discutées, en leur temps, dans les cercles politiques, dans les journaux, et qui soulevèrent aussi une question avec l'étranger. De ces deux diversions, l'une visait le Harar, et l'autre l'Aussa.

Le haut plateau du Harar se trouve sur les voies qui viennent de l'Abyssinie et rayonnent, à travers la péninsule des Somalis, en descendant à la mer; il est au centre de toutes les régions comprises dans la zone d'influence italienne. La possession du Harar était rêvée par tous ceux qui, en Italie, tout en étant opposés à l'Érythrée, étaient favorables à l'expansion commerciale.

Mais les ports qui s'ouvrent dans le golfe d'Aden, à proximité du Harar, sont entre les mains des Anglais et des Français. On ne peut espérer arriver convenablement sur ce fertile haut plateau, ni d'Assab, par l'Aussa, en tournant la possession française d'Obock, ni d'Obbia ou de la côte des Migiurtins, en tournant la position anglaise de Berbera. On crut, pour un moment, possible (et il y a plusieurs documents à ce sujet dans les archives du gouvernement à Massaoua ou dans les archives du ministère des affaires étrangères à la Consulta) d'obtenir des Anglais le port de Zeila, en donnant, en échange, de larges concessions territoriales chez les Somalis, ainsi que nous l'avons indiqué dans le chapitre V. Mais l'illusion fut de courte durée. De toute façon et dans toute éventualité, on avait commencé, à Massaoua, l'année précédente, des études pour une occupation, faite d'accord avec *ras* Maconnen, si le seigneur du Harar avait accepté, à son profit, la politique du gouvernement italien. L'accord semblait indispensable parce que, même en possédant Zeila, une opération militaire contre le Harar aurait présenté les plus grands risques, s'il avait fallu chasser de cette région les garnisons choannes.

Mais quand on sut que les hauts plateaux du Harar qui s'élèvent entre les Éthiopiens, les Somalis, les Dancalis et les Gallas avaient été évacués, par suite du départ du contingent de *ras* Maconnen, pour le Choa, il sembla utile de tenter une diversion vers le Harar; d'autant plus que l'on était très limité dans le nombre des troupes blanches que l'on pouvait, sans une longue préparation, nourrir et faire manœuvrer sur la frontière de l'Érythrée avec l'Abyssinie.

D'abord l'idée se présenta, à moi, sous la forme d'une démonstration à Zeila, où un débarquement de quelques jours, fût-ce même de marins italiens, aurait pu faire impression sur l'esprit de *ras* Maconnen et le mieux disposer en notre faveur; on peut voir cette impression dans la lettre de *ras* Maconnen qui m'est parvenue avec tant de retard, et dont il est question dans le chapitre XVI.

Dès le 12 décembre, je télégraphiais au ministère des affaires étrangères : « Je crois que cela produirait un grand effet sur Maconnen si nos troupes pouvaient débarquer à Zeila et y rester seulement quelques jours. Je tiens le *Curtatone* et le *Scilla* prêts à partir pour Zeila [1]. » Le 19, de Rome, on me notifiait le consentement de lord Salisbury au passage des troupes par Zeila, mais non à un arrêt de leur part [2]. Cette nouvelle m'était confirmée par un télégramme (23 décembre) du président du conseil que j'ai publié, chapitre XXI [3].

Alors, au projet d'une démonstration immédiate, je substituai la proposition d'une diversion jusque dans le Harar. Je la déclarai *très utile* pour résoudre la question coloniale, *possible* avec 6 ou 7 bataillons et 2 batteries de montagne. Toutefois, elle devait se faire *directement* de l'Italie à Zeila, car l'Érythrée manquait abso-

1. Livre vert, XXIII *bis*, n° 515.
2. *Id.*, *ibid.*, n° 521
3. *Id.*, *ibid.*, n° 232.

lument de tout ce qu'il fallait pour l'organiser. Sur la côte somali on aurait pu trouver les moyens de transport [1].

Mais, comme on peut le lire dans les correspondances échangées entre le ministre des affaires étrangères et notre ambassadeur à Londres, les négociations se prolongèrent, à cause des *réserves excessives* du gouvernement anglais [2]. Pendant ce temps, le baron Blanc me télégraphiait à la date du 4 janvier : « Il me paraît utile de dire à Maconnen que c'est seulement par égard pour lui que nous n'avons pas utilisé la voie de Zeila, *qui nous est ouverte pour pénétrer dans le Harar*. Nous pourrons nous en servir quand nous aurons acquis la conviction qu'il est notre ennemi. Qu'il pense que ce moment est décisif pour son avenir. Qu'il choisisse entre l'Italie puissante et éternelle, et Ménélick qui peut mourir d'un moment à l'autre (*morituro*) [3]. »

Le 8 janvier, les négociations avec l'Angleterre étaient suspendues.

Le 16 janvier, notre ambassadeur à Londres écrivait : « Les interminables polémiques des journaux sur l'occupation supposée de Zeila et du Harar n'ont eu d'autre effet que de pousser davantage *ras* Maconnen à faire cause commune avec le *negus* Ménélick et à considérer les Italiens comme ennemis. »

Les paroles suggérées par le baron Blanc pour le *ras* du Harar et d'autres paroles, d'autres conseils, d'autres admonestations pour le décider à prendre parti pour nous, avaient été dites et répétées à *ras* Maconnen dès l'année précédente. Rappelons aussi que, dès le 3 décembre, dans une lettre à Maconnen, je faisais allusion à un navire de notre flotte de guerre qui était encore entre Aden et Zeila [4]; naturellement j'avais inventé cette escadre pour impressionner le *ras*.

1. Mon télégramme au président du conseil (24 décembre), livre vert, n° 241.

2. Le ministre des affaires étrangères à l'ambassadeur du roi à Londres, livre vert, xxiii *bis*, n° 537.

3. Livre vert, xxiii *bis*, n° 273.

Le ministre des affaires étrangères fit rédiger un mémoire détaillé (15 janvier) dans lequel, *considérant l'obligation morale qu'a l'Italie de ne pas abandonner les positions déjà occupées, et par suite de conserver le Tigré*, on propose deux solutions :

1° Ou bien pousser l'occupation au sud jusqu'à la ligne Debra Tabor-Magdala;

2° Ou bien occupation du Harar. Livre vert, xxiii *bis*, n° 313.

4. Livre vert, xxiii *quater*, Amba Alagi-Macallé, page 21, annexe 19.

Chaque lettre, chaque nouvelle, chaque communication verbale ou écrite du gouverneur de l'Érythrée avec les chefs abyssiniens (et surtout avec *ras* Maconnen) avait pour but d'inspirer la crainte des mesures que pouvait prendre le gouvernement italien et de montrer les avantages que retireraient ces chefs en se montrant favorables à nous.

La plus élémentaire prudence conseillait de le faire. Mais si les paroles — *évidemment intéressées* — trouvent peu de créance dans les relations diplomatiques européennes, elles en trouvent encore moins chez les Abyssiniens, qui, même entre amis, sont fidèles à ce principe : « La parole a été donnée pour cacher la pensée. » Aussi nous devons prendre comme règle de conduite de parler et d'écrire avec une grande pondération, pour ne pas faire croire le contraire de ce que nous voulons obtenir.

Il est bien certain que, pour éveiller des inquiétudes et faire naître des hésitations, dans le camp choan et dans le Harar, le bruit que trois navires avaient jeté l'ancre devant Zeila aurait plus fait que toutes les paroles du gouverneur ou les phrases du ministre. Dans le cas présent, la nouvelle alarmante, pour faire plus d'impression, devait arriver à *ras* Maconnen et au *negus neghesti* Ménélick, de Zeila, par le Choa, et non du camp italien, par le Tigré; cette menace contre le Harar, dirigée sur les derrières de l'armée éthiopienne, aurait pu fournir à *ras* Maconnen un motif pour ramener son contingent dans son pays, et pour insister dans ses propositions pour la paix, vis-à-vis des adversaires qu'il avait et qu'il a encore, en grand nombre, à la cour de l'empereur, parmi les chefs politiques et militaires qui toujours incriminaient toutes ses intentions.

Aussi, à la date du 15 janvier, pendant la résistance de Macallé et l'arrivée des premiers bataillons à Adigrat[1], je revenais sur la proposition d'une opération contre le Harar, par un télégramme que j'adressais au président du conseil, car de nouvelles forces italiennes débarquées dans l'Érythrée auraient *augmenté les difficultés logistiques, sans augmenter nos forces,* sur l'échiquier tactique, *d'une façon qui compensât, même de loin, ces difficultés.* « Le débarquement à Zeila, en dehors de l'effet moral produit sur les Choans, pourrait aussi décider, d'une part, les Dancalis à

---

1. Livre vert, xxiii *bis,* nᵒ 314.

s'avancer vers le Harar, et d'autre part les Somalis à s'unir à nous contre les Choans, ou, tout au moins, à nous fournir les moyens de transport, » c'est-à-dire les bêtes de somme indispensables pour une opération quelconque, même sur une petite échelle, contre un pays aussi éloigné de la côte que le Harar. « Commencer les préparatifs sur une vaste échelle constituerait déjà une démonstration ayant une certaine efficacité sur l'esprit du *negus* et de Maconnen. » J'expliquais également les moyens de conduire l'opération, de Zeïla, par Ghildessa, contre le Harar.

Mais la diversion par Zeïla n'était pas autorisée par l'Angleterre.

Et pourtant, au palais de la Consulta, on devait penser depuis longtemps à l'occupation du Harar; pourtant nous avions été larges de concessions aux Anglais, surtout en Afrique et sur le territoire même des Somalis, en leur laissant tout l'*Hinterland* auquel ils prétendaient; pourtant, au palais de la Consulta, on semblait certain de la condescendance anglaise, et le ministère m'en avait donné l'assurance formelle; pourtant nous nous trouvions dans des conditions de guerre ouverte avec le seigneur du Harar et avec l'empereur Ménélick, alors qu'une autre guerre nous menaçait à l'autre extrémité de nos possessions coloniales, au moment où — de l'aveu même du gouvernement anglais — nous rendions le plus grand des services militaires et politiques, contre les Derviches, à l'occupation anglaise en Égypte.

Le ministère des affaires étrangères eut alors (18 janvier), pendant un moment, l'idée d'une diversion par Obbia[1] (télégramme 322 du livre vert); mais, ainsi que je le disais le lendemain, 19 janvier, ce n'était certes pas une entreprise à laquelle il fallait s'arrêter. L'homme qui la proposait (un certain Abdallah Erer, venu aussi à Adigrat, sur un appel de moi) n'avait aucune lettre de créance du sultan. Et même, l'année auparavant, il avait subi de la prison pour avoir été soupçonné d'avoir falsifié plusieurs lettres. Et puis, convenait-il d'envoyer de Massaoua un personnel indigène, avec des armes en abondance, sur une côte qui en

---

1. *Obbia* ou Obia, dans le sultanat du même nom, au sud du 6° de latitude nord, sur la côte de l'océan Indien, dans le pays des Migiurtins. Cette côte, depuis quelques années, appartenait à l'Italie par des contrats passés avec des souverains locaux. Il y a peut-être 900 milles d'Obbia au Harar, à travers un pays tout à fait inconnu.

est séparée par de nombreux jours de navigation ? Fallait-il conduire une opération militaire, à travers un pays complètement
inconnu, en partie désert, avec un peuple également inconnu,
contre une frontière qui était éloignée de peut-être un grand
mois de marche du point de débarquement ?

Les Somalis avaient été avertis de la guerre contre l'Abyssinie et du parti qu'ils en pouvaient tirer, par plusieurs soldats
indigènes de leur race, servant dans nos bataillons coloniaux, et
que j'avais envoyés, dans ce but, en permission, avant même
que n'éclatassent les hostilités. Il fallait les laisser se venger des
massacres et des vols que leur avaient fait subir les Choans. Un
débarquement, sur la côte des Migiurtins, d'une petite quantité de
gens n'étant pas de race somali et ignorant la façon dont vivent
les indigènes du pays, aurait été absolument inopportun pour les
opérations à entreprendre ; ce débarquement aurait éveillé des
soupçons et déterminé une réaction chez les gens que nous avions
l'intention d'aider. Aussi, pour un semblable but et avec une semblable perspective, il ne fallait pas nous priver, même dans une
très faible mesure, du très rare personnal indigène ou connaissant les indigènes, que nous avions.

Un autre projet, très bien étudié par le colonel Pittaluga, au
corps d'état-major à Rome (ce colonel avait été avec moi pendant les opérations contre *ras* Mangascia à Debra Aila), était
celui d'un débarquement à Assab, suivi d'une expédition dans
l'Aussa. Mais, à la guerre, les plans les plus ingénieux, les plus
hardis, les plus étudiés, d'expéditions lointaines, ne peuvent réussir si la préparation convenable manque. L'étude approfondie du
problème ne suffit pas : il est nécessaire encore d'avoir sous la
main un personnel dressé et un matériel approprié. Or, pour
l'expédition d'Assab sur l'Aussa et vers les rives de l'Auasce, le
problème avait été étudié, la préparation politique était faite chez
les Dancalis et à l'Aussa par le capitaine Persico et par le lieutenant Giannini, comme nous l'avons dit en temps voulu. Mais
c'eût été une folie que d'enlever le personnel militaire indigène
nécessaire à l'Érythrée, alors que tous les indigènes réguliers
étaient en contact avec l'ennemi. Quant au matériel et aux convois, tout faisait absolument défaut, aussi bien en Europe qu'en
Afrique

Le ministre de la guerre, dans son télégramme du 29 janvier[1], expliquait ainsi son plan de diversion chez les Dancalis : « Le gouvernement, pour amener le sultan d'Aussa et les Dancalis à nous rester fidèles et pour préparer la sécurité de l'avenir dans ces régions, considère comme utile d'occuper Assab par un bataillon blanc, qui devrait être envoyé d'ici. Il faudrait, en outre, pousser *deux mille* indigènes jusqu'à Aussa, en les encadrant avec les Dancalis à recruter. Ces indigènes *devraient être fournis par les troupes sous vos ordres ;* naturellement ils seraient remplacés par un nombre plus considérable de troupes blanches envoyées d'Italie. »

Mais comment pouvait-on, dans de semblables conditions de guerre (29 janvier, — retraite de notre garnison de Macallé, mouvement en avant de l'ennemi fort de 80,000 hommes, ordres presque péremptoires du ministère de pousser les hostilités), comment pouvait-on, dis-je, faire partir un cinquième des troupes indigènes mobilisées, en les prélevant sur le champ de bataille pour tenter une diversion dans des terres aussi différentes, et peut-être à deux mois d'échéance? N'avais-je pas toujours, et dans chaque télégramme, fait ressortir les difficultés énormes que présentait l'emploi des troupes blanches? Le ministère ne savait-il pas que l'entretien de 4 bataillons blancs (correspondant, comme effectif, aux 2,000 indigènes) exigeait plus de temps, plus de préoccupations, plus d'embarras et plus d'animaux que l'entretien de tous les noirs du corps d'opération dans le Tigré, y compris même les *bandes,* car les noirs auraient pu, à l'occasion, vivre sur le pays? Et enfin (en dehors des vertus incontestables et partout prouvées du soldat italien, en dehors de son sentiment moral) pouvait-on prétendre que les soldats blancs, nouveaux à tout, non encadrés par des cadres stables, à peine arrivés,... après tant d'efforts et de privations, pouvaient — dans les hautes montagnes, même en nombre supérieur — remplacer dans la balance le poids des soldats indigènes réguliers, rompus à cette guerre, endurcis par l'exercice, habitués à leurs chefs, au pays et à l'ennemi?

D'un autre côté, l'opération d'Assab sur l'Aussa, à travers les terres stériles de l'Afar, n'aurait pu faire sentir, même indirectement, son action qu'après plusieurs semaines, et par suite

---

1. Livre vert, XXIII *bis,* n° 370.

seulement au plus tôt à la fin de mars, alors qu'aurait commencé
la saison sèche, qui rendrait très difficile tout mouvement venant
d'Assab, par les voies arides, désolées et torrides qui mènent à
l'Aussa.

Le lendemain (30 janvier) je répondis : « Jusqu'à la fin des
opérations, il me serait impossible de distraire 2,000 noirs, alors
que j'en ai tant besoin, et sans ceux-ci une opération dans l'Aussa
serait impossible. Plus tard, la saison serait de plus en plus défavorable à une action militaire dans cette contrée. Les Dancalis
ne sont pas actuellement contre nous; probablement ils désirent
notre victoire, après laquelle ils deviendront les ennemis décidés
des Abyssiniens. Toutefois, un bataillon blanc à Assab pourrait
servir à notre prestige et préparer d'autres éventualités. Ce bataillon devrait être expédié d'Italie[1]. »

Le 5 février, le général Mocenni, ministre de la guerre, annonçait que le colonel Pittaluga se rendait à Assab, avec un bataillon
d'infanterie, une batterie d'artillerie et des détachements moins
importants des autres armes, pour préparer une ligne d'opération secondaire vers l'Aussa. Mais, le 9 février, le conseil des ministres décidait d'abandonner cette idée et de faire débarquer le
bataillon et la batterie à Massaoua, comme premier échelon des
nouveaux renforts.

1. Livre vert, XXIII *bis,* n° 374.

CHAPITRE XXVIII

LE MINISTÈRE

De nouveau la question des renforts. — Les idées du ministère. — Les prévisions politiques et militaires. — La responsabilité. — Des hommes au lieu de détachements organiques. — Attitude du ministère vis-à-vis du gouverneur.

A propos de renforts, nous avons vu comment, dès le 18 décembre, j'insistais auprès du président du conseil et auprès du ministre de la guerre sur « l'envoi ultérieur de 5 bataillons et de 2 batteries, indépendamment des 9 bataillons et des 3 batteries en partance de l'Italie. Et je demandais, pour chaque bataillon, 80 mulets (y compris les mulets pour les cinq derniers bataillons) ainsi que 2,000 petits bâts pour les petits mulets, car, sans cela, les petits mulets sont mis hors de service[1]. »

Nous avons vu comme, plus tard, par mon télégramme du 8 janvier[2], j'expliquais les motifs pour lesquels je n'avais pas demandé d'autres bataillons, alors que les premiers hommes envoyés d'Italie commençaient seulement à arriver péniblement dans l'Agamé, après avoir montré, pendant la route, malgré la sollicitude, le zèle et l'abnégation de chacun, de graves défauts dans la préparation ainsi que le manque de chaussures et de convois. Enfin, nous avons vu que je proposais une expédition dans le Harar, surtout parce que les moyens logistiques nous manquaient pour nous permettre d'employer beaucoup de troupes blanches sur la frontière de l'Érythrée (15 janvier)[3].

Cependant le ministère décidait d'envoyer d'autres troupes;

1. Livre vert, xxiii *bis*, nos 211 et 225.
2. *Id., ibid.*, n° 281.
3. *Id., ibid.*, n° 314.

et en Érythrée on préparait, en surmontant les plus grandes difficultés, ce qu'il fallait pour les recevoir et les nourrir, tandis que le général Lamberti, vice-gouverneur à Massaoua, acquérait partout des bêtes de somme.

Le ministère me fit une nouvelle offre de 8,000 hommes, le 3 février. Tout naturellement, j'étais pressé de les accepter. Je répondis donc[1] que « 8,000 hommes constituaient toujours une précieuse réserve, mais en même temps que je voulais 2,520 mulets et 500 conducteurs hors cadres, ainsi que beaucoup de munitions et du matériel de toute nature ». Je demandais en outre : 100,000 boîtes de viande, 600 quintaux de biscuit, etc. » Je prévenais, par le même télégramme (6 février), que je réunissais un petit corps à Adi Ugri, car *je ne pouvais pas, pour des raisons logistiques, et même tactiques, opérer sur le haut plateau avec tous les bataillons.* J'ajoutais que l'on prendrait les mesures nécessaires pour que les nouveaux renforts « arrivent avec des *convois absolument complets, avec des animaux en surabondance.* Le seul manque des bâts usités en Afrique a produit de graves inconvénients ».

Malgré ces difficultés, toujours mises en avant ; malgré le nombre énorme d'ennemis signalé presque journellement ; malgré la faiblesse du corps d'opération et le manque de convois déjà indiqué ; malgré le théâtre de la guerre tant de fois décrit et connu,... à Rome, on voulait une action décisive. Traîner les choses en longueur, gagner du temps, semblait déshonorant, bien que l'on tînt en respect un ennemi si supérieur en forces et à une si grande distance des parties les plus vitales de la colonie.

On connaît les télégrammes du président du conseil quand nous étions encore à Adigrat, avec les seules forces de la colonie, alors que l'on avait à peine commencé le mouvement en Italie. On ne s'inquiétait ni des distances, ni des nombres, ni des difficultés. Et quand on était si peu d'accord et si indécis au sein du conseil des ministres, où l'on faisait abstraction de tout, on voulait un plan précis d'opération avec des tendances offensives : et même on demandait l'offensive à fond, dans l'Érythrée, là où l'on devait affronter toutes les inconnues de la guerre contre l'envahisseur. C'est ainsi, et non autrement, qu'il faut expliquer

1. Livre vert, XXIII, n° 397.

les télégrammes par le milieu dans lequel ils étaient rédigés et expédiés à un général en chef. C'étaient des télégrammes privés, réservés, avec des intonations confidentielles et même familières. Toutefois, je le confesse, j'aurais dû les repousser et demander une fois de plus mon remplacement immédiat.

Mais pour juger avec impartialité, il faut considérer que, soit au lendemain d'Amba Alagi, soit à l'occasion du vote du parlement, soit pour la nouvelle année, soit en m'annonçant (le 24 janvier) l'envoi du général Ellena, soit par la bouche du général Ellena lui-même,... depuis la première décade de décembre jusqu'à la dernière décade de janvier, le ministère témoignait officiellement sa confiance en moi. Et pour expliquer mon attitude, je dois faire appel à l'esprit militaire, qui ne permet pas de demander d'être relevé de ses fonctions au lendemain d'une défaite et à la veille d'une bataille probable. De plus, le sentiment du devoir ne me permettait pas de me soustraire à la responsabilité suprême, dans une situation aussi compliquée aux points de vue militaire, civil et politique. Enfin un sentiment de convenance me retenait : l'Italie était fort éloignée, et il aurait fallu beaucoup de temps pour que je pusse être remplacé. D'ailleurs, le gouvernement du roi connaissait tous les détails de la situation créée par Amba Alagi. Il devait connaître aussi, depuis des années, la confiance que je pouvais mériter, ma capacité, la façon dont je m'accordais avec les idées du ministère. C'était à lui de pourvoir, au général d'obéir.

Nous avons vu la réponse dédaigneuse que le président du conseil m'ordonnait de faire à Maconnen, bien que cette réponse ne s'accordât point avec les désirs ni avec les appréhensions du ministère des affaires étrangères. Nous avons vu que le président du conseil voulait une décision immédiate, choisissant entre une campagne offensive et une campagne défensive, et qu'il attendait une victoire telle qu'elle définît pour toujours la question abyssinienne ; et pourtant il avait connaissance de toutes les forces ennemies réunies au camp de Dolo, autour de Macallé, ainsi que des forces rassemblées par Ménélick sur le lac Ascianghi et probablement en marche pour le camp de Dolo. Le président du conseil était informé du plan défensif du général en chef ; ce plan, qui avait été télégraphié plusieurs fois, était imposé, du reste, par la situation militaire et politique. De son côté, le ministre de la guerre approuvait, par moments, l'idée de gagner du temps ; quelquefois, très préoccupé, il voulait retirer la garnison de Macallé ; puis il me faisait dire, par le colonel Albertone, que le pays ne me pardonnerait jamais la chute de Macallé.

On savait, par le ministère, que l'ennemi, fort de 65,000 à 70,000 fusils, sans compter les *bandes* et sans compter 2,000 cavaliers gallas, occupait une double série de fortes hauteurs[1] ; pourtant le ministre des affaires étrangères télégraphiait, le 28 janvier : « Avant que l'Italie n'ait remporté une victoire sur l'ennemi, on ne peut pas traiter ; » pourtant le président du conseil télégraphiait, le 29, de « mettre l'armée en mesure d'attaquer et de pouvoir répondre à une attaque » ; pourtant on trouvait la même ardeur offensive dans le télégramme du même jour par lequel le général Mocenni, ministre de la guerre, demandait 2,000 indigènes pour l'expédition de l'Aussa, au moment où il savait que toute l'armée abyssinienne avançait contre notre petit corps d'opération dans la proportion de quatre contre un[2].

Plus tard, le front d'opération étant changé (1er février), le ministère savait que nous avions contre nous entre 75,000 et 80,000 hommes occupant de fortes positions, avec une double ligne d'avant-postes comprenant environ 20,000 hommes (télégrammes 381 et 405). Il savait que les difficultés logistiques étaient très sérieuses, à cause de la mort des animaux et de la dureté des routes (télégramme 409). Il savait que Cassala pouvait être attaqué par les Derviches d'un moment à l'autre (télégramme 371) : et pourtant le président du conseil rappelait au général en chef qu'Amba Alagi et Macallé étaient deux insuccès militaires. Il alla même jusqu'à me remplacer sans m'en avertir, et il m'adressa le télégramme de la *phtisie militaire* que nous verrons plus loin.

En résumant tout ce qui est écrit dans les chapitres précédents, il apparaît clairement que le ministère était loin d'être d'accord sur les questions africaines, et l'on voit que les ordres et les conseils les plus disparates furent envoyés, par télégramme, au commandant en chef.

On n'avait pas voulu me croire quand j'annonçais la guerre pour la fin de l'automne. On n'avait pas voulu accepter ma dé-

---

1. Télégramme du 23 janvier, livre vert, xxiii *bis*, n° 340.
2. Télégrammes des 28 et 29 janvier, livre vert, xxiii *bis*, n°s 364, 369, 370.

mission et inaugurer ma politique de paix. On avait perdu quatre
mois de la préparation en Afrique, en n'accueillant pas mes
demandes. On n'avait rien préparé en Europe. On avait fermé les
yeux devant les périls signalés, et l'on m'avait bercé avec des promesses, heureux que la menace de la guerre avec *ras* Mangascia m'eût rappelé en Érythrée.

Les désaccords, dans le ministère, à l'égard de la colonie
étaient profonds et visibles. L'un voulait la conquête de l'Éthiopie, l'autre la politique de recueillement. En attendant, on croyait
concilier les deux opinions extrêmes en gardant les provinces
nouvelles, en réduisant les effectifs et les dépenses et en ne répondant à aucune de mes demandes, quand elles étaient contraires
à ce programme.

La première catastrophe éclata à Amba Alagi; aussitôt affole-
ment subit à cause de la responsabilité, hâte fébrile de s'en débarrasser et de la rejeter sur un autre. Celui qui devait assumer
la responsabilité était loin; il était préoccupé d'une infinité de
soucis, il ne pouvait pas répondre, il n'avait pas la presse à son
service, il était lié par la discipline de guerre, il devait obéir...
Les attaques devaient arriver jusqu'à lui, une fois que les choses
seraient décidées. Qu'on lui envoie des hommes, des conseils et
des projets : notre responsabilité ministérielle finit là. Sa responsabilité à lui s'étend à tout ce qui concerne la colonie, en Europe
comme en Afrique, pour le passé, pour le présent et pour l'avenir, même si ses prévisions qui n'ont pas été écoutées se sont
trouvées pleinement vérifiées; même, et à plus forte raison, s'il
exécute fidèlement les ordres du gouvernement du roi. — Le
devoir du gouvernement du roi est d'envoyer des hommes; les
hommes suffisent à tout; avec les hommes on remédie à tout. Mais
il faut les mettre ensemble, en les prenant de tous les côtés, en
troublant les unités organiques; il faut prendre çà et là, au hasard, les officiers; on va à la guerre sans aucun lien disciplinaire
ni tactique, et peut-être avec le germe de la dissolution, au milieu
de ces volontaires d'Afrique; il est nécessaire de tout improviser;
les convois, les vivres et les vêtements manquent. — Patience!
Il faut surtout maintenant satisfaire l'impatience du public et
nous sauver de l'accusation d'imprévoyance. La valeur individuelle remédiera au manque de cohésion militaire... Pour les animaux, on y pourvoira en Italie et sur les côtes de la mer Rouge.

Offrir ne coûte rien, et les bataillons doivent bien partir à des intervalles se suivant régulièrement.

Je demandais successivement — selon qu'on pouvait les envoyer dans l'Agamé, de l'Italie et de Massaoua — des bataillons et des batteries munis de tout ce qui était nécessaire à la guerre dans ce pays et dans ces conditions qui devaient être parfaitement connues du ministère. Et le ministre continuait à envoyer des hommes, au lieu d'unités organiques, comme si le nombre des hommes partant de l'Italie avait seul de la valeur sur le champ de bataille; comme si les besoins de la guerre n'étaient pas infinis; comme si, en offrant des hommes, le ministère satisfaisait à tous ses devoirs. On faisait grand bruit des bataillons offerts; mais l'on taisait mes demandes, et l'on interprétait mes réserves et mes instances pour avoir des vivres, des animaux et du matériel, comme un refus des moyens permettant de résoudre définitivement la question abyssinienne. — On m'accusait donc d'imprévoyance, comme si l'on doit être prévoyant après la tempête et non avant, comme si un général faisant la guerre à la tête d'un corps d'expédition contre 100,000 ennemis pouvait être assez inconscient pour refuser les bataillons qui doivent lui donner la victoire.

« On ne voulut envoyer à Massaoua rien que des hommes, quelle que fût leur espèce, rien que le plus grand nombre possible d'hommes. Là-bas, le général Baratieri devait s'occuper d'eux, et aussi le bon Dieu. Le matériel hommes est vraiment bien bon marché en Italie, avec un tiers de million de naissances en excédent. » Voilà ce qu'écrit un militaire allemand[1].

Le pays surexcité attendait une revanche prochaine d'Amba Alagi, alors que mes télégrammes démontraient la gravité des choses. Il attendait avec impatience, et son impatience augmentait davantage à chaque envoi de soldats; on voulait la victoire. Le ministère, préoccupé du moment, entretenait les illusions, tandis que l'attente fébrile des événements excitait les nerfs de plus en plus et exaltait les imaginations. Mais, dans les sphères gouvernementales, la peur de l'insuccès ne tarda pas à se faire jour. On commença alors, au moyen de la presse, à préparer le *bouc expiatoire*, ne songeant pas que le discrédit du capitaine, apporté par

1. *Jahrbücher für die Deutsche Armee und Marine*, décembre 1896.

les soldats en Afrique et divulgué dans les camps, pouvait être
un dissolvant pour des troupes ainsi composées, aussi impressionnables et neuves en tout; c'était donc dangereux sur le champ
de bataille.

Le général était irrésolu; il était inerte, il laissait douter de sa
capacité. Les bruits, en augmentant, déterminèrent un courant.
Le *credo quia absurdum* pénétra dans les esprits et anima la foule.
Les télégrammes réservés et confidentiels du président du conseil,
au grand dommage de mon autorité sur les troupes en Afrique,
firent le tour de la presse *plus d'un mois avant* que mon remplacement ne fût décidé, alors que l'on n'avait pas publié mes rapports officiels qui justifiaient pleinement ma conduite d'Amba
Alagi, alors que l'on voulait l'expulsion des journalistes de l'Érythrée.

Ainsi que les conseils et les exhortations, les projets se succédaient; ils étaient rédigés par des subalternes, pour répondre à
la fébrile impatience des ministres. Ceux-ci les transmettaient au
camp, sans s'occuper le moins du monde de savoir s'ils pouvaient
être exécutés.

Le plan de défense imposé par les circonstances était simple,
comme doit être un plan de guerre; il fut plusieurs fois télégraphié par moi. Dans ce plan, nous devions subir — et nous subissions — les conséquences du désastre d'Amba Alagi, qui avait
brisé notre action diplomatique, qui avait jeté dans la prostration
nos amis éthiopiens et enhardi nos ennemis, qui avait exalté et
rempli d'orgueil les cœurs des guerriers abyssiniens, qui avait,
enfin, rendu possible la réunion de tant de forces sous le commandement du *negus neghesti* Ménélick. Par suite, la prudence
élémentaire nous imposait de rester sur la défensive, jusqu'à ce
qu'une attaque des ennemis contre nous, dans une bonne position, ou la division et le désaccord, ou bien leur nombre diminué
par suite du manque de vivres, ou bien une autre cause quelconque, nous ait fourni un prétexte à l'offensive. Pendant ce temps
nous devions borner notre audace à préserver la colonie de l'invasion, en maintenant les hostilités à la frontière. Mais ce plan
ne répondait pas aux désirs du gouvernement central, à Rome,
ni aux impatiences de l'opinion publique.

On voulait, au contraire, prendre l'offensive, on m'imposait
une décision, impossible en ces circonstances, pour choisir entre

l'offensive et la défensive, alors que tous ceux qui connaissaient la situation entière devaient regarder la défensive comme une nécessité inéluctable, et l'offensive comme dépendant de la défensive. Des télégrammes, surtout quand ils sont chiffrés, ne peuvent suffire à déterminer et à fixer la pensée; mais l'ensemble de tous ceux que l'on lit dans les livres verts montre qu'entre l'offensive tactique et l'offensive stratégique, entre la défensive territoriale et l'occupation du territoire, il y a une confusion telle que les intentions du ministère sont enveloppées comme d'un nuage.

Ajoutez à cela l'ordre de négocier avec Ménélick sur des bases absolument impossibles, même au lendemain d'une grande victoire; la ligne de frontière désirée jusqu'à la ligne Debra Tabor et Magdala; ajoutez (pour un général en chef placé dans un tel milieu) les avertissements brusques et impérieux sur l'honneur engagé, alternant avec les plus explicites déclarations de confiance; ajoutez encore les suggestions diplomatiques les plus diverses et les plus disparates, — les phrases de menace adressées au Harar, la position d'Adam Aga, le jeu sur l'esprit de Mangascia, de Teclaimanot et de Ménélick, les inquiétudes pour le prince Gubsa;... ajoutez enfin les avertissements d'être sur ses gardes, les rebuffades pour les motifs les plus futiles, comme les lettres des soldats, les correspondances des journalistes, les publications de l'*Africa italiana,* les reproches et les conseils pour les informations, les doutes sur les nouvelles, les exagérations sur l'efficacité « des nouveaux instruments de guerre (mortiers, lance-torpilles) pour déloger l'ennemi des hauteurs qu'il occupe et pour l'attaquer [1] ».

Qu'on lise à la suite et que l'on groupe par matières tous les télégrammes du livre vert, — et l'on verra que l'on a voulu tout diriger, d'Italie, par le télégraphe, souvent imparfait, parfois interrompu, obéissant toujours à une impulsion subite; on avait des idées européennes, et non pas une idée bien claire de la situation en Afrique; on se préoccupait plutôt des apparences en Italie que des conditions militaires en Afrique; on avait un désir inquiet de s'assurer l'appui de la Chambre des députés; on cherchait à donner satisfaction à l'opinion publique, dont on subissait la loi.

On dirigeait de l'Italie, au moyen du télégraphe, sous l'impul-

---

1. Télégramme du président du conseil (7 février). Livre vert XXIII *bis*, n° 400.

sion immédiate de l'impatience, sans assumer une responsabilité directe, sans méditer la signification des phrases, sans indiquer un plan logique de guerre ou de campagne (comme le faisait, en son temps, le conseil aulique de Vienne); il n'y avait pas unité de conception et de direction; c'étaient des figures, des réclamations acerbes, des déclarations générales et contradictoires.

On procédait donc d'une façon bien différente du conseil aulique, car celui-ci n'oubliait pas, du moins, d'envoyer au commandant de l'armée en campagne son plan de guerre bien conçu en théorie, ainsi que ses directives. Ce conseil aulique intervenait dans les opérations militaires, c'est vrai; mais ensuite il ne troublait pas le commandement suprême, dans le développement de son action, par tant d'ordres étrangers à l'armée, par tant de conseils incertains, donnés par soubresauts et inconsidérés.

Tandis que le ministre de la guerre et le président du conseil (24 janvier)[1] exprimaient au général en chef leur entière confiance, pendant que l'on chargeait le général Ellena de me l'exprimer de vive voix,... on laissait se produire, ou même on encourageait en Italie les attaques contre la personne du commandant et du gouverneur. On ne répondait même pas à ma demande pressante (25 janvier) de publier mon rapport (prudent et très modéré) sur Amba Alagi[2], *urgent,* d'après moi, « *pour maintenir le prestige du général* en chef et pour *tarir la source des bruits alarmants* qui couraient sur la conduite de la guerre et l'organisation des services militaires ». Ce rapport aurait suffi pour dissiper bien des soupçons, bien des méfiances et bien des calomnies; il répondait à l'impatience nationale d'avoir des nouvelles authentiques, alors que l'on continuait à s'alarmer de toute lettre qui, du camp, arrivait en Italie[3].

---

1. Le télégramme qui m'a été adressé par le ministre de la guerre, en son nom et au nom de Crispi, le 24 janvier 1896, n° 345 (livre vert, XXIII *bis*), a été publié tronqué. Ainsi qu'il apparaît des actes du procès d'Asmara, il est complété par l'expression de la confiance de Crispi et de Mocenni dans le commandant en chef. Probablement on supposait, à Rome, qu'il pouvait surgir quelque doute dans mon esprit, à la suite de l'envoi en Afrique du général Ellena, haut fonctionnaire du ministère de la guerre. Le télégramme a été transmis au tribunal par le ministre Ricotti et lu à l'audience de l'Asmara.

2. Livre vert, XXIII *bis,* n° 351.

3. Le rapport avec les documents annexés a été présenté à la Chambre le 27 avril 1896 et publié dans le livre vert, XXIII *quater,* deux mois après la bataille décisive.

TROISIÈME PARTIE

24 FÉVRIER-6 MARS

CHAPITRE XXIX

A SAURIA

Les Abyssiniens au Mareb. — Mon remplacement et le télégramme de M. Crispi. — L'idée de notre retraite (23 février). — Démonstration du 24 février. — Combat heureux à Mai Maret (25 février). — Lignes d'invasion dans la colonie. — Le colonel de Boccard avec trois bataillons à Mai Maret (26 février). — Retour du colonel Stevani et du major Valli à Sauria (27 et 28 février). — Forces du corps d'opération et dans la colonie. — Concentration maxima à Sauria. — La ligne de réapprovisionnement et les vivres.

Revenons aux opérations militaires dans la région montagneuse d'Entiscio et de Sauria, vis-à-vis des Abyssiniens campés dans la région du Gundapta, pour continuer ce que nous avons dit dans le chapitre XV[1].

Chaque jour on faisait, de la position de Sauria, des reconnaissances sur une vaste ou sur une petite échelle, dans le but d'étudier le terrain, de jeter l'alarme dans le camp ennemi, de pénétrer ses intentions, de tenir nos soldats en haleine et d'en augmenter la cohésion, l'esprit militaire, l'adresse et la mobilité.

Les instructions données, comme directives, aux commandants supérieurs étaient les suivantes :

1° Observer toujours scrupuleusement, vis-à-vis de l'ennemi, les prescriptions du service de sûreté, car l'ennemi est particulièrement habile dans les embuscades et les surprises ;

2° Personne ne doit se laisser impressionner par des mouvements tournants, exécutés sur une grande ou sur une petite échelle ;

---

1. Voir notre esquisse démonstrative de Sauria à Adoua, annexée au chapitre XXXIII.

3° Conserver des réserves générales et des réserves partielles, pour ne les employer qu'au moment opportun ;

4° Faire usage de la baïonnette toutes les fois que l'occasion s'en présente ;

5° Les officiers doivent mettre pied à terre dans la zone du feu ;

6° Dès le commencement du combat, distribuer les cartouches de réserve qui sont avec le convoi ;

7° En avant-ligne, employer des chaînes denses ;

8° Ne pas faire usage du feu au delà de 500 mètres, et, sauf des cas exceptionnels, n'exécuter que des feux de salve ;

9° Les hommes des convois doivent prendre part au combat et se mettre en ligne aussi nombreux que possible ;

10° Envoyer fréquemment des nouvelles, en indiquant l'heure, la localité et la situation du moment.

Pour *rendre plus faciles les communications* entre les brigades et la combe d'Entiscio, située en arrière (où se trouvaient l'eau, les réapprovisionnements en vivres et les ambulances), on construisit plusieurs routes. Pour *remédier au défaut de nombre* et améliorer la puissance défensive de la position, on construisit des retranchements sur les points les plus accessibles aux attaques ennemies. Pour *étendre le réseau de surveillance,* on établit des petits postes, avec des stations optiques, sur les points culminants, c'est-à-dire sur le mont de Zala, sur la pointe la plus élevée de Sauria et sur un éperon montagneux du côté d'Adi Cras : ces stations communiquaient avec la station optique d'Adi Dichi, établie près du quartier général. *Pour protéger les flancs et les derrières de la position,* il y avait des détachements indigènes sur les ressauts du mont Augher et sur le Zeban Arghesana ; il y avait aussi un poste important à Mai Gabeta.

Inutile de répéter toutes les nouvelles envoyées alors au ministère et contenues dans le livre vert. Mais comme je n'avais annoncé d'avance aucune opération (pas même le changement de la base et du front stratégique du 31 janvier), je ne crus pas devoir annoncer d'avance aucune manœuvre, parce qu'elle était fonction des circonstances du moment, de la position de l'ennemi, de la liberté d'action dont on jouissait au jour et à l'heure de la manœuvre, et enfin du développement que pouvait prendre la manœuvre elle-même.

La prudence nous engageait à être toujours prêts à battre en retraite. En effet, le 23 février, les nouvelles d'Adoua et d'Adi Quala, au delà de la crête du Mareb sur la frontière méridionale du Seraé, étaient d'accord pour annoncer que l'ennemi s'était avancé jusqu'à la rive gauche du Mareb et que toute la descente d'Adoua au Mareb, par Daro Taclé, fourmillait d'Éthiopiens. L'impression de ce mouvement avait été telle que le commandant de nos troupes à Adi Quala avait retiré les *bandes* chargées de garder la crête du Mareb et avait enlevé le poste télégraphique d'Adi Quala, en se repliant sur le fort d'Adi Ugri[1].

Dans d'autres circonstances, en voyant ainsi avancer les Abyssiniens vers le nord, dans la profonde vallée du Mareb, sans nous attaquer, on aurait pu dire : « Tant mieux : ils nous prêteront ainsi le flanc, et nous aurons beau jeu ! »

Mais il est nécessaire de rappeler ce qui est écrit à la fin du chapitre XXV, c'est-à-dire que *ras* Sebath et *degiac* Agos Tafari menaçaient en même temps notre ligne de réapprovisionnement ; que les trois bataillons du colonel de Boccard étaient encore loin ; que le corps d'opération à Sauria était réduit à 12,285 fusils. Et la question de nourrir tant de personnes devenait, chaque jour, plus ardue et plus compliquée, à cause de la mortalité des animaux et du nombre de soldats qu'employaient les caravanes.

Bien qu'il fût douloureux d'abandonner le pays et de tourner le dos à l'ennemi sans combattre ; bien qu'il fût dangereux de déprimer l'esprit militaire, d'enhardir l'insurrection de l'Agamé et de donner de l'autorité et de l'audace aux deux chefs rebelles ; bien qu'il fût pénible de renoncer au plan que l'on poursuivait depuis deux mois et demi,... il fallait cependant être prêts à abandonner les positions fortifiées de Sauria. On en donna avis à l'intendance et aux convois, tout en ajoutant que, jusqu'à nouvel ordre, le service devait procéder comme à l'ordinaire, en attendant, bien entendu, de nouvelles informations ou de nouveaux événements qui nous amèneraient à épargner la *diminution* de la force morale, le *sacrifice* de renoncer à la revanche et le *danger* de nous enlever au contact avec l'ennemi.

Les Abyssiniens, de la région du Mareb, avaient deux voies pour envahir la colonie.

Premièrement. la voie directe de Gundet qui conduit au Seraé ;

1. Voir la carte générale de l'Érythrée, à la fin de ce volume.

mais il n'était pas facile de monter sur la crête du Mareb, qui est rude, rapide, avec des rochers en forme de tour, avec une différence de niveau de plus de 300 mètres, presque à pic. Le nombre était un sérieux embarras, parce que, dans les passages étroits, les masses abyssiniennes auraient dû défiler très lentément; et puis, arrivées sur la crête du Mareb, elles auraient dû attaquer le fort d'Adi Ugri, construit et renforcé depuis plus de deux ans, muni d'une bonne garnison et placé, sous tous les rapports, dans des conditions incomparablement meilleures que le fort d'Enda Jésus à Macallé. Adi Ugri est à une journée de l'Asmara, où se concentraient les nouveaux secours arrivant d'Italie et où étaient accumulées des quantités de vivres. En prévision de tout événement, les magasins d'Adi Ugri et de l'Asmara étaient munis de plusieurs journées de vivres pour plusieurs milliers d'hommes [1].

Deuxièmement : la route *indirecte* qui tourne à l'est la crête du Mareb et va au Bélésa, puis du Bélésa, tournant au nord, se dirige soit vers Adi Caié et Gura, soit vers Amba Raindi et Coatit. Par cette route, à vrai dire, les Abyssiniens auraient, au Bélésa, prêté leur flanc droit à notre position de Sauria, et, dans certains cas, ils nous auraient fourni l'occasion d'une manœuvre. Mais, pour pouvoir juger les événements de ces journées, et pour expliquer notre impossibilité d'exécuter une manœuvre offensive, il faut toujours se rappeler qu'à ce moment, nos forces au camp de Sauria étaient réduites au minimum, et que l'insurrection de l'Agamé et les *bandes* formées par les rebelles, précisément ces jours-là, avaient augmenté d'audace, au point de menacer nos gîtes d'étape à Mai Maret et à Barachit. Et puis, pour une manœuvre offensive contre un mouvement en avant de

1. A Adi Ugri, il y avait, le 29 février :

20,000 kilos d'orge ;
100,000 — de farine ;
38,000 boîtes de viande de conserve ;
3,800 kilos de biscuit ;
27,000 — de pâte et de riz ;
20,000 litres de vin ;

sans compter les ressources du Seraé, qui étaient importantes, surtout en viande de boucherie. Voir les dépositions du lieutenant comptable M. Peroni devant le tribunal de l'Asmara. Voir aussi les *Notes et Considérations sur le service de l'intendance pendant la campagne d'Afrique de 1896*, par le lieutenant-colonel Ripamonti.

l'ennemi, on aurait dû parcourir un pays désert, en descendant avec des troupes italiennes, dans la région torride du Bélésa, où seulement on aurait pu décider la question les armes à la main.

Donc, en de semblables circonstances, la plus grande probabilité d'invasion des Amahras était par le Bélésa. D'ailleurs, un peu en amont du confluent de l'Unguia et du Bélésa dans le Mareb, on devait trouver de l'eau; de plus, les transfuges de l'Oculé Cusai, soutenus par *ras* Alula, affirmaient aux Amahras qu'ils trouveraient le pays ouvert et favorable à leurs entreprises; enfin, il est de tradition chez les Abyssiniens de prendre la voie de Gura, laquelle peut interrompre les communications entre Massaoua et l'Asmara.

Donc, si l'invasion s'était prononcée, il était nécessaire de se retirer; mais c'eût été une erreur de s'arrêter avant Adi Caié, malgré sa grande distance d'Adigrat (86 kilomètres) et de Sauria (81 kilomètres); car, dans les positions successives de l'intérieur de la colonie avant Adi Caié, on n'en aurait pas trouvé une seule permettant, au point de vue stratégique et tactique, de menacer ou d'arrêter l'invasion.

En effet, pour comprendre cela, il est nécessaire de considérer qu'en nous retirant, de Sauria, dans l'intérieur de la colonie, — au point de vue logistique, et surtout à cause des ressources en eau, — nous ne pouvions nous arrêter qu'à trois points différents, plus avancés, situés au sud (en avant) d'Adi Caié et du Bélésa. C'étaient Mai Maret, Barachit et Sénafé. Mais ce n'était pas la même chose, au double point de vue stratégique et tactique, puisque de très sérieux obstacles empêchaient de descendre, surtout des deux premiers (Mai Maret et Barachit), car il fallait passer à travers un fouillis d'*ambas* aux parois à pic, par des gradins successifs, au milieu des rochers, des pierres et des buissons épineux, en franchissant des précipices; en bas, dans les vallées du Bélésa et du Serena, par des sentiers de bergers abyssiniens, avec une différence de niveau d'environ 800 mètres. Aussi les Abyssiniens auraient toujours pu tourner au large et à l'abri de nos attaques. D'ailleurs ces trois positions n'offraient — au point de vue de la défense, pour un corps relativement petit — aucun avantage notable, parce qu'elles sont trop vastes et trop découpées et parce qu'elles ne sont point appuyées à des montagnes, ou bien elles y sont enfermées, comme la position de Sénafé.

De toute façon, la retraite du corps d'opération aurait dû être dirigée par ces localités, c'est-à-dire par notre ligne de réapprovisionnement, qui, de Mai Maret à Sénafé, coïncidait avec la ligne suivie par l'expédition anglaise et présentait toujours l'avantage de suivre des positions dominantes, tant sur le versant occidental que sur le versant oriental, parce que cette route suit à peu près la ligne de partage des eaux entre le Mareb et la mer de l'Érythrée.

Pour se faire une idée approximative des difficultés qui, dans ces pays, s'opposent à tout mouvement militaire et à une prise quelconque de position, il est nécessaire non seulement de jeter toujours les yeux sur des cartes topographiques imparfaites[1], mais encore de se représenter, par la pensée, les formes topoplas · tiques du terrain, dans les hautes montagnes abyssiniennes. Deux routes, presque parallèles, vont du sud au nord, c'est-à-dire de la région qu'occupait notre corps d'opération à la région de l'Oculé Cusai. Une de ces routes passait par les hauteurs de 2,200 à 2,600 mètres d'altitude, le long de la grande arête éthiopienne ; l'autre passait par le bas, de 1,400 à 1,800 mètres d'altitude. Entre ces deux routes il n'y avait aucune communication ordinaire. De l'arête, les vallées descendent en précipices, par les lits des torrents qui se jettent dans le Bélésa et le Serena, au milieu de contreforts très escarpés, au milieu d'énormes rochers à pic, au milieu de précipices et de crevasses inaccessibles. Le terrain est dénudé, sauf dans le fond, où, grâce à l'humidité des sources, s'est accumulée une végétation de plantes épineuses, d'arbustes, de lianes et de hautes herbes de la taille d'un homme, qui obstruent les passages ou les dissimulent. L'arête passe précisément par les positions élevées de Mai Maret, Barachit, Sénafé et Adi Caié, où nous avions établi des postes et des centres de ravitaillement et d'étape.

Mais les Abyssiniens renoncèrent tout à coup à s'avancer par le Mareb, et, avant même d'avoir fait une démonstration vers le Seraé ou l'Oculé Cusai, ils se retirèrent dans la combe d'Adoua. Les informateurs rapportèrent qu'ils s'étaient décidés à battre en retraite, à cause du manque d'eau et de vivres. Peut-être le

1. Voir notre carte générale de l'Érythrée à l'échelle de 1/1.000.000° et les nouvelles cartes de l'Institut géographique militaire de Florence à l'échelle de 1/250.000° feuilles d'Adigrat et d'Adoua.

manque d'eau était-il une exagération et un prétexte, parce que dans le Mareb et dans les affluents immédiats du Mareb se trouve, en creusant, de l'eau suffisante *même pour une multitude* (et les Abyssiniens sont fort habiles à en trouver). Mais toutes les nouvelles étaient d'accord (comme d'ailleurs la raison) pour dire que l'armée ennemie manquait de vivres. Bien des fois on l'avait déjà annoncé : et même il semblait impossible qu'une telle foule pût vivre compacte sans souffrir du manque de vivres et sans être victime de maladies infectieuses. Mais, cette fois, les bruits et les informations étaient plus persistants et plus précis. D'ailleurs il était tout naturel que chaque jour vît augmenter la misère des Abyssiniens, car l'armée ennemie, depuis bien des jours, vivait avec les produits d'un pays désolé depuis bien longtemps par la guerre, d'un pays qui avait envoyé la plus grande partie de son bétail sur le territoire de l'Érythrée, afin de le soustraire à la rapacité choanne.

Pour se procurer des vivres, le *negus neghesti* avait ordonné des expéditions régulières de plusieurs centaines et même de plusieurs milliers de soldats, qui allaient, à l'ouest, jusque dans le Sciré; mais, pendant ce temps, le Tigré était complètement épuisé : c'était une cause de mécontentement qui pénétrait dans les camps de *ras* Mangascia et de *ras* Alula, car ceux-ci voulaient que les Choans et les Tigrins allassent vivre dans la colonie de l'Érythrée.

En de semblables circonstances, il n'était pas improbable que l'ennemi attaquât nos positions de Sauria, pour obtenir une satisfaction quelconque avec les armes. Cette attaque aurait été la bienvenue pour nous, parce que les hauteurs de Sauria, grâce à la nature et aux travaux que nous y avions exécutés, étaient dans de bonnes conditions défensives et étaient parfaitement surveillées, et aussi parce que, malgré certaines privations (inévitables en toute guerre et surtout dans les guerres africaines), l'esprit des troupes était bon, ainsi que l'affirmaient en toute circonstance les commandants de chaque unité, et surtout les généraux.

L'ennemi ayant renoncé au grand mouvement tournant par le Mareb, notre retraite sembla prématurée, d'autant plus qu'elle était contraire au sentiment militaire et au sentiment national.

Sur ces entrefaites, le général Ellena, directeur général de l'artillerie au ministère de la guerre, arriva au camp de Sauria.

Lui-même ne crut pas à propos de faire envoyer de Massaoua au camp les mortiers-torpilles, auxquels on attribuait, en Italie, une efficacité surprenante et qu'il était chargé d'expérimenter. Il y renonça, à cause du danger dans le transport des munitions, à cause de l'emploi difficile de ce matériel dans cette guerre de montagne, à cause de la faible mobilité des mortiers et de l'incertitude de leur tir contre des objectifs couverts. Je lui donnai le commandement des deux régiments de réserve ; cette fonction parut honorable (cela devait être), et elle fut bien accueillie. Je ne crus pas devoir créer un commandement spécial d'artillerie, parce que dans les conditions où nous nous trouvions par rapport au terrain, aux marches, à l'allongement des colonnes et au combat, c'eût été une grave erreur que de réunir toutes les batteries de montagne ; on en aurait paralysé l'action.

Je mettais le ministère au courant des difficultés de la situation pour le préparer à une retraite possible. Dès le 21 février, je télégraphiais[1] que j'avais étudié l'éventualité de porter le corps d'opération sur des positions plus en arrière, dont les relations avec notre base étaient sûres. « Si la révolte de l'Agamé prenait des proportions alarmantes, si elle semblait devoir s'étendre à l'Oculé Cusai, ou s'il se produisait d'autres faits qui rendissent périlleux pour nous de rester ici plus longtemps, je devrais me résoudre à occuper une position plus en arrière vers Adi Caié, où je rassemblerais les derniers renforts encore en voyage. Avec ces derniers renforts, je crois que nous avons atteint *l'extrême limite que l'on peut donner aux forces mobilisées du corps d'opération,* à cause des difficultés logistiques signalées et à cause de la nature du terrain. »

Le lendemain même du jour où arriva ce télégramme à Rome, c'est-à-dire le 22 février, fut signé le décret qui nommait le général Baldissera au commandement en chef des troupes en Afrique. Mais aucun avis de cette nouvelle ne parvint au quartier général avant le 5 mars, à cause du secret que l'on voulut garder sur ce fait et à cause des ordres rigoureux qui furent donnés aux bureaux télégraphiques, en Italie, et au vice-gouverneur, à Massaoua, de supprimer tous les télégrammes adressés au camp qui contiendraient cette nouvelle. Mais nous en parlerons plus tard.

1. Livre vert, XXIII *bis,* n° 457.

Malgré les difficultés logistiques, signalées par moi le 21 ; malgré le décret du 22 qui me remplace dans mon commandement, — le chef du gouvernement, en Italie, m'expédie le 25, alors que depuis trois jours, et sans en rien savoir, je ne suis plus commandant, le fameux télégramme :

Ceci est une *phtisie militaire,* et non pas une guerre. Ce sont de petites escarmouches dans lesquelles nous sommes toujours inférieurs en nombre à l'ennemi. C'est gaspiller de l'héroïsme en pure perte. *Je n'ai pas de conseils à donner, parce que je ne suis pas sur place,* mais je constate que la campagne est conduite sans aucun plan, et je voudrais qu'il y en eût un d'établi. Nous sommes prêts à tous les sacrifices pour sauver l'honneur de l'armée et le prestige de la monarchie [1]. CRISPI.

Le reproche était cuisant, et la pointe était cruelle pour un général (fût-il même le plus avisé et le plus prudent) qui, depuis tant de semaines, résistait à toutes les excitations et arrêtait l'invasion de 100,000 ennemis, à la frontière de l'Érythrée, avec les effectifs que tout le monde connaît.

Mais — si ce télégramme me troubla l'esprit et remplit mon cœur de dédain et d'amertume — il ne me fit pas changer d'avis. Après l'avoir reçu, je télégraphiai à Rome, pour appeler de nouveau l'attention du ministre sur les difficultés des transports, occasionnées par l'augmentation continuelle des troupes et des services sur le théâtre d'opération. « Je continue à recourir aux mesures les plus énergiques et les plus pratiques pour augmenter et utiliser le mieux possible les moyens de transport, mais je crains de ne pas réussir complètement, si la mère patrie n'envoie pas, et vite, beaucoup d'animaux en dehors de ceux formant les convois des bataillons. » — « Les difficultés des transports augmentent encore, puisqu'il faut pourvoir aux besoins des bataillons arrivés de Massaoua les 26, 27 et 28, que je fais diriger sur l'Asmara.

Si, d'un côté, les difficultés de transports augmentaient, surtout à cause de la perte des quadrupèdes, et si la difficulté des transports rendait toujours plus difficile le problème de faire vivre les troupes, on voyait d'autre part le nombre des soldats augmenter, et nos conditions militaires à Sauria s'amélioraient chaque jour, après le 23 février.

1. Livre vert, XXIII *bis,* n° 477.

Le 24 février, on exécuta une démonstration offensive vers Adoua, avec 14 bataillons et 6 batteries formés sur trois colonnes, ainsi que l'exigeaient le terrain et la répartition des forces sur notre position retranchée.

Comme je l'ai déjà indiqué, les hauteurs de Sauria s'étendent au nord-ouest du mont Augher et se relient à ce massif par des ressauts, des rochers et des arêtes très peu praticables, que gardaient des indigènes à notre service[1].

Au sud, à gauche, est la hauteur de Sauria proprement dite (laquelle a donné son nom à toute la position). Cette position est très forte au point de vue défensif, bien qu'elle soit coupée en plusieurs parties et peu profonde. Elle était occupée par la brigade indigène et par une grande partie des *bandes.*

Au centre, la hauteur d'Adi Dichi est plus large et mieux délimitée; elle domine fort bien tout le terrain avoisinant. La 1re brigade (Arimondi) y campait, et un peu plus en arrière se trouvait la 3e brigade (Ellena). Devant le front, un éperon placé à la descente du col de Zala était couronné par 6 batteries de montagne.

Au *nord* (droite), se trouve le col de Zala, par où passe la route principale d'Entiscio à Adoua; plus à droite encore se trouve le mont de Zala. Le col et le mont étaient occupés par la 2e brigade (Dabormida), avec le bataillon de milice mobile indigène, sous le commandement du major De Vito, à l'extrême droite, vers l'église d'Enda Gabriel.

Le *quartier général* était vers le centre droit, près des ruines du village d'Adi Dichi, non loin de la route dont on parle plus haut, qui fait face directement à la position de Gundapta. Le commandant en chef était en communication, par des appareils optiques, avec les ailes de la position et même avec les postes d'observation placés sur quelques hauteurs en avant.

D'un léger col qui détermine à peu près la séparation entre la hauteur proprement dite de Sauria et celle d'Adi Dichi, s'étend à l'ouest, vers les monts de Gundapta, un éperon qui constitue en même temps la ligne de partage des eaux entre le bassin du Bélésa (Mareb) et celui de l'Ueri (Tacazzé) et qui finit par former une montagne aux parois abruptes et aux contours marqués. Ce mont est connu plus ou moins, dans la région, sous le

1. Voir *De Sauria à Adoua,* esquisse démonstrative, jointe au chapitre XXXIII.

nom d'Adi Cras (qu'il ne faut pas confondre avec le village d'Adi Cheiras); il a à l'ouest-nord-ouest les monts Gundapta, — au nord le mont de Guldam, — au sud-ouest le mont de Zatta. En outre, d'Adi Cras, — très bien en vue, de la position de Sauria, — s'alignent, nus et hardis avec leurs formes anguleuses et leurs parois à pic, du sud au nord, le mont Semaiata et le mont Raio; plus à droite, vers le nord, ne se détachant pas aussi bien sur l'horizon, se trouvent les monts Esciascio. Les monts qui s'élèvent à l'est d'Adoua sont cachés par cette chaîne.

Or, le 24 février, la plus grande partie du corps d'opération s'avança pour faire une démonstration offensive vers Gundapta, en deçà et au delà de l'éperon d'Adi Cras et sur l'éperon même. La colonne de droite (brigade Dabormida) partit du col de Zala et se porta, par la combe de Guldam, à l'ouest du mont d'Adi Cras, près le village d'Adi Cras, où elle se réunit avec la colonne de gauche formée par la brigade indigène (général Albertone). Pendant ce temps, la colonne centrale (général Arimondi) constituait la réserve, près du mont d'Adi Cras. Nos troupes restèrent en position au delà d'Adi Cras et du Guldam et sur l'Adi Cras lui-même jusqu'à la nuit avancée; puis elles rentrèrent dans leurs campements, après avoir vu de loin les foules ennemies.

Le lendemain (25), en rendant compte au ministère de la démonstration offensive, je faisais savoir que l'ennemi avait rappelé, du Mareb, *ras* Alula, *ras* Mangascia et *ras* Olié[1]. Le même jour, je télégraphiais au ministère la victoire du colonel Stevani, à Mai Maret, *gagnée* le 25 sur les hordes rebelles avec deux bataillons de bersagliers, deux compagnies du 17e bataillon d'Afrique (blanc), deux compagnies du 7e indigène (major Valli) et la 3e batterie. Pendant ce temps, le colonel de Boccard arrivait le 26 à Mai Maret avec 1,250 Italiens, force réellement suffisante (avec le 17e bataillon à Barachit et 360 indigènes sous les ordres du capitaine de Bernardis) pour garder la ligne d'opération contre les bandes insurgées de *ras* Sebatb, battues et chassées de Mai Maret dans les montagnes du sud. Par suite, le colonel Stevani, avec sa colonne mobile et le 7e bataillon indigène, put être rappelé à Sauria, où effectivement il arriva le 27.

Le 26[2] encore, on annonçait — et cela paraissait possible —

1. Livre vert, xxiii *bis*, n° 478.
2. *Id.*, *ibid.*, n° 484.

une attaque contre nous de la part de l'ennemi, qui était retourné dans les montagnes d'Adoua.

Le 29 février, les forces présentes à Sauria étaient les suivantes :

1re brigade Arimondi	2,900 hommes.			
2e — Dabormida	3,500	—		
3e — Ellena	3,350	—		
Indigène et bandes ...	8,300	—		
Batteries de montagne	1,200	—	canons	32
— à tir rapide	320	—	—	12
— indigènes	400	—	—	8
Quartier génér. et autres services.	150	—		
TOTAL	20,170	—	—	52

Dans la nuit, une batterie devait arriver à Sauria[1]. Voici les effectifs sur les communications de l'arrière Sauria-Sénafé :

A Mai Maret, le régiment de Boccard	1,250 hommes.	
A Barachit, le 17e bataillon	450	—
A Cascassé, le capitaine de Bernardis ., ...	360	—
A Adigrat, officiers	56	—
— troupes blanches	1,500	—
— — indigènes	670[2]	—

Le bataillon de chasseurs d'Afrique, avec son commandant le major Prestinari, venait d'arriver, à ce moment-là, à Adigrat.

Jamais le corps d'opération n'avait été aussi nombreux que le 29 février, et, pour les raisons tant de fois exposées, on ne pouvait pas, dans une position avancée, en avoir un plus nombreux. Depuis qu'il était dans la position de Sauria, il avait ses derrières et sa ligne d'opération mieux gardés que jamais, et (ainsi

1. Livre vert, XXIII bis, no 497.
2. Voici les effectifs dans le reste de la colonie :

Asmara	900 Italiens.		250 indigènes.	
Chéren	100	—	450	—
Agordat	40	—	1,250	—
Cassala	100	—	1,445	—
Adi Ugri	725	—	860	—
Adi Quala ...		—	1,550	—
Saganeiti	700	—	145	—
Adi Caié	600	—	100	—

(livre vert, XXIII bis, no 481).

qu'il résulte des déclarations de tous les témoins du procès de l'Asmara et comme c'est naturel) l'esprit militaire n'avait jamais été plus élevé, ni la troupe plus prête à l'action.

On avait remédié à tout ce qui était remédiable, et l'on ne pouvait rien espérer de plus. Les compagnies improvisées avaient vécu ensemble, au camp, pendant plusieurs semaines : elles s'étaient un peu habituées à la nature des lieux, aux marches à travers les âpres sentiers, aux mouvements et aux manœuvres avec les troupes indigènes. Les officiers, dans leurs longues reconnaissances, s'étaient formé l'œil au terrain, et ils désiraient se mesurer avec l'ennemi, dont on faisait, en général, peu de cas, à cause de ses disparitions continuelles derrière les montagnes. Le terrain en avant était connu, d'une façon générale, au delà d'Adi Cras et de Zatta. On semblait être dans les meilleures conditions pour un bond en avant, bond qui nous aurait ouvert une autre voie de communication avec la colonie : la voie du Gundapta, par le Bélésa, au Scimenzana et à l'Oculé Cusai; et par suite la voie par Adis Adi et par Adi Ugri, avec ravitaillement à Adi Ugri et à l'Asmara. Un bond en avant vers la position de Gundapta ou vers les points avoisinants nous aurait remis en contact avec l'ennemi, et surtout (dans les conditions où l'ennemi semblait être et dans lesquelles il était effectivement en partie) nous aurait offert l'occasion de déterminer la dispersion de ses forces ou d'obtenir, par les armes, une solution honorable.

Tout corps d'opération nombreux qui opère dans les montagnes, à des centaines de kilomètres de sa base d'opération, traîne avec lui l'énorme embarras des convois, qui, comme un polype, l'enlace et l'attache au sol, en brisant son élan et sa vigueur.

Le chef de l'intendance, le lieutenant-colonel Ripamonti, aidé par plusieurs officiers, avait déployé tous ses soins pour que le service ne subît pas de retard. Le vice-gouverneur, le général Lamberti, avait, lui aussi, envoyé partout acheter des animaux de transport de toute espèce, en aussi grande quantité que possible. Mais rien ne pouvait résister à une aussi longue et aussi rapide usure. Les animaux mouraient par centaines, soit par excès de travail, soit à cause des routes détestables, soit à cause des mauvais traitements, soit à cause de la différence de climat entre la zone basse et la zone haute; dans cette dernière zone les

25

chameaux souffrent au delà de toute expression. Le personnel
européen n'était pas préparé, il était inhabile à ce service, et le
personnel indigène, composé d'hommes du *chitet,* était insuffisant
pour tout. Les animaux étaient mal chargés et mal nourris. Bien
des fois on exigeait d'eux une vitesse de marche excessive, souvent on les laissait manquer d'eau. Les officiers venus en Afrique,
sur leur demande, pour mener les troupes au combat contre les
Amahras, impatients de montrer leur bravoure, considéraient
en général ce service désagréable, difficile et plus compliqué en
Éthiopie que partout ailleurs, comme inférieur à leur mission,
comme contraire au but pour lequel ils étaient venus en Afrique,...
et parfois, oubliant qu'ils étaient le rouage le plus important de
la machine de guerre, ils ne déployaient pas tout leur zèle et ne
maintenaient pas énergiquement la discipline; souvent, et surtout aussi, leur bon vouloir se brisait contre des obstacles et des
embarras très sérieux, par exemple leur ignorance de la langue
et des coutumes, leurs connaissances nulles, en théorie comme
en pratique, sur les transports. Les soldats employés aux convois, peu surveillés, mêlés au *chitet* (c'est-à-dire à la milice du
pays, moins disciplinée et point encadrée), pris au hasard ou
parmi les plus débiles, parmi les moins disciplinés ou les moins
aguerris, sans levier moral pour les soutenir, sans un organisme
qui permît à des chefs de les manier et de les diriger vers le
but, commettaient fréquemment des abus de pouvoir à l'égard
des conducteurs indigènes, qui, de temps en temps, profitaient
de la conformation embrouillée du pays pour fuir avec leurs
animaux dans les montagnes.

« Au moment de son arrivée à Adi Caié (23 janvier), l'intendance aurait dû trouver à sa disposition environ 5,000 chameaux.
En rassemblant les situations, le 25, on en trouve à grand'peine
2,300. Alors que pour assurer journellement le nécessaire, le
simple, le strict nécessaire au corps d'opération, il en fallait
au moins 3,000 en avant d'Adi Caié. Trois jours après, les
2,300 étaient devenus 1,700[1]. »

La voie principale de réapprovisionnement était celle de Maio,

---

1. *Notes et Considérations sur le service de l'intendance pendant la campagne d'Afrique de 1896,* par le lieutenant-colonel Ripamonti, dans le *Rapport sur les opérations militaires de la seconde période de la campagne d'A-
frique.*

par Adi Caié-Sénafé-Mai Maret-Sauria. Nous en avons déjà parlé ; mais il est peut-être bon d'y revenir un peu.

En partant de Massaoua, la route traverse Archico, où l'on avait formé alors un gros dépôt de tout ce qui est nécessaire à la guerre ; puis elle se déroule à plat, à travers les champs d'Archico et les sables du Samhar ; elle pénètre encore dans un terrain aride et chaud, en montant lentement au plateau de Hidol : puis, après l'avoir dépassé, elle continue jusqu'à Maio par la vallée de l'Haddas. De Massaoua aux puits de l'Haddas (environ 38 kilomètres), il y a partout des pâturages pour les chameaux. A partir de l'Haddas on trouve, en hiver et en été, de l'eau en quantité variable suivant les années et l'état plus ou moins avancé de la saison.

Après avoir parcouru, à partir des puits d'Haddas, environ 12 kilomètres, — en remontant le cours de l'Haddas, — on rencontre la station d'Ilalia, où les caravanes peuvent s'abreuver. On est déjà entré dans la région montagneuse des Assaortas. D'Ilalia à Maio, en suivant les sinuosités décrites par le torrent, il y a 30 kilomètres environ. A Maio, ancien marché abyssinien, ancien poste de la douane italienne, il y a de l'eau même pendant la saison sèche. D'un côté (ouest), les monts d'Halaï surplombent sur Maio, avec une différence de niveau d'à peu près 1,500 mètres ; d'un autre côté (sud-est), s'élève le plateau de Coaito, dont l'altitude n'est pas moins considérable. La route remonte sur une longueur d'environ 24 kilomètres et franchit une différence d'altitude d'environ 1,000 mètres, pour arriver à Adi Caié, nœud fortifié de routes de montagne.

Adi Caié (2,365 mètres) domine les sources de l'Haddas et défend non seulement la communication la plus directe que nous venons de décrire, mais encore les deux routes qui, en traversant les montagnes de l'Oculé Cusai, viennent de Saganeiti et offrent précisément d'autres voies secondaires de réapprovisionnement et de communication avec l'Asmara et avec Massaoua. D'Adi Caié, la vue s'étend largement en cercle vers les monts de Sénafé, vers Coatit et vers la mer. Adi Caié est proche de Toconda, point d'eau et position bonne au point de vue tactique.

D'Adi Caié à Sénafé, en suivant les sinuosités du sentier qui se déroule à plus de 2,400 mètres au-dessus du niveau de la mer, il y a à peu près 22 kilomètres. Entre Toconda et Sénafé, s'ouvre le passage de Cascassé, où le sentier descend brusquement au milieu des roches boisées et franchit, entre deux déclivités impraticables, un étroit passage, puis monte au col d'Amba Tarica. Le col et le passage étaient gardés par le capitaine de Bernardis avec environ 360 indigènes.

A partir de Sénafé, le long de la crête du haut plateau, la route a de longues portions en terrain plat et elle devient meilleure. Elle peut être défendue avec des forces peu considérables, parce que les attaques possibles (même dans un pays révolté) sont limitées à certains points déterminés, et les surprises ne sont pas faciles contre quelqu'un qui sait se garder autour de lui.

A 12 kilomètres de Sénafé est le poste de Barachit, où se trouvait le 17e bataillon blanc. Après Barachit, par le défilé de Gunaguna, on arrive sur le haut plateau de Ghelaba. En bas est Mai Maret; cette station, abondamment fournie d'eau, avait pris une grande importance pour nous, après le changement de notre front d'opération. En effet, c'est le point d'où se détachent deux voies : une qui continue vers Adigrat, l'autre qui descend vers Debra Damo et remonte ensuite vers l'Entiscio. De Barachit à Mai Maret il y a environ 22 kilomètres. Et puis Mai Maret, précisément parce que d'autres routes viennent y aboutir, constituait le pivot de la défense contre les hordes de *ras* Sebath et d'Agos Tafari, qui, s'étant réunies, avaient attaqué, le 25, Mai Maret. A Mai Maret il y avait le régiment de Boccard. De Mai Maret, par Debra Damo, à la position de Sauria, il y a environ 36 kilomètres[1].

Le couvent de Debra Damo est sur une *amba*, c'est-à-dire sur un plateau élevé en forme de table de médiocre étendue; mais ses parois sont si raides que l'on ne peut y monter qu'en se faisant tirer par des cordes. Toutefois ce couvent pouvait être bombardé par nos canons. Le prieur de Debra Damo, homme à l'esprit subtil, autrefois chaud partisan de *ras* Mangascia et à ce

1.

De Massaoua à	l'Haddas.....	38 kilomètres.	
—	Ilalia........	50	—
—	Maio........	80	—
—	Adi Caié.....	104	—
—	Sénafé	126	—
—	Barachit.....	138	—
—	Mai Maret....	158	—
—	Sauria........	186	—

moment plein d'égards pour nous, avait été pris en otage par le colonel Stevani.

Au camp de Sauria, il y avait des vivres pour plusieurs jours, surtout en animaux de boucherie, en remplaçant (sans inconvénient pour l'hygiène) une espèce de denrée pour une autre et en faisant vivre les *ascaris* en achetant, dans les villages plus ou moins éloignés, des denrées en usage chez les paysans éthiopiens. Mais l'intendance déclarait qu'elle ne pourrait plus dorénavant approvisionner le corps d'expédition. Par suite, il fallait soit battre en retraite sans attendre davantage, soit faire un mouvement rapide qui fît sortir l'ennemi de son inaction, ou fût la poussée amenant la dispersion de ses forces.

Voici comment, au 28 février, sous le rapport des mouvements militaires, se présentait la question des vivres[1] :

1° Pour une opération *immédiate* de deux ou trois jours, vivres en quantité suffisante;

2° Pour une *opération retardée,* vivres insuffisants;

3° Pour une *défense prolongée* à Sauria, vivres insuffisants;

4° Pour un *mouvement en avant ayant réussi,* concours probable du magasin d'Adi Ugri, aidé à son tour par les dépôts de l'Asmara, et ouverture d'une nouvelle voie de ravitaillement[2].

---

1. Pour les vivres, il faut rappeler les dépositions du lieutenant-colonel Ripamonti, du lieutenant Peroni, du colonel Valenzano, etc., faites devant le tribunal de l'Asmara.

2. Voir *Notes et Considérations sur le service de l'intendance,* ouvrage cité plus haut. « Au milieu des difficultés et des embarras du moment, j'étais soutenu par l'espérance que l'on atteindrait vite Adoua et que l'on rouvrirait la voie de réapprovisionnement d'Asmara par Adi Agri, directe, plus courte et bien plus commode que la précédente, qui était longue, tortueuse et difficile. » Voilà ce qu'écrit le colonel Ripamonti.

CHAPITRE XXX

DILEMME : AVANCER OU RECULER

La réunion des commandants de brigade. — Dangers de la retraite : dépression morale; invasion triomphante; nécessité de reconquérir plus tard le pays. — Le général Baldissera et mon remplacement.

Le soir du 28, je réunis, comme d'habitude, dans ma tente les commandants de brigade, avec le chef d'état-major, et je leur exposai les conditions inquiétantes des vivres, sans exprimer mes idées et en faisant simplement allusion à une retraite possible. Je chargeai ensuite le colonel Valenzano de lire les télégrammes et les nouvelles que l'on avait reçus du général Lamberti, vice-gouverneur à Massaoua, et du lieutenant-colonel Ripamonti, chef de l'intendance, sur les réapprovisionnements. La conférence fut longue et animée, et chaque général put exposer sa propre manière de voir. « Je ne vous convoque pas en conseil de guerre, parce que la responsabilité de la décision à prendre sera toujours pour moi. Je vous invite à m'ouvrir votre esprit, comme dans les circonstances ordinaires des mouvements et des manœuvres; et je vous prie de me donner les informations habituelles sur les conditions des troupes. »

Les quatre généraux, raisonnant avec calme, exprimèrent leur avis pour l'offensive, sans que j'en eusse parlé.

Cela résulte, de la façon la plus évidente, des dépositions faites, sous serment, par le général Ellena et le colonel Valenzano, et de l'interrogatoire du second devant le tribunal de l'Asmara. — Il n'y eut pas de procès-verbal; mais on peut résumer ainsi ce qui s'est dit :

Le général Dabormida, homme sensé et prudent, voulait, à ce

moment-là, hâter l'action décisive, alors que, les jours précédents, il était plutôt d'avis de battre en retraite, quand l'ennemi menaçait de nous tourner par le Mareb, et quand nos troupes envoyées pour garder les communications de l'arrière n'étaient pas encore rentrées. Personne (selon les idées du général Dabormida), dans de semblables conditions, depuis près de trois mois que nous faisons face à l'ennemi, ne s'expliquerait une retraite ; le pays préférerait perdre deux ou trois mille hommes, dans une bataille, plutôt que de nous voir reculer ;... nous devions nous battre à cause de nos frères débarqués ou qui allaient débarquer, car ils n'arriveraient jamais à temps pour la solution, puisque nous ne pouvions pas espérer avoir jamais assez de vivres pour un plus grand nombre de soldats que celui que nous avions dans le camp.

« Le moral de la troupe est élevé ; en reculant, nous le déprimerions. » Il se portait garant de l'esprit des officiers, qui aspiraient à se porter en avant, non pas tant pour se distinguer que pour l'honneur de nos armes. Il ajoutait qu'il était dangereux de reculer, parce que l'ennemi, tenu au courant par tous ses espions, connaissant les routes, d'accord avec les insurgés, bien plus rapide et bien plus nombreux que les troupes italiennes, aurait pu menacer notre retraite.

Le général Albertone (qui, comme commandant des *bandes* et des bataillons indigènes était chargé d'explorer au loin, et par suite était en mesure de connaître les conditions des Choans) ajouta que les forces de l'ennemi étaient très diminuées (le quartier général connaissait aussi ce détail), parce qu'une partie de ses troupes était occupée à exécuter des razzias vers le Sciré, une autre partie était en retraite vers le Choa ; de plus, des discordes et des maladies étaient signalées dans la combe d'Adoua. C'est ainsi que devait s'expliquer l'inaction des Abyssiniens, et il était temps d'en profiter... Il (le général Albertone), trois jours après la trahison de *ras* Sebath et d'Agos Tafari, avait un instant considéré comme prudent de battre en retraite. Mais à présent nous avions beaucoup gagné : le colonel Stevani, victorieux, était arrivé dans la soirée, avec ses deux bataillons de bersagliers et la batterie ; le capitaine Oddone était arrivé avec ses deux compagnies ; le lendemain devait arriver le beau et fort 7e bataillon avec le major Valli. Notre artillerie devait trouver partout de bonnes positions. Plusieurs routes conduisent à Adoua, et l'on pouvait surprendre un ennemi aussi inactif. « Nous sommes venus tous ici sans nous être entendus entre nous, et tous nous sommes d'accord qu'il faut aller de l'avant. » Quant au reste, il s'associait aux idées exprimées par le général Dabormida. Il ajoutait encore (et fort à propos) que la retraite nous aurait fait perdre tout ce que nous avions gagné en arrêtant, pendant tant de temps et avec une ténacité persistante, l'invasion à la frontière; la retraite aurait abaissé de 50 pour 100 l'esprit guerrier...

Le général Arimondi fut encore plus catégorique que les deux autres. Le nombre des Amahras a été exagéré par le service d'information; l'ennemi est en désaccord et il hésite;... il est désormais inutile d'attendre ici l'attaque. Du moment que nous sommes réunis, il vaut mieux avancer; une épidémie — toujours possible — nous coûterait plus qu'un combat. Une retraite découragerait les soldats, qui se trouveraient ensuite obligés de combattre dans une position défavorable, sous l'oppression de l'ennemi qui attaquerait, et dans l'intérieur d'un pays ruiné où tout le monde se soulèverait contre nous. Déjà, plusieurs fois, on aurait pu sortir de l'inaction et attaquer, depuis tant de semaines que nous étions, à une si courte distance, face à face avec l'ennemi.

Je publie en appendice la déposition faite sous serment par le général Ellena[1]; dans cette déposition, il résume sa pensée par ces mots : « Rassembler le plus possible de forces disponibles, et puis *aller à la recherche de l'ennemi.* »

Le général Ellena, dans sa déposition, ajoute encore :

« Le général Baratieri a terminé la réunion par ces paroles :
« Le conseil est hardi, l'ennemi est brave et il méprise la mort.
« Comment est le moral de nos soldats ? — *Excellent,* » répondirent tous les commandants de brigade. — Alors nous fûmes congédiés par ces mots : « J'attends des informations ultérieures devant « m'être fournies par des informateurs qui vont arriver du camp « ennemi. Dès que je les aurai, je prendrai une décision. »

Le colonel Valenzano, autre témoin vivant, fit cette déposition devant le tribunal de l'Asmara (audience du 6 juin) : « Tous les généraux se montrèrent très décidés à aller de l'avant, en disant que la retraite aurait été une trahison envers le pays; ils rappe-

---

1. Voir Appendice n° 1, p. 185 des actes de procédure.

lèrent que l'ennemi était à court de vivres et obligé à faire des razzias, que les divergences entre les chefs et les déplacements continuels indiquaient que l'ennemi voulait éviter la bataille ; ils dirent enfin que jamais, jusque-là, il ne s'était présenté un moment aussi favorable à un mouvement en avant.

« Le général Baratieri réserva sa décision, et, une fois restés seuls tous deux, il me demanda mon avis. Et moi, impressionné par l'avis unanime des généraux, je me déclarai d'accord avec eux. »

Le 7 mars je rassemblais à l'Asmara, et je mettais par écrit les douloureux souvenirs de la bataille. Je lus au colonel Valenzano tout ce que j'ai écrit plus haut sur les avis exprimés par les généraux,... et il me répondit qu'il n'y avait pas une virgule à changer et que lui-même aurait écrit ainsi.

Mais ce n'était ni l'opinion des généraux — quelque capables et quelque intelligents qu'ils fussent — ni même les motifs invoqués par eux qui me poussèrent à faire un pas en avant. D'autres raisons s'ajoutaient à celles-là pour m'amener à sortir de l'inaction. La retraite, à tous égards, présentait à mes yeux d'autres inconvénients graves. Elle aurait enhardi l'ennemi, aussi prompt aux enthousiasmes qu'aux découragements, précisément au moment où (selon toutes les informations) ses rangs semblaient commencer à se désagréger.

J'ai déjà dit qu'il n'aurait pas été sage d'adopter une demi-mesure en reculant seulement d'une ou deux étapes ; j'ai examiné, dans le chapitre précédent, les positions successives jusqu'à Adi Caié, dans le Scimenzana, au nord de la ligne du Bélésa, en montrant que là seulement, à 81 kilomètres (c'est-à-dire à trois journées de marche en arrière de Sauria), on aurait trouvé une localité opportune pour s'arrêter. De toute façon, quelle que fût la position choisie au nord de Debra Damo et d'Adigrat (soit Mai Maret, soit Barachit, soit Sénafé), on aurait laissé, sur notre flanc ouest, les voies de l'Oculé Cusái ouvertes à l'armée ennemie tout entière, ainsi qu'à de nombreuses bandes de partisans tigrins à qui se mêlaient des transfuges et des rebelles. Plus tard, pour l'honneur des armes (surtout avec les nombreux renforts signalés et en route), on aurait dû reconquérir péniblement, pas à pas, le pays perdu, et cela dans des circonstances bien plus défavobles, dans une saison bien moins propice, l'eau nous faisant presque toujours défaut, avec des troupes qui auraient éprouvé d'immenses difficultés à se concentrer, à se déployer et, qui pis est, à vivre.

Il y avait aussi la question du fort d'Adigrat, que l'on aurait dû abandonner à lui-même, certes dans des conditions favorables au point de vue des vivres, des munitions et des fortifications, mais qu'ensuite il aurait fallu débloquer, qui sait au prix de quels sacrifices ! La retraite aurait prolongé la guerre, qui sait avec quelles pertes en hommes, puisque plus on tardait, plus auraient augmenté les privations et les dangers de maladies, et plus une revanche aurait été nécessaire à l'honneur de nos armes.

Rester encore quelques jours sur la position de Sauria, inactifs alors que nous avions perdu l'espoir d'être attaqués, alors que nous étions toujours inquiets pour les vivres, n'aurait eu qu'un but passif; car nous n'avions aucun espoir, avec cette pénurie de chameaux, de pouvoir augmenter le corps d'opération avec de bonnes troupes combattantes. En avançant d'une étape, — comme du reste je l'avais fait en me portant de Mai Gabeta à Tucuz et de Tucuz à Sauria, — j'espérais m'ouvrir une autre voie de ravitaillement avec la colonie et une communication plus directe avec les magasins d'Adi Ugri et de l'Asmara, ainsi que l'écrit le colonel Ripamonti, chef de l'intendance[1].

Précisément à ce moment se produisait l'attaque (prévue) des Derviches contre la garnison de Cassala. Le 22 février, le détachement de Gulasit était repoussé vers le fort; le 25 février, une horde de 5,000 Soudanais, tant fantassins que cavaliers, s'installait à Tucuz et s'y retranchait, nous menaçant d'une invasion par l'ouest. Il était donc encore plus urgent de sortir de notre situation pénible envers l'Éthiopie, pour pouvoir envoyer vers Cassala quelques bataillons indigènes[2].

Donc, j'avais devant l'esprit le cas, prévu par le maréchal de Moltke, dans lequel une retraite peut être, en définitive, plus dangereuse qu'un insuccès.

Après la bataille, perdue par un enchaînement terrible d'événements funestes, on voit clairement que le meilleur parti aurait

1. Voir la note à la fin du chapitre précédent.
2. Voir le Rapport du colonel Stevani sur les opérations pour la libération de Cassala, du 26 avril 1896.

été celui de prescrire la retraite... ou bien d'attendre encore quelques jours dans les positions de Sauria. Certes, je me serais
décidé à maintenir, jusqu'à l'extrême limite du possible, le *statu
quo* militaire, si j'avais su qu'en ce moment ma position était
provisoire et que je ne commandais plus en Afrique que jusqu'à
l'arrivée de mon successeur.

L'opinion publique, dans le paroxysme de la douleur et de la
surprise causées par la défaite alors qu'elle attendait la victoire,
et à la suite d'une réaction violente, prêta l'oreille aux accusations
infâmes : je m'étais lancé tête baissée dans le combat, plutôt que
de remettre le commandement entre les mains d'un autre. Moi-
même je demandai à l'avocat fiscal Mistretta — chargé de l'enquête dans le procès ordonné contre moi, de Rome — d'étendre
son enquête aux faits qui précédèrent le combat, alors que l'ordre ministériel ne se rapportait qu'aux faits qui l'accompagnèrent
et le suivirent.

L'enquête a écarté cette terrible calomnie, en prouvant entre
autres choses qu'aucune nouvelle n'était arrivée et ne pouvait
arriver au camp, parce que les ordres ministériels, à ce sujet,
avaient été rigoureusement suivis.

Cette rigoureuse obéissance me fut fatale, parce que, dans
l'état d'esprit où je me trouvais, avec l'idée que j'avais de la responsabilité et de la discipline militaire, j'aurais choisi et j'aurais
dû choisir le parti qui convenait le mieux à ma situation provisoire. Par suite, je me serais, autant que possible, maintenu sur
la position de Sauria, ou, ne le pouvant pas, je me serais replié
sur Adi Caié.

Ma nature, mon passé, mon intérêt, ma manière de voir la situation et de la faire connaître au gouvernement, m'auraient amené
à prendre ce parti. Et, en suivant les conseils de la plus grande
prudence (fût-elle condamnée comme de l'indécision ou même pis),
j'aurais toujours trouvé ma justification dès que la première émo-
tion aurait été calmée ; je me serais débarrassé tout d'un coup de
l'énorme responsabilité qui me pesait, des inquiétudes pour les
vivres, des menaces des Derviches et de la lutte avec le ministère ;
j'aurais eu un facile mérite à me soumettre militairement à mon
ami (et collègue en grade, mais supérieur en ancienneté), auquel,
j'avais, du reste, obéi comme colonel dans la campagne d'Afrique
de 1887 et 1888, et avec lequel j'étais resté dans les meilleures

relations de fraternité d'armes et d'idées, dans l'organisation civile et militaire de la colonie.

Le ministère ne pouvait cependant pas ignorer ces faits, et même il en tenait compte probablement en donnant au général Baldissera une lettre pour moi, dans laquelle, je crois, on expliquait mon remplacement au commandement suprême par la constitution d'un fort corps d'armée dont le commandement revenait à un général plus ancien que le gouverneur. On me confiait, à moi, le commandement d'une division qui aurait pu être formée, plus ou moins, par toutes les troupes des corps d'opération. Quelle meilleure occasion pour moi d'acquérir l'approbation générale comme soldat et comme citoyen, soit en suivant les ordres de mon supérieur prescrivant la retraite, soit en m'élançant en avant, sous une responsabilité qui n'était plus la mienne, pour gagner la victoire ou pour tomber avec mes compagnons d'armes!

CHAPITRE XXXI

LE 29 FÉVRIER

Mouvement en avant jusqu'à la position entre le mont Semaiata et le mont Esciascio. — Prévisions. — Conditions indispensables pour le bond en avant. — Les informations. — Le soir du 29. — Rapport des commandants de brigade. — Ordre du jour. — Graphique. — Rebbi Arienni et Chidane Meret. — En cas de retraite. — Ordres et instructions aux généraux.

D'après les considérations exposées dans le chapitre précédent, à propos de la nuit du 28 au 29, — je résolus de me porter, la nuit suivante, du 29 février au 1er mars, avec le corps d'opération dans la direction d'Adoua, jusqu'à une autre forte position, qui est constituée par le mont Semaiata et le mont Esciascio, en longeant l'arête et en suivant les routes qui conduisent de la position de Sauria à la capitale du Tigré[1].

Cette position, entre le mont Semaiata et le mont Esciascio, étant occupée par notre corps d'opération, dans les premières heures du 1er mars, on pouvait prévoir trois cas :

Ou l'ennemi attaquerait; et je croyais avoir toutes les probabilités de le repousser : en effet mes flancs étaient appuyés, je disposais d'une triple ligne de retraite et j'avais sur le front une liberté d'action suffisante.

Ou l'ennemi n'attaquerait pas; et moi (sans avoir perdu de temps), dans la nuit suivante, je me serais replié sur les hauteurs de Sauria, avec l'avantage d'avoir osé, une dernière fois, exécuter une manœuvre offensive et défier le nombre imposant des Choans.

Ou l'ennemi nous fournirait l'occasion d'attaquer le camp dans la combe de Mariam Sciautu (15,000 hommes); et ce succès partiel nous aurait beaucoup servi, parce que tous, et moi le premier,

---

1. Voir *De Sauria à Adoua*, esquisse démonstrative jointe au chapitre XXXIII.

nous avions conscience qu'un succès partiel allait déterminer la désagrégation des forces ennemies.

C'est ainsi que j'avais fait à Mai Gabeta, à Tucuz et à Sauria, dans le courant de février, dans le but d'amener l'ennemi à prononcer son attaque contre de bonnes positions occupées par nous. C'est ainsi que je comptais faire en tentant une surprise possible. Cette fois, l'ennemi, sentant nos troupes aussi proches de sa ligne de retraite d'Adoua par le Tembien et le Seloa vers l'Amahra, dans les conditions où il se trouvait, pourrait plus facilement que les fois précédentes chercher une issue dans l'attaque. Et d'ailleurs, une retraite ultérieure de sa part pouvait, à elle seule, nous donner la solution désirée.

Je rappelle enfin qu'en partant de Sauria, deux positions militaires, le long de l'arête, précèdent la combe d'Adoua. La première position est au sud du mont Esciascio, sur la ligne du Semaiata; la seconde position est constituée par le Scelloda, ou mieux par les contreforts orientaux de ce groupe de montagnes et de l'Abba Garima, monts qui ferment la courbe orientale de la combe sus-indiquée. Le rapport officiel distingue aussi ces deux positions et ces soulèvements de montagnes en les groupant ainsi : monts Semaiata-Raio-Esciacio; monts Abba Garima-Scelloda-Mariam Sciautu.

Je comptais occuper la première position sans rencontrer d'obstacles; et il en fut ainsi.

Néanmoins, il eût été imprudent d'avancer sans que l'ennemi eût évacué les cols qui — au nord et au sud du mont Raio — sont situés au-dessous du mont Esciascio et du mont Semaiata. Ces cols, par lesquels on s'élève de la région de Gundapta, étaient dénommés Chidane Meret et Rebbi Arienni par nos informateurs et par les officiers qui avaient parcouru et étudié la région. Il n'aurait pas été prudent non plus de faire ce mouvement pendant le jour, parce que l'ennemi aurait pu se porter en avant et nous attaquer pendant la marche, alors que nos colonnes, allongées dans des sentiers souvent tortueux et étroits, n'auraient présenté qu'une faible résistance.

Par suite, avant tout, il fallait que les fortes positions situées entre le mont Semaiata et le mont Esciascio ne fussent même pas gardées par les Abyssiniens; il fallait aussi que la lune, en brillant, rendît relativement facile la manœuvre de nuit.

Je ne pus m'assurer que ces conditions étaient remplies que dans l'après-midi et dans la soirée du 29 février, c'est-à-dire lorsque furent rentrés les derniers informateurs et quand les conditions atmosphériques me firent présumer que je n'avais pas à craindre quelque pluie torrentielle, comme celle de la soirée précédente, ou bien que des nuages épais vinssent cacher la lune. L'ordre de mouvement devait aussi être communiqué à la troupe *le plus tard possible,* parce que le camp fourmillait d'espions abyssiniens que l'état du pays, le temps et les forces indigènes à notre service ne nous permettaient pas d'écarter ou d'éviter.

Une autre condition était encore nécessaire; il fallait que, pendant la marche, notre flanc gauche fût en sûreté, c'est-à-dire qu'il n'y eût pas l'ombre d'un ennemi au sud de notre ligne de marche, autrement dit dans le Faras Mai et dans le territoire de Hamedo, de Zatta, de Mai Amo et de Mai Ciao.

En somme, l'opération devait dépendre de la connaissance de quatre éventualités, variables d'heure en heure :

1° Conditions générales de l'ennemi et répartition de ses troupes;

2° Non-occupation par l'ennemi des cols de Rebbi Arienni et de Chidane Meret qui conduisaient à la position;

3° Sécurité du flanc gauche;

4° Temps favorable.

En de semblables circonstances, il aurait été prématuré d'avertir le ministère d'un mouvement en avant qui n'était pas encore ordonné, et qui, même ordonné, pouvait être contremandé ou encore interrompu. Je n'avais averti à l'avance d'aucun mouvement, ni de l'occupation d'Adagamus avec les avant-postes poussés jusqu'à Mai Meghelta (12 janvier), ni du changement radical du front d'opération du sud à l'ouest (31 janvier), ni des bonds en avant faits au contact et presque sous le tir du canon de l'ennemi (7 et 13 février), ni d'aucune autre démonstration offensive, comme à Tucuz et à Sauria. Le ministre de la guerre connaissait à fond toute la gravité de la situation militaire, et il n'avait donné signe de vie que pour encourager à l'action.

Il faut remarquer d'ailleurs que *la marche en avant ne devait conduire au combat que quand les Abyssiniens auraient pris l'offensive contre les positions que nous devions occuper à l'aube, et seulement si elles étaient signalées comme libres.* En jugeant d'après les précédents, alors que l'ennemi ne nous avait pas attaqués quand nous étions plus faibles et plus rapprochés, on en pouvait déduire qu'il n'y aurait pas de combat et que le déploiement des forces se limiterait à une démonstration offensive, après laquelle nous aurait semblé moins malaisée et moins contraire à notre amour-propre une retraite que nous imposaient des raisons logistiques.

Je répète (parce qu'il me semble nécessaire que le lecteur ait constamment présentes à l'esprit les formes du terrain, afin de pouvoir juger les événements qui se sont succédé), je répète, dis-je, que depuis la position de Sauria jusqu'à la combe d'Adoua, en faisant face à l'ouest, deux positions se présentaient pour une contre-offensive éventuelle vis-à-vis de l'armée de Ménélick. Ces deux positions étaient :

Premièrement : la position immédiatement au delà de Gundapta sur la ligne du mont Raio, c'est-à-dire au sud du mont Esciascio et au nord du mont Semaiata ;

Deuxièmement : la position dominant immédiatement la combe d'Adoua, c'est-à-dire la ligne du mont Scelloda-Abba Garima [1].

Entre la première et la seconde position, on peut calculer de 5 kilomètres et demi à 6 kilomètres et demi, en ligne droite, et de 9 à 10 kilomètres par les routes ou sentiers [2].

La position du mont Raio, qui s'élevait claire et distincte à l'horizon, avait à gauche le mont Semaiata, à droite le mont Esciascio. La position de Scelloda avait à gauche le mont d'Abba Garima, à droite le versant oriental du Scelloda qui domine Mariam Sciautu, c'est-à-dire le mont Gusoso de notre croquis au 1/50,000. Dans la combe, entre les deux positions, ont leur origine les torrents qui descendent, les uns vers le nord, les autres vers le sud, les uns dans le bassin de l'Unguia, affluent du Mareb, les autres dans le bassin du Faras Mai, affluent du Tacazzé.

---

1. Le mont Scelloda — très caractéristique, par rapport à la combe d'Adoua, et très connu dans le pays — était indiqué dans le croquis du quartier général. En réalité la pointe principale du Scelloda est un peu plus à l'ouest et se trouve au nord d'Adoua. Mais on appelle aussi mont Scelloda les crêtes qui s'étendent à l'est, comme on le lit sur le croquis au 1/50,000 d'Entiscio à Adoua qui est joint à ce volume.

2. Outre l'esquisse démonstrative *de Sauria à Adoua* jointe au chapitre XXXIII, voir le croquis donné par moi aux chefs de brigade avant la bataille ; ce croquis est joint à ce chapitre.

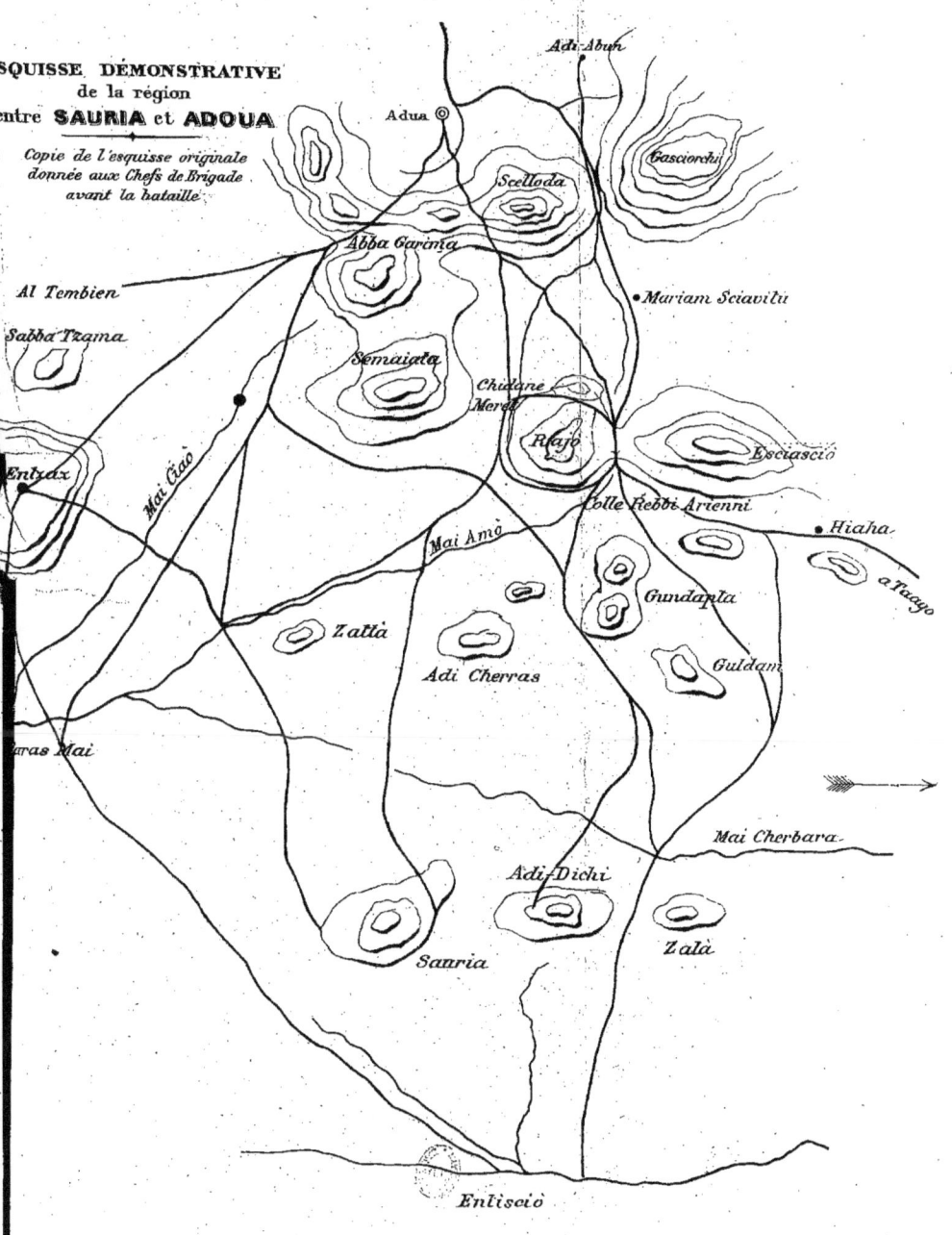

ESQUISSE DÉMONSTRATIVE
de la région
entre **SAURIA** et **ADOUA**

*Copie de l'esquisse originale
donnée aux Chefs de Brigade
avant la bataille*

Adi-Abuh

Adua ⊙

Gasciorchi

Scelloda

Abba Garima

Al Tembien

• Mariam Sciavitu

Sabba Tzama

Semaiata

Chidane
Meret

Rbajò

Esciascio

Entiax

Mai Ciao

Colle Rebbi Arienni

• Hiaha

Mai Amà

a Taago

Gundapla

Zatta

Guldam

Adi Cherras

aras Mai

Mai Cherbara

Adi-Dichi

Zala

Sauria

Enliscio

De Tzala à Aduà par Chidane Meret ou Rebbi-Arienni envir. 9-10 heures
De Tzala à Chidane Meret et à Rebbi-Arienni enw. 6-7 heures
De Sauria à Abba-Garima 7 heures env.
De Sauria à Entiax 7 heures env.

Ch. XXXI.

Il était évident que *comme je ne voulais pas aller buter contre les masses ennemies, le mouvement en avant aurait dû se limiter (ainsi que l'ordre en avait été donné) à la première position*, c'est-à-dire à la ligne entre le Semaiata et le mont Esciascio, ligne qui est traversée, à droite et à gauche du mont Raio, par les deux routes franchissant deux cols. Il n'y avait pas à présumer que je voulusse occuper la seconde position, pour attaquer de là l'ennemi dans la combe d'Adoua, éloignée de 35 kilomètres de Sauria, et par suite hors de portée d'une marche, surtout avec des troupes blanches. L'ordre fut rédigé, dans la matinée du 29 février, sous la tente du commandant du corps d'opération, après avoir recueilli le plus de renseignements possible sur le pays et sur les communications, auprès des officiers (capitaine Barbanti, lieutenant Lucca, lieutenant Partini, lieutenant Sapelli) qui connaissaient le pays et auprès des natifs, *ascaris* et chefs indigènes. cet ordre fut rédigé en collaboration avec le chef et le sous-chef d'état-major; il était complété par un croquis récapitulatif. Je joins à ce chapitre la reproduction de ce croquis.

De la position de Sauria, trois routes conduisent à la position entre le Semaiata et le mont Esciascio, trois routes correspondant au centre, à l'aile droite et à l'aile gauche de notre formation en ligne, c'est-à-dire aux brigades Arimondi et Ellena, à la brigade Dabormida et à la brigade Albertone. Les trois routes, en serpentant dans la région montagneuse, vont, sans beaucoup s'écarter les unes des autres, vers les cols situés à droite (nord) et à gauche (sud) du mont Raio, de telle sorte que les colonnes auraient toujours pu communiquer entre elles. La route centrale, près de la combe de Gundapta, est reliée latéralement avec les deux autres. Les routes, jusqu'aux environs de Gundapta, étaient généralement connues, parce qu'elles avaient été parcourues en tout sens par des explorations et des reconnaissances. Les formes du mont Raio et du mont Semaiata se projetaient nettement sur l'horizon, même la nuit. Les routes (pour un théâtre de guerre dans les montagnes éthiopiennes) n'étaient pas mauvaises, surtout les deux routes septentrionales qui conduisent au col de Rebbi Arienni et qui devaient servir aux troupes blanches; leur longueur ne devait pas dépasser 15 kilomètres, y compris les pentes et les courbes. Du reste, sur les routes conduisant vers Gundapta, les pentes n'étaient ni fréquentes ni accentuées.

Les nouvelles arrivaient à notre camp par trois sortes d'informateurs, c'est-à-dire par des informateurs que nous envoyions exprès, par des gens du pays et par des déserteurs du camp ennemi.

Les informateurs envoyés par nous étaient aussi de trois sortes : ou des *zaptiés* (carabiniers indigènes) travestis, ou bien des *ascaris* fidèles qui avaient déjà servi comme explorateurs dans la campagne contre Mangascia, ou bien des paysans indigènes bien payés et ennemis des Choans à cause de leurs déprédations. Ils ne se connaissaient ni les uns ni les autres. Parmi ces informateurs, certains devaient rentrer le soir ou la nuit dans notre camp pour rendre compte de tout incident, même quand il ne s'était rien passé de nouveau ; d'autres devaient venir signaler un mouvement quelconque de l'ennemi ; d'autres enfin étaient spécialement attachés à chacun des corps de l'armée abyssinienne. Sous mes ordres et sous ceux du chef et du sous-chef d'état-major, le service était dirigé spécialement par le capitaine Amenduni, commandant des carabiniers royaux ; cet officier était chargé d'interroger chaque informateur et de contrôler rigoureusement tous les indices et toutes les nouvelles qu'il pouvait recueillir. En général les informateurs étaient encore interrogés par moi. Le général Albertone recueillait d'autres informations ; il se servait spécialement des Tigrins qui étaient dans les *bandes* ou parmi les *ascaris* sous ses ordres.

Pendant la journée du 29, toutes les informations concordaient pour conseiller le mouvement en avant, — ainsi du reste qu'il résulte clairement, dans le procès de l'Asmara, des dépositions du colonel Valenzano, du major Salsa et du capitaine Amenduni (audience du 7 juin). Un grand nombre d'Abyssiniens étaient encore à razzier dans le Sciré ; les vivres manquaient dans le camp ennemi. On rendait compte de deux côtés différents que Teclaimanot, *negus* du Goggiam, et plusieurs autres chefs, en cas d'un mouvement en avant de notre part, ne se seraient pas battus. On disait encore qu'une grosse colonne de malades choans était dirigée vers le Tembien, et que bien des gens non malades s'étaient joints à elle pour s'en retourner dans leur pays.

Cette situation générale du camp abyssinien était si conforme à la vérité que, malgré la victoire remportée le 1er mars, l'armée du *negus neghesti* ne bougea qu'avec peu de forces de la combe d'Adoua pour en recueillir les fruits ; elle poussa seulement, jusqu'à Daro Taclé, un parti avec *degiac* Area, pas même à 10 kilomètres au nord d'Adoua, tandis que le corps de Maconnen ne dépassa pas notre position de Sauria. Les rebelles de *ras* Sebath et d'Agos Tafari, le 6 mars, c'est-à-dire cinq jours après la bataille, n'avaient pas franchi l'ancienne frontière de l'Érythrée, qui ne fut jamais violée par des incursions de quelque importance [1].

D'autres informateurs chargés des observations spéciales rendaient compte (et c'était vrai) qu'au sud, Faras Mai, Mai Ciao et Entsaz étaient abandonnés. Par suite, il n'y avait aucun danger à craindre pour notre flanc gauche, pendant une marche vers le mont Semaiata. Enfin on nous annonçait que les cols de Rebbi Arienni et de Chidane Meret, les deux portes entre Entiscio (Sauria) et Adoua, n'étaient pas occupés par l'ennemi. Par conséquent, le bond en avant pouvait se faire sans coup férir. On savait bien que le camp de Mariam Sciautu était occupé par environ 15,000 Abyssiniens aux ordres des *ras* Mangascia et Maconnen ; mais cette combe était beaucoup plus rapprochée d'Adoua que de ces cols ; aussi, par surprise, nous pouvions occuper, grâce à une marche de nuit, les cols de Rebbi Arienni et de Chidane Meret avant l'ennemi. C'est ce qui arriva en effet.

Le 29, vers 5 heures du soir, je réunis les généraux au rapport pour communiquer les ordres par écrit et donner de vive voix les instructions et les explications. Voici l'ordre du jour écrit :

Ordre du jour du 29 février (n° 87).

Ce soir, le corps d'opération quittera la position de Sauria pour marcher dans la direction d'Adoua ; il formera les colonnes indiquées ci-après :

Colonne de droite (général Dabormida) : 2ᵉ brigade d'infanterie. — Bataillon de milice mobile. — État-major de la 2ᵉ brigade de batterie avec les batteries 5, 6 et 7.

Colonne du centre (général Arimondi) : 1ʳᵉ brigade d'infanterie. — 1ʳᵉ compagnie du 5ᵉ bataillon indigène. — Batteries 8 et 11.

Colonne de gauche (général Albertone) : quatre bataillons indigèges. — État-major de la 1ʳᵉ brigade de batterie et batteries 1, 2, 3 et 4.

Réserve (général Ellena) : 3ᵉ brigade d'infanterie. — 3ᵉ bataillon indigène. — 2 batteries à tir rapide et la compagnie du génie.

1. Voir la carte de la *situation générale au 6 mars 1896*, annexée au Rapport du général Baldissera sur la seconde période de la campagne d'Afrique.

Les colonnes Dabormida, Arimondi et Albertone quitteront leurs campements respectifs à 9 heures du soir, la réserve se mettra en mouvement une heure après la queue de la colonne centrale.

La colonne de droite suivra la route col de Zahala (Zala), col de Guldam, col de Rebbi Arienni ; la colonne centrale et la réserve prendront la route de Adi Dichi, Gundapta, col de Rebbi Arienni ; la colonne de gauche prendra la route de Sauria, Adi Cheiras, col de Chidane Meret. Le quartier général marchera en tête de la réserve.

Premier objectif : la position formée par les cols de Chidane Meret et de Rebbi Arienni, entre le mont Semaiata et le mont Esciascio, dont l'occupation sera faite par la colonne Albertone à gauche, par la colonne Arimondi au centre et par la colonne Dabormida à droite. Toutefois, si les colonnes Albertone et Dabormida suffisent pour occuper la position, la colonne Arimondi prendra une position d'attente derrière ces deux brigades.

OBSERVATIONS

Chaque homme de troupe italien portera avec lui sa propre dotation de cartouches (112), deux jours de vivres de réserve, le petit manteau, le bidon et la poche à pain. Pour chaque bataillon italien, marcheront derrière les troupes, groupés à la queue de chaque colonne, deux bêtes de somme avec le matériel sanitaire, et huit avec les munitions de réserve. Tous les autres animaux des convois, ayant, en outre de leurs conducteurs, une escorte formée d'un soldat par groupe de cinq animaux, un gradé par bataillon ou batterie, un officier subalterne par régiment d'infanterie, un capitaine pour tous les convois (fourni par la 2e brigade d'infanterie), se réuniront à Entiscio. Ces convois porteront la ration de vivres touchée aujourd'hui pour demain, les trente cartouches pour chaque soldat touchées aujourd'hui au parc, les tentes, les couvertures et le reste du matériel non transporté par les corps. Tous les convois, ainsi que la section des subsistances, les divers services d'étape et le parc d'artillerie, resteront à Entiscio, prêts à se mouvoir quand ils en recevront l'ordre du quartier général. Ils seront protégés par une fraction du 7e régiment d'infanterie, qui arrivera ce soir de Mai Gabeta. Les brigades d'artillerie et les bataillons indigènes prendront, pour leurs convois, des dispositions analogues à celles qui ont été prescrites pour les bataillons italiens. Personne ne devra dépasser les pointes ni les flanqueurs des colonnes.

Toutes les personnes arrêtées par les fractions du service de sûreté seront envoyées, le plus tôt possible, au commandement. Le directeur des services du génie prendra les mesures nécessaires pour prolonger la ligne télégraphique à la suite du quartier général et pour mettre celui-ci, aussitôt que possible, en communication, par la télégraphie optique, avec les colonnes marchant latéralement ou en avant.

Les commandants des différentes colonnes devront envoyer fréquemment des renseignements au quartier général et aux colonnes voisines.

Le lieutenant-général,

O. Baratieri[1].

A cet ordre du jour était joint un croquis ou un graphique que nous reproduisons avec une scrupuleuse exactitude[2].

Nous avions donc comme objectif : *la position formée par les cols Chidane Meret et Rebbi Arienni, entre le mont Semaiata et le mont Esciascio;* nous avons parlé, cinq pages plus haut, de cette position, dont l'envers, vers Sauria, se dessine nettement à l'horizon. Cette position était indiquée, sur le croquis distribué aux généraux de brigade, de façon à exclure toute espèce de doute, car le col de Chidane Meret y est placé entre le mont Raio et le mont Semaiata. Et y eût-il même eu doute, que ce doute aurait dû être immédiatement dissipé par la connaissance de l'idée générale et de l'objectif donné aux colonnes de droite, avec lesquelles il fallait maintenir la liaison; or cet objectif devait être connu de tous, à la suite de l'ordre général.

Chaque nom (surtout dans les pays montagneux, barbares et peu peuplés) sert fréquemment, particulièrement en Éthiopie, à indiquer en même temps un cours d'eau, une montagne, un col, une gorge, une terre et une région. Avec une telle indétermination dans les noms (que nous rencontrons même quelquefois dans nos cartes d'Europe les plus soignées), il est possible que les officiers connaissant le pays et les paysans aient indiqué le col par le nom générique de la contrée; il est même possible qu'ils aient étendu le nom de Enda Chidane Meret au passage entre le mont Semaiata et le mont Raio; mais en admettant même que le nom attribué à la localité fût erroné, la localité en elle-même était clairement indiquée, en premier lieu, par la position mar-

---

1. « On a mis à part une copie du croquis communiqué en même temps que l'ordre du jour aux commandants des brigades. »

2. Voir l'esquisse démonstrative de la région entre Sauria et Adoua, copie de l'esquisse originale donnée aux chefs de brigade avant la bataille, jointe à ce chapitre.

quée entre le mont Semaiata et le mont Esciascio, puis par le croquis qui précisait la position, en la mettant au sud du mont Raio, et enfin par l'idée générale de la manœuvre.

Mais nous reviendrons encore sur ce sujet.

A chaque colonne italienne fut affecté un détachement indigène qui devait être employé essentiellement au service de sûreté et à la liaison des colonnes. Par suite, on laissa à la colonne de droite le bataillon de milice mobile et la compagnie du *chitet* (ensemble 1,168 fusils); ces indigènes étaient attachés à la brigade Dabormida depuis environ trois semaines. La colonne centrale reçut une compagnie du 5e bataillon (210 fusils). Le 3e bataillon indigène (1,150 fusils)[1] fut affecté à la colonne de réserve.

Le commandement, toujours préoccupé de maintenir la possibilité de correspondre rapidement avec les commandants des brigades, prescrivit en outre que, comme cela s'était déjà fait, les commandants des brigades (Albertone et Dabormida), en quittant Sauria et Zala, emmèneraient avec eux le personnel et le matériel de la télégraphie optique qui dépendait d'eux et qui était employé dans les postes optiques des monts Sauria et Zala, comme c'est indiqué dans le chapitre XXIX.

L'ordre précisait aux colonnes les trois routes à suivre jusque sous la position; ces routes communiquaient si facilement entre elles, que, deux fois, pendant la marche de nuit, les colonnes non seulement marchèrent côte à côte, mais même se réunirent, ce qui les obligea réciproquement à ralentir leur marche. Les routes étaient si peu éloignées les unes des autres que, pendant la marche, avant l'aube, je pus voir au moins une partie de chacune des quatre brigades.

L'éventualité d'une retraite n'était pas prévue ouvertement dans l'ordre (cela ne devait pas, ne pouvait pas être, selon l'esprit et la lettre du *Règlement sur le service de la guerre*)[2]. Mais l'indication de la ligne de retraite et de la position de rassemblement ressortait claire et précise, bien plus claire que n'auraient pu le faire concevoir toutes les indications contenues dans un ordre

---

1. Ce sont les chiffres approximatifs donnés par le *Rapport officiel;* mais, autant qu'il m'en souvient, ces chiffres, comme ceux que je citerai plus loin, seraient un peu élevés; toutefois je n'ai pas de documents à l'appui.

2. « Dans les ordres pour le combat, on n'indique pas les dispositions prises pour une retraite éventuelle. » (1re partie, n° 20.)

quelconque pour une manœuvre semblable en Europe. A Sauria et à Entiscio était notre base d'opération depuis seize jours; à Entiscio on avait rassemblé les convois, les vivres, les gardes, le parc, le service des étapes, les malades de la journée (comme l'ordre le dit explicitement). De la combe d'Entiscio et des hauteurs de Sauria, selon l'ordre du jour, devaient arriver au corps d'opération les vivres de réserve, les trente cartouches par soldat, les couvertures, etc. Des positions qu'occupait le corps d'opération, c'est-à-dire de Rebbi Arienni et de Chidane Meret, on arrivait sur les hauteurs qui protègent Entiscio, c'est-à-dire sur Sauria, par les trois routes les moins difficiles; elles étaient connues, battues et prescrites dans l'ordre du jour. Sur les hauteurs de Sauria étaient restés des détachements de chaque corps, les tentes, les cuisines, les menus bagages, les retranchements,... tout. Sur les hauteurs de Sauria s'étendait, comme il est dit dans l'ordre, la ligne télégraphique aboutissant au camp. Sauria était notre point de départ, notre pivot, notre base fortifiée. Il y avait une compagnie du 13° bataillon; il y avait 115 bersagliers; en tout — y compris la colonne, le parc d'artillerie et les conducteurs — il y avait 1,600 Italiens et peut-être 1,135 indigènes avec cinquante officiers. Tous les bataillons y étaient représentés. *Qui aurait pu douter que la ligne de retraite ne fût vers les hauteurs de Sauria et vers la combe d'Entiscio, située en arrière, sur la seule position connue, sur cette position qui avait été fortifiée avec le concours de tous?*

Dans la journée, on avait envoyé par télégramme l'ordre au major Ameglio, qui était sur la crête du Mareb, de venir avec son bataillon et avec les *bandes* du Seraé à Yeha (Jeha), le 1er mars au matin, dès l'aube, de façon à se trouver, avec environ 1,300 hommes, sur le flanc droit de la brigade Dabormida, au nord de Gundapta, sur la route du Bélésa. Mais, par suite d'une confusion de noms d'abord, puis ensuite à cause de l'interruption des communications télégraphiques, l'ordre ne fut pas compris, — et le major Ameglio arriva après l'action près du camp de Sauria.

Deux fois j'appelai les généraux à ma tente : une fois, le 28 au soir, à 5 heures (comme je l'ai raconté), pour avoir des renseignements sur les conditions des troupes, pour exposer la situation et pour connaître leurs idées; l'autre fois, le 29 au soir, également vers 5 heures, pour donner les ordres, les directives et les explications nécessaires. En termes militaires, la première réunion était une *conférence*, la seconde était un *rapport*.

Dans le rapport du 29, ayant à la main le croquis, — dont les quatre généraux avaient une copie sous les yeux, — je complétai les *ordres* par des *instructions*, en indiquant que deux réseaux de routes, ou mieux de sentiers, conduisaient de la position de Sauria à la combe d'Adoua. Un de ces réseaux allait *droit à l'ouest*, vers les monts Semaiata et Esciascio; l'autre réseau *tournait au sud* du massif du Semaiata, cette montagne constituant une barrière infranchissable. Nous étions certains que l'ennemi ne pourrait pas nous inquiéter de ce côté, c'est-à-dire au sud, puisque les derniers explorateurs avaient trouvé le Faras Mai, Mai Ciao et Entsaz évacués par l'ennemi. A tout hasard, le général Albertone devait, avec les *bandes*, surveiller notre flanc gauche. De notre côté, avec le réseau direct de routes, nous avancions directement. Ces routes, jusqu'au versant de la position tournée vers nous, étaient connues de tous, et au dernier moment les informateurs affirmaient que la position entre le mont Semaiata et le mont Esciascio n'était même pas gardée et que les cols de Rebbi Arienni et de Chidane Meret — indiqués dans l'ordre et sur le croquis — étaient complètement évacués. Les nouvelles concernant le campement à Mariam Sciautu étaient confirmées.

L'ordre fut lu en entier, et j'expliquai la façon d'occuper les deux cols simultanément en conservant la liaison des colonnes. Ces deux cols portaient, sur le croquis que nous avions sous les yeux, les noms de Chidane Meret et Rebbi Arienni. Par suite, quel que fût leur nom, il ne semblait pas qu'il pût y avoir équivoque sur la localité effective.

Les trois colonnes devaient se mettre en marche, en même temps, par les trois routes. La réserve devait suivre une heure après. Le général Albertone fit remarquer lui-même que, étant donnée la rapidité de la marche des soldats indigènes, bien qu'il eût à garder le flanc gauche, il arriverait le premier à occuper le col de Chidane Meret, et que de là il pourrait faire une démonstration contre le camp choan de Mariam Sciautu, ce qui faciliterait le déploiement de la brigade Dabormida. Mais je donnai l'ordre d'*occuper les deux cols en même temps*, c'est-à-dire à l'aube.

Par suite, le général Albertone devait modérer la marche des indigènes et maintenir la liaison de sa brigade avec les colonnes Arimondi et Dabormida, de telle sorte que les deux colonnes pussent prendre position aux cols quelques minutes avant l'aube, c'est-à-dire à 5 heures un quart, et je fis régler toutes les montres sur la mienne.

Pendant ce temps, les guides du pays étant arrivés, j'ordonnai au capitaine Amenduni d'en envoyer un groupe de 5 ou 6 à chaque brigade, afin qu'ils pussent être employés aux avant-gardes.

Selon l'ordre, — donné après 6 heures du soir, pour que l'ennemi n'en fût point averti, — le mouvement commença à 9 heures du soir, ou quelques minutes après, pour les trois brigades Arimondi, Dabormida et Albertone; à 10 heures et demie la brigade Ellena se mit en marche à son tour.

CHAPITRE XXXII

LA MARCHE DE NUIT

Composition du corps d'opération. — La marche de nuit. — Le retard de
la colonne Arimondi (3 heures un quart). — Le général Dabormida à
Rebbi Arienni (5 heures un quart). — La concentration à Gundapta et à
Rebbi Arienni, (6 heures-7 heures). — La marche de la colonne Albertone.

Selon le *Rapport officiel,* le corps d'opération était ainsi composé :

Brigade indigène (ALBERTONE).

		FUSILS	CANONS
1er bataillon indigène.............	Turitto	950	
6e — —	Cossu	850	
7e — —	Valli	950	
8e — — .:...........	Gamerra ..	950	
Bandes de l'Oculé Cusai...........	Sapelli	376	
1re batterie indigène de montagne...	Henry.....		4
1re section de la 2e de montagne	Vibi		2
3e batterie de montagne	Bianchini..		4
4e — —	Masotto ...		4
Total...........		4,076	14

1re brigade d'infanterie (ARIMONDI).

			FUSILS	CANONS
1er rég. (Stevani).	1er bataill. de bersagliers .	De Stefano.	423	
	2e — — .	Compiano .	350	
2e rég. (Brusati).	2e — d'infanterie ...	Viancini ...	450	
	4e — — ...	De Amicis .	500	
	9e — — ...	Baudoin ...	550	
1re compagnie indigène (5e bataill.) .		Pavesi.....	220	
8e batterie de montagne...........		Loffredo...		6
11e — —		Franzini . .		6
Total............			2,493	12

2e brigade d'infanterie (DABORMIDA).

				FUSILS	CANONS
3e régiment (Ragni).	5e bataillon .	Giordano ..		430	
	6e — .	Prato		430	
	10e — .	De Fonseca.		450	
6e régiment (Airaghi).	3e — .	Branchi....		430	
	13e — .	Rayneri....		450	
	14e — .	Solaro		450	
Bataillon de milice mobile		De Vito....		950	
Chitet d'Asmara.................		Sermasi....		210	
2e brigade de batt. de montagne (Zola).	5e batterie..	Mottino			6
	6e — ..	Regazzi			6
	7e — ..	Gisla			6
		Total...........		3,800	18

3e brigade d'infanterie (ELLENA).

				FUSILS	CANONS
4e régiment (Romero).	7e bataillon d'inf.	Montecchi..		450	
	8e — — ..	Violante....		450	
	11e — — ..	Manfredi ...		480	
5e régiment (Nava).	bataillon alpin	Menini		550	
	15e bataillon d'inf.	Ferraro		500	
	16e — — .	Vandiol		500	
3e bataillon indigène		Galliano...		1,150	
Brig. de batter. à tir rapide (de Rosa).	1re batterie	Aragno			6
	2e —	Mangia			6
Demi-compagnie du génie				70	
		Total approximatif ..		4,150	12
		Total général		14,519	56

Dans ce tableau, que donne le *Rapport officiel* (Lamberti), ne sont pas compris environ 140 hommes du quartier général (carabiniers, *zaptiés*, *ascaris* de cavalerie démontés, etc.); ne sont pas compris non plus les hommes qui ne sont pas armés du fusil. Par suite, en tenant compte approximativement des uns et des autres, on pourrait calculer que le corps d'opération comptait environ 16,700 combattants, non compris les officiers. A ces chiffres, il faudrait ajouter environ 1,300 hommes, tant *ascaris* que *bandes* faisant partie de la colonne Ameglio[1].

Il restait à Sauria et à Entiscio une compagnie du 12ᵉ bataillon (infanterie d'Afrique, 120 hommes), 115 bersagliers, environ 1,400 conducteurs armés de fusils (moitié Italiens, moitié indigènes), 200 conducteurs italiens armés du revolver, plus une cinquantaine d'officiers. Neuf cents autres individus, la plupart non armés du fusil, étaient, pour divers services, attachés aux corps et aux détachements. Ensemble 2,735 hommes.

Sur ces hommes laissés avec les convois, en dehors des départements et des services divers, appartenaient approximativement :

A la brigade Dabormida...	260	hommes.
— Arimondi	350	—
— Ellena	400	—
— Albertone	800	—
— Génie	420	—
Au quartier général.......	60	—
TOTAL.....	2,290	—

Non compris les hommes désarmés.

Le soir précédent, 28 février, à l'heure correspondant à celle prescrite pour mettre les colonnes en marche (9 heures), une tempête avait éclaté sur les hauteurs de Sauria et les combes avoisinantes.

S'il en était arrivé autant dans la soirée du 29 (comme cela n'avait rien d'improbable étant donné que les averses torrentielles se répètent aux mêmes heures de la journée, et ainsi que l'annonçaient de gros nuages), le mouvement en avant n'aurait pas pu avoir lieu, parce que le Mai Cherbara, — qui court transversalement devant la position de Sauria, ainsi qu'un fossé

---

1. D'après mes souvenirs, le nombre des combattants devrait s'élever à plus de 17,000 hommes. Mais je n'ai pas de documents pour le prouver. Je m'en tiens, par conséquent, aux chiffres approximatifs de fusils donné par le *Rapport*, en y ajoutant les hommes non armés du fusil. Le chiffre officiel de l'effectif au camp était en tout de 20,170 hommes, et il fut télégraphié à Rome le 29. Le nombre des combattants au 1ᵉʳ mars devrait s'obtenir en retranchant de l'effectif présent à Sauria, le 29 février, le nombre d'hommes laissés avec le convoi. Par suite, 20,170 — 2,735 = 17,435.

d'une place forte, — gonflé par les pluies, n'aurait pas permis le passage, durant toute la soirée, ni aux colonnes du centre ni à celle de droite.

Au lieu de cela, le ciel, après s'être couvert un peu avant la nuit, se rasséréna tout d'un coup, et une lune splendide illumina la route. Il était 9 heures. Sur l'horizon, à l'ouest, apparaissaient distinctement les montagnes connues dans le pays sous le nom générique de Gundapta, avec leurs formes caractéristiques de cornes, de pyramides et d'obélisques. Et du haut d'Adi Dichi, mes yeux, habitués à ce terrain, pouvaient voir les dépressions par lesquelles devaient passer les brigades pour se diriger sur les objectifs désignés.

Les avant-postes avaient fait bonne garde. Et il semble effectivement qu'une fois l'ordre donné, aucun espion ennemi n'en ait porté la nouvelle aux Abyssiniens.

En pointe, devant chaque colonne, marchait, comme le prescrivaient les directives, un détachement d'indigènes avec les guides du pays et, naturellement, avec un officier; aussitôt après et à une faible distance venait l'avant-garde, précédant de peu le gros.

La préoccupation essentielle de tous devait être de maintenir la liaison des unités.

On n'entendait qu'un long bruit de pas amorti, accompagné du bruit des armes et des objets qui se heurtaient. On ne voyait rien, car il était interdit de fumer, et les ombres des colonnes se confondaient avec les ombres des hauteurs et des ondulations du terrain. La brigade indigène marchait à gauche, la brigade Arimondi au centre, et la brigade Dabormida à droite. Il fallut une heure et demie avant que les deux brigades blanches eussent fini de défiler.

J'abandonnai les tentes dès que j'appris que la queue de la colonne Dabormida était en marche par le col de Zala. En descendant de la position, j'observai que, selon les ordres donnés, on rassemblait, sur le versant opposé, les gardes, les malades, les hommes incapables de marcher et les convois.

Après avoir franchi le Mai Cherbara, je m'aperçus que le dernier bataillon de la colonne Dabormida, n'étant pas relié au gros qui marchait vers le col de Guldam, obliquait un peu à gauche et se mettait derrière la colonne Arimondi, au moment même où la brigade Ellena, qui suivait la brigade Arimondi, après avoir passé le Mai Cherbara, atteignait les pentes septentrionales d'Adi Cras.

J'envoyai immédiatement les premiers officiers que je trouvai pour vérifier et rectifier la marche des colonnes, et j'ordonnai aux commandants supérieurs de tenir leurs unités aussi groupées que possible et toujours reliées entre elles.

Le temps destiné au parcours (huit heures pour une moyenne d'environ 15 kilomètres) était largement calculé pour pourvoir aux mesures de sûreté, à la simultanéité des mouvements, aux arrêts,... pour serrer, pour modérer la marche en tête, en sacrifiant la célérité aux avantages suprêmes de l'ordre, de l'union et de la sûreté, dans une période aussi critique, pendant laquelle une erreur quelconque dans la route à suivre pouvait avoir de funestes conséquences. Mais, malheureusement, les soldats, malgré leur ardent désir de marcher au combat et malgré leur bravoure individuelle, pour les raisons déjà indiquées, inhérentes à la constitution des bataillons de renfort, n'étaient pas et ne pouvaient pas être (dans une marche nocturne et sur un terrain aussi entrecoupé) assez dans la main des officiers. J'envoyai de nouveaux ordres et de nouveaux avis dans ce sens; et, après m'être arrêté un peu à hauteur d'Adi Cras pour me faire une idée sur la façon dont marchait l'opération, je continuai la marche avec la colonne Arimondi en passant le long de tous les éléments.

Les trois routes affectées aux trois colonnes vont presque parallèlement; elles sont si voisines et communiquent parfois si facilement entre elles, qu'elles ont occasionné l'inconvénient signalé plus haut et un autre plus grand, dont nous parlerons plus loin[1]. Toutes les trois, surtout les deux qui sont affectées aux troupes blanches, doivent être comptées parmi les meilleures du haut plateau abyssinien, ainsi que celles qui se développent le long de l'arête même et qui mettent en communication Adoua avec l'Entiscio, le Scimenzana et l'Agamé. A ce moment-là, elles étaient généralement débarrassées des ronces et des herbes piquantes qui les recouvrent habituellement, parce que, peu de jours auparavant, elles avaient été battues en tout sens par l'armée choanne,

---

1. Voir l'esquisse démonstrative *de Sauria à Adoua* jointe au chapitre XXXIII.

qui avait d'abord placé son camp entre Sauria et Gundapta, puis
entre Gundapta, le mont Raio et le mont Esciascio. Mais, bien
qu'elles fussent relativement bonnes et, pour le moment, moins
encombrées de pierres, c'étaient cependant des routes africaines.
Tantôt elles étaient taillées entre deux parois voisines, tantôt
elles s'élargissaient indéfiniment dans la plaine, tantôt elles étaient
étranglées par un précipice quelconque. La nature du sol les
rendait toujours incommodes, surtout pour ceux qui marchaient
avec des chaussures grosses, dures et gênantes, qui fatiguent
le pied si elles sont vieilles et éculées, et qui blessent davantage si elles sont neuves. Et pourtant le commandant des troupes et moi nous avions demandé, à plusieurs reprises, avant
et pendant les opérations, d'abord pour les troupes de garnison, puis pour les bataillons de renfort, les brodequins des
alpins !

Toutefois, il ne me semblait pas que les soldats marchassent
mal. Le poids à porter était réduit aux cartouches et à deux
journées de vivres de réserve. La nuit était fraîche, l'air piquant,
le ciel clair, et la route variée. Le moral était élevé, et l'humeur
enjouée, à en juger par les bons mots échangés à voix basse. Je
devais plutôt faire observer le manque de liaison, c'est-à-dire le
péché originel. Jamais je n'avais autant déploré l'organisation
générale de nos forces pour une guerre coloniale et l'envoi spo-
radique de soldats pour la soutenir. Cependant (je *dois le répéter*) les soldats, interrogés séparément ou par groupes, semblaient dispos, éveillés, joyeux et contents de se débarrasser
des ennuyeuses fatigues de Sauria, pour marcher contre l'ennemi, qui, les jours précédents, avait toujours disparu devant
nous.

En marchant, je rejoignis les bersagliers qui étaient arrêtés ;
ils étaient bien groupés, et un bon nombre d'entre eux dormaient
sur les deux côtés de la route. Je fis aussitôt rechercher le colonel Stevani et je lui demandais le motif de cette halte, quand je
reçus le billet suivant :

Gundapta, 1ᵉʳ mars 1896, 3 h. et demie du matin.

L'avant-garde, en arrivant à hauteur du débouché dans la plaine de
Gundapta, a dû s'arrêter pour laisser défiler la brigade Albertone, qui
suit la même route que nous. Je suppose que la cause de ce croisement

non prévu provient du fait que les deux routes affectées aux brigades ont une partie commune.

Je me mettrai en queue; mais je ne pourrai pas partir, du point où je me trouve, avant 4 heures.

Je n'ai pas encore pu me relier avec la brigade Dabormida.

Le major général,
ARIMONDI.

Je pressai le pas et j'arrivai en tête de la brigade Arimondi au moment où les dernières fractions des troupes indigènes avaient évacué la route et se dirigeaient, à l'est du mont Raio, vers le col de Chidane Meret. Il était environ 4 heures quand je m'arrêtai, avec le général Arimondi, au carrefour d'où se détachent les embranchements vers le col Rebbi Arienni et le col Chidane Meret. J'espérais et même je croyais qu'en dehors de l'erreur commise sur la route à suivre, la rencontre des deux brigades était causée par la halte de l'avant-garde du général Albèrtone qui s'était arrêtée en deçà du col de Chidane Meret, afin de se garder et dans le but d'attendre l'aube, ainsi que c'était prescrit, pour occuper le col, en se reliant avec les autres brigades. Au lieu de cela, c'était probablement quelque fraction, peut-être même le bataillon de guerre de la colonne indigène, qui avait obliqué un peu à droite, par les chemins de traverse, et s'était trouvé en tête de la colonne Arimondi.

Je continuai avec le général Arimondi. Vers le col de Rebbi Arienni, et après avoir fait quelques pas, je rencontrai des informateurs qui revenaient. Ils me confirmèrent les nouvelles qui m'avaient été données la veille au soir, c'est-à-dire que les cols étaient complètement évacués par l'ennemi et que celui-ci avait un campement important à Mariam Sciautu. Ils ajoutaient qu'ils avaient vu, peu de temps auparavant (peut-être vers 3 heures et demie), les *ascaris* dans une direction qu'ils m'indiquaient et qui me sembla être l'angle sud-est du mont Raio.

Par suite, à l'heure même où j'entrais dans la combe de Gundapta avec la brigade Arimondi (vers 4 heures et demie), je me disais : « La colonne indigène se rassemble derrière Chidane Meret, tandis que son commandant étudie la localité pour prendre sa position de combat à l'heure indiquée et en même temps que la colonne Dabormida. » La distance entre les cols Chidane Meret

DE SAURIA A ADUA

Échelle

Esquisse démonstrative

Ch. XXXIII

et Rebbi Arienni, derrière et devant le mont Raio, était d'environ trois kilomètres et demi par des sentiers transversaux, dans une région praticable ; par suite, liaison assurée. Pour mon compte, j'étais certain (et je devais l'être) qu'Albertone aurait conservé la liaison, ou, en tout cas, l'aurait rapidement et vigoureusement cherchée et retrouvée, à peine arrivé au col de Chidane Meret, et même avant d'occuper le col.

Je n'avais pas de préoccupation pour la liaison de la colonne centrale Arimondi avec la colonne Dabormida, qui marchait à notre droite sur une route parfaitement déterminée, la mieux déterminée de toutes. Cette route pénétrait, elle aussi, dans la combe de Gundapta et se rejoignait à Rebbi Arienni avec la route suivie par la colonne centrale. En effet, au bout de peu de temps deux officiers vinrent me rendre compte que, le long du versant des hauteurs, dominant au nord la combe de Gundapta, on voyait défiler une colonne ; et immédiatement après, à la lueur incertaine de la lune qui luttait contre l'aube naissante, on pouvait apercevoir une longue file qui serpentait au pied de la montagne, tandis qu'au milieu du silence arrivait, assourdi, le bruit des hommes en marche. C'était la brigade Dabormida.

La combe ou la plaine de Gundapta (comme je l'ai entendu appeler par les informateurs indigènes, à juste raison, je crois, au milieu de la confusion des noms), a une forme ovale, longue d'environ 3 kilomètres et demi et large de 1 kilomètre. Dans la combe coule lentement un ruisseau qui, de temps en temps, se transforme en marais. En dehors des deux routes indiquées d'Entiscio à Adoua, il y a encore la route qui, par Yeha, va vers le Bélésa et l'Oculé Cusai, en ayant un embranchement vers Gundapta. J'ai déjà signalé cette route comme pouvant servir à une invasion éventuelle de l'armée choanne dans l'Érythrée (Chapitre XXIX).

Non loin de Gundapta s'élèvent les rochers de Yeha avec les ruines de l'ancienne cité d'Axum. A Yeha devait arriver, selon les calculs et selon les ordres, le matin, de bonne heure, le major Ameglio avec un bataillon indigène et avec les *bandes* du Seraé. De Gundapta, j'envoyai un officier pour voir si la colonne ne pointait pas vers le nord, tandis que j'expédiais le major Salsa en reconnaissance au col de Rebbi Arienni.

27

A ce moment même un billet que m'apportaient deux *ascaris*
disait ceci :

Rebbi Arienni, 1ᵉʳ mars 1896.

A 5 heures un quart du matin, j'ai occupé le col de Rebbi Arienni
qui avait été évacué par l'ennemi.

Le major général,

Dabormida.

L'horizon s'éclairait (5 heures et demie), et la colonne Arimondi
se rassemblait dans la zone occidentale de Gundapta, aux pieds
du versant oriental de Rebbi Arienni, du côté des hauteurs qui
servent de base, au nord-est, au mont Raio, lequel s'élève comme
une tour.

J'ordonnai au général Arimondi de se garder sur ces hauteurs
et sur les hauteurs latérales, au moyen de quelques détachements. Il devait chercher à se relier avec la colonne Albertone;
je lui prescrivis de se mettre en mesure de soutenir la colonne
Dabormida, en vue d'une éventualité quelconque, et de prendre,
avec le reste de ses troupes, une position de rassemblement.

En même temps, j'envoyai le lieutenant Malladra, du quartier
général, pour prendre des nouvelles de la brigade Ellena, dont
la tête était à courte distance, et pour ordonner à cette brigade
de serrer dans la plaine de Gundapta, d'y prendre une position
de réserve et de garder les cols qui forment la combe.

Aussitôt après, en attendant des nouvelles, j'envoyai rapidement le colonel Valenzano sur le col de Rebbi Arienni et au delà,
pour étudier le terrain qui s'étendait en avant de cette localité.

Il était environ 5 heures trois quarts, et il semblait que tout
allait bien, malgré l'incident qui avait retardé d'environ 1 heure
et demie la marche des brigades centrales[1].

De l'ennemi, point de traces; la brigade Dabormida occupait
fortement le col; la brigade Arimondi, derrière cette brigade, se
massait sur le revers de la position; la brigade de réserve serrait lentement sur la tête.

1. A propos d'heures, question si délicate dans le récit d'un jour de combat,
je dois immédiatement faire observer que, bien que j'eusse donné au rapport,
l'heure de ma montre aux commandants des brigades, quatre heures avant
le commencement du mouvement, il y a, dans chaque rapport et dans chaque
déposition, des heures si différentes que cela engendre parfois la confusion
et l'équivoque, même dans le *Rapport officiel* si soigné du vice-gouverneur,
le général Lamberti

Avec le jour, on pouvait promptement remédier au défaut de
cohésion et regagner le temps perdu. Somme toute, entre 6 et
7 heures, on avait réuni ou l'on était sur le point de réunir, entre le col de Rebbi Arienni et la combe de Gundapta, la plus
grande partie des forces combattantes, c'est-à-dire :

	HOMMES	CANONS
Brigade Dabormida.....	4,480	18
— Arimondi	3,013	12
— Eilena	4,470	12
Détachement de génie ..	100	
Quartier général	140	
TOTAL..	12,203	42

Sur la droite, à une faible distance, devait être le major Ameglio avec 1,300 hommes, et peut-être plus, tant indigènes réguliers que *bandes* du Seraé.

La brigade Albertone aurait dû être peu éloignée (peut-être à
2 kilomètres et demi) et surtout à portée du col si connu de Rebbi
Arienni, avec 4,556 combattants et 14 canons[1]. De toute façon,
dans un espace relativement restreint et sous la main, on avait
concentré :

17 bataillons blancs;

2 et demi indigènes et 42 pièces;

La compagnie du génie.

Avec le général Albertone, il y avait :

4 bataillons indigènes;

14 canons ;

Les *bandes* de l'Oculé Cusai et de l'Hamasen.

Le devoir du général Albertone était de conserver sa liaison
avec la brigade Arimondi et avec tout le corps d'opération. Il
connaissait l'objectif donné à la droite et éventuellement au centre, en même temps que les dispositions générales du déploiement entre le mont Semaiata et le mont Esciascio ; il avait l'ordre
de ne pas s'avancer avant les autres, et, comme il commandait
les indigènes et les *bandes,* il avait les éléments les plus rapides

1. Je répète que, d'après moi, ces chiffres sont un peu inférieurs à la réalité, comme je l'ai dit dans ma note, page 412.

et les plus aptes à assurer les communications et à se relier dans un terrain qui n'était pas très difficile, relativement, pour un pied abyssinien, et dans des localités connues de bien des soldats et de plus d'un officier. La question du nom de Chidane Meret passait en seconde ligne ; et, quand bien même il eût été probable ou même certain qu'il y ait eu une erreur dans le nom porté sur le croquis du quartier général et que la localité de Chidane Meret fût beaucoup plus en avant, sur la route d'Adoua, le commandant de la colonne de gauche était toujours obligé de regarder à sa droite, d'autant plus qu'étant chargé de protéger le flanc gauche des colonnes blanches, il devait avancer lentement avec une colonne de noirs. Il lui suffisait d'envoyer une patrouille derrière le mont Raio, pour se relier avec la brigade Arimondi, à Gundapta, ou bien d'envoyer un détachement en avant du mont Raio, pour se relier avec la brigade Dabormida, à Rebbi Arienni, ainsi que le montrait clairement le croquis du quartier général[1].

D'autre part, la prudence conseillait au général Albertone de se garder sur sa droite, puisqu'il savait (et je l'avais dit moi-même à plusieurs reprises) que dans la combe de Mariam Sciautu il y avait de 12,000 à 15,000 ennemis. Tout le monde savait que la combe de Mariam Sciautu s'ouvrait presque en face de Rebbi Arienni, sur une des deux routes qui, de Rebbi Arienni, conduisent à Adoua, comme on le voyait dans le croquis du quartier général.

Le général Albertone enfin devait être extrêmement prudent, surtout si l'on considère que sa brigade avait suspendu la marche et retardé sensiblement le mouvement en avant des deux brigades centrales, et si l'on tient compte aussi de la lenteur de la marche des troupes blanches par rapport aux troupes indigènes.

Et à ce sujet, pour mon récit, il est de mon devoir et il est naturel que je me serve des paroles d'autrui, en les prenant dans les documents les plus autorisés et absolument incontestables.

Le colonel d'état-major Pittaluga, actuellement major général, commandait à l'Asmara quand y arrivèrent les premiers officiers après la bataille du 1er mars. Sur la demande officielle de l'avocat fiscal militaire, chargé de procéder à l'enquête, il répondit par

1. Voir la *Copie de l'esquisse originale donnée aux chefs de brigade avant la bataille*, annexée au chapitre précédent.

un rapport détaillé que je publie en appendice, parce qu'il représente, de la façon la plus vraie et la plus colorée, les premières impressions. A propos de cet incident le colonel Pittaluga écrit[1] :

« Ce nom de col Chidane Meret, attribué à un point plutôt qu'à un autre, ne constitue pas une erreur du commandement, parce que celui-ci avait joint à l'ordre, prescrivant les dispositions à prendre, un graphique sur lequel était indiqué, au sud du mont Raio, le lieu qu'il désignait sous ce nom ; par suite, ce point était bien l'endroit désigné, et ce n'en pouvait pas être un autre. De toute façon, le manque de liaison entre l'avant-garde et le gros occasionna la désastreuse séparation ; l'erreur de nom (en supposant, sans que je l'admette, qu'il y ait eu erreur) n'aurait eu aucune conséquence si les troupes avaient été reliées entre elles comme le prescrit le règlement (*Règlement sur le service de guerre*, n° 35, et particulièrement les alinéas 1, 3, 8 et 9). L'exécution des prescriptions réglementaires est toujours sous-entendue, et le commandement supérieur ne peut pas en supposer l'oubli chez ses inférieurs. »

Le colonel d'état-major Corticelli, dans son *Enquête technique militaire sur le combat du 1er mars 1896*[2], — faite sur l'ordre du ministre de la guerre qui l'avait chargé d'aider l'enquête judiciaire de l'avocat fiscal militaire, — s'exprime ainsi : « La colonne Albertone, après avoir parcouru environ un kilomètre de la route qui était affectée à la colonne Arimondi, obliquait à gauche et se remettait sur sa vraie route ; elle gagnait le col qui se trouve au sud-ouest du mont Raio, col qui, d'après l'idée du commandant en chef et suivant les indications du croquis distribué aux commandants de brigade, aurait dû, sans aucune équivoque, être pris pour le col de Chidane Meret, bien que ce nom, sur les lieux mêmes, s'applique à une autre localité, située 6 ou 7 kilomètres plus loin, près d'Abba Garima, sur la route d'Adoua.

« La colonne Albertone s'arrêta une heure au col Chidane

1. Voir Appendice, annexe n° 2, page 79 des actes de procédure.
2. *Rome :* typographie de la maison d'édition italienne, 1896.
« J'étais chargé de faire une enquête, uniquement au point de vue technique militaire, sur les dispositions prises par le commandant du corps d'opération avant et pendant le combat du 1er mars, de telle sorte que l'autorité judiciaire, chargée de l'enquête, pût y trouver des éléments d'appréciation pour déterminer les responsabilités qui peuvent peser sur le commandant en chef du susdit corps d'opération. »

Meret du croquis, sur lequel elle aurait dû prendre position vers 5 heures un quart, chercher le contact avec la droite et rester, en attendant des ordres; mais il est clair, d'après ce qui est arrivé, que le général Albertone commit une grave erreur, parce que, après avoir repris la marche, il arriva à l'aube devant les pentes d'Abba Garima, dans la localité qu'il considérait peut-être comme le véritable Chidane Meret, tandis que le 1er bataillon indigène (major Turitto), qui était en avant-garde, se trouvait à son tour poussé plus en avant à 2 ou 3 kilomètres de distance et complètement séparé du gros... » '

Le colonel Corticelli dit ailleurs : « Étant donnée la façon dont s'est développée l'action du 1er mars, on ne peut pas faire remonter au gouverneur la responsabilité de ce qui est arrivé à la colonne indigène. L'équivoque probable de nom, au sujet du col de Chidane Meret, n'excuse pas l'erreur commise, par cette brigade, d'avoir marché d'une façon si inconsidérée sur Abba Garima et de s'être jetée avant tant d'impétuosité sur le camp choan, à l'insu du commandant en chef. Une telle erreur n'est que trop évidente pour tous ceux qui savent que la première position à occuper était le mont Esciascio, le mont Raio et le mont Semaiata, position parfaitement bien indiquée sur le croquis et sur le terrain. D'autre part, la colonne Albertone, en perdant tout contact avec sa droite, et en ne faisant rien pour le retrouver, même pas une fois le jour arrivé, prouve que son chef comprenait sa mission d'une façon tout à fait spéciale, complètement indépendante de l'action et du commandement du général Baratieri[1]. »

D'après le rapport du major Cossu, commandant du 6e bataillon indigène (cité par l'*Enquête technique militaire* du colonel Corticelli), le général Albertone, après le rapport « du 29, aurait parlé *d'une attaque à faire à l'aube sur Chidane Meret et au delà*, nous donnant la conviction qu'il fallait franchement chercher l'ennemi pour l'attaquer. » Or, ainsi que tout le prouve, je ne parlai point

1. Le général Afan de Rivera, parlant au nom du ministère présidé par le marquis di Rudini, dans une déclaration explicite faite à la Chambre au mois de juin 1897, — après tant d'écrits, de publications, d'enquêtes et de polémiques, après une enquête toute spéciale sur le compte des généraux Ellena et Albertone et du colonel Valenzano, — considère qu'au point de vue du gouvernement, le rapport technique du colonel Corticelli a complètement réglé la question.

d'*attaque* sur le col Chidane Meret et *au delà,* mais au contraire de l'occupation simultanée de localités évacuées par l'ennemi. Et, comme le démontrent les dépositions faites par le colonel Valenzano devant le tribunal d'Asmara (audience du 6 juin), je recommandai au commandant des indigènes d'aller prudemment, et surtout de ne pas s'avancer trop loin; je lui ordonnai formellement de régler sa marche de façon que l'occupation des deux cols fût simultanée. De son côté, le président du tribunal ajouta, à cette occasion, comme une chose évidente et indiscutable, que l'ordre du jour prescrivait la simultanéité des occupations.

D'après le *Rapport officiel,* la brigade Albertone, continuant rapidement sa marche vers le col de Chidane Meret, y arrivait vers 3 heures et demie ou 3 heures trois quarts, et s'y arrêtait pendant une heure environ. Entre 4 heures et 4 heures et demie, elle reprenait sa marche vers Enda Chidane Meret, en se faisant précéder par le 1er bataillon, en avant-garde; ce bataillon était chargé d'occuper le col entre Amba Scelloda et Abba Garima, en attendant le gros de la brigade.

« La formation de marche du gros était la suivante :

« 1re compagnie du 6e bataillon indigène et *bandes* de l'Oculé Cusai;

« 1re batterie indigène et une section de la 2e batterie;

« 3e compagnie du 6e bataillon indigène et une du 7e;

« 3e et 4e batteries (italiennes) de montagne; trois compagnies des 7e et 8e bataillons indigènes.

« Le 1er bataillon indigène, commandé par le major Turitto, arrivait au col d'Enda Chidane Meret vers 5 heures et demie, et, *au lieu de s'arrêter, il se lançait contre les avant-postes choans qui se trouvaient peut-être à un kilomètre ou deux au delà du col. L'alarme était ainsi donnée dans le camp ennemi, qui en peu de temps se levait tout entier,* prenait les armes, et une masse, évaluée à 5,000 ou 6,000 Choans, s'avançait contre le 1er bataillon indigène (6 heures ou 6 heures et demie). Celui-ci, en reculant peu à peu, parvenait à résister pendant plus d'une heure, mais ensuite il était repoussé et contraint de repasser l'ensellement d'Enda Chidane Meret, poursuivi par l'ennemi qui était sur ses talons.

« Pendant ce temps, le gros de la brigade arrivait dans la combe qui se trouve en avant d'Amba Scelloda-Abba Garima. Le général Albertone, surpris de ne pas voir en position le 1er bataillon,

envoyait à sa recherche. En attendant, il faisait masser les troupes
et envoyait une partie du 6e bataillon vers la droite, sur les hauteurs d'Adi Vecci, pour se relier avec la brigade Dabormida,
qu'il pensait ne pas devoir tarder à arriver de ce côté. »

Le major Cossu, dans son Rapport officiel, écrit que le général
Albertone, « ne voyant pas le 1er bataillon occuper, comme il
disait en avoir donné l'ordre, le col formé par le mont Scelloda
et Abba Garima, où passe la route qui va à Adoua, s'en montra
extraordinairement contrarié et envoya immédiatement le capitaine Bassi à la recherche de ce bataillon ».

Le capitaine Spreafico, à son tour, dit ceci : « Il était 6 heures
et demie, et le 1er bataillon indigène qui formait l'avant-garde,
au lieu d'occuper fortement le col entre Scelloda et Abba Garima,
où notre marche trop rapide nous avait portés (*en nous séparant
des autres brigades blanches,* qui n'auraient pu nous rejoindre que
beaucoup plus tard), s'avança vers Adoua et se heurta aux avant-
postes choans ; ceux-ci attaquèrent et repoussèrent avec énergie
le trop téméraire assaillant, qui précédait la brigade de *plus d'une
heure de marche.* »

Répondant aux questions qui lui avaient été posées par l'avocat fiscal, le capitaine Spreafico écrivait ceci, le 16 avril, de Cassala : « Notre brigade, évidemment trop entraînée par le 1er bataillon, s'avança trop loin ; car elle se porta jusqu'au versant est
d'Abba Garima, l'avant-garde ayant dépassé le col situé entre
Abba Garima et le mont Scelloda[1]. »

Le major Cossu, répondant aux mêmes questions, écrivait, le
29 mars, de l'Asmara : « Je fus appelé au rapport en même temps
que les autres commandants de bataillon, le 29 février à 6 heures
du soir, par le général Albertone, qui nous dit : « Dans trois
« heures nous partons pour aller attaquer, dès l'aube, l'ennemi à
« Chidane Meret et au delà. Nous aurons à notre droite la
« brigade Arimondi (colonne centrale), à droite de celle-ci la bri-
« gade Dabormida, et en réserve la brigade Ellena. »

« Arrivés à hauteur du point où la brigade indigène combattit
ensuite (j'étais avec le général à la tête du gros), comme le bataillon d'avant-garde (1er bataillon, major Turitto) ne s'y trouvait
pas, le général Albertone fit preuve d'une irritation nerveuse, et

1. Actes de procédure, page 183.

envoya successivement, à intervalles rapprochés, deux officiers pour rechercher le bataillon[1]. »

Donc la colonne Albertone avait non seulement perdu sa liaison avec l'aile droite et avec le centre, mais même, après une courte marche, elle n'était pas reliée avec sa propre avant-garde. Cette avant-garde ne se contentait pas de dépasser le col de Chidane Meret, indiqué sur le croquis donné par moi aux chef de brigade dans l'ordre du jour, mais encore elle dépassait l'Enda Chidane Meret et le col situé entre Abba Garima et le mont Scelloda, pour descendre vers la plaine d'Adoua. *Barambaras* Ménélick, de l'Asmara, disait être arrivé, avec quelques hommes de ses bandes, jusque sur Enda Micael, à deux pas d'Adoua. Par suite, la brigade indigène n'était point reliée avec sa propre avant-garde, qui avait réveillé tout le camp ennemi et dépassé le mont Semaiata ; elle avait en outre son flanc gauche découvert, tandis que sur son flanc droit se trouvait le camp ennemi de Mariam Sciautu ; elle ne pouvait pas être secourue par les autres brigades, avec lesquelles elle ne put communiquer que tard et difficilement, grâce aux hommes que j'envoyai moi-même.

1. Actes de procédure, page 107.

CHAPITRE XXXIII

A REBBI ARIENNI[1]

Echiquier tactique. — Communications. — Eperon, col et mont Belah. — Ordres au général Dabormida (5 heures trois quarts). — Diversion vers Mariam Sciautu. — Billet du général Dabormida (9 heures un quart). — Le récit officiel. — Hypothèses.

Voyant la brigade Arimondi (1re) rassemblée sur le versant oriental de Gundapta, et sachant que la brigade Ellena (3e) se rassemblait à peu de distance, je me dirigeai vers le col Rebbi Arienni, espérant qu'à cet endroit je pourrais communiquer facilement avec les deux brigades Albertone et Dabormida (2e) et me trouver au point le plus favorable pour recevoir des nouvelles, donner des ordres et surveiller la concentration des colonnes ainsi que l'occupation de la position. J'arrivai sur le versant occidental du col de Rebbi Arienni peut-être quelques minutes après 6 heures.

Le massif du mont Raio, avec les hauteurs qui s'étendent à l'ouest coupait, à gauche, la vue vers le col Chidane Meret, c'est-à-dire vers la position que devait occuper la brigade indigène, avec laquelle le général Dabormida n'était pas relié. Je demandai aussitôt au capitaine Amenduni deux messagers indigènes, et je les envoyai au général Albertone, avec un billet dans lequel je l'informai de la situation et je lui demandai de ses nouvelles. Je faisais en même temps explorer le terrain situé en avant du mont Raio, pour y déployer les troupes.

Du col de Rebbi Arienni, on voyait, presque en face et un peu à gauche, éclairées par le soleil naissant, les montagnes d'Adoua,

---

1. Voir *De Sauria à Adoua*, esquisse démonstrative annexée à ce chapitre.

c'est-à-dire les montagnes qui constituent la dernière position
entre Sauria et Adoua, position qui couvrait la combe d'Adoua,
c'est-à-dire la base d'opération abyssinienne. On voyait ainsi se
succéder à nos yeux vers l'ouest : à gauche (sud-ouest), les monts
d'Abba Garima ; au centre, les éperons orientaux du mont Scelloda, indiqués plus tard sous le nom de monts Gusoso et Nasraui
dans le croquis du lieutenant-colonel Arimondi[1] ; à droite (ouest),
le mont qui domine Mariam Sciautu. Les dépressions au nord
et au sud du mont Scelloda indiquaient les passages conduisant
à la combe d'Adoua, l'un, élevé, vers Abba Garima, l'autre, très
bas, vers Mariam Sciautu.

Plus près de nous et derrière nous, le col de Rebbi Arienni a
le flanc gauche bien appuyé au mont Raio, grâce à un éperon qui
y monte doucement ; il a son flanc droit bien gardé par le mont
Esciascio ; cette hauteur ondulée s'avance un peu vers l'ouest et
au nord ; elle est surmontée par le mont Hitschia, qui semble impraticable. Le col et les hauteurs placées à côté de Rebbi Arienni
dominent, vers l'ouest, c'est-à-dire vers Adoua, une petite combe
au sud de laquelle se dresse une hauteur prononcée, semblable à
une grande bosse. Cette hauteur — dans la reconnaissance, postérieure à la bataille, faite par le lieutenant-colonel Arimondi — fut
indiquée sous le nom de mont Belah. De cette façon, le mont
Belah se trouve à l'ouest du mont Raio ; il se prolonge vers le
nord-ouest par un éperon sur lequel s'élèvent quelques ruines
(peut-être d'une chapelle) entourées par quelques sycomores.
Vers le sud, le mont Belah descend en pente raide sur le flanc
du Semaiata, dans l'ensellement entre le mont Raio et le mont
Semaiata, c'est-à-dire au col de Chidane Meret, comme l'indiquait le croquis du quartier général remis aux commandants de
brigade[2].

Examinons maintenant rapidement l'échiquier qui se trouve en

---

1. Champ de bataille du 1er mars 1896 : croquis annexé au *Rapport sur les
opérations militaires* de la seconde période de la campagne d'Afrique. Le
lieutenant-colonel Arimondi avait été envoyé par le général Baldissera sur
le champ de bataille pour pourvoir à la sépulture des morts. Il profita de
ces jours (fin mai, commencement de juin) pour établir le croquis des
localités visitées. Je m'en suis servi pour dresser le croquis *de Sauria à
Adoua*.

2. Copie de l' « esquisse originale donnée aux chefs de brigade avant la
bataille » jointe au chapitre XXXI.

avant, entre le mont Raio, Abba Garima et Mariam Sciautu, car c'est là que se déroulèrent les phases de la bataille. Je prie le lecteur d'avoir constamment sous les yeux le croquis de la bataille — *De Sauria à Adoua* — annexé à ce chapitre, car, de cette façon-là seulement, il pourra s'en faire une idée suffisamment exacte.

En partant du col de Rebbi Arienni, trois routes, ou plutôt trois sentiers battus, le traversent; ce sont :

1° La route *directe*, par le fond de la vallée, qui conduit à Mariam Sciautu, — direction générale *ouest;*

2° La route *transversale*, qui se détache de la précédente, dans la petite combe placée sous le col de Rebbi Arienni, monte sur le versant nord-ouest du mont Belah (col de Belah) et conduit, en franchissant la crête, vers Abba Garima, — direction *sud-ouest;*

3° La route *latérale*, qui rase les pentes ouest du mont Raio et va vers le col de Chidane Meret, — direction *sud.*

Les deuxième et troisième routes (c'est-à-dire la route du col de Belah et la route du mont Raio) vont se réunir à la route qui monte du col de Chidane Meret vers Abba Garima. Nous donnerons à cette route le numéro 4. Par suite, la deuxième route coupe en diagonale la première et la quatrième.

Les première et deuxième routes (c'est-à-dire la route de Mariam Sciautu et la route du col Belah) ont une partie commune jusque dans la petite combe que nous venons d'indiquer; puis, en divergeant, la première route, au delà de Mariam Sciautu, conduit dans la zone nord de la combe d'Adoua. La deuxième route, près d'Adi Vecci, s'unit à la quatrième, c'est-à-dire à la route du col de Chidane Meret, et conduit soit vers Mariam Sciautu, par un sentier alpestre, soit à Adoua même, par d'autres communications faciles.

De Rebbi Arienni à l'embouchure de la combe de Mariam Sciautu, en suivant les détours de la vallée, la première route a environ 8 kilomètres.

De Rebbi Arienni à l'ensellement entre le mont Scelloda (Enda Chidane Meret) et Abba Garima, à cause des ressauts et des replis du terrain, la deuxième route a environ 10 kilomètres.

De Rebbi Arienni au col de Chidane Meret (croquis du quartier général) par l'ensellement entre le mont Raio et le mont Belah, la troisième route compte environ 3 kilomètres et demi.

Du col de Chidane Meret à Abba Garima, par la dépression

située au sud du mont Belah, la quatrième route compte environ 10 kilomètres.

La première route (qui va directement sur Mariam Sciautu), en s'écartant de la deuxième route, tourne au nord, autour de l'éperon de Belah, de façon à se rapprocher de nouveau, au delà de l'éperon de Belah, de cette même route, qui s'élève, tortueuse et peu marquée, vers Adi Vecci; elle s'en sépare ensuite de telle sorte que, entre Abba Garima (versant nord) et l'entrée de la combe de Mariam Sciautu, on peut compter en ligne droite environ cinq kilomètres dans un terrain très accidenté. Cette divergence des deux routes était indiquée dans le croquis du quartier général donné aux chefs de brigade avant la bataille, ainsi qu'on peut le voir dans la copie jointe au chapitre XXXI.

Je le répète, si on les appelle routes, c'est une façon de parler. La deuxième et la troisième sont plutôt des sentiers, encombrés de pierres et d'arbustes, qui serpentent à travers les inégalités du sol, mais qui permettent cependant, en cas de besoin et surtout aux indigènes, de marcher par bandes. La quatrième route me semblait moins couverte de pierres et devait être plus large. La première, fréquentée ordinairement par ceux qui se rendent à Adoua, par Mariam Sciautu, et, dans les derniers jours, par l'armée ennemie si nombreuse, était certainement la meilleure; elle suivait, à plat, les méandres tortueux d'un torrent.

Quant aux formes du terrain, comme nous n'avons ni carte dressée selon les exigences de la science, ni noms bien déterminés, pour mieux nous entendre sur les noms, nous appellerons :

Mont Belah, l'élévation la plus considérable et la plus caractéristique, devant (ouest) mont Raio, au sud;

Éperon Belah, l'arête oblique à la vallée de Mariam Sciautu qui sépare les première et deuxième routes au nord;

Col Belah, la légère dépression entre le mont et l'éperon que traverse la route *transversale* (la deuxième) passant par Abba Garima et par les monts qui en dépendent et qui ont pris le même nom[1].

---

1. Abba Garima est le nom d'un célèbre monastère qui a donné son nom à la localité s'étendant du mont Scelloda à Entratz et comprenant le mont Abba Garima (2,616 m.) et le mont Enda Chidane Meret (2,596 m.). Les moines d'Abba Garima, pendant la première période, s'étaient montrés favorables à l'occupation italienne.

Au nord de l'éperon Belah, et par suite au nord de l'étroite vallée que suit la route pour Mariam Sciautu (route qui se prolonge à l'ouest des monts Esciascio), s'élèvent d'autres montagnes, fermées à l'horizon par les monts Arbaitu et Sibat, qui couvrent le pas de Gasciaorchi, lequel conduit au Mareb par Daro Taclé.

Les abords immédiats du col de Rebbi Arienni présentent des dépressions et des ressauts successifs peu praticables. Le terrain est coupé par des sillons, des crevasses et par de petits précipices; çà et là il est encombré par des débris de rochers; en d'autres endroits il s'abaisse en gradins qui sont soutenus parfois par de petits murs destinés à faciliter la culture.

En général, le long de l'arête comprise entre le mont Raio et le mont Scelloda, le pays semblait formé de hauteurs à profils surélevés; il était interrompu de temps en temps par des rochers se terminant par des éboulis de cailloux alternant avec des dépressions à pentes raides. Il était tantôt nu et pierreux, tantôt couvert d'herbe, de buissons et d'arbustes; la vue était souvent bornée par des ressauts, des arêtes, des traverses ou des amoncellements de rochers; çà et là, dans les vallons, il y avait des traces de culture; au fond des vallées, il y avait de l'eau croupissante et un terrain marécageux; sur quelques hauteurs, on voyait de rares vestiges de maisons abandonnées.

Les cols et les montagnes d'alentour (mais surtout la petite combe située au-dessous de Rebbi Arienni) portaient des traces indiquant que l'ennemi y avait campé, huit jours auparavant: l'herbe rase, des buissons brisés ou brûlés, des squelettes d'animaux, des immondices desséchées, des eaux souillées.

Je vis la brigade Dabormida massée au col de Rebbi Arienni, avec ses trois batteries et deux bataillons blancs en première ligne; les autres bataillons étaient échelonnés en arrière, sur le versant du col, vers Gundapta et derrière le mont Esciascio. En avant et un peu à droite, vers le flanc méridional du mont Esciascio, il y avait le bataillon de milice mobile (major De Vito) et la compagnie du *chitet* (capitaine Sermasi).

Les troupes me semblèrent en ordre et pleines d'entrain; les officiers, auxquels j'adressai quelques paroles, étaient remplis d'ardeur et d'espoir. Le soleil s'élevait derrière nous, et l'air frais était d'une merveilleuse transparence, si bien qu'à ces hauteurs l'œil le plus expérimenté se trompait et croyait les objets bien plus rapprochés qu'ils ne l'étaient.

Pendant ce temps, le bataillon blanc de Amicis, de la brigade Arimondi, avec la compagnie du 5° bataillon indigène (4°), affectée à cette brigade et commandée par le capitaine Pavesi, en exécutant l'ordre de garder la combe de Gundapta, s'était approché d'une élévation à droite (une des hauteurs du mont Esciascio), vers le sentier qui conduit à Yeha; c'est dans cette localité que, d'après les ordres envoyés par télégraphe le 29, le bataillon Ameglio (5°) aurait dû arriver à l'aube avec les bandes du Seraé. De cette façon, ces troupes se trouvèrent à droite de la position occupée par la brigade Dabormida, qui les attira dans son orbite.

A 6 heures, sur l'éperon de Belah, le général Dabormida, le colonel Valenzano, le major Salsa et quelques autres officiers exécutaient déjà une reconnaissance. Quelques instants après, au loin, on entendait des coups de fusil venant des cols de Scelloda et d'Abba Garima : ce qui faisait supposer un mouvement en avant trop rapide et désordonné des éclaireurs irréguliers, et peut-être de l'avant-garde de la colonne Albertone. Mais je ne pouvais pas encore craindre une pointe aussi rapide et aussi à fond de la brigade Albertone tout entière contre cette autre position, c'est-à-dire contre la position Abba Garima-Scelloda, qui couvre directement la combe d'Adoua, comme je l'ai indiqué au commencement du chapitre XXXI.

La position en avant du mont Raio répondait bien au but que je m'étais fixé : *démonstration offensive; occupation d'une position permettant d'offrir la bataille dans un terrain aussi favorable que possible pour l'emploi de l'artillerie, avec les flancs appuyés et la ligne d'opération gardée.*

En effet, elle n'était pas trop étendue (deux kilomètres et demi ou un peu plus); elle dominait les trois routes que nous avions parcourues pendant la nuit; on pouvait maintenir au col de Rebbi Arienni une importante réserve; les ailes des troupes déployées auraient été en communication par la route latérale couverte n° 3, entre le mont Raio et le mont Belah. Il y avait un espace qui n'était pas trop considérable pour le déploiement des brigades, et le temps était très largement suffisant, car le gros de l'ennemi était aussi éloigné de notre position que nous l'étions de Sauria, et les Choans n'avaient été avertis de notre marche en avant qu'au grand jour, par l'avant-garde de la brigade indigène qui s'était précipitée sur Adoua.

Il était très probable que l'ennemi ne viendrait pas nous attaquer; et alors la question des vivres nous aurait certainement obligés à battre en retraite (sans doute ce jour même) sur Sauria, et ensuite plus en arrière encore; mais, encore dans ce cas, on aurait eu l'avantage de porter un nouveau défi à l'ennemi et de compenser, en partie, la dépression morale que notre mouvement de recul aurait fait éprouver aux troupes et les désillusions dont le pays aurait souffert. Il y avait aussi la probabilité de déterminer la retraite de l'ennemi, — retraite qui a eu lieu effectivement, malgré la victoire remportée par lui.

Si, au contraire, par hasard, les Amahras nous avaient attaqués dans une localité aussi éloignée d'Adoua, il semblait que nous dussions avoir beau jeu, malgré la disproportion des forces, soit parce que l'ennemi aurait dû développer successivement ses attaques, en envoyant contre des positions dominantes, solidement occupées, des colonnes se suivant les unes les autres et présentant de longues cibles à nos yeux; soit parce qu'il n'aurait pas pu profiter de sa supériorité numérique, puisque notre mouvement en avant était pour lui une surprise; soit parce que, dans sa manœuvre tactique, il ne pouvait avoir ni unité de direction ni unité d'action; soit enfin parce que les Choans commençaient à se fatiguer et désiraient rentrer dans leurs villages, tandis que les Tigrins voyaient avec dépit piller leur propre pays, au lieu de piller eux-mêmes les territoires soumis à l'Italie.

Pendant ce temps, de l'éperon Belah on voyait descendre d'abord le général Dabormida, puis, à courte distance, le colonel Valenzano et les autres officiers envoyés en reconnaissance. Et, remontant au trot vers le col de Rebbi Arienni, ils me rendaient compte que la position était bonne et se prêtait bien à l'emploi de l'artillerie.

J'ordonnai donc au général Dabormida d'occuper l'éperon qu'il venait de visiter et d'étendre sa gauche autant que possible vers la brigade Albertone. « C'était précisément ce que je venais vous proposer! » ajouta le général Dabormida. Cette décision sembla si opportune que le colonel Valenzano, qui arrivait à l'instant de reconnaissance et qui était au courant de mes intentions, ajouta que s'il ne m'avait pas trouvé à Rebbi Arienni, il aurait cru agir

selon les idées fondamentales du commandement en ordonnant
à la 2ᵉ brigade ce que je venais d'ordonner moi-même.

En même temps, j'envoyai aux brigades Arimondi et Ellena
l'ordre d'avancer, comme je le dirai plus loin.

Le mouvement de la brigade Dabormida commença immédiatement sous mes yeux, dans l'ordre suivant :

Bataillon de milice mobile et compagnie du *chitet* d'Asmara;

6ᵉ et 10ᵉ bataillons;

5ᵉ, 6ᵉ et 7ᵉ batteries de montagne;

5ᵉ bataillon et 6ᵉ régiment d'infanterie.

Peu de temps après avoir envoyé l'ordre, on vit les blanches
chemises des *ascaris* de la milice mobile (major De Vito) monter,
en groupes, l'éperon de Belah et s'étendre, d'un côté, à gauche,
jusqu'au col de Belah, de l'autre côté, à droite, jusqu'au fond de
l'étroite vallée de Mariam Sciautu, qui tourne brusquement au
delà de l'éperon de Belah en se dérobant à la vue; puis ils disparurent en partie, parce qu'ils étaient cachés, au fur et à mesure, par les replis du terrain.

Je restai encore quelques minutes avec le général Dabormida,
avec le colonel Valenzano et les autres officiers du quartier général (Caviglia, Amenduni, Marozzi, etc.); pendant ce temps, je
faisais reconnaître le terrain sur le mont Belah.

L'ordre fut alors donné au capitaine Acerbi, commandant le
génie, de s'installer le plus tôt possible, avec un poste optique,
sur le mont au sud-ouest de Rebbi Arienni (mont Belah) pour
avoir immédiatement des communications avec la brigade Albertone. Mais le capitaine Acerbi répondit que la brigade Albertone
avait laissé à Sauria le personnel et le matériel de ce poste optique. Que l'on songe aux conséquences qui en seraient résultées
si l'on avait pu avoir immédiatement des nouvelles et envoyer
des ordres à la brigade Albertone avant qu'elle ne s'engageât à
fond! Mais c'était le commencement de cette série d'étranges
malheurs qui devaient décider du sort de la bataille. Le major
Ameglio n'était pas à Yeha, et les postes optiques n'étaient pas
avec les colonnes!

S'il m'en souvient bien, ma conversation avec le général Dabormida porta sur des suppositions au sujet de la colonne Albertone, sur les incidents de la marche de nuit, — et naturellement
sur les dispositions à prendre pour déployer les troupes et pour

obtenir un appui efficace de l'artillerie. En ce moment, nous croyions que les *bandes* qui précédaient la colonne Albertone, lancées très en avant pour assurer le service de sûreté, s'étaient heurtées à une forte grand'garde abyssinienne. Nous ne pouvions pas croire que la brigade fût aussi éloignée, bien que le manque de nouvelles nous donnât à penser.

Au sujet des ordres que je donnai au général Dabormida, le colonel Valenzano m'écrivit plus tard ce qui suit :

« Vous avez ordonné aussitôt au général Dabormida de s'avancer, de faire occuper par l'artillerie cet *éperon qui barre presque le défilé, placé en avant, par lequel passe la route directe de Mariam Sciautu*, et, sous la protection de l'artillerie, de porter rapidement en avant la brigade, en appuyant un peu à gauche, de façon à donner la main le plus tôt possible à la brigade Albertone. »

Le capitaine d'état-major Caviglia, du quartier général, déclare que la brigade Dabormida « s'était portée pour occuper l'éperon qui se trouve à environ 700 mètres en avant du col que traverse la route de Mariam Sciautu ». C'était précisément là l'éperon de Belah.

Donc la brigade Dabormida avait un but bien précis : *donner la main à Albertone ;* une localité à occuper bien nettement définie : *les hauteurs placées en avant de Rebbi Arienni, qui avaient déjà été explorées ;* un devoir absolu : *celui de se maintenir en liaison avec la brigade Arimondi.*

Le général Dabormida connaissait le terrain pour l'avoir exploré ; il connaissait aussi la situation telle que je viens de l'exposer ; il savait que là-bas, au loin, à environ 10 kilomètres, au milieu de la combe de Mariam Sciautu, presque en vue de Rebbi Arienni, il y avait un camp ennemi ; il entendait de loin, vers Abba Garima, le bruit de la fusillade. Peu de temps après, en se tenant sur la hauteur, il aurait pu voir sur sa gauche, vers le mont d'Abba Garima, dans la direction de l'ouest, les bataillons d'Albertone, vers lesquels on pouvait arriver par la route *transversale* (la deuxième) qui franchit le col Belah ; cette route était portée sur le croquis du quartier général donné aux chefs de brigade avant la bataille.

Au lieu de cela, la 2º brigade, en suivant le fond de la vallée, marcha le long du torrent, en bas, vers le camp ennemi de

Mariam Sciautu. Elle échappait ainsi complètement à nos vues, et elle s'éloignait de la brigade à laquelle elle devait tendre la main, soit pour aider sa résistance, soit pour protéger sa retraite. La brigade Dabormida s'éloigna tellement, qu'il ne semble pas qu'aucun de ceux qui en faisaient partie se soit aperçu de l'action si vive qui, une heure après, se développa avec une intensité toujours croissante sur son flanc gauche.

Ainsi, — peut-être deux heures et demie après son départ du col de Rebbi Arienni (à 9 heures et quelques minutes), — le bataillon de milice mobile (De Vito) fut attaqué à l'improviste, repoussé et mis en déroute par une colonne ennemie, tandis que la tête de la brigade continuait à marcher vers Mariam Sciautu, sans se douter que sa propre avant-garde était détruite. « Ce bataillon (De Vito) est détruit peu de temps après, sans que le gros s'en aperçoive ou se préoccupe seulement du manque de nouvelles. » Telle est la déposition faite par le capitaine Bellavita, aide de camp de la brigade, au colonel Pittaluga[1].

A ce moment-là même (9 heures un quart), le général Dabormida m'avait envoyé l'avis suivant : « 9 heures un quart. On aperçoit un vaste campement choan au nord d'Adoua; une forte colonne quitte ce campement pour se diriger sur la brigade indigène; *je tends la main vers celle-ci, tout en maintenant* massée une importante fraction de troupes près de la route qui, du col de Rebbi Arienni, se dirige vers Adoua, et en surveillant les hauteurs de droite. »

Donc, le général Dabormida n'était point alarmé de la situation, et il n'était point relié à son avant-garde, qui le protégeait en avant et à gauche; donc — tout en suivant une voie divergente — il était convaincu de pouvoir satisfaire à l'obligation qui lui était imposée de tendre la main à la brigade Albertone; donc il tranquillisait le commandant en chef, au moment même où ses propres *ascaris* venaient d'être mis en déroute et où il se portait en avant, entraîné ou fasciné par un autre objectif.

On lit ceci dans le *Rapport officiel* :

« Tandis que le bataillon de milice mobile, en suivant la gauche du vallon de Mariam Sciautu, se dirigeait vers le débouché de

---

1. Informations recueillies à l'Asmara auprès des survivants de la bataille du 1er mars. — Voir l'annexe 2 de ce volume.

la vallée, le général Dabormida allait reconnaître le terrain de
ce côté, et la brigade finissait de se masser au fond de la vallée.

« Cependant le bataillon de milice mobile arrivait après 9 heures au débouché de la vallée, et il commençait à tourner vers le
sud, dans la direction de la brigade indigène, quand, tout à coup,
derrière les hauteurs qui l'empêchaient d'être vu et peut-être
secouru du reste de la brigade, il fut, à très courte distance, attaqué avec furie par des ennemis très nombreux, qui se jetèrent, à
l'improviste, sur son front et sur son flanc droit. Après avoir
lutté pendant vingt minutes, le bataillon était obligé de battre
précipitamment en retraite, poursuivi de près par l'ennemi.

« Ce mouvement de recul subit obligea la brigade de batteries
à se retirer, elle aussi, rapidement vers le gros des troupes, alors
qu'elle était en marche pour prendre position vers le débouché
de la vallée. Ceci se passait entre 9 heures et demie et 9 heures
trois quarts. »

Plus loin, le *Rapport officiel* dit encore : « La partie du vallon
de Mariam Sciautu où la brigade Dabormida arriva à 9 heures
et demie et combattit jusque vers le soir, se trouve à environ
6 kilomètres à l'ouest du col de Rebbi Arienni et à 3 ou 4 kilomètres au nord de la localité où eut lieu la rencontre de la brigade Albertone avec les Choans[1]. Ce vallon s'ouvre, pendant
environ 3 kilomètres, presque directement de l'est à l'ouest; il
est flanqué à droite et à gauche par des hauteurs faciles à parcourir; puis, en tournant vers le sud-ouest, il s'élargit et se jette
dans la plaine qui précède Adi Abun. »

Le colonel Corticelli, dans son *Verdict technique*, à propos du
mouvement du général Dabormida, fait cette observation : « La
brigade Dabormida, au lieu de se maintenir sur le terrain qui lui
avait été assigné et au lieu de chercher le contact avec les troupes du général Arimondi, qui se rangeaient derrière sa gauche,
s'éloigna peu à peu en se portant en avant; attiré, on ne sait
comment, dans la combe de Mariam Sciautu, il avait pris une

1. En réalité, la brigade Dabormida, après 10 heures (ainsi que le raconte
ce même *Rapport officiel*), s'était avancée jusqu'au débouché de Mariam
Sciautu; et par suite, au moment où les brigades du centre, enveloppées
par l'ennemi, étaient contraintes à battre en retraite, elle faisait face aux
Choans à environ 8 kilomètres à l'ouest de Rebbi Arienni, ainsi qu'il résulte
du croquis du lieutenant-colonel Arimondi et de mon esquisse *de Sauria à
Adoua* jointe à ce chapitre.

direction absolument divergente de celle qu'il aurait dû suivre, en tout cas, pour appuyer efficacement Albertone. Quelle qu'ait été la cause de ce mouvement, soit la nécessité de se défendre contre le camp ennemi établi de ce côté, et qui certainement était sous les armes; soit le désir naturel d'attaquer dans l'espoir d'un succès partiel, qui en réalité fut obtenu pendant quelque temps, et qui, s'il avait pu continuer, aurait pu changer l'issue de la bataille, il n'en est pas moins vrai que le général Dabormida, en se séparant des troupes placées à ses côtés et en arrière, a exécuté un mouvement *que le commandant en chef ne pouvait absolument pas prévoir et qui, en se produisant à son insu, fit pencher définitivement la balance, en empêchant de porter remède au désastre résultant.*

Dans la seconde partie du *Verdict technique*, au sujet du billet du général Dabormida dont j'ai parlé plus haut, le même colonel Corticelli dit : « Une semblable nouvelle tranquillisait le gouverneur, qui se trouvait avoir sous la main toutes les forces disponibles, de façon à pouvoir manœuvrer *avec succès* selon les événements. Mais, au bout de bien peu de temps, la brigade Dabormida, au lieu de se maintenir sur ses positions, ou mieux de se porter vers la gauche, ainsi que l'exigeait logiquement la mission qui lui était confiée, à l'improviste, sans ordres, sans en aviser le gouverneur, se porta en avant, sur la droite, par la vallée de Mariàm Sciautu, en s'éloignant du commandant en chef, et des brigades Arimondi et Ellena, d'une distance d'au moins 5 kilomètres. »

J'ai voulu raconter les faits en me servant seulement des documents officiels. De mon côté, je sais que j'ai ordonné au général Dabormida d'occuper la position qui était devant nous (à droite de cette position passe la route pour Mariam Sciautu, et à gauche la route pour Abba Garima) et de tendre la main au général Albertone. Ceci était incontestablement imposé par la situation; et je suis toujours de plus en plus convaincu que la manœuvre aurait dû se développer ainsi : obliquer à gauche vers Albertone, et non pas à droite dans la direction opposée; c'est-à-dire suivre la route qui conduisait vers Albertone, et non pas celle qui en éloignait. Le mouvement de Dabormida est toujours pour moi une énigme. Je ne puis me l'expliquer même pas en supposant la plus étrange des équivoques, parce que, tout en accordant

que le général Dabormida se crût autorisé à occuper, de sa propre initiative, une position située en avant de celle qui lui était
prescrite, il ne pouvait pas y avoir équivoque sur les secours,
sur le soutien, sur l'appui que la 2ᵉ brigade devait donner à
Albertone.

La seule explication admissible est peut-être la suivante :

Le bataillon de milice mobile occupa rapidement l'éperon Belah,
et, entraîné par son propre élan, il descendit un peu au delà du
versant ouest; peut-être quelque détachement descendit-il dans
le vallon et continua-t-il sa marche, en le suivant. Le bataillon
blanc qui marchait rapidement en tête, et auquel, par malheur,
on n'avait indiqué aucun objectif, excité par l'imminence du combat, et entraîné par la route bien battue, suivit le mouvement; les
autres bataillons marchèrent derrière lui. Au détour, très marqué, vers le sud, au delà de l'éperon Belah, tout le monde, victime d'une hallucination fatale, crut remonter vers Albertone,
ou, à plus forte raison, vers la position indiquée, ou bien encore
vers une position plus en avant; on le crut d'autant mieux que les
fractions du bataillon indigène avançaient par les hauteurs de
gauche (sud) et que l'écho des montagnes pouvait tromper sur la
direction du bruit des coups de canon et de fusil. L'horizon était
borné, la colonne longue et sans liaison, les crêtes uniformes,
les pentes couvertes de cailloux, l'orientation toujours extrêmement difficile en Afrique, la communication des ordres lente et
peu sûre. On peut encore supposer que les compagnies indigènes
de milice mobile, fatiguées de servir si longtemps, n'étaient plus
celles qui avaient fait leurs preuves à Coatit.

Dans le procès de l'Asmara (audience du 8 juin), le capitaine
Bellavita, aide de camp de la 2ᵉ brigade (Dabormida), sur la demande du général Heusch, répondit que le général Dabormida
reçut les ordres du commandant en chef, avec lequel il eut un
entretien d'un quart d'heure, au col de Rebbi Arienni, vers six
heures du matin; *mais il n'en communiqua rien à ses inférieurs*.
Le colonel Ragni, commandant le régiment qui marchait en tête
de la brigade, confirme le fait, *en ajoutant qu'il n'avait jamais été
informé de l'objectif*.

De mon côté, j'étais certain que le général Dabormida devait
déployer la 2ᵉ brigade sur l'éperon de Belah, ou sur une position
en avant. Je ne pouvais suivre des yeux les mouvements de cette

brigade que jusqu'à l'éperon de Belah, sur lequel je remarquai les troupes indigènes, tandis que les troupes blanches parcouraient la vallée et disparaissaient dans les anfractuosités du sol et dans les tournants.

Je fis plusieurs fois activer le mouvement, ainsi que le prouvent les ordres envoyés par les lieutenants Marozzi et Macagni, à 7 heures trois quarts et à 8 heures un quart. Je ne doutais pas que cette brigade ne se dirigeât vers l'objectif indiqué; aucun des officiers du quartier général qui observaient, comme moi, le mouvement n'en pouvait douter et n'en douta pas, ainsi que cela résulte de ce que j'écris dans les chapitres suivants. Je conservai cette conviction jusqu'au moment décisif [1].

Mais revenons à 6 heures et demie. Dès que j'entendis la fusillade, que j'espérais devoir attribuer aux *bandes* de l'extrême avant-garde de la brigade Albertone poussées vers Abba Garima, après les ordres et les instructions verbales déjà donnés à Dabormida, je prescrivis au général Arimondi, qui était, lui aussi, monté au col de Rebbi Arienni, de se placer avec la 1re brigade au point occupé jusqu'alors par la brigade Dabormida, sur le col de Rebbi Arienni, et j'envoyai l'ordre, au général Ellena, de serrer avec la brigade de réserve jusqu'auprès du col de Rebbi Arienni.

---

1. Voir la *Note* après la description de la bataille.

CHAPITRE XXXIV

Sur le mont Esciascio. — Ordres envoyés pendant les prodromes de la bataille. — Situation à 8 heures. — Faut-il se porter vers Abba Garima ? — Le canon tonne. — Deux billets d'Albertone écrits à 7 heures et demie et à 8 heures un quart. — Conditions de la brigade indigène à 8 heures un quart.

Après avoir, entre 6 heures un quart et 6 heures et demie, envoyé les ordres aux trois brigades, c'est-à-dire à Dabormida d'appuyer Albertone, en occupant les hauteurs placées en avant de Rebbi Arienni; à Arimondi d'occuper la position même de Rebbi Arienni; à Ellena de serrer sur les autres brigades[1], je

1. Voici les ordres donnés par le commandant en chef, dans les premières heures de la matinée, ainsi qu'il résulte des dépositions des témoins devant le tribunal d'Asmara et des déclarations écrites de chacun des officiers désignés :

5 heures un quart-5 heures et demie, au général Dabormida, ordre porté successivement par le major Salsa et le colonel Valenzano : explorer le terrain en avant (à l'ouest) de Rebbi Arienni, chercher une bonne position défensive, avoir des nouvelles d'Albertone et de l'ennemi.

5 heures et demie-5 heures trois quarts, au général Arimondi : se garder sur sa droite, se relier avec Dabormida, chercher Albertone (ordres verbaux donnés devant les officiers du quartier général).

5 heures et demie-5 heures trois quarts, au général Ellena : presser la marche, se masser, en réserve, sur la position orientale de Gundapta (ordre porté par le lieutenant Malladra).

6 heures un quart, au général Albertone : avis écrit pour lui donner des nouvelles des colonnes centrales et de droite et pour lui demander de ses nouvelles, ainsi que des renseignements sur l'ennemi (ordre porté par les guides du capitaine Amenduni).

6 heures un quart, au lieutenant Bodrero : visiter les hauteurs placées en avant du mont Raio et chercher à se relier avec la brigade Albertone.

6 heures et demie à 6 heures trois quarts, au général Dabormida : appuyer

chargeai les officiers d'ordonnance Chigi et Bodrero de monter
sur le Belah et vers le mont Raio, pour avoir des nouvelles plus
précises de la brigade Albertone et pour voir le terrain; je pressai le capitaine Acerbi d'étendre la ligne télégraphique; puis je
me rendis un peu à droite (au nord-ouest) de Rebbi Arienni,
sur le versant du mont Esciascio, d'où l'on pourrait apercevoir
d'un côté (à l'ouest) le camp ennemi de Mariam Sciautu, et de
l'autre la combe montagneuse vers Abba Garima, d'où l'on continuait à entendre la fusillade.

Bien que la matinée fût relativement fraîche, l'air élastique, et
bien que le moral des troupes fût élevé, les mouvements étaient
exécutés pourtant avec lenteur par les colonnes blanches, parce
qu'elles étaient obligées de marcher, par un, au milieu des pierres
et des épines, avec des chaussures invraisemblables, et tenues
de serrer aussitôt après avoir franchi un défilé. Les indigènes,
au contraire, avec leurs pieds nus, ont l'habitude de marcher
par groupes; ils font peu attention aux aspérités du terrain,
et ils courent en avant, instinctivement, dès qu'un obstacle
quelconque leur a fait perdre leur distance. Par suite, bien que
les troupes placées en tête eussent marché très rapidement, il

Albertone, en occupant les hauteurs placées en avant (vers l'ouest) de Rebbi
Arienni (ordres verbaux avec explications détaillées sur le terrain qui se
profilait en avant, tandis qu'au loin continuait la fusillade, dans la direction
d'Abba Garima; ordres donnés en présence du chef et du sous-chef d'état-
major, du capitaine Caviglia, du capitaine Amenduni, etc.).

6 heures et demie-6 heures trois quarts, à Arimondi : occuper Rebbi
Arienni en y remplaçant la brigade Dabormida (ordre verbal, communiqué
immédiatement et transmis de suite à la brigade).

6 heures et demie-6 heures trois quarts, à Ellena : se porter sur le rebord
occidental de Gundapta, sur le versant de Rebbi Arienni, et serrer ensuite
sur les autres brigades (ordre porté par le lieutenant Malladra).

7 heures trois quarts, à Dabormida : accélérer le mouvement pour occuper
la position qui lui a été indiquée (ordre porté par le lieutenant Marozzi).

8 heures, à Arimondi : occuper la position située en avant du mont Raio
(position du mont Belah), que je venais de faire explorer, à l'instant même,
par les lieutenants Bodrero et Chigi (le colonel Valenzano était présent quand
je donnai cet ordre et quand je l'expliquai).

8 heures un quart, à Dabormida : accélérer le mouvement pour secourir
Albertone (ordre porté par le lieutenant Macagni).

8 heures un quart-8 heures et demie, à Arimondi : presser le mouvement
(ordre porté par le lieutenant Marozzi).

8 heures un quart-8 heures et demie, à Ellena : se masser sur Rebbi Arienni
et y attendre des ordres (ordre porté par le lieutenant Pavoni, avec l'indication du point où devait se placer le quartier général).

fallut beaucoup de temps avant que la brigade Dabormida eût évacué le col de Rebbi Arienni. Par contre, je vis le bataillon de milice mobile (De Vito) monter très vite vers l'éperon de Belah, et j'aperçus ensuite les troupes blanches serpenter dans la petite combe située devant Rebbi Arienni.

La 1re brigade (Arimondi), elle aussi, exécutait son mouvement avec lenteur[1]. Pourtant la marche de la nuit précédente, de 15 kilomètres *au maximum*, de Sauria à Rebbi Arienni, avait été faite avec la lumière de la lune des tropiques, à une élévation d'environ 2,000 mètres, avec l'air frais et piquant, sans sac, avec plusieurs repos, le soldat ne portant que 112 cartouches, deux jours de vivres de réserve, son bidon et sa poche à pain avec le petit manteau ; une semblable marche ne pouvait pas être déprimante. Et de fait, les soldats, entendant le bruit lointain des coups de fusil, étaient d'humeur gaie et ne semblaient pas fatigués.

Du mont Esciascio, la vue s'étendait, comme on l'a dit, vers Abba Garima et vers le mont Scelloda, d'où partent, vers l'est, plusieurs contreforts ou éperons, indiqués, dans le croquis du champ de bataille (publié à la suite de la reconnaissance que fit le lieutenant-colonel Arimondi), sous les noms de mont Chidane Meret, Gusoso, Nasraui (mont de Mariam Sciautu) ; ces éperons s'échelonnent du sud au nord, entre Abba Garima et le vallon de Mariam Sciautu, par lequel pénétrait, sans être vue, la brigade Dabormida. Ces hauteurs sont sur le revers de la dernière position vers Adoua, c'est-à-dire la position Abba Garima-Scelloda dont nous avons parlé au commencement du chapitre XXXI, position qui était indiquée même dans le croquis donné aux chefs de brigade le soir du 29 février.

A 7 heures et quelques minutes, j'étais sur le mont Esciascio, au moment où diminuait le bruit de la fusillade qui venait d'Abba Garima. Le lieu où je m'arrêtai était éloigné d'environ 400 pas du col Rebbi Arienni, où j'avais laissé plusieurs hommes pour indiquer l'endroit où se trouvait le commandant en chef.

---

1. « Vous avez envoyé l'ordre au général Arimondi d'avancer sur le col où nous nous dirigions. Je me souviens, et Caviglia (que vous avez envoyé pour voir si cette brigade arrivait et pour en presser la marche) se souvient bien aussi de votre impatience, comme de la nôtre à tous, de la voir tant tarder. » Voilà ce que m'écrivit plus tard le colonel Valenzano.

En avant, au delà des ondulations des collines, on voyait dans la combe de Mariam Sciautu, environ à un kilomètre et demi ou deux au delà du débouché, près du cours d'eau, un campement ennemi assez étendu; il était en partie caché par les dernières pentes du mont Nasraui, que nous indiquions à ce moment-là sous le nom de mont de Mariam Sciautu. On voyait, au milieu des tentes, les gens accourir, se grouper, puis disparaître derrière la montagne; il semblait que le camp, surpris, se rassemblât en désordre, en armes, soit à l'entrée de la combe, soit pour monter sur la montagne, dans notre direction. Tout cela avait été prévu dans la conversation que j'avais eue trois quarts d'heure auparavant, au col de Rebbi Arienni, avec le général Dabormida; cela concordait avec nos informations et nos calculs sur le temps à employer pour notre prise de position. Il semblait que l'ennemi voulait monter, par derrière, pour couronner le mont Nasraui (Mariam Sciautu); mais, même s'il avait marché vite et s'il s'était massé contre nous, il lui aurait fallu au moins deux heures pour se déployer contre nos positions.

Croyant que la brigade Arimondi était rassemblée au col de Rebbi Arienni, et que celui-ci avait été évacué par la brigade Dabormida (vers 8 heures), j'envoyai l'ordre au général Arimondi de se porter en avant et de prendre position sur le mont à l'ouest du mont Raio (mont Belah).

En face du mont Scelloda et de ses contreforts orientaux, sur la ligne Semaiata-Esciascio indiquée dans l'ordre du 29 février, et devant l'espèce de tour formée par le mont Raio, ainsi que je l'ai dit, se trouve la position du mont Belah et ses dépendances. En occupant l'*éperon* et le *col* de Belah avec la brigade Dabormida placée un peu en avant sur la droite, en déployant la brigade Arimondi sur le *mont* un peu en arrière à gauche, on pouvait espérer — en ayant encore à gauche la brigade Albertone — opposer une sérieuse résistance, et même prendre à revers l'ennemi qui se serait avancé entre le Semaiata et le mont Raio; nous assurions en outre notre ligne de retraite par le faisceau de routes qui vont à Sauria, par Rebbi Arienni et Gundapta.

C'eût été une erreur que de pousser successivement en avant les trois brigades blanches, sur la ligne occupée par Albertone, soit parce que le mouvement aurait été très lent, puisque nous ne pouvions disposer que d'un ou deux sentiers tout au plus, soit parce que les troupes seraient venues prendre part à l'action fatiguées et essouflées, ou bien elles auraient été enveloppées et dispersées pendant la marche ou le déploiement, soit parce que ce ne fut qu'à 8 heures et demie que l'on sut d'une façon certaine que la brigade Albertone était engagée, tout entière, aussi en avant et aussi loin.

La tête de la brigade Dabormida, quelques minutes avant 6 heures et demie, avait commencé, avec l'avant-garde, sa marche, pour quitter le col de Rebbi Arienni, comme je me souviens de l'avoir remarqué, en comparant les montres pendant que je continuais la conversation sur le col de Rebbi Arienni avec le général Dabormida. Pour évacuer en ordre, dans ces circonstances, la position de Rebbi Arienni, il fallait à 4,300 hommes et 18 canons au moins cinq quarts d'heure, à cause des sentiers et de la nécessité d'explorer le terrain et de protéger les flancs de la colonne. Mais la manœuvre s'exécuta encore plus lentement, surtout à cause du mouvement précipité des premières troupes, auquel succéda un mouvement plus ralenti des fractions suivantes et un notable allongement de la colonne. Et, de fait, la queue de la brigade Dabormida abandonnait le col de Rebbi Arienni après 8 heures, alors que la brigade Arimondi se réunissait sur les deux flancs du col.

« Vers huit heures du matin, la brigade Arimondi s'était avancée jusqu'au col de Rebbi Arienni et s'y était massée, pour être en état de mieux soutenir la brigade Dabormida, qui à cette heure-là :

« a) Défilait en partie (3° régiment d'infanterie) sur la route d'Adoua, au fond de la vallée;

« b) Se trouvait en partie (6° régiment d'infanterie et brigade d'artillerie) toute rassemblée sur le col cité plus haut[1]. » Voilà ce que dépose le colonel Brusati, commandant le 2° régiment de la brigade Arimondi.

« La brigade Dabormida s'avançait lentement, et le général Baratieri envoya deux fois le soussigné pour ordonner d'accélérer le mouvement[2]. » (Déposition du lieutenant Macagni.)

---

1. Réponse du colonel Brusati aux questions qui lui avaient été posées par l'avocat fiscal militaire, page 131 des actes de procédure.

2. Réponse du lieutenant Macagni aux mêmes questions, page 103 des actes de procédure.

A 8 heures environ, devant le colonel Valenzano et d'autres officiers, je donnai l'ordre verbal au général Arimondi d'occuper la hauteur située devant le mont Raio (c'est-à-dire le mont Belah, comme on l'a appelé ultérieurement) en ajoutant, naturellement, les explications nécessaires, et en lui disant qu'il avait à droite la brigade Dabormida, laquelle continuait son mouvement, et en lui exprimant mes doutes au sujet de la brigade Albertone, doutes qui ne devinrent certitude que quelques minutes plus'tard, et qui étaient partagés par le général Arimondi.

De toute façon, le mont Belah était toujours une bonne position pour soutenir la colonne Albertone sans entraver la manœuvre de la brigade Dabormida, qui se dirigeait sur l'éperon de Belah par la route de Mariam Sciautu et par la route du col de Belah (première et deuxième routes, qui ont commune la partie descendant le versant occidental du col de Rebbi Arienni).

Il eût été inconsidéré, même à 8 heures, d'ordonner à Arimondi de s'avancer, sur l'alignement d'Albertone, alors que la brigade Dabormida n'avait pas encore évacué le col Rebbi Arienni. En effet, à 8 heures un quart, le général Albertone envoyait au commandant en chef ce billet, qui arriva vers 9 heures :

Le 1er bataillon est toujours sérieusement engagé au col de Chidane Meret. Toutes mes autres troupes sont en position en arrière. Je cherche à dégager le 1er bataillon. L'ennemi a des forces considérables devant nous. Des renforts seraient bien accueillis.

1/3 96, 8 heures 15

Le major général,
ALBERTONE.

Donc, à 8 heures un quart, le général Albertone n'avait d'engagé que le 1er bataillon, lequel avait été évidemment repoussé d'au delà Abba Garima. Malgré cela, la brigade ne se trouvait pas dans de mauvaises conditions, puisque, sauf un, tous ses bataillons étaient intacts, puisque le commandant cherchait à dégager le bataillon Turitto, puisqu'il avait une assez grande confiance dans ses propres forces pour se borner à manifester le désir d'être secouru. Il aurait donc été inopportun de donner des ordres avant 8 heures un quart, même (en supposant l'impossible) si j'avais eu le billet d'Albertone au moment précis où il avait été

écrit, même s'il n'avait pas fallu du temps pour modifier la route
d'une colonne en marche, même si le télégraphe optique, en fonc-
tionnant, avait transmis immédiatement mes ordres de pousser
les brigades italiennes à hauteur d'Albertone, en contact immédiat avec l'ennemi, même si j'avais renoncé à l'idée de les déployer en avant du mont Raio. En réalité, si, à 8 heures 20, j'avais
connu la situation exactement telle qu'elle était (ce qui est impossible dans une bataille), et si j'avais envoyé la brigade Arimondi
directement sur Abba Garima, cette brigade, séparée de la brigade Dabormida, aurait été assaillie dans des vallons bas et enchevêtrés les uns dans les autres, et, pendant une marche de flanc,
par la colonne ennemie, qui descendait précipitamment du mont
Scelloda ; elle n'aurait même pas eu l'honneur de combattre, et la
colonne Ellena n'aurait même pas eu le temps de se déployer.
Entre 9 heures et demie et 10 heures et demie, précisément au
moment où l'avalanche *amahra* descendait d'Abba Garima, la brigade Arimondi tout entière aurait été en colonne par le flanc,
entre le mont Belah et Adi Vecci. Que l'on considère le croquis
du quartier général, joint au chapitre XXXI, d'accord pour les
routes avec le croquis non suspect du colonel Arimondi, que l'on
regarde le croquis *De Sauria à Adoua*, joint au chapitre précédent, et que l'on calcule les distances et le temps pour des mouvements de guerre, dans un terrain aussi coupé et aussi embrouillé.

Une dernière considération : le temps nécessaire pour marcher en avant et se déployer, dans ces circonstances, comme nous
venons de le voir d'après la brigade Dabormida, était si considérable que la colonne Arimondi, qui avait reçu à 8 heures l'ordre
de son général d'occuper le mont Belah, en commençant par la
gauche, vers Chidane Meret, à 10 heures n'avait pas encore couronné entièrement la position. Que serait-il arrivé si la 1re brigade
tout entière, par le sentier *transversal* au champ de bataille, avait
dû se déployer au delà de la vallée, vers Adi Vecci ?

Mais j'ai déjà trop parlé de cette question ; j'ajoute seulement
que la brigade indigène était si loin, si en dehors de toute liaison,
qu'un billet du général Albertone, écrit à 7 heures et demie [1],

----

1. Ce billet est le suivant :

Expédié du col Chidane Meret, 1er mars, 7 heures et demie matin, à S. Exc.
le gouverneur :

« Le col de Chidane Meret a été occupé, à l'insu de l'ennemi, à 6 heures. L'enm'arriva à 9 heures, en même temps que le billet écrit à 8 heures un quart. Il me fut apporté par des hommes que j'avais envoyés à 6 heures un quart (je l'ai déjà dit) de Rebbi Arienni; pour porter et demander des nouvelles à Albertone. A 9 heures, naturellement, ces billets ne pouvaient ni dépeindre la situation ni avoir aucune influence sur les décisions du commandant en chef.

Vers 8 heures, les mouvements de la 1re et de la 2e brigade s'exécutaient lentement, quand, du mont Esciascio, on put remarquer que les coups de fusil étaient plus nourris et moins éloignés; cependant ils venaient toujours de derrière les crêtes d'Abba Garima, dans la direction d'Adoua, et par suite ils étaient hors de la vue. Peu après, sur le versant nord-est d'Abba Garima, dans la direction de l'ensellement entre Abba Garima et Scelloda (indiqué plus tard sur la carte sous le nom de Enda Chidane Meret), on put voir, avec la longue-vue, le mouvement en avant de deux bataillons de la brigade Albertone et de plusieurs pièces d'artillerie. Aussitôt après, le canon commença à tonner. D'après la fumée et le son, on estima la distance en ligne droite à 5 kilomètres et demi ou 6 kilomètres du point occupé par le quartier général sur le mont Esciascio.

Jusqu'alors j'avais espéré que la brigade Albertone, ou pour le moins une partie de cette brigade, n'avait pas abandonné la position établie par l'ordre du jour. Cet espoir s'étant évanoui, je commençai à être préoccupé, bien que je crusse fermement que la brigade Dabormida, d'après les ordres qu'elle avait reçus, devait soutenir efficacement la brigade indigène.

Voici ce que dit le *Rapport officiel :*

« Considérant peut-être comme téméraire de s'avancer au delà d'Abba Garima-Amba Scelloda, sans s'être au préalable relié avec les autres brigades, le général Albertone se décida à se

---

nemi est autour d'Adoua et derrière Mariam Sciautu. Le 1er bataillon, en allant au delà du col, s'est engagé vivement; il est soutenu par les *bandes* de l'Hamasen. Le 6e bataillon occupe une forte hauteur à droite; les deux autres bataillons se massent, ainsi que l'artillerie. Je prévois un engagement sérieux. Que la brigade Arimondi vienne nous soutenir. Un mouvement en avant de la brigade Dabormida serait fort opportun, car cette brigade attirerait sur elle une partie de l'ennemi.

« *Le major général,*

« ALBERTONE. »

Reçu à 9 heures du matin.

maintenir dans une assez bonne position, où il se trouvait à ce moment-là, et il se résolut à y attendre l'ennemi s'il s'avançait.

« Cette position était formée par une série de petites hauteurs disposées en arc de cercle, et dominées de toutes parts par Abba Garima, Scelloda et Adi Vecci, à une distance moyenne de deux mille mètres environ. Cette situation permettait donc, à l'artillerie comme à l'infanterie, d'exécuter un tir très efficace.

« Le terrain, en baissant en arrière, vers Amba Raio, permettait une retraite assez facile. La position pouvait être tournée par les deux flancs ; mais la nature très difficile du terrain, vers la droite, et la certitude de voir arriver prochainement la brigade Dabormida, firent considérer comme peu probable un mouvement tournant de ce côté. Il pouvait être plus facile par la gauche ; mais, là encore, la nature du terrain était telle que seul un fort parti ennemi aurait pu le tenter avec des chances de succès.

« De toute façon, étant donnés les faibles effectifs dont il pouvait disposer, le commandant de la brigade indigène résolut de faire face, avec le gros de ses troupes, au col d'Enda Chidane Meret, en laissant sur sa droite une seule compagnie, et sur sa gauche les bandes de l'Oculé Cusai. Quelques autres centuries furent poussées vers Amba Scelloda, Abba Garima et sur les flancs.

« Les troupes étaient à peine déployées quand on vit (à 8 heures et demie) battre précipitamment en retraite le 1er bataillon indigène, et en même temps de très nombreux partis ennemis couronnaient les hauteurs d'Abba Garima et même de l'Amba Scelloda, que l'on considérait presque comme inaccessible.

« Les 14 pièces d'artillerie ouvrirent le feu, le tir fut très efficace ; il fut bientôt renforcé par le tir des bataillons les plus voisins de l'ennemi. Quatre fois les Choans essayèrent de descendre par le col d'Enda Chidane Meret, et quatre fois ils durent reculer. »

CHAPITRE XXXV

PRÈS DU MONT RAIO

Il est question de prescrire à la brigade indigène de battre en retraite (8 heures un quart-9 heures un quart). — Elle continue à tenir tête à l'ennemi, dont le nombre augmente toujours. — Le quartier général dans l'enselle-ment du mont Raio (9 heures un quart). — Ordre au général Albertone de battre en retraite (9 heures et demie). — Les nouvelles font croire que la brigade Dabormida est à proximité (10 heures-10 heures un quart. — Ordres et recherches.

A 8 heures un quart, dès que je me fus aperçu que la brigade Albertone était sérieusement engagée, j'envoyai l'ordre aux bri-gades Arimondi et Dabormida de presser le mouvement qui leur avait été déjà ordonné, et je prescrivis à la brigade Ellena de se porter, avec la réserve, sur le col Rebbi Arienni[1]. Avec ce ter-rain, et étant donné le temps dont nous disposions, nous n'avions pas autre chose à faire que d'occuper fortement les hauteurs situées en avant (ouest et sud-ouest) de Rebbi Arienni, autrement dit le *mont,* le *col* et l'*éperon* Belah (la réserve restant à Rebbi Arienni et près du sycomore au sud du col), dans le but de sou-tenir, par derrière, la brigade Albertone et d'attirer une partie des forces ennemies sur une position dominante, où était déployée une partie de nos troupes.

C'eût été une erreur d'envoyer immédiatement au général Al-bertone l'ordre de battre en retraite : en premier lieu, parce que cette retraite se serait probablement effectuée avant que les bri-gades blanches Dabormida et Arimondi eussent pris leur position de combat; par suite, la brigade indigène, en se repliant, n'au-

1. Voir, pour les ordres, la note au commencement du chapitre précédent.

29

rait pas été suffisamment soutenue ni appuyée, et c'est au moment
critique de la marche et du déploiement que les brigades blanches
auraient été attaquées par l'ennemi poursuivant la colonne Albertone, avec son audace habituelle, dans l'élan de son mouvement
en avant; en second lieu, la brigade indigène aurait dû se replier
en bas, par les pentes, vers le col de Chidane Meret, dans des
conditions difficiles à prévoir, mais que le terrain rendait critiques,
puisqu'il était battu d'en haut, suivant la pente. D'autre part, le
général Albertone (dont jusqu'alors nous n'avions reçu aucun avis)
avait ses instructions générales; c'était un homme sensé, et il
devait connaître la situation des autres brigades; de plus, j'atten-
dais d'un moment à l'autre un billet, ou tout au moins une réponse
à celui que je lui avais expédié, à 6 heures un quart, de Rebbi
Arienni, billet qui pouvait éclairer la situation, en évitant le danger
de faire coïncider la retraite des indigènes avec le déploiement de
la 2e et de la 1re brigade.

D'ailleurs, selon toute prévision humaine et selon les ordres
donnés, la brigade Dabormida, qui, depuis 6 heures et demie, était
en mouvement pour occuper une position, pouvait être en mesure
de faire une diversion et de menacer éventuellement le flanc de
l'ennemi, tout en surveillant le camp des Choans de Mariam
Sciautu et en laissant libre la ligne de retraite à la brigade Albertone, sans courir le risque de recevoir le choc des troupes battant
tant en retraite. La brigade Arimondi, en se déployant à gauche
et un peu en arrière de la brigade Dabormida, sur le mont Belah,
dans une position dominant la route d'Abba Garima à Chidane
Meret (route indiquée dans ce récit comme la 4e route[1]), aurait
bien mieux donné du champ à Albertone pour lui permettre
d'exécuter son mouvement de retraite, en le protégeant d'en haut
par le feu de ses 12 pièces, qui pouvaient être doublées par l'artillerie de la réserve.

Donc, en cet instant de la journée (8 heures trois quarts), on
ne devait apporter aucun changement au projet primitif du déploiement des troupes; donc on ne pouvait se porter directement au secours de la brigade indigène sans courir le risque
imminent d'être attaqué dans un terrain défavorable, pendant la
marche et la manœuvre; donc, il eût été inconsidéré, sans avoir

1. Voir la description des routes, chapitre XXXIII, page 428.

des nouvelles directes d'Albertone, d'ordonner immédiatement
la retraite avant que les bataillons d'Arimondi n'eussent commencé à arriver sur le mont Belah.

Aussitôt après avoir envoyé les ordres, qui n'étaient que la
répétition de ceux déjà donnés ou en cours d'exécution, je décidai
de m'approcher rapidement de la ligne d'opération de la brigade
indigène. Je laissai les guides pour indiquer le point où je me
rendais, et je partis au trot de mon mulet, par Adi Raio et le sentier *latéral* indiqué comme la 3ᵉ route, dans l'ensellement entre
le mont Raio et le mont Belah[1], pour me diriger vers l'arête sud-
ouest du mont Raio, au point où devait prendre position la gauche
du général Arimondi, au-dessus du col Chidane Meret.

Pour y arriver, en partant du mont Esciascio, on descend à
l'origine d'un petit vallon, on traverse la route de Rebbi Arienni
un peu au-dessous du col (à l'ouest), avant la bifurcation des deux
routes 1ʳᵉ et 2ᵉ), c'est-à-dire des routes divergentes se dirigeant,
l'une *directement* vers Mariam Sciautu, l'autre *transversalement*
vers Abba Garima, puis on remonte par un étroit vallon dont les
terres sont soutenues par de grossiers petits murs, afin de permettre de les cultiver. La queue de la brigade Dabormida défilait
encore; j'étais donc de plus en plus persuadé, ainsi que les officiers du quartier général, que la brigade était sur la hauteur
située en avant et à droite (éperon et col Belah); je croyais cette
brigade sous ma main, parce que je ne pouvais m'expliquer la
grande lenteur qu'elle avait mise à exécuter son mouvement qu'en
tenant compte du temps qu'il fallait à Dabormida, dans ce terrain
si difficile, si bouleversé, si coupé et si couvert, pour déployer
ses troupes avec l'artillerie sur les hauteurs, et pour prendre ses
mesures de sûreté.

En traversant la route, je trouvai plusieurs soldats du génie
qui me dirent que l'on allait bientôt ouvrir des communications
optiques entre l'éperon situé en avant (Belah) et Rebbi Arienni,
et de là, avec le télégraphe déjà déployé (selon les nouvelles données par le capitaine Acerbi), depuis Sauria jusqu'à Gundapta[2];

---

1. Voir la description des routes, chapitre XXXIII, page 428.
2. « Le commandant en chef, pendant que défilaient encore les dernières
compagnies de la brigade Dabormida, se dirigea très rapidement sur une
hauteur faisant face à la position occupée par la brigade Albertone. » (Réponse du colonel Valenzano [27 mars] aux questions posées par l'avocat
fiscal militaire. Actes de procédure, page 95.)

malheureusement il n'y avait à fonctionner que le personnel et le matériel de télégraphie optique attaché au quartier général.

Pendant ce trajet (il pouvait être 9 heures et quelques minutes), je reçus les deux billets du général Albertone que j'ai cités dans le chapitre XXXIV, l'un écrit à 7 heures et demie, l'autre à 8 heures et demie, et portés par un des messagers ou des guides que j'avais envoyés de Rebbi Arienni.

Quelques minutes après, j'arrivai au point voulu, au centre de l'ensellement entre le mont Raio et le mont Belah, avec une grande partie du quartier général, avec le détachement des carabiniers et des *zaptiés,* avec les soldats de cavalerie qui servaient sous les ordres du lieutenant Marozzi; le général Arimondi, que j'y appelai, y vint aussi avec ses officiers. De ce point, la situation semblait assez claire, tant au point de vue du terrain qu'au point de vue des phases du combat.

La brigade indigène s'était avancée jusqu'à la *seconde position vers Adoua,* au delà des précipices et des vallonnements qui séparent les deux positions, au delà de la dépression qui descend du flanc est du mont Semaiata, au delà du Semaiata lui-même. Elle était attaquée par le gros des forces ennemies, qui, d'après toutes les nouvelles, campaient dans la combe d'Adoua. Elle avait perdu la protection du mont Semaiata, sur son flanc gauche; elle pouvait donc être tournée, sur sa gauche, par le large col d'Abba Garima, sur sa droite par le col du mont Scelloda, enfin elle pouvait être attaquée de front par le col d'Enda Chidane Meret. Évidemment elle luttait contre des forces très supérieures en nombre, et il semblait qu'à cette heure (9 heures un quart) elle luttait avec désavantage. En effet, le long de la pente qui descend d'Abba Garima vers la base du mont Raio, on voyait, le cœur serré, une longue file d'*ascaris* qui tournaient le dos au combat; plusieurs étaient montés. Par leur nombre et par leur marche rapide, ils ne semblaient pas être tous blessés. Ce devaient être malheureusement des fuyards ou des hommes qui, après avoir rompu les liens organiques, battaient en retraite ou prenaient la fuite de leur propre mouvement. De temps en temps, des groupes se formaient autour des points d'eau et derrière les arbres et les buissons de la plaine, mais personne ne retournait sur ses pas. La triste file se dirigeait par la route même que, la nuit précédente, la brigade Albertone avait suivie en sens inverse; elle allait vers la position de Sauria. Et, de fait, le sentier d'Abba Garima au col de Chidane Meret (4° route) passait immédiatement au-dessous du point occupé par le quartier général et l'état-major de la brigade Arimondi, au sud-est du mont Raio; il tournait ensuite derrière le mont Raio pour se diriger vers Sauria.

Je cherchai à faire ramener par plusieurs officiers les soldats indigènes vers les pentes sud du mont Raio. Sur ces hauteurs, ils auraient pu se rassembler et se grouper, sous la protection de la gauche de la brigade Arimondi; ils auraient augmenté la force de résistance de cette brigade et auraient occupé une position avantageuse contre un ennemi qui se serait dirigé vers le col Chidane Meret, par les pentes du Semaiata. Mais ce fut en vain, car ces noirs n'avaient plus aucune cohésion organique. Les officiers et les sous-officiers manquaient : ils étaient morts ou bien ils étaient restés à lutter contre l'ennemi. Les quelques gradés mélangés aux fuyards étaient blessés, et par suite hors d'état d'user de leur autorité sur des *ascaris* en désordre, disséminés çà et là et affolés par l'impression du combat. Les officiers que j'envoyais ne trouvaient personne à qui s'adresser pour communiquer, faire comprendre et faire exécuter les ordres.

Pendant ce temps, voyant que la gauche du mont Belah était en partie couronnée par deux bataillons du régiment Brusati, bien que la brigade indigène continuât à combattre efficacement, parfois avec un succès apparent, contre les hordes abyssiniennes, et bien que l'artillerie continuât à tonner, je crus devoir (à 9 heures et demie) envoyer l'ordre au général Albertone de se retirer sous la position occupée par la brigade Arimondi, — c'est-à-dire à peu près au point que, selon mes intentions, la brigade Albertone aurait dû occuper à l'aube, tandis que la brigade Dabormida occupait le col de Rebbi Arienni. L'ordre était écrit, et il fut confié au commandant des carabiniers, le capitaine Amenduni, qui était en mesure de donner des explications, puisqu'il était resté près de moi jusqu'à ce moment. En même temps, comme je ne recevais aucun avis de la brigade Dabormida (dont le mouvement aurait été caché à nos yeux par le mont Belah, même s'il s'était exécuté dans le rayon fixé), j'expédiai, entre 9 heures un quart et 10 heures, successivement trois officiers du quartier général et un brigadier des carabiniers, pour voir où était le général Dabormida et pour lui prescrire de se conformer aux ordres qui lui avaient été donnés, dès les débuts, principalement en vue d'une retraite éventuelle d'Albertone.

Toujours entre 9 heures et demie et 9 heures trois quarts, j'envoyai à la brigade de réserve (Ellena) l'ordre écrit (porté par un brigadier qui devait servir de guide) de renforcer la gauche de la brigade Arimondi avec le 3e bataillon indigène, commandé par le lieutenant-colonel Galliano, et avec deux batteries à tir rapide sous le commandement des capitaines Aragno et Mangia[1].

De cette façon, pour tenir tête à la fortune qui nous devenait contraire, nous aurions eu une bonne position, dominant les vallons sillonnés par les sentiers d'où pouvaient venir les assauts des foules ennemies; cette position aurait été occupée ainsi :

A droite : éperon et col de Belah. — Brigade Dabormida, plus le bataillon De Amicis et la compagnie indigène Pavesi de la brigade Arimondi. — En tout, 7 bataillons blancs, 1 et demi noir, 18 pièces, 5,000 hommes.

Au centre : mont Belah. — Brigade Arimondi, diminuée comme je viens de le dire, et renforcée par le bataillon Galliano et par les batteries à tir rapide. — 5 bataillons blancs, 1 bataillon noir, 24 pièces, 3,500 hommes.

A gauche : versant du mont Raio. — Quartier général et fractions de la brigade Albertone qui étaient en retraite et qui, d'après les ordres donnés, devaient se retirer sous la position du mont Raio.

En réserve : col de Rebbi Arienni, vers le sycomore. — Brigade Ellena avec 6 bataillons blancs et un détachement du génie. — 3,000 hommes.

On devait toujours supposer que la réserve était renforcée par les 1,300 indigènes de la colonne Ameglio, qui, de toute façon, pouvaient protéger l'extrême droite.

Donc, cette position était suffisamment concentrée; elle était élevée, ses flancs étaient suffisamment appuyés, et la ligne de retraite par Gundapta sur Sauria était protégée.

---

1. Le major De Rosa eut ce jour-là le commandement des quatre batteries affectées à la brigade Albertone, c'est-à-dire deux batteries indigènes, sous le commandement des capitaines Henry et Vibi, et deux batteries de montagne blanches envoyées de Sicile, sous le commandement des capitaines Bianchini et Masotto. Par suite, le major De Rosa s'est trouvé à Abba Garima, et non sur le mont Raio, comme l'indiquent le texte italien de mes *Mémoires* et le rapport officiel du général Lamberti.

Il faut aussi faire remarquer que l'ennemi devait être, en général, ébranlé par les grandes pertes qu'avait fait éprouver à ses masses le feu bien nourri de nos indigènes, qui occupaient une position favorable à la rasance et à la portée de nos armes. Ces pertes, comme on le sut plus tard, furent très sensibles, et pendant un instant nous firent espérer pouvoir nous dégager et repousser les assaillants. Ces pertes contribuèrent, dans une large mesure, à la retraite de l'armée choanne et à la conclusion de la paix[1].

Mais la brigade Dabormida était trop éloignée ; elle était en dehors de notre rayon d'action et engagée dans un combat, au fond d'un vallon ; elle était si éloignée et si bien dissimulée que, ni d'un côté ni de l'autre, on n'entendait ni le bruit du canon ni le crépitement des coups de fusil.

A 9 heures et demie, le colonel Brusati, de la brigade Arimondi, envoya chercher, par un adjudant-major en second, — le lieutenant Pollera — le 4e bataillon (De Amicis) du 2e régiment blanc placé sous ses ordres. Le major De Amicis, comme on le dit page 431, avait été envoyé par le général Arimondi sur le flanc droit, pour assurer la liaison avec la brigade Dabormida ; mais l'adjudant-major *ne put pas le trouver,* car le bataillon, ainsi que la compagnie indigène Pavesi, était entré dans la sphère d'action de la brigade Dabormida[2].

Le manque de nouvelles sur Dabormida m'inquiétait. Le général Arimondi, qui était près de moi, croyait être en contact avec

---

1. On fait monter à 5,000 morts et à 10,000 blessés le chiffre des pertes des Éthiopiens. M. Elez (un Russe qui a publié une monographie sur la bataille d'Adoua, en disant avoir puisé aux sources abyssiniennes) écrit que les *ras* abyssiniens ont déclaré au *negus neghesti* qu'ils avaient perdu 4,000 morts et 6,000 blessés ; mais il ajoute que ces chiffres doivent être inférieurs à la réalité.

2. Voici les ordres envoyés, entre 9 heures un quart et 10 heures et demie, du centre de l'ensellement entre le mont Raio et le mont Belah qui surplombe le col de Chidane Meret, ainsi qu'il résulte des débats devant le tribunal d'Asmara et des déclarations écrites des officiers chargés de porter ces ordres.

9 heures un quart, à Dabormida : protéger à gauche Albertone en vue d'une retraite éventuelle (capitaine Anghera).

9 heures et demie, à Albertone : se retirer sur Chidane Meret, au sud-ouest du mont Raio (capitaine Amenduni).

9 heures et demie, à Ellena : envoyer la batterie à tir rapide et le bataillon Galliano (brigadier avec un billet).

9 heures trois quarts, à Dabormida, pour voir où il se trouve (lieutenant Marozzi).

De 9 heures à 10 heures, successivement, les lieutenants Bodrero, Macagni, la gauche de la brigade Dabormida, juste au delà du mont, sur la crête duquel montaient les bersagliers; mais, dans un échiquier aussi montagneux, on ne pouvait s'en assurer *de visu.* Le colonel Valenzano comptait sur une prochaine entrée èn action des bataillons du général Dabormida ; mais le temps pressait. En peu de temps (comme je l'ai dit), j'envoyai quatre fois à la recherche de Dabormida, pour lui porter des ordres. La première fois, je reçus le billet rassurant écrit à 9 heures un quart, — *Je tends la main à la brigade indigène,* — dont j'ai déjà parlé à la page 435. La seconde fois, on me rendit compte que Dabormida était à proximité. Je n'eus aucune nouvelle des deux autres officiers envoyés, si ce n'est après le combat.

En effet, le capitaine Anghera — envoyé vers 9 heures un quart à Dabormida pour lui porter l'ordre d'occuper les hauteurs situées derrière la brigade Albertone, afin de protéger la retraite éventuelle de cette brigade — ne remplit pas la mission qui lui était confiée, parce que, dans le trajet, « je rencontrai, dit-il, un messager porteur d'un billet du général Dabormida; je le lus, et comme sur ce billet il était écrit que le général Dabormida donnait déjà la main à la brigade Albertone, vers laquelle se dirigeait une forte colonne ennemie, je retournai immédiatement vers le quartier général pour porter cette communication, que je remis au général (Baratieri) lui-même. »

Le lieutenant Marozzi, intimement persuadé que la brigade Dabormida occupait la position indiquée dès les débuts, vint me rendre compte qu'elle avançait à peu de distance; peut-être la confondit-il avec la droite de la brigade Arimondi ou avec le bataillon De Amicis; l'heure peut expliquer cette confusion (10 heures du matin).

Le capitaine Caviglia et le brigadier des carabiniers ne purent arriver au but qui leur était fixé, pas plus que le capitaine Amenduni. Et pourtant ce dernier fit preuve d'une grande bravoure et d'une rare énergie, en descendant l'éperon du mont Raio et en se frayant un passage au milieu des *ascaris* en retraite, puis au

---

Marozzi et le capitaine Acerbi sont envoyés vers Chidane Meret pour diriger sur le mont Raio les indigènes en retraite.

10 heures-10 heures un quart, à Dabormida : soutenir à la droite la brigade Albertone (capitaine Caviglia).

10 heures un quart, à Dabormida : le même ordre par écrit, porté par un brigadier des carabiniers royaux.

milieu des fuyards mêlés aux ennemis qui les poursuivaient. Il ne
s'arrêta que lorsque les *ascaris* lui eurent affirmé que le général
Albertone était tombé sur le champ de bataille et quand il vit toute
la brigade obligée de battre en retraite. Il ne put pas rejoindre
le quartier général, parce qu'il fut entraîné derrière le mont Raio.
Le capitaine Caviglia ne put pas, lui non plus, retourner au quartier général, parce qu'il fut chassé vers Rebbi Arienni par l'irruption des Choans.

Le capitaine d'état-major Caviglia devait porter au général
Dabormida l'ordre *d'exécuter une contre-offensive par notre droite.*
Cela démontre que celui qui donna cet ordre, comme celui qui le
porta, était convaincu que la brigade occupait le point qui lui
avait été fixé et qu'elle devait se porter vers la gauche pour secourir la brigade indigène.

Voici la déposition du capitaine Caviglia : « Cet ordre, je ne
pus pas le porter à la brigade Dabormida, pour deux motifs :

« 1° La brigade Dabormida ne se trouvait plus dans la position occupée au début, parce que le général Dabormida, de sa
propre initiative, s'était avancé vers notre droite et était déjà
engagé au moment où j'arrivai sur la position initiale.

« 2° La brigade Dabormida était isolée du reste des troupes,
parce que les Choans s'étaient placés entre cette brigade et
nous; je me trouvai à 30 ou 40 mètres de distance d'un groupe
d'une centaine de Choans qui me tirèrent des coups de fusil,
sans m'atteindre. Sur ces entrefaites, je fus rejoint par un brigadier ou un maréchal des carabiniers royaux, qui portait par écrit
le même ordre que je portais verbalement. »

Donc, tout le quartier général croyait fermement que la brigade Dabormida était à une courte distance, dans le secteur qui
lui avait été assigné, et en mesure de soutenir la retraite d'Albertone, en occupant des positions en arrière.

Plus tard, comme le moment décisif approchait, j'envoyai encore
le major Salsa et le lieutenant Bodrero; mais la brigade était
introuvable, et le major Salsa, en revenant à la recherche du
quartier général, fut attaqué par les Choans, qui, ayant tourné
la position, descendaient d'un éperon du mont Raio.

Je ne cite que des témoins vivants et des déclarations écrites
de leur main.

CHAPITRE XXXVI

ATTAQUE DES ABYSSINIENS CONTRE LES BRIGADES DU CENTRE

Le combat continue à Abba Garima. — La brigade Arimondi prend position (9 heures un quart). — Renforts envoyés par la réserve (9 heures et demie). — L'éperon de Belah perdu (10 heures et demie). — La réserve engagée (11 heures-11 heures et demie). — La gauche enveloppée (11 heures trois quarts, 12 heures).

Il était 10 heures, et le combat continuait sur le versant d'Abba Garima, vers Adi Vecci. Les différentes fractions de la brigade Albertone, d'aussi loin, semblaient trop serrées et sans réserves efficaces. L'artillerie continuait un feu très vif contre les masses ennemies, et son tir semblait produire beaucoup d'effet. Les crêtes des montagnes, vers Abba Garima et vers le Scelloda, étaient couronnées par des ennemis de plus en plus nombreux; le feu de l'infanterie continuait très intense. Plus près de nous, presque au confluent des thalwegs, on voyait des groupes d'*ascaris,* et, de temps en temps, le vent nous apportait quelques sonneries de clairon, comme *halte, rassemblement, en avant,* preuve évidente des efforts que faisaient les officiers pour les ramener au combat.

Il était impossible d'envoyer, du point où nous étions, des secours directs et immédiats, soit parce que les troupes européennes, au milieu de ce terrain bouleversé, toujours prêt à s'ébouler, encombré de pierres et de buissons, seraient arrivées trop tard, trop fatiguées, sans cohésion et en nombre insuffisant, car il leur fallait d'abord descendre dans le fond de Mai Quolla, puis remonter ensuite vers Abba Garima; soit parce que les troupes de secours, qui se seraient portées en avant, au moment où une partie des soldats indigènes se retiraient en désordre, serrés de près par l'ennemi, auraient certainement été entraînées dans la retraite ; soit encore parce que la descente au milieu des rochers et des buissons épineux, dans un terrain à pente très raide, aurait mis le désordre dans les rangs ; enfin je croyais mieux protéger la retraite de la brigade indigène en restant en position, en haut, à portée de fusil, avec notre artillerie postée, pendant que les *ascaris* de la brigade Albertone, en filant par notre gauche et en se repliant vers le mont Raio et le col où nous étions, auraient pu venir renforcer cette position occupée par la brigade Arimondi, qui les aurait bien protégés, dans leur mouvement, par le feu de ses fusils et de ses canons.

Mais on voyait augmenter le nombre des soldats indigènes qui abandonnaient le combat, soit parce qu'ils étaient blessés, soit parce qu'ils prenaient la fuite ; c'était la sélection du désordre et du découragement qui se fait derrière toute troupe combattant depuis longtemps et ayant perdu l'espoir de la victoire. Les officiers envoyés, par moi, au pied du mont Raio, même en déployant la plus rare énergie, ne pouvaient pas arrêter les fuyards noirs sur le versant du col, bien que l'on pût voir le col et le mont couronnés par des soldats blancs et des canons italiens, en bon ordre et tenant ferme.

Si ce torrent humain, au lieu de continuer vers Sauria, par la plaine de Gundapta, s'était dirigé vers l'éperon de mont Raio qui descend au col de Chidane Meret à notre gauche, il aurait apporté un renfort précieux et il aurait, en partie, évité la poursuite.

Néanmoins, l'élite de la brigade indigène continuait à tenir tête bravement aux attaques enveloppantes ; mais son flanc gauche était découvert, et l'on voyait des multitudes ennemies courir sur les pentes occidentales du Semaiata et exécuter rapidement un mouvement tournant, en se dirigeant vers le fond de la vallée. Vers 10 heures un quart, il se produisit un sensible moment d'arrêt ; puis on vit s'avancer nos soldats, qui grimpèrent sur la crête ; la masse ennemie, qui leur faisait face, recula. Tous nous crûmes que ce mouvement annonçait que Dabormida était arrivé sur le front à droite et donnait la main à Albertone.

Mais ce temps d'arrêt lui-même, dû à la bravoure de nos troupes et aux pertes infligées à l'ennemi, devait être funeste à la brigade indigène, puisque les Éthiopiens firent avancer leurs ailes pendant que le centre reculait ; pendant ce temps-là, une grosse

colonne choanne se massait derrière les vallonnements, et, profitant de l'intervalle qui existait entre les brigades Arimondi et
Dabormida, elle pénétrait entre les deux et se dirigeait vers le
col Rebbi Arienni, par la route la plus courte (la 2ᵉ route), qui *traversait* le champ de bataille, en diagonale, d'Adi Vecci au col de
Belah. Des groupes ennemis venaient, les uns après les autres,
s'embusquer dans le fond du ravin de Mai Quolla, à l'ouest du
mont Belah; puis, débouchant ensemble, ils inquiétaient sérieusement les bataillons d'Arimondi qui étaient venus prendre position.

On voyait des foules de Choans courir d'Abba Garima vers
les pentes septentrionales du mont Semaiata, presque en face de
nous; d'autres descendaient du Scelloda. Mais ces derniers disparaissaient vite derrière le mont Derar, dans les bas-fonds de
Mai Quolla et derrière les éperons et les contreforts du mont Belah et ses dépendances; ils grossissaient le nombre des éclaireurs
qui étaient venus en avant, et ils se concentraient successivement
en sautant de rocher en rocher, de trou en trou, de ressaut en
ressaut. Il fallait veiller très attentivement, parce que l'ennemi
se confondait avec le terrain, à cause de la couleur de son manteau et de sa peau. Et puis, il était difficile, surtout pour un œil
européen, de distinguer les *ascaris* en fuite des Choans qui les
serraient de près, au milieu d'une poursuite exécutée le fusil dans
les reins, avec ces apparitions successives, nouvelles et étranges,
avec la rapidité des gens qui couraient en tout sens, en bas, dans
la combe située entre Abba Garima, le mont Semaiata, le mont
Belah et le mont Raio.

Mais il est nécessaire, pour la clarté du récit, de revenir un
peu en arrière et d'avoir présentes à l'esprit les formes et la nature
du terrain, en rappelant (à propos du terrain, considéré au point
de vue de l'ennemi qui nous attaquait) que, devant le mont Raio,
à l'ouest, s'élève, semblable à une bosse, le mont Belah avec ses
dépendances (col et éperon Belah) entre les deux routes (1ʳᵉ et 4ᵉ)
qui proviennent d'Adoua; ces routes, tournant ensuite l'une au
nord et l'autre au sud du mont Raio, conduisent toutes deux à la
position de Sauria. Il faut rappeler aussi qu'une communication
transversale (2ᵉ route), entre Abba Garima et Rebbi Arienni, traverse la combe et le col en diagonale. Il faut encore rappeler
qu'un sentier (le 3ᵉ) provenant de Rebbi Arienni passe entre la

combe et le col placé entre le mont Belah et le mont Raio, large
de 300 à 400 mètres; ce sentier monte d'abord par un thalweg
cultivé, puis il descend rapidement au col de Chidane Meret. Il
faut enfin rappeler que le mont Belah a, au sud, une pente raide et
escarpée, et que le mont Raio s'élève en forme de tour sur une
base de roches et de fragments détritiques[1].

Vers 9 heures et quelques minutes, la tête du 2e régiment (Brusati) arriva, presque en même temps que le général Arimondi et
moi, sur le versant sud du col de Raio, entre le mont Raio et le
mont Belah, d'où l'on apercevait le combat de la brigade Albertone. Le 2e bataillon (Viancini) marchait en tête; je lui donnai personnellement l'ordre de se déployer en travers du versant ouest
du col, sur les pentes du mont Belah. Le 9e bataillon (Baudoin)
venait ensuite; il se plaça de l'autre côté du col, sur la déclivité
même du mont Raio, de façon à protéger, d'en haut, la retraite des
ascaris de la brigade Albertone, de façon à les recueillir sur sa
gauche et à menacer l'ennemi qui se serait glissé entre le mont
Semaiata et le mont Raio. L'artillerie de montagne (8e batterie
Loffredo) se plaça un peu au-dessus et derrière le 9e bataillon.
Le 4e bataillon (De Amicis), on se le rappelle, n'était plus avec le
régiment, et c'est en vain que le colonel Brusati le rechercha.

Exactement au col, près de la batterie Loffredo et autour de moi,
s'étaient rangés les soldats du quartier général, environ 140 hommes : carabiniers, *zaptiés*, cavaliers démontés, etc.

La 8e batterie commença le feu, du lieu où se trouvait le quartier général, contre les masses ennemies qui, en tournant l'aile
gauche de la brigade indigène, descendaient les pentes du Semaiata
et couraient vers le col de Chidane Meret, à la poursuite de la
colonne des indigènes battant en retraite. Le tir de la batterie
Loffredo fut accompagné de quelques décharges d'infanterie;
alors, au delà du vallonnement, entre les herbes, les pierres et
les arbustes, nous pûmes voir les masses choannes s'arrêter, s'augmenter et tourner leur attention du côté où nous étions. Mais
elles reprirent ensuite leur mouvement et, se mêlant aux *ascaris*
en retraite, elles vinrent en grand nombre se cacher aux pieds
des pentes de la montagne, tandis que d'autres troupes continuèrent la poursuite de la colonne des blessés et des fuyards.

1. Voir notre esquisse *de Sauria à Adoua* jointe au chapitre XXXIII, et voir
aussi la description du terrain dans le même chapitre, pages 447 et suivantes.

Pour renforcer l'aile gauche, à laquelle manquaient un bataillon et une forte compagnie, j'envoyai, à 9 heures et demie, l'ordre au général Ellena de faire avancer les deux batteries à tir rapide (12 pièces) et le bataillon indigène Galliano, fort de 1,200 hommes. Pendant ce temps, vers la droite du 2ᵉ bataillon (Viancini), sur le versant ouest du mont Belah, se déployait le régiment de bersagliers, sous les ordres du colonel Stevani, avec le 2ᵉ bataillon (Compiano) en tête, suivi du 1ᵉʳ bataillon (De Stefano), et, tandis que, sur la hauteur, les soldats les plus vaillants et les plus solides de la brigade indigène continuaient à résister, les blessés et les fuyards, dans la plaine, augmentaient de nombre et tournaient autour du mont Raio, pour se diriger vers Gundapta ; ils étaient poursuivis et attaqués en flanc, le long des pentes du Semaiata, par des masses de Choans qui avaient exécuté un mouvement tournant.

Aussi les officiers des batteries placées sur un éperon du mont Raio qui descend transversalement vers l'ouest, c'est-à-dire vers l'ensellement entre le mont Raio et le mont Belah, craignant d'atteindre nos soldats noirs en retraite, étaient-ils prudents dans leur tir ; les soldats d'infanterie blancs ne savaient pas quand il fallait commencer le feu, et ils hésitaient dans le choix de leur cible. Dans ces circonstances, les officiers, presque tous novices dans les combats d'Afrique, ne pouvaient que mal indiquer le but et la distance ; tandis que le spectacle décourageant des *ascaris* en retraite, les courses folles des multitudes ennemies, les cris furieux, les coups de feu multipliés par l'écho dans ces vallées et à ces altitudes, tout en un mot s'accordait pour ébranler les nerfs et surexciter des troupes aussi jeunes, improvisées de la façon que l'on sait et encadrées par des officiers que les soldats ne connaissaient pas et qui ne savaient rien ni du théâtre de l'action, ni des impressions du milieu, ni de la façon de combattre de l'ennemi ; et pourtant *les troupes blanches restèrent solides à leur poste.*

Voici ce qui arrivait à la brigade indigène, si nous nous en tenons au *Rapport officiel,* rédigé (cela n'est pas douteux) en grande partie d'après les rapports du major Cossu, commandant le 6ᵉ bataillon indigène, et du capitaine Spreafico, du 7ᵉ.

« Vers 10 heures, une partie de la grosse colonne choanne, descendue par les pentes méridionales d'Abba Garima, attaquait avec fureur le 7ᵉ bataillon indigène et les *bandes* de l'Oculé Cusaï, qui purent cependant résister assez longtemps. .

« Pendant environ une heure (de 10 à 11 heures), les troupes de la colonne Albertone s'opposèrent encore, avec succès, au mouvement en avant des Amahras, en exécutant plusieurs contre-attaques à la baïonnette; mais, pendant ce temps, l'enveloppement était devenu presque complet, et les troupes étaient atteintes par le feu de l'ennemi, sur le front, sur les flancs et jusque par derrière.

« Après avoir subi des pertes très graves, après avoir perdu la majeure partie des officiers, les troupes indigènes commencèrent à se retirer, d'abord homme par homme, puis par fractions entières.

« Ce mouvement de retraite commença par le 8ᵉ bataillon; il se propagea ensuite au 7ᵉ et au 6ᵉ. Ce furent les batteries qui restèrent les dernières en position; à 11 heures un quart, elles avaient consommé toutes leurs munitions (90 coups par pièce). Mais déjà l'ennemi avait pénétré au milieu d'elles, et elles avaient perdu presque tous leurs officiers, leurs servants et leurs animaux.

« Grâce à une contre-attaque opportune, exécutée à la baïonnette par une compagnie du 7ᵉ bataillon, on put encore sauver 3 pièces; mais celles-ci, après une demi-heure de retraite, tombaient entre les mains des Choans.

« Nos troupes indigènes, épuisées et ébranlées, privées de la plupart de leurs officiers, restées sans chef (on n'eut plus aucune nouvelle du général Albertone depuis 11 heures du matin), ne purent plus être réunies en ordre. Par des sentiers différents et par petits groupes, elles se dirigèrent surtont vers Sauria, et de là vers le nord. »

Pendant ce temps, de notre côté, à l'extrême gauche de la position mont Belah-mont Raio, arrivait avec un certain retard et se déployait en partie le 3ᵉ bataillon indigène, sous le commandement du lieutenant-colonel Galliano, dont tout le monde connaît l'énergique caractère militaire; ce bataillon était bien encadré, il avait brillamment combattu à Coatit et courageusement et fortement résisté à Macallé. Il était nécessaire d'avoir une forte aile gauche pour soutenir la retraite de la brigade indigène et pour empêcher que l'ennemi, en se défilant entre les monts Semaiata et Raio, ne nous tournât par la gauche et n'occupât Gundapta, position en arrière de la nôtre, afin de nous couper de notre ligne de retraite vers Sauria. Nous avions aussi, à l'aile gauche, outre l'artillerie de la brigade Arimondi, les deux batteries à tir rapide de la réserve. Je comptais, avec les batteries et les troupes qui étaient là, pouvoir assurer notre retraite, car je supposais, toujours à tort, que j'avais à ma droite la brigade Dabormida, lequel m'avait écrit qu'il donnait la main à Albertone; de plus, des fractions de la 2e brigade avaient été signalées, et je croyais, d'accord avec le général Arimondi, que nous étions reliés à cette brigade par l'intermédiaire du bataillon blanc De Amicis et de la compagnie noire Pavesi; je croyais en outre pouvoir attribuer le mouvement offensif d'Albertone à l'entrée en ligne de la brigade Dabormida; je croyais enfin avoir à ma disposition deux régiments de la réserve, c'est-à-dire le 4e régiment (Romero) et le 5e (Nava).

Mais, pendant ce temps, la brigade Dabormida, au lieu de couronner l'éperon de Belah ou les hauteurs situées en avant, vers Abba Garima, était aux prises avec l'ennemi, au débouché du vallon de Mariam Sciautu, dans la combe du même nom. Elle était si éloignée que personne, pas même du poste de la réserve, au col de Rebbi Arienni, n'entendit tirer cette brigade[1]. Pendant ce temps, la colonne choanne qui s'était précipitée, par la 2e route transversale, sur le champ de bataille du mont Scelloda, venant d'Adi Vecci, commençait à grimper par l'éperon de Belah (indiqué par la lettre C dans le croquis qui accompagne le rapport officiel). Bien qu'il fût de faible relief et dépendît du mont Belah, l'éperon de Belah (comme le dit le rapport officiel de la bataille) était un « point d'importance capitale, parce qu'il permettait de couper toutes les communications possibles avec la brigade Dabormida et parce qu'il avait, en outre, une action très efficace contre le flanc droit des défenseurs de C en A″ » (c'est-à-dire de l'éperon de Belah au mont Raio et à l'ensellement du mont Raio); « il pouvait encore avoir de l'action sur la ligne de retraite vers H′ ». Autrement dit, il permettait d'attaquer, par le col de Belah, le flanc droit de la brigade Arimondi et de couper la ligne de retraite, laquelle, du point où était le quartier général, conduit

---

1. A la question qui lui fut posée, à ce sujet, à Rome, par une commission rogatoire de l'avocat fiscal militaire, le général Ellena répondit: « Je n'ai ni vu la brigade Dabormida ni entendu le bruit de son feu; je savais seulement qu'elle devait se trouver en avant. » (Actes de procédure, page 184.)

à Rebbi Arienni par l'ensellement entre le mont Belah et le mont Raio (3e route).

L'éperon de Belah fut occupé, par surprise, par les Abyssiniens, et si rapidement que les détachements envoyés par la brigade de réserve ne purent pas arriver à temps. Et je n'en fus même pas averti[1], alors que j'avais envoyé l'ordre à la réserve de tenir ferme sur le col de Rebbi Arienni en prévision d'une retraite éventuelle[2].

Je ne fus pas prévenu non plus qu'une partie de la réserve avait été successivement engagée, à cause du double mouvement tournant des Choans. C'est en vain que le colonel Stevani envoya, du mont Belah à l'éperon Belah, deux compagnies de bersagliers. C'est à peine si une quarantaine d'hommes, parmi les plus adroits et les plus audacieux, après des miracles de bravoure, purent y parvenir : la plupart y perdirent la vie avec le lieutenant-colonel Compiano et le capitaine Fabbroni. « A 10 heures un quart environ, ce point si important de la ligne de combat tombait au pouvoir de l'ennemi, qui, de là, commençait immédiatement à diriger, sur le 1er bataillon de bersagliers, des feux nourris et bien ajustés. »

Je crois que l'occupation définitive de l'éperon Belah, par les Amahras, se produisit un peu plus tard que ne l'a indiqué le *Rapport officiel*. Il est probable que l'ennemi fit une pause pour se rassembler et pour se garder dans toutes les directions. De toute façon, les effets du feu se firent remarquer plus tard. Car, vers onze heures, j'observai, ainsi que le général Arimondi, que les bersagliers qui couronnaient le mont Belah, à mi-côte, se repliaient vers le sommet, malgré les efforts du colonel Stevani et des officiers. Ni le général Arimondi ni moi nous ne pûmes nous expliquer ce mouvement, puisque nous n'avions pas été prévenus de la perte de l'éperon Belah et puisque tous les autres soldats blancs tenaient bon. Indépendamment des officiers d'ordonnance (les lieutenants Negrotto et Chigi), j'envoyai le chef d'état-major

---

1. *Rapport officiel.* — « L'apparition des Choans de ce côté arriva si inopinément qu'il ne fut même pas possible d'en aviser le commandant en chef. »
2. Entre 10 heures un quart et 10 heures et demie cet ordre *de protéger la droite et la gauche du col de Rebbi Arienni en cas de retraite* fut porté par le lieutenant Chigi, comme il résulte des rapports des capitaines Protocollo et Fumel, de la brigade Ellena.

afin qu'il nous renseignât sur les forces ennemies qui avaient pu motiver un déplacement aussi désastreux. J'envoyai encore le major Salsa, sous-chef d'état-major, vers la droite, derrière le mont Belah, à la recherche de la brigade Dabormida, et aussi pour voir comment il se faisait qu'aucun bruit de l'action engagée par cette brigade ne vînt jusqu'à nous.

Ce fut précisément à ce moment, ou quelques minutes avant, que le 3e bataillon indigène (Galliano), qui était en partie déployé à l'extrême gauche, à courte distance du quartier général, ébranlé probablement par ce spectacle désastreux, malgré les efforts de ses officiers, malgré l'exemple que lui donnait le 9e bataillon blanc, malgré les batteries qui faisaient feu, tout près, malgré la présence du commandant en chef, se dispersait en partie vers le col de Rebbi Arienni[1]. La retraite des indigènes donnait un exemple funeste, terriblement contagieux, et dans l'esprit des *blancs,* en ces instants de suprême tension morale et physique, elle prenait l'apparence d'une trahison de la part des *noirs;* elle découvrait, en outre, entièrement le flanc gauche; elle permettait aux Choans de nous tourner derrière le mont Raio, et ce fut par là effectivement que les ennemis se faufilèrent, en nombre considérable, coupant aux brigades Arimondi et Ellena leur ligne naturelle de retraite sur Sauria, et les obligèrent à se diriger vers le nord, comme nous le verrons plus tard.

Malgré ces influences délétères, les Italiens continuaient bravement à combattre, dans l'ensellement entre le mont Raio et le mont Belah. Jusqu'à ce moment-là (11 heures), les pertes n'étaient pas graves. Les balles sifflaient en l'air, mais presque sans nous causer de pertes, parce qu'elles étaient tirées avec précipitation d'en bas. Près de moi, je n'avais vu tomber que le lieutenant Pavoni, blessé à la poitrine, quelques soldats italiens et quelques soldats indigènes; et pourtant les *ascaris* de Galliano, puis ceux du quartier général, disparaissaient derrière les rochers, les pierres et les arbustes[2]. C'est précisément à ce moment-là

1. « Le secours apporté à la brigade Arimondi par le 3e bataillon indigène (Galliano), appelé en ligne par le gouverneur, fut éphémère. La retraite prématurée des *ascaris* de ce bataillon découvrit le flanc gauche du 9e bataillon, qui fut écrasé; elle découvrit en outre le flanc de l'artillerie que protégeait le bataillon et qui tomba au pouvoir de l'adversaire. » (Réponse du colonel Brusati aux demandes de l'avocat fiscal militaire.)

2 Mes souvenirs personnels, les dépositions des témoins devant le tribu-

que se repliaient les soldats qui devaient couronner le mont Belah. J'envoyai ordres sur ordres pour les maintenir sur cette position dominante, qui protégeait nos communications avec Rebbi Arienni, et qui, selon ce que je croyais, était en communication avec la brigade Dabormida et protégeait d'en haut la retraite d'Albertone. En voyant les efforts des officiers et un moment d'arrêt se produire chez les bersagliers, j'eus un instant l'espoir de pouvoir conserver le mont Belah; mais les bersagliers, attaqués de front et pris en flanc, du haut de l'éperon du col Belah, ne pouvaient résister malgré leurs efforts héroïques; et fatalement tous les événements se précipitaient vers la catastrophe avec une foudroyante rapidité.

Pendant ce temps, un officier blessé m'apportait la nouvelle positive que la colonne ennemie avait pénétré entre la brigade Dabormida et la brigade Arimondi. Il fallait donc recourir à la brigade de réserve pour protéger notre droite et pour assurer notre ligne de retraite sur le col de Rebbi Arienni. C'est pourquoi, à 11 heures un quart, j'envoyai l'ordre au général Ellena de faire avancer un régiment.

Mais les bataillons de la réserve étaient presque tous engagés, sans qu'aucune nouvelle en fût parvenue au quartier général. En retranchant le bataillon indigène (Galliano) et les batteries à tir rapide, la réserve devait avoir encore 6 bataillons blancs et une demi-compagnie du génie; malheureusement elle n'avait que 5 compagnies disponibles, au lieu de 24 sur lesquelles on aurait dû compter.

Le général Ellena avait occupé les deux versants du col Rebbi Arienni avec le 7ᵉ bataillon (Montecchi) et avec le 8ᵉ bataillon (Vio-

---

nal de l'Asmara, le rapport officiel du général Lamberti, le rapport du colonel Brusati et le récit conforme de plusieurs officiers, m'ont amené à écrire ce que j'ai écrit sur le bataillon Galliano. Mais, après la publication de mes *Mémoires,* on m'a fait observer (même des officiers n'appartenant pas au bataillon Galliano l'ont fait) qu'une partie seulement de ce bataillon avait pu arriver à la gauche du général Arimondi, au point indiqué par moi; que cette portion du bataillon Galliano qui avait pu prendre position a opposé une résistance énergique, même après avoir été enveloppée par l'ennemi; que le triste spectacle de la retraite sans combat et de la fuite précipitée a été donné par les unités du bataillon Galliano qui, à la suite du mouvement retardé, n'avaient pas pu se ranger sur les pentes du mont Raio avant l'assaut des Amahras et avant que ceux-ci n'eussent fait irruption sur le mont et sur le col Raio.

lante), en poussant un peu en avant et sur la gauche le 11e bataillon (Manfredi); ces trois bataillons faisaient partie du régiment Romero (4e). Depuis longtemps ils avaient ouvert le feu, soit contre les Choans qui montaient sur l'éperon Belah, ou qui se rassemblaient sous Rebbi Arienni, dans la petite combe où commence la vallée de Mariam Sciautu, ou près d'Adi Raio, soit contre les menaces d'enveloppement par derrière de l'ennemi qui, en poursuivant les fuyards, avait pénétré jusque dans la combe de Gundapta. A son tour aussi, le régiment Nava (5e) avait employé la moitié de son effectif à résister au mouvement enveloppant des Choans, puisque le commandant de la brigade avait envoyé deux compagnies alpines à l'est du mont Raio et chargé le 15e bataillon (Ferraro) de soutenir les bersaglieri vers le col de Belah. — Et le commandant en chef n'était toujours informé de rien !

Quand j'ordonnai au général Ellena, commandant de la réserve, de faire avancer un régiment et d'occuper, avec l'autre, le col de Rebbi Arienni, il me répondit par le billet suivant :

11 heures et demie du matin. — J'envoie *deux bataillons,* plus deux compagnies du 5e régiment. Le 4e est occupé à recueillir le bataillon Valli repoussé par l'ennemi. *Dès que cela sera possible, je rappellerai ce régiment au col et j'enverrai à Votre Excellence un autre bataillon.*

Le général : ELLENA.

Malheureusement le commandant de la réserve n'avait de disponible que la moitié des troupes qu'il m'annonçait dans ce billet, que je reçus une demi-heure après qu'il eut été écrit; malheureusement aussi, il n'y avait pas une possibilité, même éloignée, de dégager les autres troupes de la réserve.

Il restait le 16e bataillon (Vandiol), plus 2 compagnies alpines, entre Rebbi Arienni et les pentes septentrionales du mont Raio.

Pendant ce temps, les *ascaris,* entraînant derrière eux les Choans qui les poursuivaient, jetaient l'alarme dans les dernières fractions de la brigade Ellena, qui ne pouvait manquer d'en être péniblement impressionnée. Ajoutez à cela que l'ennemi couronnait l'éperon de Belah; en se glissant à travers les précipices et les vallonnements, avec leur audace habituelle, excités par le succès et par l'espoir de la victoire imminente, les Choans montaient inopinément vers le mont Esciascio, et peut-être vers le col même de Rebbi Arienni.

Étant données ces circonstances, je décidai de me rendre au col de Rebbi Arienni pour y organiser la retraite vers Gundapta et Sauria, comptant toujours avoir sur ma droite la brigade Dabormida tout entière (j'avais envoyé vers cette brigade le major Salsa avec le lieutenant Bodrero). Je croyais aussi avoir en réserve une partie de la brigade Ellena. Quand je me dirigeai, de l'ensellement entre le mont Raio et le mont Belah, sur Rebbi Arienni (il était peut-être quelques minutes avant midi), le général Arimondi se préparait à me suivre, et il donnait l'ordre aux batteries de se retirer, pour ne pas perdre leurs pièces. La batterie Loffredo avait épuisé toutes ses munitions. Dans ce bouleversement, on prit les mulets du général Arimondi et de son aide de camp. Ces officiers ne purent, à pied, se sortir du point où ils étaient, d'autant plus qu'immédiatement après, les hordes choannes montèrent le long des pentes, après nous avoir tournés par le flanc gauche. Des groupes choans couronnaient la cime du mont Belah; ils tiraient sur les soldats blancs et noirs qui se pressaient dans le col.

Pendant que je me dirigeais vers Rebbi Arienni, avec les colonels Brusati et Stevani, commandant les deux régiments de la brigade Arimondi, le colonel Nava venait du sycomore situé au sud du col de Rebbi Arienni, avec une compagnie d'alpins (la 1re, je crois) et avec le 16e bataillon (Vandiol); les troupes étaient, à ce moment-là, assez bien groupées; mais un certain retard dans la transmission des ordres du quartier général au général Ellena, et un certain retard dans l'exécution (explicables, du reste, par les menaces dont Rebbi Arienni était l'objet et par le désordre occasionné par les hommes qui abandonnaient le champ de bataille), rendaient désormais trop tardif l'envoi de tout secours. Les bersagliers, sur le mont Belah, n'avaient pas pu tenir tête à l'ennemi jusqu'à l'arrivée des renforts.

Les Choans tiraient, d'en haut, des coups de fusil sur l'ensellement, entre le mont Raio et le mont Belah, qui descend en entonnoir vers le nord; ils s'avançaient à côté des nôtres; mêlés aux nôtres, ils sautaient de rocher en rocher, ou se glissaient entre les sillons et les crevasses. Le colonel Nava, sur lequel on tirait d'en haut et de face, eut une partie de ses compagnies qui furent entraînées par les fuyards noirs, et ne put trouver ni l'endroit ni le moyen de déployer ses troupes.

Quelques instants auparavant, le capitaine Benucci, qui avait encore sous la main une fraction d'*ascaris* du bataillon Galliano, m'annonça que l'ennemi était arrivé sur le col, entre le mont Raio et le mont Belah; mais il ne put rien me dire sur le général Arimondi. Pendant ce temps-là, les Choans commençaient à tirer, du col même, tandis que des masses ennemies côtoyaient les ressauts qui forment la base du mont Raio. Quelques-uns en descendaient et se mêlaient à nous, en profitant de leur ressemblance avec les *ascaris*. Désormais nos troupes étaient dispersées, et les soldats tiraient au hasard, sauf quelques groupes qui, tenus en main par des officiers énergiques, s'arrêtaient de temps en temps et résistaient avec une extrême bravoure derrière les bataillons battant en retraite.

Mais le désordre était complet, dans ces sentiers étroits et dans ce terrain bouleversé. Je m'arrêtai un instant sur un petit ressaut et je fus entouré et défendu contre l'attaque des ennemis par un groupe héroïque de bersagliers. Je fus ainsi séparé du quartier général et je restai seul avec mon officier d'ordonnance, le lieutenant Chigi, et avec quelques carabiniers et *zaptiés*. Le colonel Valenzano, qui était au courant de mes intentions, avait continué avec les autres officiers du quartier général non employés à la transmission des ordres, précédé par le *fanion* (drapeau tricolore), sans que, dans cette lutte, dans cette multitude humaine, dans ce terrain si coupé et si couvert, personne le remarquât.

La fusillade continuait d'en haut, sur les flancs et par derrière. Les rangs étaient rompus, les blancs et les noirs étaient mélangés, en queue de la colonne, battant en retraite; les *ascaris* de Galliano et ceux du quartier général étaient mêlés aux Choans, qui se précipitaient au milieu d'eux comme saisis de la rage de tuer ou d'être tués.

Au milieu de cette foule, je me retirai avec le lieutenant Chigi, seul du quartier général, entouré par plusieurs groupes de braves tenus encore en main par leurs officiers.

Sur un éperon descendant du mont Raio vers Rebbi Arienni, en face du mont Belah qui fourmillait d'ennemis, je remarquai une enceinte close par des murs : peut-être était-ce l'antique cimetière d'une église ruinée. Je cherchai à réorganiser là une résistance quelconque pour protéger la retraite; je rassemblai des alpins, des bersagliers et d'autres soldats blancs mêlés aux officiers; dans cette malheureuse situation, en face des actes d'héroïsme individuel, j'eus un instant l'espoir fugitif de nous sauver de l'enveloppement. « Vive l'Italie ! » m'écriai-je, en prenant mon revolver; et ce cri fut répété par cent bouches desséchées et sanglantes. Mais l'intérieur du mur ne permettait pas de tirer, parce qu'il était plus élevé que les épaules d'un homme. Les Amahras gagnèrent le sommet de l'éperon : le désordre croissait avec les flots des arrivants, avec la grêle des balles, avec la vue des morts et des mourants. Le cœur se brisait de désespoir en donnant un ordre et en le faisant exécuter.

Et nous continuâmes, le cœur anéanti, notre chemin de douleurs.

CHAPITRE XXXVII

LA RETRAITE

Tentatives pour constituer une arrière-garde. — La retraite sur Sauria est coupée. — Arrêt au sud de Yeha. — La brigade Dabormida. — La poursuite. — La retraite divergente. — Rapport dans la soirée. — Je m'égare. — La route d'Adi Caié.

Le lieutenant Chigi tomba, lui aussi; et, en me retournant, je ne vis plus le colonel Nava, qui me suivait peu d'instants auparavant. Je restai derrière, sans aucun officier, avec deux carabiniers (Arca et Mautino), avec deux ou trois *zaptiés,* avec mon serviteur indigène et avec les débris des régiments Brusati, Stevani, Romero et Nava, principalement avec des bersagliers et des alpins, dont plusieurs cherchaient à s'approcher de moi. Il y eut un moment de trève, les Choans qui nous poursuivaient s'étant probablement dirigés vers Gundapta. Qui pourrait calculer le temps, au milieu de ces tortures!

Il pouvait être environ une heure quand j'arrivai au confluent près de Rebbi Arienni. Il y avait là beaucoup de soldats blancs du régiment Romero (le 4ᵉ), de la réserve, les uns déployés en chaîne, les autres éparpillés. Il y avait le général Ellena, qui me rendit compte qu'il n'avait aucune nouvelle du général Dabormida, qu'il n'avait pas entendu le feu du côté où s'était dirigée la 2ᵉ brigade et que, peu d'instants auparavant, il aurait voulu (lui, le général Ellena) résister en cet endroit; mais qu'en passant le colonel Stevani l'en avait dissuadé en lui criant: « Plus en arrière! plus en arrière! » En effet, il lui semblait qu'on ne pouvait pas tenir en cet endroit, parce que la localité était dans un fond et que l'ennemi arrivait de toutes parts; parce que l'on courait le grave

risque d'être enveloppé et écrasé, et parce qu'il était impossible
de reformer, aussi près du lieu du combat, des troupes qui avaient
perdu toute cohésion. Le général Ellena me rendit compte aussi
que le colonel Valenzano et le major Salsa[1], me croyant tué,
nous précédaient sur la ligne de retraite pour chercher une position plus favorable à une défense quelconque. Nous reculâmes un
peu; mais je luttais contre la nécessité et l'impuissance de constituer un noyau d'arrière-garde. Je vis alors une autre fois le
lieutenant-colonel Menini avec le lieutenant Merchiori, des alpins,
et le frère de Merchiori; je vis d'autres officiers des alpins et
des autres armes. Je cite le capitaine Redini, du régiment Romero,
et le lieutenant Partini, du bataillon Galliano, le lieutenant-colonel
Violante, le lieutenant Ribotti et le capitaine Grassi, des alpins. L'ennemi étant de nouveau devenu pressant, je comman-
dai un rassemblement; une centaine d'alpins et d'autres soldats,
dont je ne me souviens pas, s'unirent à moi; on fit feu, on chargea à la baïonnette, mais ce fut en vain. Un groupe aussi peu
nombreux, malgré son héroïsme, ne pouvait suffire pour arrêter
la poursuite furieuse des Choans.

Les ennemis étaient arrivés sur la route naturelle de retraite
vers Sauria, par Gundapta; et la cavalerie galla, exécutant au loin
un mouvement tournant, contribuait à abattre le courage de nos
troupes et à les rendre presque inconscientes d'elles-mêmes et
insouciantes de tout, même de la défense individuelle, comme il
est toujours arrivé même aux troupes les plus braves. Les officiers avaient perdu l'autorité sur leurs soldats, qui, fortement im-
pressionnés par des spectacles si étranges, regardaient, comme
hébétés et songeurs, ceux qui leur donnaient un ordre ou essayaient
de les arrêter.

Il était impossible de prendre la route de Sauria sans tomber
entre les mains des Abyssiniens, qui avaient occupé le débouché
est de la combe de Gundapta et qui nous tournaient vers le nord,
au delà du mont Histi[2], vers Yeha et Cocma (soit par hasard, soit
de propos délibéré), et qui menaçaient de terminer l'envelop-

---

1. Le major Salsa, envoyé à la recherche de la brigade Dabormida, était
encore en arrière vers l'ouest.

2. Dans l'édition italienne on a imprimé par erreur Hitschia. Hitschia est
au nord, Histi à l'est du mont Esciascio. Voir notre carte jointe au chapitre
XXXIII.

pement, même de ce côté, en nous coupant les routes du nord. Aussi les troupes qui se retirèrent du mont Raio, dans les premières heures de l'après-midi, se dirigèrent-elles toutes, comme un torrent humain, vers le nord, bien qu'elles voulussent naturellement aller à Sauria, parce que la localité était connue et sûre, parce que la route avait été parcourue en venant; à Sauria, où étaient les fortifications, les campements, les convois, les tentes et les vivres. C'est en effet vers Sauria que s'était retirée, dans la matinée, la plus grande partie de la brigade Albertone, entraînant derrière elle une nuée d'ennemis, dont une partie était restée à Gundapta pour compléter notre désastre. Et c'est vers Sauria que la brigade Dabormida se retira dans la soirée. De Sauria, la route suivie par les ravitaillements conduisait dans l'intérieur de la colonie. C'était la voie principale, passant par des positions dominantes, la plus facile à suivre pour la retraite. Elle était défendue par 1,250 hommes avec le colonel de Boccard à Mai Maret, par un bataillon à Barachit, par un détachement de 360 hommes à Cascassé et par un bataillon à Adi Caié.

Le colonel Valenzano raconte qu'il a cherché plusieurs fois à arrêter le torrent humain, même en plantant le *fanion*; mais qu'il n'avait pas réussi. Puis il dit encore que le major Salsa, qui marchait en tête de la colonne, ne pouvant prendre à Yeha la route de Sauria, se dirigea vers le Bélésa par la route allant le plus au nord, car, en suivant cette route, on pouvait espérer soustraire plus tôt le flanc droit à la poursuite. Je marchais en queue de la colonne en retraite; pour éviter d'être fait prisonnier et pour conserver le commandement, je devais forcément suivre cette colonne, avec les quelques officiers qui s'étaient joints à moi et au général Ellena, en faisant toutes les tentatives possibles pour rassembler les soldats et pour constituer une arrière-garde, sous la protection de laquelle on aurait pu organiser, d'une façon quelconque, la retraite, tandis que l'ennemi nous pressait de si près que plusieurs cavaliers s'approchaient à portée du revolver.

Entre 2 heures et demie et 3 heures[1] de l'après-midi, je rejoi-

1. On m'a fait observer que le fait arriva vers 3 heures et demie. Dans mon récit je m'en suis tenu à l'heure indiquée par le colonel Brusati. J'ai ensuite vérifié que la localité en question était peut-être à deux kilomètres au nord du col Ciatto, sur la petite hauteur indiquée, sur notre carte annexée au chapitre XXXIII, sous le nom de mont Lihiz, au sud de Yeha.

gnis les colonels Brusati et Stevani, qui étaient avec les débris
des bersagliers et des alpins et plusieurs groupes de divers régiments. Le moment et le lieu me semblèrent favorables pour essayer
de résister. Je m'arrêtai sur une espèce de gradin élevé au milieu
de l'ample vallée (au delà du col Ciatto, vers la combe de Yeha,
je crois); je tirai mon sabre, j'appelai à moi les officiers, et, au cri
de : « Vive l'Italie! » je fis appel aux sentiments des soldats. L'ennemi nous serrait de près, et la cavalerie galla nous tournait au loin,
par les ailes. Néanmoins, plusieurs soldats, faisant le sacrifice
de leur vie, obéirent à l'appel et couronnèrent la hauteur. Mais
la plupart, désespérant de pouvoir opposer une résistance quelconque à l'ennemi, qui se précipitait des hauteurs environnantes
avec une incroyable férocité, ne suivirent pas cet exemple, tout en
répondant au cri de : « Vive l'Italie! » Aidé par les colonels Brusati
et Stevani, par le lieutenant-colonel Menini, par le major di Stefano et par d'autres officiers, dont j'ai le regret de ne pas me
rappeler les noms, je parvins à grouper quelques hommes contre la cavalerie; mais les rangs étaient mélangés, la hiérarchie
n'existait plus, les esprits étaient aveuglés, bien des officiers
étaient tombés, le danger était imminent, et l'exemple délétère[1].

1. Voici comment est raconté cet épisode par le colonel Brusati, et par le
colonel Stevani : « Avec le colonel Stevani, avec le lieutenant-colonel Menini
(mort depuis peu), avec quelques autres officiers, nous pûmes constituer un
fort noyau d'alpins et d'autres détachements mélangés, sur la crête d'une
petite hauteur où était monté le gouverneur; mais personne ne fit feu (je
l'ai dit auparavant), pour ne pas courir le risque de frapper ses propres
compagnons, qui battaient en retraite, poursuivis par l'ennemi. Seule, une
escouade qui était à l'extrême gauche fit, sur mon ordre, un feu de salve
contre des cavaliers gallas qui galopaient, à 400 mètres, de ce côté. A ce moment, Son Excellence le gouverneur, levant en l'air son sabre et se tournant
vers l'ennemi, cria : « Vive l'Italie! » A ce cri, les soldats qui battaient en
retraite, plus au large, dans la plaine, répondirent : *Vive le général Baratieri!* comme s'ils prenaient une part inconsciente à une démonstration.
A partir de ce moment (environ 3 heures de l'après-midi), la retraite se poursuivit sans interruption, sur plusieurs colonnes et dans des directions variées, par des sentiers difficiles et toujours sous le feu des Choans, auquel
de temps en temps, répondait un coup de feu isolé, tiré par un des nôtres. »
Et le colonel Stevani dit ceci :
« Chacun chercha de son mieux à se mettre en sûreté en se jetant dans la
vallée que suivait notre ligne de retraite. En ce moment, le gouverneur descendait aussi du col, et, en raison du grand danger auquel il était exposé,
une vingtaine de bersagliers, commandés par un officier, firent halte, et
arrêtèrent, avec leur feu, pendant un moment, la poursuite de l'ennemi. Tournés à notre tour, nous trouvâmes moyen de nous échapper, en nous jetant
dans une petite vallée perdue, située en arrière. A partir de cet instant,

Nous étions dans un champ de carnage, parce que (précisément dans la vallée supérieure de Yeha) l'ennemi nous enveloppait et nous coupait définitivement de notre ligne de retraite sur Sauria.

Pendant ce temps, la brigade Dabormida, à peut-être sept ou huit kilomètres à l'est du col de Rebbi Arienni, soutenue par le bataillon De Amicis, combattait avec des chances diverses, mais toujours brillamment, contre un ennemi déjà campé dans la combe de Mariam Sciautu, ainsi que le raconte le *Rapport officiel*. Elle était si loin dans la plaine et si couverte par l'éperon Belah, par le mont Derar, par le mont Esciascio et par tous les éperons latéraux du vallon, que personne ne s'était aperçu du combat, commencé à neuf heures et demie.

Peu après 10 heures (comme on l'a vu plus haut), la colonne choanne qui s'était dirigée vers l'éperon, le col et le mont Belah et vers Rebbi Arienni, menaçait aussi le flanc gauche et les derrières de la brigade Dabormida, qui avait perdu son bataillon de milice mobile et la compagnie du *chitet* d'Asmara.

Je voudrais pouvoir parler comme il convient du combat soutenu, avec des chances variées, par la brigade Dabormida, qui, pendant ce temps-là, était arrivée au débouché de Mariam Sciautu, bien que sa colonne indigène eût été dispersée. Ses brillants assauts contre des Abyssiniens trois ou quatre fois supérieurs (alors qu'elle était isolée des siens et entourée, par derrière, par l'ennemi), sa résistance tenace dans des positions différentes, généralement situées dans des parties basses et moins favorables au développement des feux, sa retraite tardive,... tout démontre que le succès définitif de l'opération était possible, sans la division des forces, parce que, si la grosse colonne choanne avait

---

tout espoir de victoire était perdu; nous étions poursuivis à quelques pas par l'ennemi; nos forces étaient épuisées par la fatigue excessive et par la soif. Tout le monde alors chercha le salut dans ses jambes, en se débarrassant de tout ce qui gênait. Rien ne put arrêter la colonne, pas même l'appel aux plus nobles sentiments; un seul groupe d'alpins, de bersagliers et quelques autres soldats se rassemblèrent autour du gouverneur, du lieutenant-colonel Menini, du colonel Brusati, de moi et du major de Stefano, sur une hauteur; mais nous dûmes bien vite nous convaincre que nous nous serions sacrifiés inutilement. »

Ces deux citations sont prises dans l'*Enquête technique militaire* du colonel Corticelli, qui les a copiées dans les rapports officiels des deux commandants de régiment.

trouvé en position la forte brigade de droite, elle n'aurait pas pu envelopper et disperser les brigades du centre.

Un peu après midi, — au moment le plus terrible pour les brigades Arimondi et Ellena, — l'ennemi qui enveloppait la brigade Dabormida s'arrêta un instant de toute part, soit parce que, sur leur front, les troupes avaient opposé une résistance vive et efficace, soit parce qu'il s'était lancé par derrière à la poursuite de nos troupes en retraite vers Rebbi Arienni, Gundapta et la vallée de Yeha. Impossible, par conséquent, d'expédier du quartier général des avis ni d'en recevoir (ainsi que l'ont prouvé les officiers envoyés vers la brigade Dabormida et ceux que Dabormida m'envoya lui-même) : après le billet écrit à 9 heures un quart, je ne reçus plus aucune nouvelle[1] ; impossible d'envoyer des fractions constituées, en les retirant du combat et de l'action immédiate ; impossible d'envoyer aucune de ces unités, ni une fraction quelconque des troupes indigènes, et encore bien moins des troupes européennes, au loin, à travers les montagnes, à la recherche de la brigade, alors que tous les liens tactiques étaient rompus, alors que moi-même, aidé par des officiers jouissant d'une grande autorité et de beaucoup de prestige, je ne pouvais pas réunir un groupe pour résister aux Choans, ni constituer un noyau d'arrière-garde.

Et tandis qu'un peu au sud de Yeha (mont Lihiz), je tentais un effort suprême pour conserver un point de résistance (environ 3 heures ou 3 heures et demie de l'après-midi), la brigade Dabormida, attaquant toujours l'ennemi pour en repousser les assauts, se trouvait plus éloignée que jamais, et les grosses hordes choannes, en tournant par les montagnes, se plaçaient sur le flanc droit et sur le flanc gauche du corps principal en retraite. Aussi, comme nous étions si éloignés de la brigade Dabormida

---

1. Le capitaine Bellavita, aide de camp de la brigade Dabormida, dépose devant le tribunal d'Asmara que, dès 10 heures et demie, il était très difficile à la brigade Dabormida d'avoir des communications, parce que, sur le front et sur les flancs, la cavalerie galla battait l'estrade. A midi, cela devenait tout à fait impossible. « Quatre *ascaris* furent expédiés par Dabormida avec des billets, mais ils ne revinrent pas. » Pas un d'entre eux n'arriva au quartier général.

Il était si difficile de transmettre les ordres, pendant le combat, qu'un billet envoyé par le colonel Ragni au général Dabormida, par l'intermédiaire d'un sous-officier, ne parvint qu'au bout de trois heures, bien qu'il n'y eût à traverser qu'un léger vallonnement.

et enveloppés sur notre flanc oriental (droit) par l'ennemi qui occupait les débouchés du Guldam et les montagnes au nord de cette localité et qui nous attaquait par derrière, il nous était impossible, sans courir le risque certain d'être faits prisonniers, de prendre la route de Sauria, avec des soldats fatigués, à qui rien ne faisait rien et qui ne pensaient qu'à se sauver, hébétés et muets, comme les a représentés le colonel Brusati devant le tribunal de l'Asmara. Au nord de Gundapta s'ouvrait, entre les montagnes, un débouché naturel vers l'Unguia. C'était la route du Seriro ou Sembri, qui, par l'Unguia, conduit au Bélésa. Impossible — à moi surtout, qui suivais en queue — de prendre une autre route.

Croyant toujours que j'étais tué, le major Salsa marchait à peu près en tête de la longue colonne ; peu après venait le colonel Valenzano avec le fanion déployé, dans l'intention d'arrêter et de reformer (dès que cela serait possible) les soldats et de les conduire à l'Unguia, où il y avait de l'eau et probablement des moyens de défense. En mon absence, le chef d'état-major avait cherché à prendre la direction de la retraite poussée vers le nord. Il n'avait pas déploré d'être obligé, par une force inéluctable, à se diriger de ce côté, parce qu'une retraite sur Sauria lui aurait semblé dangereuse, même s'il avait pu atteindre cette localité ; en effet, nos troupes auraient été exposées à être enveloppées dans des conditions très défavorables, d'autant plus qu'un courant ennemi s'était dirigé vers Sauria, sur les talons de la brigade Albertone, et un autre courant nous serrait de si près que, sous Yeha et le long de la vallée du Yeha, on eut à déplorer des pertes bien supérieures à ce qu'elles furent pendant l'action si chaude autour du mont Raio[1] et du groupe Belah.

En laissant en bas la vallée du Yeha, qui se jette dans l'Unguia, les débris des deux brigades continuèrent vers le nord, le long des contreforts de l'amba Beesa, poursuivis de près par de nombreux Choans qui, parcourant avec une étrange facilité ce terrain difficile, les menaçaient et de temps en temps tiraient des coups de fusil sur leurs flancs.

Dès que le colonel Valenzano sut que j'étais vivant et que je suivais les derniers groupes, il m'attendit sur un contrefort un

1. Sur la *Sépulture des tués pendant la bataille d'Adoua*. Rapport du lieutenant-colonel d'état-major Arimondi. — Asmara, 12 juin 1896.

peu plus prononcé que les autres et qui semblait pouvoir offrir un point d'appui à la résistance. Valenzano me rendit compte alors qu'il avait envoyé, du col de Rebbi Arienni, le lieutenant Bodrero à Sauria et à Entiscio pour aviser de la situation le gouvernement et les autorités, et pour ordonner aux convois de se retirer sur Mai Maret, où était le colonel de Boccard avec trois bataillons pour garder la ligne d'opération. Ni lui ni aucun des nombreux officiers réunis en cet endroit n'avaient de nouvelles de la brigade Dabormida.

La poursuite continuait vive et persistante, surtout aux ailes ; elle nous enlevait toute espérance, même éloignée, de communiquer avec qui que ce fût, sans exposer à une mort certaine et inutile celui qui aurait été chargé de porter des ordres ou des avis, ou de chercher des nouvelles. Aucun héroïsme n'aurait suffi pour sortir de ce cercle de fer et de feu, en s'ouvrant un passage à travers l'ennemi.

Impossible, dans ces circonstances et dans ces contingences, de compter sur les blancs ; ils étaient privés de tout, exténués, sans la plus lointaine idée du pays, la plupart séparés de leurs officiers ou de leurs gradés. Impossible aussi de compter sur les *ascaris* du 7° bataillon, qui avaient suivi le capitaine Spreafico, pas plus que sur les *ascaris* du quartier général (carabiniers, *zaptiés* ou soldats de cavalerie démontés). C'est, du reste, ce qu'ont déclaré devant le tribunal militaire de l'Asmara les commandants respectifs de ces troupes, les capitaines Spreafico et Amenduni et le lieutenant Marozzi.

On ne pouvait pas non plus s'attarder sur cette position, pour se rassembler, se réorganiser et se reposer ; elle était trop étroite, dominée d'en haut, sans eau, et de plus les troupes n'étaient pas en état de résister.

De cette façon on continua vers l'Unguia, sans qu'il fût absolument possible pour personne de prendre une autre route ; et par suite sans qu'il fût absolument possible au quartier général de se diriger vers la ligne principale d'opération que j'ai plusieurs fois décrite et dont nous séparait le massif du Seriro, sillonné de sentiers rares et inconnus, en proie à la révolte avant le combat, et maintenant tout surexcité par le spectacle des blancs battant en retraite. Déjà montaient, des montagnes, des colonnes de fumée qui signalaient probablement, aux natifs, la victoire des Abyssiniens et les excitaient au massacre[1].

Au coucher du soleil, nous arrivâmes à un village situé sur un des contreforts orientaux d'Amba Beesa, au delà duquel coule l'Unguia. J'arrêtai là la colonne; je cherchai à réunir les hommes dispersés dans ce terrain encombré de hautes herbes, de pierres et de buissons; je donnai une heure et demie de repos, et, à la tombée de la nuit, je réunis les officiers au rapport. Étaient présents : le général Ellena, le colonel Valenzano, beaucoup d'officiers de troupes et du quartier général.

Je chargeai les colonels Stevani et Brusati de réorganiser la colonne, de grouper les hommes en armes et ceux sans armes, de rétablir la discipline et de pourvoir à la sécurité des troupes. Je chargeai le major Salsa de la direction générale de la marche, *autant que possible,* vers la ligne de réapprovisionnement du corps d'opération (Mai Maret — Sénafé — Adi Caié).

Je prescrivis que l'avant-garde, composée de diverses fractions d'indigènes, fût placée sous les ordres des capitaines Spreafico et Vignola et que les officiers hors cadres suivissent les nombreux soldats italiens désarmés. J'ordonnai que l'arrière-garde fût composée de soldats italiens en armes, sous les ordres du capitaine Pedriale et du sous-lieutenant Panarelli, et qu'à l'extrême arrière-garde fût mis un groupe d'indigènes, commandés par le sous-lieutenant Frignani.

Sur les sommets, vers l'Oculé Cusai, dans la direction de notre retraite, et vers Seriro, c'est-à-dire dans la direction de l'Agamé, qui s'était insurgé, brûlaient des feux d'intensité et de grandeur différentes. C'étaient des signaux usités par les gens du pays pour annoncer des événements : et certainement, étant donnée notre situation, ils excitaient à la rébellion. Le terrain, de ce côté-ci de

---

1. La ligne de retraite peut se suivre sur la carte toute récente à 1/250,000 publiée par l'Institut géographique (feuille d'Adigrat). Ceux mêmes qui n'ont pas idée du pays si bouleversé, si sauvage et si désert, en songeant aux conditions dans lesquelles nous nous trouvions, peuvent se convaincre qu'une fois poussés sur la voie du Bélésa, il n'était pas possible de rejoindre la ligne d'opération, avant Adi Caié, sans rencontrer des difficultés bien plus grandes, et sans courir le risque, incomparablement supérieur, d'arriver plus tard.

Voir aussi notre carte générale de la colonie de l'Érythrée, à 1/1,000,000, à la fin de ce volume.

l'Unguia et du Bélésa, est de plus en plus inhospitalier et désert. Les natifs eux-mêmes l'appellent le *désert (baraka)*.

Les bords de l'Unguia et du Bélésa ont toujours servi de refuge aux bandits de l'Oculé Cusai, depuis la dispersion des rebelles de Batha Agos, et surtout depuis la dispersion des Tigrins à Sénafé. Ce sont des arêtes arides, sillonnées par des précipices rocailleux qui descendent vers le Mareb, dans la courbe que trace cette rivière en changeant de direction. Les suppositions, les habitudes et les indices annonçaient que Singal, frère de Batha Agos de l'Oculé Cusai, avec ses rebelles occupait la région, pour nous inquiéter sur notre ligne de retraite.

Je réunis les officiers au rapport, à peu près dans la localité indiquée, sur la carte de l'Institut géographique à l'échelle 1/250,000, par le nom de Masfasteman, sur une hauteur qui descend ensuite vers l'Unguia. La colonne, malgré le grand nombre d'hommes désarmés, qui avaient jeté même les vivres et les chaussures, malgré les blessés, fut assez bien organisée. Nous partîmes à nuit tombée. Le capitaine Spreafico servait de guide. Je marchais derrière l'avant-garde, précédé immédiatement par le lieutenant Marozzi qui avait remplacé le lieutenant Chigi; derrière moi venaient le général Ellena et le colonel Valenzano avec les officiers qui n'avaient pas de commandement immédiat.

Au bout de peu de temps, le capitaine Spreafico s'aperçut que le terrain se creusait en précipice. La longue colonne s'arrêta sur un étroit sentier, — et Spreafico retourna en arrière pour chercher la route; peu après il fait dire qu'il l'a trouvée. Le major Salsa va la vérifier. La colonne continue à rester immobile en tête; mais plusieurs officiers, entre autres les colonels Stevani et Brusati, et beaucoup de soldats, qui marchaient en queue, suivirent les traces du capitaine Spreafico, lequel crut ainsi être suivi par toute la colonne. Dans le brouillard, le major Salsa et le capitaine Spreafico s'informèrent de moi; on leur répondit que je les suivais immédiatement, plusieurs officiers ayant pris pour moi un officier qui portait le *spencer* noir, vêtement que je portais d'habitude la nuit, comme j'avais l'habitude de porter l'uniforme noir pendant que tout le monde en Afrique portait une tenue très claire. De là l'équivoque.

Après un moment d'attente, ce temps d'arrêt me sembla long;

je chargeai alors le capitaine Anghera, comme le plus expérimenté, de continuer vers le Bélésa en tâchant de suivre les
traces de ceux qui étaient partis avec le major Salsa.

On forma ainsi deux colonnes se dirigeant bien vers le Bélésa,
qui était la première étape que j'avais indiquée ; mais, après avoir
franchi cette rivière, une des colonnes, la première, pour éviter
autant que possible, dans les tristes conditions où nous nous
trouvions, les attaques des insurgés de l'Oculé Cusai, se dirigea
sur Adi Ugri, par Mai Haini (près d'Adis Adi) ; l'autre colonne,
avec moi, ayant perdu les traces de la première, se dirigea au
contraire par la route la plus courte, vers la ligne d'opération
Barachit-Sénafé-Adi Caié. Avec moi étaient le général Ellena
et le colonel Valenzano.

L'officier chargé d'indiquer et de diriger la marche était le
major de bersagliers di Stefano, qui avait déjà visité les hautes
vallées de l'Unguia et du Bélésa. On lui adjoignit le capitaine
Amenduni, le capitaine Anghera et le lieutenant Malladra du
quartier général. Mais, dans la nuit, on perdit le chemin, et le
lendemain matin il nous fallut plusieurs heures pour nous
mettre sur la direction d'Adi Caié, parce qu'il n'était pas possible d'atteindre une localité plus voisine, sur la ligne d'opération
entre Sauria et Adi Caié.

En effet, la ligne d'opération et de ravitaillement Adi Caié-
Sénafé-Mai Maret suit à peu près l'arête de la ligne de partage
des eaux entre le bassin de la mer Rouge et le bassin du Mareb.
Comme, au moment de la retraite, nous avions perdu, parce que
les Abyssiniens nous l'avaient coupée, la ligne droite par Sauria-
Debra Damo-Mai Maret, il ne nous restait plus, une fois engagés sur la route de l'Unguia, qu'à continuer vers le Bélésa. Un
labyrinthe de montagnes, à profils très accusés, sillonnées par
des sentiers de berger, rares et tortueux, impossibles à reconnaître pendant la nuit, coupés par des précipices, voilà ce qui
constitue les régions de Damo et de Tesfai, qui se prolongent au
nord jusqu'aux sources du Bélésa. Arrivés le lendemain (2 mars)
au Bélésa et après avoir éclairé la marche, il n'y avait que deux
seules voies possibles pour nous mener sur la ligne d'opération :
celle qui conduit à Sénafé et celle qui conduit à Adi Caié. Mais,
en tenant compte de tous les avantages et de tous les inconvénients, la seconde, bien que la plus longue, était plus rapide, plus

sûre et mieux connue. La première était inconnue, et probablement impraticable aux mulets.

Pour arriver à Sénafé, la colonne aurait dû traverser les rudes précipices et les roches en forme de lame de couteau qui forment la base du mont Chesciat (2,645 mètres), d'où l'on monte à la combe élevée de Sénafé. Au Bélésa, nous étions à environ 1,500 mètres au-dessus du niveau de la mer : et, pour arriver à Sénafé, il fallait grimper sur les versants de la montagne, dont les gorges s'ouvrent à environ 2,500 mètres, puis redescendre ensuite dans la combe de Sénafé à 2,310 mètres. Inutile de dire combien il est facile de se perdre au milieu de ces rochers, de ces vallonnements, de ces ravins, de ces crevasses, dans cette nature tristement uniforme, par des sentiers coupés par de hautes herbes, des épines, des arbustes, des buissons et des cultures, — même en ayant la pratique du pays et l'œil familiarisé aux formes topographiques du haut plateau abyssinien.

Et puis, Sénafé n'était pas une station télégraphique ; et ce qui m'importait le plus (cela devait être), c'était de me mettre en communication télégraphique avec la colonie et avec le gouvernement central.

Il fallait encore tenir compte des considérations suivantes : le territoire de Sénafé était bien plus menacé par les insurgés, parce qu'il était plus voisin des localités où campaient Agos Tafari et *ras* Sebath et où ils avaient le plus grand nombre de partisans ; entre Sénafé et Adi Caié, il y a le défilé du Cascassé, qui pouvait, à cette heure, être occupé par l'ennemi ou par des insurgés ; Adi Caié, au contraire, était un poste fortifié et sûr, qui, très probablement, étendait assez loin son rayon d'action et aurait certainement fourni, aux hommes privés de tout, des armes, des vivres et des munitions. A Adi Caié nous avions le 21e bataillon (Bandini).

Un peu au delà du Bélésa, on signala la caravane d'un bataillon indigène, en marche vers Adi Ugri. Je sus que le bataillon Ameglio, en se retirant de Sauria avec les *bandes* du Seraé, s'était porté, quelques heures auparavant, dans cette direction ; mais je ne crus pas pour cela devoir modifier mes intentions de marcher sur Adi Caié, — d'abord parce qu'il m'importait surtout de me placer sur la ligne d'opération, puis parce que j'espérais arriver plus tôt à Adi Caié.

Au bout du village de Bélésa, je me trouvais dans un pays connu et j'espérais le parcourir rapidement. Voici au nord-est le mont Tuculé[1], qui se détache en forme de tour; au nord et un peu plus près, on voit à l'horizon le petit triangle du mont Dighim; plus loin sont les murailles à pic et rougeâtres d'Amba Raindi; un peu plus à droite on distingue les parois grises d'Adi Caié et de Toconda avec le vaste haut plateau de Cohaito; exactement à notre droite se trouve la bosse élevée du mont Chesciat, lequel couvre la combe de Sénafé et, avec le précipice formé par le torrent Hamez, coupe les communications avec cette combe.

Mais la chaleur des bas-fonds (*quollas*) et la fatigue du jour et des nuits précédentes ralentissaient péniblement la marche. Nous étions tous dans un état de prostration complet, et les animaux se tenaient à peine sur leurs jambes. Pourtant il fallait faire tous les efforts possibles pour arriver le soir même, bien que tard, à Adi Caié. Mais il nous fallut toute la journée pour arriver au Decusai, aux pieds de la montée qui conduit à Adi Caié, près du village de Contotafé, entre Coatit et Adi Caié[2]. Je fis appeler le *cicca* (chef) du village et j'ordonnai au colonel Valenzano d'écrire un mot au commandant d'Adi Caié pour l'avertir qu'un peu après minuit j'arriverais dans cette localité. C'était la première fois, après la bataille, que je pouvais envoyer un messager; et ce n'était pas sûr, à cause de l'agitation du pays, peu fidèle, et parce que les *ciccas* abyssiniens sont aussi peureux que trompeurs.

Dès que la lune parut, nous partîmes; le capitaine Anghera était chargé d'indiquer la route. Anghera était sûr de son fait, non seulement à cause de sa connaissance des lieux, mais parce qu'il avait avec lui son fidèle *ascari* qui avait parcouru plusieurs fois ce chemin. Moi-même je croyais connaître la route, me rappelant que dans la poursuite (le 3ᵉ jour de Coatit) je l'avais suivie, avec l'avant-garde commandée par le brave major Toselli, et je croyais qu'en 3 heures on pourrait arriver au but.

Après environ 2 heures de marche, je m'aperçus avec peine que ce ne pouvait pas être la direction d'Adi Caié, et que les formes des montagnes ne répondaient pas aux formes que j'avais gravées dans la mémoire. Il nous fallut revenir sur nos pas;

1. Voir la carte générale de la colonie à la fin de ce volume.
2. Voir notre carte Coatit-Sénafé, chapitre VII.

mon impatience était à son comble. L'*ascari* qui servait de guide se trompa dans un pays si embrouillé, au milieu de sommets si semblables les uns aux autres, dans des vallées aussi sinueuses, dans des terrains si variés, où l'on n'apercevait que des traces, au milieu de ces aspects si uniformes dans leurs lignes générales; et les ombres ainsi que la lumière de la lune ne faisaient qu'augmenter cette uniformité.

Je fis explorer tout alentour; mais on courait le risque de marcher dans une direction opposée et de tomber entre les mains des rebelles avec des soldats épuisés, qui suivaient, comme ils pouvaient, par bandes, et en grande partie désarmés. Une terrible fatalité pesait sur ma tête. C'était la troisième fois que je perdais le chemin pendant la retraite; mon cœur se brisait devant l'impossibilité dans laquelle je me trouvais, depuis tant d'heures, de donner des ordres et de recevoir des nouvelles.

Enfin, à l'aube, nous pûmes péniblement nous remettre sur la bonne direction, — et vers 9 heures nous arrivâmes dans la haute plaine d'Adi Çaié.

CHAPITRE XXXVIII

APRÈS LA BATAILLE

Adi Caié. — Le télégramme au gouvernement. — Le fort d'Adigrat. — La brigade Dabormida. — La rencontre avec Baldissera. — Le procès.

Le village d'Adi Caié[1] couronne une hauteur aux origines de l'Haddas, d'où la vue s'étend largement en cercle. À peine arrivé dans cette localité, le matin du 3 mars, j'aperçus au loin, vers le sud-est, sur Toconda, dans la direction de Sénafé, la poussière et le scintillement d'une colonne en marche vers nous. Aussitôt on me prévint qu'il s'agissait du régiment de Boccard, primitivement chargé de garder les communications, à l'arrière du corps d'opération, dans la localité de Mai Maret, qui battait en retraite. Je pensai donc qu'avec les bataillons de Boccard se trouvaient les fractions qui, n'ayant pas été enveloppées et chassées sur la route du Bélésa, avaient pu effectuer leur retraite du champ de bataille sur Sauria, et de Sauria sur la ligne de ravitaillement Mai Maret-Sénafé-Adi Caié. J'aurai, me disais-je, aussi des nouvelles du fort d'Adigrat, dont la résistance me paraissait d'importance capitale.

À l'est du village d'Adi Caié et un peu plus bas, près des sources, se trouve le fort d'Adi Caié, construit pour protéger la ligne principale d'opération et couvrir les points d'eau. Ce fort me parut bien répondre à son but et capable d'opposer une résistance (pas très longue) contre un ennemi supérieur en nombre. Il ne suffisait pas cependant pour opposer une défense prolongée contre un envahisseur marchant avec ses masses victorieuses.

1. Voir notre carte Coatit-Sénafé, chapitre VII.

En attendant, il fallait évacuer les magasins, alors que l'intendance avait déjà pris, par l'Haddas, la route de Maïo pour aller à Massaoua; il fallait transporter à Saganeiti les mortiers-torpilleurs de 9, qui se seraient trouvés là plus en sûreté et auraient trouvé un meilleur emploi, étant donnés la forme de la localité et les angles morts sous le fort.

Au fort d'Adi Caié je reçus des nouvelles de la situation; mais on ne savait encore rien de la brigade Dabormida. Et cette circonstance que le régiment de Boccard (12e, 18e et 20e bataillons), ainsi que le 17e bataillon, battait en retraite, sans aucune fraction de cette brigade et sans combattre, faisait naître les plus étranges suppositions.

A Adi Caié, la question d'ordonner ou non l'évacuation du fort d'Adigrat se présenta subitement à mon esprit.

Adigrat était une forteresse située au cœur du territoire qui venait d'être abandonné; elle était dans une bonne position, bien protégée, suffisamment armée, ayant son point d'eau battu par le tir de notre infanterie, et elle était largement pourvue de vivres. Peu de jours auparavant, le bataillon de chasseurs blancs était entré dans la place; c'était un vieux bataillon d'Afrique qui avait fait ses preuves; il était commandé par le major Prestinari, dont je connaissais bien la fermeté, l'habileté et le sang-froid.

Certes, ce jour-là, 3 mars, étant donnée la situation telle qu'elle se présentait, on pouvait craindre qu'Adigrat ne fût promptement investi, soit parce que l'ennemi chercherait à profiter de sa victoire, soit parce que l'abandon, par le régiment de Boccard, des voies de l'arrière et des communications avec Adigrat, faisait craindre que de nombreuses forces ennemies ne fussent en marche, d'Adoua vers l'Agamé. Sans cela, pensai-je, de Boccard n'aurait pas abandonné ses fortes positions défensives avant d'avoir recueilli ceux qui battaient en retraite; et le colonel de Boccard, en arrivant à Adi Caié, me confirma dans mon opinion.

Mais la poursuite avait cessé le soir même de la bataille; et c'est seulement entre le 3 et le 4 mars que *ras* Maconnen s'avança jusqu'à Sauria, et *degiac* Arca jusqu'au Mareb. *Ras* Sebath et *degiac* Agos Tafari battaient la campagne; ces derniers avaient été battus, il est vrai, le 25 février, par le colonel Stevani à Mai

Maret, mais ils revinrent à la charge, à la suite de la victoire remportée par Ménélick le 1er mars, car cette victoire avait surexcité
toute la région.

De toute façon, en ce jour, il eût été inopportun d'ordonner l'é-
vacuation d'Adigrat. Adigrat est à 86 kilomètres d'Adi Caié[1], par
une route qui serpente le long de l'arête éthiopienne et qui se
prête aux embuscades, surtout dans un pays insurgé, parcouru
par des bandes de brigands. En battant en retraite d'Adigrat, la
route que l'on doit suivre remonte le passage fatigant de Cher-
seber pour arriver à Mai Maret, puis elle traverse la gorge dangereuse de Gunaguna. Pour faire abandonner Adigrat, il aurait été,
en premier lieu, difficile de faire parvenir, en temps utile, l'ordre
au major Prestinari; puis, celui-ci, peut-être le soir du 4 ou du 5,
aurait dû sortir du fort, avec des centaines de malades, et probablement avec bien des blessés, pour se mettre sur cette route dangereuse, espionné, pressé et ayant à craindre des embûches de
tous les côtés. Avec sa longue et faible colonne, il aurait dû marcher lentement, en se repliant, tandis que l'ennemi — venant de
l'Entiscio, comme c'était à prévoir — se serait avancé avec de
grandes forces vers l'Agamé et vers le Scimenzana, en précédant
ainsi le major Prestinari sur sa ligne de retraite.

Pour aider à l'évacuation d'Adigrat, il y avait bien le régiment
de Boccard avec ses trois bataillons, avec le 17e bataillon et la
colonne mixte de Bernardis, qui défendait encore le pas de 'Cascassé. Mais, après tant de marches et sous l'influence déprimante
de la retraite, le régiment de Boccard n'était certes pas en état
de faire espérer, de sa part, une action efficace, en retournant
sur ses pas, d'Adi Caié vers Adigrat, pour réoccuper les positions
qu'il venait précisément d'évacuer, surtout pour les réoccuper de
vive force (il n'y avait pas de doute à ce sujet) contre des ennemis dont personne ne pouvait prévoir le nombre.

De toute façon, en abandonnant Adigrat, surtout aux yeux des
Abyssiniens, on aurait augmenté le lustre de leur victoire, on les
aurait excités et engagés à diriger leur invasion vers Gura et l'Asmara, ou même vers Adi Caié et Massaoua, et l'on aurait dû laisser en leur pouvoir tout ce que le major Prestinari n'aurait pas
pu détruire, en se retirant en cachette. Et puis, Adigrat, en res-

1. Voir notre carte générale de la colonie à la fin de ce volume.

tant dans nos mains, aurait pu être d'une grande utilité dans les
négociations pour la paix. Ajoutez enfin que, pour une revanche
éventuelle et une nouvelle occupation du territoire perdu, Adigrat aurait dû être reconquis, en courant de grands risques et en
versant beaucoup de sang. D'ailleurs, le petit fort de Macallé n'a-
vait-il pas arrêté toute l'armée de Ménélik ?

Le chef d'état-major, le colonel Valenzano, était de cet avis,
ainsi qu'il résulte soit de sa déposition faite sous serment devant
le tribunal militaire d'Asmara, soit de l'enquête technique militaire du colonel Corticelli, soit enfin des actes de procédure[1].

Adigrat tint bon pendant les mois de mars et d'avril, et, bien
approvisionné en vivres, il aurait tenu plus longtemps, au grand
avantage des négociations pour la paix, si on ne l'avait pas volontairement abandonné, à la suite des opérations qui conduisirent
nos troupes jusqu'au cœur de l'Agamé.

Le soir du 3 juin, le colonel Ragni arriva à Adi Caié avec une
partie des débris de la brigade Dabormida. Cette brigade, pendant l'après-midi du 1er mars, en combattant offensivement en
avant, s'était avancée jusqu'au débouché de la combe de Mariam
Sciautu. Là, par six fois, les bataillons furent conduits à l'assaut
par le colonel Airaghi, en présence du général Dabormida, avec
un élan et une vigueur tels que l'ennemi fut obligé de s'arrêter ;
mais ensuite l'ennemi reçut des renforts, et, après un septième
assaut, les nôtres durent commencer la retraite, qui se fit sous la
protection des trois batteries.

« Jusqu'à la tombée de la nuit, la retraite se fit à travers les
monts Esciascio, avec un ordre suffisant, malgré la poursuite
pressante de nombreux groupes ennemis. L'obscurité étant venue,
au milieu de ce terrain particulièrement difficile, les menaces
des cavaliers gallas qui poursuivaient la brigade firent rompre
totalement les rangs, et il ne fut plus possible de les reformer.

« Les survivants de la 2e brigade, guidés par le colonel Ragni
(le général Dabormida et le colonel Airaghi étant tombés en héros dans les premières heures de la retraite), se dirigèrent vers
le col de Zala, à travers les monts Esciascio; pendant la nuit,
s'étant rencontrés, au col, avec une bande de rebelles, ils se

1. Réponse aux questions de l'avocat fiscal militaire (actes de procédure,
page 85).

partagèrent en deux colonnes. L'une, avec le colonel Ragni, se dirigea par Entiscio vers Mai Maret et Adi Caié; l'autre, avec le capitaine Pavesi de la 1re compagnie du 5e bataillon indigène, se dirigea vers Adi Ugri, par le Bélésa[1]. »

Pendant la nuit du 3 au 4 mars, je partis d'Adigrat par Saganeiti, me dirigeant sur l'Asmara.

Au fort de Saganeiti, je trouvai les troupes italiennes et indigènes très animées du désir d'une revanche, qu'ils exprimaient par de forts vivats; mon cœur brisé se sentit soulagé. L'ennemi s'était très peu avancé. Il n'y avait que l'Oculé Cusai méridional qui fût parcouru par quelques bandes de rebelles. Je continuai sur l'Asmara, où j'arrivai dans l'après-midi du 5. C'est seulement à ce moment-là que j'appris par le lieutenant Fioccardi, mon officier d'ordonnance, que le général Baldissera avait débarqué à Massaoua et qu'il m'avait remplacé dans mon commandement. Je sus que des ordres sévères du ministère avaient fait garder le secret sur ce fait et que le général Baldissera était en route, de Massoua pour l'Asmara. A l'Asmara, je trouvai un télégramme du général Baldissera qui m'annonçait son arrivée pour le lendemain. Le même soir, j'abandonnai le commandement au vice-gouverneur, le général Lamberti.

Tous les officiers qui se trouvaient auprès de moi peuvent témoigner (et ils en ont témoigné devant le tribunal de l'Asmara) que jusqu'alors je n'avais rien su ni soupçonné, et que personne, au quartier général, n'avait ni su ni soupçonné mon remplacement.

Le soir, le général Baldissera arriva; il vint immédiatement me voir dans ma chambre. Ce fut une rencontre dont le souvenir m'émeut encore. Je me mis à la disposition du nouveau commandant en chef pour un service quelconque; il eut pour moi des paroles qui me furent d'un grand soulagement. Il me dit (et non confidentiellement) ce qu'il avait dit à d'autres officiers, pendant la route de Massaoua à l'Asmara, c'est-à-dire que, quand il fut appelé à me remplacer dans mon commandement, sa première idée avait été *de marcher contre les Abyssiniens pour les amener à nous attaquer ou à battre en retraite.* Nous parlâmes longuement de la situation politique et militaire; de la mission du

1. *Rapport officiel* (Lamberti) sur la bataille d'Adoua.

major Salsa, qui avait été envoyé au camp de Ménélick pour traiter de la sépulture des morts et pour étudier s'il était possible d'ouvrir des négociations; de la résistance que pouvaient opposer Cassala et Adigrat; des conditions des forts d'Adi Caié et de Saganeiti; de la marche éventuelle de l'ennemi vers Gura et de la réunion des troupes à l'Asmara et au sud vers Damba; du danger que courait la route carrossable de communication de l'Asmara, par Ghinda, à Massaoua.

Le lendemain, le nouveau commandant en chef me confia quelques mémoires relatifs à la défense. Plus tard, avec des façons et des formes dignes d'un noble cœur, il me communiqua ma mise en disponibilité, et le jour suivant l'ordre ministériel de me rendre à Massaoua pour y attendre les ordres de Rome.

J'écrivis un court rapport sur la bataille; mais, naturellement, je ne pus me servir ni des notes ni des rapports des commandants qui, sous mes ordres, en avaient dirigé les différentes phases. Par suite, mon récit non seulement se réduisait à des souvenirs personnels, mais il laissait sans contrôle et sans lien réciproque tous les autres rapports que je ne pouvais ni réunir, ni compléter, ni corriger, en tenant compte de l'idée générale et des ordres ou des directives donnés avant et pendant la bataille. Par suite, tandis que chaque commandant, mon subordonné sur le champ de bataille, aurait pu dépeindre les faits à son avantage ou pour se disculper, il m'était absolument impossible de formuler un jugement sur mes subordonnés.

Aussitôt après, au contraire, mes subordonnés sur le champ de bataille furent appelés, comme témoins, à donner leur avis sur ma conduite dans le procès qui m'était intenté sur un ordre venu de Rome.

La conscience, la justice et la vérité furent mises à une dure épreuve, puisque chaque commandant en sous-ordre avait intérêt à accumuler les accusations et les responsabilités sur la tête de celui qui était tombé, qui était désigné auparavant comme la victime expiatoire, et qui était en butte à la colère du gouvernement et du peuple; mais la loyauté militaire ne fut point offensée, parce que, en général, les réponses furent si favorables qu'elles firent tomber toutes les accusations.

Je n'entrerai pas ici dans les particularités subjectives, et je

couperai court, en indiquant seulement très rapidement les illégalités du procès, illégalités qui devront être examinées de très
près par celui qui écrira l'histoire.

L'article 552 du *Code pénal militaire* prescrit ceci : « Si l'in-
culpé est un officier général, l'ordre (de procéder à l'instruction)
ne sera donné que par le général en chef. » Au lieu de cela, pour
mon cas, l'ordre fut donné par le ministère de la guerre.

Les articles 540 et 552 *limitent,* pour les tribunaux spéciaux,
les règles pour le temps de guerre, à la composition du tribunal
et à l'ordre de procéder; au contraire, dans mon cas, les règles
du temps de guerre furent *étendues* à toute la procédure, bien que
la justice exigeât que l'on se montrât prudent, car du temps on
en avait même de trop (3 mois).

L'article 316 prescrit que, près du *tribunal spécial,* c'est le
ministère public du tribunal permanent qui en assume les fonctions. — Au contraire, dans mon cas, après deux mois d'instruction, après l'*enquête technique militaire* qui dissipait les accusations adressées au tribunal, à Massaoua, par le ministre de la
guerre, celui-ci expédia à Massaoua, pour les soutenir, un haut
magistrat de la justice militaire, c'est-à-dire le substitut avocat
général, du rang de *général.*

L'article 544, en traitant de la procédure pénale en temps de
guerre, établit que l'accusé *pourra* choisir son défenseur parmi
les officiers inférieurs présents. — Cet article fut appliqué à la
lettre, bien que l'accusation fût soutenue exceptionnellement par
un magistrat ayant rang de *général,* bien que, de cette façon, dans
ce milieu, en traitant ainsi la question, on annulât l'œuvre du
défenseur dans un procès d'où était exclu le jugement préventif
de la commission d'enquête ainsi que le recours en appel.

L'ordre de procéder du ministère se rapportait à l'article 88
du Code pénal militaire, c'est-à-dire à mon attitude pendant et
après le combat. — Au lieu de cela, dans mon cas, le substitut
avocat général l'étendait aussi à l'article 74, c'est-à-dire aux faits
antérieurs au combat : « *les sollicitations par lettres et par télégrammes du ministère continuant toujours*[1] ».

Les articles 312 et 314 du Code pénal prescrivent que, pour
juger un lieutenant général, le tribunal spécial doit être composé

1. Télégramme du substitut avocat général Bacci à S. Exc. le gouverneur
(7 mai 1896) (page 280 des actes de procédure).

d'un général (d'armée) président, de trois généraux et de deux lieutenants généraux juges, *choisis par décret royal dans une région quelconque de l'État.* — On ne peut prendre des officiers moins anciens ou de grade inférieur que s'il manque des officiers de l'ancienneté et du grade correspondant. — Au lieu de cela, dans mon cas, on composa le tribunal avec *les seuls officiers* qui étaient *dans la colonie,* c'est-à-dire avec deux officiers généraux plus anciens que moi, les quatre autres m'étant inférieurs en grade.

Sûr de ma conscience, il m'importait surtout, après trois mois, d'être jugé le plus tôt possible. Je repoussai immédiatement devant le tribunal les cas de nullité présentés par mon défenseur. En parler maintenant ne servirait nullement à l'histoire des événements de l'Érythrée. Cela ne servirait pas davantage de parler du refus opposé à l'audition, comme témoin, du général Baldissera, bien que celui-ci fût évidemment le plus compétent pour faire la lumière sur les accusations dont j'étais l'objet.

La·sentence fut une sentence d'absolution; il ne pouvait pas en être autrement, à cause des conclusions du réquisitoire. Mais ensuite le tribunal spécial, de sa propre autorité, se constitua en conseil de discipline, et, comme conseil de discipline, sans observer les règles prescrites par la discipline, il prononça un verdict sur ma capacité, alors que la responsabilité remontait à celui qui m'avait nommé et maintenu comme gouverneur, qui, quelques mois auparavant, m'avait nommé lieutenant général au choix et qui, après tant d'expériences, peu de jours avant la grande catastrophe, m'avait exprimé la confiance la plus illimitée.

Mais je ne puis raconter les différentes phases du procès, ni parler du milieu dans lequel il s'est déroulé, sans excéder les limites que je me suis fixées, et sans sortir du point de vue que je me suis imposé. Je puis encore moins discuter sur mes erreurs, sur mon insuffisance, sur mes fautes, sur le degré de ma responsabilité. Celui qui m'a suivi jusqu'ici, avec attention et avec impartialité, peut avoir recueilli les éléments de son jugement, que j'attends avec la conscience d'avoir cherché, dans ces pages, autant qu'il est humainement possible, de n'exposer que la vérité, en faisant le vœu ardent que la vérité puisse être utile à la Patrie.

CONCLUSION

I

Un an après la publication de l'édition italienne de mes *Mémoires d'Afrique,* il me semble que l'on peut grouper les faits (et pas un seul de ces faits n'a jamais été contredit) pour en tirer, au point de vue objectif, les conclusions les plus sincères.

La jeune Italie, ayant recouvré, depuis peu d'années, son existence nationale, n'était pas préparée à la politique coloniale. Dès la première occupation du port de Massaoua, le gouvernement italien manquait de connaissances suffisantes, de but nettement déterminé, d'adresse pratique, d'unité et de constance dans l'impulsion à donner et d'institutions organiques capables d'imprimer une direction. C'est pour cela qu'en changeant de ministère on changeait de politique coloniale, et que, de plus, dans le même ministère, il n'y avait pas d'entente entre le ministre de la guerre et le ministre des affaires étrangères, alors que le gouverneur de la colonie dépendait de ces deux ministres. C'est pour cela que, parfois, on voyait prévaloir la politique parlementaire du moment ou une volonté subite du président du conseil. Parfois, surtout dans les cas ordinaires, c'était l'idée d'un fonctionnaire quelconque qui l'emportait, si, à ce moment-là, ce fonctionnaire jouissait de la confiance, ou s'il s'imposait, par une compétence toute superficielle, à l'un ou à l'autre des ministres.

De cette façon, tandis que nous étions en contact avec les deux peuples les plus turbulents, les plus belliqueux, les plus faux et les mieux armés de l'Afrique, il y a eu, dans la direction politique de notre colonie, rivalité entre l'élément militaire et l'élément civil, rivalité qui s'est manifestée principalement par deux politiques dont l'une avait le Tigré pour pivot, et l'autre le Choa.

Dans la lutte éternelle entre le nord et le sud de l'Abyssinie, il n'est pas douteux que la politique la plus sage et la plus prudente aurait été celle de l'amitié avec notre voisin le Tigré, qui était en rivalité avec le Choa. Mais au moment critique, où il fallait rendre sûre cette amitié, le ministre des affaires étrangères crut pouvoir s'assurer aussi l'amitié lointaine du Choa. On fit à Méné-lick des concessions telles que Mangascia en devint soupçonneux et se déclara notre ennemi, tandis que le Choa devenait fort et orgueilleux, car il attribuait à la crainte nos attentions pour lui [1].

Le principal mobile de la politique *choanne* adoptée, dans un moment critique, par le gouvernement à Rome, *fut le désir d'as-surer à l'Italie le protectorat sur l'Abyssinie, le pays des Gallas et la Somalie, depuis le cap Casar jusqu'à l'embouchure du Giuba.* De là, les missions Antonelli, Traversi, Piano, envoyées direc-tement par le ministère à l'empereur Ménélick; de là, les mé-fiances éveillées dans le cœur si soupçonneux des Tigrins; de là, la crainte et la haine de l'Italie qu'ont éprouvées les Choans, qui confondaient l'idée de protectorat avec l'idée de domination effective; de là, l'impossibilité de s'entendre, avec Ménélick, dans toutes nos tentatives de conciliation et de paix. Par suite, *l'effort tenté pour maintenir le traité d'Uccialli fut la cause première essen-tielle de la réunion de tous les Éthiopiens, sous le commandement de Ménélick, pour faire la guerre contre nous* (chapitres V et VI de ce volume).

Beaucoup d'Italiens ont oublié ce fait essentiel de la vie colo-niale, ou bien ils en ont attribué la faute au gouverneur. Pourtant le gouverneur agissait toujours selon les ordres et selon les ins-tructions du ministère, surtout dans les questions qui ne regar-daient pas l'administration intérieure de la colonie. Il n'avait pas et il ne devait pas avoir d'initiative personnelle, dans la direction de la politique coloniale à l'extérieur. Cette politique était effecti-vement dirigée par le ministère des affaires étrangères : en Éthio-pie, au moyen d'agents choisis parmi les voyageurs envoyés par la Société de géographie et qui étaient complètement indépen-dants du gouverneur; auprès des nations civilisées, il y avait nos ambassadeurs, qui, au nom du ministère, s'occupaient des affaires d'Afrique dans leurs rapports compliqués et permanents avec la

1. Voir l'Introduction.

politique européenne. Gare si le gouverneur, qui lui aussi pouvait
être changé, avait eu une politique personnelle !

Cependant je me suis élevé plusieurs fois contre la direction
donnée, de Rome, à notre politique, qui oscillait entre le Choa et
le Tigré, ou bien qui était nettement choanne; j'ai également
fait observer la difficulté de maintenir le traité d'Uccialli (chapitre premier). Mais je ne pouvais pas me mettre à la place du
ministère, qui était responsable, vis-à-vis du roi et vis-à-vis de
la nation; d'ailleurs je ne pouvais pas connaître tous les motifs
qui amenaient le ministre à agir d'une façon ou de l'autre, d'autant plus qu'il fallait faire intervenir les intérêts généraux de
l'Italie, vis-à-vis des États civilisés, dans cette grande question
qui a pour but la solution du problème africain.

A mes observations, le gouvernement du roi répondait par des
raisons qui étaient péremptoires pour un fonctionnaire de l'État,
car ce fonctionnaire doit s'incliner devant les raisons d'État : il ne
peut pas connaître tout le mécanisme de la politique, il ne peut
voir que la face du prisme qu'il a sous les yeux, en Afrique; et
comme il n'a ni compétence, ni moyens, ni autorité personnelle,
il ne doit pas avoir (en dehors du cercle de ses attributions) de
responsabilité à cet égard.

L'absence initiale de préparation, en Italie, la dépendance du
gouvernement du roi envers la Chambre et les partis politiques,
ainsi que la crainte des ministres d'assumer une responsabilité,
rendent la politique oscillante dans les affaires d'Abyssinie, comme
elles la rendent indécise dans les affaires du Soudan. Au lendemain
de la victoire d'Agordat, sous la pression des nécessités financières, on voulut restreindre la colonie à un triangle géographique, dont la base (Amara-Chéren) était sur la crête du haut plateau qui descend en pentes raides des montagnes de l'Érythrée,
et dont le sommet était à Massaoua même, sur la mer. Dans le cas
pratique d'une défense immédiate contre les menaces des Derviches, on m'ordonne de limiter la défense de la colonie aux avant-
postes d'Agordat. Mais, immédiatement après, on ne prescrit
plus de limite à la défense de la frontière occidentale, et, après la
victoire, le ministère approuve l'expédition de Cassala, il la porte
aux nues, il veut que l'on conserve et que l'on occupe cette position stratégique, et il accepte tacitement les conditions que je

posais, pour assurer la garde de cette clef de la frontière orientale du Soudan, de cette porte du Soudan sur la mer Rouge (chapitres II, III et IV).

Le silence était un système! Le gouvernement central, dans les temps ordinaires, par ses agents irresponsables, préparait les dangers et les luttes, dans la colonie : puis, dans les moments difficiles et embarrassants, il gardait le silence vis-à-vis de celui qui devait supporter les conséquences des erreurs commises, y porter remède et sauver la situation. C'est ainsi que le gouvernement garda le silence lors de l'expédition de Cassala et quand j'indiquai les conditions nécessaires pour pouvoir mettre une garnison dans cette localité. Il fit de même quand j'eus à défendre la colonie contre les attaques de *ras* Mangascia. Il se tut encore au moment de l'occupation du Tigré et de l'Agamé. Ce fut la même chose lors de la dispersion des forces de *ras* Mangascia. C'est ainsi qu'il ne répondit pas à mes demandes réitérées et pressantes (mars-juillet 1895) pour obtenir l'augmentation des effectifs et celle du budget colonial.

Oh! si la principale des conditions que j'avais posées pour mettre une garnison à Cassala avait été remplie, c'est-à-dire si les Anglais s'étaient avancés sur l'Atbara, comme je l'avais demandé et comme je comptais qu'ils le feraient! On voit maintenant comme *la question du mahdisme aurait été, dès ce moment-là, résolue;* on voit quelles en auraient été les conséquences, non seulement pour notre colonie, mais encore pour la question de l'Éthiopie et pour la civilisation en Afrique. Ceux qui ont lu jusqu'ici mes *Mémoires* peuvent s'en faire une idée.

En effet, après Agordat et après Cassala, c'est-à-dire à partir de l'été 1894, le mahdisme montre tous les symptômes de l'abattement : aucune expédition ne peut plus être dirigée, du Nil Blanc ou du Nil Bleu, contre les peuples voisins. Du côté de Cassala, le mahdisme, pour obtenir sa revanche, ne peut plus faire que des efforts impuissants, en 1895, et en 1896, contre un bataillon italien, qui y tient garnison, au moment où toute l'Abyssinie, avec laquelle les Derviches sont d'accord, occupe toutes nos forces, qui sont engagées sur l'extrême frontière opposée. Le mahdisme ne peut rien faire contre nous, même pas après la fatale journée du 1er mars 1896, où nos forces ont dû succomber.

Par l'occupation de Cassala, nous avons délivré le territoire de

Souakim des razzias des Derviches; nous avons ouvert aux Anglais la route de l'Atbara, du Ghedaref et de Kartoum; nous avons, par nos victoires répétées, discrédité le mahdisme dans les tribus du Soudan. Et pourtant l'Angleterre nous a laissés seuls contre les dangers de cette situation, bien que son avantage militaire évident et certain l'engageât à s'avancer tout de suite jusqu'à l'Atbara, pour gagner, sans danger, une seconde base d'opération contre les Derviches; et pourtant l'Angleterre, au moment le plus critique de notre guerre coloniale, a refusé de nous laisser débarquer à Zeila, quand nous voulions tenter une diversion dans le Harar (chapitre XXVII). Plus tard, oubliant la conduite de l'Angleterre, nous lui avons donné Cassala, que nous avions conquise au prix de notre sang et dont nous avions maintenu l'occupation au milieu des dangers et en sacrifiant notre argent. L'Angleterre s'en est servie pour conquérir le Soudan, sans avoir à traiter avec nous, sans avoir à nous témoigner d'égards, dans la solution du plus grave problème de l'Afrique et dans la fondation de son empire africain.

Mais l'Italie — plongée dans l'immense douleur de la défaite — oublia Agordat et Cassala, comme elle oublia Halai, Coatit et Sénafé. Et pourtant ces événements sont des faits historiques glorieux et évidents : ils datent d'hier, ils devraient élever nos cœurs et nous consoler dans notre deuil et dans notre malheur. Et pourtant les qualités déployées, en Afrique, par les officiers italiens et par les troupes coloniales, resplendiront de nouveau, dans un avenir peu éloigné, et seront l'honneur des armes italiennes.

Dans le deuil et dans le malheur, on a aussi oublié ce qui est un honneur et un titre de gloire pour l'Italie, c'est-à-dire tout ce que l'on a fait, dans l'intérieur de la colonie, grâce au zèle, à la concorde et à l'intelligence des officiers italiens, qui sont devenus, pendant la période de paix, les pionniers infatigables de la civilisation. Malgré le peu d'argent et le peu de temps dont ils disposaient, et bien qu'ils fussent sous la menace de dangers de guerre, les Italiens ont exécuté tant de travaux pacifiques dans l'Érythrée, qu'ils ont mérité les éloges unanimes des États civilisés.

La justice fut organisée, avec des formes sévères et expéditives, c'est vrai; mais elle était appropriée au milieu et aux besoins de la sûreté publique. La traite et la réduction en esclavage furent supprimées, et le commerce de chair humaine fut réduit au minimum possible. La colonisation italienne fut réglementée, et l'on prépara des terrains destinés aux concessions, dans des contrées au climat sain et fertiles où les paysans italiens auraient pu vivre et devenir de petits propriétaires. On établit, dans chaque centre important, des écoles pour les indigènes et pour les Italiens. On avait mis en bonne voie la construction d'un réseau de routes répondant aux besoins, au milieu et au développement progressif de la colonie. Les officiers avaient beaucoup travaillé pour rechercher et recueillir l'eau et pour creuser des puits. Tout était réglé non seulement dans le but de propager la civilisation, mais encore pour assurer la défense militaire de la colonie. C'est pour cela qu'on avait fait marcher de pair le réseau des routes, la construction des forts, l'organisation des bandes armées du pays et la préparation de la défense du territoire, aussi bien vers la frontière méridionale que vers la frontière orientale (chapitres XI et XII).

Grâce à la préparation des premiers commandants des troupes, grâce ensuite à l'œuvre assidue du général Arimondi, on avait organisé, discipliné et instruit les troupes indigènes, d'une façon qui répondait aux qualités militaires des individus, aux exigences du théâtre de guerre situé au milieu des monts éthiopiens, aux traditions et aux conditions de la colonie. On avait créé cette solidité de nos formations de guerre qui fit notre fortune et notre gloire à Agordat, à Cassala, à Coatit, à Sénafé, à Amba Alagi et à Macallé.

II

Tandis qu'à Rome, en 1894, on cherche en vain, par de bons procédés, à en venir à un accommodement, avec l'empereur Ménélick, sur le traité d'Uccialli, *ras* Mangascia gagne l'amitié du *negus neghesti* et son appui, en préparant traîtreusement son attaque contre la colonie. La colonie fut sauvée ; mais au lendemain de Coatit-Sénafé (janvier 1895), on voulait déjà, à Rome, tirer profit de la victoire, en étendant notre frontière vers le sud. Je tins tête à ce courant jusqu'à ce que j'eusse pu augmenter mes effectifs et jusqu'à ce que les menaces de Mangascia et la sécurité de la colonie m'eussent contraint de me porter en avant. Alors eut lieu l'occupation du Tigré et de l'Agamé.

Je ne répéterai point, à ce sujet, ce que j'ai écrit dans les chapitres VIII et IX. *J'ai maintenu l'occupation des nouvelles provinces
et j'ai construit le fort d'Adigrat,* en premier lieu, parce que *ras*
Mangascia, aussitôt après le départ de nos troupes, serait revenu
menaçant sur les frontières de l'Érythrée, au grand dommage de
notre prestige et de notre sécurité; en second lieu, parce que je
croyais pouvoir continuer à augmenter nos effectifs coloniaux,
conformément aux ordres que j'avais tout d'abord reçus du ministère, mais qui furent révoqués ensuite, au moment où j'avais le
plus besoin de troupes. En outre, comme j'avais du temps et des
armes, je croyais pouvoir enlever à l'ennemi une base d'opération dangereuse en temps de guerre, et très utile dans les négociations pour la paix. Enfin, je considérais comme une politique
triste et nuisible celle qui nous aurait fait abandonner, dans le
Tigré, les amis de l'Italie et les ennemis des Choans, en les laissant exposés aux persécutions de Mangascia et de Ménélick. Et,
sans la catastrophe d'Amba Alagi, j'aurais eu raison.

Un pareil état de choses voulait *nécessairement que nous fussions
prêts à la guerre. Et moi, j'ai écrit et télégraphié vingt fois, dans
le court espace de trois mois (avril-juillet 1893), pour demander
au ministère des armes et de l'argent, en prévision de la guerre
prochaine;* je conseillais de négocier pour faire la paix. Mais le
ministère ne répondait point à la question essentielle; il diminuait
le budget; il voulait faire rapatrier les bataillons envoyés au lendemain de Coatit; il suspendait les enrôlements; il envoyait des
ordres contradictoires; il voulait maintenir notre sphère d'influence jusqu'à l'océan Indien, et il reconnaissait la nécessité d'assurer notre domination dans le Tigré et dans l'Agamé. Pendant
ce temps-là, le drapeau italien flottait sur Cassala, et les Anglais
ne bougeaient ni de la vallée du Nil ni des rives de la mer Rouge,
pour venir sur l'Atbara.

Alors, je conjurai de nouveau le gouvernement, à Rome, de m'au-
toriser à augmenter les forces indigènes et à garder, en Afrique,
les bataillons blancs, et je lui envoyai les nouvelles les plus détaillées sur les mouvements des Abyssiniens. Trois fois, en trois
mois, je demandai à être rapatrié. Mais, au lieu de m'accorder
cette demande et d'accepter ma démission, les trois ministres responsables de la colonie m'adressèrent un télégramme, signé d'eux
tous, pour m'appeler à Rome (chapitre X). J'y accourus (juillet

1895), non seulement parce qu'il m'était impossible de faire des préparatifs militaires, dans la colonie, sans le consentement de Rome, mais aussi parce que j'espérais que le ministère, avec tous ses agents, avait pu s'assurer du Choa, et surtout parce que le devoir militaire m'imposait l'obéissance.

A Rome, j'obtins de suite ce qui, si on me l'avait accordé quatre mois plus tôt, aurait été très probablement le salut. Tous les ministres me firent de belles promesses : ils s'engagèrent à faire, en Europe, les grands préparatifs nécessaires pour une guerre en Afrique. On fit miroiter, devant mes yeux, des espérances de paix, que faisaient concevoir les négociations du docteur Nerazzini, envoyé spécial au Harar. Cet envoyé jouissait de toute la confiance du ministère, ainsi que de celle de *ras* Maconnen. Je devais croire que toutes ces négociations pour la paix faciliteraient les négociations que j'avais entamées avec Maconnen, l'année précédente, par l'intermédiaire du chevalier Felter. Qui pouvait croire qu'elles auraient précisément empêché les négociations définitives (chapitre XIV) ?

Pendant ce temps, mes prévisions du printemps se trouvaient vérifiées. *Ras* Mangascia, après la saison des pluies, rassemblait une nombreuse armée à la frontière et prenait position à Debra Aila, tout prêt à envahir l'Agamé, tandis que le docteur Nerazzini télégraphiait, de Zeïla, que *ras* Maconnen proposait de faire la paix, sur la base de l'*uti possidatis,* tandis que le général Arimondi me priait de revenir immédiatement en Érythrée (septembre 1895).

Devant ces *menaces de guerre* d'une part, et, d'autre part, obligé de conduire *les négociations pour la paix, confiant dans les promesses* du ministère *responsable,* je cessai d'hésiter et je retournai en Érythrée. Ce fut une erreur, mais une erreur contre moi-même. Un double courant, un double devoir — la guerre et la paix — me poussaient de l'Italie vers l'Érythrée. Je me sacrifiai *moi-même au sentiment du devoir militaire et civique* et à l'amour de la patrie. Je quittai donc l'Italie pour courir au combat, en Afrique, mettant en jeu ma réputation et les services rendus qui m'avaient valu les plus grands honneurs. Mais je ne songeais qu'à mon devoir, — et je considérais comme mon devoir de retourner en Afrique, parce que, seul, j'avais dans les mains les fils que j'avais tendus, soit pour conclure la paix, soit pour dissiper la bourrasque voisine venant de Mangascia, soit pour prévenir la bourrasque plus forte dont nous menaçait Ménélick et qui se rapprochait de plus en plus.

En prévision de cette guerre, j'avais préparé un mouvement musulman contre le flanc droit d'une invasion, venant du Choa, dans la colonie. J'avais des relations suivies avec les Volo Gallas, avec le Goggiam, avec le Lasta (chapitre XIII), et, en mettant tout cela de côté, je croyais (et je crois encore) que j'avais la pleine confiance de tout le monde, en Afrique, même des ennemis; aussi un changement de personne, en raison même du changement, aurait excité des craintes et des soupçons, et donné aux indécis un prétexte pour changer de parti.

Aussitôt arrivé en Érythrée, je me dirigeai immédiatement vers la frontière sud et je prévins les attaques à Debra Aila (9 octobre). Mais Mangascia prit la fuite, protégé par un combat d'arrière-garde, et il était impossible de le suivre, au delà de la barrière montagneuse d'Amba Alagi, ainsi que je crois l'avoir clairement expliqué dans le chapitre XVI.

Alors d'Antalo, de l'extrême frontière méridionale, je fus obligé de courir à Massaoua, non seulement pour m'occuper des négociations pour la paix, avec *ras* Maconnen, et pour mieux pourvoir aux armements, mais encore pour regarder de plus près le péril possible qui, du Ghedaref, menaçait notre frontière occidentale, et aussi pour traiter avec les Anglo-Égyptiens de l'éxode périlleuse des tribus de la frontière, ainsi que de nos limites vers le nord et l'ouest. Je laissai au général Arimondi le gouvernement et le commandement des nouvelles provinces du Tigré et de l'Agamé, avec tous les pouvoirs militaires et civils nécessaires à l'exercice de son autorité, et avec environ la moitié des troupes combattantes de l'Érythrée. Le général Arimondi était le commandant des troupes, mon *alter ego* dans le gouvernement de la colonie; c'était le vainqueur d'Agordat. Deux fois il avait gouverné, en mon absence, la colonie, et dans des moments difficiles. Il connaissait parfaitement la situation, et il s'était toujours conformé à mes instructions avec une parfaite loyauté et une discipline vraiment militaire.

Après avoir pris son avis et m'étant mis d'accord avec lui, qui avait étudié le pays, au point de vue militaire, j'arrêtai le plan de défense de l'échiquier méridional, dans l'Agamé, pour pouvoir tenir tête à une attaque éventuelle des Abyssiniens, et je donnai les ordres suivants : *le pivot de la défense doit être le fort d'Adigrat; Macallé sera la sentinelle avancée;* si des forces prépondérantes se portent en avant et nous serrent de près, *les troupes qui sont en sentinelle avancée, à Macallé, se retireront sur Adigrat.* Dans des instructions ultérieures, je prescrivis de *ne pas dépasser la frontière des anciennes possessions de* ras *Mangascia* (chapitres XV et XVI).

Avant de quitter le camp, dans le Tigré, tout en espérant voir réussir les négociations pour la paix, j'écrivis d'Antalo et d'Adoua au ministère (15 et 22 octobre) pour annoncer la guerre avec l'Éthiopie comme très prochaine. Si le ministère m'avait écouté, au moins à ce moment-là, il aurait gagné environ sept semaines pour préparer les bataillons de renfort et les convois. Ces sept semaines, alors qu'on avait déjà perdu sept mois, auraient empêché bien des choses de manquer et auraient évité bien des retards. Mais on ne fit rien en Italie. En Afrique, ni moi ni les officiers sous mes ordres nous n'avons perdu une heure pour préparer les troupes blanches et indigènes et les convois; nous n'avons négligé aucun des moyens, si limités, que nous offrait la colonie.

Pendant ce temps, il se produisit deux faits terribles dans leurs conséquences : et par malheur ces deux faits étaient simultanés. Fatalement ils se lièrent l'un à l'autre et ils détruisirent mon plan de défense contre les Abyssiniens, ainsi que le projet d'une entente avec l'empereur Ménélick, que je devais obtenir par l'intermédiaire de *ras* Maconnen. Ces deux faits sont : 1° *le retard incroyable, impossible à prévoir, que mit à me parvenir la lettre de* ras *Maconnen,* qui voulait la paix; et 2° *l'envoi du bataillon Toselli au delà d'Amba Alagi* (25-28 novembre).

Il est inutile de rappeler, même sommairement, la série ininterrompue des malheurs qui sont racontés dans les chapitres XVIII, XIX et XX.

D'un côté, entre le chevalier Felter et moi, dans nos relations avec Maconnen, il s'était introduit un autre rouage dans le mécanisme compliqué des négociations africaines. Cette intromission, qui, en tout temps, devait éveiller la méfiance chez le *ras* soupçonneux du Harar, à ce moment-là fut la cause inconsciente du retard (du 16 au 25 novembre) de la lettre de *ras* Maconnen; elle empêcha que l'on fît la paix avant que le sang ait été répandu, et, par suite, elle rendit impossible, pour l'avenir, un arrangement quelconque.

D'un autre côté, il arriva que *ras* Maconnen, en voyant, avec le major Toselli, au sud d'Amba Alagi, un si grand nombre d'hommes en armes sur le territoire des Amahras et n'ayant point reçu ma réponse à sa lettre proposant la paix, crut à une embuscade, et il ajouta foi aux propos belliqueux des journaux, qui me poussaient, après Debra Aila, à entreprendre la conquête de l'Éthiopie. Ma lettre du 3 décembre, arrivée à Macallé la veille d'Amba Alagi (6 décembre), ne fut pas remise à *ras* Maconnen; celui-ci laissa donc les hordes tigrines marcher à l'attaque contre les troupes de Toselli. Et le major Toselli — d'abord à cause d'une équivoque d'un télégramme du général Arimondi, puis parce qu'il n'avait pas reçu mes deux ordres formels de battre en retraite — se crut obligé de tenter une défense, isolée et en l'air, de cette espèce de tour qui s'appelle Amba Alagi, à 74 kilomètres au delà du point extrême que j'avais fixé comme devant être la sentinelle de la colonie vers le sud, — Macallé, — à 189 kilomètres au delà du pivot de la défense, — Adigrat.

III

Malheur à celui qui commence une guerre par une défaite, n'eût-elle même que des proportions restreintes! La force morale, qui est l'âme des batailles et le levier qui donne le succès, s'abat; la confiance diminue; l'organisme se trouble; les services militaires s'entremêlent et se confondent; le plan d'opération s'évanouit avec l'initiative, et il faut subir la loi de l'ennemi. L'ennemi, lui, gagne tout ce que perd le vaincu, surtout en énergie morale, en cohésion militaire et en liberté de manœuvre; il dicte la loi à nos opérations, et il voit s'augmenter, pour lui, toutes les probabilités de la victoire définitive.

Pour nous, en Afrique, le malheur était encore plus grand. Aux pertes morales et matérielles que nous infligea la défaite, pourtant glorieuse, d'Amba Alagi, s'ajoutait *la ruine, bien plus grave, de l'édifice politique, construit pendant des années, avec tant de soin, pour assurer la défense de la colonie contre l'Abyssinie.* Les intelligences avec les chefs furent rompues; la peur des Amahras fut le sentiment dominant du pays; les amis de *ras* Mangascia se dressèrent contre nous, et nos tièdes amis passèrent à l'ennemi. Il était impossible désormais de conserver des relations amicales au delà de la frontière et de s'en servir pour mettre la division dans les troupes choannes, tigrines et amahras; par suite, la grande armée ennemie *perdait son défaut capital,* c'est-à-dire *la facilité avec laquelle elle aurait pu se désagréger.* Puis, en ce pays de montagne, le service d'exploration et d'information devenait très difficile, car celui qui en tenait tous les fils, le major Toselli, était tombé en héros.

A la nouvelle du désastre d'Amba Alagi, auquel avaient pris part les musulmans, avec *cheik* Thala, on vit se dissiper tout d'un coup la bourrasque qui se formait chez les musulmans, pour menacer le flanc droit de l'invasion choanne; au contraire, une autre bourrasque se préparait contre nous, chez les Abyssiniens, du côté du Goggiam et du lac de Tsana.

Dans le trouble du moment, on oublia nos victoires de la veille, et tous — amis et ennemis — remarquèrent, comme une nouveauté, le petit nombre de nos soldats.

Rien n'est plus mobile que l'âme d'enfant de l'Abyssinien. Personne n'est plus habitué aux défections que le peuple abyssinien. Une imagination tout orientale fit exagérer, aux indigènes, le succès remporté par les armes des *ras* tigrins et amahras, autour du rocher d'Amba Alagi. Au lendemain d'une défaite, on ne pouvait pas faire la paix, parce que le gouvernement du roi et l'Italie n'attendaient que des victoires, que devait couronner la conquête de l'Abyssinie (chapitre XX).

Mais après Amba Alagi, nos effectifs en Afrique se trouvèrent réduits à un minimum, non seulement à cause des hommes restés sur le champ de bataille et des indigènes qui avaient disparu après le combat, mais aussi à cause de la garnison que le général Arimondi laissa à Macallé et en raison de la nécessité de mieux surveiller notre ligne d'opération, qui n'était plus gardée par le prestige de la victoire. Entre nous et Macallé, il y avait la révolte, qui se produit en Abyssinie bien plus facilement que partout ailleurs. Cette révolte put éclater d'autant plus facilement que le pays entre Adigrat et Macallé (Haramat, Gheralta, Tembien) avait été autrefois entièrement dévoué au roi Jean et à *ras* Mangascia; ce pays était relativement peuplé, il était dominé de toutes parts par des *ambas,* coupé par des ravins et des précipices; il se prêtait parfaitement à la guerre d'embuscades, dans laquelle excellent les Abyssiniens; dans cette région, une petite bande occupant les passages et les défilés suffit pour arrêter une brigade.

Devant et autour de Macallé, dans une excellente position, il y eut, du 11 décembre jusqu'au commencement de janvier, plus de 30,000 Abyssiniens, et, à partir des premiers jours de janvier, ceux-ci étaient plus de 70,000, alors que nous, dans la première période, nous étions réduits aux effectifs mutilés de la colonie (10,000 hommes, y compris la garnison d'Adigrat), alors que, le 7 janvier, nous commencions à peine à recevoir, au camp d'Adigrat, les renforts envoyés d'Italie. Il nous était donc impossible de dégager Macallé, par une action directe, car il aurait fallu exécuter une marche de quatre jours, dans ces conditions de terrain et avec nos faibles effectifs. Il eût été aussi inconsidéré d'abandonner Macallé, d'abandonner Adigrat et d'ouvrir les portes de l'Érythrée à l'invasion furieuse des Éthiopiens, en abandonnant à ceux-ci une excellente base d'opération et des vivres, dont l'absence les faisait souffrir. La prudence nous engageait également à ne pas exposer nos troupes à être coupées de Massaoua, où étaient nos réserves et où devaient débarquer les bataillons italiens.

Il est inutile de redire les raisons politiques et militaires qui m'ont déterminé à concentrer dans l'Agamé les défenses de la colonie contre l'invasion choanne, en utilisant la barrière montagneuse qui sépare Adigrat et Adoua. Toutes ces raisons sont exposées dans les chapitres XXIII, XXIV et XXV.　•

Je ne crus pas devoir me porter à quatre jours de marche en avant d'Adigrat, pour attaquer l'ennemi, dans des conditions aussi favorables pour lui. Je ne crus pas non plus devoir me porter à six jours de marche, en arrière, pour laisser l'ennemi maître de l'Érythrée et de ses ressources. D'après moi, à la suite d'Amba Alagi il ne me restait plus qu'à *traîner la guerre en longueur, en occupant des positions avantageuses pour notre petit nombre et en maintenant l'ennemi loin du cœur de la colonie.* Car l'ennemi l'aurait transformée en un désert et l'aurait soulevée tout entière contre nous. Il n'y avait qu'à attendre une occasion favorable, que l'envahisseur nous prêtât le flanc, ou bien que l'invasion se dissipât d'elle-même, à cause du manque de vivres, ou encore à cause des discordes intestines existant dans le camp ennemi. Cette attente de notre part était, à ce moment-là, justifiée par la nature des choses, par le nombre énorme de soldats en armes, d'hommes employés aux bagages, et d'animaux que contenait le camp ennemi; par la probabilité de voir éclater une épidémie dans ce camp,... et enfin par l'histoire abyssinienne, remplie, jusqu'à hier, de rivalités, de haines, de soupçons et de luttes intestines.

On envoya alors, d'Italie, les bataillons et les batteries de renfort; mais à ce moment-là ils n'étaient même pas organisés sur le papier; on leur avait fait changer les nouveaux fusils contre les anciens; les cadres étaient improvisés; l'équipement n'était nullement approprié aux besoins; enfin les convois étaient insuffisants, ainsi que je l'explique dans le chapitre XXII.

Il ne pouvait d'ailleurs pas en être autrement, car rien ne s'improvise à la guerre. *Et la guerre avait surpris* le ministère, bien que je l'eusse prédite depuis tant de mois. Et, la guerre ayant débuté par un combat malheureux, *tous les plans du ministère étaient bouleversés, lui-même était affolé,* parce qu'il était contraint d'*assumer, devant le pays, la responsabilité de la non-préparation,* avec cette circonstance aggravante qu'il avait fait solennellement les plus belles promesses et donné les assurances les plus formelles, à la Chambre des députés et au Sénat, avec cette circonstance aggravante que je l'avais averti et prévenu à maintes reprises.

Alors le ministère crut mettre sa responsabilité à couvert en m'offrant fébrilement des hommes, en entretenant dans le pays agité et bouleversé les illusions les plus étranges, en télégraphiant au commandant en chef des conseils, des ordres et des phrases propres à maintenir le pays dans ces illusions, en *minant l'autorité du commandant en chef, afin de pouvoir, plus tard, faire retomber sur lui toutes les responsabilités.*

J'étais au loin; j'étais soldat; je ne pouvais point me défendre, je n'avais point de journaux à moi, et je ne devais connaître ce travail de démolition qu'une fois la chose achevée, une fois la bourrasque passée.

Mais, de même qu'après Amba Alagi les troupes n'étaient pas

prêtes, en Italie, pour la colonie, de même les idées n'étaient pas préparées.

Mes télégrammes journaliers font connaître nos effectifs, ceux de l'ennemi et les conditions dans lesquelles se trouve le théâtre de la guerre. Mon plan de défendre l'Agamé, en temporisant, est évident, et même le ministre de la guerre l'approuve, puisque ce plan nous procure l'avantage de gagner du temps. On doit connaître l'arrivée tardive des transports, en Afrique et sur le haut plateau abyssinien, ainsi que la lenteur et les périls de la guerre de montagne, dans un pays hostile situé à plus de 200 kilomètres de la base d'opération. On ne peut ignorer l'énorme difficulté d'avoir des animaux, et mes lettres détaillées indiquent la nécessité d'avoir des bêtes de somme, en très grand nombre, surtout afin de pourvoir aux besoins, incomparablement plus grands, des troupes blanches.

Et pourtant on veut un plan offensif, on veut une victoire; on m'envoie avec une nervosité télégraphique les conseils et les suggestions les plus futiles et les plus divers. On commande une expédition d'Assab contre l'Aussa, en retirant les troupes néces_saires du champ de bataille. On parle de reculer les frontières de l'Érythrée jusqu'à Magdala et à Debra Tabor, ou bien encore d'occuper le Harar. On veut, après Amba Alagi, imposer à l'ennemi des conditions de paix telles qu'il ne les aurait pas même acceptées si nous avions conquis l'Éthiopie jusqu'à ses dernières limites.

Le chef du gouvernement, Crispi, m'envoie à moi, son vieux compagnon d'armes, des télégrammes confidentiels pleins d'aigreur. Ces télégrammes, tout ce qu'il y a de plus confidentiels, sont répandus en Italie par la presse ministérielle, lorsque, après Amba Alagi, nous sommes encore dans la première période de la défense; lorsque les troupes de renfort partent de l'Italie pour aller sur les champs de bataille de l'Afrique; lorsque, au lendemain d'un désastre, avec 10,000 hommes, dans l'Agamé, je tiens tête à l'invasion de l'Éthiopie tout entière, pendant que je dois me garder à l'ouest contre les attaques des Derviches; lorsque le manque de prévision et de préparation, en Italie, devient de plus en plus évident; lorsque le roi, le ministère et le Parlement m'envoient officiellement leur déclaration de confiance; lorsque celui qui est le chef du gouvernement doit savoir parfaitement que l'échec d'Amba Alagi a fait écrouler subitement notre politique qui cherchait à mettre la division dans les forces choannes.

Le désastre d'Amba Alagi avait, à juste raison, ému l'Italie. La presse hostile commença immédiatement à en rejeter la faute sur moi ; les calomnies se répandirent même dans la presse ministérielle, et peu à peu elles prirent le dessus. Le ministère, *qui me maintenait au commandement en chef, laissa courir les accusations,* bien que, grâce à des documents irréfutables, il connût parfaitement la vérité ainsi que le degré de responsabilité de chacun ; bien que j'eusse demandé la publication de mon rapport sur Amba Alagi, que j'avais écrit avec tous les égards, afin qu'il fût publié ; bien que cette publication pût faire la lumière complète et calmer l'opinion publique ; bien qu'elle fût nécessaire pour maintenir le prestige et faciliter l'action du commandement en Afrique (chapitre XIX). Et tout cela se passait, non pas au dernier moment, non pas quand je fus remplacé, mais *six semaines avant la nomination* du général Baldissera, *sept semaines avant le 1er mars.*

D'un autre côté, on laissait les Italiens dans l'ignorance complète des événements d'Afrique, en dénaturant le sens de mes télégrammes, et l'on disait que je ne voulais pas de renforts et que le ministère m'en offrait plus que je n'en demandais ; *on discréditait ainsi le général qui refusait les moyens d'obtenir la victoire,* et l'on cherchait, de la sorte, à dissimuler le manque absolu de préparation.

Alors se forma dans le pays, sans que j'aie pu me défendre, une opinion hostile au commandant en chef des troupes d'Afrique. Tout me fut reproché : mon zèle à servir la patrie dans la colonie, mon obéissance militaire, les succès de nos armes en Érythrée et ma prudence dans la conduite de la guerre, que l'on qualifia d'ignorance et de pusillanimité.

Ce discrédit, aidé par le silence et les confidences que les ministres faisaient contre moi, propagé par les indiscrétions calculées des ministères, par les inimitiés politiques et coloniales, par les jalousies féroces, etc., se répandit avec l'acharnement particulier à une foule qui veut briser son idole. On ne m'épargna aucune insinuation, aucune méchanceté ; et dans les deux mois et demi pendant lesquels j'ai tenu tête à l'ennemi, à l'extrême frontière de l'Érythrée, les esprits, excités par la passion, *préparèrent le terrain aux calomnies les plus incroyables et les plus absurdes et à toutes les injures qui me furent prodiguées, au lendemain de la défaite.*

Je ne pouvais avoir à ce moment-là qu'une vague idée de tout ce travail de démolition. L'Italie était éloignée ; les journaux n'arrivaient à Massaoua que par paquets, une fois par semaine, et ils parvenaient à Adigrat de dix-huit à vingt-cinq jours après leur publication. Tout mon temps était absorbé par les soucis si nombreux du commandement, de la direction de la guerre et de la correspondance avec le ministère ; mon esprit, mon âme et mon cœur, tout mon être était absorbé par les préoccupations pour Macallé, à cause de la concentration des armées de l'Éthiopie, par les marches des troupes italiennes, par l'attitude des Derviches et par la révolte des Tigrins. Quand j'eus quelques nouvelles des scandales de la presse, j'interdis l'introduction des journaux au camp, afin de diminuer les inconvénients qui en résultaient pour la discipline. De mon côté, je ne me souciais nullement des attaques, car je supposais que le gouvernement du roi était intéressé, autant que moi, à défendre mon nom, puisque l'on préparait et l'on envoyait d'Italie, sous mes ordres, des troupes dont le premier sentiment devait être la confiance dans leur chef ; puisque, quelques mois auparavant, le gouvernement du roi m'avait promu au choix, pour faits de guerre, au grade de lieutenant général, en me faisant passer sur la plupart de mes camarades reconnus aptes à remplir les plus hautes fonctions de l'armée.

Toutes les piqûres du président du conseil me semblaient d'autant plus profondes et d'autant plus douloureuses que je sentais davantage l'impossibilité de repousser les accusations ; d'autant plus que j'avais présents à l'esprit les succès d'hier ; d'autant plus que je comprenais davantage l'imprudence qu'il y aurait eû à attaquer ; d'autant plus que les éloges avaient été exagérés. Je frémissais et je frissonnais de dégoût dans mes longues nuits d'insomnie, à Adigrat, à Adagamus, à Sauria ; mais je ne croyais pas, pour cela, devoir demander mon rappel. Les télégrammes que m'adressait le président du conseil étaient privés, confidentiels, et je ne doutais pas qu'ils ne dussent rester secrets. Du reste, *le ministère avait en main ma démission, que je lui avais offerte aussi souvent qu'un soldat pouvait le faire ;* et comme, depuis

Amba Alagi, il ne s'était pas produit de nouveaux événements, et comme j'avais une idée nette de la situation, je ne pouvais pas, je ne devais pas croire que j'avais perdu, tout d'un coup, l'immense considération de la veille. Car, un mois et demi après Amba Alagi, le ministre de la guerre me télégraphiait — au nom du chef du gouvernement Crispi lui-même — la plus explicite déclaration de confiance. Et puis, à ce moment-là je pensais, comme je le pense encore aujourd'hui, que c'est commettre *une lâcheté que de reculer devant le danger, en se déchargeant sur un autre de sa propre responsabilité.*

Le devoir du gouvernement du roi était de me rappeler, dès qu'il me considéra comme incapable. Mais le gouvernement du roi laissa passer *plus de deux mois,* pendant lesquels aucun fait nouveau ne s'était produit, si ce n'est ma prudence persévérante à temporiser, prudence que l'on trouva excessive, — et puis, *tout d'un coup,* on me remplaça, au moment où la décision finale semblait imminente. *La victime expiatoire était désignée : la retraite ou la défaite devaient être imputées à moi seul.* Je devais assumer toutes les responsabilités, alors que la victoire aurait effacé toutes les erreurs du ministère. Le ministère me remplaçait, à la veille de la décision finale; mais il cachait mon remplacement, en supprimant tout télégramme qui y aurait fait allusion.

Il est inutile de répéter ce que j'ai écrit, dans les chapitres XXVIII et XXX; il est inutile de dire, après tant de déclarations solennelles, que, si j'avais connu mon remplacement, j'aurais considéré comme mon devoir suprême de *maintenir,* autant que cela était possible, *la situation dans le statu quo,* heureux, après tant de mois d'angoisses, de déposer mon pénible fardeau.

Je n'étais plus commandant en chef, alors que je croyais l'être; et pourtant le chef du gouvernement, qui avait contresigné, le 22 février, mon remplacement, m'adressait, le 25 février, — c'est-à-dire trois jours après, — en me laissant dans l'ignorance de ma situation,... il m'adressait, dis-je, à moi, général destitué sans le savoir, l'excitation la plus acerbe pour me décider à attaquer, en appelant ma prudence une *phtisie militaire* et un *gaspillage d'héroïsme,* et en faisant appel à mes sentiments les plus ardents de soldat et de citoyen (chapitre XXIX).

Mais, de même que les télégrammes belliqueux des ministres de la guerre, des affaires étrangères et du président du conseil lui-même, en décembre et en janvier, ne m'avaient pas décidé à quitter Adigrat et Adagamus, pour me porter en avant; de même que l'appel du président du conseil, me disant de venger Amba Alagi et Macallé (10 février), ne m'avait pas fait bouger de Tucuz; de même ce dur reproche ne me décida pas à l'attaque, car le mouvement en avant, dans la nuit du 29 février au 1er mars, qui me fit aller de la position de Sauria à la position existant entre le mont Esciascio et Semaiata, *n'avait pas pour but d'aller attaquer l'ennemi,* dans sa position d'Adoua et de Mariam Sciautu. C'était, au contraire, *la continuation de la manœuvre* faite à Adagamus, à Mai Gabeta, à Tucuz et à Sauria, afin de trouver le contact de l'ennemi, dans une position avantageuse pour notre petit nombre, et d'amener l'ennemi à nous attaquer ou à se retirer ultérieurement[1].

IV

Je n'écris pas pour le vulgaire, ni pour ceux qui portent aux nues ou traînent aux gémonies en ne tenant compte que du succès; je n'écris pas pour les idolâtrés de la fortune, qui encensent leur idole sans s'inquiéter de la raison. J'écris pour ceux qui veulent analyser les faits et savent se rendre compte des situations si changeantes de cette guerre; j'écris pour ceux qui savent que les erreurs sont inévitables, au milieu de tant de difficultés accumulées, au milieu de tant de frottements, dans les mouvements d'une machine aussi compliquée qu'un corps d'opération dans les montagnes de l'Abyssinie; j'écris pour ceux

---

1. J'ai dit tout cela dans ma défense devant le tribunal d'Asmara : et tout cela résulte de mes *Mémoires,* surtout des chapitres XXX et XXXI.

L'illustre écrivain Cherbuliez finit ainsi un article qui reflète la plus noble impartialité, et qui a été publié dans la *Revue des Deux Mondes,* numéro du 1er mars 1898 :

« La vérité est qu'autour de lui (c'est-à-dire du général Baratieri) tout le monde voulait se battre, et que le reproche qu'il recevait de Rome l'avait blessé au vif; il se fit un point d'honneur de prouver qu'il ne le méritait pas. Aussi avisé que Fabius le Temporisateur, dont il s'était approprié la méthode, il n'eut pas comme lui ce sublime entêtement, cette indifférence de l'opinion, qui étaient la marque des vieux Romains, » etc.

Je suis reconnaissant à l'illustre académicien français de la bienveillance qu'il me témoigne et de la comparaison qui m'honore; mais j'ose le prier, dans son jugement définitif, de tenir compte de ce que j'ai écrit ici et dans mes *Mémoires.*

qui savent quel grand rôle le hasard joue à la guerre; j'écris enfin pour ceux qui veulent juger avec justice et vérité, en attribuant à chacun la responsabilité qui lui revient.

Plusieurs écrivains militaires ont fait remarquer qu'au camp de Sauria, à la fin de février, je me trouvais dans une situation tout à fait semblable à celle du maréchal Mac-Mahon au camp de Châlons, quand tout le monde le poussait à se porter au secours de Metz. D'autres écrivains ont fait observer que je me trouvais dans l'alternative indiquée par le maréchal de Moltke, dans laquelle une défaite est moins désavantageuse qu'une retraite.

Ces deux observations sont vraies, en partie; mais l'examen des faits et des documents publiés dans mes *Mémoires* me semble rendre évident que non seulement ce sont des raisons plausibles, d'un caractère strictement militaire, qui ont décidé mon mouvement en avant, mais encore qu'en me portant de Sauria vers une autre position, je restais fidèle à mon idée de défensive active, et que mon mouvement avait bien des chances de succès. Ces raisons ont persuadé les personnes studieuses et impartiales. Il est inutile de répéter ce qui est raconté dans les chapitres XXX et XXXI. Je rappelle seulement que, en face de l'ennemi, la question des vivres empêchait de faire venir en première ligne un homme de plus, quels que fussent les renforts venus d'Italie. Le dilemme se posait : ou avancer ou reculer.

Jamais le corps d'opération n'avait été aussi nombreux, en face de l'ennemi, que le 29 février; jamais il n'avait été aussi plein d'ardeur; jamais sa ligne d'opération n'avait été aussi sûre, à cause de la victoire remportée sur les rebelles, à Mai Maret (25 février), à cause aussi de l'arrivée de quatre bataillons de renfort sur les communications de l'arrière. Du 17 au 27 février, le corps d'opération à Sauria comptait 12,200 hommes : le 29 février, il était de 20,170 hommes (chapitres XXV et XXIX).

Les raisons qui militaient en faveur d'un mouvement en avant étaient : les menaces des Derviches contre Cassala; les razzias choannes dans le Sciré; l'épuisement des approvisionnements ennemis; les discordes intestines, dans le camp abyssinien, que l'on signalait de plusieurs côtés et qui étaient de plus en plus probables; la lassitude qui existait dans le camp ennemi et l'esprit martial qui régnait dans le nôtre; enfin la probabilité d'un succès dû à la contre-offensive.

33

Les raisons qui déconseillaient la retraite étaient : la dépression morale qui aurait atteint les troupes italiennes; la jactance
qui aurait augmenté chez les troupes ennemies; les progrès considérables que la révolte aurait faits dans le pays; la nécessité
de reconquérir le territoire abandonné qui nous aurait été imposée par l'honneur de nos armes; les inconvénients de renoncer
aux fruits d'une résistance longue et tenace; enfin les désillusions de la Patrie, qui soupirait ardemment après la revanche
finale, quelque prix qu'elle dût coûter.

Le mouvement en avant sembla alors la meilleure solution,
non seulement à moi, mais encore à tous les généraux et au chef
d'état-major, qui furent unanimes (chapitre XXX). Le mouvement
en avant était dans les idées du général Baldissera, quand il me
remplaça dans mon commandement (chapitre XXXVIII). Le mouvement en avant — exécuté, dans le but d'occuper une position
relativement forte, par un petit nombre d'hommes et au moment
où l'ennemi allait rentrer dans ses terres (comme il l'a fait d'ailleurs malgré la victoire) — devait amener l'ennemi à nous attaquer, toutes les probabilités du succès étant pour nous, ou bien
devait décider l'ennemi à battre en retraite, sans nous attaquer.
Le mouvement en avant, au moment où je l'ai conçu, nous faisait espérer un avantage partiel sur quelque détachement abyssinien, comme dans le vallon de Mariam Sciautu; et cet avantage
partiel aurait eu les apparences et peut-être en partie les conséquences d'une victoire complète. En tout cas, un déplacement
quelconque de l'ennemi vers le sud nous aurait ouvert une voie
nouvelle de ravitaillement, plus commode et plus courte, basée
sur des magasins bien pourvus à ce moment-là et faciles à réapprovisionner dans l'avenir.

Pour juger, *à priori,* l'idée du mouvement en avant, représen-
tons-nous maintenant comment se seraient passés les événements le 1er mars, sur la position au sud du mont Esciascio,
sans cette accumulation incroyable de malheurs qui nous ont
accablés,... qui ont divisé, paralysé et enveloppé nos troupes et
ont rendu fatale la victoire des Choans.

D'après les ordres donnés, le 29 février dans la soirée, le
corps d'opération italien, le 1er mars, à 5 heures et demie du matin, occupe, avec l'avant-garde de la brigade Dabormida, le col

de Rebbi Arienni; avec l'avant-garde de la brigade Albertone, le col de Chidane Meret, premiers objectifs prescrits par l'ordre du jour. La tête de la brigade Arimondi s'arrête au pied de Rebbi Arienni, et cette colonne serre parallèlement à la marche de la brigade Dabormida. La brigade Ellena, en suivant la colonne Arimondi, entre dans la combe de Gundapta. Nous occupons les deux postes de la première position qui précède Adoua, en barrant toutes les routes de l'échiquier entre Adoua et nous (chapitre XXXII) [1].

Les avant-gardes explorent alors le terrain en avant, et la liaison s'établit entre les brigades, à l'est et à l'ouest, en deçà et au delà du mont Raio. On place les avant-postes, et sur les hauteurs on envoie des postes d'observation. Aucun indice ne révèle la présence d'un seul ennemi dans tout le rayon de l'action tactique. Les commandants supérieurs visitent les positions, ils choisissent les emplacements pour le déploiement, ils massent leurs troupes et ils attendent des ordres. La brigade Arimondi se concentre, en position d'attente, aux pieds de Rebbi Arienni, vers Gundapta; la brigade Ellena serre sur la tête vers les collines méridionales de la combe de Gundapta.

A 6 heures et demie environ, les brigades commencent le mouvement, des cols de Rebbi Arienni et de Chidane Meret, pour se ranger en bataille (à l'ouest) au delà du mont Raio : les brigades Albertone et Dabormida, en première ligne, — la brigade Arimondi, au centre un peu en arrière, — la brigade Ellena au col de Rebbi Arienni, près du sycomore, en réserve.

Les premières troupes indigènes, à la gauche, sur le versant sud-sud-ouest du mont Raio, peuvent être en position, à partir de 6 heures et demie, en une demi-heure; un peu après, la brigade Dabormida peut être placée à droite, et ensuite la brigade Arimondi au centre,... de telle sorte qu'à 9 heures le mouvement peut se considérer comme achevé, et les positions sont couronnées, quelque lenteur que l'on ait mise à exécuter les mouvements.

---

1. Telle était effectivement la situation, le 1er mars, à 5 heures et demie du matin (chapitre XXXII); seulement l'avant-garde de la brigade Albertone — et peut-être une grande partie de cette même brigade — était bien en avant du col de Chidane Meret, indiqué dans l'ordre et sur le croquis du quartier général distribué aux commandants des brigades. Voir le croquis de *Sauria à Adoua* joint au chapitre XXXI et aussi notre carte de la bataille annexée au chapitre XXXIII.

Les troupes, au fur et à mesure qu'elles arrivent à leur poste, reconnaissent le terrain ; elles s'orientent, puis elles débarrassent et préparent leur champ de tir.

La position a plusieurs défauts ; mais la ligne de retraite sur Sauria est perpendiculaire au front, et les communications avec Sauria sont assurées par un réseau de routes ; il y a, immédiatement derrière les troupes, une communication parallèle au front et à couvert, dans l'ensellement entre les cols de Rebbi Arienni et de Chidane Meret, entre l'extrême gauche et l'extrême droite, entre les trois brigades en ligne et la réserve ; la position domine, d'en haut, les voies par où peut arriver l'ennemi, soit d'Abba Garima, soit de Mariam Sciautu ; nos flancs sont suffisamment bien gardés ; on trouve quelques emplacements favorables pour l'artillerie, en face des débouchés d'où peut sortir l'ennemi pour se masser. La position est peu profonde sur la crête ; mais nous sommes relativement peu nombreux et nous avons l'avantage de pouvoir tenir nos soutiens parfaitement abrités et très près de la première ligne. La position est encombrée par des rochers : en certains points elle est trop élevée, elle présente des angles morts, elle se prête mal à la contre-offensive (chapitre XXXIII) ; mais l'essentiel est de repousser les masses ennemies, et les bonnes positions de montagne sont celles qui présentent les moindres inconvénients par rapport à l'idée de la défense.

Vers 7 heures, au camp de Mariam Sciautu, et vers 8 heures, au camp d'Adoua, l'ennemi est avisé de notre mouvement[1], qui en grande partie s'est exécuté à couvert.

Alors les *ras* donnent l'alarme ; les *negarits* battent l'assemblée ; les chefs se réunissent en conseil, et le *negus neghesti* décide. Probablement tout se serait passé comme le 13 février, lorsque nous avons occupé la position de Sauria en vue du camp abyssinien ; les bandes abyssiniennes se groupèrent, elles se mirent en ligne et attendirent longtemps, au delà du Mai Cherbara ; puis, vers midi, elles se dispersèrent pour se retirer derrière les hauteurs de Guldam et d'Adi Cras (chapitre XXV).

Mais, dans notre cas, l'ennemi pouvait prendre trois résolutions :

---

1. Je rappelle que l'alarme dans le camp de Mariam Sciautu a été donnée par l'apparition de l'avant-garde de Dabormida sur l'éperon de Belah, et que l'alarme fut jetée dans le camp d'Adoua par les *bandes* d'Albertone qui battaient l'estrade en avant de l'avant-garde, jusque dans la combe d'Adoua.

Ou bien il restait à Adoua, pour ensuite se retirer vers le sud;

Ou bien il se rangeait en bataille sur les montagnes qui couvrent Adoua;

Ou bien il nous attaquait.

Dans les deux premiers cas (il est superflu de le dire), nous ne l'aurions pas attaqué; dans le premier cas il pouvait même nous offrir l'occasion d'occuper le passage de Gasciaorchi, entre Adoua et le Mareb, et d'ouvrir au corps d'opération la ligne de ravitaillement, par Adi Ugri, vers l'Asmara. Mais considérons de plus près le troisième cas (le plus important).

Faisons remarquer tout d'abord que l'attaque contre nous n'aurait pu commencer que dans l'après-midi[1]. Pour s'en convaincre, il suffit de songer que les Abyssiniens sont prudents et lents à se résoudre; que le camp de Mariam Sciautu était à 9 kilomètres d'Adoua, et que celui d'Adi Abuna était à la même distance d'Adoua; que d'Adoua et de Fremona aux versants du mont Semaiata et au mont Derar — d'où pouvait commencer l'attaque — il y a de 14 à 18 kilomètres, c'est-à-dire, en moyenne, comme de notre position de Sauria à notre position du mont Raio[2].

Donc nous avions *plus de 3 heures de temps pour reposer nos troupes, pour construire quelques retranchements,* que redoutaient tant les Abyssiniens, et pour nous préparer à la bataille.

La surprise n'était plus possible, ni en grand ni en petit. Les officiers et soldats se seraient orientés, ils se seraient habitués au spectacle troublant et étrange de la foule ennemie, ivre et féroce, qui se meut à grand bruit, quand la lutte est proche.

En effet, regardons à notre gauche, devant le col de Chidane Meret, la position occupée par la brigade Albertone.

Les Abyssiniens, du camp d'Adoua, se seraient, pour la plupart, avancés, en descendant par la combe d'Abba Garima, sur la ligne entre le mont Semaiata et Adi Vecci; probablement, de là, ils auraient tenté un mouvement tournant vers le col de Chidane Meret. Mais ils auraient trouvé, postée depuis un bon moment,

---

1. Tout le monde sait que l'attaque a eu lieu bien avant, parce que les *bandes* qui précédaient l'avant-garde de la brigade indigène se sont lancées dans la combe d'Adoua et ont été éveiller le camp ennemi, et qu'en se repliant elles ont attiré sur leurs traces les hordes choannes.

2. Voir la carte *de Sauria à Adoua* annexée au chapitre XXXIII.

la brigade indigène, occupant, à notre gauche, un terrain dominant organisé défensivement sur les éperons du mont Raio. Cette
brigade avait 4,500 *ascaris* et 14 pièces de canon. Rappelons
maintenant que cette vaillante brigade — pendant qu'elle était en
marche, dans un terrain tout à fait défavorable, formant une colonne mince et coupée en tronçons, occupant une longueur d'environ 3 kilomètres, séparée de son avant-garde qui venait d'être
détruite au delà d'Abba Garima — a résisté pendant des heures et
des heures, sous le mont Scelloda et l'Abba Garima, à toutes les
masses enveloppantes des Choans, et a fait perdre à l'ennemi
un bien plus grand nombre d'hommes que cette brigade n'avait
de soldats. La brigade était, à ce moment-là, complètement isolée
de nous, et elle ne pouvait pas être secourue. Mais, dans l'hypothèse correspondant à mon idée et conforme aux ordres donnés le soir du 29 février, elle aurait été appuyée par les brigades
Arimondi et Ellena et elle aurait été reliée à la brigade Dabormida (chapitre XXXIV).

Passons à notre droite, placée devant le col de Rebbi Arienni
et constituée par la brigade Dabormida.

Le camp abyssinien de Mariam Sciautu, comme c'est un usage
traditionnel, aurait attendu, pour marcher contre la droite de
notre position, l'attaque générale du camp d'Adoua contre notre
gauche. Si, au contraire, le détachement abyssinien de Mariam
Sciautu n'avait pas attendu, pour attaquer, l'arrivée du corps
principal, de la combe d'Adoua, c'eût été tant mieux pour nous,
parce qu'une attaque isolée nous aurait fourni l'occasion d'un
succès partiel, qui aurait suffi soit à décider l'action générale,
soit à nous donner plus complète la victoire définitive. De toute
façon, l'attaque contre notre droite, tentée par le camp abyssinien de Mariam Sciautu, n'aurait pu commencer que vers 10 heures, si elle avait été isolée, et dans l'après-midi si elle avait été
combinée avec le gros des forces choannes.

Dans les deux cas, cette attaque aurait trouvé la brigade Dabormida avec plus de 4,000 hommes et 18 canons, occupant solidement, en ordre de bataille, une position dominante sur l'éperon
et au col de Belah (chapitre XXXIII). On se doute de la résistance qu'aurait opposée à l'ennemi cette valeureuse brigade, qui,
dans des conditions absolument déplorables, disséminée dans un
tortueux couloir, ou bien grimpant péniblement sur les pentes

rocheuses, a pu s'avancer jusqu'au débouché du vallon de Mariam
Sciautu. Et là, — après avoir vu disperser et massacrer son avant-
garde, dès le début de l'action, n'ayant aucun appui ni sur les
flancs ni par derrière, dans un terrain très pénible, inconnu, terriblement contraire aux mouvements des troupes, — par ses feux
bien nourris d'infanterie et d'artillerie et au moyen de plusieurs
attaques à la baïonnette, elle a repoussé un ennemi près de trois
fois supérieur en nombre (chapitre XXXVI)!

La brigade Dabormida — occupant le col et l'éperon Belah dans
mon hypothèse actuelle, qui est basée sur les ordres donnés le
29 au soir et sur la situation réelle — aurait été immédiatement
en liaison avec les brigades Arimondi et Albertone à gauche, et
avec la brigade Ellena, placée en réserve entre le col de Rebbi
Arienni et le sycomore. Il faut bien remarquer que si l'action
avait commencé à midi, la brigade Dabormida aurait eu plus de
quatre heures de temps pour exécuter des retranchements, et
que les 1,300 indigènes du major Ameglio se seraient trouvés,
à leur place, sur le flanc droit de la position, dans le rayon de la
brigade Dabormida ou de la brigade Ellena.

Mais arrivons à l'action générale.

Toutes nos troupes sont à leur poste. Le commandant en chef
est en communication avec les commandants des brigades et, au
moyen du télégraphe optique, avec les postes de l'avant-ligne,
qui dominent les directions par lesquelles l'ennemi s'avance. Le
capitaine Acerbi, dès 9 heures, a pu établir la ligne télégraphique nous reliant à nos réserves laissées à Sauria. Nous avons
17,000 hommes dans le rang, et avec la colonne Ameglio plus
de 18,000; ces troupes occupent un front convexe de 3 kilomètres face au sud-ouest, devant les cols de Rebbi Arienni et de
Chidane Meret; la profondeur est d'environ 1 kilomètre et demi.
Nous avons 56 canons, qui sont placés dans des positions choi-
sies avec le plus grand soin, pour tirer sur les masses choannes
dans les endroits où elles doivent fatalement se masser pour nous
attaquer. L'ennemi commence à déboucher des cols que nous
avons en face et à couronner les hauteurs, hors de la portée du
tir. Nos officiers en étudient les mouvements, ils calculent les
distances et ils cherchent un champ de tir approprié à la rasance
et à la portée de nos armes. Tout le monde sait que nous sommes

incomparablement mieux pourvus en munitions que l'ennemi, et qu'à Sauria nos convois sont prêts à partir pour nous rejoindre ; peut-être sont-ils déjà en marche, avec la réserve de cartouches. On sait que l'ennemi, eu égard à son nombre, a peu de munitions, qu'il est armé de fusils de toute espèce de systèmes, — dont plusieurs n'ont aucune valeur, — qu'il ne peut atteindre le but que par hasard, puisque, sans tenir compte des distances[1], il tire, de bas en haut, contre des lignes minces, à moitié cachées, et que son aptitude au tir ne répond pas à sa bravoure personnelle.

Pendant ce temps, nos soldats blancs et noirs s'encouragent à l'action. Ils se rappellent les noms glorieux d'Agordat, de Cassala, d'Halai, de Coatit et de Macallé,... hauts faits de la veille, dans lesquels plusieurs officiers et beaucoup de soldats présents ont pu se distinguer. On établit les proportions numériques. A Agordat (le vainqueur, le général Arimondi, est là !) nous étions un contre cinq, et l'on a fait fuir 10,000 Derviches ; à Coatit, notre proportion par rapport aux Abyssiniens était la même, et nous nous sommes battus pendant deux jours et nous avons dispersé, en les poursuivant, 19,000 Tigrins. A Cassala nous étions 2,600, mais le bataillon Hidalgo a suffi pour prendre le camp mahdiste et mettre en déroute plus de 2,000 Derviches. A Macallé, toutes les attaques de l'armée abyssinienne tout entière sont venues se briser contre quatre pierres et contre la ténacité de fer du bataillon Galliano, qui est là, avec la réserve. Jusqu'à ce jour, pendant tant et tant de semaines, avec notre petit nombre, nous avons toujours vu notre ennemi, si supérieur en nombre, nous tourner le dos et se retirer derrière les montagnes.

Voilà ce que pouvaient dire et ce qu'auraient dit la plupart des officiers. Ces paroles auraient élevé le courage, augmenté la confiance, rendu le cœur plus ferme contre les influences délétères du combat ; car si nos troupes étaient jeunes et novices, elles étaient, plus que toutes les autres, accessibles aux encouragements, et leur sang italien comme leurs traditions les rendaient éminemment braves. Trois heures passées ainsi, en face de l'ennemi, auraient plus servi à la cohésion des officiers et des soldats

---

1. On ne réussit que très difficilement à apprendre à un petit nombre de soldats indigènes le maniement de la hausse. Les Abyssiniens ne faisaient jamais d'exercices de tir, à cause de la rareté des munitions.

que trois mois passés au camp. Ce qui aurait puissamment contribué à augmenter la solidité des troupes, c'est qu'elles auraient vu les hauteurs couronnées par leurs compagnons d'armes; c'est qu'elles auraient vu, à côté d'elles, notre artillerie, alors que l'ennemi en était dépourvu.

L'action se développe du côté des Abyssiniens au bas de nos positions.

Les masses ennemies s'avancent vers Adi Vecci, derrière le mont Derar et sur le versant septentrional du mont Semaiata; d'autres troupes se dirigent vers le mont Esciascio. Elles sont à portée de l'artillerie, et nos canons ouvrent le feu sur ces grandes cibles humaines qui ne peuvent être cachées par les accidents du terrain. Mais les Abyssiniens marchent bravement en avant, et le moment vient où notre infanterie commence à tirer. Il n'est pas difficile de se figurer le carnage qu'aurait fait cette grêle de balles, lancées par nos fusils à tir rapide, à grande rasance et à longue portée, contre ces masses compactes, dans ce terrain où le nombre ne sert qu'à rendre les victimes plus nombreuses, au milieu de ces anfractuosités qui retardent les mouvements et jettent les colonnes les unes sur les autres, avec cette impossibilité pour l'ennemi de nous atteindre d'en bas, et de se déployer, pour le combat, au milieu de ces rochers. Il suffit de se rappeler ce qui est effectivement arrivé à Agordat et à Coatit ainsi qu'à Amba Alagi et à Macallé. Il suffit de se représenter ce qui est arrivé, dans cette même journée, sur les pentes mêmes d'Abba Garima, où la brigade Albertone a mis hors de combat tant de milliers d'ennemis. Il suffit de penser que les Abyssiniens sont très braves, et qu'après les premières escarmouches ils ont l'habitude de se jeter en avant, en masses serrées, car ils n'ont pas de fractions organisées dans leurs lignes, et il leur est impossible de manœuvrer sur le champ de bataille.

Il est inutile de refaire, en imagination, les phases successives du combat. Même sans cela, on voit très clairement que nous avions toutes les probabilités de repousser tous les assauts, en infligeant à l'ennemi des pertes très sérieuses. L'ennemi n'aurait pas pu nous tourner, parce qu'en se divisant il nous aurait donné beau jeu; parce qu'il aurait exposé ses propres communications; parce que, armés et réunis comme nous l'étions, nous aurions toujours eu — même dans les circonstances les plus défavorables — une ligne de retraite libre et à couvert soit sur Sauria, vers l'est, soit dans le Seriro, vers le nord[1].

L'attaque étant repoussée, il ne nous aurait certes pas été facile de poursuivre l'ennemi, dans ce terrain raviné, étant donné le nombre des Abyssiniens, leur rapidité de marche et leur habitude des montagnes. Nous ne l'aurions pu faire qu'avec les troupes indigènes, — les troupes italiennes restant sur les hauteurs, prêtes à marcher; puis elles auraient suivi en ordre, en se portant sur la position suivante qui protège la combe d'Adoua, d'où partent les routes pour le Seraé et pour Adi Ugri. De toute façon, pour se figurer l'effet qu'aurait produit sur les Éthiopiens une attaque repoussée, il faut songer à la composition et à l'organisation de l'armée abyssiennne, aux défiances, aux soupçons et aux inimitiés réciproques, au caractère emporté et impressionnable des Choans, aux conditions dans lesquelles ils se trouvaient après quatre mois de guerre dans des pays épuisés, à l'abattement qui est la conséquence naturelle de la retraite. Rappelons que l'armée abyssinienne, à la fin de février, était déjà fatiguée de la guerre, et que — malgré la victoire qu'elle avait remportée à la suite de circonstances étrangement favorables et d'une façon aussi complète — aucun parti abyssinien, après la poursuite tactique, n'osa franchir les anciennes limites de la colonie, malgré la révolte de l'Agamé et de l'Oculé Cusaï.

Le 6 mars, toutes les troupes du *negus neghesti* étaient à Adoua et à Sauria, avec un seul détachement à Daro Taclé, à 20 kilomètres au sud du Mareb; et, peu de jours après, le *negus neghesti* partait pour le lac d'Ascianghi, avec la majeure partie de ses forces, sans occuper le Tigré, pas même pour obtenir des conditions plus favorables à la signature de la paix.

D'un autre côté, pour en revenir à la retraite des Abyssiniens, rappelons que la retraite des Tigrins, devant nos troupes, en 1888, de Ghinda à l'Asmara, avait pris l'aspect d'une fuite désordonnée, bien qu'elle n'ait pas été précédée d'un combat, bien que personne de nous ne se soit lancé à leur poursuite. Rappelons aussi la retraite des Tigrins, de Coatit : leurs troupes furent dispersées, à Sénafé, par quelques coups de canon.

De toute façon, si notre action s'était développée avec ordre,

1. Voir la carte générale de la colonie, à l'échelle de 1/1,000,000ᵉ, à la fin de ce volume.

et si la position avait été occupée avec nos forces réunies, dans la pire des hypothèses,... notre résistance aux attaques des Choans aurait été certaine autant qu'on peut assurer une action, en temps de guerre. Et il suffisait de résister aux assauts pour déterminer la retraite et la dispersion de l'armée abyssinienne, ainsi que la fin de la guerre, qui aurait eu une issue glorieuse, ou tout au moins honorable pour les armes italiennes et profitable à l'Italie.

Cette pensée, bien qu'elle soit triste en elle-même, réconforte pourtant ma conscience, dans mon malheur. Car le malheur m'a frappé, comme il a frappé les armes italiennes ; mais, dans le malheur, mon esprit s'élève en pensant que, depuis le jour où — il y a 39 ans — j'ai pris les armes pour la résurrection de l'Italie, j'ai toujours fait mon devoir de soldat et de citoyen, que j'ai toujours consacré toutes mes forces intellectuelles, morales et physiques au service de la Patrie, et que j'ai sacrifié à la Patrie tous les biens de la vie, jusqu'à la réputation que j'avais acquise en travaillant et en combattant pour la Patrie.

OBSERVATIONS

SUR LES CHAPITRES RELATIFS A LA BATAILLE DU 1er MARS

Aux observations sérieuses qui furent faites à mes *Mémoires*, particulièrement en Allemagne, j'ai répondu par un long article publié récemment dans une importante revue scientifique et militaire allemande[1]. Je crois que la dernière partie de cet article peut offrir quelque intérêt aux personnes qui veulent porter un jugement calme et impartial sur les phases de cette malheureuse journée.

Voici le passage de l'article en question :

Je n'ai jamais ni dit, ni écrit, ni pensé que le général Dabormida, en se lançant en avant, par le chemin encaissé de Mariam Sciautu, eût eu l'intention de ne pas obéir aux ordres du commandant en chef, afin d'attaquer pour son propre compte. Celui qui dit le contraire n'a pas lu les *Mémoires d'Afrique*, et il nous calomnie tous deux, le général Dabormida et moi.

Je me suis torturé l'esprit pour me rendre compte de cette action divergente, et je n'ai pu arriver qu'à cette conclusion : c'est que le général Dabormida avait été entraîné, par la singulière conformation du terrain et par la position de l'ennemi, à s'éloigner à la fois du corps principal et de la brigade Albertone qu'il devait secourir, qu'il croyait secourir et que je devais croire qu'il secourait, d'après ce billet qu'il m'écrivit à neuf heures et quart : « *Je tends la main* à cette brigade (indigène), tout en maintenant un important noyau de troupes massées sur *la route qui, du col de Rebbi Arienni, conduit à Adoua*, et tout en surveillant les hauteurs de droite. »

Or, la route *la plus directe de Rebbi Arienni à Adoua* va, par *le col de Belah*, à *Abba Garima*, et une autre route ne passe par Mariam Sciautu qu'en faisant un détour et en s'éloignant de quelques kilomètres du champ visible du combat de la brigade Albertone[2]. De toute façon, je ne puis accepter le jugement de l'auteur qui écrit

1. *Jahrbücher für die deutsche Armee und Marine.* Septembre 1898.
2. Voir notre carte *de Sauria à Adoua* annexée au chapitre XXXIII.

ceci : « Dabormida lui-même était poussé par un désir fébrile de se lancer en avant, par une envie folle de cueillir des lauriers pour son propre compte. » Puis il ajoute : « Il est absolument hors de doute que cet autre acte arbitraire d'un subordonné arriva sans qu'il fût prévu et sans qu'il fût connu (du commandant en chef) ; mais il n'est pas également prouvé que le malheur fût irréparable, du moment que les deux ailes, en se portant en avant, étaient entraînées à combattre. »

En se basant sur cette supposition, l'auteur manifeste le doute que peut-être une résolution audacieuse aurait pu prévenir la catastrophe : « Sacrifier Albertone et la ligne de retraite sur Sauria, — et se retirer avec les brigades Arimondi, Ellena et Dabormida vers Adi Ugri. » Mais il ajoute judicieusement : « Aujourd'hui, c'est facile à dire, puisque nous pouvons dominer du regard toutes les contingences ; et, par suite, l'observation ne peut constituer une critique. »

Eh bien, soit! Mais même après avoir connu, pesé et analysé tous les faits, peut-on croire qu'il fût possible d'interrompre ainsi la bataille? Quand donc le commandant en chef aurait-il pu donner l'ordre de la retraite, en changeant la ligne de retraite et la base d'opération? Naturellement *pas avant* de savoir que toute la brigade Albertone était sérieusement engagée à une grande distance ; *pas au moment* où lui, le commandant en chef, croyait que Dabormida prenait position pour appuyer la brigade Albertone ; *pas au moment* où le commandant en chef voyait, sous ses yeux, la brigade Arimondi se former à la gauche de la brigade Dabormida (9 heures et demie). Donc pas avant 9 heures et demie ; mais précisément à ce moment-là la brigade Dabormida engageait la lutte avec l'ennemi, vers le débouché de la combe de Mariam Sciautu ; précisément à ce moment-là la brigade Arimondi était postée au centre, et des masses de Choans se lançaient contre les flancs de la réserve.

Comment retirer les troupes engagées ? Comment exécuter, avec ordre, un changement de front ? Comment tenir tête à l'ennemi qui surgit de toutes parts, si l'on abandonne les positions occupées ? Comment manœuvrer, en restant complètement maître de ses troupes, sur ce champ de bataille, dans ce terrain si terriblement coupé, raviné, bouleversé, en face d'un ennemi aussi nombreux, aussi agile, aussi ardent,... avec des officiers très braves, c'est vrai, mais pour la plupart nouveau venus dans le pays et ne connaissant ni l'ennemi ni les troupes qu'ils commandaient ? Comment envoyer des ordres pour une exécution immédiate, étant données ces distances et les circonstances de l'action qui se modifiaient à chaque instant ? Comment abandonner spontanément, non seulement Albertone et notre ligne naturelle d'opération vers Sauria, mais encore nos convois et nos vivres, nos grand'gardes et les troupes qui étaient à Sauria, et dont l'effectif atteignait presque celui d'une brigade, car elles avaient 2,735 hommes et des milliers de quadrupèdes ?

Une dernière observation.

L'auteur trouve que les positions indiquées aux brigades par le commandant en chef, dans son ordre du jour du 29 février, étaient malheureuses. Jusqu'à un certain point il a raison, — sauf pour ce qu'il dit de la ligne de retraite, parce que les communications avec Sauria étaient relativement faciles, perpendiculaires au front, et se trouvaient dans de bonnes conditions. Mais — à part cela et à part la difficulté de trouver au milieu des montagnes des positions appropriées aux armes et aux troupes — il est juste d'observer que mon ordre du 29 février dit ceci : *Premier objectif : la position formée par les cols de Chidane Meret et de Rebbi Arienni, entre le mont Semaiata et le mont Esciascio.* Donc on devait d'abord occuper les cols et prendre ensuite la position qui aurait semblé la meilleure, étant donnés le terrain et la situation de l'ennemi. Les cols n'étaient que les portes de la position; ils n'étaient qu'une position de rassemblement. Voilà pourquoi, à l'aube, à peine arrivé dans la combe de Gundapta, j'envoyai le chef et le sous-chef d'état-major étudier le terrain au delà de Rebbi Arienni. Ces officiers revinrent avec des renseignements satisfaisants, sur la position qui se trouve en avant du col de Rebbi Arienni, c'est-à-dire sur la position que l'on a appelée plus tard — un peu arbitrairement — éperon, col et mont Belah.

Naturellement, dans ces montagnes, cette position n'était pas tout, ni même une partie de ce que l'on pouvait désirer. La position présentait un bon nombre d'angles morts ; en certains points, elle était trop étroite, dans d'autres trop élevée ; elle était coupée par des massifs rocheux ; mais elle offrait certains avantages à la défensive tactique, qui était dans mes intentions et que l'on doit employer dans la guerre de montagne, surtout dans les conditions où nous nous trouvions et avec notre excellent armement, vis-à-vis des Abyssiniens. Sans les mouvements divergents des brigades des ailes, on aurait pu occuper commodément cette position avant que l'ennemi, campé dans la combe d'Adoua, ne se rassemblât sur Abba Garima ou sur le mont Scelloda, pour commencer son attaque. Probablement l'ennemi ne nous y aurait point attaqués, comme il ne nous avait point attaqués le 13 février, à Sauria, au lendemain de la désertion de *ras* Sebath et de *degiac* Agos Tafari.

Mais pourquoi le commandant en chef ne connaissait-il pas cette position en avant du mont Raio, de façon à pouvoir donner, dès le 29 février, avant le départ de la colonne de Sauria, les ordres qui en prescrivaient l'occupation ? Pourquoi le commandant en chef n'avait-il pas une carte topographique du pays, assez exacte pour pouvoir fixer, dès le jour précédent, le point où devait se déployer chaque colonne ?

La réponse est facile :

J'étais bien passé deux fois par cette position avec d'autres officiers; mais aucun homme au monde ne peut, pendant des mois et des mois, conserver gravés dans sa mémoire tous les détails d'une localité, son nivellement, son étendue, ses points d'appui,... en tenant compte de ses propres forces, de celles de l'ennemi, de façon à pouvoir, à *priori*, utiliser ses souvenirs pour prescrire le déploiement des troupes. Et les souvenirs personnels de mes officiers ne pouvaient pas suffire non plus, malgré toute leur intelligence et leur coup d'œil militaire. Et puis, la situation pouvait varier d'un moment à l'autre vis-à-vis de l'ennemi; celui-ci pouvait occuper les cols de Rebbi Arienni et de Chidane Meret, par lesquels passent les routes conduisant à Adoua. Et il ne faut pas, dans un ordre du jour, indiquer des prescriptions qui doivent ensuite être modifiées.

Quant aux travaux de levers topographiques, ils avaient bien été ordonnés, dès l'occupation d'Adoua, au mois d'avril 1895 ; mais, malgré leur zèle et leur activité exemplaires, les officiers détachés à Adoua ne purent pas se mettre immédiatement à ces travaux, parce qu'il leur fallut, avant tout, instruire les jeunes soldats, organiser le pays, réprimer le brigandage, reconnaître rapidement les longues voies de communication et organiser des caravanes. Que l'on pense que la garnison, commandée par le major Ameglio, fut laissée dans la capitale du Tigré, au commencement d'avril 1895, qu'elle dut organiser, pour elle, la localité de Fremona, la transformer en un quartier militaire et en un camp permanent; que l'on songe que la saison des pluies arriva bien vite, et pendant cette saison, sur le haut plateau éthiopien, on ne peut pas marcher en dehors des lieux habités. Il ne faut pas oublier non plus que la saison des pluies fut suivie par les opérations contre *ras* Mangascia, et pendant ces opérations la garnison d'Adoua fut poussée jusqu'au Tacazzé : elle ne rentra à Adoua que pour être appelée presque immédiatement à Adigrat, où les troupes se concentraient.

Quant aux reconnaissances préliminaires, partant de la position de Sauria pour aller jusqu'à la position située au delà de Rebbi Arienni, elles n'étaient possibles qu'autant que nous étions prêts à la bataille, avec toutes nos forces. La marche du 29 février au 1er mars avait précisément pour premier objectif l'occupation des cols de Rebbi Arienni et de Chidane Meret, afin que l'on pût reconnaître, de là, le terrain et l'ennemi et occuper ensuite une position dans laquelle celui-ci vint nous attaquer. Dans ce cas, nous aurions eu pour nous les avantages que donne un modèle unique de fusils à longue portée, à grande rasance, pourvus de munitions en nombre bien plus considérable que n'en pouvait avoir l'ennemi; nous aurions eu encore les avantages que nous donnaient nos 56 pièces d'artillerie, notre formation de combat plus solide et la supériorité de la tactique.

En dehors de toute autre combinaison, en dehors de cette circonstance que l'ennemi pouvait se laisser défier une troisième fois sans venir nous attaquer, en dehors des caprices de la fortune, qui a toujours eu une si grande influence à la guerre,... *pour juger avec vérité et justice cette journée du 1er mars*, il faut songer qu'à cinq heures un quart les deux brigades des ailes — Albertone et Dabormida — étaient aux postes qui leur avaient été fixés (Albertone l'avait dépassé) et que la brigade Arimondi était tout près, en contact immédiat avec la brigade Dabormida et non loin de la brigade Ellena.

Quoi qu'il en soit, quoi que l'on en dise, et bien que l'ennemi aime à se vanter, il est certain que l'alarme a été jetée dans Adoua par l'extrême avant-garde de la colonne indigène, et que le camp de Mariam Sciautu a été surpris par la vue de l'avant-garde de la brigade Dabormida. Donc, commodément et sans rencontrer la moindre résistance, malgré la longueur et la lenteur des colonnes, nous aurions occupé la position, à la suite des reconnaissances du général Dabormida et du colonel Valenzano, entre 7 et 9 heures du matin, alors que l'ennemi aurait pu difficilement se réunir pour l'attaque, en deçà d'Abba Garima et de Mariam Sciautu, avant midi.

Et, continuant notre raisonnement, — pour juger réellement avec impartialité, — il faut songer à nos troupes réunies, déployées et reposées, ayant les canons en batterie, ayant même exécuté quelques retranchements, conservant le calme que donne la sensation d'occuper une position dominante, à laquelle l'œil s'est habitué, ayant à gauche la brigade indigène tout entière, tandis qu'à droite devaient arriver, d'Adi Ugri, les 1,300 indigènes du major Ameglio. Il faut se souvenir que la seule brigade indigène — éloignée de tout secours, isolée et même fractionnée, dans un terrain inconnu, dominé de toutes parts et défavorable, enveloppée sur ses flancs — a tenu tête bien longtemps à l'avalanche abyssinienne et lui a infligé des pertes énormes, de l'aveu même des Abyssiniens.

Que l'on songe que la brigade Dabormida — éloignée, isolée dans un bas-fond, dans la vallée de Mariam Sciautu — a attaqué plusieurs fois, avec une extrême bravoure, un ennemi très supérieur en nombre, qu'elle s'est défendue longtemps en exécutant de brillantes contre-attaques, sans subir de pertes sérieuses, et puis qu'elle a pu commencer avec

34

ordre son mouvement de retraite, bien qu'elle fût entourée de toutes parts.

Que l'on songe que l'ennemi victorieux a éprouvé des pertes bien supérieures aux nôtres : si nous en croyons des renseignements provenant d'une source russe, ces pertes atteindraient 4,000 morts et 6,000 blessés, alors que nos pertes ne sont devenues excessives qu'à la suite de l'enveloppement et de la retraite.

Que l'on songe que les officiers et les soldats, pendant le combat, ont déployé une bravoure tenace en faisant payer cher aux Abyssiniens leurs attaques désordonnées et en exécutant plusieurs fois des contre-attaques à la baïonnette.

Que l'on songe que, malgré la victoire complète gagnée dans la matinée du 1er mars, le gros de l'ennemi dut s'arrêter un peu au delà du champ de bataille, et que, seules, des patrouilles légères de Gallas purent aller jusque vers Sauria et un peu au delà de Yeha ; que ce n'est que le 3 ou le 4 mars que *ras* Maconnen osa s'avancer jusqu'à Sauria, et *degiac* Area jusqu'à Daro Taclé, à mi-chemin entre Adoua et le Mareb ; que Ménélick s'est retiré du Tigré, avec tout son monde, sans même occuper une parcelle de territoire, pas même pour avoir des garanties pour la paix.

Que l'on songe que, sous le commandement du général Arimondi, avec 2,106 hommes et 8 canons, le 21 décembre 1893, on avait battu à Agordat plus de 10,000 Derviches ; que, le 17 juillet 1894, avec 2,600 hommes sous mes ordres, on avait attaqué et pris le camp des Derviches à Cassala ; que, le 13 juin 1895, à Coatit, avec 3,900 hommes et 6 canons, on avait vaincu 19,000 Abyssiniens, dont peut-être 12,000 étaient armés de fusils ; qu'en décembre 1895 et en janvier 1896, le major Galliano, avec 1,300 hommes, tant blancs que noirs, avait tenu tête, dans un fort improvisé, à toute l'armée choanne.

Que l'on songe au service de télégraphie optique qui manquait ; aux troupes d'Ameglio qui se sont trompées de chemin,... à tous les malheurs qui sont venus à l'improviste s'accumuler sur le champ de bataille.

Enfin — pour porter un jugement impartial et juste sur la journée du 1er mars — il faut se dire qu'un succès même partiel, que le seul fait de repousser les attaques des Amahras, aurait suffi très probablement pour mettre le désordre dans l'armée choanne, qui n'était pas organisée pour manœuvrer ; et le désordre aurait amené une retraite précipitée, qui aurait pu dégénérer en défaite.

O. BARATIERI,

Lieutenant général dans la réserve
de l'armée italienne.

ANNEXE Nᵒ 1

TRIBUNAL MILITAIRE DE ROME

DÉPOSITION DU MAJOR GÉNÉRAL ELLENA, CHEVALIER JOSEPH

(Page 185 des actes de procédure de l'instruction à Massaoua.)

. . . .

D. — Savez-vous les raisons pour lesquelles le général Baratieri se décida inopinément, le 29 février, à attaquer les Choans ? Avez-vous eu l'occasion d'exprimer au général Baratieri votre opinion sur cette attaque, et savez-vous si les autres officiers généraux et supérieurs ont exprimé leur avis ?

R. — D'une façon absolue, je ne puis dire que je connaisse toutes les raisons qui peuvent avoir amené le général Baratieri, dans la soirée du 29 février, à ordonner la marche sur le campement choan et l'attaque qui en fut la conséquence. Je connais seulement les raisons qui ont été exposées, le soir du 28 février, dans une réunion que le général Baratieri eut avec les quatre généraux commandants de brigade, en présence du chef d'état-major, le colonel Valenzano. Je déclare d'abord que, pendant mon séjour au camp, le général Baratieri avait déjà deux autres fois reçu ces généraux pour les entretenir des grandes difficultés que rencontrait le service des ravitaillements et pour indiquer la possibilité d'un ordre prescrivant de se retirer sur une position plus rapprochée de la source des ravitaillements. Le général Baratieri avait en outre déclaré que la réunion n'était pas un conseil de guerre, mais plutôt une discussion et un échange d'idées, après quoi, lui seul, qui était responsable de tout, prendrait ses décisions.

Le soir du 28 février, un peu après 5 heures, eut lieu la réunion à laquelle je viens de faire allusion. Le général Baratieri exposa que le service des vivres était assuré jusqu'au 2 mars, ou tout au plus jusqu'au lendemain ; après ce jour il ne pouvait plus espérer, d'une façon absolue, pouvoir assurer l'alimentation de la troupe. Pour cette raison, il était nécessaire de prendre une résolution. Cette résolution pouvait décider la retraite, vers la combe de Sénafé, ou encore à Adi Caié; peut-être même, en battant en retraite, il pouvait être à propos de reculer jusqu'à l'Asmara.

Le général Dabormida prit alors la parole le premier, et il s'écria : « Reculer, jamais ! » Et il appuya son opinion sur les trois raisons essentielles suivantes :

Primo : en Italie, on n'aurait pas compris une retraite, parce que le pays aurait préféré perdre, en une bataille, deux ou trois mille hommes, plutôt que de se soumettre à une retraite qui lui aurait semblé déshonorante ;

Secundo : battre en retraite aurait extraordinairement déprimé le moral de nos soldats, ce qui aurait eu des conséquences très graves, pour ne pas dire fatales ;

Tertio : l'ennemi, toujours bien au courant de nos faits et gestes, *bien plus nombreux que nous,* plus rapide dans sa marche que nos troupes blanches, n'aurait pas manqué de nous attaquer pendant la marche, au jour et au lieu qui lui auraient paru convenables ; par suite, nous nous serions trouvés obligés de combattre dans les conditions les plus défavorables, étant donnée la nature du terrain qui nous aurait contraints à allonger énormément notre colonne. Il finit donc en concluant qu'il *valait mieux attaquer.*

Le général Albertone, qui prit ensuite la parole, exprima *le même avis* que le général Dabormida, en donnant des raisons analogues et en ajoutant que, d'après les informations des indigènes, une partie de l'armée choanne était occupée à razzier, en dehors de la combe d'Adoua, tandis qu'une autre partie s'était dirigée vers le Choa pour rentrer dans son pays. Il dit en outre (bien que ce fût en termes douteux) que deux *ras* devaient s'abstenir de prendre part au combat. En parlant ensuite de la position occupée par les Choans, il dit savoir que le campement était divisé en deux parties, assez éloignées l'une de l'autre, dans l'une desquelles (la moins éloignée de nous) il n'y avait que peu de forces, 14,000 ou 15,000 hommes.

Le général Arimondi, qui fut le troisième à parler, se montra franchement favorable à l'*attaque*, en ajoutant qu'on avait déjà laissé échapper deux ou trois occasions pour exécuter une attaque.

Moi — qui fus le quatrième à prendre la parole — je déclarai que j'avais profité de mon droit d'ancienneté pour parler le dernier, parce que, arrivé depuis douze jours seulement au corps d'opération, je ne pouvais pas avoir des notions exactes et complètes sur tout ce qui se rapportait à l'armée ennemie, par exemple sur sa force intrinsèque, sur son attitude, sur sa tactique, sur la position qu'il occupait. Je déclarai donc que mon jugement ne pouvait se baser que sur les informations et sur les considérations développées par mes collègues; en conséquence je donnai, moi aussi, un avis favorable à l'attaque. Dans la suite des conversations qui se croisaient, il m'arriva de préciser mon opinion par les mots « rassembler le maximum de forces disponibles, et puis aller chercher l'ennemi ».

Le général Baratieri termina la réunion par ces paroles :

« Le conseil est hardi; l'ennemi est brave et il méprise la mort. Comment est le moral de nos soldats?

— Excellent, » répondirent tous les commandants de brigade. Alors nous fûmes congédiés par les mots : « J'attends des informations ultérieures que doivent m'apporter des informateurs du camp ennemi; dès que je les aurai, je prendrai *une décision.* »

Le soir du 29, à 5 heures, le général Baratieri convoqua les quatre commandants de brigade; il leur communiqua ses intentions de se porter en avant, il leur expliqua, *sur un croquis topographique,* l'ordre de la marche et le plan d'attaque. Il se réserva d'envoyer à bref délai aux brigades l'ordre écrit, qui me parvint à 6 heures et demie; il congédia les commandants de brigade en leur recommandant de bien persuader à la troupe qu'il fallait vaincre ou mourir. »

Lecture faite, certifié conforme et signé

ELLENA GIUSEPPE.

ANNEXE N° 2

INFORMATIONS RECUEILLIES A L'ASMARA

AUPRÈS DES SURVIVANTS DE LA BATAILLE DU 1er MARS

(Page 73 des actes de procédure de l'instruction à Massaoua.)

Camp d'Umbeito, le 5 avril 1896.

A Monsieur l'avocat fiscal militaire, à Massaoua.

Je m'empresse de vous faire connaître les renseignements que vous m'avez demandés et que j'ai recueillis auprès des survivants de la bataille du 1er mars.

Je commandais la garnison d'Asmara, depuis le 29 février, quand, le 2 mars au matin, à 7 heures, je reçus de Mai Maret, du colonel de Boccard, un premier avis m'annonçant que le corps d'opération battait en retraite à la suite d'une attaque défavorable exécutée dans la matinée du 1er. Dans le courant de la journée, d'autres télégrammes d'Adi Ugri, Mai Haini, Saganeiti, Adi Caié, me révélèrent la complète défaite. Le 3, les survivants commencèrent à arriver à Asmara : leur nombre augmenta rapidement le 4 et le 5. J'en interrogeai le plus grand nombre possible, mais je ne pourrais maintenant répéter avec précision ce que j'ai appris de chacun. Je n'avais pas l'intention de faire une enquête dans un but quelconque, mais je m'intéressais naturellement au grave malheur qui venait de nous frapper. J'exposerai seulement ici ce qui, dans les conversations que j'ai eues, se rapporte au fonctionnement du commandement supérieur et je distinguerai :

A. — Ce que je me rappelle avec certitude en me souvenant de celui qui me l'a dit;

B. — Ce qui m'a été dit par des personnes dont je ne me souviens plus, et qui peut être, dans mon esprit, le résultat complexe des renseignements recueillis.

A. — 1º Aucun des nombreux télégrammes reçus le 2 ne fait mention du commandant en chef; par suite, le 2 au soir, je demandai de ses nouvelles aux différents points où étaient arrivés les survivants, et j'eus une réponse négative.

Dans la nuit du 2 au 3, le commandant de la garnison d'Adi Caié, le major Bandini, me télégraphia ceci :

«Sur le sort du gouverneur, de graves bruits circulent. » Ce sont les premières nouvelles que j'eus du général Baratieri.

Le 3, à 11 heures du matin, on annonça son arrivée à Adi Caié; le 5, il arriva à l''Asmara.

2º Le lieutenant Ribotti — un des premiers que j'interrogeai — me dit qu'il était adjudant-major du 8º bataillon d'infanterie d'Afrique et que son bataillon faisait partie du régiment Romero, brigade Ellena, laquelle était en réserve. Après le départ du point de rassemblement de l'autre régiment (le 5º, régiment Nava), qui fut vite dispersé et battu, le 4º régiment fut, à son tour, entraîné dans la lutte. Ce fut son bataillon, le 8º, commandé par le lieutenant-colonel Violante, qui résista le dernier, à Rebbi Arienni, soit en s'opposant à la fuite des Italiens, soit en combattant les ennemis qui les poursuivaient.

« Le commandant en chef, général Baratieri, de retour du mont Raio, resta, jusqu'au dernier moment, présent au combat du 8º bataillon, il tenta personnellement d'arrêter les fuyards en leur parlant, il en persuada le plus qu'il put. Mais le torrent était tel que son œuvre fut inutile, ainsi que celle de beaucoup d'hommes en armes. Comme il fallait traverser une partie marécageuse, plusieurs fuyards, pour se rendre plus légers, jetèrent leurs fusils; cet exemple fut follement imité par un grand nombre. Une partie des ennemis poursuivit les fuyards, une autre combattit avec le 8º bataillon.

« Le lieutenant-colonel Violante fut blessé; le bataillon continua à combattre, tout morcelé qu'il était. La distance était réduite à 50, à 30, à 10 pas.

« Je vis le général Baratieri, toujours présent, décharger son revolver contre les ennemis. Les derniers débris du 8º bataillon, mélangés avec beaucoup d'officiers, se retirèrent en grand désordre, tout en continuant à tirer; avec eux marchait le commandant en chef, ayant toujours son revolver à la main. »

3º Le capitaine Redini, adjudant-major en premier du 4º régiment d'infanterie, me dit qu'après avoir été envoyé par son colonel (Romero) porter un ordre, il retourna immédiatement à son point de départ, sans pouvoir y retrouver son colonel, quelques recherches qu'il ait faites. Il se rendit alors au point où se trouvait le lieutenant-colonel Violante, il sut que lui aussi était tombé blessé, et il resta avec le 8º bataillon;

et il répéta sur ce bataillon et sur le général Baratieri à peu près ce qu'avait dit le lieutenant Ribotti.

4° Le 3 au soir, le major Salsa arriva à l'Asmara. J'eus, de lui, deux récits détaillés, un, le matin du 4, dans le bureau du général Barbieri, en sa présence et en présence d'autres officiers. Le second fut fait le 4 au soir, en présence des généraux Lamberti et Barbieri et de beaucoup d'officiers, dans une chambre d'auberge. Pour ce qui concerne le commandant en chef, il dit que *l'ordre prescrivant les dispositions était clair et précis*. Dans la marche jusqu'au col Rebbi Arienni, la brigade Albertone formait l'avant-garde, les brigades Dabormida et Arimondi le gros, la brigade Ellena l'arrière-garde.

Du col Rebbi Arienni on devait se déployer sur le mont Raio, l'avant-garde à gauche, la brigade Dabormida à droite, la brigade Arimondi au centre, la brigade Ellena en réserve, au col.

Vers 5 heures trois quarts ou 6 heures, le gros, étant arrivé au col Rebbi Arienni, se trouva avoir perdu le contact avec l'avant-garde. Celle-ci, composée d'indigènes, avait tellement accéléré sa marche, qu'on n'en avait plus aucune nouvelle. Par suite, comme conséquence nécessaire, il y eut une grande incertitude dans le commandement. Celui-ci, tout en maintenant arrêtées les brigades pour leur donner un peu de repos, envoya une reconnaissance sur le mont Raio, et en même temps le chef de la brigade de tête, Dabormida, en exécutait une, en personne, un peu plus vers la droite. Vers 7 heures, on entendit, du col Rebbi Arienni, un feu d'infanterie très éloigné, vers la gauche ; en même temps la reconnaissance du mont Raio vit la brigade Albertone qui combattait sur la montagne placée en avant du mont Raio, vers Adoua, à une distance d'environ 6 kilomètres en ligne droite, à une distance d'au moins deux heures et demie de marche, en raison des sinuosités des sentiers et des aspérités du sol.

Le général Dabormida étant revenu au col Rebbi Arienni, le commandement supérieur accepta ses propositions et lui ordonna de se porter en avant et de rechercher autant que possible le contact qui avait été perdu avec la brigade Albertone ; la brigade Arimondi reçut l'ordre de monter sur le mont Raio.

Quand cette brigade arriva sur la position, la brigade Albertone combattait encore sur le mont situé en avant, mais peu après cette brigade se mit à fuir dans la vallée qui sépare deux montagnes : elle était poursuivie par les Choans, qui s'étaient mêlés à elle. Les Choans, au nombre de peut-être 30,000 hommes, grimpèrent tout à coup sur le mont Raio et enveloppèrent d'abord la droite, puis le front et la gauche de la brigade Arimondi, en la pressant hardiment de près, malgré les pertes très graves qu'ils eurent à supporter. L'enveloppement de la droite de la brigade Arimondi eut pour conséquence la séparation définitive de cette brigade d'avec la brigade du général Dabormida.

Le commandant en chef, dans ces tristes circonstances, ordonna à la réserve d'envoyer des renforts à la brigade Arimondi, espérant encore qu'en tenant cette position centrale, on y pourrait rétablir l'action avec les autres troupes. Les renforts que l'on fit venir furent : le 3e bataillon indigène, commandé par le lieutenant-colonel Galliano, et le 5e régiment (Nava).

Le 3e bataillon indigène fut inférieur à la renommée qu'il s'était acquise à Macallé. Quelques minutes après avoir été en ligne, il s'enfuit devant l'attaque des Choans, laissant entre les mains de l'ennemi son chef et d'autres officiers. Quand le régiment Nava était sur le point d'atteindre la position, celle-ci était déjà occupée par un ennemi très supérieur en nombre. Il fut brisé, comme était déjà brisée toute la ligne qui se retirait en désordre, et avec elle se retirait le commandant en chef. Celui-ci se dirigea vers Rebbi Arienni, où devait se trouver le 4e régiment (Romero), dernière ressource de la réserve. Mais cette dernière réserve était déjà attaquée par un ennemi très supérieur en nombre.

Avec la brigade Dabormida, toute relation était impossible.

Le major Salsa raconta encore, avec des couleurs bien plus vives que ne le firent Ribotti et Redini, la douloureuse scène de la foule de nos soldats en proie à une panique extraordinaire. Il raconta s'être opposé à cette fuite folle en tirant des coups de revolver et en donnant des coups de sabre à beaucoup de ceux qui étaient devenus sourds à la voix de l'honneur et à celle de leur sécurité. Dans la confusion, il se sépara du commandant en chef. Il prit la voie de Mai Haini. Le major Salsa raconta toutes ces choses dans des conversations, en les mélangeant à d'autres faits, à d'autres idées et à d'autres sujets, mais non pas dans l'ordre dans lequel je viens de les exposer. Mais au fond cela fut dit par lui comme je viens de l'écrire.

5° Le 5, le colonel Brusati arriva à l'Asmara ; il me fit un récit détaillé du combat de la brigade Arimondi. En ce qui concerne le commandant en chef, il me raconta, à son tour, la marche jusqu'à Rebbi Arienni ; l'arrêt, en ce point, des trois brigades, qui prirent une position d'attente ; la surprise douloureuse du contact perdu avec l'avant-garde. Il me dit que l'ordre du commandement prescrivant les dispositions à prendre contenait le germe d'une équivoque, parce qu'il indiquait, pour le déploiement de la brigade Albertone, le col de Chidane Meret sur la gauche du mont Raio, c'est-à-dire sur sa partie la plus méridionale, alors qu'en réalité le col de Chidane Meret traverse le mont situé plus en avant, vers Adoua, et c'est sur ce col que s'est réellement rendue la brigade Albertone. Il me décrivit ensuite la retraite de la brigade Albertone, se dirigeant vers la gauche de la position occupée par la brigade Arimondi.

Cette fuite, selon le colonel Brusati, arriva vers 8 heures et demie. Comme je lui fis observer que, d'après ce que j'avais entendu dire par les autres, il me semblait qu'elle était arrivée plus tard, il me répondit après avoir réfléchi : « Je puis me tromper un peu, mais certainement cette brigade était déjà en fuite à 9 heures un quart ou à 9 heures et demie au plus tard. »

Il me parla, avec un réel accent de vérité, de la bravoure des soldats italiens sur la position, tant qu'ils furent encadrés. Il n'en dit pas autant du 3e bataillon indigène, qui s'enfuit au bout de quelques minutes, laissant ses officiers seuls. Le commandant en chef, étant monté sur le mont Raio à la suite de la brigade Arimondi, présida au combat, faisant venir et plaçant les renforts. La mêlée personnelle contre un nombre d'ennemis très supérieur les enveloppant explique la fuite des Italiens ; et la panique fait comprendre la conduite absurde des troupes au col de Rebbi Arienni.

6º Sur la brigade Dabormida, j'eus du capitaine Bellavita, aide de camp du général, les renseignements les plus précis et les plus sûrs. La brigade arriva, ainsi que l'ordre le prescrivait, au col de Rebbi Arienni, où elle s'arrêta en tête des autres brigades, sans trouver le contact avec la brigade Albertone, qui était d'avant-garde. Celle-ci, conformément à l'ordre donné la soirée précédente par le commandant en chef, aurait dû former la gauche. Le général Dabormida fit connaître au général Baratieri son arrivée au col et sa situation. Il exécuta ensuite une courte reconnaissance en avant. Revenu au col sans avoir eu des nouvelles d'Albertone, il trouva le général Baratieri, auquel il rendit compte de la situation. Le résultat de l'entretien fut que la brigade Dabormida marcha tout entière vers la droite de la route d'Adoua et suivit une petite vallée bordée, de chaque côté, par de hautes cimes.

Il était 7 heures quand elle partit. On entendit peu après, sur la gauche, une fusillade nourrie.

Après une heure et demie de chemin, on signala au loin des campements ennemis étendus ; on remarqua aussi une forte colonne ennemie qui marchait, de droite à gauche, dans la direction des coups de fusil. Le général Dabormida en avisa le commandant en chef et envoya le bataillon indigène De Vito, vers la gauche, pour prendre le contact avec la brigade Albertone. Ce bataillon, peu d'instants après, était détruit sans que le gros s'en aperçût et sans qu'il se préoccupât du manque de nouvelles de ce bataillon.

Tandis que le commandant de la brigade étudiait le terrain et les positions pour l'artillerie, à 10 heures et demie, l'ennemi commençait son feu, et, presque en même temps, des hauteurs qui étaient devant elle, sur son flanc droit et par derrière, des groupes de cavaliers gallas, venant de la direction de Rebbi Arienni, se mirent à battre l'estrade derrière nos troupes. Aussi, dès 10 heures et demie, toute communication de la brigade Dabormida avec le commandant en chef fut-elle définitivement interrompue et pour toujours. Dans ce cercle de fer, la brigade Dabormida fit des prodiges de valeur. L'artillerie épuisa toutes ses munitions, l'infanterie fit d'habiles et de savantes manœuvres. On employa le feu sous toutes ses formes : tirs individuel, feux de salves, feu de masse ; le 6e régiment (Airaghi) chargea six fois à la baïonnette. Mais la supériorité numérique de l'ennemi était écrasante, et vers 4 heures du soir il fallut chercher le moyen de battre en retraite par une route qui n'était pas celle par laquelle la brigade était venue : elle se dirigea vers le nord, au milieu du feu et des assauts de l'ennemi.

B. — Je parlai avec beaucoup d'autres officiers et je me souviens de leurs noms ; mais je ne pourrais distinguer les renseignements qui me furent fournis par chacun d'eux. Je puis dire cependant que je ne conserve aucune impression contredisant quoi que ce soit des six récits personnels que je viens de rapporter. En ce qui concerne le fonctionnement du commandement pendant la bataille, il résulte des six récits A qu'il fut paralysé par les événements, qui se succédèrent avec une grande rapidité, *en dehors du fonctionnement de ce commandement,* sans qu'il pût faire intervenir son action pour les coordonner.

Le nom du col Chidane Meret, attribué à un point plutôt qu'à un autre, ne constitue pas une erreur du commandement, parce que celui-ci avait joint à l'ordre de mouvement un *graphique* (esquisse) sur lequel était indiqué, au sud du mont Raio, le lieu qui était désigné sous ce nom[1]. En tout cas, le manque de liaison entre l'avant-garde et le gros causa la désastreuse séparation ; l'erreur de nom (en supposant sans l'admettre qu'il y ait eu erreur) n'aurait eu aucune conséquence si les troupes avaient été reliées comme le prescrit le règlement (voir les règles sur le service de guerre, numéro 35, spécialement les alinéas 1, 7, 8, 9) ; l'exécution des prescriptions réglementaires est toujours sous-entendue, et le commandement supérieur ne peut pas supposer que ses inférieurs oublieront les prescriptions du règlement.

La distance de la brigade Albertone, le manque de ses nouvelles et

---

1. Voir, chapitre XXXIII, l'esquisse donnée aux chefs de brigade avant la bataille.

l'incertitude en résultant sur le point où elle se trouvait ne permirent pas d'ordonner promptement de marcher directement à son secours.

La reconnaissance nécessaire du mont Raio fit perdre un temps précieux, pendant lequel l'ennemi attaqua la brigade Albertone, qui était isolée. La brigade Dabormida fut envoyée pour rechercher le contact avec la brigade Albertone; le général Dabormida reconnut que cette brigade était si éloignée qu'il ne pouvait pas la rejoindre. Ceci fut bientôt démontré par ce fait que, au moment où la brigade Arimondi achevait de se déployer sur le mont Raio, les Choans allaient battre la brigade Albertone, qui était à deux heures et demie de chemin.

Et quand on aurait voulu coordonner l'action de la brigade Arimondi avec celle de la brigade Dabormida, il n'était plus temps, parce que toutes les deux étaient enveloppées par des forces ennemies très supérieures.

En somme, ce n'est pas que le commandement supérieur n'ait pas fonctionné; mais, par une série de déplorables erreurs et à cause de la supériorité numérique écrasante de l'ennemi, le commandement supérieur n'a pas pu fonctionner intégralement, pendant les trois héroïques combats qui ont eu lieu séparément.

En ce qui concerne l'action du commandement pendant la retraite, il est nécessaire de réfléchir que la retraite ne se fait en ordre, comme une manœuvre, que quand elle est volontaire et prescrite par le commandement supérieur, comme il en serait advenu si le général Baratieri l'avait ordonnée du mont Sauria. Quand, au contraire, la retraite a lieu à la suite d'un combat, elle peut encore se faire avec ordre, si la rupture des liens organiques, qui détermine la défaite et la retraite, est causée par les pertes occasionnées par le feu de l'ennemi. Alors les fractions des corps détruits tentent encore de se reformer, et le commandement peut reprendre son empire. Mais quand la retraite a lieu à la suite d'une mêlée et d'une lutte à l'arme blanche, alors la désagrégation de la vie organique est exercée sur l'élément premier, sur l'homme individu, et elle détruit toute tendance à la cohésion. Dans ce cas, le commandement lui-même devient un élément différentiel impuissant. Il en fut ainsi parce qu'il ne pouvait pas en être autrement, après le combat du 1er mars 1896.

Le colonel,

Signé : G. Pittaluga.

TABLE DES MATIÈRES

SOCIÉTÉ ANONYME D'IMPRIMERIE DE VILLEFRANCHE-DE-ROUERGUE

Jules Bardoux, Directeur.

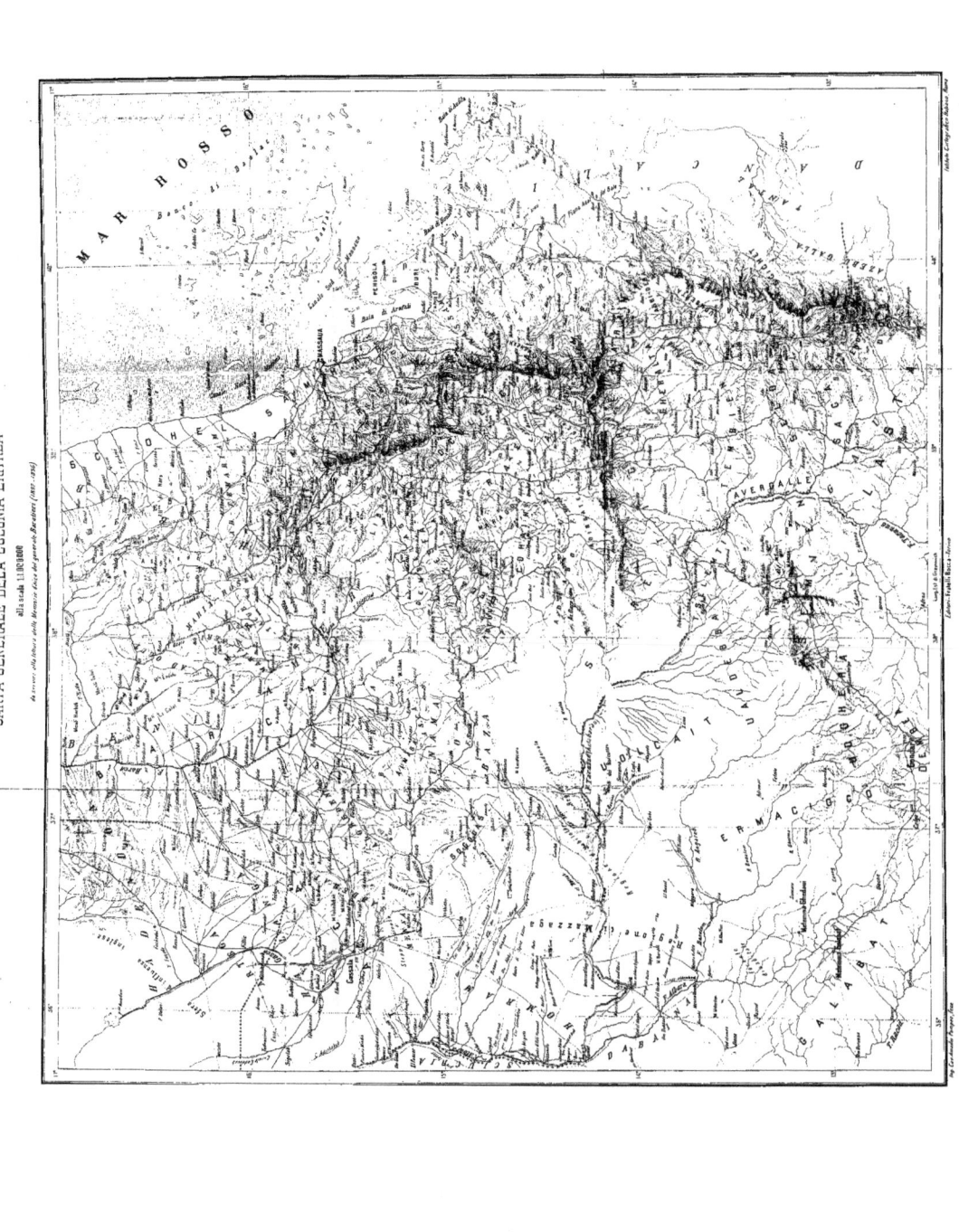

CARTA GENERALE DELLA COLONIA ERITREA

alla scala 1:1.000.000

MAR ROSSO

www.ingramcontent.com/pod-product-compliance
Lightning Source LLC
Chambersburg PA
CBHW070346030726
47504CB00001B/82